Otto Hupp: Königreich Preußen, Wappen der Städte, Flecken und Dörfer

Ostpreußen · Westpreußen · Brandenburg · Pommern · Posen · Schlesien

Reprint mit freundlicher Genehmigung von Frau Maria Hupp, Oberschleißheim

3., überarbeitete Auflage
1989
Kulturstiftung der Deutschen Vertriebenen
Godesberger Allee 72–74, 5300 Bonn 2
Layout: Reinhard Warlich, Ahrweiler
ISBN 3-88 557-036-x

Ergänzungssatz: Fotosatz Scanner Kottenforst GmbH, Meckenheim
Druck: Warlich Druck- und Verlagsges.m.b.H., Meckenheim

DIE WAPPEN UND SIEGEL DER DEUTSCHEN STÆDTE, FLECKEN UND DÖRFER

NACH AMTLICHEN UND
ARCHIVALISCH: QUELLEN
BEARBEITET
VON

OTTO HUPP.

VERLAG VON HEINRICH KELLER, FRANKFURT AM MAIN 1896 und 1898

Reprint: Kulturstiftung der Deutschen Vertriebenen, Bonn

Zum Nachdruck 1985

Das vorliegende Wappenwerk erschien zu einer Zeit, als das Deutsche Reich auf dem Höhepunkt seiner Macht zu stehen schien. Es ist selbstverständlich, daß sich Otto Hupp damals an die Grenzen des Deutschen Reiches und des Königreichs Preußen hielt, wie sie durch den deutsch-französischen Krieg von 1870/1871 geschaffen worden waren. Es war damals, 1894 und 1898, an die gewaltigen Gebietsveränderungen und -abtretungen noch nicht zu denken, die der Erste Weltkrieg und sein für das Deutsche Reich so unglückliches Ende im Gefolge hatten, erst recht nicht an die Änderungen der politischen Landschaft, die die Weltgeschichte bis 1945 und bis zum heutigen Tage noch bringen sollte. — Hierauf sei zunächst kurz eingegangen. (eine Verdeutlichung s. auch Karten S. 182 u. 183)

Im Herbst des Jahres 1918 wurde für die Bürger des Deutschen Reiches die bittere Tatsache immer deutlicher, daß der Weltkrieg nicht nur nicht zu gewinnen, sondern nur noch unter großen Verlusten — auch an Reichsgebiet — zu verlieren war. Neben dem Reichsland Elsaß-Lothringen war vor allen Dingen der Besitz der preußischen Ostprovinzen gefährdet. US-Präsident Woodrow Wilson hatte in seinen bekannten vierzehn Punkten in dem dreizehnten die Errichtung eines polnischen Staates aus allen Gebieten „unzweifelhaft polnischer Bevölkerung" gefordert. Aufgrund dieser Aussage verlangte der Führer der polnischen Nationaldemokraten Roman Dmowski schon am 8. Oktober 1918 die Abtretung von Ost- und Westpreußen, Posen, Oberschlesien und großen Teilen Mittelschlesiens von Preußen und dem Deutschen Reich und die Eingliederung dieser Gebiete in Polen. Unterstützt wurden diese polnischen Großmachtwünsche im Deutschen Reichstag von polnischen Abgeordneten wie Korfanty und Prälat Stychel. — Das Wahldekret der polnischen Regierung vom 18. November 1918 für die Wahl eines polnischen Parlaments umfaßt folgerichtig dann auch Masuren, Ermland, Westpreußen, Posen und Oberschlesien. — Am 27. Dezember 1918 brach in Posen im Zusammenhang mit einer Reise des polnischen Ministerpräsidenten Paderewski ein von Polen gesteuerter Aufstand aus; der Regierungsbezirk Bromberg der bedrohten Provinz Posen galt schon als verloren. Der Friedensvertrag, der dann am 28. Juni 1919 in Versailles von den Vertretern des Deutchen Reiches unterschrieben werden mußte, brachte neben der ungerechtfertigten Anerkennung der Alleinschuld des Deutschen Reiches und seiner Verbündeten am Ersten Weltkrieg und enormen Wiedergutmachungsleistungen große Einbußen an Menschen, Land und Wirtschaftskraft. Außer den Kolonien und dem Reichsland Elsaß-Lothringen mußte ausschließlich das ehemalige Königreich Preußen, jetzt Freistaat Preußen, Staatsgebiet abtreten. Im Westen und Norden waren dies hauptsächlich Eupen-Malmedy (an Belgien) und Nordschleswig (an Dänemark); das „Saargebiet" wurde für 15 Jahre Frankreich überlassen. Erwartungsgemäß aber wurden die Ostprovinzen am stärksten getroffen. Von Ostpreußen wurde das Memelgebiet getrennt und fiel zunächst an die alliierten und assoziierten Mächte, dann 1923 an Litauen, nachdem es dieses Gebiet im Handstreich widerrechtlich genommen hatte. Danzig, die Hauptstadt der Provinz Westpreußen, und seine Umgebung wurden „Freie Stadt" unter dem Mandat des Völkerbundes, der größere Teil derselben Provinz kam an Polen, ebenso der größte Teil der Provinz Posen und das ostpreußische Gebiet um Soldau. Von der Provinz Brandenburg fiel in der Neumark ein kleines Gebiet des Kreises Friedeberg an Polen, in Pommern ereilten Teile der Kreise von Bütow, Lauenburg und Stolp/Land dasselbe Schicksal. Dies alles geschah ohne vorherige Befragung der betroffenen Bevölkerung, wie auch das Hultschiner Ländchen ohne Abstimmung der Tschechoslowakei zugesprochen wurde. Trotz des meist eindeutigen Votums für das Deutsche Reich im Jahre 1921 kam der wirtschaftlich stärkste Teil der am 14. Oktober 1919 aus dem Regierungsbezirk Oppeln gebildeten Provinz Oberschlesiens an Polen, ebenso der nördliche Randstreifen von Niederschlesien.

Insgesamt verlor Preußen in den Provinzen Ost- und Westpreußen, Posen, Brandenburg, Pommern, Niederschlesien, Oberschlesien, Schleswig-Holstein und Rheinprovinz 4.601.636 Staatsbürger (Stand: 1. Dezember 1910) und 5.605.766,83 Hektar an Staatsgebiet; allein in Posen waren es 1.946.461 Menschen auf 2.604.184,35 Hektar, in Westpreußen 1.295.334 Menschen auf 1.777.871,76 Hektar. Aus den bei Preußen und dem Reich verbliebenen Resten dieser Provinzen wurde die Provinz Grenzmark Posen-Westpreußen mit dem Verwaltungsmittelpunkt Schneidemühl gebildet. — Das Deutsche Reich verlor — außer seinen Kolonien — 6.475.650 Menschen auf 7.067.948,72 Hektar, d.h. ein Achtel seiner Bodenfläche und ein Zehntel seiner Bevölkerung, drei Viertel seiner Eisenerzförderung, ein Drittel der Roheisenindustrie, je ein Viertel der Steinkohlenvorkommen und der Stahlindustrie. Was sich freilich für die Zukunft des Deutschen Reiches, Europas und der ganzen Welt noch verhängnisvoller als diese wahrlich schweren Verluste auswirken sollte, war neben dem Kriegsschuldartikel, der bereits erwähnt wurde, der Umstand, daß die Siegermächte, die im Namen des

Selbstbestimmungsrechtes der Menschen und der Völker den Ersten Weltkrieg geführt hatten und damit das angeblich unterdrückte deutsche Volk nach seiner Besiegung bedenken wollten, eben dieses Menschenrecht den Deutschen bewußt vorenthielten. Es waren die Demütigungen des unterlegenen Volkes und gerade auch die ihm zugemuteten Gebietsabtretungen im Osten, die Schaffung des Korridors, die weitere kriegerische Auseinandersetzungen in Europa wahrscheinlich werden ließen, was auch von ausländischen Beobachtern und Mithandelnden damals so gesehen wurde. Im Innern des Deutschen Reiches aber wurde das Werk von Versailles zum Schrittmacher für Nationalsozialismus und Kommunismus (vgl. Otto Hintze in HZ 139, 1929 S. 562 und Friedrich Meinecke in Kölnische Zeitung Nr. 696, 21. Dezember 1930). — Die meisten der genannten verlorenen Ostgebiete wurden 1939 zurückerobert und dem Deutschen Reich als Reichsgau Danzig-Westpreußen und als Reichsgau Wartheland angegliedert, eine verwaltungstechnische Lösung, wie sie wohl nur in dem völligen Durcheinander der Verwaltungsgliederung im Dritten Reich möglich war. Der zweite Weltkrieg brachte dann für die genannten Gebiete das bekannte schreckliche Ergebnis mit Massenvernichtung und -vertreibung, Flucht und unsäglichem Leid.

Festzuhalten bleibt für das Verständnis der Wappenabbildungen, daß nach den Ergebnissen des Friedens von Versailles folgende Städte, von denen Otto Hupp die Wappen abbilden ließ, nicht mehr zu Preußen und dem Deutschen Reich gehörten: von der Provinz Ostpreußen im Regierungsbezirk Königsberg Memel und Soldau, im Regierungsbezirk Gumbinnen Teile von Ragnit und Teile von Tilsit, ferner Heydekrug, das Seite 37 nur genannt wird. Von Westpreußen gingen vom Regierungsbezirk Danzig verloren Berent, Danzig, Dirschau, Hela, wenige Teile von Marienburg, Neuteich, Neustadt, Preußisch Stargard, Putzig, Schöneck und Tiegenhof, vom Regierungsbezirk Marienwerder der Ortsteil Schneidemühle von Bischofswerder, Briesen, Culm, Culmsee, Gollub, Gorzno, Graudenz, Kamin, Kauernik, Konitz, Lautenburg, Lessen, Löbau, Mewe, Neuenburg, Neumark, Rehden, Schönsee, Schwetz, Strasburg, Thorn, Tuchel, Vandsburg und Zempelburg. Daß Teile des zum Regierungsbezirk Frankfurt in der Provinz Brandenburg gehörenden Kreises Friedeberg in der Neumark an Polen kamen, wurde schon erwähnt, ebenso die Abtretungen im Regierungsbezirk Köslin (Pommern). Vom Regierungsbezirk Posen der gleichnamigen Provinz fielen alle mit Wappen vertretenen Städte und Orte an Polen außer Blesen, Brätz, Bomst, Meseritz, Fraustadt, Schlichtingsheim, Schwerin an der Warthe, Teilen von Tirschtiegel, Unruhstadt, vom Regierungsbezirk Bromberg alle außer Schneidemühl und Schönlanke. Vom Regierungsbezirk Breslau, Provinz Schlesien oder Niederschlesien (ab 1919), kamen Bralin, der Forst von Namslau, der unbewohnte Teil von Neumittelwalde, Reichthal und die unbewohnte Fläche von Tschirnau an Polen, vom Regierungsbezirk Oppeln, der neuen Provinz Oberschlesien, gingen Beneschau, Berun, Teile von Beuthen/Stadt, Georgenberg, Hultschin, Kattowitz, Königshütte, Loslau, Lublinitz, Myslowitz, Nikolai, Pleß, Rybnik, Sohrau, Tarnowitz, Woischnik und Zaudiß verloren, von Zaudiß verblieb nur eine unbewohnte Fläche bei Preußen.

Für eine gerechte Würdigung und richtige Einordnung des vorliegenden Wappenwerkes ist es wichtig, einiges über das Wappenwesen der Kommunen in Preußen zur Zeit der Entstehung dieser Arbeiten auszuführen. — Die Verleihung, Feststellung oder Änderung von Kommunalwappen war ein persönliches Recht des Königs v. Preußen, der sich zu dessen Ausübung der Kenntnisse der hier zwar an sich nicht zuständigen aber sachkundigen Einrichtung seines Ministeriums des Königlichen Hauses, einer Hofbehörde, bediente: des Königlich-Preußischen Heroldsamtes, das 1855 errichtet worden war. Danach bildete sich allmählich der Brauch heraus, daß alle mit Kommunalwappen befaßte Behörden sich an das Heroldsamt wandten, um gutachterliche Äußerungen zu Städtewappen zu erhalten. Es waren nämlich ausschließlich Städtewappen, um die es sich handeln konnte, da nach Auffassung des Heroldsamtes allein Städte wappenfähig waren, nicht aber Landgemeinden und Gemeindeverbände, die dieses Recht erst nach dem Ende der Monarchie 1919 erlangten; bis 1925 blieb das Heroldsamt im Preußischen Justizministerium als Abwicklungsstelle für Kommunalwappen zuständig, dann trat an seine Stelle die preußische Archivverwaltung. Seit 1896 durfte sich allein das Preußische Ministerium des Innern an das Heroldsamt in Angelegenheiten von Kommunalwappen wenden, und es bildete sich folgender Geschäftsgang heraus: ein Gesuch in Wappensachen ging von der Stadt, bei nicht-kreisfreien Städten über das Landratsamt, in doppelter Ausfertigung an die Bezirksregierung als Kommunalaufsichtsbehörde zur Prüfung. Über das zuständige Oberpräsidium wurde dann der Vorgang an das Innenministerium weitergereicht, das das Gutachten des Heroldsamtes einholte. Nachdem ggf. mögliche Beanstandungen beseitigt worden waren, erwirkte sodann der Innenminister die Genehmigung des Königs, die in Form einer Kabinettsorder vollzogen wurde; ein Wappenbrief wurde nicht erteilt. — Das Heroldsamt war an sich eine Privatkanzlei des Königs für Standes- und Adelsangelegenheiten, mußte also nicht notwendigerweise über fähige Heraldiker verfügen, so daß man verstehen kann, daß viele Kommunalwappen genehmigt wurden, die heraldisch wenig gelungen sind und grobe Fehler aufweisen.

Otto Hupp wurde am 21. Mai 1859 in Düsseldorf geboren, am 31. Januar 1949 starb er in Schleißheim bei München. Er war Sohn eines Medailleurs und Graveurs und ging neben seiner Schulzeit, die ihn bis zum „Einjährigen" führte, bei seinem Vater in die Lehre. Bezeichnend für Otto Hupp ist, daß er sich Zeit seines Lebens nicht als Künstler verstand, der er zweifellos war, sondern als Handwerker, „seine Vorbilder waren die Kleinmeister der deutschen Renaissance" (Korn, S. 10), nur hin und wieder finden sich Anklänge an den Jugendstil. — Der in der Düsseldorfer Schule gepflegte spätromantische Stil gefiel ihm nicht, und so ging er 1878 nach München, wo er von dem dort sich ausbreitenden altdeutschen Stil des Kunsthandwerks des ausgehenden Mittelalters und der frühen Neuzeit geprägt wurde. Hupp war nicht nur Maler und Heraldiker, sondern ließ auch zum Beispiel den Lederschnitt neu erstehen, verstand sich auf das Ätzen von Metall und Stein, war ein großartiger Töpfer und beschäftigte sich erfolgreich mit Typographie und Druckkunst. Zu seinen bekanntesten Schöpfungen gehören die Malereien im Restaurant des Deutschen Reichstags und die Tierkreiszeichen an einem Turm des Deutschen Museums in München, die er entworfen hat, die Prunkadresse des Deutschen Städtetages für den Bayerischen Prinzregenten Luitpold von 1911 und den Bayerischen König Ludwig III. und seine Gemahlin aus dem Jahre 1918. Zu bedauern ist, daß der Zweite Weltkrieg ein weiteres großes Werk verhinderte, das Ausmalen der Wappenfenster im Landgrafenchor der

Elisabethkirche zu Marburg an der Lahn. Unzählige Gegenstände der Gebrauchsgraphik zeugen von seinem vielfältigen Können: etwa 270 Exlibris, Wertpapiere, Briefmarken, Signete, Banknoten, Bucheinbände, Vorsatz- und Titelblätter, vorbildliche Etiketten für Wein- und Bierflaschen, um nur weniges zu nennen. — Zur Heraldik stieß Otto Hupp im Jahre 1885, als er den Auftrag erhielt, das Gewölbe des Stadtarchivs von Worms mit den Wappen der bedeutendsten Familien dieser Stadt zu schmücken. Der junge Handwerker und Künstler begann, sich mit dieser Hilfswissenschaft zu beschäftigen. Über den Inhalt der Wappen seiner Wormser Arbeit unterrichteten ihn die Siegel der reichsstädtischen Urkunden, ihre Farben erfuhr er aber aus der heraldischen Literatur, die er von nun an bis zum Ende seines Lebens mit großer Beharrlichkeit sammelte und zu seinem geistigen Eigentum machte. Otto Hupp gebührt mit seinen folgenden heraldischen Arbeiten das Verdienst, die Heraldik nach einer recht langen Zeit der Verwilderung wieder zu Maß und Schönheit gemäß ihren eigenen klassischen Regeln zurückgeführt zu haben. Von 1885 bis 1936 veröffentlichte und erläuterte er in einundfünfzig Jahrgängen des „Münchener Kalenders" Wappen von Bürger- und Adelsgeschlechtern. Seine bedeutendste und folgenreichste Leistung aber ist sein Ortswappenwerk.

Otto Hupp begann mit dieser Arbeit wohl 1888, vollendet wurde sie erst nach zwei gescheiterten Versuchen 1938. 1896 erschien in Großfolioformat der erste von zehn oder vierzehn geplanten Bänden von „Die Wappen und Siegel der deutschen Städte, Flecken und Dörfer" für die preußischen Provinzen Ost- und Westpreußen sowie Brandenburg, 1898 folgten Pommern, Posen und Schlesien, und diese beiden Bände werden hiermit in einem Werk vereinigt der interessierten Leserschaft als Reprint wieder zugänglich gemacht, zusammen sind es 677 Wappen. — In der Heraldik gilt, daß Wappen Symbole für Personen, Familien, Körperschaften, Städte u.ä. sind und diese so vertreten als ob sie selbst anwesend wären, auch über den Tod von natürlichen oder das Ende von juristischen Personen hinaus. Bedenkt man dies, wird deutlich, welch hoher symbolischer Wert dem Nachdruck dieser beiden Bände des Huppschen Ortswappenwerkes in unserer Zeit zukommt. — Das 1888 begonnene Werk blieb unvollendet, wohl nicht zuletzt wegen der geringen Auflage von 400 Stück und wegen des sehr hohen Preises von 40 Goldmark pro Band; es erschienen noch die Ausgaben für die Provinzen Sachsen und Schleswig-Holstein (1903), für Oberbayern und Niederbayern (1912) sowie die für die bayerische Rheinpfalz (1928). — 1913 wurde eine zweite Ausgabe in Angriff genommen, und zwar von der Kaffee-Handels-A.-G. Bremen (Kaffee-HAG), die ihren Kaffeepaketen von Otto Hupp gestaltete Ortswappen als Werbemarken beilegte, die in Sammelhefte eingeklebt werden konnten. Auch dieses Werk: Die Ortswappen des Königreichs Preußen, die alte HAG-Reihe, ist nach Provinzen geordnet; bis in den Ersten Weltkrieg, der dieses Unternehmen zum vorzeitigen Abbruch brachte, erschienen sechs Hefte mit 660 Ortswappenmarken. — 1926 dann begann das Erscheinen der sogenannten neuen HAG-Reihe mit dem Titel „Deutsche Ortswappen". Es kamen bis 1938 zehn Hefte in vier Bänden heraus, und dieses Werk konnte abgeschlossen werden. Es zeigt 2811 Wappen, die der durch den Versailler Vertrag abgetretenen Gebiete wurden nicht aufgenommen, sondern die Grenzen des Deutschen Reiches von 1937 eingehalten, was den Reprint der ersten beiden Bände der ersten Ausgabe wünschenswert machte. — Der Einfluß dieser drei Reihen von Otto Hupps deutschen Ortswappen auf die Kommunalheraldik ist kaum zu überschätzen, da insbesondere die Sammelmarken sehr beliebt waren und das Wappenwesen der Gemeinden belebten, so daß die Deutsche Gemeindeordnung von 1935 allen Gemeinden das Wappenrecht zusprach. — Viele Kommunen konnten Otto Hupps Wappenvorschläge als gültige Ortswappen annehmen. — Von der HAG-Reihe wurden von 1964 bis 1972 in 8 Heften von Klemens Stadler die Wappen des Gebietes der Bundesrepublik Deutschland nachgedruckt, und Emil Johannes Guttzeit besorgte einen Nachdruck der ostpreußischen Städtewappen einschließlich Memel, Soldau und Heydekrug (Hamburg 1981).

Beim Neudruck erfolgte eine fortlaufende Paginierung. Die Marginalien wurden entsprechend geändert.

Berlin, im November 1984

Ludwig Biewer

Literaturhinweise s. S. 184

ERSTER BAND,
KOENIGREICH PREUSSEN:

WAPPEN DER PROVINZ OSTPREUSSEN.

WAPPEN DER PROVINZ WESTPREUSSEN.

WAPPEN DER PROVINZ BRANDENBURG.

ERSTES HEFT,

ENTHALTEND DIE WAPPEN UND SIEGEL
DER STAEDTE, FLECKEN UND DOERFER
DER PREUSSISCHEN PROVINZEN:

OSTPREUSSEN, WESTPREUSSEN UND BRANDENBURG.

·1·8·9·4·

Inhaltsverzeichnis

Allgemeine Vorbemerkungen.*)

„Ich bin und bleibe nun einmal der alte Narr, der mit niederländischem Ernst nicht nachläßt, bis die Ausführung so weit gebracht ist, als auf's strengste nach den Umständen gefordert werden kann."

(Sulpiz Boisserée an Ludwig Tieck.)

Das hiermit beginnende Werk verfolgt neben einem idealen namentlich auch den praktischen Zweck: die Wappen und Siegelbilder der innerhalb der politischen Grenzen des neuen deutschen Reiches gelegenen Städte, Flecken und Dörfer zu beschreiben und für das jetzt geführte Wappen der beiden ersteren eine heraldisch annehmbare bildliche Vorlage zu geben. Bei dieser sind wahrscheinliche oder selbst zweifellose, aber schon traditionell gewordene Irrtümer der amtlichen Darstellung weder eigenmächtig verbessert, noch ist, was in fachwissenschaftlichen Schriften oft geschieht, das Bild des ältesten Stadtsiegels, unbekümmert um die im Laufe der Zeiten damit vorgegangenen Umänderungen, als heutiges Stadtwappen aufgestellt worden. Es ward vielmehr hier der Abbildung stets der Inhalt des gegenwärtig officiell geführten Siegelbildes zu Grunde gelegt und nur in den wenigen Fällen, in denen einer Reihe alter und neuerer richtiger, eine vereinzelte neueste unrichtige Darstellung entgegenstand, ist auf erstere zurückgegriffen, was jedoch jedesmal im Texte ausdrücklich erwähnt wurde. Auch dann ist hier das historische Bild gegeben, wenn eine Stadt sich des ihr eigentümlichen Stadtzeichens nicht mehr bedient, sondern statt dessen nur Schrift, oder das Wappen des Staates in die Siegel der Gemeinde setzt. Zweifel an der Richtigkeit des heute geführten Stadtwappens, welche bei der eingehenden und in jedem einzelnen Falle unmittelbar auf die Quellen selbst zurückgehenden Bearbeitung allerdings öfter auftauchten, sind also nicht in der Abbildung zum Ausdrucke gebracht, sondern in dem beigegebenen Texte angemerkt, weshalb dieser beim Gebrauche des Buches stets mit in Betracht zu ziehen ist. Es ist somit der Ortsbehörde überlassen, entweder das unrichtige Bild auf Grund des dargelegten Quellenbeweises nach den in ihrem Besitze befindlichen oder für sie leicht zu erlangenden ältern Siegeln abzuändern, oder für das einmal eingebürgerte die in der Zeichnung gebotene, wenigstens nicht gegen die allgemeinen heraldischen Grundgesetze verstoßende Form anzunehmen.

Aber nicht nur dem direkten Bedürfnisse der Städte möchte dies Buch dienen, sondern es wäre des Schreibers besonderer Wunsch, auch dem Forscher, dem ein günstiges Schicksal die Beschäftigung mit der Geschichte unseres Volkes als Tagewerk vergönnt, soweit er etwa der hier einschlägigen sphragistischen Materialien bedarf, durch Aufzählung aller bekannt gewordenen ältern Siegel jedes einzelnen deutschen Ortes, einen Einblick in die Wandelungen des Siegelbildes und damit in vielen Fällen den Schlüssel zu dessen Lokalgeschichte zu geben. Zugleich werden hier diejenigen Bücher und Zeitschriften angegeben und kritisch besprochen, die ausschließlich oder teilweise über Städtewappen und -Siegel handeln; und da ferner bei den einzelnen Siegelbeschreibungen stets bemerkt ist, wo sich das Siegel am besten abgebildet findet, so können dem Historiker hoffentlich manch langwieriges Suchen und die aus ahnungsloser Benutzung unzuverlässiger Quellen oft entspringenden Verdrießlichkeiten erspart bleiben.

Ich habe mich zu lange mit dem Gegenstande beschäftigt, als daß ich den Wert dieser Arbeit überschätzen könnte; ich weiß, daß bei der Spärlichkeit von auf unmittelbare Quellenforschung gegründeten Fachwerken, sowie bei dem Umstande, daß die städtischen Siegel nicht gerade die Lieblinge der Archivare und Heraldiker sind, eine annähernde Vollständigkeit selbst für beschränkte Territorien für jetzt nicht zu erreichen ist.**) Es ist mir ferner klar, daß eine nüchterne Aufzählung und Beschreibung von Siegeln ohne Abbildungen, wie sie hier geboten wird, nicht mehr als ein totes Register sein kann. Aber selbst ein solches fehlte bisher und indem es hiermit, unter Berücksichtigung wohl so ziemlich aller bekannten litterarischen Quellen, und ergänzt durch die Resultate vieljährigen Specialsammelns zu erscheinen beginnt, darf ich hoffen, daß es dazu dienen möge, nicht nur die Herren Archivare und Sammler zur Berichtigung und Vervollständigung der Liste, sondern auch die Stadtbehörden und Lokalpatrioten zur Bekanntgabe hier noch fehlender Siegel ihrer Vaterstadt zu veranlassen. Dadurch würde sich dann das schon vorhandene Material zur Grundlage eines geplanten, mit Abbildungen aller interessantern Stücke versehenen Werkes über die Städtesiegel Deutschlands erweitern. Deshalb wäre ich für gütige Mitteilung hier fehlender Stücke überaus dankbar, bin auch durch viele Doubletten in der Lage, mit der Revanche nicht geizen zu brauchen.

---

*) Es wird ausdrücklich darauf aufmerksam gemacht, daß in dieser Einleitung nur von den allgemeinen Regeln die Rede ist; es lassen sich daher gegen einzelne dieser Sätze Ausnahmen anführen, die, ebenso wie die Begründungen der erstern, hier der leichtern Übersicht wegen wegbleiben mußten. Dagegen wird eine am Schlusse dieses Werkes erscheinende Abhandlung in zahlreichen Beispielen das ganze Gebiet des Wappen- und Siegelgebrauches der Städte in allen Einzelheiten möglichst erschöpfend behandeln.

**) Eine Ausnahme macht von allen deutschen Staaten bis jetzt nur Mecklenburg, von dem, auf gute Vorarbeiten gestützt, das später zu besprechende Werk von Teske eine nahezu vollständige Übersicht seiner Städtesiegel gibt. Für Baden wird von der Bad. histor. Kommission ein ähnliches Werk vorbereitet; der Name des Archivdirektors v. Weech genügt, um jeden Sphragistiker das Vorzüglichste erwarten zu lassen.

Der Grundriß. Was den Plan dieses Werkes anbelangt, so hielt ich die Zugrundelegung der gegenwärtigen politischen Gestaltung unseres Vaterlandes für die einzige Möglichkeit, dem Buche feste Grenzen zu geben. Allerdings werden durch Weglassen der früher zum deutschen Reiche gehörigen, demselben aber jetzt entfremdeten Landschaften manche Städtegruppen, die mit dem diesseitigen heraldischen Adernsystem innig verwachsen sind, glatt abgeschnitten, aber ein Hereinziehen derselben würde nicht nur den Abschluß des Werkes unabsehbar hinausgeschoben, sondern es auch für den praktischen Gebrauch zu weitläufig und schwerfällig gemacht haben; es hält sich dasselbe also an den für die Zukunft maßgebenden, nicht an den vergangenen Stand der Dinge und es richtet sich daher die Einteilung nach den das jetzige Reich bildenden Staaten. Dieselben sollen bezüglich der uns hier beschäftigenden Materie in der Reihenfolge ihrer Größe bearbeitet werden. Das Königreich Preußen wird mit etwa fünf Heften vom Umfange des vorliegenden den ersten Band, die andern deutschen Staaten mit annähernd ebensoviel Heften den zweiten bilden. Das erste Heft beginnt daher mit den preußischen Provinzen Ostpreußen, Westpreußen und Brandenburg, das zweite wird Pommern, Posen und Schlesien, das dritte die Provinz Sachsen u. s. w. bringen. Die Provinzen sind wieder nach den Regierungsbezirken abgeteilt, und innerhalb dieser folgen dann die Ortschaften, unter Voranstellung der Hauptstadt des Regierungsbezirkes, nach Neumanns Ortslexicon in alphabetischer Reihe. — Man wird vielleicht den Vorwurf erheben, daß ich es unterlassen habe, jeder Stadt einen kurzen Abriß ihrer Geschichte beizugeben; aber ich berufe mich auf den Wortlaut des Titels und antworte des weitern, daß es bei dem Umfange dieses Unternehmens nicht möglich gewesen wäre, auch noch außerhalb der gesteckten Grenzen Quellenstudien zu machen; ich wäre darauf angewiesen gewesen, ohne Selbstprüfung abzuschreiben und hätte dadurch nur das Werk übermäßig mit Dem angeschwellt, was doch schon jedes größere Konversationslexicon von der Geschichte der Städte enthält, oder was andererseits von zu lokaler Bedeutung für mein Programm wäre. Deshalb glaubte ich mich darauf beschränken zu dürfen, die Specialgeschichte einer Stadt nur insofern zu berücksichtigen, als sie sich in deren Wappen und Siegeln widerspiegelt.

Wappen und Siegelbild. Wenn hier kurzweg vom Stadtwappen gesprochen wird, so wird damit der Handlichkeit wegen ein Ausdruck gebraucht, der vom streng heraldischen Standpunkte aus nicht immer zutreffend ist. Nur ein Teil der Städte und Flecken besitzt ein eigentliches, eigenes Wappen nach den Qualitäten, die der Heraldiker von einem solchen fordert; meist ist das, was der landläufige Ausdruck als „Stadtwappen" bezeichnet, nur das Siegelbild, aus dem allerdings unter Umständen ein Wappen werden kann, und aus dem auch viele der eigentlichen Stadtwappen thatsächlich hervorgegangen sind. Eine genaue Definition dieser Begriffe läßt sich nur mittelst eingehender Erklärungen an der Hand zahlreicher Beispiele geben. Da es sich aber dabei durchaus nicht etwa um einen Wertunterschied zwischen dem Wappen der einen und dem Siegelbilde der andern Stadt, oder um irgend etwas Wesentliches, sondern nur um eine jeder praktischen Bedeutung baare terminologische Klassifikation handelt, so wird ein Jeder, der über dies Thema etwa die Controverse zwischen Dr. Hauptmann und L. Clericus in der Zeitschrift „Der Deutsche Herold"*) lesen mußte, es nicht beklagen, wenn ich mich scheue, hier einen unvermeidlich sehr langen Vortrag über eine Frage zu halten, auf die es eine allgemein gültige Antwort eben nicht gibt, sondern die in jedem einzelnen Falle von einem geschulten Heraldiker geprüft werden muß, die aber auch lediglich für diesen einiges Interesse haben kann. Jedenfalls wird man zu entschuldigen geneigt sein, daß hier in dem auch für Nichtheraldiker bestimmten Vorworte der Kürze halber der nicht in allen Konsequenzen korrekte, aber doch gemeinverständliche Ausdruck gebraucht und erst im Zusammenhange mit der Geschichte des Wappen- und Siegelgebrauches der Städte dies Thema weiter behandelt wird.

Quellen. Als Quellen für die Richtigkeit des heutigen Stadtwappens sind vornehmlich die städtischen Siegel, Münzen und Medaillen, sowie die landesherrlichen Wappenverleihungen und Verbesserungen — wo solche vorgekommen sind — dann die Wappendarstellungen auf städtischen Gebäuden, Waffen, Fahnen und sonstigen Gegenständen, in zweiter Linie erst Chroniknotizen, Beschreibungen und Abbildungen in Wappen- und andern Werken anzusehen.

Die alten Siegel. Die alten Stadtsiegel sind allen andern Quellen für das Ortswappen vorzuziehen; auch die städtischen Münzen müssen dahinter zurückstehen; denn wenn diese auch, wie jene, durch den amtlichen Gebrauch sanktioniert sind, so waren es doch nur wenige Städte, denen das Münzrecht zustand, und dann tragen auch die ältern, hierher gehörigen Münzen, wenn überhaupt, so doch ihrer geringen Größe wegen oft nur einen Teil des Stadtwappens und eine meist gekürzte, mitunter nur durch einen Buchstaben angedeutete Ortsbezeichnung. Sehr häufig fehlt aber letztere gänzlich und es geschieht dann die Zuweisung des betr. Stückes an eine bestimmte Stadt nur auf Möglich- oder Wahrscheinlichkeiten hin, dasselbe kann aber dann natürlich nicht unter die Quellen des Stadtwappens gerechnet werden. Wenn aber der praktische Wert der Münze weniger im Gepräge als in dem Metallstücke an sich liegt, demzufolge ersteres also nebensächlicher behandelt werden konnte und zuweilen auch wurde, so fällt dagegen beim Siegel der materielle Wert weg und es ist nur dessen Typus, der die amtliche Beglaubigung einer Urkunde dokumentiert. Die alten Hauptsiegel dienten nicht, wie die Sekretsiegel und Signete, und wie die neuern Siegel überhaupt, zum Verschlusse der Briefe, sondern sie wurden

*) 1884 Nr. 2, 5, 6, 9, 12; 1885 Nr. 7, 8, 9, 11.

wichtigeren Urkunden anstatt der Unterschriften als amtliche Beglaubigung aufgedruckt oder angehängt, und zwar geschah dies nicht nur in Sachen, die die Stadt als solche betrafen, sondern auch bei rein privaten Angelegenheiten ihrer Bürger. Als „ganz unentbehrliche Beglaubigungsmittel für den mittelalterlichen Verkehr" aber hatten die Siegel eine ungemeine diplomatische Wichtigkeit und dementsprechend zeigen sie denn auch die Bilder dessen, was der Stadt für das Wesentlichste galt oder was sie selbst am besten zu symbolisieren vermochte: ihren oder des Landes Schutzheiligen oder dessen Attribute; das Bild des Königs, ihres geistlichen oder weltlichen Grundherrn; eine Erinnerung an ihren Gründer, oder an ein historisches Ereignis; einen Hinweis auf ihre geographische Lage, auf die Ursache ihres Entstehens oder Gedeihens; das als Zeichen der Zugehörigkeit freiwillig angenommene, ihr verliehene oder auch aufgedrungene Wappen des Landes- oder ihres Mediatherrn; ein Idealbild ihrer selbst, der Hauptkirche, des Rathauses, eines Stadtthores, einer Brücke; eine ihren Namen wiedergebende oder auf diesen anspielende Darstellung, oder schließlich eine Vereinigung mehrerer dieser Bilder. Klugheit und Gemüt zugleich behüteten unsere Vorfahren vor dem Trugschlusse, hinter der größtmöglichsten Nüchternheit die größtmöglichste Nützlichkeit zu vermuten: so kommen denn Siegel, die nur Schriftzeilen zeigen, und die unsere Zeit in so bezeichnender Menge liefert, in den ersten sechshundert Jahren des Siegelgebrauches der Städte überhaupt nicht vor. — Weit besser als aus den vereinzelten Chronikaufzeichnungen und den Verordnungen, die uns über die Anfertigung und Aufbewahrung oder von etwaigem Verluste eines städtischen Siegelstempels berichten, ersehen wir die hohe Wertschätzung, die dem Stadtsiegel, als dem die Stadt repräsentierenden Zeichen, entgegengebracht wurde, aus der gediegenen Ausstattung, die man seinem Stempel widmete. Schon dessen meist stattliche Größe spricht dafür; auch waren viele Stempel aus Edelmetall, andere im Feuer vergoldet, weitere hatten reiche Bügel oder Ösen, an denen sie mittelst Kettchen bei festlichen Gelegenheiten vom Bürgermeister auf der Brust oder am Gürtel getragen werden konnten; alle aber zeichneten sich dadurch aus, daß von ihren Verfertigern die möglichste Kunst auf die Modellierung und den Guß oder den Schnitt der eigentlichen Siegelfläche verwendet wurde. Daß in vereinzelten Fällen die Wahl der Darstellung keine ganz glückliche war, daß namentlich die im engern Sinne „redend" genannten Bilder unserm verfeinerten Gaumen oft als bei den Haaren herbeigezogen vorkommen, daß manche Siegel auch ungeschickt geschnitten sind und häufig fehlerhafte Umschriften vorkommen — das Alles soll vorher zugegeben werden: im allgemeinen aber sind die alten Siegel von einer geradezu entzückenden Schönheit, einer Großartigkeit der Auffassung, Feinheit der Symbolik, Pracht der Heraldik und einem Humor der Wortspiele, daß einem die Brust weit wird, wenn man an den Schatz deutscher Kunst denkt, der in den tausenden alten Siegeln der deutschen Städte liegt; und der Bürgermeister, der etwa bei Anfertigung neuer Siegelstempel an die Benutzung einer hier gegebenen Abbildung denkt, möge vorher nachsehen, ob sich unter den frühern Siegeln seiner Stadt nicht deren unerreichte Vorlage findet. — Ein rein äußerlicher Umstand bekundet die liebenswürdige Sorgsamkeit, welche auch spätere Geschlechter den durch ihre ehemalige Wichtigkeit und ihren Kunstwert gleich ehrwürdigen alten Siegelstempeln entgegenbrachten. Während nämlich andere kleine Metallgegenstände, wie Schmucksachen, Gerätschaften und Waffen aus dem 13. und 14. Jahrhundert zu den großen Seltenheiten zählen, auch wohl nur wenige Münzen jener Zeiten anders als durch den zufälligen Umstand, daß sie einmal vergraben oder verloren und dann später wieder aufgefunden wurden, auf uns gekommen sind, gelang es hunderten von Städten, ihre alten Originalstempel aus jenen frühen Zeiten vor Raub und Feuer ununterbrochen bis heute zu bewahren. — Da nun die alten Siegel auch fast ausnahmelos eine den Stadtnamen enthaltende Umschrift haben, Verwechslungen also, namentlich wenn sie noch der Urkunde anhangen, seltener vorkommen können, so sind sie allerdings als die älteste und reinste Quelle für das Stadtwappen anzusehen, und ist auch deßhalb hier bei jedem Orte dessen chronologische Siegelreihe, so weit es eben zu erreichen war, lückenlos aufgeführt und beschrieben. Bei den neuern und neuesten Stücken, insofern sie nicht etwa die einzigen bekannten Siegel der betreffenden Gemeinde waren oder ein anderes bemerkenswertes Faktum für das fehlende historische Interesse eintrat, beschränkt sich die Beschreibung nur auf die Angabe der Siegelbilder, ohne die Umschrift, Größe und das Gebrauchsjahr zu berücksichtigen. Dies gilt auch von den Gerichtssiegeln, von denen die, welche nur die Justitia mit den üblichen Attributen, oder das Wappen des Staates zeigen, hier ganz weggelassen wurden, während von den andern, namentlich wenn sie das Stadtwappen, oder was oft vorkommt, variierende Darstellungen desselben zeigen, das Bild angegeben wird, ohne daß das Siegel, als außer unserm Rahmen liegend, weiter beschrieben würde.

Siegelbenennungen.

Man unterscheidet bei den Städtesiegeln, nach der Art ihrer Verwendung 1) das größere, zu wichtigen Beurkundungen gebrauchte Hauptsiegel (sigillum, Ingesiegel), welches zumeist offenen Urkunden angehängt wurde; 2) das, ersterm oft zu größerer Bekräftigung als Rücksiegel dienende, auch allein zur Corroboration minder wichtiger Geschäfte und zum Verschlusse nichtöffentlicher Schriftstücke verwendete und deshalb Geheimsiegel (secretum, Sekret) genannte kleinere Siegel; 3) das meist ganz kleine, zum gewöhnlichen Briefverschluß benutzte Signet (signetum). Von diesen ganz allgemeinen Regeln gibt es aber eine Menge Ausnahmen; auch kommen außerdem noch bei einigen Städten besondere Siegel vor. Die Aufzählung und Beschreibung jener und dieser muß jedoch, wie alles Eingehendere, auf die oben erwähnte, das Thema möglichst erschöpfende Abhandlung über das gesamte Wappen- und Siegelwesen der Städte verschoben werden. — Außer nach der Art ihres diplomatischen Gebrauches aber sind die Siegel noch nach der Technik ihrer Herstellung zu benennen. Darnach ist, wenn im folgenden von einem „Siegel“ ohne weitern Zusatz die Rede ist, ein Wachs- resp. Lackabdruck, oder — was nur wenn es nötig ist, besonders erwähnt wird — die Kopie eines solchen gemeint. Die schon seit dem ersten Viertel des 15. Jahrh. bei Städten vorkommenden, der Urkunde auf einem Blättchen Papier über einer dünnen Wachsschicht oder Oblate aufgepreßten Stempelabdrücke sind hier, statt des dafür nie recht allgemein gewordenen Ausdruckes „Pressel“*) kurzweg „Papiersiegel“ genannt. Da hier nie der Stempel, sondern ausschließlich nur dessen Abdruck als Siegel bezeichnet wird (s. unten), so können wohl keine Irrungen durch diesen, auch schon von Melly**) dafür gebrauchten, von den spätern Siegelkundigen allerdings meist durch längere Umschreibung ersetzten Ausdruck entstehen. — Unter „Farbsiegel“ sind die, mit dem 17. Jahrh. beginnenden, aber erst im 19. zur Massenanwendung kommenden, den Aktenstücken in Farben aufgestempelten Abdrücke von eigens zu diesem Zwecke geschnittenen, zum Abdrucken in Wachs oder Lack nicht geeigneten Farbendruckstempeln zu verstehen. „Siegeloblaten“ nennt man die modernen, meist erhaben in weißem oder buntem Papier mit farbigem Hintergrunde gepreßten Stempelabdrücke, die mittelst rückseitiger Gummierung den Schriftstücken aufgeklebt und heutzutage so allgemein als Briefverschluß angewendet werden, daß sie auch die letzten Reste der alten, treuen Siegel verdrängen zu wollen scheinen. — Die Zwittergeschöpfe zwischen diesen verschiedenen Techniken, z. B. Stempel, die zugleich sowohl zum Abdrucke in Siegellack, als mittelst Farbe dienen, sind ganz jungen Datums und erregen so wenig ein künstlerisches als ein historisches Interesse, brauchen also hier nicht weiter berührt zu werden.

Siegelbeschreibungen.

Wenn auch die Beschreibung von Siegeln ohne Beigabe von Abbildungen nur einen sehr geringen Wert hat, so kann dieser doch durch Genauigkeit der Angaben wesentlich erhöht werden. Lange Erfahrung und der Verdruß über die so überaus häufigen unbrauchbaren Siegelnotizen ermutigen mich, die bei der vorliegenden Arbeit befolgten Regeln hier übersichtlich zusammen zu stellen. — Der Ausdruck „Siegel“ kann sowohl für den *Stempel* (Typar, Petschaft, Siegelstock), als auch für den *Abdruck desselben* gebraucht werden; hier ist derselbe, um Verwechslungen vorzubeugen, immer *nur für letzteren allein* verwendet. Die Beschreibung des Siegelbildes ist stets so knapp gehalten, als es, ohne die Deutlichkeit zu beeinträchtigen, nur anging, zu welchem Ende der Gebrauch der heraldischen Sprache unerläßlich war.***) Auch die ausführlichsten Beschreibungen können eine Abbildung nicht ersetzen. Da ein Werk mit solchen geplant ist (s. S. I), so wollte hier nicht sowohl versucht werden, die Siegel möglichst plastisch zu schildern, als vielmehr sie so zu charakterisieren, daß der, dem ein Stadtsiegel vorliegt, sogleich erkennen könne, ob es mit dem hier katalogisierten identisch oder ein noch unediertes Stück sei. Deshalb mußten hauptsächlich diejenigen besondern Kennzeichen hervorgehoben werden, die sich ohne Abbildung kontrollieren lassen und so ist denn stets die Umschrift buchstäblich mit genauer Beachtung aller Abkürzungen, Punkte, Sternchen, Rosetten, namentlich aber mit etwaigen Schreibfehlern und verkehrt gravierten Buchstaben in der Schriftgattung des Originales, also in Majuskeln,†) Minuskeln oder Antiqua wiedergegeben worden. Die möglichst genaue Wiedergabe der Legende ist das wichtigste Hülfsmittel zur Unterscheidung der verschiedenen Siegel einer Stadt; denn wenn sich ein und dasselbe Bild auch oft bei einer ganzen Reihe von Siegeln wiederholt, so pflegt die Umschrift doch bei jedem einzelnen Stücke wenigstens in Kleinigkeiten abzuweichen. Eben diese Kleinigkeiten aber lassen sich, wenn keine Abbildung gegeben werden kann, bei der Beschreibung weit genauer durch den bloßen Schriftsatz des Druckers wiedergeben, als selbst größere Verschiedenheiten der eigentlichen Darstellung sich durch eine lange Schilderung vergegenwärtigen lassen: sie sind also sehr wesentliche Kennzeichen, die *niemals willkürlich gekürzt werden sollten*. Bei besonders auffälligen oder fehlerhaften Siegelumschriften ist hinter dieser, unmittelbar vor der stets und zwar in Millimetern beigeschriebenen Größe des Durchmessers, noch durch ein „!“ darauf aufmerksam gemacht, daß nicht etwa in der Wiedergabe ein Schreib- oder Druckfehler vorliege. Sodann ist es hier regelmäßig angegeben, wenn sich das Bild nicht frei im Siegelfelde, sondern in einer Schildform befindet, da dies mit zur Unterscheidung dienen kann. Dagegen konnte ich mir einige Umständlichkeiten, ohne dadurch eine Ungenauigkeit befürchten zu müssen, ersparen, wenn man nur beim Gebrauche folgendes als selbstverständlich voraussetzen will. Vor dem 15. Jahrh. kann eine andere Schildform als die sogen. dreieckige, d. h. die eigentliche Schildesform, auf Städtesiegeln nicht vorkommen, während es von der darnach auftretenden Tartsche und dem spätern Rahmenschilde (Cartouche) so viele Willkür- und Übergangsformen gibt, daß deren Beschreibung den Text bedeutend und nutzlos verlängert hätte. Wenn nichts anderes dabei bemerkt wird, ist eine menschliche Figur als stehend, und zwar nach vorne, d. h. zum Beschauer gekehrt, zu denken, Tiere

*) „Pressel“ soll übrigens nach Breslau, Handb. d. Urkundenlehre I. Bd., S. 957, Note 7, jetzt für den Pergamentstreifen, mittelst dessen das Siegel an der Urkunde hängt, üblich werden.

**) „Beiträge z. Siegelkunde d. Mittelalters“, Wien 1850.

***) Es werden die vom Herald. Verein „Herold“ in Berlin angenommenen Ausdrücke benutzt, die sich in M. Gritzners „Handbuch der Heraldischen Terminologie“, Nürnberg, Bauer u. Raspe, 1890 niedergelegt finden.

†) Majuskel-Lettern, mittelst deren sich die Siegelumschriften ganz genau wiedergeben ließen, gibt es nicht, und kann es kaum geben, da fast jedes alte Siegel Varianten in der Schriftform aufweist; die hier gebrauchten Lettern gehören zu den besten, lassen aber zu wünschen übrig. Doch wär der Besitzer der Schriftgießerei Genzsch und Heyse in Hamburg und München, Herr E. Genzsch, so entgegenkommend, ein neues Majuskelalphabet mit vielen Varianten schneiden zu lassen, welches vom zweiten Hefte an zur Verwendung kommen wird.

dagegen sind stets als nach rechts gewandt und in der üblichen heraldischen Stellung befindlich, zu verstehen. Endlich ist die äußere Form der Städtesiegel so vorwiegend die runde, daß nur die Ausnahmen besonders genannt zu werden brauchten. — Sehr wesentlich ist es, Städtesiegelbeschreibungen stets das Jahrhundert der Stempelanfertigung beizusetzen, denn im Gegensatze zu den Petschaften der Einzelpersonen, die bis auf verschwindend wenige Ausnahmen nach dem Tode ihres Eigentümers außer Gebrauch gesetzt wurden, diente ein und derselbe Stempel einer Stadt oft fünf Jahrhunderte und länger. Es ist daher auch bei Städtesiegeln ganz unstatthaft, ein Siegel nach dem Jahre des Vorkommens an einer Urkunde zu benennen, wenn nicht eben zweifellos festgestellt werden kann, daß der Stempel wirklich in dem betreffenden Jahre angefertigt oder zuerst in Gebrauch genommen wurde. Wie viele altpreußischen Stücke werden z. B. als „das Siegel vom Jahre 1440" citiert, während von den vielen Siegeln des bekannten Bundesbriefes der preußischen Städte von jenem Jahre nur ein ganz kleiner Teil aus Stempeln des 15., die meisten aus solchen des 14. Jahrh. gedruckt sind. Selbst bei Siegeln, die Jahreszahlen tragen, ist es ratsam zu prüfen, ob sich diese auf das Jahr der Stempelanfertigung oder auf ein Erinnerungsjahr beziehen. — Es könnte einigen Nutzen haben, daß es hier stets beibemerkt ist, wenn sich von einem Siegel der Stempel noch erhalten hat; denn dadurch ist heraldischen Schriftstellern öfters Gelegenheit geboten, statt eines defekten, einen tadellosen Abdruck zur Abbildung zu bringen und ungenaue Ergänzungen eines Fragmentes zu vermeiden. Die bloße Mitteilung von der Erhaltung des Stempels, ohne weitere Angabe, ist dahin zu verstehen, daß die Ortsbehörde denselben noch bewahrt. — Die Siegelformeln aus den Urkunden selbst werden, wie überhaupt alle Einzelheiten des diplomatischen Siegelgebrauches der Städte, in der öfter erwähnten, mit dem Schlußhefte dieses Werkes erscheinenden eingehenden Abhandlung über das gesamte Wappen- und Siegelwesen der Städte besprochen werden.

Kopien von Siegeln zu machen.

Es haben fast alle Fachleute, mit denen ich in Tauschverbindung gestanden, um mein Verfahren, Lackabdrücke aus Gipsformen zu erzielen, angefragt, so daß ich, um dasselbe nicht stets wieder brieflich mitteilen zu müssen, eine genaue Beschreibung davon hier einzuschalten mir erlaube. — Zuerst reinige man mittelst einer weichen Bürste und Seifenwasser das abzugießende Siegel, spüle dann den Seifenschaum ab und gieße sogleich den Gips auf die noch nasse Oberfläche. Die Seife nimmt nicht nur den Staub und Schmutz weg, sondern macht auch das Wachs für die Annahme des mit Wasser angemachten Gipses empfänglich, so daß dieser bei nur einigermaßen vorsichtigem Aufgießen in die kleinsten Winkelchen gelockt wird, während das bisher übliche Einölen der Siegel ihn abschreckte und sich dadurch oft Blasen bildeten. Die Gipsschicht kann man bei diesem Verfahren gleich in ihrer ganzen Dicke, d. h. $1^1/_2$ bis 2 cm stark, aufgießen; man lege dann rückseitig ein Stück starker Schnur hinein, was später als Handhabe zum Abnehmen dienen kann. Letzteres darf erst nach vollständigem Erhärten des Gipses, je nach der Größe der Siegel in 3 bis 6 Stunden oder noch später, erfolgen. Bei glattgewetzten Stücken mit großen Formen, wie sie bei den ältesten Siegeln zumeist vorkommen, trennt sich der Abguß vom Original schon durch sein trocknen; bei andern bediene man sich der eben beschriebenen Handhabe. Will sich die Form nicht sogleich gutwillig lösen, so wende man nicht Gewalt an, sondern lege dieselbe mit ihrer Rückseite einige Augenblicke auf die warme Ofenplatte — eine Manipulation, die natürlich keinem Dienstboten überlassen werden darf. Sowie der Gips zu erwärmen beginnt, fängt das darin noch enthaltene Wasser an zu verdunsten und löst dadurch von selbst die Verbindung mit dem Siegel, so daß er sich durch einen leichten Ruck an der Handhabe nun schön abhebt. Darauf reinige man das Original sorgfältig von jeder etwa zurückgebliebenen Gipsspur und öle es dann mittelst eines Pinsels ein wenig mit Olivenöl, was, wenn auch nicht mehr eigentlich zu vorliegendem Thema gehörig, doch so wesentlich zur Konservierung alter Wachssiegel beiträgt, daß es hier wohl beiläufig erwähnt werden durfte. Zerbrochene oder schieferige Siegel dürfen nicht direkt abgegossen werden; bei Stücken mit überhängendem Rande ist die Unterhöhlung vorher mit Wachs auszustreichen. Von defekten Stücken, wie auch von Papiersiegeln ist ohne jedes Risiko noch eine ganz leidliche Kopie zu erhalten, wenn man ein Stückchen Staniol über das Gepräge legt, mit einer mittelweichen Bürste allseitig anbürstet und dann darauf den Gips gießt. — Von dem erhaltenen Gipsnegativ (Matrize) können nun sowohl alsbald, als auch noch nach Jahren Abdrücke in Siegellack gemacht werden. Zu diesem Ende lege man die Gipsform in Wasser und lasse sie so lange darin, bis gar keine Luftblasen mehr aufsteigen, trockne sie dann entweder durch Abblasen der Tropfen, Abtupfen mit Löschpapier, oder indem man sie einige Minuten auf Fließpapier liegen läßt, so ab, daß kein blankes Wasser mehr darauf steht, und presse sie dann schnell und fest in das mittlerweile geschmolzene Siegellack. Die nur durch Übung zu erlernende Kunst besteht nun darin, letzteres in den richtigen Wärmegrad zu versetzen. Es ist zu erstreben, dasselbe möglichst zu erhitzen, ohne daß es jedoch zu brennen anfängt: war es zu wenig warm, so wird der Abdruck nicht scharf; war es zu heiß, so zeigt derselbe Blasen und Flecken. Nach vielen Versuchen bin ich, selbst für die allergrößten Stücke, auf die primitivste Art des Lackschmelzens zurückgekommen, d. h. ich erwärme die Lackstange über der Spiritusflamme bis zum brennen, mache dann auf dem dafür zugerichteten Papier*) unter beständigem Verrühren mit der Stange einen der Größe des betr. Siegels entsprechenden Klatsch, den ich, sobald er Masse genug hat, umgekehrt,

*) Damit sich die Abdrücke später nicht werfen, nimmt man zwei durch gewöhnliches braunes Lack zusammengeklebte, nicht zu glatte Papiere dazu; das ist besser als Pappendeckel, der Luftblasen wirft, wenn das heiße Lack darauf kommt, und der dem Ablösen des Stempels und später der Scheere zu viel Widerstand entgegensetzt.

d. h. mit der Lackseite, einige Augenblicke über der Flamme hin und her bewege, damit seine Oberfläche den höchstmöglichen Wärmegrad erreiche, und drücke dann über einer weichen Unterlage (z. B. zusammengefaltete Zeitung) den Gipsstempel schnell und kräftig hinein. Bei sehr tief geschnittenen Stempeln wende ich das Ganze dann sofort um und drücke von hinten noch leicht mit dem Finger das Lack gegen die Form, lasse es auch umgekehrt erkalten, damit es durch seine Schwere in die Form, statt entgegengesetzt, zurücksinke. Ehe es ganz hart geworden, beschneide man den Rand mit der Scheere und nähere ihn vorsichtig der Flamme, damit er ein wenig anschmelze und so schön glatt werde. Alsdann nehme ich eine weiche Bürste, tunke sie ein ganz wenig in (event. mit Olivenöl verdünnte) Buchdruckerschwärze, verreibe diese auf dem Siegel tüchtig und wische sie dann mit einem weichen Leinenläppchen und zuletzt mit dem Ballen der Hand von der Oberfläche wieder ganz ab. In den Tiefen bleibt dann ein dunkler Ton und hierdurch erhalten die Abdrücke nicht nur ein schönes Ansehen, sondern es treten auch alle Erhabenheiten des Siegels so gut vor, daß die Kopie das Originalsiegel an Schärfe und Deutlichkeit scheinbar übertrifft. Zu bemerken ist aber, daß dies Resultat außer Aufmerksamkeit und Übung auch durchaus gutes Material, Alabastergips*) und besseren hochroten Siegellack fordert. Im Übrigen ist das Verfahren durchaus nicht so umständlich, als es sich niedergeschrieben wohl ansieht, namentlich nicht, wenn man gleich viele Siegel zugleich abformt und abdruckt. Bei guter Aufbewahrung — sie sind (wie ja auch die Originale) vor Druck und Hitze zu bewahren — halten solche Lackabdrücke unbegrenzt und sind schöner und siegelmäßiger als Gipsabgüsse und die zwar sehr soliden, aber auch sehr theuern Röckl'schen Metallniederschläge. — Wer aber aus den Negativformen lieber positive Gipsabgüsse als Lackabdrücke gewinnen möchte, der findet dafür Anweisung in Warnecke: „Heraldisches Handbuch“ S. 26 (d. I. Aufl.).

Wappenverleihungen.

Von den frühern sagenhaften Fällen abgesehen, beginnen die den deutschen Städten und Märkten vom Kaiser, oder dem engern Landes- oder Mediatherrn erteilten brieflichen Wappenbegnadungen, oder, wie man auch bei neuerteilten Wappen gerne sagte: „Wappenbestätigungen“, soweit sie uns erhalten sind, um das Jahr 1400. Von den gegen 350 derartigen Urkunden, von denen ich Kunde und meist auch Abschriften erhalten konnte, gehören 61 dem 15. Jahrhundert, 97 dem 16., 43 dem 17., 19 dem 18. und 77 dem 19. Jahrhunderte an; die übrigen sind teils unsicher, teils offenbare Erfindungen. Es ist aber nicht zu bezweifeln, daß diese Anzahl vielleicht die größere Hälfte der schriftlich ausgestellten betr. Dokumente, sicher aber nur ein Bruchteil der thatsächlich erfolgten Wappenerteilungen bildet. Zweifellos geschahen diese, namentlich in den frühen Zeiten, oft nur mündlich; denn die Zahl der Stadtsiegel die das Herrschaftswappen ganz oder zum Teil zeigen, ist schon im 13. und 14. Jahrhundert eine große, und es ist bei den damaligen heraldischen Verhältnissen ebenso unwahrscheinlich, daß die Städte ohne weiteres die Wappen ihrer Herren angenommen haben sollten, als es unglaublich ist, daß alle schriftlichen Dokumente aus diesen Zeiten darüber sollten verloren gegangen sein, wo sich doch noch viele aus dem folgenden Jahrhundert erhalten haben: es ist also wohl anzunehmen, es sei erst später Brauch geworden, die Begnadung schwarz auf weiß festzuhalten. Als Grund der Verleihung finden sich in den Wappenbriefen meist allerhand Verdienste, die sich die Stadt erworben habe, angegeben; daß darunter, — wenigstens bei den im 16. und 17. Jahrhundert unter dem Deckmantel des kaiserlichen Namens den wohlhabenderen Städten von der Reichskanzlei erteilten Gnaden und Wappenbesserungen — auch das schöne blanke Geld zu verstehen sei, das geht zwar nicht aus den Diplomen, zuweilen aber aus den betr. Stadtrechnungen hervor. — Die Wappenbriefe enthielten zumeist das Wappen nicht nur genau beschrieben, sondern auch „gemalet und eigentlichen mit Farben ausgestrichen“. Für die Orte die sich eines solchen zu erfreuen hatten, steht also das Wappen — in der Regel, aber nicht immer, heraldisch mustergültig — in Form und Farbe unzweifelhaft fest. Deshalb ist es auch mit Freuden zu begrüßen, daß in unserer Zeit die Zahl solcher Ausfertigungen wieder im Steigen ist.

Insiegelverleihungen.

Es kommt besonders im 16. Jahrhundert öfter vor, daß den Städten von ihrem Landesherrn wörtlich nur „ein gewohnlich Insiegel“ verliehen wird; da dabei aber fast immer ein Schild genannt und dessen Bild beschrieben wird, auch für beide die Farben ausdrücklich bestimmt werden, letztere aber auf einem Siegel damals (s. unter „Schraffierung“) gar nicht zum Ausdruck gebracht werden konnten. Da ferner die Formel für den Gebrauch dieses Insiegels oft wortwörtlich dieselbe als bei der Verleihung eines „Wappens“ ist, so ist augenscheinlich, daß die Sache selbst die gleiche und nur der Ausdruck ein anderer ist. — Wirkliche Siegelverleihungen, bei denen ausschließlich nur von einem in Metall zu grabenden Siegel (und zuweilen auch von dessen Umschrift) die Rede ist, nicht aber von den Farben des Schildes und der Figuren gesprochen wird, kommen auch, aber recht selten vor. Auch davon wird die oben (vergl. S. 1, erste Fußnote) erwähnte Schrift Beispiele bringen.

Die Wappenfarben.

Durch die Siegel sind uns die Wappenfiguren in den meisten Fällen in ursprünglicher Reinheit und oft in unübertrefflicher Stilisierung überliefert, aber es fehlen noch die Tinkturen, die heraldischen Farben dafür. Und da muß denn gleich gesagt sein, daß es

---

*) Derselbe muß gutverschlossen aufbewahrt werden; beim Anmachen gebe man zuerst das Wasser (etwa ein Eßlöffel voll auf zwei gestrichene Löffel voll Gips für ein mittelgroßes Siegel gerechnet) in das Gefäß, und streue dann nach und nach unter Umrühren den Gips hinein (nicht umgekehrt!). Sollte derselbe unter dem Gießen schon zu erstarren anfangen, so darf man ihn etwas verrühren, nicht aber Wasser nachgießen, weil er sonst ertrinken, d. h. nach dem Erhärten mehlig und abfärbend sein würde. Um letzteres zu vermeiden, ist es auch notwendig, das gebrauchte Gefäß und den Löffel stets wieder auszuspülen, bevor man eine weitere Portion anmacht.

für diese eine auch nur annähernd so reiche und sichere Quelle als für die Formen nicht gibt. Während noch aus dem 12. Jahrhundert sich die Siegel einer Anzahl von Städten erhalten haben, die Zahl der im 13. Jahrhundert geschnittenen Stempel schon in die hunderte geht und im 14. und 15. Jahrhundert in die tausende wächst, lassen sich die vor dem letzten Viertel des 15. Jahrhunderts angefertigten und bis auf uns gekommenen farbigen Darstellungen von Städtewappen an den Fingern aufzählen. Erst von da an beginnen die Wappenbriefe häufiger zu werden, und es finden sich öfter farbige Stadtwappen in Kirchen, Rathäusern, an Stadtthoren, auf städtischen Fahnen und Waffen, auf Schützen- und Zunftgeräten u. s. w.; auch die Handschriften und reich illustrierten Chroniken jener Zeit schmücken sich mit bunten Städtewappen. Dabei geben die Wappenbriefe für die Orte, denen sie zu teil wurden, die sichersten, die Druckwerke dagegen die wenigst zuverlässigen Farbenangaben: je weiter der Ort, dessen Wappen darin gebracht ist, vom Wohnort des Verfassers entfernt lag, um so näher lag es diesem, seinem Wissen mit seiner Phantasie helfend beizuspringen. (Vergl. die Abschnitte „Wappenbriefe" und „Fachlitteratur" S. VI und VIII.) Ferner lassen sich für jene Orte, die das Wappen des Landesherrn oder das eines größern Dynasten entweder ganz oder Teile daraus führen, die Farben mit ziemlicher Sicherheit bestimmen; denn die Wappentinkturen der größern Adelsgeschlechter sind meist bekannt und es bleibt dann in manchen Fällen nur die Frage offen, ob die Stadt nicht zur Unterscheidung vom Herrschaftswappen dessen Bild in andern Farben führte oder führen mußte, wofür auch Beispiele bekannt sind. — Bei einem freigewählten Bilde werden sich in den größern Städten, in denen sich öfter Gelegenheit bot, dasselbe zu farbiger Darstellung zu bringen, bald bestimmte Tinkturen dafür eingebürgert haben, die dann aus eben demselben Grunde sich bis jetzt erhielten. Aber von den Farben einer großen Anzahl von „Wappen" kleinerer Städte und Märkte wissen wir nichts, und es wäre auch ein vergebliches Bemühen, in allen Fällen die einzig richtigen Tinkturen dafür auffinden zu wollen, — weil es nämlich vielfach keine gibt noch gegeben hat. Es ist das bei den Ortswappen anders als bei den Adelswappen. Bei diesen ist der Wappenschild im Siegel das Abbild des im Kampfe resp. Turnier gebrauchten Schildes; dieser aber mußte zur Unterscheidung der Persönlichkeit farbig sein, und es hat somit für den Schild im Adelssiegel einmal ein farbiges Urbild gegeben. Bürgerliche oder später geadelte Geschlechter nehmen mit einem neuen Wappen die Resultate einer naturgemäßen Entwicklung desselben und also auch die Farben an; es gibt demnach kein Personensiegel mit einem Wappen, das von Haus aus keine Farben hätte. Aber es konnte sehr wohl sein und ist gewiß oft so gewesen, daß eine Gemeinde ihr freigewähltes Siegelbild in nicht verbotener Nachahmung des Wappensiegels einer andern Stadt auch in einen Schild setzte und es dadurch scheinbarlich zu einem wirklichen Wappen machte, ohne daß es, weder vorher noch nachher, jemals in Farben dargestellt worden, oder solche dafür angenommen worden wären; oder aber es geschah ersteres vielleicht so selten, daß sich eine bestimmte Regel dafür nicht durch den Gebrauch festsetzen konnte und das nächste Mal dieselben Schildfiguren vielleicht in andern Farben erschienen. Wenn es nun also schon bei manchen Ortschaften, in denen „Wappen" grünen, nicht möglich ist, deren Farben aufzufinden, wie erst bei denen mit dürren Siegelbildern? — Aus den Farben der Seiden- und Leinenbänder und Schnüre, mit denen vereinzelt schon im Anfang des 13. Jahrhunderts, namentlich aber vom 16. Jahrhundert ab, die Siegel oft an die Urkunden gehängt sind, lassen sich keine Rückschlüsse auf die Farben des Stadtwappens ziehen, wie man gemeint hat. Wenn auch im allgemeinen bei den Städten mit bekannten Wappenfarben ein gewisses Vorherrschen dieser dabei wohl zu bemerken ist, so spielten doch die Willkür und der Zufall zu stark, als daß man darauf gehen dürfte: es kommen Bänder in allen Farben und Musterungen vor, und sehr oft hängt ein und dasselbe Siegel bei dieser Urkunde an einem grünen, bei jener an einem violetten Bande. – Damit wäre nun aufgezählt, was wir an zweifellosen und zweifelhaften Quellen für die Wappenfarben der Städte haben. Wo keines dieser Wässerlein sickert, und das ist gar oft der Fall, da ist nichts anders zu machen, als was auch hier geschehen: es sind die heraldisch am ehesten zu vertretenden Tinkturen für das Bild zu wählen. Doch ist dann, wenn dem Stadtwappen ein Herrschaftswappen zu Grunde zu liegen schien, dessen Farben sich nicht sicher bestimmen ließen, der betreffenden Farbenangabe hier ein „?" beigesetzt. Die Farbe der Bewehrung der Tiere, die Tinktur der Dächer und Thore ꝛc. ist der Kürze halber hier nicht jedesmal beigeschrieben; der Heraldiker bedarf dieser Angaben nicht, der Nichtfachmann dagegen findet die nötigen Regeln auf S. XI angegeben.

Schraffierung.

Die gefühllose heraldische Schraffierung, d. h. der Gebrauch, die Farbe jedes einzelnen Wappenteiles durch in bestimmter Richtung darüber gezogene Striche auszudrücken (senkrechte = rot, wagerechte = blau, rechtsschräge = grün, gekreuzte = schwarz; Gold wird durch Punkte, Silber durch Weglassen jeder Farbenbezeichnung gegeben), konnte erst beim Verfall der Heroldskunst, erst zu Anfang des 17. Jahrhunderts in Aufnahme kommen. Daß dieselbe bei den Städten nie so recht lebendig geworden, ist sehr erfreulich; denn diese Striche sind bei zeichnerischer Darstellung wohl ein billiger, aber auch nur ein recht mäßiger Ersatz für die Farbe, und bei plastischen Gegenständen, namentlich bei so kleinen wie Siegel und Münzen, beeinträchtigen sie die Deutlichkeit und zerstören alle künstlerische Wirkung. Das einzige Gute, das die heraldische Schraffierung haben könnte, die Möglichkeit, durch sie im Bilde gleiche und nur durch die Farbe von einander unterschiedene Wappen auseinander zu halten, wird weit sicherer und schöner durch eine entsprechende Beischrift erreicht.

Die Fachlitteratur.

Nach dem Plane dieses Werkes findet die Litteratur über die Wappen oder Siegel einzelner Städte, mögen es nun selbständig erschienene Schriften, Bücherstellen, oder Abhandlungen in Zeitungen und Zeitschriften sein, ihre Besprechung nur in dem der betr. Stadt gewidmeten Abschnitte.*) Von denjenigen Werken aber, die die Wappen bezw. Siegel von Städten einer Provinz oder eines einzelnen deutschen Staates zusammenfassen, wird das, was sie über die einzelnen Städte Neues bringen, bei diesen angemerkt, außerdem aber das Werk in seiner Gesamtheit in jener Litteraturübersicht besprochen, die hier zu Anfang jedes Heftes den darin behandelten Landstrichen vorausgeschickt wird; somit sind hier nur noch jene Werke zu betrachten, die sich nicht auf bestimmte Gebietsteile Deutschlands beschränken, sondern das ganze Reich behandeln. — Was sich von Städtewappen in Handschriften und Drucken des 15. und 16. Jahrhunderts, im Constanzer Conzilienbuch, bei Grünenberg, Schedel, Rüxner, Amann, Schrot, Solis u. a. findet, das geht meist nicht hinaus über die symbolische Spielerei mit den Quaternionen, den Vierständen des h. r. Reiches, zu denen ja auch die „vier Städte" Augsburg, Metz, Aachen, Lübeck; die „vier Dörfer" Bamberg, Schlettstadt, Hagenau, Ulm; die „vier Bauern" Köln, Regensburg, Konstanz, Salzburg; und die „vier Weiler" Orlamünde, Lichtenau, Ingelheim und Amberg gehörten. Außer diesen finden sich darin höchstens noch die Wappen der Reichsstädte. Nur Bothos Sachsenchronik**) macht insofern eine Ausnahme, als sie auch den vielen Holzschnittbildern kleinerer Städte Wappenschilde beigibt. Aber auch von diesen gilt, was sich von den ersterwähnten und von den Wappen auf spätern Städteansichten, wie sie Münster, Bruin und Hogenberg, Merian u. a. bringen, sagen läßt: sie entbehren der strengen, auf Quellenstudien fußenden Richtigkeit; sie sind nichts anderes als Ausschmückungen. Sie wollten aber auch nichts anderes sein und dadurch unterscheiden sie sich vorteilhaft von unsern modernen, in Gold, Silber und allen Regenbogenfarben gedruckten Wappenbilderbogen, die sie zudem noch in Bezug auf Kraft und Schönheit der Zeichnung recht ansehnlich zu übertreffen pflegen. — Die erste größere Sammlung von auf zuverlässigen Materialien beruhenden allgemeinen Städtewappen***) bringt Johann Sibmacher in seinem großen Wappenbuche.†) Dasselbe enthält in der ersten Ausgabe von 1605 acht Tafeln mit insgesamt 354 Wappen von Städten aus allen Teilen Deutschlands, die größtenteils offenbar nach ganz zuverlässigen Quellen und zwar sehr liebenswürdig gezeichnet und gestochen sind.††) Die zweite, von Sibmachers Erben i. J. 1612 besorgte Ausgabe bringt dieselben Tafeln, doch ist an Stelle des Wappens von Landsberg, das früher fehlende von „Stvttgardt" getreten. Die dritte Edition, 1630, ist unverändert. Bei der vierten, 1655, ist die Schildform von Nördlingen abgeändert, um dem Adler eine Krone aufs Haupt setzen zu können (!); zudem bringt der 1656 neu dazu kommende dritte Teil bei den Wappen der ehrbaren Geschlechter der Stadt Wangen, und bei den Patricierwappen von Kempten auch beider Städte altes und neues Wappen. Ein mit 1657 auf dem Titelblatt bezeichneter Band bringt nichts Neues. Wohl aber enthält der 1699 von Helmers verlegte sechste Teil der 1696 von Fürstens sel. Wittwe begonnenen Ausgabe, auf Tab. 15 die Wappen der freien Reichsstädte der rheinischen Bank und der: „Reichs-Stätte so der Zeit französischer Bottmäßigkeit unterworffen sonst auff die Reinische Banck gehörig", sowie auf Tab. 16 diejenige der Reichsstädte der schwäbischen Bank; endlich auch noch auf Folioseiten die Wappen von Augsburg (mit denen der beiden derzeitigen Stadtpfleger), von Nürnberg (mit den Wappen der sieben regierenden Herrn) und von Ulm. Die spätern Ausgaben enthalten keine weitern Zusätze.

Von dem umfangreichen, unter dem Namen: Der Neue Siebmacher bekannten, seit vielen Jahren (1853) lieferungsweise bei Bauer und Raspe (Emil Küster) in Nürnberg erscheinenden Werke: „Großes und allgemeines Wappenbuch", ist die Städtewappenabteilung leider sehr unglücklich ausgefallen. Die Bearbeitung derselben wurde 1873 von O. T. v. Hefner begonnen, nach dessen Tode von dem dazu unfähigen Advokaten Gautsch, und nach auch dessen Ableben von dem (nun auch verstorbenen) Heraldiker Ludw. Clericus beendet. Der Neue Siebmacher ist zu rühmlich bekannt und wird deshalb zu vielfach benutzt, als daß ich über dessen Städtewappenabteilung mit einem sanften: de mortuis nil nisi bene hinweggehen dürfte; ich muß vielmehr hier warnen und die größte Vorsicht beim Gebrauche dieser Abteilung des großen Wappenwerkes anempfehlen: dieselbe ist voller Fehler, Verwechslungen und Irrtümer. Es würde zu weit führen auf Einzelheiten einzugehen; ich werde die gröblichsten Verstöße im Texte der einzelnen Städte berichtigen; damit man mich aber nicht parteiisch glaube, erwähne ich nur,

*) Der Stoff bringt es mit sich, daß dies Buch nicht sowohl als ein Ganzes gebraucht, als daß vielmehr, wie bei einem Lexikon, die einzelnen Städteabschnitte unzusammenhängend benutzt werden. Es war daher nötig, diese Einzelteile unabhängig von einander zu machen und in sich möglichst fertig abzuschließen. Darum mußten denn auch bei jeder einzelnen Stadt die nötigen Quellencitate gebracht werden, auch wenn diese sich dadurch „bis zu völliger Erschöpfung aneinander reihen."

**) „Cronecken der sassen" (Mainz, Peter Schöffer, 1492 (Verfasser in der ersten Ausgabe nicht genannt). Der auf Norddeutschland entfallende, größere Teil von deren Städtewappen diente der von Hildebrand und Warnecke im „Deutschen Herold" zweiter Jahrg., 1871 gegebenen Serie „Deutsche Städtewappen" zur Grundlage, welche an ihrem Orte ausführlicher besprochen werden wird.

***) Es wird daran erinnert, daß Zusammenstellungen von Städtewappen einzelner Länder, deren es einige ältere und recht gute neue gibt, nicht hier ihre Besprechung finden.

†) L. Rosenthals Antiquariat in München war in seiner oft gerühmten Gefälligkeit so freundlich, mir fast alle bekannten Ausgaben des Sibmacher-Fürst-Weigel-Helmers-Raspeschen Wappenbuches zu bequemem Vergleiche zugleich ins Haus zu senden.

††) Das Wappen von Danzig mit den tanzenden Paaren ist wohl auf einen von Siebmacher gläubig angenommenen falschen Bericht zurückzuführen und nicht zu verteidigen. Das ebenso häufig bespöttelte Wappen von Königsberg mit dem gekrönten Königskopf aber scheint zu beweisen, daß ihm ein Siegel als Quelle vorgelegen, und er nur Königsberg i. Ostpr. mit Königsberg i. d. Neumark verwechselte; denn das dahin gehörige: „✠ SECRET CIVITATIS ∗ KONIGESBERG" zeigt in der That einen gekrönten Königskopf.

daß der letzte und weitaus beste Bearbeiter, Clericus, nicht nur mir gegenüber brieflich, sondern auch im Werke selbst sich wiederholt in obigem Sinne und zuweilen recht drastisch über seinen Vorgänger geäußert hat. — Sonstige, die Städtewappen Ganzdeutschlands behandelnde neuere Druckwerke gibt es nicht, wenn man von den bekannten Bilderbogen und den Abbildungen in Lexicis u. s. w., die hier wohl nicht besprochen zu werden brauchen, absieht. Von handschriftlichen Sammlungen seien genannt, doch, weil nicht auf Quellen unmittelbar zurückgehend, nicht näher beschrieben: mehrere Bände mit Zeichnungen von Ortswappen (ohne Text), aus verschiedenen Publikationen mit Bienenfleiß zusammengetragen von dem vor einigen Jahren in Berlin verstorbenen Gymnasiallehrer E. Brößling, die deren jetziger Eigentümer, Herr Geheimrat Fr. Warnecke mir in bekannter Liebenswürdigkeit zur Durchsicht sandte; und eine in der Zeit zwischen 1810—16 von fachkundiger Hand gefertigte Beschreibung der: „Wappen verschiedener Reichs- und anderer Städte" (ohne Abbildungen), die ich einmal in Regensburg erwarb. Es mögen sich indeß noch manche derartige Sammlungen in Bibliotheken und Privatbesitz befinden, die mir nicht bekannt wurden; sie können alle nur einen sehr relativen Wert haben, der gegen die authentische Sicherheit, die die Siegelfolge einer Stadt bietet, nicht in Betracht kommen kann.

Arbeitsmaterial und Danksagung.

Das diesem Werke zu Grunde liegende Material besteht hauptsächlich aus den von den Ortsbehörden eingesandten Angaben und Siegeln, den dazu von staatlichen und städtischen Archiven und Museen, sowie von Privatsammlern und im Handel erworbenen Ergänzungen, und der einschlägigen Litteratur. Dank der Thatfreundschaft des Herrn Prof. Rud. Seitz, Ehrenkonservators des kgl. bayer. Nationalmuseums, der die Güte und das Vertrauen hatte, mich zur Unterzeichnung meiner Ersuchsschreiben auch mit seinem Namen zu ermächtigen, erhielt ich von den Ortsbehörden viele, zum Teil höchst wertvolle Originalien geliehen und außerdem über 9000 Siegel aus allen Zeiten. Dank ferner dem Entgegenkommen des † Herrn L. Clericus in Magdeburg, der mir gegen ein mäßiges Entgelt seine große, jetzt im kgl. geh. Staatsarchiv in Berlin befindliche Städtesiegelsammlung zur Entnahme von Kopien auf Monate überließ, konnte ich diesen Grundstock um mehr als 4000 Stück vermehren. Weitere in die hunderte von Stücken gehende Bereicherungen kamen der Sammlung zu vom kgl. Reichsarchiv in München, vom geh. kgl. Staatsarchiv in Berlin, dem Deutschordensarchiv in Wien, von den Herren P. Trummer in Hamburg, Archivdirektor Dr. v. Weech in Karlsruhe, Stadtarchivar Dr. Heinrich in Görlitz, Stadtarchivar Poinsignon in Freiburg i. B., Schutzmann Wurmann in Kaufbeuren, Gymnasialprofessor Dr. Größler in Eisleben, Dr. Weckerling in Worms, Dr. Ed. Gaston Pötticky Grafen v. Pettenegg in Wien und Landrichter Engel in Thorn. Die von Archiven, Magistraten, Sammlern, Freunden und Bekannten erhaltenen kleinern Beiträge lassen sich nicht alle aufzählen; doch muß ich an dieser Stelle noch namentlich den Herren Domcapitular Dr. Fr. Schneider in Mainz, Geheimrat Warnecke, Rat Gust. A. Seyler, Prof. Ad. M. Hildebrandt und Geh. Archivrat Dr. Friedländer in Berlin, Reichsarchivrat Dr. Primbs und Oberbibliothekar Dr. Riezler in München und Reg.-Assessor G. G. Winkel in Magdeburg für ihre freundliche Förderung meines Unternehmens, insbesondere aber dem Manne, dessen Geduld, Aufmerksamkeit und Liebenswürdigkeit sich mir so hundertmale als bewundernswert erwiesen, meinem verehrten Druckherrn und guten Freunde Heinrich Wallau in Mainz, den allerbesten Dank wiederholen.

An die verehrlichen Stadtbehörden!

Ein Werk, das sich die Richtigstellung der deutschen Ortswappen zum Ziele setzt, kommt wohl kaum, wie die Phrase lautet: „einem tiefgefühlten Bedürfnisse entgegen". Allein die thatkräftige Beihülfe mit der Sie durch Einsendung des in Ihren Händen befindlichen authentischen Materiales dies Unternehmen förderten und ermöglichten, läßt mich hoffen, dasselbe werde doch dazu beitragen, das jetzt vielfach nur schwache Interesse für die heraldische Richtigkeit und stilistische Schönheit der Städte-Wappen und -Siegel wieder anzuregen. Es erscheint mir wünschenswert, hier in besonderem Abschnitte verschiedene Punkte zu berühren, für deren Besprechung im Texte selbst sich keine Gelegenheit bietet, und die andererseits sich zu einseitig auf die direkte praktische Siegelbenutzung der Behörden beziehen, als daß sie unter den Allgemeinen Vorbemerkungen hätten Platz finden können. — Vor allem muß darauf hingewiesen werden, daß es sowohl natürlich, als von manchen Gesichtspunkten aus auch nützlich wäre, wenn im Rathause einer jeden Stadt ein Abdruck aller, von derselben jemals geführten Siegelstempel, womöglich im Originale, sonst in guter Kopie, zu finden wäre. Eine derartige chronologische Reihenfolge unter Glas und Rahmen wäre kein theueres, aber eines der passendsten Schmuckstücke eines Rathaussaales; es würde den allgemeinen und lokalen historischen Sinn beleben helfen und sicherer als alles andere der Verflachung und den sich oft einschleichenden Fehlern bei neu anzufertigenden Stempeln entgegenwirken. — Wenn es in früheren Jahrhunderten ein Ereignis für die Stadt und eine hohe Ehre für den Stempelschneider oder Goldschmied war, den Stempel eines neuen Stadtsiegels anzufertigen, man deshalb oft dazu ein Edelmetall nahm und der Meister sein Bestes leistete, so nehmen jetzt viele Stadtbehörden keinen Anstoß daran, an Stelle des soliden Metallstempels, von irgend einem gewöhnlich nicht recht christlichen großstädtischen Massenfabrikanten Kautschukstempel zu beziehen, die so schlecht als billig sind, und, was das ernstere ist, infolge ihrer platten Allgemeinheit die Fälschung ungemein erleichtern. Ein Beispiel: Der Schutzmann Wurmann in Kaufbeuren hat eine Sammlung von behördlichen Farbsiegeln, wie solche zur amtlichen Beglaubigung der Legitimationspapiere benutzt werden, angelegt, und mittelst dieser, wie ihm der Oberamtsrichter und der Bürgermeister bestätigen, allein in der kaum 7000 Einwohner zählenden Stadt Kaufbeuren jährlich 60 bis 80 mit gefälschten Legitimationspapieren reisende Individuen, darunter lange gesuchte Verbrecher, aufgegriffen. Auffallend ist dabei der Umstand, daß unter etwa 50 gefälschten Farbsiegeln, die Herr Wurmann mir freundlichst zur Ansicht sandte, nicht weniger als 17 Stücke waren, die nicht wie die andern, Nachbildungen ächter Siegel waren, sondern ganz erfundene Wappen zeigten, die also mit Hülfe einer Städtewappensammlung sofort als Fälschungen erkannt werden mußten. Wenn der Oberamtsrichter die Geschicklichkeit und Ähnlichkeit hervorhebt, mit der diese, meist in Schiefer geschnittenen Stempel den ächten nachgemacht sind, so ist es eben nur die charakterlose Flauheit der letztern, die den Fälschern dies ermöglichte; bei einer Rückkehr zu gut gearbeiteten Metallstempeln, die das Siegelbild in künstlerisch-schönen Formen zeigen, müssen die Falschstempel verschwinden. — Oben (S. III) sind die alten Siegel als unübertreffliche Vorbilder für die neuen Stempel hingestellt worden. Damit ist jedoch nicht gemeint, sie zu sklavischer Nachahmung zu empfehlen; denn dadurch würden die neuen etwas affektiert-altertümelndes bekommen, was, wie alles gesuchte, abstoßen müßte. Es ist vielmehr der gesunde Geist, der in ersteren lebt, das malerische Allgemeinbild, die markige Behandlung und ausdrucksvolle Eigenart, wie namentlich auch die Einfachheit und feinfühlige Raumverteilung, die als Vorbilder dienen sollen. Besonders in Bezug auf letztere wird von Wappenzeichnern und Stempelschneidern in unserer Zeit arg gefehlt. Man braucht doch keine künstlerische Vorbildung, sondern nur schlichten Verstand, um einzusehen, daß es unvernünftig und dadurch an sich unschön ist, wenn im Wappenschilde oder Siegelfelde das eigentliche Wappenbild, statt so groß und deutlich, wie es der Raum nur zuläßt, so klein oder so verschnörkelt wie möglich dargestellt wird; es ist doch nicht der leerbleibende Raum oder das Rankenwerk, sondern das Bild die Hauptsache, und dieses muß darum vorsprechen. Es ist daher nicht künstlerisch, sondern nur künstlich gedacht und gemacht, wenn z. B. auf einem neuen Siegel der Stadt Guben, welches einen Durchmesser von über 40 mm hat, der Wappenschild nur 14 mm hoch ist, in diesem kleinen, noch dazu damascierten (berankten) Felde aber sich eine dreitürmige Burg zeigt, deren Mittelturm auf den Zinnen eine Krone trägt, der außerdem aber noch mit dem böhmischen Löwenschilde belegt ist, während die Seitentürme den sächsischen Rauten- bezw. den preußischen Adlerschild tragen. Die Bilder dieser nicht einmal stecknadelkopfgroßen Schildchen, die die historische Geschichte der Stadt andeuten sollen, sind Dank der überaus saubern Lupenarbeit des Graveurs auf dessen Gala-Abdrücken mittelst eines Vergrößerungsglases gerade noch zu erraten; auch die doch sehr wesentliche Umschrift ist dabei ganz nebensächlich behandelt, während der größte Teil des über fünfmarkstückgroßen Siegels mit nichtssagendem Beiwerk ausgefüllt ist! Unsere alten Herren aber dachten breit und sehr vernünftig: solche Mißverhältnisse kommen bei den Siegeln, die sie uns hinterlassen haben, nicht vor. Wer also deren Schönheit nicht erfaßt, der möge sich doch deren Vernünftigkeit zum Vorbilde nehmen.

Indem ich wegen der im vorliegenden Werke befolgten Grundsätze auf die „Allgemeinen Vorbemerkungen" zurückweise, bemerke ich noch, daß die hier für die Abbildungen gewählte Schildform sich wegen ihrer Einfachheit und praktischen Verwendbarkeit wohl empfiehlt, daß dieselbe aber an sich ganz unwesentlich ist und sowohl durch jede andere Schildform, als auch durch das freie Siegelfeld ersetzt, oder durch äußerlichen Zierrat, Schildhalter u. s. w. bereichert werden kann. Doch ist zu bemerken, daß nur diejenigen Städte dazu einen Helm mit Kleinod und Decken führen dürfen, die entweder durch besondere Privilegien (Wappenbriefe), oder durch eine alte Tradition hierzu berechtigt sind. Einen Helm allein, ohne Kleinod oder Helmdecken auf den Schild zu setzen, wie es namentlich zu Anfang dieses Jahrhunderts Mode war, ist eine Geschmacklosigkeit und verstößt wider die heraldischen Regeln. Weniger gegen letztere, als gegen die künstlerische Schönheit der Wappen sündigt die von vielen Städten auf dem Schilde geführte, plumpe Mauerkrone, die allerdings in einzelnen Fällen officiell verliehen ist. Es ließe sich das langweilige Einerlei dieser modernen Zuthat leicht heben, wenn jede Stadt deren Schablonentürme durch die Hauptform eines ihr eigentümlichen Bauwerkes, etwa des Rathaus- oder eines Thorturmes ersetzen würde, wie dies vereinzelt (Worms, Nürnberg u. a. m.) auch schon geschehen ist. — Die am häufigsten von den Stadtbehörden an die Heraldiker gestellte Frage ist die nach den Farben für das Ortswappen, da dessen Formen zumeist durch die Siegel überliefert sind. Es sei deshalb wegen ersterer noch einmal ausdrücklich auf die Seite VII verwiesen und zugleich hier die wichtigsten heraldischen Farbenregeln nachgetragen. Es gibt in der Heraldik zwei Metalle: Gold und Silber (die durch Gelb resp. Weiß ersetzt werden können) und vier Farben: Rot, Blau, Grün, Schwarz. Alle Mitteltöne, als Rosa, Grau, Braun, Violett, existieren in der Heraldik nicht, d. h. verstoßen gegen deren Regeln; ebenso gibt es darin keine Nuancen, kein Hell- und Dunkelblau, kein Blaß- und Braunrot, sondern nur Ein Blau, Ein Rot u. s. w. und zwar diese Farbe so ausgesprochen und feurig wie möglich. Ferner haben sowohl Farben als Metalle alle denselben Wert: Gold steht nicht etwa höher im Range, als z. B. Schwarz oder Rot. Dagegen ist es sehr wichtig sich zu merken, daß stets ein Metall mit einer Farbe abwechseln muß „Metall darf nicht auf Metall, Farbe nicht auf Farbe stehen". Wenn das Feld also z. B. silbern (weiß), also von Metall ist, so darf der Turm, oder was sonst für eine Figur darin steht, nicht etwa golden (gelb) sein, sondern muß eine der **Farben** haben; ist das Feld aber von roter **Farbe**, so muß der Turm von **Metall**, also silbern (weiß) oder golden (gelb) sein. Silber oder Gold, resp. **Weiß** oder Gelb **müssen** daher bei **jedem** Wappen entweder als Feld oder als Färbung der Figur vorkommen. Die Bewehrung („die Waffen") der Tiere, d. h. deren Hörner, Krallen, Hufe, Schnabel, Flossen, sowie auch deren etwaige Krone und Halsband, endlich auch die Dächer und Thore von Gebäuden, sind abweichend, sowohl von der sonstigen Farbe der Figur als von der des Feldes zu tingieren und zwar gilt darin das Gesetz des Wechselns von Metall und Farbe von der Figur, nicht vom Felde aus. Steht daher etwa im blauen Felde ein goldener Widder, so fordert dessen Metall für Hörner und Hufe eine von der Feldfarbe abweichende **Farbe**, also etwa rot; nicht aber hat das farbige Feld das Recht für diese Teile ein von dem Metall der Figur abweichendes **Metall**, also Silber zu fordern; denn dadurch käme bei der Hauptsache, der Figur, Metall auf Metall zu stehen. Die Zungen der Tiere sind stets rot und nur wenn das Feld auch diese Farbe hat, blau zu geben. Durch Anwendung dieser wenigen Gesetze ist es jeder Stadtbehörde ermöglicht, die Farben ihres Wappens auf deren Richtigkeit hin zu prüfen, oder bei der so häufigen Ermanglung aller Farbenüberlieferungen für dasselbe unanfechtbare Tinkturen zu wählen. Doch wäre es sehr wünschenswert, wenn man auch fest bei diesen bliebe, nachdem sie einmal amtlich fixiert sind. Selbstverständlich ist das nur in den (aber überwiegend zahlreichern) Fällen erlaubt und geboten, in denen das Stadtwappen nicht etwa das Wappen des Landes oder eines Mediatherrn enthält; denn alsdann sind natürlich dessen Farben maßgebend.

Es erübrigt noch, über das Recht der Städte zu eigener Wappenannahme zu sprechen. Früher und namentlich in der ersten Hälfte dieses Jahrhunderts bekümmerte sich der Staat oft, und manchmal in etwas kleinlicher Weise auch um die Siegel der Städte; doch war es von jeher, und ist auch noch jetzt jeder Stadt unbenommen, ein von ihr nachweislich einst geführtes Wappen- oder Siegelbild ohne weiteres wieder anzunehmen. Auch geht aus dem Wesen des Wappens selbst, als eines vom Einzelnen wie von Gemeinwesen zu eigenem Gebrauche frei zu erwählenden Zeichens (soweit jedoch dasselbe Abzeichen nicht schon von Andern geführt wird!) zweifellos hervor, daß die Städte allerdings berechtigt sind, falls sie noch kein Wappen haben, sich ein solches frei zu wählen; es ist das auch vielfach in neuester Zeit vorgekommen, ohne daß Jemand dagegen Einspruch erhoben hätte. Der Verfasser ist aber, entgegen der Meinung mancher Heraldiker, der Ansicht, es solle die Gemeinde, die ein neues Wappen annehmen möchte, den Entwurf desselben zuvor dem kgl. Heroldsamte oder einem heraldischen Vereine zu wissenschaftlicher und künstlerischer Begutachtung vorlegen und darnach um die landesherrliche Bestätigung desselben nachsuchen. Dadurch werden einmal die sonst fast unvermeidlichen heraldischen Verstöße vermieden, und dann erhält der Akt durch die Genehmigung des Landesherrn auch die, seiner Bedeutung für die Gemeinde entsprechende Wichtigkeit. Es läßt sich nachweisen, daß diejenigen Orte, die sich in frühern Jahrhunderten einer landesherrlichen Sanktion ihres Wappens oder Siegelbildes zu erfreuen hatten, fast ausnahmelos diesem mit allen Einzelheiten seiner damaligen Darstellung bis jetzt getreu geblieben sind.

Zum Schlusse ist es mir eine Freude, den Herren Bürgermeistern, Schultheißen, Stadtschreibern und Gemeindevorstehern, zusammen an die dreitausend Herren, die mir so viele interessante und wichtige Quellenmaterialien zusandten und oft wertvolle alte Stempel, Wappenbriefe, Urkunden und Akten im Originale anvertrauten, Ihnen allen, auch an dieser Stelle noch einmal recht herzlich zu danken!

Schleißheim bei München, im Mai 1894

Otto Hupp

Die Litteratur der Städtesiegel der Provinzen Ostpreußen, Westpreußen und Brandenburg.

Schon in den Vorbemerkungen wurde darauf hingewiesen, daß man in älteren Druckwerken meist vergeblich nach brauchbaren Beschreibungen und Abbildungen städtischer Siegel suche. Hier muß hinzugefügt werden, daß auch die neueren Urkundeneditionen gerade bei Städten sehr häufig eines Siegelvermerkes entbehren oder doch nur vom Vorhandensein oder Fehlen des Siegels Kunde geben: — die Städtesiegel sind nicht die Favoriten der Historiker und Sphragistiker! Können hierfür nun auch allerhand mildernde Umstände geltend gemacht werden, so ist es doch schon keine läßliche Sünde mehr, wenn selbst Lokalgeschichten und Chroniken einzelner Städte, bei oft übertriebener Ausführlichkeit im Unbedeutenden, sich jeder Erwähnung des Wappens oder der Siegel der geschilderten Stadt enthalten — und es kommt doch so häufig vor! — So beschränkt sich denn für die hier behandelten drei Provinzen das Ergebnis einer langwierigen Durcharbeitung der Werke von Hennenberger, Waissel, Hartknoch, Küster u. s. w., der codices diplomatici von Gercken, v. Raumer, Riedel und Voigt, sowie der Urkundenpublikationen verschiedener wissenschaftlicher Vereine und der Speciallitteratur einzelner Kreise, Komtureien und Städte — abgesehen von den Siegelformeln aus den wiedergegebenen Urkunden selbst — auf wenige Abdrücke von Wappenverleihungen, eine Anzahl oberflächlicher Siegelbeschreibungen und etliche Abbildungen, von denen die Siegel in Jobsten's Beschreibung der Stadt Frankfurt a. d. Oder (dritte Edition, 1706) und die Wappen in den Werken v. d. Hagens (1784 u. f. J.) noch die besten sind. Sonst vortreffliche und lobenswert gründliche Werke, wie das Landbuch der Mark Brandenburg von Berghaus (1854—56) und Fidicin's Territorien der Mark (1857—64), in denen jedes Zinshuhn getreulich aufgewärmt ist, ignorieren die Wappen der beschriebenen Ortschaften und die Siegel an den gebrachten Urkunden fast ausnahmslos — ein Versäumnis, das der Letztere allerdings in seiner Berlinischen Chronik (herausgeg. v. Verein f. Gesch. d. Stadt Berlin, 1868) durch die guten Abbildungen der Siegel von Berlin und Kölln einigermaßen wieder wett gemacht hat. Den Anstoß dazu gaben wohl die Arbeiten Voßbergs, die nicht nur für Preußen das Beste auf diesem Gebiete sind, sondern die überhaupt zu den vorzüglichsten sphragistischen Schriften gehören, die je veröffentlicht wurden und die, soweit sie hierher gehören, näher besprochen werden müssen.

F. A. Voßberg, war geb. im Oktober 1800 zu Strzelno in Posen und starb in Berlin am 26. Jan. 1870 als kgl. preuß. Kanzleirat, Chef einer Geh. Registratur und gründlichster Kenner und Bearbeiter der preußischen Numismatik und Sphragistik. Seinem ausdauernden Fleiße verdanken wir eine größere Anzahl von Veröffentlichungen, die in ihrer Gediegenheit und Zuverlässigkeit wohl immer der Grundstein bleiben werden, auf dem seine Nachfolger weiterbauen. Die erste dieser Arbeiten erschien 1841 als: „Münzen und Siegel der preuß. Städte Danzig, Elbing, Thorn, sowie der Herzoge von Pomerellen im Mittelalter" mit guten Kupfern (die Nachträge beschreiben nur Münzen und Medaillen, keine Siegel). Dann folgte 1843 sein Hauptwerk, die „Geschichte der Preußischen Münzen und Siegel von frühester Zeit bis zum Ende der Herrschaft des Deutschen Ordens" mit 20 Kupfertafeln und vielen in den Text gedruckten Abbildungen. Darunter befinden sich über 70 meist ganz gute Wiedergaben von Städtesiegeln, die das Werk für Den, der sich mit diesen beschäftigt, zum unentbehrlichen Handbuche machen. Wenn daher im nachfolgenden Siegelverzeichnisse auch bei jedem von Voßberg abgebildeten Stücke sein Name genannt ist, so konnte doch unterlassen werden, auch jedesmal die Seiten, Tafel und Stückzahl beizuschreiben. 1850 veröffentlichte Voßberg in den „Märkischen Forschungen" die „Banderia Prutenorum" (s. unten) und 1855 gab er mit Fz. Hirsch „Weinreich's Danziger Chronik" mit neuaufgefundenen Siegeln dieser Stadt heraus. Von einem weitern großen Werke, „Die Siegel der Mark Brandenburg", erlebte er nur das Erscheinen der ersten Lieferung, 1868; eine zweite, i. J. 1887 vom Verein „Herold" herausgegebene, erschöpft bei weitem nicht das große von Voßberg zu diesem Zwecke zusammengetragene Material*). Andere Schriften Voßbergs sind in der zweiten Lieferung vorliegenden Werkes zu besprechen. Sie alle sind mit mustergültiger Gewissenhaftigkeit durchgearbeitet und mit guten Abbildungen versehen, und sie sind fast immer die Quellen, auf welche sich die bei spätern Autoren vorkommenden Notizen über preußische Ortssiegel schließlich zurückführen lassen, — nur leider, daß die Excerpte die wohlthuende Klarheit Voßbergs oft sehr vermissen lassen. Von der Städtewappenabteilung des „Neuen Siebmacher", die ihre einschlägigen Teile meist in diesem Sinne Voßbergs Werken entnahm, ist schon in den Vorbemerkungen gesprochen. Auch das 1892 als Sonderabdruck aus der: „Altpreußischen Monatsschrift" erschienene Werkchen: „Die Wappen der Städte Alt-Preußens" von C. Beckherrn

---

*) Einzelne Stücke aus dem noch Unveröffentlichten bildete Gust. A. Seyler in seiner „Geschichte der Heraldik" ab; der größte Teil aber ruht noch unberührt im Kgl. Geh. Staatsarchiv in Berlin, dem Voßberg diese Materialien vermacht hat. Das Direktorium desselben war, Dank der Vermittlung des Vereines „Herold", dem gewisse Rechte darauf zustehen, so gütig, mir die Benutzung derselben zu gestatten, so daß die vielen interessanten brandenburgischen Stücke hier wenigstens registriert werden konnten. Sie sind durch den Zusatz: „Voßb. Mskpt." gekennzeichnet.

bringt außer einigen Gerichtssiegeln, einer Anzahl historischer Notizen und fader Wappensagen*) nichts neues, was man von einem unter diesem Titel im Handel erscheinenden Buche doch erwarten dürfte; die Offenheit, mit der der Herr Verfasser im Anfange desselben die Kompilation zugibt und selbst sagt, daß er seine Tafeln den (n. b. ganz schlechten!) des „Neuen Siebmacher" ohne heraldischen Charakter und Schwung nachgezeichnet habe, verbietet eine eingehende kritische Besprechung. Sehr verschieden von diesen Büchern aber verspricht eine Arbeit des Herrn Landrichters Bernhard Engel in Thorn zu werden, die der dortige Coppernicus-Verein noch im Laufe dieses Jahres herauszugeben beabsichtigt. Dieselbe soll den Titel führen: „Die mittelalterlichen Siegel des Thorner Ratsarchiv's mit besonderer Berücksichtigung des Ordensstaats. I. Theil: Ordensbeamte und Städte." Darin sollen alle diejenigen Städtesiegel, die aus dem ehemal. Deutschordensgebiete stammen und die sonst noch nicht veröffentlicht sind, beschrieben und abgebildet werden.**) Derartige gründliche Durcharbeitungen der Stadtarchive haben den allergrößten Wert für die Sphragistik! Oft ruhen in ihnen Urkunden nicht nur von Städten des betr. Landstriches, sondern häufig auch von sehr entfernten Orten, mit Siegeln, die den Lokalforschern unbekannt geblieben sind und die zuweilen geradezu zum Schlüssel eines räthselhaften Siegelbildes der betr. Stadt werden können. — Die in vielen heraldischen Werken, Zeitschriften und Lokalgeschichten sich zerstreut findenden Wappen bezw. Siegel ost- und westpreußischer und brandenburgischer Städte werden jeweilen bei der betreffenden Stadt besprochen, da die Aufführung der einzelnen Stücke hier zu weit führen würde.

Banderia Prutenorum. Die unter diesem Titel bekannte, öfter gedruckte Handschrift wird mit altpreußischen Städtewappen so häufig in Verbindung gebracht, daß es notwendig ist, derselben auch hier zu gedenken, obwohl deren Ausbeute für dieses Thema eine sehr geringe und unsichere, und es deshalb durchaus unthunlich ist, das Wappen eines Ortes, wie es schon geschehen, nur auf die Banderia Prutenorum hin zu konstruieren. — Die in der bösen Schlacht bei Tannenberg i. J. 1410 und später in kleineren Gefechten vom deutschen Orden und seinen Verbündeten gegen die Polen verlorenen über fünfzig Banner der Ordensgebietiger, Komthureien und Städte wurden vom Sieger in der Kapelle des hl. Stanislaus im Dome zu Krakau aufgehängt und von einem polnischen Historiker, dem Domherrn Johann Dlugoß († 1480) unter obigem Titel beschrieben und abgebildet. Da die Fahnen selbst seit dem Anfang des 17. Jahrh. verschollen sind, so ist uns diese Schrift wertvoll; es ist aber sehr anstößig, daß der wackere Kanonikus darin so überaus oft irrte, teils weil er ein Mensch war, mehr noch aus polnischem Nationalstolz, am meisten aber wohl deshalb, weil er erst lange nach den Ereignissen und mit der damals üblichen Ungenauigkeit schrieb. Aber trotz der großen Menge von Verwechslungen und Irrtümern, die Voßberg bei seinem Abdruck der Banderia (Märkische Forschungen, IV. Jahrg. 2. Hälfte), der Monogrammist A. M. in der Überarbeitung der Voßbergschen Ausgabe (Neue Preußische Provinzial-Blätter IX. Bd.), v. Hanstein (Herold 1889 No. 2) und Andere demselben nachgewiesen haben, findet sich doch manches interessante Hierhergehörige in seiner Beschreibung. So sind z. B. darin unzweifelhafte Belege für die anderweit meist nur durch unsichere Spuren wahrscheinlich gemachte Erscheinung zu finden, daß die Städte in ihren Bannern oft ein von ihrem Wappen resp. Siegelbilde teilweise oder auch gänzlich verschiedenes Zeichen führten, während in Wappenbriefen (soviel bekannt) davon niemals die Rede ist, vielmehr wiederholt der Gebrauch des verliehenen Wappens ausdrücklich auch auf das im Kriege zu führende Panier und auf die Gezelte oder Heerhütten ausgedehnt wird.

Bundesbrief von 1440. In allen Schriften, welche Siegel von Städten des Deutschordensgebietes besprechen, wird auf den Bundesbrief hingewiesen. Und da der Siegelanhang dieser bedeutsamen Urkundenreihe thatsächlich von der größten Wichtigkeit für die Siegelkunde der Städte ist, eine Schilderung derselben von dieser Seite aber noch nicht versucht wurde, so möge gestattet sein hier anzuschließen, was ich darüber in Erfahrung bringen konnte.***) — Zu Anfang des Jahres 1440 vereinten sich viele Stände der preußischen Lande zu einem mehr oder minder offen gegen den Hochmeister des Deutschen Ordens gerichteten Bündnisse. Auf der Tagfahrt zu Elbing (21. Febr.) wurde beschlossen, daß sich die Edelleute und die Vertreter der Städte auf den Sonntag Judica (13. März) zum Versiegeln der Bundesurkunde zu Marienwerder einfinden sollten: „vnd iczliche stat sal mit erem groszten ingesegel vorsegeln."****) Am 13. und 14. März 1440 wurde denn auch zu Marienwerder der Hauptbrief in zwei Exemplaren geschrieben und von 53 Edelleuten und

---

*) Diese Wappensagen sind merkwürdig geist- und poesielos gemacht. Beckherrn widerlegt selbst mehrere; aber auch die andern brauchen hier nicht weiter erwähnt zu werden.

**) Herr Landrichter Engel hatte die große Güte, mir sein Manuskript, soweit es Städtesiegel betrifft, zur Benutzung einzusenden. Dies liebenswürdige Entgegenkommen bereicherte namentlich das ost- und westpreuß. Siegelverzeichnis um eine Reihe von z. Th. sehr interessanten Stücken.

***) Der Text des wichtigen Hauptbriefes wurde oft abgedruckt, doch der Siegel meist nicht gedacht. Dr. M. Töppen gibt in den „Akten der Ständetage" (Leipzig 1879, 2. Bd.) einen Abdruck der Haupturkunde und Regesten der Beitrittserklärungen, wobei er die in Elbing fehlenden Stücke aus dem Thorner Archiv dazu nimmt, doch sind auch hierbei die Siegel unerwähnt geblieben. Dr. E. Volckmann's Abdruck (in den Programmen des Elbinger Gymnasiums aus den Jahren 1875 u. 76) gibt für die im Elbinger Archiv aufbewahrten Urkunden doch an, ob die Siegel gut oder schlecht erhalten sind, oder ganz fehlen. Voßberg bringt in den „Preußischen Münzen und Siegeln" (s. oben) viele Abbildungen der Siegel vom Bundesbrief, ohne jedoch näheres über diesen selbst zu sagen.

****) Auch im Hauptbrief (Thorner Exemplar) heißt es: „. . . in volkomener macht eyntracht geheiß vnd bevelles wegen vnsir Scheppen Burgere Inwonere vnd gancze gemeyne unsir Stete große Sigele hiran laßen hengen" — und doch befindet sich an

19 Städten untersiegelt. Von da an bis in's Jahr 1454 erklärten dann in 23 besondern, auch in je zwei Exemplaren nach einer auf der Tagfahrt zu Marienwerder festgesetzten Formel ausgefertigten Urkunden, noch weitere Edelleute und Städte, teils einzeln, meistenteils aber in Gruppen, ihren Beitritt zum Bunde, so daß im ganzen der Hauptbrief und seine Zusätze von 75 Personen, Bannerführeren, Landrichtern, Rittern und Knechten, und von 62 Städten besiegelt wurde. Ein glücklicher Stern scheint uns mit Ausnahme von einigen Beitrittserklärungen, die nur in einem Exemplare vorhanden sind, alle diese wichtigen Dokumente in duplo („czwene brieff eyns luwtes") erhalten zu haben, und wird das eine Exemplar im Archiv der Stadt Thorn, das andere im Elbinger Stadtarchiv (J. Conventsche Sammlung) aufbewahrt. Untersiegelt haben nachfolgende Städte, und ist bei der Aufzählung zu bemerken, daß von den mit einem „*" bezeichneten das Siegel verloren, von den mit „—" gemerkten dasselbe schlecht erhalten, und bei den mit einem „?" versehenen der Zustand nicht konstatiert werden konnte, da mir von den Thorner Stücken nicht viel mehr als die kurzen Siegelvermerke in Dr. Woelky's „Urkundenbuch des Bisthums Culm" und eine von Herrn Dr. Neubaur in Elbing gütigst geliehene Photographie des Hauptbriefes (Aufnahme von Jacobi in Thorn) vorlag; die Siegel der nicht weiter gekennzeichneten Städte haben sich, entweder in Thorn oder in Elbing, alle erhalten. Die oben erwähnte Schrift des Landrichters Engel wird wohl auch über diese Fragen den gewünschten Aufschluß bringen.

Allenburg	Gerdauen	Kulm	* Neuenburg	— Strasburg i. Pr.
Allenstein	? Gilgenburg	Landsberg	Neumarkt	* Stuhm
Bartenstein	Graudenz	Lauenburg	Passenheim	Thorn
Bischofstein	Gutstadt	— Leba	Preußisch Holland	Thorn Neustadt
— Braunsberg	Heiligenbeil	Liebstadt	* „ Stargard	Tolkemil
* Danzig Altstadt	Heilsberg	— Löbau	* Putzig	Tuchel
Danzig Rechtstadt	* Hela	* Marienburg	Rastenburg	Wartenburg
* Dirschau	? Hohenstein	— Marienwerder	Rehden	Wehlau
Domnau	Königsberg Altstadt	Mehlsack	? Riesenburg	Wormdit
* Elbing	„ Kneiphof	* Mewe	Rössel	Zinten.
* Elbing Neustadt	* „ Löbenicht	Morungen	Schippenbeil	
Frauenburg	Konitz	Mühlhausen	Seeburg	
Friedland	Kreuzburg	? Neidenburg	? Soldau	

der Beitrittserklärung der Stadt Konitz, laut Voßberg, das Sekretsiegel der Stadt. Nun erzählt Uppenkamp in der „Geschichte der Stadt Konitz" (1873), daß die Stadt im Jahre 1450 ihren Bürgermeister Heinrich Swenterer nach Elbing schickte, welcher in Gegenwart des päpstlichen Legaten und zahlreicher Abgeordneter der Städte und des Adels dem Bunde entsagte und das Siegel von der Vertragsurkunde zurücknahm. Es wäre höchst wünschenswert, wenn diese beiden Angaben noch einmal von einem Lokalforscher gründlich geprüft würden, denn wenn sich beide richtig erweisen sollten, wenn sich also bestätigt, daß die Stadt ihr Hauptsiegel von der Urkunde nahm, dafür aber ihr Sekret anhängte, so lassen sich daraus um so interessantere Schlüsse ziehen, als gerade Konitz eine der wenigen Städte war, die für sich allein die Beitrittserklärung schrieb und untersiegelte, mithin also einer Zurücknahme der Urkunde selbst, anstatt des Umtausches der Siegel, scheinbar nichts im Wege stand. Aber es ist allerdings wahrscheinlicher, daß hier eine Ungenauigkeit Uppenkamp's vorliegt; es wird statt „zurücknahm" heißen sollen „zurückverlangte". Denn mehrere Städte verlangten später ihre Beitrittserklärung und ihre Siegel zurück; so wünschte schon 1446, Juni 17., der Rath der Neustadt Thorn vom Hochmeister zu wissen: „wy sy myt beqwemkeith, erer ere unschedelich, er ingesegel von der vorschreibunge des bundes widder mogen heischen und den Bund widderruffen". (Töppen, Akten der Ständetage, II. Bd. S. 715.) 1446, Juni 22., schreibt der Comthur von Schlochau an den Hochmeister, daß die Ritterschaft des Tuchelschen Gebietes und die Stadt Tuchel selbst wünsche: „das in ir segil des bundes und ever vorschreibunge wedir moge werden" — „das si ere schriffte unde zegel muchten irkrigen, uff das in in czukomenden czeiten ere breve nicht durfen uffgehaben werden, unde se er erhe drinne mogen bewaren". (A. a. O., II. Bd. S. 721.) 1446 Aug. 31 schreibt auch der Comthur von Tuchel noch einmal in derselben Sache an den Hochmeister. Rehden erklärt 1446 Juli 1., daß es: „wen dy obirsten stete dy den bryff unde den bund an haben gehaben unde vorlibet, abetreten, zo wellen sy mit ganczem willen ouch abetreten mit sulcher weysze, das en ir ingesegil mit sulchen wirden von dem briffe moge wedir geentwert werden, also sy an semlichen briff haben loszen hengen, off das sy vort nicht zam die vorworffenste worden geachtit". (A. a. O., II. Bd. S. 728.) Auf dem Ständetag zu Elbing 1450 April 20., verlangten dann die Sendboten der Städte Marienburg, Konitz und Neustadt Thorn von Land und Städten: „ir segil wedir von des bundes wegen, das in das gelympflich muchte wedir gegeben werden, unde boten landt und stete en retlich hirinne czu siende, uff das si mit eren er segil wedirkregen." (A. a. O. III. Bd. S. 140.) Auf der Tagfahrt zu Elbing, 1450, 9.—12. Dez., trat dann der Bürgermeister von Marienburg vor den Hochmeister, die Prälaten, Gebietiger, Land und Städte und heischte die Ingesiegel der Städte Marienburg, Konitz und Neustadt Thorn von dem Briefe, denn sie hätten, als sie dem Bunde beigetreten, nicht gewußt, was sie jetzt von den Beichtvätern vernommen und aus der Bulle des Pabstes erfahren hätten: daß der Bund wider der Kirchen Gerechtigkeit sei: „Do sprach der burgermeister von Marienburg zu dem von der Conitz und Neustadt Thorn: Ist es ewer wille, das ich unser ingesigel habe widder geheischen. Do sprachen si: Ja. Das bezeugete der burgermeister mit einem notario und gab em darauf arram (arra = Handgeld); desgleich die zwei stete Neustadt Thorn und Conitz gaben auch arram darauf und ein iczliche stadt sol ir gut dunken zur nechsten tagfart einbringen, wie mans damit halten will." (A. a. O., III. Bd. S. 201.) — Ob nun wirklich den Städten ihre Siegel zurückgegeben wurden, ist nicht zu ersehen; das von Marienburg fehlt am Brief, die von Rehden und der Neustadt Thorn sind daran (Sekrete?); von Konitz hängt, wie oben bemerkt, dem ausdrücklichen Wortlaute des Ausschreibens und der Urkunde entgegen, das Sekret statt des Hauptsiegels daran. — Daß dem Sekret ein minderer Werth als dem Hauptsiegel beigelegt wurde, ist bekannt und geht u. a. aus einer in derselben Gegend und Zeit, Marienwerder 1442, Juli 15., ausgestellten Urkunde (Töppen, Akten der Ständetage, 2. Bd. S. 493) hervor, in der die Städte Thorn, Elbing, Königsberg und Danzig sich bereit erklären, der schwedischen Stadt Kalmar eine gewisse Summe zu bezahlen, jedoch: „die von Calmer sullen meteschreiben undir erem ingesegel der burger und nicht undir erem secret, so wellen die stete abir gerne beczalunge thun".

Königreich Preußen.

Das königlich preußische Wappen:

In Silber ein mit goldner Königskrone gekrönter gold-bewehrter schwarzer Adler, in der rechten Klaue ein goldnes Scepter, in der linken einen blauen, gold-gereiften und mit goldnem Kreuze besetzten Reichsapfel haltend; die Flügel sind mit goldnen Kleestengeln, die Brust mit den verschlungenen goldnen Buchstaben FR (Friedericus Rex) belegt.

Dies ist das kleinere Staatswappen, welches von den drei Wappen des Königreichs hier allein in Betracht kommt, denn das große und mittlere kommen bei Städtewappen nicht vor. Der preußische Adler aber wird von vielen Städten und Flecken teils allein, teils in Verbindung mit anderen heraldischen Figuren geführt. Dies letztere ist, wenn auch wegen der dadurch entstehenden komplizierten Bilder, nicht sehr empfehlenswert, so doch heraldisch durchaus zulässig, wogegen es sich logisch und heraldisch nicht rechtfertigen läßt, wenn eine Stadt ihr eigenes Wappenzeichen ganz aufgiebt, um die städtischen Angelegenheiten dann mit dem Staatswappen zu besiegeln, wie es vielfach geschieht. Den Dörfern ist die Führung des preuß. Adlers in ihren Dienstsiegeln verboten (v. Kamptz, „Annalen der preuß. innern Staatsverwaltung" Bd. 18 S. 123, und Bd. 23 S. 658; Wiederabdruck in der herald. Zeitschrift „Der Deutsche Herold", 1885 No. 2).

Berlin,

Hauptstadt des Deutschen Reiches und des Königreichs Preußen,

führt zwei Wappen:

1) ein größeres: gespaltener silberner Hauptschild, unten belegt mit einem von goldner Mauerkrone gekrönten Schilde, darin in Silber ein aufgerichteter schwarzer Bär; im Hauptschilde: vorn der schwarze preußische Adler mit allen Attributen (s. oben), hinten der mit dem Kurhute gekrönte gold-bewehrte rote brandenburgische Adler mit goldnen Kleestengeln auf den Flügeln, in der rechten Klaue ein goldnes Scepter, in der linken ein Schwert haltend, die Brust belegt mit einem Schilde, worin in Blau das goldne Kurscepter.

2) ein kleineres: in Silber ein aufgerichteter schwarzer Bär.

Letzteres ist das weitaus gebräuchlichere Wappen. Es ist nicht nötig, noch wünschenswert, noch durch ältere Siegel traditionell geworden, daß sich die beiden Adler des größern Berliner Wappens anschauen, wie jetzt vielfach verlangt wird; auch ist die Mauerkrone besser golden als — wie gewöhnlich — rot zu tingieren. Das älteste, der Mitte des 13. Jahrh. angehörige Stadtsiegel, das: „SIGILLVM · DE BERLIN BVRGENSIVM" (67 mm) zeigt eine dreitürmige Burg, unter deren Mittelturm in eigentümlichem Kleeblattbogen der brandenburgische Adler schwebt; auf dem zweiten, 1280 vorkommenden Siegel, dem: „✠ SIGILLVM · BVRGENSIVM · DE · BERLINSEM" *) (!77 mm) steht der Adler im Dreieckschilde, auf welchem der mit einem Fluge gezierte brandenburgische Helm ruht; zu Seiten des Schildes befinden sich zwei aufgerichtete abgewendete aber mit den umgewandten Köpfen gegen ihn schauende Bären; das dritte Siegel, für 1338 nachgewiesen, das: „✠ S'SECRETVM · CIVITATIS · BERLIN' " (33 mm) zeigt einen schreitenden Bären, über welchem Siegelfelde der bis zum liegen gelehnte, durch ein Band mit dem Halse des erstern verbundene Adlerschild schwebt; beim vierten Siegel, dem: „✠ sigillum ✠ civitatis ✠ antique ✠ berlin ✠" (40 mm) sind der Adler und der Bär in einem Schilde vereinigt, jedoch nicht wie gewöhnlich frei über oder nebeneinander, sondern der heraldische Adler steht auf dem Rücken des schreitenden Bären, resp. hält denselben in den Fängen. Unter dem Halse und hinter dem Schenkel des Bären befindet sich je eine kleine Figur in Form einer arabischen 8; es ist ein Teil der Jahreszahl, und 1488**) zu ergänzen. Dieselbe Darstellung, doch ohne Jahreszahl, findet sich am Ende des 17. Jahrh. noch einmal auf dem: „SIGILLUM:CIVITATIS:ANTIQVI:BERLIN" (!42 mm), während schon um die Mitte des 16. Jahrh. der zuerst auf Münzen (1539) vorkommende behalsbandete Bär auch allein im Schilde auf städtischen Signeten (aber nie auf alten Hauptsiegeln!) erscheint. Das nächste größere Siegel wurde i. J. 1709 bei Gelegenheit der Vereinigung sämtlicher Stadtteile zu einer Stadtgemeinde, nach einem vom Oberheroldsamte geprüften und vom Könige Friedrich I. genehmigten Entwurfe angefertigt. Es zeigt unter einer Königskrone einen reichverzierten Schild, der durch eine aufsteigende eingebogene Spitze in drei Plätze geteilt ist, und in dessen erstem Felde der preuß. Adler mit seinen Attributen, im zweiten der brandenburgische Adler, ebenfalls mit allen Insignien (s. oben), und in der Spitze der Bär mit einem Halsbande sich befinden. Das Siegel trägt keine Umschrift, sondern unter dem Wappen die Unterschrift: „SIGILLVM · CIVITATIS BEROLINENSIS 1709" (47 mm). — Später setzte man an Stelle der aufsteigenden Spitze den mit der Mauerkrone gekrönten Schild mit dem Bären; am 1. Okt. 1875 wurde diesem durch Beschluß der Stadtverordneten das Halsband aberkannt. (Näheres hierüber in Seylers „Geschichte der Heraldik" S. 788.)

Die seit 1709 mit Berlin vereinigten Stadtteile hatten früher den brandenburgischen Adler geführt, die Stadt Kölln an der Spree denselben schon seit dem Anfang des 13. Jahrh. auf dem: „(✱ S · C)IVI(VM COLO)NIE MARCHIONIS BRANDE BVRGEN(SIS) (62 mm) und dem Sekret: „✱ S' · BVRGENSIVM · COLNE" (32 mm) (abgebildet in Voßberg's „Siegel der Mark Brandenburg" 2. Heft) ohne weiteres Beizeichen, so auch im 17. und 18. Jahrh. das Spandauer Viertel und die Königsstadt, während ihn Friedrichswerder mit dem Namenszuge des großen Kurfürsten, Dorotheenstadt und Friedrichsstadt aber mit dem Kurscepterschild auf der Brust und mit über dem Haupte schwebendem Kurhut in ihre Siegel setzten.

Von alten Siegelstempeln haben sich erhalten und sind im Märk. Prov.-Museum aufbewahrt: die Bronzeplatte des schönen zweiten, der Silberstempel des vierten und die Stempel fast aller späteren Berliner Stadtsiegel, sowie neben späteren auch die besonders schön geschnittene Silberplatte eines Köllner Siegels des 15. Jahrhunderts, worauf der Adlerschild von einem verschlungenen Bande mit der Inschrift: „S CIVITATIS ∴ COLLENN. · ." (35 mm) umgeben ist.

Abgebildet sind die älteren Berliner und Köllner Siegel sehr oft, am besten in Fidicin's „Berlinische Chronik" (1868), die neueren in dem vom Kustos R. Buchholz bearbeiteten Kataloge des Märkischen Provinzial-Museums, Berlin 1890.

---

*) Die Legende ist verschieden gedeutet worden. Dr. G. Sello („Geschichte Berlins im Mittelalter") hält den Schluß derselben für ein Versehen des Stempelschneiders und glaubt, es solle: SIGILLVM BVRGENSIVM BERLINENSIVM heißen. Fürst Hohenlohe dagegen verteidigt in den „sphragistischen Aphorismen" Fidicins („Berlinische Chronik") Lesart: „Das Siegel der Bürger von Berlin bin ich". Das Feld dieses Siegels ist mit herzförmigen Erhöhungen besäet, die bald als Lindenblätter, bald als Weizenkörner angesprochen, nur eine dekorative Ausfüllung desselben bezwecken.

**) Man will auch 1444 lesen, indem man die runden Achter (88) für abnorm gestaltete alte Vierer (88) erklärt; es soll nämlich Urkunden mit diesem Siegel aus der Zeit vor 1488 geben (?).

KÖNIGREICH PREUSSEN

Königreich Preußen. Provinz Ostpreußen.

Regierungsbezirk Königsberg.

Abb. S. 25 **Königsberg i. Pr.,** Hauptstadt der Provinz Ostpreußen, **führt drei einzelne Wappenschilde: 1) von Silber und Rot geteilt, oben eine rote Krone, unten ein schwebendes silbernes Kreuz = Wappen der Altstadt Königsberg; 2) in Grün ein aus silbernen Wellen wachsender, in der Hand eine goldene Krone haltender blaubekleideter Arm, jederseits begleitet von einem abgewendeten goldenen Hifthorne = Wappen der ehemaligen Stadt Kneiphof; 3) in Blau eine goldene Krone zwischen zwei übereinander stehenden silbernen Sternen = Wappen der auch Löbenicht genannten Neustadt Königsberg.**

Diese Wappen der seit 1724 vereinigten Stadtteile kommen auch zuweilen in einen zweimal gespaltenen Schild zusammengezogen vor,†) wobei dann die Altstadt in der Mitte, Kneiphof rechts und Löbenicht links zu stehen pflegen. Die Siegel sind ausführlich beschrieben und leidlich abgebildet in Dr. W. Hensche's: „Wappen und Siegel der kgl. Haupt- und Residenzstadt Königsberg" (Kgsbg. 1877). Nachzutragen sind dazu zwei dem 14. resp. 15. Jahrh. angehörende Sekrete der Altstadt: „✠ SECRETV · CIVITATIS · KONIGSBERCh" (46 mm) und: „✠ S'SECRETVM · CIVITATIS · KVNIGSBERC" (24 mm). Das erstere ist dem von Hensche Tafel I No. 6 abgebildeten ähnlich, doch ist das Feld punktiert statt wie bei diesem damasziert; das zweite hat dieselbe Darstellung im Vierpaß. Die ersten Siegel der Altstadt Königsberg zeigen den König Ottokar von Böhmen, den Verbündeten des Deutschen Ordens und Gründer der Stadt, auf einem schreitenden Pferde, gekrönt, ein Lilienscepter in der Rechten und den Schild mit dem, mit einem Adler belegten Ordenskreuze vor der Brust haltend. Noch im 16. Jahrh. diente ein alter Stempel mit diesem Bilde als Hauptsiegel, während schon im 14. das Sekret Krone und Kreuz des jetzigen Wappens zeigt. Löbenicht und Kneiphof aber führten stets das Siegelbild, welches sie auch jetzt noch im Gesamtwappen vertritt. — Auch die Freiheiten (= Vororte) Sackheim, Tragheim, Vorder- und Hinterroßgarten und Neue Sorge bedienten sich eigener Wappenbilder, die ihnen im 16. u. 17. Jahrh. von ihren Landesherren für das Gerichtssiegel verliehen wurden. Näheres darüber bei Hensche a. a. O. Über das vereinzelte Vorkommen eines Stadtverordnetensiegels mit den Wappen aller Stadtteile und Vororte in einem neunfeldigen Schilde, s. den Aufsatz: „Ueber Städtewappen-Vermehrung" von L. Clericus im Herold 1889 No. 6; vergl. auch Voßberg*) und Beckherrn.**) Die Stadt bewahrt außer späteren noch vier schöne, in Silber geschnittene Siegelstempel des 15. und 16. Jahrh., nämlich Hensche's Taf. I NNo. 6 und 7, Taf. 2 NNo. 1 und 3, von denen der vorletzte dem prächtigen Danziger sogen. Reisesiegel (s. Danzig) gut nachgebildet ist und sich durch einen schön ciselierten Griff in Form eines ornamentierten Delphins auszeichnet.

†) z. B. in den neuern Stadtgerichtssiegeln, während ein solches aus dem vorigen Jahrh. sie so in der untern Hälfte eines quergeteilten Schildes, in dessen obern aber eine wachsende Justitia zeigt. — Ein mit 1518 bezeichnetes Schöffensiegel der Altstadt hat über derem Wappenschilde den auf dem Regenbogen thronenden Weltenrichter mit Lilie und Schwert, zu dessen Seiten aber zwei kleine Posaunen blasende Engelein.

Abb. S. 25 **Allenburg,** Stadt. **In Silber ein aus grünem Röhricht aufragender roter Hirschrumpf.**

Ein Elenn möchte richtiger sein, denn wenn schon der Klang des Stadtnamens eher auf ein solches deutet, so zeigt auch das von Voßberg*) beschriebene und abgebildete: „✠ sigillum ⁊ civitatis ⁊ allenberg ⁊" (46 mm) des 15. Jahrh., im Siegelfelde ein auf Steinen schreitendes, hirschartiges Thier mit breitschaufligem Geweih; auch soll dies Wild noch in neuerer Zeit in jener Gegend vorgekommen sein. Der Hirschkopf erscheint erst seit dem 17. Jahrh. in den Siegeln und zwar m. W. zuerst in einem Gerichtssiegel aus den ersten Jahrzehnten desselben. Bei letzterm sieht man über dem Schilde mit dem Hirschkopfe den auf dem Regenbogen thronenden Weltenrichter mit Lilie und Schwert.

Abb. S. 25 **Allenstein,** Stadt. **In Silber St. Jacobus in blauer Pilgertracht mit Stab und Muschelhut, stehend zwischen einem halben schwarzen Ordenskreuze und einem roten Zinnenturme.**

Es waren bisher keine alten Siegel dieser Stadt bekannt; Engel (s. S. 2) aber fand im Thorner Ratsarchiv neuerdings zwei auf, deren Stempel noch dem 14. Jahrh. angehören, das: „✠ SIGILLVM CIVITATIS ALLENSTE ··" (57 mm) und das: „✠ SECRETVM ❀ ······ ALLENSTEIN ❀" (41 mm). Sie zeigen wie auch die beiden von Voßberg*) abgebildeten Siegel des 16. Jahrh., das „· SIGILLVM · CIVITATIS · ALLENSTEINEN .·. (im Felde:) S — I" = St. Jacobus (38 mm) und das: „* S * MIN9 * OPPIDI * ALLENSTEINEN *" (30 mm) den Heiligen allein mit seinen Attributen, während Kreuz und Turm aus einem: „CAMMEREYSIEGEL D : STADT ALLENSTEIN :" (24 mm) des vorig. Jahrh., welches nur diese allein enthält, in die neueren Darstellungen gekommen sind. Den vom „Neuen Siebmacher"***) und darnach auch von Beckherrn**) erwähnten „Stempelabdruck v. J. 1353" hat Niemand gesehen. Voßberg*) setzte seinen Siegelabbildungen unglücklicherweise die Jahreszahl der Stadtgründung resp. der Besitzergreifung durch den deutschen Orden bei, und veranlaßte damit viele derartige Irrtümer. — Ein offenbar einem ältern nachgeschnittenes Gerichtssiegel vom Jahre 1802 zeigt unter einem Pilgerhute eine mit dem Schlosse nach oben gerichtete Pilgermuschel und hinter dieser zwei gekreuzte Pilgerstäbe.

Balga, Flecken. **Führt weder Wappen noch Siegelbild.**

In den „Banderia Prutenorum" des Kanonikus Dlugoß wird eine weiße Fahne mit einem aufsteigenden roten schwarzbewehrten Wolfe als das von der Komthurei und der Stadt Balga geführte Banner abgebildet. Da sonst nirgends von einer civitas Balga die Rede ist, so wird auch der Ort wohl nur dem Nationalgefühle des polnischen Domherrn sein Stadtrecht verdanken (s. S. 2).

Barten, Stadt. **In Rot eine aufgerichtete silberne Barte mit goldenem Stiele.** Abb. S. 25

Aeltere Siegel dieser Stadt sind nicht bekannt geworden; ein dem Anfang dieses Jahrhunderts angehöriges: „SIEGEL DER STADT BARTEN" (31 mm) zeigt die Barte, beseitet von der Jahreszahl 13—59 im Schilde. Nach Voßberg*) ist diese Erinnerungszahl unrichtig, da Burg und Stadt erst 1365 oder 1375 gegründet worden seien.

Bartenstein, in Ostpr., Stadt. **In Gold ein gewappneter Deutschordensritter, in der Rechten eine Barte haltend, auf schreitendem geharnischtem Rosse.** Abb. S. 25

Ein älteres Siegel mit dieser Darstellung ist m. W. nicht bekannt; das von Voßberg*) abgebildete: „✠ sigillvm ✱ civitatis ☙ bartenstein" (36 m) und das von demselben beschriebene: „✠ ·⁘· s ∘ civtatis (?) ☙ bartensteyn" (Größe?), beide aus dem 15. Jahrh., zeigen auf einem Stufengiebel (Stein) zwei gekreuzte Beile, also ein redendes Wappen; vielleicht aber stammt der Giebel aus dem Wappen des Bischofs Sorbom von Ermeland (s. Bischofsburg und Bischofstein). — In der Schlacht bei Tannenberg führte die Stadt ein weißbewimpeltes schwarzes Banner mit einer weißen Barte. — Ein Schöffensiegel v. J. 1552 hat auf einem Hügel zwei aufgerichtete Hellebarden nebeneinander, darüber einen Bogen mit einem wachsenden, die Arme segnend ausbreitenden Christusbilde.

Bischofsburg, Stadt. **In Rot eine silberne von einer Ringmauer umschlossene Burg mit breitem Mittelhaus zwischen zwei runden Zinnentürmen; die Ringmauer ist an der Thorstelle belegt mit einem gelehnten Schild, darin in Rot (?) ein silberner (?) Stufengiebel; über diesem Schild schwebt eine goldene Bischofsmütze.** Abb. S. 25

Dasselbe Bild zeigt das (bei Voßberg*) fehlende): „✠ s (··) ivitatis (··) bisschoffborg" (45 mm) aus dem 15. Jahrhundert. Der Schild mit dem Stufengiebel ist nach Voßberg's Vermutung das Wappen des Bischofs Heinrich Sorenbaum von Ermeland, des Gründers der Stadt.

Bischofstein, Stadt. **In Rot auf silbernem Felsen ein aufrecht gestellter goldener Bischofsstab mit wehendem silbernem Schweißtuche.** Abb. S. 25

Voßberg bildet (zufällig verdreht und so auch in den Neuen Siebmacher***) und in Beckherrn's „Wappen der Städte Alt-Preußens" übergegangen, (richtig abgebildet aber in Seyler's „Gesch. d. Heraldik" S. 167) das „s ⁊ civium ⁊ de ⁊ bisszoffstein," (49 mm) a. d. 14. Jh. ab, welches einen gelehnten Schild mit einem Stufengiebel darin vor einem aufrecht stehenden Bischofsstab zeigt. Der Felsen („Stein") im jetzigen Siegelbilde soll nach Mitteilung des Magistrats einen vor der Stadt liegenden, großen erratischen Block vorstellen (?) s. Bischofsburg. — Ein Gerichtssiegel des 18. Jahrh. hat die Darstellung der jetzigen Stadtsiegel, jedoch mit dem fliegenden preuß. Adler darüber.

Brandenburg, Flecken. **In Silber ein goldbewehrter roter Adler.** Abb. S. 25

Der Ort, den Dlugoß (s. Balga) ebenfalls „Stadt" nennt, führt nach dem Neuen Siebmacher diesen brandenburgischen Schild als Erinnerung an seinen Gründer, einen Markgrafen Otto v. Brandenburg. Ich fürchte, daß für diese Angabe nur die nicht sehr zuverlässigen „Banderia Prutenorum" und das Siegel des Komthurs der Burg, welches den Adler zeigt, aber mit dem Orte nichts gemein zu haben braucht, vorgelegen haben, denn ältere Siegel der „Stadt" sind nicht bekannt; der neue Farbdruckstempel zeigt den preußischen Adler.

---

*) Wenn ohne weitere Bemerkung „Voßberg" citiert ist, so ist damit die „Geschichte der preußischen Münzen und Siegel von der frühesten Zeit bis zum Ende der Herrschaft des Deutschen Ordens" von F. A. Voßberg, Berlin 1843, gemeint (s. S. 1). Bei anderen Werken desselben Verfassers ist deren Titel angegeben.

**) Beckherrn „Die Wappen der Städte Alt-Preußens" Königsberg 1892.

***) Unter: „der Neue Siebmacher" ist von diesem großen heraldischen Werke hier stets nur die Städtewappenabteilung (Nürnberg, Bauer und Raspe 1885) gemeint.

OSTPREUSSEN / REG.-BEZ. KÖNIGSBERG.

ALLENBURG. ALLENSTEIN.

BARTEN. BARTENSTEIN I. O.-PR.

BISCHOFSBURG. BISCHOFSTEIN. BRANDENBURG I. O.-PR. BRAUNSBERG.

DOMNAU. DRENGFURT. FISCHHAUSEN. FRAUENBURG.

FRIEDLAND OST-PR. GERDAUEN. GILGENBURG. GUTSTADT.

Ostpreussen / Reg.-Bez. Königsberg 1

Heiligenbeil

Heilsberg

Hohenstein i. O. Pr.

Kreuzburg i. O. Pr.

Labiau

Landsberg i. O. Pr.

Liebemühl

Liebstadt i. O. Pr.

Mehlsack

Memel

Mohrungen

Mühlhausen i. Ost-Pr.

Neidenburg

Nordenburg

Ortelsburg

Osterode i. O. Pr.

Passenheim

Pillau

Preuss.-Eylau

Preussisch Holland

OSTPREUSSEN / REG. BEZ. KÖNIGSBERG:

RASTENBURG

RÖSSEL

SAALFELD I.O. PR.

SCHIPPENBEIL

SEEBURG

SOLDAU I.O. PR.

TAPIAU

WARTENBURG O. PR.

WEHLAU

WILLENBERG

WORMDITT

ZINTEN

OSTPREUSSEN / REG·BEZ· GUMBINNEN

ANGERBURG

ARYS

BIALLA OSTPR.

DARKEHMEN

GOLDAP

INSTERBURG

JOHANNISBURG

LÖTZEN

LYCK

MARGGRABOWA

RAGNIT

RHEIN IN OSTPR.

SCHIRWINDT

SENSBURG

STALLUPÖNEN

TILSIT

WESTPREUSSEN / REG. BEZ. DANZIG

BERENT I. W. PR.

DIRSCHAU

ELBING

HELA

MARIENBURG

NEUSTADT I. W. PR.

NEUTEICH I. W. PR.

PREUSSISCH STARGARD

PUTZIG I. W. PR.

SCHÖNECK I. W. PR.

TIEGENHOF

TOLKEMIT

Westpreussen / R.-B. Marienwerder

Marienwerder in Westpreussen

Baldenburg.

Bischofswerder i. Westpr.

Briesen i. W.Pr.

Christburg

Deutsch-Eylau.

Deutsch-Krone.

Flatow

Freistadt i. W.Pr.

Garnsee

Gollub

Gorzno

Graudenz

Hammerstein.

Jastrow.

Kamin i. W.Pr.

Kauernick

WESTPREUSSEN R.B. MARIENWERDER

KONITZ I. W.PR.

KROJANKE

KULM

KULMSEE

LANDECK I. W.PR.

LAUTENBURG IN W.PR.

LESSEN IN W.PR.

LÖBAU IN W.PR.

MÄRK. FRIEDLAND.

MEWE

NEUENBURG IN W.PR.

NEUMARK IN W.PR.

PREUSS. FRIEDLAND.

REHDEN IN W.PR.

RIESENBURG

ROSENBERG

SCHLOCHAU

SCHLOPPE

SCHÖNSEE IN W.PR.

SCHWETZ

Westpreussen R.B. Marienwerder

Strasburg in W.Pr.

Stuhm

Thorn

Tuchel

Tütz in W.Pr.

Vandsburg.

Zempelburg

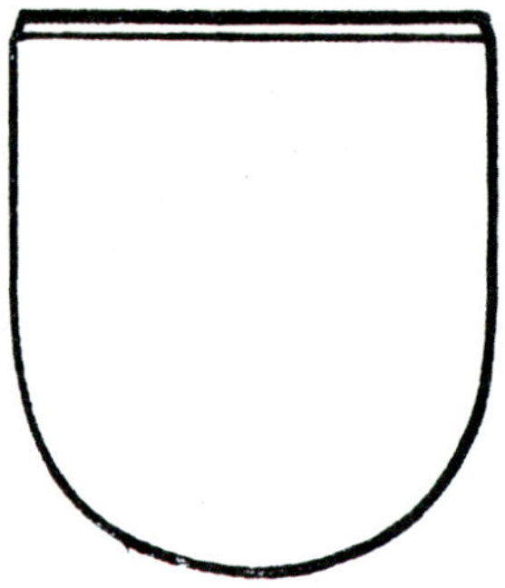

Provinz Ostpreußen. Regierungsbezirk Königsberg.

Abb. S. 25 **Braunsberg,** Stadt. In Silber auf grünem Boden ein grüner Lorbeerbaum.

Bei reicherer Darstellung wird der Schild von zwei, Palmzweige tragenden Engeln gehalten und es schwebt über demselben ein goldener Ring, durch den drei goldene Ähren aus einem mit rotem Bande umbundenen Halme empor wachsen. Ein altes Hauptsiegel ist mir nicht zu Gesichte gekommen. Ein, wie Voßberg wohl mit Recht annimmt, noch dem 13. Jahrh. angehöriges „S'·ECRETVM·BVRGENSIVM·BRVNSBERG" (! 39 mm) (s. Voßberg) zeigt auf einem bewachsenen Dreiberge eine heraldische Linde zwischen einem ungeflügelten Drachen und einem stehenden Hirsche. Ein Diplom des Polenkönigs Wladislaus IV. vom 22. Febr. 1637 veränderte die Linde in einen Lorbeer und brachte die Engel und den Ährenhalm zwischen zwei abgewendeten Halbmonden, sowie die Devise: Sub hoc sidere truncata viresco. Letztere und auch die Tiere und Mondsicheln nahm ein Diplom August's III. vom 18. Juli 1748 und begnadete dafür mit Ring und Band. — Die im 14. Jahrh. gegründete, bis 1772 als selbstständige Gemeinde bestandene Neustadt-Braunsberg führte einen Schild mit zwei gekreuzten und in der Mitte zusammengebundenen abgewendeten Bischofsstäben (Siegel des 16. Jh. bei Voßberg). — Die Stadt bewahrt noch die Siegelstempel 1) des schöngeschnittenen Sekrets aus dem 13. Jahrh. (s. oben), 2) des: „SIGILLVM + ANTIQVÆ · + · CIVITATIS · + · BRAVNSBERG + +" (36 mm) mit der Darstellung von 1637 und der Devise, sowie neben den Engeln „17 42" (nicht 1642!) im Siegelfelde, 3) des: „PUBL · SIGILL · CIUIT · BRAUNSBERG · 1748" (42 mm) mit dem Wappen vom selben Jahre, und 4) ein: „((+)) SIGILLUM CIVITATIS NOVÆ BRAUNSBERGENSIS" (50 mm) aus dem 17. Jhdt. mit dem Wappenschilde der Neustadt. Als: „Banderium Civitatis Brunszbergk" bildete Dlugoß ein von Weiß und Schwarz quergeteiltes Banner, darin oben und unten je ein Kreuz in verwechselten Tinkturen, ab.

Abb. S. 25 **Domnau,** Stadt. In Rot eine schräglinks gestellte goldene Adlerklaue.

Voßberg bildet ein: „sigillvm domminow" (38 mm) des 15. Jahrh. mit der Klaue im gegitterten Schilde ab; auf dem Stadtverordnetensiegel von 1809 (s. die Note auf S. 12) ist dieselbe mit den Zehen aufwärts gekehrt dargestellt; bei einem wenig spätern Magistratssiegel ist der Schild von einer fünfblättrigen Krone überhöht, während er auf zwei neuen Farbsiegeln von dem fliegenden preußischen Adler gehalten wird.

Abb. S. 25 **Drengfurt,** Stadt. Gespalten von Rot und Silber, rechts ein nach links sehender silberner Kranichrumpf, links das umstehend abgebildete schwarze Zeichen.

So auf einem Farbsiegel aus dem Anf. dieses Jahrh. in der Sammlung Clericus. Ein „SIGILLVM · CIVITATIS · DRENGFORTE" (24 mm) zeigt die Justitia mit Schwert und Wage, beseitet von der Jahreszahl „17—81". Ältere Siegel unbekannt.

Abb. S. 25 **Fischhausen,** Stadt. In Blau gekreuzt ein goldner Bischofsstab und ein goldenes Schwert; im untern der dadurch gebildeten Winkel ein steigender silberner Fisch.

Das älteste bekannte „∴ SIGILLVM ∴ DER ∴ STADT ∴ FISCHHAVSEN" (42 mm) gehört dem Ende des 16. Jahrh. an und zeigt das gleiche Bild; der Stempel desselben hat sich erhalten. Die vom Neuen Siebmacher gebrachte Nachricht von „dem ältesten, mit 1305 bezeichneten Stempel" beruht auf der jenem Werke möglichen Verwechslung mit dem Gründungsjahre der Stadt, welches Voßberg der Abbildung obigen Siegels beischrieb (s. Allenstein).

Abb. S. 25 **Frauenburg** in Ostpreußen, Stadt. In Rot eine silberne Burg mit drei Zinnentürmen und Zinnenmauer mit verschlossenem Thor; auf dem niedern Mittelturme wachsend eine blau gekleidete Frau mit gefalteten Händen und wallendem Haar.

Auf dem ältesten (Zeit ?): „✱ S'CIVIVM DE CASTRO DOMINE NOSTRE" (43 mm) ist nach Voßberg ein gezinntes Stadtthor zwischen zwei Turmen und über ersterem Maria mit dem Kinde thronend, von Sternen umgeben, zu erkennen. Nach der Reformation aber ließ man das Bild „Unserer lieben Frau" weg und begnügte sich mit obiger Darstellung. So ein: „+ SIGILLVM * CIVIVM * DE * CASTRO * DOMINÆ * NOSTRE" (45 mm) des 16. Jahrh., und ein nur wenig späterer, gering vergrößerter (48 mm) Nachschnitt desselben, dessen Stempel erhalten ist. Diese und eine nur 35 mm große Nachbildung des 18. Jahrh. zeigen die gleiche inkonsequente Schreibart der Genitivendungen, während ein noch erhaltener Stempel vom Anfang des 17. Jahrh. dasselbe Bild aber die Legende: „+ SIGILLUM CIVIUM DE CASTRO DOMINÆ NOSTRÆ MINUS" (32 mm) hat.

Abb. S. 25 **Friedland** in Ostpreußen, Stadt. In Gold ein blauer Hecht, in dessen Rücken ein roter Adlerfang verkrallt ist.

Dies schöne heraldische Bild führt die Stadt ununterbrochen seit dem Anf. des 14. Jahrh. Das älteste „✱ SIGILVM CIVITATIS DE VRIDLANT (48 mm) (s. Voßberg) hat es im damascierten Felde; bei dem (bei Voßberg fehlenden): „secretvm civitatis fredelanth" (! 40 mm) aus dem 15. Jahrh. ist letzteres glatt. Dessen Stempel, sowie die des: „SIGILLVM CIVITATIS FRIEDLANDEN 1561" (26 mm) mit der nach links gewandten Darstellung in einem Schilde, und eines ebensolchen Siegels des 18. Jahrh. mit einer Krone über und zwei verschlungenen Händen unter dem Schilde (oval 32 : 30) (Umschr. unleserlich) sind noch im Besitz der Stadt. Eine öde Wappensage darf verschwiegen werden.

Friedrichshof i. Ostpr., Flecken. Führte nach frdl. Mitteilung des Gemeindevorstehers nie ein Wappen noch Siegel.

Gerdauen, Stadt. In Silber unter einem roten gotischen Zierbogen St. Paulus und St. Petrus stehend, beide gemeinschaftlich einen aufgerichteten, großen goldenen Schlüssel, ersterer außerdem noch ein gestürztes Schwert haltend. Abb. S. 25

Ein „s̄ s civitatis gir · · · ·" (38 mm) (15. Jahrh.) mit dieser Darstellung bei Voßberg. Außerdem sind mir nur Siegel dieses Jahrh. bekannt geworden, von denen eines merkwürdiger Weise jedem der beiden Heiligen einen Schlüssel in die Hand gibt.

Gilgenburg, Stadt. In Rot eine silberne Lilie. (Gilge.) Abb. S. 25

Das (bei Voßberg fehlende): „+ Sigillum civitatis ilgenburg" (! 39 mm) aus dem 15. Jhdt. zeigt einen geteilten Schild, darin oben eine Lilie, unten ein Stierkopf im Visir, dessen Hörner in die obere Hälfte etwas hineinragen. Die Lilie allein erscheint wohl zuerst auf einem „* SIGIL · CIVIT · LILIOPOLENS" (28 mm) des 17. Jahrh. Es gibt auch ein „SIGILLUM CIVITATIS GILGENBURGENSIS (49 mm) des 17. Jahrh., welches ein Wappen mit einem Löwen im Schild und drei Straußenfedern auf dem Helme zeigt. (Samml. P. Trummer in Hamburg.)

Gutstadt, Stadt. In Silber auf grünem Boden ein schreitender roter Hirsch, im Maule ein grünes Eichenzweiglein mit zwei goldnen Eicheln tragend. Abb. S. 25

Der schöne älteste Siegelstempel hat sich noch glücklich erhalten, wodurch es möglich ist, die für ein Siegel des 14. Jahrh. seltene deutsche Umschrift hier wiederzugeben und dadurch Voßbergs Abbildung eines defekten Wachsabdruckes zu ergänzen: „✱ S'DER BORGER · VAN DER GODEN STAT" (50 mm). Auf diesem ist der Hirsch im Siegelfelde schreitend, auf dem ebenfalls erhaltenen Stempel des: „SIGILLVM NOVUM CIVITATIS / GVDSTADIENSIS / ANNO 1721" (53 mm) und dem: „* SIGILLVM CIVITATIS GVTSTADIEN A° 1301 (innere Umschrift:) RENOVATA 1703" (28 mm) in einem Schilde springend, und auf einem Gerichtssiegel des 16. Jahrh.: „∴ SIGIL · IVDICVM GVEDSTATEN" (30 mm) wachsend dargestellt.

Heiligenbeil, Stadt. In Schwarz zwei gekreuzte, abgewendete Beile mit goldenen Stielen. Abb. S. 28

Das älteste: „✱ SIGILLVM · CIVIVM · DE · SANCTE · CIVITATE" (63 mm) 14. Jahrh. zeigt im Siegelfelde einen gegen einen ausgerissenen belaubten Baumstumpf anspringenden Wolf; aber schon ein: „× s × igillvm × civium × sancte × civitatis" (44 mm) des folgenden Jahrh. †) bringt die gekreuzten Beile im Schilde; so hat sie auch ein: „∴ SIGILLVM ∴ SANCTAE ∴ CIVITATIS (26 mm) des 16. Jahrh.; beide ersteren bildet Voßberg ab. Das Banner aus der Tannenberger Schlacht hat unter einem weißen Fahnenhaupt in Schwarz ein aufgerichtetes weißes Beil, ist also bis auf den abwehenden Zagel ganz wie das von Bartenstein. Wappensage bei Beckherrn, Wappen der Städte Ostpreußens. Ein Gerichtssiegel von 1607 zeigt nach Beckherrn die Justitia mit einem Beile statt des Schwertes.

†) nicht vom Jahre 1301, wie der „Neue Siebmacher" in Verwechslung mit dem von Voßberg der Abbildung beigeschriebenen angeblichen Gründungsjahre schreibt. Auch der dort erwähnte Stempel mit den Beilen über einem „Postament von Quadern" (= Stufengiebel) dürfte auf einem Mißverständnisse beruhen, denn der Besitzer jenes Siegels mit unleserlicher Legende, † Clericus, pflichtete mir bei, als ich es nach Bartenstein verwies.

Heilsberg, Stadt. In Blau auf grünem Dreiberge ein silbernes, einen goldenen Bischofsstab schulterndes, Lamm. Abb. S. 28

Engel führt als ältestes ein „✱ S'ECRECUM · BVRGENSIV̄ IN HEILSPG" (! 36 mm) an, mit dem widersehenden Gotteslamme. So zeigt es auch das schöne: „sigillum ✳ burgensium ✳ in heilsberg ✳" (45 mm) vom Anfange des 15. Jahrhunderts bei Voßberg. Der noch erhaltene Stempel, des „* SIGILVM · CIVITATIS · HEILSBERGENSIS 1769" (! 35 mm) und das: „* 1774 · SIGIL · CIVITAT · HEILSBERGENS (25 mm) bringen es im Barockschilde. Die Wappenfarben ergeben sich aus der vom Bischofe von Ermeland geführten Fahne, der die Bürger der (auch von einem ermeländischen Bischofe gegründeten) Stadt in die Tannenberger Schlacht folgten, und an deren Bild das Stadtwappen sich anlehnt. Ein Gerichtssiegel v. J. 1630 hat auch das Lamm, welches aber hier eine mit einem Kreuze besteckte Stange schultert, von der statt der Fahne eine Wage herabhängt.

Provinz Ostpreußen. Regierungsbezirk Königsberg.

Abb. S. 26 **Hohenstein** in Ostpreußen, Stadt. In Silber St. Petrus in blauer Kleidung mit goldnem Schlüssel und Stab.

Engel bringt ein: „✱ SIGILLVM·········HON·····" (68 mm) des 14. Jahrh. mit einem im Achtpaß stehenden Bischofe, der in der Rechten zwei Schlüssel, in der Linken eine Kreuzfahne hält. Erhalten sind die Stempel 1) eines kleinen, roh geschnittenen Siegelchens mit der Umschr.: „S HO STE AN 1553" (!21 mm), 2) des: „✝ SIGILLVM · CIVITATIS · HOHENSTENINENSIS · AO 1663" (!38 mm) 3) des „.·. SIGILLVM ⁝ CIVITATIS ⁝ HOHENSTEINENSIS ⁝ ANNO 1706 ⁝" (32 mm). Auf allen hält der Heilige in der Rechten den Schlüssel; in der Linken jedoch auf dem ersten Siegel einen Stab, auf dem zweiten eine Fahne und auf dem dritten ein Schwert.

Abb. S. 26 **Kreuzburg** in Ostpreußen. In Rot eine silberne Burg mit zwei Zinnentürmen, zwischen denen ein gelehnter Schild schwebt: in Silber gespalten, am Spalt rechts ein halber gold-bewehrter roter Adler (Brandenburg), links ein halbes schwarzes Deutschordens-Kreuz.

So auf dem von Voßberg gebrachten: „✱ S'CIVITATIS CRVSBVRGESIS" (39 mm) des 14. Jahrh.; heute führt die Stadt kein ihr eigentümliches Siegelbild mehr, sondern bedient sich des königl. preuß. Amtsadlers.

Abb. S. 26 **Labiau,** Stadt. In Silber ein aus blauen Wolken im linken Obereck hervorgehender grün bekleideter Arm, in der Hand ein gestürztes goldnes Jagdhorn haltend; darunter auf grünem Boden ein grüner Laubbaum.

Dies Wappen und dazu als Helmschmuck einen wachsenden Auerochsen erhielt die Stadt unterm 28. Juli 1642 von Friedrich Wilhelm dem großen Kurfürsten. Die betreffende Stelle des Verleihungsbriefes lautet (nach magistratlicher Angabe): „Ein weißer Schild, darinnen aus einer blauen Wolke ein halb grüner Arm, so in der Hand ein Jägerhorn hält und unten ein grüner Baum, über dem Schild aber ein Auer." — Das im Jahre der Verleihung angefertigte: „✱ SIGILLVM ✱ NOVÆ ✱ CIVITATIS ✱ LABIAW ✱ 1642" (42 mm) sowie ein dieselbe Umschr. und Jahreszahl zeigendes ovales (24:22 mm) Siegelchen (beide Stempel erhalten) beweisen, daß mit: „über dem Schild aber ein Auer" ein wachsender Auerochse als Helmkleinod, nicht aber, wie Beckherrn*) abbildet, ein auf dem obern Schildrande schreitender Ochse gemeint sei. Dem „Neuen Siebmacher" muß ein recht schlechter Abdruck vorgelegen haben, denn er erkennt in dem Ochsen einen wachsenden Heiligen.

Abb. S. 26 **Landsberg,** Stadt. In Gold ein springender roter Fuchs, der eine silberne Gans im Rachen trägt.

Das dem 14. Jahrh. angehörige, von Voßberg abgebildete: „✱ S'CIVI(TA)TIS ✱ LANDESBERCH" (36 mm), weist im Siegelfelde einen stehenden, ein Lamm im Rachen haltenden Wolf; der Fuchs (Wolf?) mit der Gans findet sich auf einem Siegel vom Ende des 16. Jahrh. mit der Umschrift: „⁓ ·:· LANDSBERG ·:· CAMEREY ·:·" (24 mm); dann hat ihn auch das Stadtverordnetensiegel von 1809 (s. d. Note auf S. 12).

Abb. S. 26 **Liebemühl,** Stadt. In Blau ein silbernes Mühlrad.

Alte Siegel scheinen sich nicht erhalten zu haben; ein: „SIGILLVM CIVITATIS LIEBMUL" (30 mm) des 16. Jahrh. mit obiger Darstellung lieferte das Vorbild zu den neuen Siegeln der Stadt.

Abb. S. 26 **Liebstadt,** Stadt. In Silber auf grünem Boden ein stehender gold-bewehrter roter Hirsch.

Auf dem von Voßberg abgebildeten ältesten: „✱ S CIVITATIS LIBINSTAT" (52 mm), das wol bald nach der Gründung der Stadt (1329) angefertigt wurde, steht der Hirsch im Siegelfelde nach links vor einem kleinen freischwebenden Deutschordens-Kreuzlein; die beiden im Felde noch angebrachten Blumen dienen lediglich zur Raumausfüllung. Außer diesem ist nur noch ein spätes (17. Jahrh.): „SIGIL · CIVIT · LIEBSTAD" (30 mm) mit einem schreitenden Hirsch (ohne Kreuz) bekannt geworden.

Abb. S. 26 **Mehlsack,** Stadt. In Blau ein gestürztes silbernes Schwert und ein goldner Schlüssel gekreuzt; in den seitlichen und im untern der dadurch gebildeten Winkel je ein den Bund nach innen kehrender silberner Mehlsack.

Herrn Landrichter Engel verdanke ich einen Abguß des: „✱ S'CIVITATIS MELSAC" (32 mm) aus dem 14. Jahrh. nach welchem Voßbergs Abb. eines defekten Abdruckes dahin zu berichtigen ist, daß das gestürzte Schwert von dem querlinkshin liegenden Schlüssel gekreuzt wird und sich nur im rechten obern und im linken untern Winkel je ein mit dem Bund nach außen gekehrter Sack befindet. Genau der obigen Beschreibung entsprechend ist ein: „✱ SIGILLVM CIVITATIS MEL ... CCENSIS" (32 mm) des 16. Jahrhunderts.

Memel, Stadt. In Rot über blauem Wasser ein silberner Thorturm, beiderseits mit niederer durchgehender Zinnenmauer versehen, welche mit je einer silbernen Seebake (aus Balken gezimmerter Wartturm) besetzt ist; auf dem Wasser ein schwarzer Kahn. Abb. S. 26

Voßberg erzählt, das uralte (Zeit?) Stadtsiegel habe dasselbe Bild gehabt, der Siegelstempel desselben sei noch zu Anfang dieses Jahrh. im Stadtarchiv gewesen, jetzt (1843) aber nicht mehr aufzufinden. Er bildet ein: „✱ SIGILLVM ∘ BVRGENSIVM ∘ DE ∘ MEMELA" (33 mm) aus dem Anfang (?) des 16. Jahrh. ab; es gibt noch zwei, in Darstellung, Wortlaut der Legende und Größe gleiche, nur durch die Form der Punkte unterschiedene Siegel. Der Stempel des einen, sowie der des: „✱ · SIEGEL · DES · MEMELSCHEN · WETTGERICHTS" (37 mm) mit demselben Bilde, aus dem 17. Jahrh. haben sich erhalten.

Mensgut, Flecken. Führt nach gef. Mitteilung des Gemeindevorstehers weder eigenes Wappen noch Siegelbild.

Mohrungen, Stadt. In Gold ein barfuß schreitender schwarz gekleideter Pilger mit geschultertem Stabe, an dem eine silberne Kürbisflasche hängt; in der linken eine goldene Pilgermuschel. Abb. S. 26

Voßberg bildet das dem 14. Jahrh. angehörige: „✝ S CONSULUM CIVITATIS MORUNG" (50 mm) ab und vermutet in der Figur einen Pilger „(?)". Ein „✝ SIGILLVM · CIVITATIS · MORVNG" (23 mm) des 17. Jhdts. sowie ein mit 1697 bezeichnetes Gerichtssiegel zeigen aber deutlich im sternenbesäten Siegelfelde einen, nur mit einer Schamschürze bekleideten Mohren, der eine Pfanne (Braupfanne) schultert. Diesen bildete auch der Neue Siebmacher als Wappen ab. Aber in einem Schreiben an die Verlagshandlung (7. Apr. 1886) protestierte der Magistrat gegen den Mohren und erklärte die diesen zeigenden Siegel unter Berufung auf Voßberg für unrichtig. Da ich das der Voßberg'schen Abbildung zu Grunde liegende Originalsiegel nicht gesehen, so kann ich nur konstatieren, daß auf ersterer die Figur nicht wie ein Mohr, der Gegenstand an der Stange aber auch nicht wie eine Pilgerflasche aussieht. Übrigens hat, nach der unsichern Wiedergabe zu schließen, Voßberg nur ein unscharfer Abdruck vorgelegen. Dies ist auch der Fall mit einem (bei Voßb. fehlenden): „sigillum civitatis morung ⁓" (35 mm) des 15. Jahrh., dessen verschwommener Abdruck keine Antwort auf diese Frage gibt.

Mühlhausen in Ostpreußen, Stadt. In Blau ein silbernes Mühlrad, belegt mit einem goldenen Blätteraste. Abb. S. 26

So das: „✱ S' CIVITATIS MOLHVSYN ⁓" (55 mm, Voßberg), aus dem 14. Jahrh. und ein dem 17. Jahrh. angehöriges: „✝ CIVI(TAT)IS ✝ MVHLHVSIN" (25 mm). Das Gerichtssiegel und leider auch das neueste Stadtsiegel lassen den Ast weg; aber die Stadt sollte doch nicht auf dies historische und charakteristische Beizeichen, durch welches allein sich ihr Siegelbild von hundert sonst gleichen Wappen unterscheidet, verzichten.

Neidenburg, Stadt. In Silber†) zwischen zwei aus grünem Boden sprießenden Pflanzen ein laubbekränzter laubbeschürzter wilder Mann, mit der Rechten ein Schwert schwingend, in der Linken eine goldene Lilie haltend. Abb. S. 26

Ein (bei Voßb. fehlendes) „✝ sigillum ✦ civitatis ✦ neydenburg" (43 mm) aus dem Anf. d. 15. Jahrh., zeigt im berankten Felde einen unbekleideten, aber am ganzen Körper dicht behaarten wilden Mann der in der Rechten ein Schwert schwingt, mit der Linken eine Lilie emporhält. Ein Siegel mit der Umschrift: „AMBT NEIDENBVRG 1608" (25 mm) zeigt den wilden Mann auf eine lange Keule gestützt; bei dem: „SIGILLVM DEPOSITORII MAGISTRATUS NEIDENBVRGI 1784" (30 mm) hält er in der Rechten das Schwert, in der Linken einen gestürzten Pfeil, bei dem Stadtverordnetensiegel von 1809 rechts das Schwert, links eine an langem Stiele aus dem Boden wachsende Blume. Nach Jul. Gregorovius: „Die Ordensstadt Neidenburg i. Ostpr." 1883, S. 21, soll der Gegenstand, den der wilde Mann in der linken Hand hält, eine Weinrebe sein (?). Das neueste Farbsiegel hat wieder das alte Bild.

†) Erst nachdem die Druckplatte der Tafel fertig war, ersah ich aus Seylers „Geschichte der Heraldik" S. 788, daß der Magistrat i. J. 1885 eine Richtigstellung des Stadtwappens (in obigem Sinne) beschlossen und dabei das Feld als silbern angenommen habe; darnach ist also meine Abbildung zu verbessern.

Nordenburg, Stadt. In Silber ein bäumendes lediges schwarzes Roß, links oben und rechts unten begleitet von je einem roten Sterne. Abb. S. 26

Dasselbe Bild hat, außer dem neuen Siegel, laut Engel auch ein: „✱ sigillum ✱ civitatis ❀ nordenburg ❀" (40 mm). Interessant ist ein Gerichtssiegel des 17. Jahrh., welches das Roß zwischen zwei pfahlweise gestellten Sternen und über diesen ein Kruzifix zeigt.

*) Beckherrn „Die Wappen der Städte Alt-Preußens" Königsberg 1892.

Abb. S. 26 **Ortelsburg,** Stadt. In Silber auf grünem Boden ein roter aus grünem Walde nach links hervorspringender Hirsch.

„* DER KÖNIGL · PR · STATD · ORTELSBURG MAGISTRATSSIEGEL“ (130 mm) aus dem Ende des 17. Jahrh., und der diesem nachgeschnittene neue Farbsiegel sind die einzigen bekannt gewordenen Quellen. Nach Beckherrn wird der Ort i. J. 1673 zuerst amtlich Stadt genannt; die Banderia Prutenorum geben aber das i. J. 1410 von der Komturei und Stadt Scythno oder Ortelsburg geführte Banner als von Rot und Weiß schrägrechts geteilt an. Da nun Ortelsburg damals weder Komturei noch Stadt, sondern nur ein Pflegamt war, so sieht man auch hier wieder das Bestreben jener Handschrift, durch Vergrößerung des Besiegten den errungenen Sieg glänzender erscheinen zu lassen.

Abb. S. 26 **Osterode** in Ostpreußen, Stadt. In Rot St. Georg in goldener Rüstung zu Pferde, den liegenden grünen Lindwurm mit der Lanze durchbohrend.

So die neuen Siegel. Aber weder das alte: „✱ S'CIVITATIS · OSTIRRODEN“ (52 mm), von dem Voßberg einen Abdruck v. J. 1476 besaß, noch auch ein: „* SIGILLUM · CIVITATIS · OSTERRODA ·“ (30 mm) des 16. Jahrh. zeigen dies Bild, beide vielmehr einen gerüsteten Deutschordensbruder mit eingelegter Lanze auf springendem Rosse. — Auch hier spricht Dlugoß ausdrücklich vom: „Banderium Commendariae et Civitatis Osterrodensis“ und bildet es als von Rot und Weiß geviertet ab.

Abb. S. 26 **Passenheim,** Stadt. In Silber, unter einem roten Zierbogen stehend, die gekrönte Mutter Gottes mit dem Kinde auf der Linken, in der Rechten ein goldenes Szepter haltend.

So ein dem Ende des 14. od. Anf. des 15. Jahrh. angehöriges, von Voßberg abgebildetes: „s'civitatis ~ bassenheim ~“ (42 mm); der noch erhaltene Stempel des: „SIG · CIVIT · PASSENHEIM · AO 1656“ (28 mm) giebt die Madonna ungekrönt und ohne das Portal. Der vom „Neuen Siebmacher“ erwähnte „Abdruck eines Stempels im Jahre 1384“ beruht auf einem Doppelirrtum; einmal liegt die bei Allenstein angeführte Verwechslung, dann aber auch noch ein Versehen in der Abschrift vor: die Stadt wurde erst später gegründet.

Abb. S. 26 **Pillau,** Stadt. In Rot ein auf blauem Wasser schwimmender mit einer goldenen Königskrone gekrönter silberner Stör.

Dies Wappenbild erhielt der Ort von König Friedrich Wilhelm I. bei Erteilung des Stadtrechtes i. J. 1725. Das demnach älteste ist ein: „· SIEGEL · DER KOENIGL PR · STADT · PILLAV 1725“ (23 mm) mit diesem Bilde im Siegelfelde. Das neue Farbsiegel ist diesem treu nachgeschnitten, doch fehlt in der Umschrift das: PR(eußische), wodurch ein wohl nicht beabsichtigter Sinn entsteht. — Laut freundl. Auskunft der Stadtbehörde wurden s. Z. die auf die Gründung der Stadt bezughabenden Urkunden, darunter das Dokument der Wappenverleihung, an das kgl. Staatsarchiv in Königsberg abgegeben, ohne daß eine Abschrift davon behalten worden wäre (!). Nach einer von letzterm mir gütigst mitgeteilten Abschrift spricht die Urkunde wohl von der Erteilung eines Stadtsiegels, beschreibt es jedoch nicht.

Abb. S. 26 **Preußisch-Eylau,** Stadt. Von Schwarz (?) und Silber (?) geteilt; oben ein wachsender goldener (?) Löwe, unten nebeneinander drei schwarze Deutschordens-Kreuze.

Das älteste bekannt gewordene Siegel enthält obige Darstellung im Schilde; die Umschrift ist auf dem vorliegenden Papierabdruck nicht ganz deutlich: „+ SIGILLVM + CIVITATIS + EIL · · · · · · ANNO 1558“ (?35 mm). Über die Herkunft dieses Wappens konnte nichts in Erfahrung gebracht werden; eine sorgfältige Durchsuchung der städtischen Dokumente ergab, wie der Herr Bürgermeister schreibt, weder ein älteres Siegel, noch irgend etwas über den Ursprung des Wappens.†) Das Stadtverordnetensiegel von 1809 (s. S. 12) zeigt den Löwen ebenfalls ungekrönt, so daß die Krone desselben auf dem neuen Magistratssiegel unbegründet ist.

†) Die Stadt ward 1336 auf Geheiß des Hochmeisters Dietrich v. Altenburg gegründet; dieser hatte aber keinen Löwen im Wappen.

Abb. S. 26 **Preußisch-Holland,** Stadt. In Gold auf grünem Dreiberge ein geharnischter Reiter auf springendem silbernen Roß, in der Rechten das Schwert schwingend, mit der Linken einen rothen (?) Schild mit einem silbernen (?) Querbalken vor die Brust haltend.

Alle alten Siegel widersprechen der modernen Darstellung, die den Reiter mit dem Schwerte beibehält, aus dem Dreiberg aber einen Lindwurm und so erstern zum St. Georg gemacht hat. Voßberg bildet das: „✱ SIGILLVM (· BVR)GENSIVM ✱ DE ✱ HOLLANDIA“ (75 mm) aus dem 14. Jahrh. ab, und beschreibt ein „+ sigillum ~ civitatis ~ hollant ~“ (Größe?) nach einem Abdruck v. J. 1465; Engel fügt dazu aus dem Thorner Ratsarchiv noch ein: „✱ S'BVRGENSIVM + DE + HOLLANDIA“ (38 mm) (1453 urkundl.). Diese, wie auch das „· SIGILLVM · CIVITATIS · HOLLANDT · IN · BORVSSIA“ (31 mm) vom Ende des 16., und ein im 18. Jahrh. diesem ungeschickt nachgeschnittenes Gerichtssiegel zeigen alle das obige Bild.

Das Wappen auf dem Schilde des Reiters dürfte wohl das des Vogtes von Stuhm (Aliem) sein; ein i. J. 1388 von diesem gebrauchtes Siegel hat einen Querbalken im Schilde, und die in der Tannenberger Schlacht geführte rote Fahne mit weißem Querbalken weist Voßberg wohl auch mit Recht diesem zu. Wenn nun das nicht sicher ist, so ist doch zweifellos, daß Beckherrn stark irrt, wenn er den einen Balken als das Wappen der Herren von Querfurt anspricht: „wie es in dieser einfachsten Form auch auf dem Siegel der Stadt Querfurt“ vorkomme. Beckherrn beruft sich dabei auf den „Neuen Siebmacher“, aber das ist ein gar unzuverlässiges Werk! So zeigt denn auch der fragliche Schild des betr. Siegels der Stadt Querfurt nicht „zwei Querbalken“, wie der N. Siebm. schreibt, oder einen Querbalken, wie er dazu abbildet, sondern nur eine einfache Schildteilung. Das Sigillum civitatis Querfurtensis enthält also in seinen beiden Schilden nicht das Wappen der Herren von Querfurt „in verschiedener Gestalt“ (!), sondern vielmehr links den (hier sechsmal geteilten) Schild dieser Gründer der Stadt, rechts aber das (von Rot und Silber) quergeteilte Wappen des Erzstifts Magdeburg, an welches dieselbe, nach dem Aussterben jener Dynasten, i. J. 1496, gekommen war.

Rastenburg in Ostpreußen, Stadt. In Silber auf grünem Boden zwischen drei Tannenbäumen ein schwarzer Bär. Abb. S. 27

B. Engel bringt ein: „✱ SIGILVM : SIVITATIS : DE : RASTENBORC :“ (!46 mm) von einer Urk. v. 1405, und ein: „sigilum × sivitatis ~ rastenborc“ (!36 mm) des 15. Jahrh.; ersteres zeigt nach Engel den Bären allein, letzteres einen solchen auf netzartig gegittertem Boden (nicht Siegelfelde, also vielleicht von symbolischer Bedeutung!) unter einem Kreuzchen im berankten Felde. Dazu kommt noch das von Voßberg gebrachte, auch dem 15. Jahrh. angehörende: „· · · gillum + sivitatis rastenburc ·“ (!41 mm), welches einen Eber im Walde zeigen soll. Voßbergs Text stimmt nicht ganz mit seiner Abbildung; es scheinen sich Druckfehler eingeschlichen zu haben. Nach Beckherrn zeigt ein (nicht näher beschriebenes) Siegel aus dem 16. Jahrh. einen vor sieben Laubbäumen stehenden Bär. Erst die ganz neuen Siegel zeigen somit den „zwischen drei Bäumen eingeklemmten Bären“, woraus sich das Alter der in der Leipz. Illustr. Zeitung vom 10. Aug. 72 erzählten Wappensage ergiebt.

Rössel, Stadt. In Silber ein aufgerichteter goldener Bischofsstab, an dem ein schwarzer Bär emporklimmt. Abb. S. 27

Die charakteristische Stellung des Bären hat sich in den Stadtsiegeln löblicherweise seit dem ältesten bekannten bis zum heutigen unverändert erhalten. Voßbergs Abbildung und Beschreibung des dem Ende des 14. Jahrh. angehörigen: „+ S · civitatis · resil · + · + · + ·“ (40 mm) ist nicht ganz genau, da das Siegel auf ersterer so verdreht ist, daß der Stab wagerecht liegt, der Bär also darauf steht; auch ist nicht „rechts ein gegittertes Feld mit Kreuzchen verziert“, sondern diese Damascierung erstreckt sich über das ganze Siegelfeld und es ist nur zufällig die Darstellung etwas nach links geraten; schon das folgende: „S · civitatis · resel ~“ (26 mm) (15. Jahrh.) bringt sie inmitten des Feldes. Erhalten hat sich der Stempel des: „+ SIGILLUM · CIVITATIS · ROESSELIENSIS 1771“ (42 mm) und der der Stadtverordneten aus dem Anfang dieses Jahrhunderts. Alle haben auch noch das gegitterte Feld, von dem erst die neuen Farbsiegel abgegangen sind.

Saalfeld in Ostpreußen, Stadt. In Blau auf grünem Boden St. Johannes der Apostel, unbekleidet, mit gefaltenen Händen in einem auf flammenden Holzscheiten stehenden goldenen Ölkessel. Abb. S. 27

Der „Neue Siebmacher“ hält den Heiligen für St. Vitus, der den Tod erleide, „weil er wahrscheinlich Schutzpatron des Orts war“ (!). Aber die Angabe Beckherrns, daß dem Apostel Johannes die Kirche geweiht gewesen sei, spricht für eine der Darstellungen aus dessen Legende. Das von Engel im Thorner Ratsarchiv gefundene: „✱ S : BVRGENSIVM : IN SALVELT“ (51 mm) zeigt einen dreispitzigen Giebel, der mit einer Schüssel, worin das Haupt Johannis des Täufers, belegt ist.†) Von den vom N. S. erwähnten beiden „Stempeln, deren einer mit der Jahreszahl 1305, der andere mit der Jahreszahl 1334 bezeichnet ist, welche aber nicht gleichzeitig gestochen sind“, gehört das: „* SIGILLVM * CIVITATIS * SALFELT * 1305“ (24 mm) dem 17. Jahrh., das: „* SIGILLUM CIVITATIS SALFELD 1334“ (35 mm) aber der ersten Hälfte des 19. Jahrh. an. Ersteres ist der Nachschnitt eines gleichgroßen Siegelchens a. d. 16. Jahrh., was auch die gleiche Umschrift, statt des Erinnerungsjahres aber die Jahreszahl: „156(?)“ zeigt; bei beiden sprießen Blumenranken statt der Flammen unter dem Kessel hervor.

†) s. Johannisburg S. 14.

Schippenbeil, Stadt. In Silber, auf blauem Wasser schwimmend, ein mit einer roten Burg besetztes goldenes Schiff. Abb. S. 27

Die Stadt hieß früher Schiffenburg, daher das Bild. Die Formen der Burg wechseln sehr; auf dem von Voßberg gegebenen: „✱ S' · CIVITAT(IS) SCHIFFENBVRC“ (52 mm) aus dem 14. Jahrh. erscheint sie als ein fensterloser, spitzbedachter Zinnenturm mit anschließender, nur von einer kleinen Thüre durchbrochener Zinnenmauer; auf einem dem Ende des 15. Jahrh. zuzuschreibenden: „sigillum ~ civitatis ~ schiffenburck ~“ (46 mm) hat sie sehr phantastische Formen; den silbernen Stempel dieses Siegels bewahrt die Stadt noch. Ein Signet des 17. Jahrh. ohne Umschrift bringt das Bild zwischen den beiden Buchstaben: „S B“

(23 mm); auch das neueste Magistratssiegel hat diese im Siegelfelde beibehalten. Es ist nicht ersichtlich, warum in Gust. Lieks Monographie: „Die Stadt Schippenbeil“, Königsberg 1874, die Abbildung des zweiten Siegels als „ältestes Stadtsiegel“ gebracht ist, da doch der Verfasser sich auf Voßbergs Siegelabbildungen beruft und er auch noch andere Abb. gekannt hat.

Abb. S. 27 **Seeburg,** Stadt. **In Silber auf grünem Boden drei runde spitzbedachte rote Türme mit je einem Thore nebeneinander; darüber der schwarze preußische Adler mit seinen Attributen fliegend; im silbernen Schildfuß ein querliegender grüner Lorbeerzweig.**

Das einzige bekannt gewordene alte Siegel fand Herr Landrichter Engel im Thorner Ratsarchiv an einer Urk. v. 1440. Es ist spitzoval und gehört, wenn ich's recht deute, zu den interessantern der „redenden“ Bilder. Im obern Teile des Siegelfeldes schwebt ein starker, mit drei Giebeln geschmückter Turm („Burg“), während den untern Teil des Feldes ein Dreieckschild einnimmt, der einen Querstrom (die Stadt liegt an der Simser) zwischen oben zwei, unten einem Seeblatt zeigt. Die Umschrift lautet: „S'∘CIVITATIS∘SEBVRG∘“ (54:35 mm). Ein von Voßberg nicht näher beschriebenes „neueres“ Siegel soll ein Kirchengebäude zeigen. Das Magistratssiegel vom Anfang dieses Jahrh. und ein neues Farbsiegel haben die abgebildete Darstellung.

Abb. S. 27 **Soldau** in Ostpreußen, Stadt. **In Blau unter goldenem Zierbogen stehend die gekrönte hl. Katharina in roter Kleidung mit goldenem Mantel, in der Rechten ein Stück des goldenen Rades, in der Linken ein gestürztes Schwert haltend; beiderseits neben dem Bogen schwebt je ein von Rot und Silber geschachter Schild.**

Der geschachte Schild ist der des Deutschordens-Komturs Graf Günther von Hohenstein, der i. J. 1378 von Kaiser Karl IV. ein Stückchen von den Reliquien der hl. Katharina erhalten hatte (Wagner, Kulturgesch. des Schwetzer Kreises, S. 220). Von dem ältesten Siegel hat sich nach Engel im Thorner Ratsarchiv ein Fragment an einer Urk. v. 1399 erhalten. Dasselbe läßt obige Darstellung, von der Umschreibung aber nur noch „·····OLDO···“ (circa 73 mm) erkennen. Das von Voßberg gebrachte, dem Anfang des 15. Jahrh. angehörige: „✝ + sigillvm + civitatis + soldowe ✶“ (31 mm) hat dasselbe Bild, welches mit den der Zeit entsprechenden Änderungen der Architektur auch bis zu Anfang dieses Jahrh. sich erhielt, nur daß das Hohensteinische Schach die Schildbegrenzung verlor und mauerartig frei ins Siegelfeld kam. Später ließ die Stadt ihr Symbol fallen und nahm den preußischen Adler an, kam aber lobenswerterweise anfangs der 90er Jahre wieder darauf zurück (s. den Aufsatz von Prof. Hildebrand im „Deutschen Herold“ 92 S. 18).

Abb. S. 27 **Tapiau,** Stadt. **In Blau unter goldener Jehovasonne ein aus silbernen Wolken hervorgehender, ein Schwert emporhaltender, nackter Arm.**

Tapiau erhielt, nach Neumanns Ortslexikon, 1722 Stadtrechte und diese Jahreszahl steht auch auf dem, demnach ältesten „✿ SIEGEL·E·E·MAGISTRATS IN TAPIAU 1722“ (25 mm) mit obiger Darstellung. Dasselbe Siegelbild zeigt aber schon ein: „* SIGEL EINES ERBAREN GERICHTS ZU TAPIAU 1628“ (34 mm). Die Stadt nahm also das Bild des Gerichtssiegels in ihr Siegel auf, wenn anders man nicht annehmen will, daß der Ort schon vor seiner Erhebung zur Stadt dasselbe geführt habe, was dann aber der einzige bekannte Fall in dieser Gegend wäre.

Abb. S. 27 **Wartenburg** in Ostpreußen, Stadt. **In Blau eine von zwei schwebenden weiß gekleideten Engeln getragene goldene Bischofsmütze mit herabhängenden Bändern.**

So auch das: „∘ s ⁝ civitatis ⁝ warthemberg ⁝ ✶“ (44 mm) aus dem 15. Jahrh. bei Voßberg; auf dem neuesten Farbsiegel sind die Engel unbekleidet und aus Wolken wachsend gegeben. Ein Gerichtssiegel des 17. Jahrh. bringt sie im Siegelfelde stehend, zwischen sich, unter der hier bänderlosen Inful, die Justitia mit Schwert und Wage.

Wehlau, Stadt. **In Grün ein silberner Hirschkopf im Visier; zwischen dem goldenen Geweih schwebt ein goldener Stern.** Abb. S. 27

Diese Darstellung haben alle Siegel in einem Schilde. Das älteste ist das dem 14. Jahrh. angehörige: „✶ SIGILLVM DE REDLVDENDE WELO“ (?! 39 mm); Voßberg gibt davon die Beschreibung und Abbildung, ohne sich über die rätselhafte Umschrift zu äußern. Wenn letzteres, ohne das Siegel selbst gesehen zu haben, gestattet ist, so möchte ich wohl verstümmelte deutsche Worte darin vermuten. Bei späteren Siegeln ist der Hirschkopf etwas plump, so z. B. auf: „DER KON:OSTPR:STADT WELAU RATHS U:STADT SIEG:“ (31 mm), bei dem über dem Schilde der preußische Adler mit allen Attributen fliegt; daß derselbe aber sich in einen Ochsenkopf verwandelt habe, wie neuere Autoren schreiben, ist mir sonst nicht bekannt geworden. Eigentümlich ist ein Farbsiegel des 19. Jahrh.; es ist rechteckig mit abgestumpften Ecken und zeigt das Wappenschild mit dem Adler darüber, darum aber die Worte: „DER STADT WEHLAU WAPPEN“ (29:27 mm).

Willenberg, Stadt. **In Silber der preußische Adler mit allen Attributen (s. S. 5) in der bekannten ältern, halb heraldischen, halb naturalistischen und ganz unschönen Stellung.** Abb. S. 27

Ein eigenes Siegelbild scheint dieser, im Anfange des vorigen Jahrh. zur Stadt erhobene Ort nicht zu haben.

Wormditt, Stadt. **In Schwarz ein widersehender, flammenspeiender silberner Lindwurm mit über sich geschlagenem Schwanze.** Abb. S. 27

Voßberg bringt ein: „S ⁂ civitatis ⁂ wormhit“ (! 24 mm) aus dem Anf. des 15. Jahrh. mit dieser Darstellung. Ein demselben Jahrh. angehöriges: „✝ s * civitatis * wrm···“ (40 mm), welches Engel im Thorner Archiv an einer Urkunde v. J. 1501 begegnete, zeigt den Wurm zusammengerollt auf dem Rücken liegend. So auch ein Gerichtssiegel des 16. und ein Sekretariatssiegel aus dem 18. Jahrh.; die neuen Siegel aber gehen wieder auf das erste zurück.

Zinten, Stadt. **In Blau auf einer durchgehenden silbernen Zinnenmauer zwei gekreuzte, spitzbedachte silberne Türme, zwischen denen oben ein goldener Stierkopf im Visier schwebt.** Abb. S. 27

Dies höchst interessante Bild zeigt das bei Voßberg abgebildete: „✝ (S·CI)VIT(ATIS) IN SINTHEN“ (56 mm) aus dem 14. Jahrh. und es hat sich seitdem unverändert erhalten. Noch vorhanden ist der dem 16. Jahrh. angehörige Stempel des: „✶ SIGILVM·CIVITATIS·CINTENS·ANNO 1464“ (40 mm), und ein: „SIG·MIN·CIV·CINT·AO·464“ (! oval 26:24 mm) des 18. Jahrh. — Alle Siegel zeigen deutlich den Stierkopf und nur der etwas mangelhaften Abbildung des ältesten bei Voßberg verdankt ein Löwenkopf sein schon oft verneintes Dasein. — Ein Gerichtssiegel mit der Umschrift: „DIS·IST·DER·STAD·ZINTEN·GER·INSIG (im Felde:) 1582“ (26 mm) zeigt das unbekleidete Jesukindlein mit Fahne und Weltkugel auf einem steigenden Halbmond stehend; ein solches aus dem 18. Jahrh. hat dieselbe Darstellung, jedoch ist der Erlöser als Mann und mit einem Schamtuche bekleidet gegeben.

Stadtverordneten-Siegel von 1809.

Im Jahre 1809 nahmen in Folge der von König Friedrich Wilhelm III. erlassenen Städteordnung vom 19. Nov. 1808 eine Anzahl preußischer Städte fast gleiche Siegel mit folgender Darstellung an: unter der strahlenden Sonne steht zwischen einer Palme und einem Lorbeer auf würfelförmigem Sockel eine oben abgebrochene Säule, aus der Ähren sprießen; auf der Vorderseite des Sockels ist das Stadtwappen, bei einigen über den Ähren auch noch der schwebende preußische Adler angebracht. Bei den meisten ist der Schaft der Säule in der Mitte mit einem querliegenden, gestielten Lindenblatte belegt. Die Größe dieser Siegel ist 35 mm oder wenig mehr; die Umschrift lautet: „DIE STADTVERORDNETEN ZV (Ortsname) 1809.“ Da jedoch auch gleichzeitige Stadtverordnetensiegel ohne diese „sinnigen“ Zuthaten vorkommen, so scheint ein Zwang zur Annahme nicht vorgelegen zu haben.

Königreich Preußen. Provinz Ostpreußen.

Regierungsbezirk Gumbinnen.

Abb. S. 28 **Gumbinnen,** Hauptstadt des gleichnamigen Regierungsbezirks. **Schräglinks geteilt; oben in Rot der schwarze preußische Adler mit seinen Attributen aus der Teilungslinie wachsend, unten in Rot ein steigender schwarzer Pfeil.**

Dazu erhielt dies „Wappen" noch einen Helm ohne Decken, Krone oder Wulst, als Kleinod aber den preuß. Adler. Nach dieser Vorschrift ist dasselbe abgebildet in der Leipz. Illustr. Zeitung vom 17. Aug. 72 und schreibt der ungenannte Bearbeiter der Städtewappen-Serie dieser Zeitung dazu ganz richtig: „Die „Schrägteilung des Schildes ohne Farbenwechsel, die schwarzen „Sinnbilder auf Rot (Farbe auf Farbe), die alles Schönheits- und „Naturgefühl beleidigende Schrägteilung des Adlers, die ungeschickte „Stellung des Pfeils, der Turnierhelm auf dem Wappen einer kleinen „Landstadt, das Vorhandensein eines Kleinods und der Mangel „der Helmdecken, sind genau so viel mehr oder minder starke Ver-„stöße gegen die Heraldik, als die Blasonnierung Positionen auf-„zählt. Es wird schwer halten, unter einer großen Anzahl Wappen „der guten Zeit einmal das Vorkommen von einem der aufgezählten „Fehler nachzuweisen, in dieser Häufung der heraldischen Verstöße „wird das Gumbinner Wappen aber geradezu zu einem Muster „negativer Art, von dem zu lernen ist, wie ein Wappen nicht ge-„bildet werden darf." Es wäre sehr zu wünschen, daß die Stadt um eine Änderung, wenigstens der Tinkturen ihres Wappens, einkäme. Da dasselbe nicht frei gewählt, sondern ihr — vermutlich von ihrem Gründer König Friedrich Wilhelm I. — verliehen wurde, so ist sie zu selbständiger Abänderung nicht berechtigt.

Abb. S. 28 **Angerburg,** Stadt. **In Blau ein silberner Turm mit Zinnen und spitzem rotem Dach mit goldener Windfahne; der Turm ist mit einem großen geteilten Schilde belegt, der oben in Silber einen wachsenden roten Adler (Brandenburg) zeigt, unten von Silber und Schwarz (Zollern) geviertet ist.**

Dies Wappen wurde der Stadt in ihrem (noch erhaltenen) Stadtprivilegium von Herzog Albrecht Friedrich von Preußen am 4. April 1571 (!) verliehen. Bei dem der Urkunde eingemalten Wappen ist der Turm etwas perspektivisch gezeichnet, so daß von der rechten Seitenansicht die Fenster sichtbar werden; das ist zwar nicht streng heraldisch, wurde aber, weil amtlich sanktioniert, hier in der Abbildung beibehalten. — Von dem hübsch geschnittenen: „✱ SIGILLVM · CIVITATIS · ANGERBURGENS 1 · 5 · 7 · 2 ·" (33 mm) und dem etwa hundert Jahre jüngern: „✣ SIGILLUM · CIVITATIS · ANGERBURGENSIS: (im Schilde:) 15 (daneben im Siegelfelde:) 72" (28 mm), bewahrt die Stadt noch die Stempel.

Abb. S. 28 **Arys,** Stadt. **In Silber auf rotem Postament ein mit der Öffnung querlinkshin liegendes goldenes Füllhorn voll Blumen, belegt mit einem blauen Kissen, auf dem Scepter und Schwert gekreuzt, von dem gekrönten preuß. Adler gehalten werden.**

So ein: „SIEGEL · DER · KÖNIGL · PR · STADT · ARYS" (31 mm) aus dem vorigen Jahrh. und das diesem treu nachgeschnittene neue Siegel. Bezüglich dieser Darstellung gilt das bei Gumbinnen gesagte; auch dies Bild entstand wohl im Anfange des 18. Jahrhunderts bei der Erhebung des Ortes zur Stadt.

Abb. S. 28 **Bialla** in Ostpreußen, Stadt. **„Nach einer alten Überlieferung besteht das Wappen der Stadt Bialla aus einem Opferaltar unter einer Linde!" — so die amtliche Auskunft.**

Vermutlich hatte der 1722 zur Stadt erhobene Ort nie ein Wappen. Das: „SIEGE · DER KONIGL · PREUS · STADT BIALLA 1768" (! 28 mm) zeigt nur den preuß. Adler mit seinen Attributen; bei dem Stadtverordnetensiegel von 1809 (s. S. 12) ist das Postament, welches sonst das Wappenbild zeigt, leer; die Säule aber ist hier mit Blumen umwunden. Dieser für jene Zeit charakteristischen Ausschmückung legte man später obige Deutung unter und nahm sie auch in die neuen Stempel auf.

Abb. S. 28 **Darkehmen,** Stadt. **In Blau auf grünem Boden vor einem silbernen Dreiberg ein flugbereiter goldbewehrter schwarzer Adler; darüber die strahlende Sonne.**

So auch das wohl dem Jahre der Erhebung zur Stadt, 1725, angehörige: „✣ SIGILUM : CIVITAT :✱: DARCKEHMEN :⌒" (25 mm) und das Stadtverordneten-Siegel von 1809.

Eydtkuhnen, Flecken. **Der Ort benutzt nur den preuß. Amtsadler als Siegel.**

Abb. S. 28 **Goldap,** Stadt. **Schrägrechts geteilt, oben in Silber der rote (brandenburg.) Adler wachsend, belegt mit einem silbernen „S", unten schräggeviert von Schwarz und Silber.**

Dies Wappen erhielt die Stadt vom Markgrafen Albrecht Friedrich mit dem Privilegium vom 14. Mai 1570. Die betr. Stelle desselben lautet (nach gütiger magistratl. Abschrift): „. . . Wir geben auch gemelter Stadt Goldapp ein gewonlich Insiegel, Nemblichen in einem schrets getheilten Schilde in der obern Helffte in einem weißen Felde den halben roten Marggreuischen Adler, deme neben dem Kopfe die zwenn Flügel vnd ein Fuß sichtig, hat ein S am Halse, in der andern Helffte des Schildes das alte ankommende Zollerische Wappen Schwartz vnd weiß, wie solches mit Farben hiebey zu befinden, welches ein Rhat zu Auszgebung, Kundschafften, Zeugnißen vnd andere ehrlichen Nothwendigkeiten vnverhindert zu gebrauchen". — So wie hier die Zollernfarben ungenau angegeben sind, schwarz-silbern statt silbern-schwarz, so sind sie auch im Briefe eingemalt und auf allen Siegeln zu sehen. Das „S" (= Sigmund, nicht „F", wie ein Druckfehler bei Beckherrn sagt) lassen die neuen Siegel unberechtigterweise weg.

Heydekrug, Flecken. **Führt weder Wappen noch Siegelbild.**

Insterburg, Stadt. **In Silber auf grünem Boden ein schreitender schwarzer Bär; über demselben die goldenen Initialen G · F · (= Georg Friedrich).** Abb. S. 28

Als Schildhalter ist der Stadt ein Jäger, der in der Rechten ein Hifthorn hält, verliehen. Das Stadtarchiv bewahrt die vom Markgrafen Georg Friedrich unterm 10. Okt. 1583 erteilte Stadtrecht-Verleihungs-Urkunde und lautet die bezügliche Stelle derselben:†) „Wir wollen auch vielgedachter unserer Stadt Insterburgk ein eigen unnd gewises Insiegel sich desselben inn fürfallende nothwendige Geschefften, Gezeugnussen, Gerichtlicher oder sonnsten andern Urkünthlichen besiegelung vnnd verfertigung der Missiven vnnd allen anderen ehrlichen sachen zu gebrauchen haben mögen, gegeben vnnd geordnet haben, Als Nemblich einen weissen Schilt, darinnen vnnden ein grüner Berg, darauf ein schwarzer Behr auf allen vyeren stehndt, vnnd zu beyder seitten inwendig des Schildts die beyde Buchstaben G. vnnd F., auch oben auf dem Schilde ein Brustbilde einem Jäger gleich so ein Horn in Henden helt, Inn maszenn dann solches allhie mit Farben scheinliche ausgestrichen vnnd eingeleibet." In diesem Briefe ist dies Wappen mit dem Schildhalter darüber als Siegelvorlage mit der Umschrift: „∴ SIGILL · CIVITATIS · INSTERBVRGENSIS" (rund, cc. 40 mm im Durchmesser) gemalt (Siegelfeld blau, Umschrift schwarz auf gelbem Grunde;) und es haben sich bis zur Stunde alle Siegel mehr oder weniger genau daran gehalten. Die meisten tragen daneben die Jahreszahl 1583. Wirklich jenem Jahre angehörig ist von den mir vorliegenden nur ein: „SIGILLVM CIVITATIS INSTERBVRGENSIS" (23 mm).

†) Der Abdruck derselben in Henings Topograph. histor. Beschreibung der Stadt Insterburg, Königsberg 1794, ist nicht fehlerfrei.

Johannisburg, Stadt. **Im geteilten, oben von Silber und Schwarz gespaltenen, unten roten Felde das Haupt St. Johannes des Täufers auf goldener Schüssel liegend.** Abb. S. 28

Dies „Insiegel" wurde der Stadt am 8. Nov. 1645 von Kurfürst Friedrich Wilhelm mit den Stadtrechten verliehen. Der betreffende Passus lautet (nach gefäll. magistratlicher Abschrift): „Wir wollen auch vielgedachter Stadt Johannisburg ein eigenes und gewisses Insiegel dasselbe in Metall nach ihrem Belieben graben zu lassen und sich dessen in vorfallenden Geschäften, Gezeugnisse, gerichtlichen und sonst andern urkundlichen Ausfertigungen, auch Schliessung und Besiegelung ihrer Missiuen und allen andern ehrlichen Sachen ungehindert jemandes zu gebrauchen gegeben und zugeordnet haben, nehmlich einen runden (!) Schild, dessen Oberhälfte abwärts in Schwarz und weiß geteilet; die Unterhälfte aber ein rotes Feld und darinnen in der Mitte das Haupt des Täufers Johannis in ein Schüssel wie dasselbe sonst gemahlet pflegt zu werden, inmassen solches allhier einverleibet und mit Farben scheinbarlich ausgestrichen." Es ist verwunderlich, daß, während das Diplom diese Darstellung mit dem Haupte Johannes des Täufers ausdrücklich auch auf den gerichtlichen Gebrauch ausdehnt, dennoch ein kaum späteres Johannisburger Gerichtssiegel den Apostel Johannes in ganzer Figur mit dem Kelche, aus dem sich die Schlange windet, in der Hand, links beseitet von einer Kirche, zeigt (s. Saalfeld, S. 11).

Karkeln, Flecken. **Führt weder Wappen noch Siegelbild.**

Kaukehmen, Flecken. **Führte nach amtlicher Auskunft nie ein Wappen noch Siegelbild.**

Koadjuthen, Flecken. **Besitzt weder Wappen noch Siegelbild.**

Lasdehnen, Flecken. **Hat nach Auskunft des Gemeindevorstehers weder Wappen noch Siegelbild.**

Abb. S. 28 **Lötzen,** Stadt. In Blau drei silberne Bressen (= Blei = Brachsen) übereinander, alle nach rechts schwimmend.

Im Jahre 1612 erhielt die Stadt von Johann Sigismund das Siegel „bestätigt". Die Urkunde lautet nach gütiger magistratl. Abschrift: „Der Stadt Loetzen, wegen ihres Stadt Siegels, würd nachfolgender bescheid gegeben, Das Ihr ʒ Churfürstlich ʒ Gnaden, Mein gnädigster Churfürst und Herr, sich in gnaden gefallen lassenn, das die Stadt in ihrem Siegell drey Bressenn, eine groſze in der mitte und dann zwo kleine zu beiden seiten fürenn mögenn, welches Ihnen zur nachricht hiemit angemeldet würdt, zu Uhrkunde mit höchstgedachter Ihr ʒ Churfr ʒ Gnaden Secret becreftigt, und geben Koenigsberg den 26. May Anno 1612. (L·S·) gez. L. Randov, gez. H. v. Dhona, C. Rappth." †) Merkwürdig ist, daß, während der Brief von einem großen Fische in der Mitte und zwei kleinen zu beiden Seiten spricht, das gleichzeitige: „SIGILL DER STADT LOETZEN 1612" (31 mm) (Stempel erhalten), und alle späteren Siegel die drei Fische übereinander zeigen; auch haben mit Ausnahme des erstern alle die Fische gleich groß.

†) mit etwas anderer Orthographie, aus L. R. v. Werners gesammelten Nachrichten, abgedruckt in Seylers „Geschichte der Heraldik" S. 383.

Abb. S. 28 **Lyck,** Stadt. In Schwarz ein Januskopf mit goldenen Haaren; das nach rechts gekehrte Gesicht bartlos, das andere mit Vollbart.

Nach einer vom kgl. Staatsarchiv in Königsberg mir gütigst mitgeteilten Abschrift des vom Kurfürsten Friedrich Wilhelm am 23. Aug. 1669 erneuten Stadtprivilegs lautet der hierher gehörige Passus: „Daß auch der Magistrat in ihren Uhrkunden, Zeugnüszen und Brieffen zu Behördlicher Treuwürdigkeit authorisiret werde, wollen Wir zu einem Stadt Siegell in einem Runde das Gesicht Jani bifrontis umb den Rand Sigillum Civitatis Liccae 1669 Ihnen zugeordnet haben, dessen Sie sich in ausfertigung aller Stadt Geschäfften, Zeugnüsze und Acten zugebrauchen." Voßberg sagt: „Als Ursache, warum der Kurfürst einen Janus-Kopf wählte, wird angegeben, daß gerade zu dieser Zeit ein gewisser Janus Bürgermeister zu Lyk gewesen". (?) Mit mehr Wahrscheinlichkeit erinnert Beckherrn an die mythologische Bedeutung dieser römischen Gottheit. — Das von Voßberg angeführte Gerichtssiegel mit der Jahreszahl 1513 (dasselbe ist aber über 50 Jahre jünger!) kann allein nicht beweisen, daß der darauf dargestellte, aus dem Walde springende Hirsch das frühere Stadtwappen gewesen sei, wie er meint, denn auch bei ostpreußischen Städten ist das Bild des Gerichtssiegels sehr oft von dem des Stadtsiegels verschieden; von letztern ist kein älteres bekannt geworden; die neuen Siegel haben die Umschrift: SIGILLVM CIVITATIS LYCCAE AO · 1669." (30 mm) und den Januskopf in einem Schilde.

Abb. S. 28 **Marggrabowa,** Stadt. In Silber auf grünem Boden eine blaue (graue!?) dreitürmige Burg mit höherm Mittelturm, belegt mit einem Schilde: gespalten, rechts am Spalt ein halber roter Adler (Brandenburg), links von Silber und Schwarz geviert (Zollern).

Auszug aus dem Privilegium vom 1. Januar 1560: „Hieneben geben und zueignen Wir der Stadt Marggrabowa ein gewöhnlich Insiegel nämlich einen grauen Thurm mit einem großen und zwei kleinen allen Rothen Spitzen auf einem Grunde in einem weißen Felde und mitten in dem Thurm ein Wapen darinnen ein halber rother Adler, und das alte ankommende Marggräfische, das man sonsten nennt, das Zollerische Wapen schwartz und Weiß, inmaassen solches alhier mit Farben eingeleibet welches ein Rath zu ausgebung kundschaftl. Zeugniß Missiven und ander ehrlichen Nothwendigkeiten ungehindert zugebrauchen. gez. Albrecht der Eltere, Dux Prussiae." Das: „SIGILLVM·CIVITATIS·MARGGRABOVIENSIS·ANNO 1575" (34 mm) zeigt, daß unter dem „Thurm mit einem großen und zwei kleinen Spitzen" eine dreitürmige Burg in der Form der Abbildung zu verstehen sei. Heraldische Verstöße, wie hier der graue Turm in weißem Felde, kommen in Wappenverleihungen öfter vor.

Nikolaiken in Ostpr., Stadt. Nach amtlicher Auskunft vom Juni 1887 führt die Stadt weder Wappen noch Siegelbild.

Pillkallen, Stadt. Die Stadt hat nach Auskunft des Magistrats vom Mai 1889 kein Wappen.

Ein kleines ovales Siegelchen des vorig. Jahrh. zeigt den preuß. Adler mit allen Attributen und der Unterschrift: „Pillkallen" (21 : 19 mm).

Abb. S. 28 **Ragnit,** Stadt. In Blau auf grünem Boden, über Wasser eine silberne Stadtansicht mit dem darüber fliegenden naturalistischen preuß. Adler; über diesem noch ein goldenes Gottesauge.

Der Ort wurde 1724 (22?) durch König Friedrich Wilhelm I. zur Stadt erhoben und erhielt dabei wohl dies Bild verliehen. Ein neues Farbsiegel hat die Umschrift: „SUB EIS TUTA RAGNETA 1724" (33 mm). Als: „Banderium Civitatis Rangnetha et Commendarie" bildet Dlugoß eine weiße Fahne mit drei pfahlweise übereinander gestellten roten Mützen, den Fischermützen ähnlich, ab.

Rhein in Ostpreußen, Stadt. In Silber auf grünem Boden ein ruhender schwarzer Hirsch vor einem grünen Laubbaume. Abb. S. 28

Dies ist das Wappen der alten Komturei Reyn und wurde der Stadt i. J. 1880 verliehen. Als Beispiel der neuern Form der Wappenverleihungen stehe hier der Wortlaut (nach magistratl. Abschrift): Berlin, den 7. Februar 1881. Auf den Bericht vom 2. Februar d. J. will Ich der Stadt Rhein, im Regierungsbezirke Gumbinnen, zur Führung des in der zurückerfolgenden Zeichnung dargestellten Wappens hierdurch Meine Genehmigung ertheilen. An den Minister des Innern. gez. Wilhelm. gez. Gf. Eulenburg.

Ruß in Ostpreußen, Flecken. Nach Angabe des Ortsvorstandes vom 14. Nov. 1889 hat der Marktflecken kein Wappen.

Schirwindt, Stadt. In Blau mit zweireihig schwarz-silberngeschachtem Bord ein rotes offenes Zinnenthor mit schwarzem Fallgatter; im Thorbogen schwebt über der aufgehenden goldenen Sonne der schwarze preuß. Adler mit allen Attributen. Abb. S. 28

Dies Wappen wurde der Stadt am 3. Aug. 1846 von König Friedrich Wilhelm IV. verliehen und lautet die betreffende Stelle der Urkunde: „. . . . daß Wir der Stadt Schirwindt, welche bisher ein Wappen noch nicht gehabt hat, ein eigenes Stadtwappen in Gnaden verliehen haben, nämlich: einen viereckigen, an den untern Enden abgerundeten, in der Mitte in eine Spitze ausgehenden Schild, in welchem, umgeben von einer doppelten schmalen, schachweise schwarz und silberfarben getheilten Einfassung, ein offenes, mit Zinnen geziertes Thor in der natürlichen röthlichen Farbe des Mauerwerks sich befindet. Um anzudeuten, daß die Stadt Schirwindt — in Unsern Staaten die östlichst gelegene — die aufgehende Sonne zuerst erblickt, zeigt sich diese in der offenen blauen Durchsicht des Thors, ihre goldenen Strahlen aufwärts verbreitend. Über letzterer schwebt unter einem gothischen Spitzbogen und dem herabhängenden eisernen Fallgatter der ausgebreitete Preußische schwarze Adler mit Königlicher Krone, goldenen Waffen und Kleestengeln, auf der Brust mit dem goldenen Namenszuge 𝓡 geziert und in der rechten Kralle das Szepter, in der linken den Reichsapfel haltend. Über dem Schilde ruhet eine silberne Mauerkrone mit drei Zinnen." Wie hierbei eine eigentliche Schildfarbe nicht erwähnt ist, so zeigt sich auf der dem Erlaß beigegebenen Abbildung diese auch nur im Thorbogen und zwischen den Zinnen. Nach unten schließt sich dabei das Thor ganz der Form des Bords an, resp. wird von diesem überdeckt. Vor der Wappenverleihung zeigten die Siegel den preuß. Adler mit allen Attributen, so das: „SIEGEL DER STADT SCHIRWINDT" (25 mm) aus dem 18. Jhdt.

Sensburg, Stadt. In Silber eine querliegende schwarze Bärentatze. Abb. S. 28

Dies Bild ist zweifellos ein sehr altes. Es ist mir aber außer den neuen nur ein wohl dem 17. Jahrh. angehöriges: „· SIGILLUM MAIVS CIVITATIS SENSBURGENSIS (im Felde:) ANNO 1348" (43 mm) bekannt geworden. Ein neues Farbsiegel ist genau nach diesem angefertigt, hat aber statt: „MAIUS" = „MAGIS:".

Stallupönen, Stadt. In Grün ein goldener Tisch. Abb. S. 28

Ältere Siegel des erst i. J. 1722 zur Stadt erhobenen Ortes sind nicht bekannt; die Farbsiegel zeigen den Tisch in einem vom preußischen Adler gehaltenen Schilde.

Szittkehmen, Flecken. Hat weder Wappen noch Siegelbild.

Tilsit, Stadt. In Silber über blauem Wasser eine rote Mauer mit spitzbedachtem Turme und zwei hohen bedachten Zinnen; der Turm ist belegt mit dem von Silber und Schwarz gevierten Zollernschilde. Abb. S. 28

Dies Wappen erhielt die Stadt mit den Stadtrechten am 2. November 1522 vom Herzog Albrecht von Preußen verliehen. Es heißt im Brief (nach dem Abdruck in Seylers Geschichte der Heraldik S. 383): „Hieneben geben und zueignen wir der Stadt Tilsis ein gewonlich Insigell, nemblichen einen rothen Thurm mit zweien Zinnen in einem weißen Felde, in des Mitte das alte ankommende Marggrevische, das man sonnsten das zolerische nennet, schwartz und weiß und under demselben ein Wasserfluß in massen solchs alhie mit Farben eingelewt (eingeleibet nach anderer Abschrift), welche ein Rath zu außgebung kundschafft, Zeugnuß, missiven und anderen ehrlichen notwendigkeiten unverhindert zu gebrauchen." Das wohl im Verleihungsjahre angefertigte: „(SIG)ILLVM ❧ CIVITATIS ❧ TILSENSIS · ❧" (35 mm) hat diese Darstellung in einem hübschen Rahmenschilde, fast alle spätern zeichnen sich durch ein merkwürdig verschlungenes, in Quasten endendes Flechtwerk von Schnüren aus, welches das Siegelfeld über dem Schilde ausfüllt.

Widminnen, Flecken. Scheint weder Wappen noch Siegelbild zu haben. Das neue Farbsiegel weist nur Schrift auf; ältere sind nicht bekannt geworden.

Königreich Preußen. Provinz Westpreußen.

Regierungsbezirk Danzig.

Abb. S. 29 **Danzig,** Hauptstadt der Provinz Westpreußen. In Rot unter goldener Krone zwei silberne Kreuze übereinander.

Das älteste Siegel der Altstadt soll ein Marienbild und die Umschrift: „SIGILLV̄ ĀTIQVE CIVITATIS GDĀSZ" enthalten haben. Das früheste bekannte ist das für 1299 nachgewiesene: „✱SIGILLVM : BVRGENSIVM : IN DANTZIKE" (75 mm); es enthält, wie auch das 1317 vorkommende: „SECRETVM CIVITATIS DANTZIKE" (52 mm), ein auf Wellen schwimmendes Schiff (Rogge), mit hohem Mast und gezinntem Vorder- und Hinterkastell; vor dem Mastkorbe schwebt ein (Leit-Polar-)Stern. Der Mitte des 14. Jahrh. wird auch das: „✱S'ANTIQVE · CIVITAT · DANCEK" (51 mm) zuzuschreiben sein. Dasselbe zeigt im berankten Felde die hl. Katharina, die Rechte aufs Schwert gestützt, in der Linken das Rad haltend, stehend auf einer am Boden liegenden menschlichen Gestalt, in der man einen „heidnischen Tyrannen" zu erkennen hat. Engel bringt aus dem Thorner Archiv von einer Urk. v. 1402 ein: „:SIGIL · · · · · DA · · · · K" (26 mm), welches zuerst einen Schild mit den Kreuzen, die hier aber zusammengezogen sind, zeigt. Ein dem 15. Jahrh. angehöriges Siegel der Jungstadt: „ + Sigillum ◆ Juvenis ◆ civitatis ◆ gdanczk" (48 mm) hat unter einem Baldachin, zwischen zwei gekrönten, abgewendeten aber widersehenden Adlern den hl. Bartholomeus, in der Rechten das Messer, über dem linken Arme an einem Stabe seine Haut tragend. Ein schönes, noch dem Ausgang des 14. Jahrh. angehöriges: „‡ secretum ❧ civitatis ❧ dantzike ❧ ❧ (52 mm, Feld gegittert), und ein wenig späteres: „Sigillum ⁑ ❧ burgensium ⁑ in ⁑ dantzike ❧" (auf Schriftband, 80 mm) bringen wieder das Schiff; bei ersterem ist dasselbe unter dem Hinterkastell mit einem kleinen Schilde belegt: geteilt, oben gespalten, im vordern und im hintern Felde je ein Kreuz, unten leer; beim Hauptsiegel hat das Mastfähnchen die Form eines langen mit den Kreuzen belegten Wimpels. Von beiden sind die Stempel erhalten. Im Thorner Archiv findet sich dann a. Urk. v. 1452–57 (Engel) noch ein: „✝ Sig civitatis ⁎ danczig" (32 mm), welches den Schild mit den beiden Kreuzen zeigt. — Am Mittwoch vor Himmelfahrt 1457 begnadete König Kasimir von Polen die Stadt mit einer Wappenbesserung und lautet die betr. Stelle des Briefes: „Wir haben vorgenommen zu unsir und unsirs Reichs zu Pohlen und auch derselbigen unsir Stadt Dantzke Ehre und Zierheit uß sonderlicher Gnade derselbigen Stadt Dantzke Waapen zu vernewen und zu verbessern, also daß sie hier nachmals eine Goldene Crohne im Obertheil ihres Schildes haben, halden und zu allen ewigen Zeiten führen möge." †) Die mächtige Stadt beeilte sich, ein kleines: „signetum ❧ civitatis ❧ dantczike" (auf Band, 40 mm) mit dem neuen Wappen anfertigen zu lassen (Abdruck a. Urk. a. d. Verleihungsjahre im Thorner Archiv), behielt aber im übrigen ihr stattliches Hauptsiegel und Sekret noch ein paar hundert Jahre unverändert in Gebrauch. Bei jenem Signet wird der Wappenschild von zwei Löwen gehalten. So auch auf dem vorzüglich geschnittenen sogen. „Reisesiegel" ††), welches die gleiche Größe und Umschrift (jedoch in römischen Buchstaben) hat (Stempel erhalten); beide fehlen bei Voßberg denn das von ihm erwähnte: „SIGNETUM CIVITATIS DANTISCANÆ" (40 mm) ist eine schwache Nachbildung aus dem 17. Jahrh., wie denn eine ebensolche auch noch zu Beginn des 19. vorkommt. Von den zahlreichen kleineren Signeten seien als die ältesten hier erwähnt ein 1484 gebrauchtes mit dem Wappenschilde allein, ohne Umschr., ein 1494 vorkommendes mit „c d" (20 mm) zu Seiten des Schildes, und das von Voßb. gebrachte mit „s c d" (?) auf einem Bande (18 mm). Das Schiff kehrt, aber als Dreimaster, im 17. Jahrh. noch einmal auf dem: „SIGILLVM ⁎ CERTIFICATIONVM ⁎ CIVITATIS DANTZICK ⁎" (49 mm) und einem noch spätern Paßsiegel wieder; bei erstem ist die Breitseite mit dem Wappenschilde belegt, und arbeiten Matrosen im Takelwerk. — Nach dem Übergang Danzigs an Preußen zeigen die Siegel dessen Adler über dem Schilde der Stadt, während die neuesten inhaltlich, leider nicht auch in der Form, auf das Signet von 1457 zurückgehen. — Eine gute Abbildung der ganzen Folge der interessanten Danziger Siegel steht noch aus. Ein Teil derselben findet sich in Voßbergs: „Münzen und Siegel der Städte Danzig, Elbing, Thorn"; andere sind beschrieben von Th. Hirsch in „Neue Preuß. Provinzial-Blätter", Bd. 10, S. 196, und abgebildet in Hirsch u. Voßbergs Ausgabe von: „Weinreich's Danziger Chronik" 1855. Aber es fehlen dabei noch wesentliche Stücke. — Der Wappenbrief, mit dem übrigens auch das bedeutungslose Rot-Wachs-Privileg verbunden war, findet sich abgedruckt in Curickes histor. Beschreib. Danzigs, 1688, S. 156. — Über die späten, von einzelnen Danziger Vororten geführten Siegelbilder s. den Aufsatz: „Ueber Städtewappen-Vermehrungen" von L. Clericus, im „Deutschen Herold" 1889 Nr. 6 (auch als Sonderabdruck erschienen). Das vom alten Siebmacher gebrachte und durch alle Auflagen seines Wappenbuches wiederholte Phantasiewappen braucht nach Obigem nicht noch widerlegt zu werden. Über das von Thorn und Danzig gemeinsam geführte Signet s. Thorn S. 26.

†) Hiernach ist die Bemerkung des Fürsten Hohenlohe in „Sphragistische Aphorismen" No. 196, wonach eine Krone schon auf einem Danziger Siegel „nach 1308" vorkommen solle, zu begrenzen.

††) „Reisesiegel", weil dasselbe von den Bürgermeistern auf Reisen mitgenommen wurde, um erforderl. Falles amtliche Atteste damit auszufertigen (Magistratl. Ausk.). Dies Siegel hat dem wenig spätern: „SIGILLVM · CIVITATIS · KONIGSBERCK :" (45 mm) (Henschl, Taf. 2, No. 1) zum Vorbilde gedient, wie die gleiche elegante Schildform, die originelle Haltung der Löwen und die eigenartige Verteilung der Umschrift beweisen.

Berent in Westpreußen. In Silber auf Rasen ein linkshin schreitender schwarzer Bär; dahinter ein Laubbaum, dessen Stamm sich über des Bären Rücken biegt und dann in fünf aufwärts gerichteten Zweigen ausläuft. Abb. S. 29

Die charakteristische Form des Baumes und die Stellung des Bären hat sich durch Jahrhunderte bis jetzt unverändert in den Siegeln erhalten. Das älteste bekannte ist das (bei Voßberg fehlende): „✱ SIGILLVM CIVITATIS BERNE" (38 mm) aus dem 14. Jahrhundert. So auch das: „SIGILUM CIVITATIS BERNAE" (28 mm) und die neuen Siegel.

Dirschau, Stadt. In Silber ein roter golden-bewehrter Greif mit erhobenem Schweife. Abb. S. 29

Nach Voßberg („Münzen u. Siegel d. St. Danz. Elb. Thorn", S. 4), wurde die Stadt vom Herzog Sambor II. von Pomerellen i. J. 1260 gegründet und führt deshalb dies sein Wappentier. Landrichter Engel bringt als erstes bekanntes Siegel das von 1439 an im Thorner Archiv vorkommende: „✱ SECRET(VM) : CIVITATIS : DIRSOW" (40 mm) aus dem 14. Jahrh., und ein 34 mm großes Siegel mit gänzlich unleserlicher Legende. Das: „secretum : civitatis : dirsau" (auf Band, 37 mm) des 15. Jahrh., bei Voßberg, ist das einzige, welches den Greifen in einem Schilde zeigt; ein: „SIGILLVM ⁎ CIVITATIS ⁎ DIRSCHAVIENSIS ⁎" (oval, 40 : 38) des 17. Jahrh., wie alle späteren, haben denselben frei im Siegelfelde. Der vom „Neuen Siebmacher" erwähnte „Abdruck v. J. 1308" entstand wieder durch Verwechslung mit dieser, von Voßberg dem Sekret des 15. Jahrh. beigeschriebenen Jahreszahl der Besitzergreifung der Stadt durch den Orden (s. Allenstein).

Elbing, Stadt. Von Silber und golden-gegittertem Rot geteilt; oben und unten je ein Kreuz in verwechselten Tinkturen. Abb. S. 29

Das älteste Siegel ist das im Elbinger Archiv an einer Urk. v. J. 1242 hangende: „✱ SIGILLVM · BVRGENSIVM · IN · ELVIGGE" (!82 mm); es zeigt auf Wasser ein nach links schwimmendes von einem am Steuer sitzenden Manne geleitetes Schiff; im Felde ein Ordenskreuz. Der Stempel dieses frühen Siegels wird, laut freundl. Mitteilung des Herrn Dr. Neubaur in Elbing, noch im dortigen Archiv bewahrt. Das für 1328 nachgewiesene (bei Voßberg fehlende): „:✱ SECRETVM : CIVITATIS : ELBINGENSIS :" (43 mm) zeigt schon den Wappenschild mit den Kreuzen, dabei ist aber das obere jederseits von einem Sterne begleitet; den Schild umspielen drei kleine Drachen. Ein um die Mitte des 14. Jahrh. angefertigtes: „SIGILLVM ⁎ CIVITATIS ⁎ ELBINGENSIS" (85 mm) hat wieder das Schiff auf Wellen, diesmal jedoch mit Vorder- und Hinterkastell; in ersterm steht ein Mann, während ein zweiter vor dem letztern sitzt; dieses ist mit zwei Fähnlein besteckt, die die beiden Kreuze übereinander tragen; vom Maste weht ein dreigeteilter Wimpel mit einem Kreuz. Nach Voßberg war der Stempel dieses Siegels um 1820 noch erhalten, verschwand aber dann; die vorkommenden Neudrucke lassen darauf schließen, daß er nicht zu Grunde ging. Den Schild mit den Kreuzen, aber ohne die Sterne hat dann wieder ein wohl dem Ende des 14. Jahrh. angehörendes: „S'ECRETVM · CIVITATIS · ELBIG" (26 mm). Die Stadt bewahrt noch einen cylinderförmigen silbernen Stempel vom Jahre 1424, dessen eine Endfläche den Stempel des: „secretum civitatis elbingensis ❧" (auf Schriftband, 50 mm), die andere den des: „✝ signetum · civitatis · elbingensis" (27 mm) bildet. Ersteres zeigt ein Schiff, ähnlich dem des zweiten Hauptsiegels; auch hier ist das hintere Bollwerk mit der Wappenfahne besteckt; die Flagge am Maste hat hierbei aber beide Kreuze. Das Bild des letztern ist der Schild mit den Kreuzen. Dieser, von einem Engel getragen, erscheint auch auf dem: „s · civitatis elbing" (auf Band, 30 mm), dessen erstes Vorkommen für 1486 nachgewiesen ist. Ein kaum späteres: „·: s · civitatis : elbingh ⁎" (21 mm) weist eine Tartsche mit dem Wappen. Aus dem 16. Jahrh. ist kein Siegel bekannt geworden als die, dem Schlusse desselben angehörende Nachbildung des vorletzten Siegels mit dem, den Schild tragenden Engel, die hier die Schrift: „SIGIL : CIVIT : ELBING" (35 mm) hat. Erhalten hat sich auch der Stempel eines unbedeutenden: „ ◆ SIGIL ◆ DER ◆ STADT ◆ ELBING (im Felde:) 76" (27 mm), mit dem Wappenschild; die Zahl dürfte in 1676 zu ergänzen sein. Zu Ende des vorigen und Anfang des jetzigen Jahrhunderts zeigen die Siegel das Stadtwappen, von dem preußischen Adler gehalten; bei den neuesten aber ist der Schild unmotivierterweise mit einer Krone besetzt, aus der zwei Straußenfedern wachsen. Dagegen wird neuerdings das goldene Netz des roten Kreuzes, ganz gegen die heraldische Regel und die alte Überlieferung, oft weggelassen. — Die Neustadt-Elbing führt schon in ihrem noch der ersten Hälfte des 14. Jahrh. angehörigen: „✱ S · BVRGENSIVM CIVITATIS NOVE ELBINGENSIS" und dem: „SECRETVM NOVE · CIVITATIS EL · · GE" (45 mm) den Wappenschild, den sie auch später unverändert beibehielt: gespalten, vorn drei pfahlweise gestellte Rosen, hinten ein Deutschordens-Kreuz. Bei dem Hauptsiegel ist das Siegelfeld um den Schild von Ranken, bei einem zweiten für 1376 nachgewiesenen: „✱ S'BVRENSIVM SIVITATIS NOVE ELBINGENSIS" (Größe?) laut Voßberg mit

Drachen und Schwänen (?) ausgefüllt. Ein dem Beginn des 15. Jahrh. angehörendes: „+ secretum ⁘ civitatis ⁘ nove ⁘ elbingis ‡‡" (46 mm) hat den Schild im Sechspaß. Voßberg erwähnt auch eines Neustädtischen Siegels mit dem von einem Engel getragenen Schilde, ohne es jedoch näher zu beschreiben. Obwohl sich die Neustadt schon 1478 mit der Altstadt vereinigte, so scheint sie doch ihr Wappen weiter benutzt zu haben; so ist ein Stempel vom Ende des 16. Jahrh. mit ihrem Wappenschilde und der Umschrift: „+ · S · DER · NEVEN · STAD · ELBING" (26 mm) erhalten. Das Richtersiegel des 15. Jahrh. zeigt im Dreipaß einen Schild mit nur einem Kreuze und trägt auffallenderweise die Umschrift: „Sigillum civitatis elbing ✦" (30 mm). Die interessanteren Siegel der Alt- und Neustadt sind fast alle gut abgebildet in Voßbergs: „Münzen und Siegel der Städte Danzig, Elbing, Thorn" 1841.

Abb. S. 29 **Hela,** Flecken, ehemals Stadt. **In Blau ein goldener Schlüssel aufrecht zwischen zwei silbernen Sternen.**

Ein: „✱ S CONSVLIS TERRA HELENSIS" (! 34 mm) des 14. Jahrh. zeigt im verzierten Vierpaß St. Peter, in der Rechten einen Schlüssel, in der Linken eine kleine Krone (!) haltend; ein Siegelchen des 16. Jahrh. ohne Umschrift (16 mm) hat obiges Bild. Beide sind von Voßberg abgebildet; die Stempel beider, ersterer eine dicke Silberplatte, letzterer ein Kupferplättchen mit originellem Beingriff, haben sich erhalten. Ein ganz anderes Bild, nämlich einen gekrönten, von Palmzweigen eingerahmten geteilten Schild, darin oben ein von einem steigenden Pfeile gekreuzter querrechtshin liegender Schlüssel, unten zwei gekreuzte, oben und seitlich von drei Sternen bewinkelte Schlüssel zeigt der Pergamenteinband des: „Gerichts Buch Terre Hellensis ∵ Anno 1698 ∵" eingepreßt. Das neue Farbsiegel hat nur Schrift.

Karthaus in Westpreußen, Flecken. **Der Ort scheint kein Siegelbild geführt zu haben.**

Abb. S. 29 **Marienburg** in Westpreußen. **In Silber eine rote dreitürmige Burg, deren Mittelturm mit dem preuß. Adlerschilde belegt ist, während im Thorbogen der Deutschordens-Schild steht.**

Das „✱ SIGILLVM ✱ CIVIVM ✱ IN CIVITATE MARIENBVRC" (57 mm) des 14. Jahrh. hat das Thor der Burg geschlossen und den Ordensschild am Mittelturme. Ein, wie Voßberg will, noch älteres Sekret: „✱ SECTV × CIVITATIS × MARIENBVRC" (! 35 mm) findet sich im Thorner Archiv (Engel) an Urk. v. 1399 bis 1446; es zeigt die Burg allein im Felde. Ebenso, aber im Schilde, mit offenem Thor und Fallgatter hat sie das: „secretum ❧ civium ❧ · · · · · burg 1479" (auf Schriftband, 37 mm); bemerkenswert ist bei diesem Siegel, daß im Felde, über dem Schilde mit dem Stadtwappen, ein kleiner Ordensschild schwebt. Das: „S ∴ SECRETVM CIVITATIS MARIENBVRGENSIS 1527" (43 mm) hat, wie das: „✱ SIGILLVM CIVITATIS MARIÆBVRGENSIS ✱" (39 mm) vom Ende des 16. Jahrh. und einige spätere Siegel nur die Burg ohne ein Herrschaftszeichen. Gleich nach dem Anfall der Stadt an Preußen (1772) taucht in einem Magistratssiegel vereinzelt ein vom preuß. Adler gehaltener Schild mit einer Burg auf, über deren drei Zinnentürmen je eine Königskrone schwebt. Die neuesten Siegel zeigen die Burg mit den beiden Wappenschilden wie oben beschrieben.

Abb. S. 29 **Neustadt** in Westpreußen, Stadt. **In Blau ein silbernes Malteserordens-Kreuz, in der Mitte belegt mit einer roten Rose.**

Die Stadt hieß früher Weyherstadt. Der Stempel eines: „✱ SIGILLUM CIVITATIS WEIHERO POLITANÆ" (41 mm) aus dem 17. Jahrh. ist noch vorhanden. Dasselbe Bild zeigt auch das Siegel der: „KÖNIGL : WEST : PREUSS : MEDIAT : STADT : NEUSTADT (im Felde:) 1774" (36 mm). Das neueste Farbsiegel aber hat nur den preußischen Adler.

Abb. S. 29 **Neuteich** in Westpreußen, Stadt. **In Silber drei grüne Seeblätter an einem Stiele.**

Engel bringt aus dem Thorner Archiv von Urk. v. 1395 u. 1403 das: „✱ SIGILLVM · CI(VITAT)IS · DE · NOVE · PISCINE" (46 mm), welches in einem mit Punkten bestreuten Schilde eine Ranke mit den drei Seeblättern zeigt; ein: „+ sigillum · civitatis · noue · piscine" (32 mm) des 15. Jahrh. und die spätern Siegel, haben dieselben an einem geraden Stiele im Schilde. Erhalten ist der Stempel eines: „✱ ✱ ✱ SIGILLVM CIVITATIS NEOTEICHENSIS" (40 mm) aus dem 16. Jahrh. und der des spätern: „: SIGILLVM : CIVITATIS : NEOTICH" (! oval 23 : 22 mm). Ganz neuerdings hat man unnötigerweise den Blättern die Form der Waldkleeblätter gegeben.

Oliva bei Danzig, Flecken. **Hat anscheinend kein Siegelbild.**

Preußisch-Stargard, Stadt. **In Blau, über einem steigenden, gebildeten goldenen Halbmonde, eine goldene Krone; über und unter derselben je ein silbernes Kreuz.** Abb. S. 29

Das Bild des: „✱ S'CIVIVM · DE STARGARTEN" (40 mm) aus der Mitte des 14. Jahrh. ist verschieden gedeutet worden. Voßberg beschreibt es als: „auf einem Fußgestelle das Kreuz des Deutschen Ordens, auf jeder Seite von zwei Lilien begleitet; darunter in einer Einfassung nochmals ein kleines Ordenskreuz," und fügt hinzu: „In neuerer Zeit hat man aus dieser Darstellung eine Krone erkannt und nun wirklich, wiewohl mit Unrecht, eine Königskrone, darunter ein Kreuz, zum Stadtwappen angenommen." Fürst Hohenlohe („Sphragistische Aphorismen" No. 196) spricht es an als eine: „Krone, 4 Lilien und in der Mitte ein großes Kreuz, darunter das Ordenskreuz"; er zerlegt die Darstellung also in zwei Gegenstände. Demgegenüber kann ich mit dem Verein Herold (Zeitschr. „Der Deutsche Herold", Berlin 1892, No. 11) in dem Ganzen nur eine Lilienkrone sehen, die auf der Vorder- und Rückseite, an Stelle des Mittelblattes mit einem Ordenskreuze besteckt und (etwas unbeholfen) perspektivisch so dargestellt ist, daß unten die Innenansicht und das hintere Kreuz sichtbar werden. Das: „SIGILLVM ❧ CIVITATIS ❧ STARGARDENSIS ❧" (38 mm) des 16. Jahrh., welches die Krone ganz in dieser Weise, jedoch mit dem vordern, oben mit dem Kreuzchen besteckten Mittelblatte zeigt, erscheint mir daher als eine Bestätigung, nicht als eine Verstümmelung des ursprünglichen Bildes. Hier darf wohl auch ein: „✱ MARIENKASTEN · INSIGEL · ZV STARG · (im Felde:) 1641" (30 mm) angezogen werden weil es in einem Wappenschilde nur eine dreiblätterige Krone zeigt. Bei den spätern Siegeln senkt sich der untere (rückseitige) Bogen mehr und dessen anfangs kleineres Kreuzchen wird größer, bis es sich bei einem Farbsiegel aus dem Anfang dieses Jahrh., bei dem zwei Löwen das Siegelbild (ohne Schildform!) halten, ganz von demselben losgelöst hat, und nun in gleicher Größe wie das obere frei unter der Krone schwebt. Aus dem verbleibenden Bogen macht dann das neueste Siegel einen sogen. gebildeten Halbmond. — Die von der Leipziger Illustr. Zeitung vom 5. Okt. 72 gebrachte Wappenabbildung: goldenes Kreuz in rotem Felde und auf dem Schildrande eine Krone aus der ein goldenes Kreuz wächst, entbehrt jeder Begründung.

Putzig in Westpreußen, Stadt. **In Schwarz auf grünem Boden über Wellen ein goldener Löwe, der einen silbernen Fisch bewältigt.** Abb. S. 29

So ein dem 14. Jahrh. angehöriges: „✱ ⁝ S · · · · · M ⁝ CIVITAT · · · · · · EI · · · ·" (48 mm) und ein zierliches: „+ ‡ sigillum ‡ civitatis ‡ puczir ‡" (! 27 mm) aus dem 15. Jahrh., bei dem der Löwe mit dem Fische frei im Siegelfelde steht. Ein: „✱ SIGILLVM ✱ CIVITATIS ✱ PVCENSIS ✱" (47 mm) des 16. Jahrh. zeigt das Bild in damasziertem Schilde, auch ohne Rasen und Wasser, welche erst die neuen Siegel hinzufügen.

Schöneck in Westpreußen, Stadt. **In Gold das Haupt Johannes des Täufers mit rotem Nimbus.** Abb. S. 29

Das älteste bekannte: „✱ SIGILLVM · CIVITATIS · SCHONECKHE" (! 56 mm) bringt Engel (s. S. 2) von einer Urk. v. 1409; es hat dieselbe Darstellung. So auch ein dem 16. Jahrh. angehörendes: „+ ✦ SIGILLVM CIVITATIS SCHONECCEN · · · · ·" (32 mm), welches das Haupt in einem Rahmenschilde zeigt. Nach dem „Neuen Siebmacher" soll es auch ein Siegel geben, auf welchem dasselbe in einer tiefen Schüssel liege, unter der der Griff eines Schwertes sichtbar sei; nähere Beschreibung fehlt. Über ein vom Bürgermeister und Rat im vorigen Jahrh. zur Besiegelung von Urkunden gebrauchtes Petschaft eines Privaten s. den Aufsatz von Engel in: „Der Deutsche Herold" 1891, Heft 1.

Tiegenhof, Stadt. **In Rot eine silberne Burg mit drei Kuppeltürmen und offenem Thore mit Fallgatter.** Abb. S. 29

Es ist mir nur eine neue Oblate mit diesem Bilde bekannt geworden.

Tolkemit, Stadt. **In Gold eine grüne Eichenstaude mit drei Blättern und Wurzel; darüber schwebend ein kleines schwarzes Kreuzchen.** Abb. S. 29

Das von Voßberg gebrachte, der zweiten Hälfte des 14. Jahrh. angehörende: „✿ S ✱ CIVITATIS ✱ TOLCHEMIT" (! 62 mm) hat die Eiche, ohne das Kreuzlein, in gegittertem Felde. Das Ordenskreuz erscheint m. W. zuerst auf dem: „✿ SIGILLVM · CIVITATIS · TOLCKEMITENSIS" (38 mm) aus der Mitte des 16. Jahrh., dessen gut geschnittener Stempel sich erhalten hat. Auch ein noch dem 16. Jahrh. angehöriges Siegel mit der nicht ganz leserlichen Umschrift: „CIVITAS TOLKEM · · · · · ·" (30 mm) und ein: „✱ SIGILLVM · CIVITATIS · TOLCKMITT" (28 mm) haben es. Alle drei, wie auch das neue Siegel, zeigen das Bild im Schilde.

Königreich Preußen. Provinz Westpreußen.

Regierungsbezirk Marienwerder.

Abb. S. 30 **Marienwerder** in Westpr., Hauptstadt des gleichnamigen Regierungsbezirks. **In Rot nebeneinander rechts ein aufrechtstehender silberner Bischofsstab, links eine silberne Bischofsmütze und unter dieser ein schwebendes silbernes Kreuz.**

Engel bringt das älteste bekannte: „✠ SIGILLVM + CIVITATIS + MARIENWERI“ (40 mm); aus dem 14. Jahrh.; es zeigt nebeneinander rechts den Stab, links die Mitra mit abhängenden Bändern (ohne Kreuz). Voßberg sagt, daß von der Umschrift des am Bundesbriefe der preußischen Städte von 1440 hängenden, fragmentarischen Siegels nur noch zu lesen sei: „✠ SIGILLVM × (INSV)LE × MAR …“; außerdem bildet er ein: „+ Sigil : ciuitatis : mariewerder :“ (27 mm) des 15. Jahrhunderts ab. Letzteres wie alle folgenden Siegel haben obige Darstellung im Schilde. So das: „✶ SIGILLVM ∗ CIVITATIS ∗ INSVLAE ∗ MARIANÆ ∗ 1587“ (26 mm), ein auch noch dem 16. Jahrhundert angehörendes: „SIGILLUM CIVITATIS INSVLÆ MARIANÆ“ (33 mm) und ein gleichgroßes, die gleiche Umschrift, jedoch: „SIGILUM“ (!), zeigendes Siegel des vorigen Jahrh., dessen Stempel noch vorhanden ist. Neue Darstellungen zeigen über dem Wappenschilde wachsend eine Jungfrau, die in jeder Hand eine Hirschstange hält; diese Zuthat soll, laut „Herold“ 1884, S. 95, einem, auf dem Rathause befindlichen Leuchterweibchen ihren Ursprung verdanken. Ein Teil dieser Siegel ist beschrieben und mangelhaft abgebildet in H. Cramers „Urkundenbuch z. Gesch. d. vormal. Bisthums Pomesanien“ S. XVI, Taf. IV, welches das 15.—18. Heft der Zeitschr. d. hist. Vereins f. d. Reg.-Bez. Marienwerder bildet.

Abb. S. 30 **Baldenburg,** Stadt. **In Silber zwischen den Stangen eines roten Hirschgeweihes, auf dessen Grind stehend, ein blaubekleidetes Kind, welches einen goldenen Ball in der rechten Hand hält.**

Von älteren Siegeln ist blos eines aus dem 16. Jahrh. bekannt, welches dies Bild im Schilde zeigt und die Umschrift: „✢ BALDEN ✢ BORCH ✢“ (28 mm) trägt (s. Voßb.). Nach dem „Neuen Siebmacher“ soll auf neueren Siegeln eine Jungfrau ohne Ball, mit in die Hüfte gestemmten Armen, zwischen zwei gekreuzten Eichenzweigen stehend, vorkommen; das neueste Farbsiegel zeigt eine Jungfrau wie oben mit Ball.

Abb. S. 30 **Bischofswerder** in Westpr., Stadt. **In Rot auf grünem Boden ein flugbereiter goldener Adler.**

Alte Siegel dieser alten Stadt sind nicht bekannt geworden; sie würden vermutlich darthuen, daß der Adler ursprünglich einen Bischofsstab oder wahrscheinlicher noch ein Schriftband in den Fängen gehalten, also ein sogen. Johannisadler sei, wie ihn auch die pomesanischen Bischöfe führten. Ein: „✿ SIGILLVM DER STADT BISCHOFSWERDER“ (33 mm) des 17. Jahrh. zeigt den Adler im Schilde auf einem Boden, der sich beiderseits nach dem Schildrande zu etwas erhöht, und dessen linker Endpunkt vom Schweife des Adlers verdeckt ist, während das rechte Ende sich schwach auf- und einwärts krümmt; ein späterer verkleinerter Nachschnitt dieses Siegels mit derselben Umschrift (oval 22 : 20 mm) zeigt dieselbe Darstellung, nur erhebt sich hierbei aus dem rechten Bodenende deutlich ein kleiner, nach außen und unten gekrümmter Haken; ein Stab, wie Beckherrn angibt, ist aber auch hier nicht zu sehen; ein noch späteres Siegel hat einen glatten Boden. In der Handfeste Bischof Rudolfs v. Pomesanien von 1331 (Cramer S. 61) ist, wie in allen den zahlreichen in jener Zeit den Städten erteilten Handfesten, vom Siegel oder Wappen der Stadt niemals die Rede.

Abb. S. 30 **Briesen** in Westpr., Stadt. **In Silber nebeneinander: rechts ein mit den Saxen nach links gewandter roter Adlerflug, links ein schräglinks gestellter goldener Bischofsstab.**

Die Stadt hieß früher Friedeck. Obiges Bild zeigt im Schilde ein: „∗ SIGILL ∗ CIVITATIS ∗ FRIDEK“ (33 mm), welches nach freundlicher Mitteilung des Herrn Landrichters Engel im Thorner Ratsarchiv an einer Urkunde von 1580 vorkommt. So hat es auch der im Westpreuß. Provinzial-Museum zu Danzig aufbewahrte Eisenstempel des: „+ SIGILLVM · CIVITAT · FREDECEN 1660“ (34 mm) und das: „SIGI · DER K · WESTP · STADT BRIESEN“ (! 24 mm) aus dem vorigen Jahrh.; so auch die neueste Siegeloblate.

Abb. S. 30 **Christburg,** Stadt. **In Gold die blaubekleidete, gekrönte hl. Katharina, in der Rechten ein gestürztes Schwert, in der Linken das silberne Rad haltend.**

Das älteste bekannt gewordene Siegel, dem 15. Jahrh. angehörig, wurde von Amtsrichter Engel im „Herold“ 1891, No. 1, abgebildet und beschrieben; es zeigt die Heilige wie oben, und hat die Umschrift: „sigillum ∗ ciuitatis ∗ cristburg ❦ ∗“ (33 mm) †); ähnlich ist das: „SIGIL :·: CIVITAT :·: CHRISTBVRGENSIS :·:“ (im Felde:) „16 29“ (37 mm). Die neueren Siegel haben die Heilige in einem vom preuß. Adler gehaltenen Schilde. Das jetzige Stadtsiegel zeigt im Wappenschilde neben der Heiligen die Jahreszahl „1671“; es ist weder dem Magistrat noch mir bekannt, worauf diese Erinnerungszahl Bezug haben kann.

†) Der a. a. O. erwähnte Fehler „civitatio“ (!) entstand offenbar nur dadurch beim Abdrücken, daß ein Wachs- oder Papierrestchen im Stempel den Schrägstrich des ꝭ verklebte, wodurch der Buchstabe auf dem Papiersiegel einem o ähnlich wurde. Schreibfehler sind ja auf alten Siegeln sehr häufig, aber „civitatio“ trägt nicht deren Charakter.

Deutsch-Eylau, Stadt. **In Silber die gekrönte, blaubekleidete Mutter Gottes mit dem Kinde, in der Rechten ein goldenes Scepter haltend, sitzend unter einem roten Portale mit anschließender Zinnenmauer.** Abb. S. 30

Die Stadt bewahrt noch den Originalstempel des schönen, auch von Voßberg gebrachten: „✠ S · CIVITATIS · YLAVIE“ (39 mm) aus dem Anfange des 14. Jahrh.; im 15. Jahrhundert kommt ein: „+ sigillum ✿ civitatis ✿ ylaw ❦“ (33 mm) vor. Ein 40 mm großes Farbsiegel aus den ersten Jahrzehnten des 19. Jahrhunderts bringt einen etwas ungeschickten, aber doch nicht unmalerischen Nachschnitt der Darstellung des ältesten Siegels, und unterscheidet sich dadurch erfreulich von den sonst recht conventionellen Siegeln jener Zeit.

Deutsch-Krone, Stadt. **In Blau, unter goldener Krone, ein Schwert und ein Palmwedel gekreuzt; zwischen Krone und Kreuzungspunkt ein silberner Stern.** Abb. S. 30

In der Sammlung Clericus (jetzt im geh. Staatsarchiv in Berlin) befindet sich ein als ältestes Siegel dieser Stadt bezeichnetes Papiersiegel, auf dem nur eine Krone allein im Felde, sonst nichts mehr zu erkennen ist (c. c. 35 mm). Ein: „SIGILLVM CIVITATIS VALCENSIS“ (30 mm) aus dem Anf. d. 17. Jahrhdts. in derselben Sammlung bringt (die Echtheit und Hergehörigkeit des Siegels vorausgesetzt) ein ganz anderes Bild: in einem Schilde drei (2 · 1) gestürzte Getreidegarben. Das oben beschriebene Bild, bei dem jedoch der Schwertgriff und das untere Ende des Palmwedels noch durch eine Bandschleife mit einander verbunden sind, findet sich erst auf dem: „✶ SIGILVM · CIVITATIS · VNITA · WALCENSIS · 1658 (innere Umschrift:) IVSTITIA PACIFICAT“ (36 mm); so, mit den ganz gleichen Umschriften, auch ein ovales (32 : 29 mm), wenig späteres Siegel. Es scheint diese Darstellung also ursprünglich den Gerichtssiegeln eigen gewesen zu sein, doch zeigen sie, nur ohne die Bandschleife, auch alle spätern Stadtsiegel.

Flatow, Stadt. **In Silber auf grünem Boden zwischen zwei Laubbäumen ein schreitender roter Hirsch; darüber fliegend ein naturalistischer, widersehender, schwarzer Adler.** Abb. S. 30

Alte Siegel sind nicht bekannt geworden; das früheste vorliegende ist mit 1809 bezeichnet. Das neue Farbsiegel hat das Bild im Schilde.

Freistadt in Westpreußen, Stadt. **In Blau ein flugbereiter silberner Adler mit Nimbus, stehend auf einem silbernen mit „St. Johannis“ bezeichneten Schriftbande.** Abb. S. 30

Dieser Johannisadler entstammt dem Wappen des Bistums Pomesanien. Alte Siegel sind nicht bekannt; ein Voßberg gehörendes a. d. Anfang des 16. Jahrhunderts ging während des Stiches der Platte verloren; es hatte dieselbe Umschrift und scheint sich nur durch die Buchstabenform unterschieden zu haben von dem noch erhaltenen Stempel des: „S'BVRGERMEISTER · VND · RATHMAN · DER · S · FREISTAT · “ (37 mm) des 17. Jahrhunderts; dasselbe zeigt obige Darstellung im Schilde, doch fehlen die Buchstaben auf dem übrigens deutlichen Schriftbande; über dem Schilde ist im Siegelfelde ein dünnes Zweiglein zu sehen, was wohl der kümmerliche Rest jenes Blätterastes sein könnte, den die v. Stangen, die Gründer der Stadt,†) im Wappen führten. Im 18. Jahrhundert bediente sich die Stadt eines: „SIEGEL DES RATHS IN FREYSTADT“ (32 mm) mit der innern Umschrift: „CONCORDIA RES PARVAE CRESCUNT“ und dem Bilde des die Jungen atzenden Pelikans, eines in jener Zeit zuweilen zur Versinnbildlichung von Magistrat und Bürgerschaft gewählten Motives. Es soll auch ein neueres Siegel mit einem Portale, auf dem der Adler steht, geben. Jetzt führt die Stadt den auffliegenden Adler mit einem sinkenden Halbmonde, dem mißverstandenen Reste des Nimbus, über dem Haupte.

†) Urkundenbuch des Bistums Pomesanien, S. 60 (s. Marienwerder); darin sind auch die neueren Siegel, aber nicht gut, abgebildet.

Garnsee, Stadt. **In Silber (?) ein roter (?) Löwe.** Abb. S. 30

H. Cramer gibt im Urkundenbuch des Bistums Pomesanien S. 199 u. XVIII die Beschreibung und Taf. V die Abbildung des dem Anf. d. 14. Jahrh. angehörigen. „✠ S'CIVITATIS · GAR … SIS“ (50 mm). Derselbe deutet das Bild unrichtig als: „zwei Stränge Garn, in der Mitte durch einen Knoten verbunden, in der Form eines liegenden (Andreas)kreuzes. In den 4 Winkeln sind achtblättrige Blumen;“ es ist vielmehr ein von vier Rosen bewinkelter Faltstuhl (faldistorium, sella plicatilis), dessen Schenkel — wie die Abbildung deutlich zeigt — oben in Tierköpfe, unten in Tatzen auslaufen. Ist dies Symbol bei dem Verhältnisse der Stadt zum Bistum Pomesanien leicht zu erklären, so ist dies doch nicht der Fall mit dem Löwenschilde den das 1615 gebrauchte: „SIGILL : ∗ DER : : ∗ STADT : ∗ : : GARNSE · ❦“ (34 mm) und nach ihm ein: „SIGILLVM · CONSVLATVS · GARDENSEENSIS“ sowie das neue Farbsiegel zeigen.

Abb. S. 30 **Gollub,** Stadt. **In Silber eine blau gekleidete Jungfrau, auf der Rechten einen goldenen Vogel (Taube ?) tragend.**

Nach Engel das älteste, an drei undatierten Urkunden des Thorner Archivs erhaltene: „✠ S'CIVIV(M)·CIVITATIS·DE GOLVBA" (52 mm) einen „Ordensritter in langem Gewande, mit beiden Händen den Griff des abwärts gekehrten Schwertes umfassend. Rechts und links je ein ausgerissener Baum mit abgehauenen Ästen, darauf (jederseits) eine dem Ritter zugewendete Taube". Ein der Mitte des 16. Jahrhunderts angehöriges: „✠ SIGILLVM + CIVITATIS + GOLAW +" (42 mm) hat dagegen schon die weibliche Figur mit einem Vogel auf der Rechten im Schilde. So auch die späteren Siegel.

Abb. S. 30 **Gorzno,** Stadt. **In Grün ein steigender silberner Karpfen, jederseits begleitet von einer goldenen Kugel.**

Es hat sich nur der Stempel eines Siegels aus dem 17. Jahrhundert erhalten, der dies Bild in einem Schilde zeigt und die Umschrift trägt: „OPPIDI : GORZNO : EPIS : PLOCZENSIS · 1·3·8·5·" (41 mm). Das neue Farbsiegel weist den preuß. Adler.

Abb. S. 30 **Graudenz,** Stadt. **In Silber über einer durchgehenden Zinnenmauer eine vieltürmige rote Burg; in deren großem Thorbogen wachsend ein Bischof mit Sprengwedel und Krummstab.**

Das älteste, von Voßberg gebrachte, wohl noch dem 13. Jahrh. angehörende: „✠ S'IGILLVM CIVITATIS·GRVDENZ ❀" (50 mm, Umschr. nach Engel ergänzt) zeigt nur den Bischof auf einem Thronsessel, die Rechte segnend erhoben, in der Linken den Stab haltend. Ein: „sigillum ∘ civitatis : grudenc ✶" des 15. Jahrh. hat dieselbe Darstellung, doch ist der Bischofsstuhl reicher verziert. Zu dieser Zeit aber erscheint auf einmal ein ganz anderes Bild: ein Stierkopf im Visier mit lang heraushängender Zunge. Voßberg meint nun (in Köhne's Zeitschr. f. Münz-, Siegel- und Wappenkunde, dritter Jahrg., S. 206), daß der Stadt beim Empfange oder der Erneuerung ihrer Handfeste durch den Hochmeister oder Ordenskomtur gleichzeitig die Annahme des Komtureiwappens, welches einen Stierkopf mit einem Ordenskreuze zwischen den Hörnern zeige, zugestanden worden sei. Wahrscheinlicher indeß als dieser, sonst ohne Beispiel dastehende Fall, (s. die Note bei Bischofswerder) dürfte wohl der Stierkopf nur das Bild des Sekrets sein, welches bei sehr vielen Städten von dem des Hauptsiegels ganz verschieden war und nicht selten letzteres ganz verdrängte. Daß der Stierkopf auch auf alten Hauptsiegeln vorkäme, ist m. W. nicht beobachtet worden. Das erste Siegel, was ihn bringt, ist das von Landrichter Engel für 1456 urkundl. nachgewiesene „✕✕✕ · signet ▾ grudencz" (! 27 mm); die Schrift steht hierbei auf einem verschlungenen Bande, dessen Enden sich neben dem Kopfe aufrollen. Voßberg folgerte ganz richtig, daß sich aus letzteren wohl die beiden gekreuzten Dolche entwickelt haben möchten, die spätere Siegel hinter dem Stierkopf zeigen. Das · SIGILLVM · CIVITATIS · GRAVDENTINENSIS · 1652" (35 mm) hat das Haupt noch allein im Schilde; das „✠ · SIGILLVM · CIVITAT · GRAVDENTINENSIS · MINVS · (im Felde:) 17 21" (38 mm) und ein 1777 gebrauchtes: „✶ SIGILLVM MINVS CIVITATIS MAIEST GRAUDENTINENSIS" (! oval 30:25) haben es mit zwei dahinter gekreuzte Dolchen frei im Felde. Dagegen zeigen zwei Siegel v. J. 1809, deren eines ausdrücklich als Sigillum maius, das andere als minus bezeichnet ist, das oben geschilderte, jetzige Bild, nur hat der Bischof dabei in der Rechten noch eine Inful, und ist die Mauer unter demselben mit einer Vierung, worin das Stierhaupt mit den Dolchen, belegt. Das Magistratssiegel von 1840, und nach ihm alle andern, lassen dasselbe ganz weg.

Abb. S. 30 **Hammerstein,** Stadt. **In Gold über grünem Dreiberg schwebend ein aufgerichteter schwarzer Hammer mit rotem Stiel, begleitet rechts von einem zunehmenden, sogen. gebildeten Halbmonde, links von einem silbernen Stern.**

Ein altes Siegel ist nicht bekannt geworden; der vom „Neuen Siebmacher" erwähnte Abdruck v. J. 1395 beruht wieder auf der bei Allenstein angeführten Verwechslung. Voßberg bildet ein Siegel aus dem 16. Jahrh. ab, welches obige Darstellung im Schilde und die Umschrift: „✶ HAMAR ✶ STEIN ✶" (33 mm) trägt. Der Stempel eines, diesem in Bild, Schrift und Größe gleichen Siegels, hat sich im Privatbesitz erhalten. Einzig dastehend unter den deutschen Städtesiegeln ist durch seine Umschrift ein noch erhaltener Stempel dieser Stadt aus dem 17. od. Anf. d. 18. Jahrhunderts. Das Siegelbild zeigt rechts einen Hügel mit zwei arbeitenden Bergleuten, links einen Mann, der einen Baum fällen zu wollen scheint; in der Mitte darüber schwebt ein Bündel Stäbe, über diesem das Gottesauge. Die Umschrift ist oben griechisch: TH O'MONOIA TAMIKP'A AYΞ-'ANONTAI, (Τῇ ὁμονοίᾳ τὰ μικρὰ αὐξάνονται(!) st. αὐξάνεται 35 mm) d. i. „Durch Eintracht mehrt sich das Kleine",†) unten aber arabisch und lautet letztere nach Dr. Frähn und Prof. Petermann: „Himmet er-ridschâl Taklâ el-dschibâl," d. i. „Der hohe Sinn, oder die Geisteskraft der Männer reißt (selbst) Berge (aus ihren Wurzeln)". S. den Aufsatz von R. v. F. (Flanß) in der Zeitschr. d. histor. Vereins f. d. Reg.-Bez. Marienwerder, 1888, S. 142. Diese Darstellung blieb ganz vereinzelt; alle späteren Siegel zeigen das obige Wappenbild; dessen oft gehörte symbolische Deutung verdankt übrigens einer Predigt Immanuel Hartmann's a. d. J. 1676 ihren Ursprung; heraldisch betrachtet ist dasselbe einfach ein redendes Bild: Hammer-Stein, und Mond und Stern sind hier, wie in hundert anderen Fällen, lediglich eine Raumausfüllung.

†) Wiedergabe und Korrektur der griechischen Worte verdanke ich meinem Druckherrn Heinr. Wallau.

Jastrow, Stadt. **In Silber eine blaue Weintraube an grünem Blätterstiele hängend.** Abb. S. 30

Da der Ort erst 1603 Stadtrechte erhielt, so gibt es keine alten Siegel; erhalten ist der Stempel eines: „✶ SIGILLVM ✶ CIVITATIS ✶ IASTROVIÆ ✶ 1697" (oval, 44:40 mm), welches, wie auch das: „SIEGELL : REG : CIV : IASTROVIENSIS : 1774 :" (! 21 mm) die Traube zwischen zwei, zu einem Kranze gebogenen Palmwedeln zeigt. Das Siegel von 1809 hat sie in einem vom preuß. Adler gehaltenen Schilde.

Kamin in Westpreußen, Stadt. **In Rot eine dreitürmige silberne Burg mit geschlossenem goldenem Thore.** Abb. S. 30

So die neuen Siegel. Ein: „SIGILL · CIVITAT · CAMMIN" (22 mm) des 17. Jahrh. zeigt einen Turm mit zwei spitzbedachten Erkern.

Kauernick, Stadt. **In Blau auf grünem Boden ein silberner Hahn.** Abb. S. 30

Engel bringt aus dem Thorner Archiv das dem 14. Jahrh. angehörende: „✠ SIGILLVM CIVITATIS CORINTHIE" (55 mm), welches, wie auch das: „✠ sigillum ✶ civitatis ✶ cavernick" (! 46 mm) einen schreitenden Hahn enthält. Ein: „SIGILLVM CIVITATIS CAVERNICENSIS" (oval, 25:22 mm) des 17. Jahrh. zeigt den Gockel in einem Schilde, nach links gewendet. Merkwürdiger Weise verkannte der Bearbeiter des „Neuen Siebmacher" den natürlichen Kamm und spricht deshalb von einem gekrönten Hahn, bildet auch einen solchen ohne Kamm, aber mit einem Krönlein auf dem Kopfe ab. Alle Siegel beweisen den Irrtum, weshalb auch die von Beckherrn an die Krone geknüpften Folgerungen hinfällig sind.

Konitz in Westpreußen, Stadt. **In Silber ein schwarzer Stierkopf im Visier; neben den goldenen Hörnern je ein roter Stern, zwischen denselben zwei solche Sterne übereinander.** Abb. S. 31

Das von Voßberg abgebildete, wohl dem 13. Jahrh. angehörige: „✠ S'·CIVITATIS·KONITZE" (60 mm) zeigt den Stierkopf im geblümten Siegelfelde. Der Stempel muß sich, nach den vorkommenden scharfen Neudrucken zu schließen, irgendwo erhalten haben. Ein von Landrichter Engel gebrachtes, zuerst für das Jahr 1400 nachgewiesenes: „✠ SECRETVM: CIVITATIS: CHONIZ ✶" (41 mm) hat auch das Haupt zwischen Ranken. Voßberg bespricht dann noch ein weiteres Sekret mit derselben Umschrift, aber in Minuskeln, ohne es näher zu beschreiben, so daß zweifelhaft ist, ob es identisch mit Engels e) ist; dieses hat den Stierkopf im glatten Felde, umgeben von einem Schriftbande mit unleserlichen Minuskeln (26 mm). Ein 54 mm großes Siegel vom Ende des 16. Jahrh. zeigt den Kopf im Schilde, mit einer Blume zwischen den Hörnern (Umschr. unleserl.). Die jetzige Darstellung jedoch mit Kreuzchen statt der Sterne, erscheint zuerst auf dem: „✠ SIGILLVM · CIVITATIS · CHONITZ . 1593" (32 mm), welches im 17. u. 18. Jahrh. mehrmals in verschiedenen Größen, mit derselben Umschrift und Jahreszahl nachgeschnitten wurde. Erst die neuen Farbsiegel verwandeln die Kreuze in Sterne, was aber, da erstere sicher nur Raumausfüllung waren, nicht fehlerhaft genannt werden kann.

Krojanke, Stadt. **In Rot ein silbernes Streitbeil mit nach links gekehrter Schneide.** Abb. S. 31

Ein: „SIEGEL DES MAGISTRATS ZU KROIANKE" (oval, 30:26 mm) aus dem Anfange dieses Jahrh. ist die einzige Quelle. Es zeigt ein Wappen mit dem Beil im Schilde und auf dem Helme einen offenen Flug, zwischen dem ein wachsender Arm einen Säbel schwingt. Es ist wohl das Wappen einer der zum polnischen Herb Topor gehörigen Familien, deren mehrere in dieser Gegend begütert waren.

Kulm, Stadt. **In Blau auf grünem Boden ein gerüsteter Deutschordensritter auf schreitendem Rosse, vor sich den Ordensschild: in Silber ein schwarzes Kreuz; in der Rechten führt der Reiter ein Banner, welches in Silber einen roten Neunberg, oben besteckt mit einem schwarzen Kreuze, zeigt.** Abb. S. 31

Das schöne, etwa der Mitte des 13. Jahrh. angehörige: „✠ SIGILLVM ✶ BVRGENSI(VM ✶ IN ✶ CO)LMEN" (87 mm) zeigt den Ordensritter in der Kesselhaube mit Schild und Fähnlein auf springendem Rosse, unter einem, mit Türmen besetzten Kleeblattbogen. Die Abbildung bei Voßberg ist nicht schlecht zu nennen, gibt aber keine rechte Vorstellung von der Kraft dieses interessanten Stückes. Engel fand im Thorner Archiv an Urk. v. 1400 an, ein bisher unbekanntes Siegel, mit ganz derselben Darstellung und Umschrift, jedoch nur 44 mm groß. Die gleiche

Umschrift, aber in Minuskeln, hat dann ein: „✶ sigillvm ✶ burgensivm ✶ in ✶ cvlmen ⁑ ❁ ⁑ ❁ ⁑ ❁" (53 mm) †) des 15. Jahrh., was den Ritter im Helm mit aufgeschlagenem Visier, unter einem Baldachin, auf schreitendem Pferde bringt. Die Fahne scheint hier die Wellenteilung, welche laut Dlugosz (s. S. 2) das von der Stadt Kulm in der Tannenberger Schlacht geführte Banner aufgewiesen hatte, zu zeigen. Letzteres war nach der genannten Quelle von weiß und rot dreimal wellenförmig geteilt und hatte oben einen schmalen schwarzen Streifen, von dem aus ein schwarzes Kreuzchen in das obere weiße Feld herabging. Aus dem Banner wurde später der Neunberg. Drei verschiedene, von Engel an Urk. v. 1443, 1484 und 1488 gefundene Signete ohne Schrift (1) 15 mm, 2) 20 mm, 3) 21 mm) zeigen, wie auch ein: „SECRETVM CIVITATIS COLMEN·" (auf Band, 35 mm) des 16. Jahrh., einen Schild mit drei mehr oder weniger deutlichen Wellenbalken; bei dem Signet von 1488 und dem Sekret ist deren mittelster mit einem Kreuz besteckt. Das „: SIGILLVM·MINVS·CIVITATIS·CVLMEN" (oval, 22 : 20 mm) des 17. Jahrh. läßt die drei Reihen schon auseinander hervorgehen, hat aber das Kreuzlein noch in der Mitte; so auch mehrere spätere, während die neuesten, die das Reitersiegel des 15. Jahrh. matt copieren, den vollendeten Neunberg auf der Fahne zeigen. Die Siegel sind außer bei Voßberg auch in der „Geschichte der Stadt und des Kreises Kulm" von Dr. Franz Schultz abgebildet. Interessant ist, daß in einem von Letzterm im XXIII. Heft der Zeitschr. d. Westpreuß. Geschichtsvereins veröffentlichten Verzeichnisse der der Stadt Kulm im Jahre 1480 gehörigen Geräte u. a. aufgeführt sind: „Eyn gros silbern Segel. item eyn Signet silbern. Ouch messing gros zegel und eyn silbern signet."

†) Nach einem von Herrn Landrichter Engel mir gütigst geliehenen schriftlichen Verzeichnisse der Städtesiegel im Archiv der Stadt Danzig soll es auch ein Sekret mit derselben Darstellung geben; vielleicht ist aber nur „secretum" statt „sigillum" gelesen worden.

Abb. S. 31 **Kulmsee**, Stadt. In Silber eine rote, zweitürmige Burg mit einem goldenen Thore, dessen rechter Flügel geschlossen, der linke geöffnet ist; zwischen den Türmen schwebt der preuß. Adler mit seinen Attributen.

So mehrere neue Siegel. Das von Voßberg abgebildete: „✶·SIGILLVM : CIVITATIS·DE : CVLMENSE" (48 mm) könnte wohl noch, wie V. meint, dem 13. Jahrh. angehören; auch wird er darin Recht haben, daß das Bauwerk auf demselben die Kirche darstellen soll, doch glaube ich die Gegenstände zu dessen Seiten nicht als Baumzweige, sondern als Zinnenmauern ansprechen zu müssen. Das Siegel ist bis in die Neuzeit gebraucht worden.

Abb. S. 31 **Landeck** in Westpreußen, Stadt. In Blau eine goldene Weintraube, an silbernem Blätterstiele hängend.

Alte Siegel sind nicht zu ermitteln gewesen. Die neuen zeigen die Darstellung in einem vom preuß. Adler gehaltenen Schilde.

Abb. S. 31 **Lautenburg** in Westpreußen. In Gold auf grünem Boden ein springendes blaues Einhorn.

Voßberg erwähnt eines Siegels des 17. Jahrh., welches nur den Kopf eines Einhornes zeige; auch sagt eine amtliche Auskunft v. J. 1887 (in der Slg. Clericus, jetzt im geh. Staatsarchiv in Berlin), daß am Orte der Kopf eines Einhornes als Wappen angesehen werde; die neuen Siegel aber wie oben.

Abb. S. 31 **Lessen** in Westpreußen. In Grün ein goldener Kelch, über dem das Haupt Johannes des Täufers in goldenem Strahlennimbus schwebt; neben dem Kelchfuße jederseits ein silberner Stern.

Bei dem von Engel aus dem Thorner Archiv gebrachten: „✶ SIGILLVM × CIVIVM × DE × LEZZINO" (57 mm) aus dem 14. Jahrh. steht das Haupt mit dem Kelche zwischen zwei bewurzelten Bäumen. Statt der letztern zeigt das: „✶ SIGILLVM CIVITATIS LASINENSIS 1667" (40 mm) und alle spätern Siegel die Sterne. Eigentümlich ist, wie sich das Größenverhältniß der Figuren geändert hat; während bei dem ältesten Siegel das Haupt wohl dreimal so groß wie der Kelch ist, wird bei jedem folgenden Siegel ersteres kleiner, letzterer größer, so daß z. B. auf dem von 1853 dasselbe in kaum Hirsekorngröße über dem wohl zwanzigmal größern Kelche schwebt.

Abb. S. 31 **Löbau**, Stadt. In Silber auf grünem Boden stehend ein Bischof in blauem Ornat, in der Rechten ein gestürztes Schwert, in der Linken den goldenen Krummstab haltend.

Das älteste dem 14. Jahrh. angehörige Siegel zeigt den Bischof nur mit dem Stabe zwischen einem Laub- und einem Nadelbaum stehend (s. Voßberg); laut dem „Neuen Siebmacher" soll ein Stempel mit der Jahreszahl 1541 nur eine Bischofsmütze mit dahinter gekreuztem Schwert und Stab zeigen. Erhalten hat sich der Stempel des: „·SIGILLVM MAGISTRATVS LVBAVIENSIS ANNO·1541" (59 mm) aus dem 17. Jahrh. Bei diesem, wie auch bei den späteren Siegeln, steht der Bischof im Schilde; auf diesem ruht ein mit sieben Perlen besetzter Kronenreif, über welchem wieder der Quastenhut eines Bischofs, gehalten von einem fliegenden Adler, schwebt.

Märkisch-Friedland, Stadt. Geviert, 1. und 4. in Blau der silberne Rumpf eines Ziegenbockes mit goldenen Hörnern, 2. und 3. in Rot ein silbernes Malteserkreuz. Abb. S. 31

Ältere Siegel sind nicht bekannt; die im Neuen Siebmacher erwähnten beruhen auf einer Verwechslung mit Friedland in Mecklenburg. Vorhanden ist noch der Stempel eines: „CIVITATIS·N·FRIDLAND·POL·" (! oval, 29 : 27 mm) vom Ende des 17. Jahrh., welcher den Schild unter einer Krone zeigt. So, aber mit einem Wappenmantel hinter dem Schilde und dem preuß. Adler über der Krone, ein Siegel des vorigen Jahrh. mit der Unterschrift: „STADT M : FRIEDLAND·" (35 mm). Die neuen Siegel zeigen nur den preuß. Adler.

Mewe, Stadt. In Blau auf grünem Boden eine flugbereite silberne Möwe mit einem goldenen Fische im Schnabel. Abb. S. 31

Voßberg bringt das: „✶ S BVRGENSIVM : MEWE ✶ CIVITATIS" (55 mm) aus dem 14. Jahrh.; es zeigt die Möwe mit dem Fische nach links gewendet und mit geschlossenen Flügeln. Ein anderes nur 34 mm großes Siegel mit derselben Darstellung, doch unleserlicher Umschrift, befindet sich nach Landrichter Engel an Urkunden von 1404 und 1487 im Thorner Archiv. So wie sie jetzt geführt wird, zeigt sich die Möwe zuerst auf dem: „❁ SIGILLVM·CIVITATIS·MEWÆ·" (26 mm) des 16., dann auf dem: „❁ SIGILLVM·CIVITATIS·MEWENSIS" (32 mm) des 17. Jahrh.

Neuenburg in Westpreußen, Stadt. In Silber auf grünem Boden eine rote Burg mit drei Zinnentürmen, deren jeder ein offenes Thor hat. Abb. S. 31

Ein „✝ Sigillum ✶ civitatis ✶ newenburg ✶" (33 mm) des 15. Jahrh., zeigt eine Burg von kirchenartigem Aussehen. Auf einem 1533 vorkommenden Siegel ist dieselbe dreitürmig (s. unten); auf einem 1570 gebrauchten: „SIGILLVM CIVITATIS NOVICASTRI" findet sich nur ein Turm mit zwei Zinnenreihen, während das i. J. 1784 gebrauchte: „⁑ SIGILLVM ✶ CIVITATIS ✶ NEOBURGENSIS ✶ ∴" (36 mm), dessen Stempel sich erhalten hat, zuerst die heutige Form der Burg gibt. — Das Siegel des 15. Jahrh. ist sehr mangelhaft abgebildet in R. Wegners „Kulturgeschichte des Schwetzer Kreises"; noch weniger befriedigend (z. B. ohne Umschriften) sind die Abbildungen der anderen Siegel in: „Eine polnische Starostei und ein preuß. Landrathskreis" von H. Märcker, Danzig 1888. Das von Herrn Geheimrat Warnecke im „Herold" 1890 No. 1 veröffentlichte Siegel wurde von demselben später als nicht hierhergehörig erklärt.

Neumark in Westpreußen, Stadt. In Blau (?) ein goldener (?) Löwe, rechts unten begleitet von einer silbernen (?) Rose mit rotem Butzen. Abb. S. 31

Das älteste bekannt gewordene, dem Ende des 14. Jahrh. angehörende Siegel trägt nach Engel die Umschrift: „SIGILLV·CIVITATIS·IN·NOVO·FORO" (38 mm), es zeigt im doppelten Vierpaß einen geteilten Schild, darin oben ein schreitender, herschauender Löwe*), unten eine Rose. Denselben Schild haben auch das von Voßberg abgebildete: „❁ Sigillu ⁑ civitatis ✝ neuwenmarkt" (36 mm), aus dem 15. Jahrh., ein im Thorner Archiv an einer Urk. v. 1486 vorkommendes Signet ohne Umschrift (21 mm), und ein mit: „s n c" (19 mm) bezeichnetes, wenig späteres Siegelchen. Die obige Darstellung findet sich zuerst auf dem: „SIGILLVM CIVITATIS NEOFORENSIS ❦" (35 mm) des 17. Jahrh., dessen Stempel sich erhalten hat. Das neueste, erst nach der Vollendung der hier beigegebenen Abbildung angefertigte Farbsiegel, hat das Wappen getreu der Voßberg'schen Abbild. des Siegels a. d. 15. Jahrh. nachgeschnitten.

*) Die heraldische Benennung „Leopard" für einen Löwen, der den Kopf dem Beschauer zuwendet, ist zwar alt, aber nicht glücklich gewählt. Einem ausgesprochenen Löwen sollte man doch nicht nur deshalb, weil er mit dem Kopfe eine kleine Wendung macht, den Namen eines ganz bestimmten andern Tieres beilegen (s. Gritzner „Heraldische Terminologie", S. 81/82, und Mensinga: „Das norwegische Wappen", Herold 88, No. 1, Fußnote). Auch beansprucht wenigstens die spätere Heraldik den Namen Leopard ausdrücklich für das auch naturgeschichtlich so heißende Tier. Es kommen mehrfach Wappen des 16. und 17. Jahrh. mit einem meist klein getupften, katzenartigen Tiere vor, was, da der Name „Panther" dafür, als ein gewisses herald. Fabelwesen bezeichnend, ausgeschlossen ist, gar nicht anders als „Leopard" angesprochen werden kann. Auch verlieh z. B. der Bischof Heinrich Julius von Halberstadt, Herzog von Braunschw.-Lüneb., dem Flecken Barenburg b. d. Wolfenbüttel 1602, März 14., ein „Signet und Wappen" mit einem: „Leo Parden". In der untern Ecke des noch im Besitze jener Gemeinde befindlichen Briefes ist die Siegelvorlage eingemalt, und zwar ist dabei das Tier ganz dem natürlichen Leoparden gleichend, gelb mit kleinen schwarzen Flecken besäet, schreitend, mit wenig seitwärts gedrehtem Kopfe und glattem, herabhängendem Schweife gegeben. Der Haltung des letztern, wie überhaupt der Stellung des Tieres, möchte ich keine Bedeutung beilegen, glaube aber, daß der schlanke Körper, das Fehlen der Mähne und anderer Haarbüschel, sowie der schlichte Zagel, wohl als Merkmale des heraldischen „Leoparden" gelten könnten.

Podgorz, Flecken.

Von diesem Orte ist mir kein Siegel bekannt geworden. Beckherrn gibt in seinen: „Wappen der Städte Alt-Preußens". Königsberg 1892, als Wappen an: „Zwischen zwei niedrigen Säulen steht ein Bischof mit dem Krummstab in der Linken und einem nicht zu erklärenden Gegenstande in der Rechten, welcher aus drei kleinen auf einander gestellten Sechsecken zu bestehen scheint. Über dem Ganzen schwebt der nicht stilisierte preußische Adler." Sollte der unerklärliche Gegenstand nicht ein Sprengwedel sein?

Abb. S. 31 **Preußisch-Friedland,** Stadt. **In Silber auf grünem Boden ein schwarzer Eber vor einem aufgespannten schwarzen Jagdnetze.**

Das: „✠ S DE VREDELANTES" (!40 mm) aus dem 14. Jahrh. zeigt, wie auch das: „+ SIGILLVM * CIVITATIS * FREDELAND" (30 mm) aus dem Anfange des 16. Jahrh., den Eber nach links gewandt stehend; das: „* SIGILLVM · MAIVS · CIVITATIS · FRIDLANDENSIS · 1668" (38 mm) und das: „* SIGILLVM · CIVITATIS · FRIDLAND · (im Felde:) 1638" (32 mm) haben denselben nach links springend; ein Siegelchen: „STADT PR: FRIEDLAND 1793" (oval, 22:20 mm), dessen Stempel noch vorhanden ist, zeigt, wie die neuen Siegel, den Eber wieder stehend, jedoch nach rechts. Alle aber haben das Netz, und wenn dasselbe auch ursprünglich wohl nur eine bedeutungslose Gitter-Damaszierung gewesen ist, so ist es im Laufe der Zeit doch zu einem wesentlichen Bestandteile des Wappenbildes geworden. Das Siegel von 1668 zeigt es deutlich als ein mittelst Ringen an einer Schnur aufgehängtes Jagdnetz.

Abb. S. 31 **Rehden** in Westpreußen, Stadt. **In Silber ein rotes Rad.**

So schon auf dem noch dem 13. Jahrh. angehörenden, auch von Voßberg abgebildeten: „✠ · S · CIVITATIS · dREDINO" (! 55 mm); das: „· SIGILLVM · CIVITATIS · RADINENSIS · ANO 1670" (! oval, 34:28 mm) hat, wie auch spätere Siegel, das Rad im Schilde. Auch das Gerichtssiegel weist es so.

Abb. S. 31 **Riesenburg,** Stadt. **In Blau eine silberne Burg, in deren Thor ein nur mit einem Laubschurze bekleideter Riese mit einer gesenkten goldenen Keule in der Rechten steht.**

Landrichter Engel fand im Thorner Ratsarchiv an Urk. v. 1405 und 1407 Bruchstücke des ältesten, zweifellos noch dem 13. Jahrh. angehörenden: „… G … OM · CIVIVM · IN · RISINBV …" (67 mm). Der Gegenstand der Darstellung war derselbe wie auf den spätern Siegeln: ein Riese im Thore einer Burg; doch ist ersterer hier geharnischt, mit niederm Topfhelm, Ringelpanzer und Schwert (Keule?) nach links schreitend gegeben und die Türme scheinen auf Bergen zu stehen. Voßberg bildet das: „+ ⸗ * Sigillum * civitatis * resenburg + * + " (!40 mm) des 15. Jahrh. ab, welches den Riesen mit geschwungener Keule, unbekleidet, nach links gewandt, etwas gebückt (und doch den Bogen ausfüllend, wodurch das Riesenmäßige außerordentlich gut charakterisiert ist) und umschauend, unter einem Zierbogen darstellt; so auch ein: „SIGILLVM CIVITATIS RISENBVRG" (30 mm) des 16. Jahrh., wogegen ein gleich großes Siegel des 17. Jahrh., mit derselben Umschrift, den Riesen mit geschulterter Keule nach rechts gewendet hat. Nachdem anfangs dieses Jahrhunderts noch aus dem hübschen gotischen Bogen eine komische Empire-Architektur geworden, führt die Stadt das Bild jetzt wie oben beschrieben.

Rosenberg in Westpreußen, Stadt. **In Silber ein grüner Dreiberg, aus dem ein Strauch mit roten Rosen wächst; links daneben steht eine blaugekleidete Jungfrau, die den Strauch mit der Rechten berührt.** Abb. S 31

Voßberg bildet das für 1393 nachgewiesene: „✠ S' CIVITATIS + ROSENBERG ✶" (40 mm) ab. Es zeigt im sternenbesäeten Felde einen Ordensbruder in faltenreichem Gewande mit einem Barett auf dem Haupte, wachsend aus einem Fünfberge; in der Linken hält derselbe eine Rose an ihrem Stiele, während er mit der Rechten auf dieselbe hindeutet. Der noch erhaltene Stempel eines: „⁺⁺⁺ sigillum + ciuitatis + rosenberg ⁺⁺⁺" (33 mm) zeigt rechts einen mit Rosen bedeckten Berg, links einen, durch sein langes Gewand und die Kopfbedeckung als Ordensbruder gekennzeichneten Mann, der die Hand nach den Rosen ausstreckt. Erst das 19. Jahrh. brachte die Jungfrau und es wäre zu wünschen, daß es sie auch wieder mitnähme. Die Siegel sind mangelhaft beschrieben und abgebildet in Cramers „Urkundenbuch d. Bisth. Pomesanien" S. XVIII, Taf. IV.

Schlochau, Stadt. **In Blau ein nach links schauender silberner Stierrumpf mit goldenen Hörnern.** Abb. S. 31

Die Stadt bewahrt noch den Stempel des dem Anfang des 14. Jahrh. angehörenden: „✠ S CIVITATIS · SLOCHAW ✶" (40 mm), welches Voßberg abbildet; es zeigt, wie fast alle späteren Siegel, den nach links gewendeten Stierkopf. Auch die Stempel des: „* SIGILLVM · CIVITATIS · SLVCHOVIENSIS (im Felde:) 1649" (oval, 35:29 mm) und eines, dem 18. Jahrh. zuzuschreibenden: „·:· SIEGEL DER STAT SCHLOCHW" (! 32 mm) sind erhalten. Nur ein mit dem Siegel von 1649 gleiche Umschrift *und Jahreszahl* tragendes aber dem 18. Jahrh. angehörendes rundes (29 mm) Siegel hat den Stierkopf im *Visier* in einem Schilde, über dem der preußische Adler fliegt. Irrtümlich (auch noch von Voßberg in den: „Münzen und Siegel der Städte Danzig, Elbing, Thorn", Fußnote S. 3) wird das Stierhaupt oft als Ziegenkopf angesprochen.

Schloppe, Stadt. **In Schwarz eine goldene Krone über einem steigenden gebildeten (d. h. mit Gesicht versehenen) silbernen Halbmonde, in dessen Höhlung drei (2·1) silberne Sterne schweben.** Abb. S. 31

Der Ort erhielt erst 1601 Stadtrechte; das demnach älteste: „· SIGILLVM · OPPIDI · SLOPPA · ANNO · 1601" (28 mm) zeigt, wie auch alle späteren Siegel, über dem Schilde die Initialen A · F · S · (Bedeutung?)

Provinz Westpreußen. Regierungsbezirk Marienwerder.

Abb. S. 31 **Schönsee** in Westpreußen, Flecken (bis 1833 Stadt). **In Rot ein abgewendeter, sogen. gebildeter silberner Halbmond zwischen zwei goldenen Sternen; darunter ein halber silberner Fisch.**

Nach Landrichter Engel hat das von etwa 1400 an im Thorner Archiv vorkommende: „✠ S SIGILLVM ✱ · · · · · · ·" (40 mm) dasselbe Bild, jedoch den halben Fisch auf Wellen. Das: „SIGILLVM CVITATIS SCHONESCHENSIS" (!oval 34:33 mm) aus dem 17. Jahrh. hat, wie auch das neue Farbsiegel des Schulzen-Amts, die Darstellung im Schilde.

Abb. S. 31 **Schwetz,** Stadt. **In Blau eine aus dem untern Schildrand hervorgehende brennende Kerze zwischen zwei abgewendeten gebildeten goldenen Halbmonden.**

Das von Engel im Thorner Stadtarchiv gefundene: „S'✶CIVITATIS SWE(CEN)SIS" (50 mm) aus dem 14. Jahrh. beweist, daß beide jetzt geführten Bilder unrichtig seien. Es zeigt im gegitterten Felde einen Schild mit zwei von dessen Oberecken ausgehenden, abgewendeten Bogenpfählen, also wohl ein Herrschaftswappen. Über dem Schilde zeigt sich eine undeutliche längliche Erhöhung, in der Engel den Griff eines hinter dem Dreieckschilde befindlichen Schwertes erkennen will. Das 1540 gebrauchte, von Wegner in: „Ein Pommersches Herzogthum u. eine Deutsche Ordens-Komthurei" (Posen 1872) nicht gut abgebildete: „SIGILLVM CIVITATIS SWIECIE" (30 mm) zeigt im gespaltenen Schilde zwei abgewendete, nicht mit Gesicht versehene Halbmonde. Aus der stark betonten Spaltlinie ist dann später, aber noch im 16. Jahrh., wie ein: „✠ SIGILLVM CIVITATIS SVECENSIS" (38 mm), ein: „✱ SIGILLVM ✱ CIVITATIS ✱ SWEEZENSIS" (! 30 mm) und die spätern Siegel lehren, in Folge einer unrichtigen Ableitung des Stadtnamens von dem slavischen: Swieca = Licht, die Kerze geworden. Über das Banner schreibt Dlugoß: „Banderium autem Commendaria et Civitatis Swiecie, quod scalcales campos albos et rubeos habeat pro insigni" (Nach Wagner a. a. O.; in Voßbergs Bearbeitung der Banderia findet sich Schwetz nicht).

Abb. S. 32 **Strasburg** in Westpreußen, Stadt. **In Schwarz eine offene Rechthand.**

Voßberg bildet als ältestes ein: „✠ · S · BVRGENSIVM · DE · STROSBERG" (62 mm) ab und erwähnt dann noch eines: „✠ S'CIVITATIS ✱ STRAZBERG" (46 mm) als des, wenn auch noch dem 14. Jahrh. angehörigen, so doch wohl jüngern Siegels. Ein Sekret des 15. Jahrhunderts bringt Engel: „✠ · s · c · strasberg o" (27 mm). Es kommt im Thorner Archiv 1471 und 1512 vor, und ist wohl dasselbe, mit dem „Bürgermeister Rathmanne und Gancze gemeine der stadt Stroßbergk" in Kulmsee(!) am 4. Jan. 1527 einem Domherrn der dortigen Kirche einen Revers: „czu mherem bekentnys vnd ewighem gedechtnys mit vnser stadt secrete vnden angehangen" besiegelten (Woelky, Urk.buch d. Bisth. Culm, No. 840). Zu Ende des 16. Jahrh. kam ein: „✱ SIGILLVM ✱ CIVITATIS ✱ STRASBVRG ✱ IN ✱ (im Felde:) PR VS)" (33 mm) in Gebrauch. Dann folgte das: „✠ ✱ SIGILL ✱ CIVITAT ✱ STRASBVRG ✱ (im Felde:) 1607" (24 mm); erhalten hat sich ein diesem nachgebildeter Stempel mit derselben Umschrift und Jahreszahl (31 mm), der wohl aus dem 18. Jahrh. stammt. Alle Siegel zeigen die Hand in einem Schilde.

Abb. S. 32 **Stuhm,** Stadt. **In Gold auf grünem Boden die Mutter Gottes mit dem Kinde.**

Landrichter Engel hat im Thorner Archiv an einer Urkunde v. J. 1440 das, Voßberg nur dem Hörensagen bekannt gewordene, spitzovale Stadtsiegel vom Ende des 14. Jahrh. gefunden. Es zeigt die Madonna mit dem Kinde auf dem linken Arme im Strahlenkranze, auf einer Konsole stehend. Von der Umschrift, die Voßberg als: „Sigillum der neugen stat uw dem stume" (spitzoval 50:28 mm) angibt, ist wenig mehr zu entziffern; das, was gelesen werden kann, widerspricht nicht der Angabe. Ein: „8 S · civitatis · stum 8" (35 mm) des 15. Jahrh., zeigt die Jungfrau mit dem Kinde auf dem rechten Arme, in der Linken ein Scepter haltend, in einem langgezogenen Vierpasse. Ein: „SIGIL: CIVIT : STHVMENSIS" (! 29 mm) des vorigen Jahrh. hat die Gottesmutter in einem zopfigen, vom preußischen Adler gehaltenen Rahmenschilde.

Abb. S. 32 **Thorn,** Stadt. **In Rot eine silberne Burg mit drei Zinnentürmen; der rechte Thorflügel ist geöffnet, so daß das Fallgatter zu sehen ist.**[1])

Das noch der ersten Hälfte des 13. Jahrh. angehörende: „✠ ⁝ SIGILLVM ∘ BVRGENSIUM ∘ IN ∘ THORVN ⁝" (83 mm), das „Mariensiegel", zeigt die gekrönte Gottesmutter mit dem Kinde auf einem Thronsessel unter dem Bogen eines, von zwei Türmen beseiteten Thores. Das wohl wenig spätere „Johannissiegel": „✠ ⁝ SECRETVM ⁝ BVRGENSIUM ⁝ IN ⁝ THORVN ⁝" (52 mm) hat den mit einem Felle bekleideten Täufer zwischen einem Eich- und einem Ahornbaume stehend. Von beiden bewahrt die Stadt noch die schöngeschnittenen Stempel. Die Burg („das Thor") scheint zum erstenmal auf dem von Thorn und Danzig gemeinschaftlich geführten Siegel aus der zweiten Hälfte des 14. Jahrh. vorzukommen. Dies interessante, zu den Pfundgeldquittungen dienende Signet[2]) zeigt im gespaltenen Schilde vorn die Burg, hinten die beiden Kreuze von Danzig und lautet die Umschrift: „✱ S' ⁝ THORVN ⁝ ✱ ⁝ DANTZKE ⁝ (28 mm).[3]) Dann findet sich die Burg auch auf einem im städt. Museum zu Thorn befindlichen langen eisernen Schlagstempel mit der Umschrift: „✠ S'TORVNENSE" (37 mm) der noch dem 14. Jahrh. angehört, und von dem ich Herrn Landrichter Engel einen Abdruck verdanke. Letzterer machte auch (s. S. 2) zuerst ein kleines (28 mm) Siegelchen mit der Burg im Schilde, ohne Umschrift, bekannt, was im dortigen Ratsarchiv an Urkunden von 1405 an, vorkommt. — Die Neustadt = Thorn führte in ihren Siegeln eine Seebake (aus Balken gezimmerter, mit Zinnen versehener und hier spitzgedeckter Wachtturm) zwischen zwei Schilden mit dem Deutschordens-Kreuze; über jedem derselben, und inmitten des Balkenwerkes der Bake, schwebt je ein Stern. Die drei bekannt gewordenen Siegel unterscheiden sich nur durch die Größe und durch Kleinigkeiten in der Umschrift voneinander; das älteste: „✠ SIGILLVN NOVE CIVITATIS TORVN" (! 64 mm) gehört noch dem 13. Jahrh. an; der Stempel hat sich erhalten; wenig später sind ein nur 45 mm großes, welches jedoch den Schreibfehler SigilluN nicht teilt (fehlt bei Voßb.), und ein 46 mm großes, bei dem die Schrift den Umkreis nicht ausfüllt, weshalb hinter derselben noch ein paar kleine Verzierungen Platz fanden. — Nach der erzwungenen Vereinigung der Neustadt mit der Altstadt, i. J. 1454, erscheinen zwei Siegel, die den Schild der Stadt von einem Engel gehalten zeigen. Auf dem ersten derselben kniet dieser und befindet sich rechts von ihm auf einem flatternden Bande die Inschrift: „s · civita' thorvn" (45 mm); hierbei zeigt sich zum erstenmal der von da an stets beibehaltene geöffnete Eine Thorflügel.[4]) Beim zweiten hält der Engel den Schild vor der Brust; auf einem Bande: „° s ° civitatis ° thorun ~" (35 mm). Von zwei dem Anfang bezw. dem Ende des 17. Jahrh. zugehörigen Siegeln in der Sammlung Clericus (jetzt im Geh. Staatsarchiv in Berlin), auf denen zwei Engel einen Rahmenschild mit dem Stadtwappen halten (47 und 42 mm), ist nicht sicher, ob sie städtischem Gebrauche dienten, da sie keine Umschriften tragen.[5]) Später zeigen die Siegel oft den gekrönten polnischen Adler mit polnischer Umschrift, vereinzelt auch das von einem Engel gehaltene Stadtwappen mit einer solchen. — Ein sehr hübsches Schöffensiegel des 15. Jahrh. hat den hl. Michael mit dem Lindwurm zum Bilde; die späteren Gerichtssiegel bringen das polnische, resp. sachsen-polnische Wappen oder auch die Burg. — Die interessanteren Thorner Stadtsiegel sind öfter, am besten (mittelst des Guillochierverfahrens) in Voßberg's: „Münzen und Siegel der Städte Danzig, Elbing, Thorn" 1841 abgebildet.

1) Farbenangabe nach der Schraffierung des Wappens auf dem vom Magistrat benutzten Briefkopf; man findet aber auch oft die Burg rot in silbernem Felde.

2) Es ist zweifellos älter als das Komtursiegel, auf dem Voßberg die erste Darstellung des Thores zu sehen glaubte. Bei Voßberg fehlt es, ist aber beschrieben von Masch in: „Holsteinische u. Lauenburgische Siegel d. Mittelalters a. d. Archiven der St. Lübeck" S. 23.

3) Es kommt oft vor, daß die versammelten Abgesandten verschiedener Städte in derem Namen gemeinschaftlich an Dritte unter dem Siegel einer Stadt schreiben; aber eigentliche gemeinschaftliche, auch durch ihre Umschrift als solche kenntlich gemachte Siegel gehören zu den großen Seltenheiten. In späteren Heften sind noch einzelne solche zu besprechen. Hier hat es vielleicht Interesse, daß Ende März 1453 der Thorner Rathsherr Tilmann vom Weghe in Wiener-Neustadt mit dem Prokurator der preußischen Städte u. A. auch über ein von diesen zu führendes gemeinschaftliches Siegel berieth. Dasselbe wurde ihm aber vom kaiserlichen Hofe nicht bewilligt, da es in dem schwebenden Prozeß (zwischen den Städten und dem Orden) zu viel Aufsehen erregen würde. (Vergl. Töppen, Akten der preuß. Ständetage, III. Bd., S. 706)

4) Dies hübsche Siegel hat vielfach zur Vorlage gedient und wird in der üblichen Verdünnung auch von den jetzigen Stadtsiegeln wiederholt.

5) Vielleicht sind es Abdrücke von kleinen Formen für Lebkuchen; früher wurden solche, mit den Thorner Stadtwappen versehen, überall im Lande verkauft (Gregorovius, „Die Ordensstadt Neidenburg").

Tuchel, Stadt. **In Silber die gekrönte hl. Margaretha, in blauer Kleidung, in der Rechten ein Kreuz haltend, stehend auf einem widersehenden grünen Lindwurme.** Abb. S. 32

So, im gegitterten Siegelfelde, das der ersten Hälfte des 14. Jahrh. angehörige: „✠ SIGILLVM ✱ CIVITATIS ✱ TVCHHOL ✱ (! 65 mm); Abb. bei Voßb. Aus den Akten des Magistrats Tuchel über das städt. Siegel und Wappen geht hervor, daß die Stadt i. J. 1781 total abbrannte, wobei der Stempel dieses Siegels verloren ging. Er wurde jedoch 1823 in Jastrow bei der Reinigung eines Brunnens gefunden und später der Stadt wieder zugestellt, die ihn noch bewahrt und sein Bild zur Vorlage für die neuen Siegel gewählt hat. Ein: „✠ SIGILVM · CIVITATIS : TVCHVL" (40 mm), noch aus dem 14. Jahrh., zeigt die Heilige ungekrönt nach links schreitend, ohne Drachen, jedoch mit einem langen, oben mit einem Kreuze besteckten Stabe in der Linken im gegitterten Felde, während ein: „S ⁝ civitatis ⁝ in tuchol ✱" (24 mm) aus dem 15. Jahrh., dieselbe wachsend und gekrönt, mit einer Taube auf der Rechten und dem Kreuze in der Linken, gibt. So auch bei dem: „✱ SIGIL · CIVIT · SE RE M TVCHOL · S · MARGAR" (! ? 25 mm) vom Anfang des 17. Jahrh., dessen merkwürdige Umschrift von einem Siegel des 18. Jahrh. genau wiederholt wird, und bei dem Stadtsiegel von 1809.

Tütz in Westpreußen, Stadt. **In Silber eine blaubekleidete Jungfrau, in jeder Hand ein rotes Rad empor haltend.** Abb. S. 32

Einzige Quelle ein: „SIEGEL DES MAGISTRATS ZU TUETZ (im Felde:) 1810" (26 mm) bei dem über diesem Bilde ein gekrönter Adler mit dem Schwert und Scepter in den Fängen, schwebt. Nach einer Notiz in der Samml. Clericus (jetzt im Geh. Staatsarchiv in Berlin) wurden dem Orte 1333 von den Gebrüdern Stanislaus und Christoph Wedell das Hauptprivilegium erteilt; die Wedell aber führen im Schilde ein Rad.

Provinz Westpreußen. Regierungsbezirk Marienwerder.

Abb. S. 32 **Vandsburg,** Stadt. In Silber ein hoher grüner Dreiberg, belegt mit drei (2:1) leeren goldenen Schildchen.

So, in einem Schilde, ein: „+ SIGILLVM·CIVITAT·WIEDZBORGENSIS·" (29 mm) aus dem 16. Jahrh.; Stempel erhalten. Nach Angabe des Magistrats umgeben drei Berge das Städtchen und vermutet man in den Schildchen eine Andeutung der drei, ehemals in der Umgegend vorhanden gewesenen Burgen (?). Ein Siegel aus der spätern polnischen Zeit zeigt unter der Königskrone das sachsen-polnische Wappen und die Umschrift: „BURMISTRZ POLICYI MIASTA WIE CBURGA" (30 mm), während ein zweites mit derselben Umschrift und dem gekrönten polnischen Adler allein in dem, mit einem Herzogshute besetzten Schilde dem kurzlebigen „Herzogtum Warschau" sein Dasein verdanken wird. Ein ganz anderes Bild für die Stadt zeigen zwei, zu Anfang des 19. Jahrh. angefertigte Siegel: „+ VERWALTUNG DER HERRSCHAFTEN VANDSBURG UND ZEMPELBURG" (35 mm) und das: „GERICHTS SIEGEL VON VANDSBURG UND ZEMPELBURG" (50 mm). Beide haben nämlich unter dem preußischen, ein Schwert statt des Reichsapfels im linken Fang haltenden Adler zwei Schilde: rechts, also für die Stadt Vandsburg, eine dreitürmige Burg mit offenem Thore, in dem ein Gewappneter steht, während über jedem der drei Zinnentürme eine Krone schwebt. Dies ist das durch die Hinzufügung der Kronen modificierte Herb Grzymala II, also ein polnisches Adelswappen, (es wurde nach dem „Neuen Siebmacher die Stadt 1821 aus polnischem Adelsbesitz für die Krone Preußen angekauft). Der linke Schild zeigt das Wappen der Stadt Zempelburg, wie es noch geführt wird.

Zempelburg, Stadt. In Blau auf grünem Boden ein nur mit einem Schamtuche bekleideter Mann, der in der Rechten einen goldenen Dreizack hält. Abb. S. 32

Das älteste bekannt gewordene Siegel hat auch diese Darstellung; von der Umschrift ist nur zu entziffern: „SIGLV·OP(ID)·ZEMPELG···SIS 1661" (oval, 24:22 mm). Die neueren Siegel zeigen die Figur in einem vom preuß. Adler gehaltenen Schilde. Die Stadt liegt an einem See, der Mann mit dem Fischspeer wird also einen Fischer, vielleicht auch den Gott alles Fließenden, darstellen sollen (s. Vandsburg). Mythologische Figuren kommen zuweilen auf späteren Stadtsiegeln vor (z. B. bei Lyck, Zinna u. a.).

Siegelbilder ost- und westpreußischer Dörfer.

Leunenburg, R. B. Königsberg, soll einst Stadtrechte besessen haben; auch Hennenberger: „Erclerung der Preußischen größern Landtaffel oder Wappen" 1595, nennt den Ort noch „Städtlein". Ein Siegel ist nicht bekannt geworden.

Brösen, R. B. Danzig, hat auf einem Siegel vom Anfang dieses Jahrh. ein aufgeschlagenes Buch (hl. Schrift?); Umschrift: „GEMEINDE ZU BRÖSEN" (oval, 28:24 mm).

Grzywno, R. B. Marienwerder. Ein von Engel im Thorner Ratsarchiv gefundenes, vielleicht noch dem 14. Jahrh. zuzuschreibendes Siegelchen ohne Umschrift (21 mm) zeigt einen, von einem Schwerte gekreuzten von drei Sternen umwinkelten Bischofsstab.

Schwarzwasser, R. B. Danzig. Ein dem vorigen Jahrh. angehöriges: „SIE GEMEIND SCHWARTZWASSER" (!oval, 23:21 mm) hat zwischen zwei kranzartig zusammengebogenen Palmwedeln drei pfahlweise gestellte Sterne.

Klein-Konitz, R. B. Marienwerder. Ein Siegel von „Wenigen-Konitz" an einer Urk. v. 1417 (Engel) zeigt ein umranktes „K"; von der Umschrift sind nur wenige unzusammenhängende Buchstaben zu entziffern (27 mm).

Leibitsch, R. B. Marienwerder. Das: „·:S·COMV···TIS:VILLE:·LVBICZ" (38 mm), welches Engel im Thorner Archiv an zwei undatierten Urkunden fand, zeigt den hl. Andreas, sein Kreuz vor sich haltend. Bei einer dritten, ebenfalls undatierten Urkunde siegelt mit demselben Siegel der „molmeyster czur lubicz".

Roggenhausen, Dorf und Schloß im Reg.-Bezirk Marienwerder, wird in den Banderia Prutenorum Stadt genannt und angegeben, daß diese und die Vogtei Roggenhausen in der Schlacht bei Tannenberg eine weiße Fahne mit einem roten, mit drei weißen Rosen belegten Schrägbalken geführt habe. Voßberg hält es für möglich, daß diese Fahne der Neustadt Elbing angehört habe; bei den vielen Unrichtigkeiten, die jener Handschrift schon nachgewiesen wurden, ist die Annahme einer solchen Verwechslung nicht zu gewagt.

Zusätze zu:

Bartenstein in Ostpr., Seite 24. Nach einem von Herrn Landrichter Engel mir gütigst zur Verfügung gestellten ältern Städtesiegel-Verzeichnisse kommt der Reiter schon auf einem: „+ SIGILLVM * CIVITATIS * BARTESTEIN" (cc. 50 mm) an einer Urk. v. J. 1673 im Danziger Archiv vor.

Preußisch-Stargard, Seite 40. Auch ein dem Anfang des 16. Jahrh. angehörendes: „SIG···V·TAT·STARGARD" (25 mm) trägt noch zur Bestätigung der gegebenen Wappenerklärung bei; es zeigt ebenfalls eine fünfblätterige Krone, deren Mittelblatt mit einem Kreuzchen besteckt ist, während unter derselben die perspektivische Ansicht des inneren Kronenreifes sichtbar wird.

Schöneck, Seite 40. Es gibt auch noch ein zweites, von dem beschriebenen fast nur durch die etwas andern Voluten des Rahmenschildes verschiedenes: „* SIGILVM * CIVITATIS * SCHONECCENSIS" (32 mm) des 16. Jahrhunderts.

Gollub, Seite 42. Ein nur mit „S·C·G·" (22 mm) bezeichnetes Signet aus der ersten Hälfte des 16. Jahrh. vermittelt den Übergang vom ältern zum neuern Bilde, indem es in einem Schilde nebeneinander rechts die Jungfrau, links einen Stubben mit einer darauf sitzenden Taube bringt.

Neuenburg, Seite 43. Das 1570 zuerst gebrauchte Siegel hat 40 mm Durchmesser. Ein 1583 vorkommendes: „SIGILLVM CIVITATIS NOVI CASTRI" (25 mm) zeigt auch nur einen, nach oben sich verjüngenden Turm mit offenem Thore.

Königreich Preußen. Provinz Brandenburg.

Regierungsbezirk Potsdam.

Abb. S. 57 **Potsdam,** Hauptstadt des gleichnamigen Regierungsbezirks.

In Gold ein silbern-bewehrter roter Adler.

Das früheste bekannte Siegel ist das um den Anfang des 15. Jahrh. gefertigte, für 1450 zuerst nachgewiesene: „✝ sigillu ⋄ civitatis ⋄ potstam" (30 mm) mit dem nach links blickenden Adler im Schilde; von dem dieselbe Darstellung zeigenden: „3 · IN · S · DER · STATH · POTSTAMP · (im Felde:) 1536" (! 21 mm) bewahrt das Stadtarchiv noch den silbernen Stempel.[1] Dr. G. Sello bildet in seinem Werke „Potsdam und Sanssouci" (Breslau 1888) die älteren Siegel ab und verwirft darin Voßbergs („Mitteilungen d. Ver. f. d. Gesch. Potsdams" 1864) unwahrscheinliche Ergänzung der Umschrift des Siegels von 1536, indem er, und sicher mit Recht, dem „3" nur die Bedeutung der sonst üblichen Kreuze, Sterne, Rosetten, Ringe, Lilien etc., die den Anfang der Legende bezeichnen, zuschreibt. — Den von Sello a. a. O. S. 82 f. aufgezählten späteren Siegeln ist noch hinzuzufügen das dem Siegel von 1696 ähnliche: „* SIGILLUM CIVITATIS POTSDAMIENSIS 1722 *" (40 mm). Warum die Stadt den brandenb. Adler im goldenen statt dem ihm zukommenden silbernen Felde führt, war nicht zu ermitteln. Zu Ende des 18. Jahrh. vertauschte sie den brandenburgischen mit dem preußischen Adler. Während noch 1753 am Rathause der rote Adler im goldenen Felde angebracht wurde, nennen: „Potsdams Merkwürdigkeiten" i. J. 1798 bereits als Stadtwappen einen schwarzen Adler. In den Siegeln erscheint nun ein fliegender, gekrönter Adler mit dem Schwerte im rechten und einer Wage im linken Fang. Letztere stempelt indeß das Siegel nicht zu einem Gerichtssiegel, sondern soll hier nur an die eigene Gerichtsbarkeit der Stadt erinnern.[2] Als diese 1809 erlosch, nahm man den preuß. Adler mit seinen Attributen, jedoch mit Schwert und Scepter, (statt Scepter und Reichsapfel) in die Siegel. Um die Mitte dieses Jahrh. zeigen diese wieder den brandenburgischen Adler, aber mit einer Königskrone auf dem Haupte, welche die neuesten richtiger weglassen.

1) Vermutlich ist auch dies Siegelchen mit dem im Stadtbuche zum Jahre 1573 erwähnten Sekret gemeint; denn wie bei kleinen Orten zuweilen das einzige Siegel, dessen sie sich bedienten, in der Umschrift die Bezeichnung „SECRETVM" trägt, so kommt es auch öfter vor, daß in der Urkunde von dem „angehängten Sekret" gesprochen ist, ohne daß das betreffende Siegel sich als solches in der Legende zu erkennen gibt.

2) Ein 1629 gebrauchtes Siegel der: „RICHTER VND SCHEPEN ZV POTS" hat nur eine Wage als Bild (Sello).

Abb. S. 57 **Alt-Landsberg,** Stadt. **In Silber auf Rasen ein grüner Baum, gegen dessen Stamm jederseits ein roter Löwe anspringt.**

Das: „SIGEL : CIVITATIS : ALTEN : LANTZBERG :" (! 28 mm) aus dem Ende des 16. Jahrh. (Voßbergs Mskpt., s. S. I) hat den brandenburgischen Adler in einem Schilde. In W. F. Gähdes: „Geschichte der Stadt Altlandsberg", Halle 1857, werden die Siegel erwähnt, und dabei u. a. bemerkt, daß die Stadt darin auch den preuß. Adler, aber mit einem Schwert statt des Reichsapfels im linken Fang, geführt habe. Das neueste Farbsiegel hat den Baum mit den Löwen, doch ist es weder dem Magistrate noch mir möglich gewesen zu ermitteln, was die Ursache des Wappenwechsels war.

Abb. S. 57 **Alt-Ruppin,** Stadt. **In Silber eine rote Burg mit Kuppelturm, offenem Thor und Fallgatter, beseitet von zwei Zinnentürmen mit je einem Eingang; jeder der Seitentürme ist mit einem Schilde belegt, rechts in Blau ein schrägrechts gestellter Säbel, links in Gold ein gespannter, mit einem Pfeile belegter schwarzer Pfeilbogen; am rechten Turme lehnt unter einer von den Zinnen herabgehenden Kette ein goldenes Lictorenbündel, am linken steht ein goldener Bienenstock mit schwärmenden Bienen; über allem fliegt der gekrönte preußische Adler, rechts ein Scepter, links eine Wage haltend.**

So auf einem Siegel v. J. 1809 und auf dem neuen Farbsiegel; ältere Quellen wurden nicht bekannt. Das Siegelbild dürfte einem Diplom sein Dasein verdanken und ist eines der kompliziertesten und wenigst geschmackvollen der ganzen Monarchie.

Abb. S. 57 **Angermünde,** Stadt. **In Silber eine rote Burg mit drei Zinnentürmen, deren jeder ein offenes Thor hat; auf dem Mittelturme wachsend ein grüngekleideter, auf einem goldenen Jagdhorne blasender Jäger, auf dem rechten Turme ein Helm mit Pfauenfederbusch (Pommern), auf dem linken der rote brandenburgische Adler; aus dem Mittelthore springt nach links ein goldener Hirsch hervor, in den Seitenthoren sind grüne Bäume sichtbar.**

Auf dem prächtigen, der Mitte des 13. Jahrh. angehörigen: „✠.SIGILLVM : BVRGENCIVM ⁙ IN ⁘ AGERMVNDE" (! 69 mm) findet sich, wie auch auf dem wenig spätern: „✠SECRET ⬥ CIVITA ⬥ NOVE ⬥ ANGHERMVND" (43 mm) eine ähnliche Darstellung, doch ist bei beiden auf dem rechten Turme ein mit einem Pfauenfederbusch in Gestalt eines Fluges gezierter Topfhelm, und auf den Zinnen des linken der aufgerichtete, die Fänge auf die Zinnen des Mittelturmes stützende, pommer'sche Greif zu sehen. Auch haben hier die Seitentürme keine Thore, und es ist beim Hauptsiegel das Feld gegittert. Den Bronzestempel des ersten, sowie die Stempel der meisten späteren Siegel dieser Stadt bewahrt das Märkische Provinzial-Museum in Berlin. Letztere zeigen alle auf dem rechten Turme den pommer'schen Helm mit dem Pfauenfederbusch, auf dem linken aber den brandenburgischen Adler. Die Änderung des Siegelbildes wird i. J. 1420 stattgefunden haben, denn in einem Briefe des Markgrafen Friedrich von Brandenburg an Bürgermeister und Rathmannen der Altstadt Brandenburg vom 16. Mai jenes Jahres sagt derselbe, daß er die Insiegel der Stadt Angermünde genommen habe und ihr andere geben wolle, s. Seylers „Geschichte der Heraldik" S. 306. Ebenda ist auch eine Abbildung des ältesten Hauptsiegels gegeben (S. 312); während das Sekret, nach einem Abdruck v. J. 1371, sich in Voßb. Mskpt. (s. S. I) abgebildet findet. — Ein noch 1610 gebrauchtes Schöffensiegel aus dem 14. Jahrh. zeigt allein den brandenb. Adler im Schilde, während ein: ⁖ S · DER SCHEPPEN ZV ANGR ❀ MVNDT ❀ (im Felde:) „S A" (25 mm) vom Ende des 16. Jahrh. eine Burg mit zwei spitzbedachten Türmen zeigt, zwischen denen der Adler schwebt, und aus dem Thore der Hirsch hervorspringt. Die neueren Siegel zeigen den Hornbläser auf dem Mittelturme aus einer Krone wachsend, die neuesten aber haben aus dem Pfauenfederbusch des pommer'schen Helmes eine Eule (!) gemacht.

Baruth in der Mark, Stadt. **In Silber eine blaue, an grünem Blätteraste hängende Weintraube.** Abb. S. 57

So die neueren Siegel; ein: „* SIGILLVM CIVITATIS BARVTH (im Felde:) AN · 1638" (34 mm) zeigt einen aus Rasenboden wachsenden Weinstock voll Trauben.

Beelitz, Stadt. **In Silber der rote brandenburgische Adler, im rechten Fang einen goldenen Schlüssel, im linken einen goldenen Halbmond haltend.** Abb. S. 57

Das älteste: „✠ SI(GIL)LVM BVRG(ENS)IVM IN BELIZ" (schildförmig, 57 mm hoch, oben 50 mm breit) zeigt im berankten Felde einen aufrecht gestellten Schlüssel zwischen zwei mit den Höhlungen nach links gekehrten Halbmonden. Ein „✠ (SEC)RETVM CIVITATIS BELIZ" (schildförmig, 36 mm hoch, oben 28, in der Mitte 32 mm breit), hat den Bart des Schlüssels nach links gekehrt und es schwebt über diesem noch der märkische Adler. Voßberg, der beide in: „Siegel der Mark Brandenburg" abbildet, glaubt die Entstehung des erstern auf die Zeit zwischen 1307 bis 1321 fixieren zu dürfen, weil die Stadt damals nicht den Markgrafen, sondern den Bischöfen von Brandenburg gehörte, St. Petrus (dessen Attribut der Schlüssel) aber der Patron des Domstifts ist. Das Sekret setzt er wegen des Adlers nach 1321, weil von da an die Markgrafen die Stadt wieder besaßen. Im 16. Jahrh. war nach Ausweis des: „* S * CIVITATIS * BELICZ * 1562 *" (27 mm) der Adler die Hauptfigur im Schilde, neben welchem rechts ganz klein der Schlüssel, links ein Halbmond schwebt. Bei dem „SIGILLUM · CIVITATIS · BEELITZ 1696" (37 mm; Stempel erhalten) und einem spätern, nur 31 mm großen, sonst in Bild, Umschrift und Jahreszahl gleichen Nachschnitt, zeigt sich zuerst das jetzige Wappenbild; doch erschien zu Anfang dieses Jahrh. noch eine Variation: ein fliegender Adler im rechten Fang den Schlüssel, dessen Bart mit dem Halbmonde besteckt war, im linken eine Wage haltend.

Beeskow, Stadt. **In Rot ein silbernes gotisches Zierportal belegt mit zwei gegeneinander gelehnten Schilden, 1) in Gold eine rote Hirschstange, 2) in Rot drei liegende mit der Schneide nach oben gekehrte silberne Sensenklingen übereinander.** Abb. S. 57

Ersteres ist das Wappen der Herren von Biberstein, letzteres das der Herren von Strele, nach deren Aussterben (1384) erstere die Stadt erbten. Das sicher noch dem 13. Jahrh. angehörige: „✠ SIGILLVM : CIVITATIS : BEZIKOWE" (46 mm) (s. Voßberg „Siegel d. Mark Brandenburg") zeigt eine dreitürmige Burg, in deren Thor ein Gewappneter steht, der in der Rechten eine Lanze und mit der Linken den Schild der Herren von Strele vor die Brust hält. Das erste bekannte Siegel mit der heutigen Darstellung ist ein: „s ⁑ der ⁑ : stad ⁑ bezkow" (30 mm, Abb. a. a. O.) des 15. Jahrh. Das Bild wird dann nur am Ende des 16. Jahrh, vorübergehend einmal unterbrochen von dem „SIGILLVM ⬥ CIVITATIS ⬥ BESCOVIÆ" (34 mm), welches in reicher Umrahmung einen gespaltenen Schild, worin rechts Strele, links Biberstein, zeigt.

Belzig, Stadt. **In Blau ein schwebender runder, silberner Kuppelturm mit zwei Reihen Zinnen, zwischen denen statt der Fenster ein Kreuz sichtbar ist; unten am Turme rechts ein offenes Thor, links gelehnt der Schild von Sachsen.** Abb. S. 57

Ob das Kreuzchen eine symbolische Bedeutung habe, ist bei dem Mangel an älteren Materialien nicht zu entscheiden, doch befindet es sich auf dem: „* SIGILLVM * CIVITATIS BELTZIGK (im Felde:) 1636" (27 mm) auf einer Chronikabbildung v. J. 1743 und auf den neueren Stempeln; Clericus hält es für einen bedeutungslosen Maueranker. Die Stadt war, wie auch das im Belziger Lande gelegene Niemegk, bis 1815 sächsisch, weshalb beide den Rautenkranzschild in ihren Siegeln führen.

Abb. S. 57 **Bernau in der Mark, Stadt. In Silber auf Rasen ein vor dem Stamme eines grünen Eichbaumes schreitender schwarzer Bär, hinter der Eiche der rote brandenburgische Adler, von dem der Rumpf über, die Fänge unter der Krone des Baumes sichtbar werden.**

Das älteste „✠ SIGILLVM * BERNOWE * CIVITATIS" (60 mm) wohl noch dem 13. Jahrhundert (urkundl. 1347 Voßb. Mskpt.) angehörig, zeigt den Adler nach links schauend, schwebend über dem Baume, (der hier wohl eine Linde, sicher keine Eiche darstellen soll) und vor dessen Stamme den nach links schreitenden Bären. So auch das: „✠ S'◦ SECRET · BERNOWE · CIVITATIS · " (33 mm) aus dem 14. Jahrhundert, doch ist hier (wenigstens auf dessen Abb. in Voßb. Mskpt.) der Bär nach rechts schreitend, widersehend, der Adler aber nach rechts blickend gegeben. In seiner jetzigen Form kommt das Wappen m. W. zuerst auf einem Glasgemälde von 1580, dann als Siegel in Stein geschnitten auf einem Bürgermeisterringe mit der Umschrift: „SIGILLVM CIVITATIS BERNOÆ 1616" (achteckig, 18 mm hoch, 15 mm breit), sowie auf dem: „SIGIL · DER · STADT · BERNOW · 1654" (34 mm, Stempel erhalten) vor.

Abb. S. 57 **Biesenthal, Stadt. In Silber der rote brandenburgische Adler.**

Auch ein Siegelchen des 17. Jahrh. zeigt den Adler im Schilde; ältere sind mir nicht bekannt geworden. Nach dem Neuen Siebmacher soll die Stadt den Adler seit 1577 führen und früher sich des Wappens der Herren v. Arnim: in Rot zwei silberne Querbalken, bedient haben. Ein neues Farbsiegel bringt den Adler im Dreieckschilde und macht die Darstellung den Eindruck, als ob sie einem alten Siegel nachgeschnitten sei; in der Umschrift befindet sich die Erinnerungszahl „1315".

Boitzenburg in der Ukermark, Flecken.

Nach Mitteilung des Gemeindevorstehers führt der Flecken kein Wappen. — Nach Fidicin, „Territorien d. Mark Brandenburg" wurde der Ort in einer Urk. d. J. 1335 und auch später öfter „oppidum" genannt. Auch Berghaus nennt es Städtchen.

Abb. S. 57 **Brandenburg an der Havel, Stadt. Brandenburg führt zwei Wappenschilde nebeneinander, rechts den der Altstadt, links den der Neustadt.**

Altstadt: in Silber eine rote viertürmige Burg mit offenem Thor und Fallgatter; die beiden mittleren Türme mit je einem Schilde belegt, im rechten der schwarze preußische, im linken der rote brandenburgische Adler.

Neustadt: in Silber eine rote fünftürmige Burg, in deren Thorbogen ein Gewappneter mit geschultertem Schwerte steht, der einen Schild mit dem roten brandenburgischen Adler vor sich hält.

Das älteste bekannte: „✠ SIGILLVM · BRANDENBVRGENSIS CIVITATIS" (66 mm) soll nach Heffter (s. unten) der Zeit angehören „wo es noch keine nova civitas Brandenburgensis gab"[1]); es zeigt eine mehrtürmige Burg. Wie hier, so fehlt auch noch bei einem i. J. 1394 vorkommenden: „✠ SECRETVM · CIVITATIS · BRANDEBCh" (34 mm) das Herrschaftswappen; die Burg ist hier (über Wellen?) mit zwei Zinnentürmen und offenem Thor mit Fallgatter versehen. Auf dem: „secretū : civitatis : brandeborch :" (auf Band, 35 mm) des 15. Jahrh. erscheint dieselbe aber schon mit den später charakteristischen vier Türmen; über dem offenen Thore hängt hierbei gelehnt der Schild mit dem brandenburgischen Adler. Ähnlich, aber ohne den Adlerschild, ist ein achteckiges Signet des 16. Jahrhunderts, welches keine Umschrift, sondern nur die Initialen: „A · S · B" oben zwischen den Türmen hat (25:21 mm); Stempel erhalten. Der Schild mit dem preußischen Adler erscheint erst nach der Vereinigung der Alt- und Neustadt im Wappen der erstern und auch dann anfangs nur auf den größeren Siegeln, während die kleineren nur den brandenburgischen Adler über dem Thore zeigen. — Das wohl dem 13. Jahrh. angehörige: „✱ S'BVRGENSIVM NOVE · CIVITATIS IN · BRANDEBVRCh" (67 mm) hat eine dreitürmige Burg, in deren Thorbogen der gewappnete Markgraf mit dem Adlerschilde steht[2]); ein für 1386 nachgewiesenes: „✠ SE ◦ ETV CIVITAT · NOVE BRANDENBORCh" (! 36 mm) zeigt über durchgehender Zinnenmauer mit geöffnetem Thore zwei Türme, zwischen denen auf der Mauer der brandenburgische Helm mit dem Fluge steht. Ein auch noch dem 14. Jahrh. angehörendes: „✱ SECRETVM NOVE CIVITATIS · BRANDE" (32 mm) hat das Bild des Hauptsiegels, nur daß der Adlerschild größer und der Gerüstete hinter demselben daher wachsend erscheint, auch ist hierbei die Burg schon fünftürmig. So, mit nur wenig wechselnder Architektur, hat sich dann das Bild bis heute erhalten. — Nach der i. J. 1715 erfolgten Vereinigung der beiden Städte zeigen die Siegel die Siegelbilder beider in zwei von einer gemeinsamen Königskrone überhöhten Wappenschilden nebeneinander. Nur ein einziges, etwa den vierziger Jahren d. Jahrh. angehöriges Magistratssiegel hat, wie allerdings zahlreiche nicht-amtliche Abbildungen, die geschmacklose Zusammenziehung der beiden Stadtbilder in e i n e n gespaltenen Schild, gegen welche Clericus in dem Aufsatze: „Über Städtewappen-Vermehrungen" („Der Deutsche Herold" 1889, No. 6) eifert. Die Siegel sind besprochen in M. W. Heffters „Gesch. d. Stadt Brandenburg", 1840; sowie von Sello in: „Siegel der Alt- und Neustadt Brandenburg" 1886, worin die meisten auch abgebildet sind; andere finden sich in Voßb. Mskpt. Voßberg bemerkt auch, daß die Neustadt i. J. 1469 sich eines früher von den Gilden benutzten Siegels als Gemeindesiegel bedient habe (?). — Der Bedeutung der Städte als Sitz der „Dingestett tu der Klinke", entsprechend, kommen sehr viele Gerichtssiegel vor, die näher zu besprechen aber jenseits unserer Grenzen liegt. Es sei hier nur erwähnt, daß dieselben ebenfalls eine zweitürmige Burg zeigen, in deren Thorbogen bei den früheren ein Gewappneter mit dem Schwert in der Rechten und einer Adlerfahne in der Linken steht, während die späteren, den mit Hermelinmütze und Mantel bekleideten Markgrafen, mit Fahne und Scepter zwischen den Türmen wachsend, im Thorbogen aber den Adlerschild zeigen. Einen derartigen vergoldeten Silberstempel des 16. Jahrh. bewahrt das kgl. Münzkabinet in Berlin, einen spätern, wie überhaupt mehrere neuere Siegelstempel, die Stadt.

1) Die Neustadt wird schon 1196 erwähnt, das Siegel ist erst für 1282 beglaubigt; jedoch machen der Inhalt der Legende, die Buchstabenform und der eigenthümliche Aufbau der Burg Sellos Annahme: daß es sicher noch dem 12. Jahrh. angehöre, s e h r w a h r s c h e i n l i c h; es ist wohl das älteste bekannte Städtesiegel der Mark.

2) Berner druckt in der „Geschichte d. preuß. Staates" 1891 S. 34 dies Siegel nach Sellos Zeichnung ab, und will darin die Nachbildung eines Stadtsiegels von Prag und damit einen Beweis von den nahen Beziehungen, die damals zwischen Böhmen und Brandenburg bestanden, sehen. Ich finde in demselben zu wenig Abweichung von einem zu jener Zeit ziemlich verbreiteten Stadtsiegel-Typus, um das Prager als direktes Vorbild des Brandenburger Siegels erkennen zu können.

Brück in der Mark, Stadt. In Gold auf Rasen ein grüner Laubbaum zwischen zwei schwebenden blauen, thorlosen Türmen. Abb. S. 57

Ein: „SIGIL DER STADT BRVCK 1624" (25 mm) zeigt den Baum mit der Wurzel; ein Siegelchen des vorigen Jahrh., mit den Initialen: „D · R · Z · B" (der Rat zu Brück, oval 20:18 mm) hat ihn wie oben. Neuerdings führt die Stadt den kgl. preuß. Amtsadler in den Siegeln.

Brüssow, Stadt. In Rot auf grünem Boden eine dreitürmige silberne Burg; im Thorbogen eine rote Steigleiter. Abb. S. 57

Die Steigleiter entstammt dem Wappen der v. Ramin. Claus v. Ramin wurde 1486 von Kurfürst Johann Cicero mit Brüssow belehnt, welches dann die Familie bis z. J. 1626 besaß. — Fälschlich wird die Figur oft als eine Ramme angesprochen und als solche, d. h. als ein sich nach oben verjüngender und hier mit einem dünnen Querholz versehener Holzblock, auch in den neueren Stadtsiegeln dargestellt. Ältere Stadtsiegel sind nicht bekannt, doch zeigen die Siegel der de Monte resp. Ramin deutlich eine, oben hakenförmig gebogene Stange, die mit einer Anzahl (auf dem ▽ Siegel des Oto de Monte v. J. 1271 sechs, später meist drei) nach beiden Seiten vorragenden Sprossen so beheftet ist, daß dadurch eine charakteristisch geformte Leiter entsteht.

Charlottenburg, Stadt. In Gold eine schwebende blaue Burg mit einem breitbedachten offenen Thor zwischen zwei spitzbedachten Türmen; jeder derselben ist mit einem Schilde belegt, rechts in Silber der preuß. Adler, links in Rot ein springendes silbernes Roß; das Dach des Mittelturmes ist mit zwei Fähnchen, einem schwarz-weiß- und einem rot-weiß-geteilten, besteckt. Abb. S. 57

Der Schild mit dem springenden Roß und das rot-weiße Fähnchen erinnern an die Königin Sophie Charlotte, die zweite Gemahlin König Friedrich I., eine geborene Prinzessin von Hannover, zu deren Andenken die Stadt auch den Namen erhielt. Erhalten hat sich ein, wohl bei der Verleihung der Stadtgerechtigkeit (1721) angefertigtes Siegel mit der Umschrift: „S · CIVITATIS · CHARLOTTENBURGENSIS (unter dem Wappenschilde die Unterschrift:) A FRIDERICO · I · REGE · BORUSSIÆ · FUNDATA 1705" (52 mm). Diesem sind die meisten Siegel nachgebildet, nur ein paar Magistratssiegel a. d. Anf. dieses Jahrh. sind „sinnig"; sie zeigen im Siegelfelde die Burg wie beschrieben, dabei lehnt aber noch am rechten Turm eine Lyra, während neben dem linken ein Bienenkorb mit schwärmenden Immen steht und über dem Ganzen der preuß. Adler mit allen seinen Attributen fliegt.

Dahme, Stadt. In Silber eine rote Burg mit drei Zinnentürmen, offenem Thor und Fallgatter; auf dem höhern Mittelturme eine wachsende blaubekleidete weibliche Figur, die in der Rechten einen grünen Palmzweig hält; an der linken Seite des Mittelturmes lehnt eine schwarze Leiter. Abb. S. 57

Alte Hauptsiegel sind nicht bekannt geworden; die „Chronik der Stadt Dahme", 1845, von Dr. W. Reinhold enthält darüber auch keine Andeutung. Ein Signet aus dem Anf. d. 16. Jahrh. zeigt im Schilde eine Burg mit drei spitzbedachten Türmen, ohne die Jungfrau, aber mit der Leiter. Es hat, wie auch ein etwas späteres achteckiges mit derselben Darstellung (18:16 mm), keine Umschrift, dagegen im Felde: „S ✱ C ✱ D" (25 mm) Dasselbe ist in Voßb. Mskpt. abgebildet und mit der irrigen Bezeichnung: „Guben?" versehen. Ein: „· · · · · CIVITATIS ✱ DAHME" (29 mm) vom Ende des 16. Jahrh. läßt die Darstellung nicht genau erkennen. Aber ein kleines Siegelchen des 17. Jahrh. mit: „STAT DAHMA" (20 mm) hat schon die von da an stets wiederkehrende „Dame".

Abb. S. 57 **Eberswalde,** Stadt. In Silber auf Rasen ein Eichbaum, in dessen Krone der rote brandenburgische Adler schwebt; am Stamme jederseits ein anspringender schwarzer Eber.

So auch das noch dem 13. Jahrhundert angehörige: „✠ S CIVITATIS · EVERSWOLDE" (71 mm). Das: „(S)EC(RETVM CIV)ITATIS (E)VE · · · · · · · E" (42 mm) aus dem 14. Jahrh. scheint nach der Abb. eines defekten Abdruckes v. J. 1378 in Voßb. Mskpt. den Adler nicht zu zeigen; auch sind hierbei die Eber nicht aufgerichtet, sondern stehend dargestellt, was der Sage Gelegenheit gab, das Hauptsiegel zum jüngern zu machen, und in den aufgerichteten Ebern und dem Adler eine Wappenbesserung zu sehen, die man dann an den Kaiser Sigismund (!) knüpfte. Ein: „✶ SIGILLVM · CIVITAT · NEVSTAT · EBERSWALD:" (44 mm) des 16. Jahrh. zeigt das Bild im Schilde; später kommt der Adler gekrönt, mit der Halskrone und einem „S" auf der Brust, also in den alten preußischen verwandelt vor. Die neue Siegeloblate copiert, getreu verkleinert, das älteste Stadtsiegel. Den Originalstempel des letztern, eine dünne Bronzeplatte mit Öse, bewahrt das Märkische Provinzial-Museum in Berlin, dem ich einen schönen Abdruck desselben verdanke. Eine Abb. des ältesten und eines spätern Siegels findet sich in v. d. Hagens: „Beschreibung der Kalkbrüche bei Rüdersdorf und der Stadt Neustadt-Eberswalde" 1785; s. auch Dr. Boldt „Zur ält. Gesch. d. Barnim und der Stadt Eberswalde" im Programm d. Gymnasiums zu Eberswalde, 1884.

Abb. S. 58 **Fehrbellin,** Stadt. In Silber eine zweitürmige rote Kirche mit offenem Doppelthor; zwischen den Türmen ein wachsender Mönchsrumpf.

Ein dem Ende des 16. Jahrh. zuzuschreibendes Siegel: „✠ CIVITATIS BELLIN" (! 28 mm)[1] ist der älteste bekannt gewordene Träger dieses auch von den neuen Siegeln beibehaltenen Bildes. Frühere werden vielleicht statt des Mönches einen Heiligen, schwerlich aber, wie Bratring in seiner „Beschreibung der Mark Brandenburg" annimmt, einen Todtenkopf zeigen.

1) Die Stadt hieß früher und noch in der zweiten Hälfte des 17. Jahrh. Bellin und gehörte dem Bistum Havelberg.

Abb. S. 58 **Fredenwalde,** Flecken (war einst Stadt). In Rot zwei silberne Querbalken.

Der Ort führt in Siegel und Stempel aus der Mitte dieses Jahrh. das gräflich Arnim'sche Wappen, mit obigem Schild und den in den Schildfarben abgeteilten Büffelhörnern auf dem Helme.

Abb. S. 58 **Freienstein,** Stadt. In Silber wachsend die blaubekleidete Gottesmutter, auf dem linken Arme das Kind, in der rechten Hand einen grünen Palmwedel haltend.

So ein: „SIGEL · DER · STAD · FREINSTEIN ✠" (32 mm) und ein in Bild und Umschrift gleiches von 23 mm Größe, beide aus dem 17. Jahrh., deren Stempel erhalten sind. Die neuen Siegel zeigen teils die gleiche Darstellung, teils die Madonna in ganzer Figur mit dem Jesuskind auf dem rechten Arme.

Abb. S. 58 **Freienwalde** a. d. Oder, Stadt. In Silber eine grüne Eiche mit Wurzeln, deren Stamm jederseits von einem silbernen Schilde begleitet ist, worin je ein rotes Rad.

Der Schild mit dem Rade gehört den Herren von Uchtenhagen, welche bis 1608 Lehensherren der Stadt waren. Das wohl noch dem 13. Jahrhundert angehörige, in Voßb. Mskpt. nach einem defekten Abdrucke gezeichnete: „✠ S · C(I)V(IT)AT · · VR · · · · OLT" (54 mm) zeigt eine Linde, an deren äußersten Zweigen jederseits ein Schild mit dem Rade herabhängt. Erhalten hat sich ein Stempel des 17. und mehrere des vorigen Jahrhunderts. Ersterer ist am seitlichen Rande der Siegelplatte (also im Abdruck nicht sichtbar) mit der Jahreszahl 1653 bezeichnet und hat die Umschrift: „✱ SIG · CIVIT · FREIENWALDENSIS · VIADRINÆ" (viadrus die Oder, 34 mm). Darauf, wie auf allen späteren, ist der Baum in eine Eiche verwandelt. Ein Gerichtssiegel d. 18. Jahrh. hat dasselbe Bild, doch ist der Stamm des Baumes dabei mit dem fliegenden preuß. Adler belegt. Abbildung eines späten Siegels in v. d. Hagens: „Beschreib. d. St. Freyenwalde" 1784.

Abb. S. 58 **Friesack** in der Mark, Stadt. In Silber auf grünem Boden eine blaue Burg mit zwei Kuppeltürmen und geschlossenem Thore; zwischen den Türmen schwebt der brandenburgische Adler.

Alte Siegel sind nicht bekannt geworden; ein: „✠ SIGEL · DER · STADT · FRISACK · 1619 · ·" (25 mm) hat dasselbe Bild auf einem Dreiberg im Schilde. Im Jahre 1825 aber taucht in den Siegeln auf einmal ein aus Flammen wachsender Phönix auf. Die neuen Siegel dagegen wieder wie oben.

Abb. S. 58 **Fürstenwerder,** Flecken, früher Stadt. In Silber eine blaubekleidete Justitia mit Schwert und Wage.

Stadtsiegel sind überhaupt nicht bekannt; die Ortsbehörde siegelt mit einem Gerichtssiegel des vorig. Jahrhunderts, welches die Themis im Schilde und daneben die Erinnerungszahl „1523" trägt.

Gerswalde, Flecken (war ehemals Stadt). Führt nur den preußischen Amtsadler.

Gramzow, Flecken. Scheint kein Siegelbild zu besitzen.

Gransee, Stadt. In Rot eine schwebende dreitürmige silberne Burg mit höherem Mittelturm, geöffnetem Thore und Fallgatter. Abb. S. 58

Es haben sich der Stempel eines: „✠ sigillum ✠ civitatis ✠ granzoye" (38 mm) aus dem 15. Jahrh. und der eines Signets mit: „* STADT GRANSEAE *" (achteckig, 20 : 16 mm) aus dem 17. Jahrh., beide mit demselben Bilde erhalten. Von letzterm gibt es auch noch einen plumpen Nachschnitt (achteckig 22 : 20 mm) des 18. Jahrh. Das Gerichtssiegel zeigt eine Burg mit zwei Türmen, zwischen denen der brandenb. Adler schwebt; dasselbe findet sich in Voßb. Mskpt. abgezeichnet und dürfte dies das Siegel sein, dessen Anfertigung in den Schöppenrechnungen von 1609 erwähnt wird (s. Fr. Knuth, „Chronik v. Gransee", 1840, S. 153).

Greiffenberg in der Ukermark, Stadt. In Silber auf grünem Dreiberg ein schwarzer Greif, der in der rechten Vorderklaue einen Ast aus dem drei grüne Blätter hervorwachsen, hält. Abb. S. 58

Alte Siegel sind trotz sorgfältiger Nachforschung nicht aufgefunden worden; das: „STADT S : VON GREIFFENBERG 1802" (31 mm) ist das früheste, welches man kennt. Es zeigt ein Wappen; im Schilde ein querliegender Baumast mit drei aufstrebenden Blättern, welch' letztere auch aus dem mit einer Freiherrnkrone geschmückten Helme herauswachsen. Dies Wappen einer ehemaligen Grundherrschaft mag der Stadt nicht zugesagt haben, denn sie nahm, nachdem sie sich eine Zeitlang des preuß. Adlers bedient hatte, i. J. 1890 auf Veranlassung des Reg.-Assess. G. G. Winkel aus freien Stücken das obige Wappen an.

Havelberg, Stadt. In Blau eine durchgehende, mit zwei Türmen besetzte silberne Mauer mit geschlossenem Thor; zwischen den Türmen schwebt der brandenb. rote Adler. Abb. S. 58

Das schöne: „✠ SIGILLVM · BVRGENSIVM IN HAVELBERCH" (78 mm), dem 13. Jahrh. angehörig, zeigt ein weniger conventionelles Bild, nämlich auf einem Berge über Wellen (Havel) den stattlichen viertürmigen Dom mit dem darüber schwebenden Adler. Ganz so auch das: „✠ S' + SECRET ❀ CIVITATIS ❀ HAVELBERCH" (40 mm) aus dem 14. Jahrh. in Voßb. Mskpt. Wie lange diese Darstellung beibehalten wurde, ist mir nicht bekannt, seit dem Ende des 16. Jahrh. aber findet sich das Kastell in den Siegeln.

Joachimsthal in der Ukermark, Stadt. In Silber auf einem blauen bankartigen Postamente stehend der rote brandenb. Adler, der hier gekrönt ist und die goldenen Buchstaben „J. F." auf der Brust trägt. Abb. S. 58

Joachim Friedrich, Kurfürst v. Brandenburg, erteilte 1604, Jan. 1., dem Orte Namen und Stadtrecht, jedoch ist laut magistratl. Angabe in der Gründungsurkunde ein auf das Wappen bezüglicher Passus nicht enthalten. Ein noch erhaltener Siegelstempel a. d. vorigen Jahrh. zeigt obige Darstellung, doch sind die Buchstaben fälschlich in F.R. verwandelt; die Umschrift lautet: „STADT JOACHIMSTHAL FUNDIRT ANNO 1604" (oval 33 : 32 mm).

Jüterbog, Stadt. Im von Silber und Rot geteilten Schilde ein springender schwarzer gold-bewehrter Bock. Abb. S. 58

Bei reicherer Darstellung wird über dem Schilde der gewappnete St. Mauritius (als Mohr), wachsend, in der Rechten einen silbernen Schild mit rotem Kreuze haltend, mit der Linken die Kreuzfahne schulternd dargestellt. — Ein „✠ s · · · · · um civitatis · · · · · bok · ·" (36 mm) des 15. Jahrh. zeigt den Bock im Siegelfelde schreitend; von der Schildteilung ist darauf noch nichts zu sehen. Im folgenden Jahrh. tritt diese aber auf; es liegen aus demselben zwei nur in der Schildform unterschiedene Siegel vor, die in Aufbau und Umschrift allen späteren zum Vorbilde gedient haben. Sie zeigen den Bock im geteilten Schilde, und über diesem den Heiligen mit Kreuzschild und Fahne; die Legende lautet: „SIGILLVM · SENATVS · IVTREBOCENSIS" (! 28 mm). Der untere Teil des Schildes ist bei beiden damasziert und dabei auf dem jüngern die Mittelranke des Ornamentes zu kräftig und gerade ausgefallen, woraus dann bei den späteren Siegel irrtümlich eine Spaltlinie wurde. L. Clericus erklärt in: „Die Städtewappen des Herzogtums Magdeburg" 1880 No. 16, die Farben des Schildes, oben weiß, unten rot, statt umgekehrt wie sie das Wappen des Erzstiftes Magdeburg (dem die Stadt vom 12. bis in's 17. Jahrh. gehörte) zeigt, als einen alten Irrtum. Es könnte aber wohl auch Absicht sein, denn die Fälle sind nicht zu selten, in denen eine Stadt das Wappen ihrer Herrschaft in veränderten Tinkturen zeigt. — C. Ch. Heffters „Chronik der Kreisstadt Jüterbock" 1851 bringt, wie manche Zeitungsköpfe u. anderw. Abbildungen (nicht aber Siegel!) das ohnehin schon von dem Patron des Erzstiftes gehaltene Wappen noch außerdem mit zwei Schildhaltern beschwert: rechts ein wilder Mann mit Keule und links eine wilde Frau mit einem Stabe. Was sich aus dem Ganzen dann alles deuteln läßt, ist z. B. in der Leipz. Illustr. Zeitung v. 7. Juni 1873 zu lesen.

Abb. S. 58 **Ketzin,** Stadt. **In Blau aufrecht gestellt nebeneinander: eine silberne Spritze mit der Mündung nach unten, ein Schlächterstahl mit goldenem Griff mit der Spitze nach unten, und ein silberner Schlüssel mit aufwärts gekehrtem Barte.**

Nach magistratlicher Auskunft sind dies die Abzeichen der Zinngießer, Schlächter und Schlosser, welche Zünfte zur Zeit der Wappenannahme das Stadtregiment in Händen hatten. Da zwei Siegelchen (16. und 17. Jahrh.) mit der Umschrift: „SIGILLVM CONSVLVM KETZIN“ neben dem Wappenschilde die Jahreszahl 1574 zeigen, so wird dies das Jahr der Erwählung obigen Bildes sein. Das ältere derselben ist 37 mm groß, das andere, oval, 20 : 18 mm, dürfte hundert Jahre jünger sein. Ersteres bringt Voßb. Mskpt. und steht dabei die Bemerkung: „Verstümmelter Bischofsstab? Am Ende mißverständlich aus einem Gewerksiegel zum Stadtwappen geworden.“ Wenn auch ersteres das wahrscheinlichere ist, so wäre es doch nicht unmöglich, wenn etwa auftauchende frühere Siegel: einen gespaltenen Schild mit einem Bischofsstabe und einem Schlüssel zeigten. Derartige Korruptionen sind nicht selten, s. z. B. in diesem Hefte: Schwetz, Graudenz, Liebenwalde, Niemegk u. s. w.

Abb. S. 58 **Königs-Wusterhausen,** Flecken. **In Silber auf grünem Boden eine grüne Linde.**

So die neuen Siegel; alte sind unbekannt.

Abb. S. 58 **Köpenick,** Stadt. **In Blau ein aufgerichteter goldener Schlüssel zwischen zwei aufgerichteten, zugewendeten silbernen Karpfen.**

Dies Bild hat sich seit dem 13. Jahrhundert unverändert in den Siegeln erhalten. Das sicher noch jener Zeit angehörige: „✱ SIGILLVM : CIVITATIS : COPENIC“ (65 mm) findet sich abgebildet in Seylers Gesch. d. Heraldik S. 309. Von einem: „SIGILLVM ⁝ CIVITATIS ⁝ COPENIC“ (34 mm) des 14. Jahrh., welches wohl als Sekret diente, bewahrt die Stadt noch den Stempel; ebenso von dem: SIGILLVM CIVITATIS COPENICENS: (im Felde:) 1608“ (achteckig, 26 : 22 mm); dieses, wie auch von da an die späteren, zeigen das Bild im Schilde. Interessant ist ein mit dem Siegel von 1608 in Gestalt und Alter gleiches Gerichtssiegel, welches eine geflügelte Themis mit Schwert und Wage zeigt, deren untere Körperhälfte mit einem rechtsgewandten Fische belegt ist.

Abb. S. 58 **Kremmen,** Stadt. **In Blau ein goldener Adler, der eine silberne Gans würgt.**

Ein altes Hauptsiegel ist m. W. nicht bekannt geworden; das: „✱ S'SECRETVM · CIVITATIS · CREMME°“ (40 mm) aus dem 14. Jahrh. hat dieselbe Darstellung. Voßberg gibt in „Siegel der Mark Brandenburg“ eine Abbildung desselben und weist die komische Deutung des Bildes als eines die Henne tretenden Hahnes, welche Riedel in seinem Cod. diplomat. Brandenburgensis auf Grund eines 1298 urkundlich genannten markgräflichen Vogts „dominus Gallus“ aufgestellt hatte, mit Recht zurück. Im „Deutschen Herold“ 1890 S. 67 wird das Wappen auf „Krimmen“ zurückgeführt, welches die mittelhochdeutsche Bezeichnung für „todtwürgen“ sei. (Nach Berghaus kommt der Name der Stadt von dem slavischen Worte: „Kremen“ der Feuer- oder Kieselstein.)

Abb. S. 58 **Kyritz** in der Prignitz, Stadt. **In Blau eine goldene Lilie.**

Die Stadt bewahrt noch den Originalstempel des: „✱ SIGILLVM · BVRGENSIVM · IN · KYRIZ“ (78 mm) vom Anfang des 14. Jahrh.; dasselbe zeigt eine viertürmige, mit dem Lilienschilde belegte Burg. Das wenig jüngere: „✱ SECRETVM BVRGENSIVM IN KIRIZ“ (40 mm) hat nur den Lilienschild, um den im Siegelfelde drei kleine Drachen spielen. Abb. in Voßb. Mskpt. Daselbst ist auch das: „✱ SIGILLVM · SCABINORVM · IN · KIRIS“ (40 mm) aus dem 14. Jahrh. zu finden; es zeigt im Dreipaß einen Schild mit der Lilie zwischen zwei Kleeblättern, deren lange Stengel sich unter derselben kreuzen. Bekmann*) bildet, offenbar sehr vergrößert, ein Signet ab, was die Lilie im Schilde, darüber: „S · C · K“, daneben „1634“ (44 mm) hat.

Abb. S. 58 **Lehnin,** Flecken. **In Silber auf Rasen ein springender roter Hirsch mit goldenem Geweih; dahinter ein grüner Laubbaum.**

Einzige Quelle ein modernes Farbsiegel.

Abb. S. 58 **Lenzen** an der Elbe, Stadt. **In Silber zwei schwebende, runde, thorlose, blaue Türme, deren jeder nach außen noch ein kleines Warttürmchen hat; oben sind dieselben durch einen mit Zinnen besetzten Brückenbogen verbunden. Unter letzterm schwebt der brandenburg. rote Adler.**

So auch das dem 14. Jahrh. angehörige: „✱ S'SECRETVM CIVITAT · LENTZEN“ (30 mm) in Voßb. Mskpt. Ein Signet des 16. Jahrh. zeigt das Bild so im Schilde, und über diesem die Buchstaben „S · C · L“ (22 mm); ein ebenso bezeichnetes Siegelchen des 18. Jahrh. (achteckig, 24 : 22 mm) hat die Türme im Felde, unter dem Bogen aber den Adler im Schilde. Ein Sekret des 17. Jahrh. findet sich vergrößert nachgebildet in Bekmanns Beschreibung der Churmark.

Liebenwalde, Stadt. **In Silber auf Rasen ein grüner Eichbaum, neben dessen Stamm rechts ein steigender roter Krebs, links eine aufgerichtete schwarze Bärentatze schwebt.** Abb. S. 58

So die wahrscheinlich unrichtige Darstellung der jetzigen Siegel. Ein älteres, im Jahre 1620 gebrauchtes, beschreibt Fidicin in den „Territorien der Mark Brandenburg“ mit den Worten: „. . . führte ein eigenes Siegel, in welchem ein Baum mit einem Rosenstrauch und einer Figur, die einem Krebse ähnlich sieht, abgebildet ist und welches die Unterschrift (!) „S · CIUITATIS LIBENWALDE“ enthält“. — In der Sammlung Clericus (jetzt im Geh. Staatsarchiv in Berlin) befindet sich ein nur mit der Umschrift: „* * * LIEBENWALDE:“ (27 mm) versehenes Siegel. Dessen Stempel wurde wohl erst nach 1640 (in welchem Jahre der Magistrat sich beim Kurfürsten u. a. dahin beklagt, daß ihm in diesen sehr betrübten Zeiten das Stadtsiegel abhanden gekommen), sicher aber unter Benutzung einer alten Vorlage geschnitten. Dies geht u. a. daraus hervor, daß der Baum sich hier als eine stark stilisierte, nur drei Blätter zeigende Linde darstellt. Die Gegenstände neben dem Baumstamme muß aber der Stecher wohl nicht recht erkannt haben, denn sie sind auf diesem Siegel so unausgesprochen, daß ihnen die verschiedensten Deutungen untergelegt werden konnten. So sah der Magistrat einen Krebs in derselben Figur, in der Ludw. Clericus den zu einem Doppeladler verderbten brandenburgischen Adler witterte, und eine Bärentatze da, wo dieser den brandenburgischen Helm mit dem Fluge fand. Wenn ich nun auch die Ansicht von Clericus für die richtigere halte, so fehlen eben doch die unwiderleglichen Beweisstücke, die mir erlaubt hätten, von der vom Magistrate angenommenen Deutung abzugehen.

Lindow in der Mark, Stadt. **In Gold eine grüne Linde, deren Stamm mit dem Schilde der Grafen von Lindow und Ruppin: in Rot ein silberner Adler, belegt ist.** Abb. S. 58

So das vielleicht noch dem 13. Jahrhundert angehörende, spitzovale: „✱ S'✱ CIVIVM IN LINDOV“ (60 : 35 mm), abgeb. im Voßb. Mskpt. Ein dem 17. Jahrh. angehöriges: „SECRE CIVI · LINDOV ·“ (23 mm) verwandelt den lindower in einen Doppeladler. Ein Gerichtssiegel des 17. Jahrh. zeigt im gespaltenen Schilde rechts den halben Adler, links einen halben naturalist. Baum, der aber dadurch charakterisiert wird, daß ein einzelnes großes Lindenblatt von der Laubkrone herabhängt. Die neuen Siegel wie oben.

Luckenwalde, Stadt. **In Blau zwei gekreuzte goldene Bischofsstäbe; im untern der dadurch gebildeten Winkel schwebt eine goldene Bischofsmütze, in den Seitenwinkeln je ein silberner Stern.** Abb. S. 59

Alte Siegel dieses, früher dem Kloster Zinna gehörigen, und in dessen Erbbuche noch i. J. 1471 abwechselnd oppidum, castrum und villa genannten Ortes, sind nicht bekannt. Ein erhaltener Stempel mit der Umschrift: „+ CONCIVIVM * LVCOWALDENSIVM · 1637“ (30 mm) zeigt über dem Schilde mit obiger Darstellung einen Pelikan, aber ohne Nest und Junge, so daß erst ein Folgendes: „* LVCKENWALDISCHES · STADT · SIEG. (21 mm), welches ein ganz anderes Schildbild, nämlich einen auf dem Neste stehenden die Jungen atzenden Pelikan zeigt, auch in dem Vogel des erstern einen solchen vermuten läßt. Bei diesem zweiten, dem Anfang des vorigen Jahrh. angehörenden Siegel, sind die Bischofsstäbe hinter dem Wappenschilde gekreuzt, während ein demselben nachgeschnittenes Siegelchen vom Ende des 18., wie auch das Siegel der Bürgergarde aus der Mitte dieses Jahrh., dieselben ganz weglassen. Neuerdings ist die Stadt zu der ersten Darstellung zurückgekehrt und hat das Pelikannest aus dem Schilde und wieder auf dessen Rand gesetzt. Fälschlich haben die meisten Siegel aus der Mitra eine Flamme gemacht (s. L. Clericus: „Die Städtewappen des Herzogth. Magdeburg“ 1880, No. 19, und Heffters Jüterbocker Chronik S. 298).

Lychen, Stadt. **In Silber der rote brandenburg. Adler.** Abb. S. 59

In Voßb. Mskpt. ist das: „✱ S · IGILLVM · CIVITATIS · LICHEN“ (! 52 mm) aus dem Anf. d. 14. Jahrh. abgebildet, es zeigt über Wellen eine Burg mit zwei Zinnentürmen, über der zwischen zwei Sternen der Adlerschild schwebt. „DER STAT L . . . . . . N IN SIEGEL 1639“ (31 mm) hat nur den letztern in einem Schilde. Ein: * SIGILLVM * CIVITATIS * LYCHENSIS * (im Felde:) 1 * 6 * 3 * 9“ (25 mm) zeigt den Adler nach links blickend, während das diesem nachgebildete neue Siegel ihn durch Beigabe der betreffenden Attribute zum preußischen Adler gemacht hat.

*) „Historische Beschreibung der Chur und Mark Brandenburg, zusammengetragen und verfasset von Johann Christoph Bekmann, ergänzet, fortgesetzt und herausgegeben von Bernh. Ludw. Bekmann; Erster Theil, Berlin 1751, zweiter Theil 1753.“ Der zweite Teil enthält eine flüchtige Beschreibung und leidliche Abbildungen (Kupfer) einer Anzahl Städtesiegel, die, als größtenteils zur Altmark gehörig, im 3. Hefte dieses Werkes zu besprechen sind.

Abb. S. 59 **Meyenburg** in der Prignitz. In Silber eine zweitürmige rote Burg mit einem Stufengiebel über dem geschlossenen Thore; auf dem Giebel wachsend ein grünes Birkenreis (Maien!), auf dem ein schwarzer Vogel mit rotem Schnabel sitzt.

Das Bild hat sich seit dem wohl noch dem 13. Jahrh. angehörigen: „✠ S'CIVITATIS · MEYENBORCH" (56 mm) bis heute unverändert erhalten. Voßberg bringt in: „Siegel der Mark Brandenburg" II, S. 37, die Abb. dieses und eines mit derselben Umschrift und Darstellung versehenen nur 36 mm großen Sekrets von einer Urk. v. 1368. Erhalten ist der Stempel eines: „SECRETUM CIVITATIS MEYENBURGENSIS" (31 mm) des 17. Jahrh.

Abb. S. 59 **Mittenwalde** in der Mark, Stadt. In Silber der rote brandenburgische Adler, dessen untere Hälfte durch einen Schild verdeckt ist darin: in Rot ein grüner Laubbaum zwischen zwei aufgestellten, den Bart nach außen kehrenden silbernen Schlüsseln.

In Voßb. Mskpt. findet sich eine Abb. des: „S'CIVITATIS · DE · MIDEN · · LDE +" (34 mm) aus dem 14. Jahrh. bei dem der Adlerschild in der Krone einer schön stilisierten, von den Schlüsseln begleiteten Linde schwebt. Fidicin, Geschichte des Kreises Teltow (Berlin 1857) sagt S. 15, Fußnote 4: „Auf dem ältesten Stadtsiegel befindet sich der rote Adler mit einem Schilde auf der Brust, in welchem ein Baum und auf jeder Seite desselben ein aufrecht stehender Schlüssel abgebildet ist. Das ganze Wappen wird von zwei nackten Figuren (die Chronik hält sie für Adam und Eva) gehalten". F. gibt keine Zeit an, doch kann nach den Schildhaltern zu urteilen, das Siegel nicht eben alt sein. Zwei dem 16. bezw. 17. Jahrh. angehörige in Größe und Darstellung gleiche Signete, die beide nur mit den Initialen: „S · C · M" (25 mm) bezeichnet sind, scheinen die ersten Träger des jetzigen Bildes zu sein. Das wohl im Jahre 1809 angefertigte Siegel mit der Umschrift: „K · P · CHURMÆRK · MAGISTRAT Z · MITTENWALDE" (30 mm) hat über dem Wappenschilde den fliegenden gekrönten preuß. Adler mit einem Schwerte im rechten und einer Wage im linken Fang.

Abb. S. 59 **Nauen,** Stadt. In Silber ein schrägrechts gestellter blauer Karpfen.

Das älteste, wenn auch erst für 1375 nachgewiesene, so doch sicher noch dem 13. Jahrh. angehörige: „✠ SIGILLVM ∗ CIVITATIS NAWVNENSE" (spitzoval, 66:47 mm) hat den Fisch steigend im mit Kugeln besäeten Felde. Das: „∗ SIGILLVM · CIVITATIS · NAVWENSIS (im Felde:) 1638" (31 mm) hat, wie auch ein nur mit: „· S · D · ST · N · 1725" (oval, 25:22 mm) bezeichnetes Siegel, den schräggestellten Fisch im Schilde. So auch die neueren Farbsiegel, während ein Kämmereisiegel v. J. 1809 und die neueste Siegeloblate ihn schwimmend zeigen, letztere mit dem preuß. Adler darüber. Riedel (cod. dipl. Brandenb. I. Hauptteil) schloß aus dem Fische im Siegel einer nicht am Wasser liegenden Stadt auf die Herkunft desselben aus einem Adelswappen und vermutete, daß eine Familie „v. Nauen" den Karpfen geführt haben möge. Voßberg, der das älteste Stadtsiegel in den Siegeln der Mark Brandenburg brachte, glaubte auch ein Siegel eines v. Nauen an einer Urkunde von 1450 gefunden zu haben und bildete es a. a. O. Taf. D. 2. ab. Sello aber wies in „Potsdam und Sanssouci" (1888) nach, daß V. die Legende unrichtig entzifferte. Es scheinen also noch keine Siegel der Familie gefunden worden zu sein, und wird wohl Fidicin (Territorien der Mark Brandenburg, IIr. Bd.) Recht haben, wenn er annimmt, daß einst nahe bei der Stadt, in dem früher beständig unter Wasser gestandenen Bruch, Fischfang getrieben worden sei.

Abb. S. 59 **Neu-Ruppin,** Stadt. In Rot ein silberner Adler mit einem über den Kopf gestülpten, nach vorn gerichteten Stechhelm.

Ein altes Hauptsiegel ist nicht bekannt geworden; ein Sekret vom Anfang des 14. Jahrh. mit unleserlicher Umschrift (c. c. 40 mm) und ein: „✠ S ❀ ECRETVM ❀ CIVITATIS ❀ RVPPYN" (44 mm) des 14. Jahrh. zeigen beide den Adler mit einem Kübelhelm über dem Kopfe und ist der Helm seitlich mit zwei stangenartigen Gegenständen besteckt; da nun die alten Grafen von Lindow und Herren von Ruppin im roten Schilde einen silbernen Adler, und auf dem Helme einen Brackenkopf zwischen zwei Stäben führten, so ist anzunehmen, daß der Adler nicht, wie der Magistrat schreibt, als brandenburgischer, sondern als der der Grafen von Ruppin zu betrachten und dementsprechend zu tingieren sei. — Ein dem Ende des 15. oder den ersten Jahrzehnten des 16. Jahrh. angehöriges achteckiges Signet hat den Adler mit dem Helm aber ohne Kleinod in einem Schilde und über letzterm die Minuskeln: „rtnr" (Rath Neu-Ruppin? 22:17 mm); bei einem 50 Jahre spätern Signet mit der Überschrift: „CIVITAS · RVPPIN" (achteckig, 22:20 mm) trägt der Adler, wie von da ab stets, einen Stechhelm ohne Zier. Zeichnungen des zweiten Sekrets und des ersten Signets in Voßb. Mskpt.; erstere gedruckt in Seylers Geschichte der Heraldik, S. 307.

Abb. S. 59 **Neustadt** an der Dosse, Stadt. In Silber ein rotes Bauwerk, welches auf einem starken mit Zinnen und offenem Thore versehenen Unterbaue einen kleinen Kuppelturm trägt, an den rechts ein goldener Löwe, links ein roter Hirsch, beide auf den Zinnen stehend, anspringen.

Dies Bild scheint der 1664 gegründeten Stadt i. J. 1687 verliehen worden zu sein, da nicht nur ein kleines jener Zeit angehöriges Siegelchen, sondern auch die neueren Siegel diese Jahreszahl und Darstellung tragen.

Niederfinow, Flecken (früher Stadt). In Silber eine blaue, an grünem Blätterzweige hängende Weintraube. Abb. S. 59

Ein für 1477 nachgewiesenes: „+ s' ❀ civitat' ❀ nedd' vinowe" (26 mm) hat im Felde einen Weinstock mit Trauben und Blättern (wonach die Angabe des „Neuen Siebmacher" zu berichtigen ist). Ein erhaltener Stempel zeigt eine Traube mit Blätterranke im Schilde und hat die Umschrift: „NEDER VINN AN DER WEIN RANGE ANNO 1683" (24 mm). Nach Fidicin wurde der Ort bereits in einer Urk. v. J. 1308 „civitas Vinow" genannt; nach dem 30jähr. Kriege sank er zum Flecken herab.

Niemegk, Stadt. In Silber auf Rasen ein grüner Eichbaum, rechts neben dem Stamme schwebend der Schild von Sachsen, links an grünem Blätterzweig schwebend eine große goldene Eichel. Abb. S. 59

Das: „✠ S'CIVITATIS NYEMIC" (51 mm) zeigt die Eiche mit Wurzeln, zwischen (rechts) dem sächsischen Helme[1]) und (links) dem neunmal geteilten, mit dem Rautenkranz schräglinks belegten Schild von Sachsen. Nach Fürst Hohenlohe verweist das linksliegende Kränzlein das Siegel ins 13. Jahrh., wofür auch die Schriftform spricht. Auch Berghaus bricht im „Landbuch der Mark Brandenburg" I., S. 602 das sonstige Schweigen über die Siegel der Orte, in dem er erwähnt, daß Niemegk als Rittersitz der Herzoge von Sachsen sich schon 1298 eines Stadtwappens erfreute. Seit wann der Helm für eine große Eichel angesehen wurde, ist wohl nicht zu ermitteln, doch zeigt: „DES RATS SIEGEL ZV NIM · · · ·" (14 mm) vom Ende des 16. Jahrh. schon die Verwandlung; auch schwebt hierbei der Schild rechts vom Baume, was die späteren Siegel beibehalten. So: DES RATS VND GEMEINER STADT NIEMEG GROSSE · INSIEGEL ❧" (! oval, 46:41) aus dem vorigen Jahrh., während: „∗ DES RATHS U GEMEIN : STADT NIEMEK MITLERE INSIEGEL (im Felde:) 1814" (! oval, 35:30) den Schild mit einer Krone besetzt hat. Beim Übergang der Stadt an Preußen blieb der sächs. Schild weg, dafür aber kam über den Baum der preuß. Adler; das neueste Siegel aber wie abgebildet.

1) Nur so, d. h. als ein Helm der mit einem Hute besetzt ist, welcher mit dem Rautenkranze belegt und mit einem Bund Pfauenfedern an einer Stange besteckt ist, darf der fragliche Gegenstand angesprochen werden nicht aber als die hangende Eiche die die spätern Siegel, oder als das „gestürzte Kleeblatt" was der „Neue Siebmacher" daraus gemacht hat.

Oderberg in der Mark, Stadt. In Silber auf Rasen eine rote Burg mit drei Zinnentürmen und geöffnetem Thor; über dem Mittelturme fliegend der preußische Adler mit seinen Attributen. Abb. S. 59

Der Adler war ursprünglich der brandenburgische, wie ein: „SIGILL · CIVITATIS · ADERBERGENS (im Felde:) 1620" (29 mm) bei dem er auf den Zinnen des höhern Mittelturmes steht, und eine Notiz bei Fidicin ausweisen. Ein nur mit der Umschrift: „ODERBERG" (oval, 21:20 mm) versehenes Signet des vorigen Jahrhunderts hat eine ganz andere Darstellung: auf Rasen einen Reichsapfel, auf dessen Kreuz der mit dem Kurhut bekrönte Adler steht.

Oranienburg, Stadt. In Rot (Orange) auf Rasen eine grüne Eiche mit gekrümmtem Stamm; rechts daneben einige aus dem Boden sprießende grüne Rohrstengel, über deren Kolben ein linkshingewendeter silberner Fisch schwebt; links vom Stamme mehrere aus dem Boden wachsende und sich dann kreuzende goldene Getreideähren. Abb. S. 59

Die Stadt hieß früher Bötzow und erhielt erst i. J. 1652 vom großen Kurfürsten zu Ehren seiner Gemahlin Luise Henriette, einer geb. Prinzessin v. Oranien, den Namen Oranienburg. In Voßb. Mskpt. befindet sich eine Zeichnung des ältesten bekannten Siegels nach einem zerbrochenen Abdrucke; in der Sammlung Clericus, jetzt im Geh. Staatsarchiv zu Berlin, ist ein etwas besserer Abdruck, der vermuten läßt, daß die Umschrift: „CIVITAS ❧ + ❧ BOTZOW (unten:) 16 18" (30 mm) gelautet habe; es hat dasselbe Bild jedoch ohne die Rohrkolben. Das folgende Siegel hat die Umschrift: „❀ CIVITAS ❀ ORANIENBVRGK ❀ 1653" (28 mm) und ist auch wirklich aus dem Jahre, während ein dieselbe Umschrift und Jahreszahl tragendes, 23 mm großes Siegelchen, sowie eines mit: „CIUITAS ❀ ORANIENBURGK ❀ ANNO 1653" (38 mm) und dessen auf 21 mm verkleinerter Nachschnitt dem 18. Jahrh. angehören. Auch die neueren Siegel tragen die gleiche Jahreszahl, obwohl die Namensänderung schon am 2. Jan. 1652 stattfand. Das Stadtgerichtssiegel hat dasselbe Bild aber, als einziges, den Stamm des Baumes nicht gekrümmt.

Perleberg, Stadt. In Blau ein achtstrahliges goldenes Spornrad, in der Mitte mit einer silbernen Abb. S. 59

Kugel (Perle) belegt und bewinkelt von acht kleineren silbernen Perlen.

Schon das: „✠ SIGILLVM · BVRGENSIVM · IN PERLEBERCH" (67 mm) des 14. Jahrh. und ein an einer Urkunde v. J. 1345 im Reichsarchiv zu München hängendes: „✠ SECRETVM CIVITATIS PERLEBERCH" (37 mm) haben dasselbe Bild. Von diesem nur durch spitzere, sternartige Strahlen unterschieden, in der Größe und Umschrift aber gleich, ist ein in Voßb. Mskpt. abgebildetes Sekret des 14. Jahrh. Das „✦ SIGIL · CIVITATIS · PERLEBERGK (im Felde:) 1638" (36 mm) bringt m. W. das Bild zuerst in einem Schilde. So auch das: „SIG : CIVIT : PERLEBERG 1742" (20 mm). Ein nur mit: „S · C · P" (19 mm) bezeichnetes Signet des vorigen Jahrh. läßt die charakteristische Mittelperle fort, und verwandelt das Spornrad in einen spitzen Stern, was einzelne Siegel nachmachen, während die neueren die Darstellung richtig zeigen. Bei Bekmann, s. S. 33, Fußnote, sind zwei Siegel der Verordneten aus der Altmark und Prignitz abgebildet; das ältere, vielleicht dem Anfang des 16. Jahrh. angehörende, mit der Umschrift: „ₒ°ₒ SIGILLVM ₒ°ₒ CONMVNITATIS" (! 38 mm) zeigt im gespaltenen Siegelfelde rechts den halben Stern von Perleberg, links den halben Adler von Stendal (linksblickend); das jüngere aus dem 17. Jahrh. hat die Wappenschilde beider Städte neben einander im Felde, und die Legende: „C VORORDNETE · DER ALTEN MARCK · VND PRIGNITZ" (28 mm), weil „beide Stäte in solcher versamlung das DIRECTORIVM führen".

Abb. S. 59 **Plaue an der Havel, Stadt. In Silber ein schwarzer zweiköpfiger Adler.**

So das älteste bekannte: „· DER · STADT · ZV · PLAWE · IRRE · SIGIL · 1637" (! 30 mm) und so auch das jetzige Farbsiegel. Es ist nicht unwahrscheinlich, daß eine Willkür des Stempelschneiders aus dem brandenburgischen den Doppeladler gemacht habe, wie dies ja auch bei Lindow mit dem ruppiner Adler vorgekommen ist.

Abb. S. 59 **Prenzlau, Stadt. Von Silber und Rot geteilt; oben der rote brandenburgische Adler, der einen nach rechts gewandten Spangenhelm mit goldenem[1]) Flug über den Kopf gestülpt hat, unten ein auf blauen Wellen schwimmender silberner Schwan.**

Das wohl dem 13. Jahrh. entstammende: „✠ SIGILLVM : BVRGENSIVM : DE : PRINZLAW · ·" (72 mm) zeigt den brandenburgischen Adler (ohne Helm) schwebend in einem von schön stilisierter Architektur eingerahmten, gespitzten Kleeblattbogen. Das nicht viel jüngere: „✠ SECRET · CIVITATIS · PREMZLAW" (44 mm) hat dagegen den Adler mit dem Brandenburger Helm auf dem Haupte im Dreieckschilde, über dessen Schildrand (wie dies auch bei spätern Siegel zuweilen vorkommt) der Flug erheblich hinausragt. So auch bei dem: „✶ SECRET CIVITAT PRENTZLAW ANNO 1605" (39 mm). Ein Signet des 17. Jahrh., nur auf einem über dem Schilde befindlichen Bande mit „S · C · P" (achteckig, 30 : 26 mm) bezeichnet, bringt den Adler noch einmal ohne Helm. Ein späteres hat ihn mit einem Spangenhelm, der mit dem verkehrten, d. h. die Saxen (Flügelknochen) nach hinten gewandten Fluge besetzt ist; über dem Schilde dieselben Initialen (achteckig, 20 : 16 mm). Im Jahre 1705 erhielt die Stadt vom Könige Friedrich I. einen Wappenbrief, dessen betr. Stelle so lautet: „Wir Friderich von Gottes Gnaden, König in Preußen .... Daß „Wir zum immerwehrenden Andenken deßen der Stadt Prentzlau „Waapen, so dem Vermuhten nach durch die länge der Zeit „corrumpiret worden. u. mit Nahmen ist, ein Schwartzer Schild, „in welchem ein rother Adler mit einem silbernen offenen turnier„Helm stat des Kopfes u. darauf ein güldener Flügel nachfolgender „gestalt geändert, vermehret u. verbeßert, namlich: daß die Stadt „von nun an u. hinfüro an statt des Schwartzen einen in der mitte „über Zwerch getheileten Schild das untertheil roth darinnen ein „aufm waßer schwimmender die Flügel aufwärts haltender Schwaan „das Obertheil weis oder silberfarb darinnen ein roter Adler mit „ausgestreckten Flügeln undt Schenkeln auch ofenem Turnier„Helm stat des Kopfes u. darauf einen rothen Flügel deßen Sachse „rechtwerts gekehrt, wie solches Wappen sambt deßelben änderung „Zierung u. Verbeßerung in mitten dieses gegenwärtigen Unsers „Königl. Briefes gemahlet u. mit farben eigentlicher ausgestrichen, „zu führen u. zu gebrauchen Fug u. Macht haben solle. Deßen „zu Uhrkund ist dieser Brief mit Anhängung Unsers Königl. In„siegels von Unß Eigenhändig unterschrieben, So geschehen u. „gegeben zu Colln an der Spree, den 21ᵗᵉⁿ Oktober 1705. Friderich." Es haben sich keine alten, aber zahlreiche neuere Siegelstempel mit diesem Wappen erhalten.

1) So nach dem Wortlaute der Wappenverleihung; richtiger aber wäre, wie aus der Manessischen Liederhandschrift (Ausg. v. Fr. X. Kraus, S. 6) und der in Seylers Gesch. d. Heraldik S. 250 abgedruckten Beschreibung des brandenburgischen Wappens von Konrad von Würzburg (um die Mitte des 13. Jahrh.) hervorgeht, ein schwarzer Flug.

Pritzerbe, Stadt. In Silber zwei übereinander, beide nach rechts schwimmende blaue Fische, vor deren Mäulern je ein goldener Angelhaken schwebt; über den Fischen ein Schild mit zwei gekreuzten silbernen Schlüsseln. Abb. S. 59

So auf dem hübschen, noch im Originalstempel vorhandenen: „+ s ⁘ civitatis ⁘ pritzerwe ⁘" (22 mm) des 15. Jahrh., abgeb. in Voßb. Mskpt., dem „✶ SIGILLVM CIVITATIS PRIZERBIENSIS ✶ 1781" (oval, 36 : 32 mm), und auf allen späteren Siegeln.

Pritzwalk, Stadt. In Silber auf Rasen eine stylisierte grüne Linde, in deren Krone der rote brandenb. Adler schwebt; vor dem Stamme ein schreitender schwarzer Wolf. Abb. S. 59

Das Bild zeigt schon das schöne, noch dem 13. Jahrh. angehörige: „✠ SIGILLVN · BVRGENSIVM · CIVITATIS · PRIXWALC ✶" (! 74 mm), welches nach dem noch vorhandenen Stempel auch Voßberg in: „Siegel der Mark Brandenburg", II. S. 38, bringt. Ein anscheinend dem 14. Jahrh. zuzuschreibendes: „✠ SECRETVM CIVITATIS · PRISWALCK" (40 mm) mit dem gleichen Bilde, aber springendem Wolf, bildet Bekmann in „Historische Beschreibung der Chur und Mark Brandenburg", II Th., 1753, Tab. I, ab. G. G. Winkel (s. Note S. 39) erwähnt eines: „✶ secretum ❧ civitatis ❧ priswalk" (35 mm) aus dem 15. Jahrh. mit derselben Darstellung wie das Hauptsiegel. Es soll auch ein Sekret mit dem brandenburgischen Helm geben (?). Ein nur mit „S C P" (achteckig, 20 : 18 mm) bezeichnetes Signet des beginnenden 17. Jahrh. zeigt obige Figuren im Schilde. Zu Anfang dieses Jahrh. gab man dem Adler Schwert und Wage in die Fänge, welche Symbole das neueste Magistratssiegel mit Recht wieder wegläßt.

Putlitz, Stadt. In Rot auf grünem Boden eine flugbereite silberne Gans. Abb. S. 59

Schon ein dem 14. Jahrh. angehöriges: „✠ S' CIVITATIS POTLEST" (42 mm) zeigt diesen Schild der Gans Edlen Herren zu Putlitz vor dem Stamme eines Laubbaumes. Abgebildet ist dasselbe nach Abdruck v. J. 1361 in Beyer's Siegelbuch.*) Die Gans allein ohne Baum hat ein mit „S · C · P" (oval, 24 : 22 mm) bezeichnetes Signet des 17. Jahrh. und die späteren Siegel.

Rathenow, Stadt. In Gold ein geflügelter, blaubekleideter Engel, der den silbernen Schild mit dem roten, brandenburgischen Adler vor sich hält. Abb. S. 59

Der Engel ist nur Schildhalter und solche soll man nicht in das Wappen ziehen; wenn aber eine große Anzahl von Orten einer Gegend genau dasselbe Wappenbild führen, wie so viele märkische Städte den brandenburgischen Adler, so ist es gut, jedes historisch berechtigte Beizeichen, das zur Unterscheidung dienen kann, zu betonen. Voßbergs Mskpt. bringt aus dem Archiv der Stadt Brandenburg von einer Urk. v. J. 1347 das höchst interessante, zweifellos noch dem 13. Jahrh. angehörige Bruchstück eines: „✠ SIGILLV · · · · RATHNOWE" (cc. 80 mm). Dasselbe zeigt eine Burg mit zwei Zinnentürmen, zwischen denen im gegitterten Felde der mit einem nur das Gesicht freilassenden Panzerhemde und dem ärmellosen Waffenrocke bekleidete Markgraf (nicht Roland!) wachsend, in der Rechten eine Lanze, in der Linken den Schild haltend, sichtbar wird. Dieser Geharnischte also ist das Urbild des spätern Engels. Ein: „✠ S' CIVITATIS RATENOW" (30 mm) des 14. Jahrh. (urkundl. 1394) hat im Schilde nur einen, jederseits und unten von je einem Sterne begleiteten Adlerkopf. Das 15. Jahrh. aber bringt schon im langgezogenen Vierpasse den von dem Engel gehaltenen Adlerschild: „° s °° civitatis °° rathenow" (34 mm). Von alten Stempeln scheint sich nichts als der des achteckigen Signets a. d. 17. Jahrh. erhalten zu haben, der wie alle neuen Siegel, den Engel mit dem Schilde und neben diesem seitwärts: „SCRATE (links:) NOW ❧" (22 : 20 mm) zeigt.

Ravensbrück, Flecken. Nach Mitteilung des Gemeindevorstehers führt der Ort kein Wappen noch Siegel.

Rheinsberg in der Mark, Stadt. In Silber der rote brandenburgische Adler. Abb. S. 59

Ein: „· SIGILLVM · CIVITATIS · REINSBERG" (29 mm) des 16. Jahrh. ist das älteste bekannt gewordene und zeigt, wie auch ein dem folgenden Jahrh. angehörendes ovales Siegel mit derselben Umschrift (25 : 21 mm), dessen Stempel sich erhalten hat, den Adler im Schilde.

---

*) Unter diesem Namen ist ein von dem Archivar Beyer zu Koblenz 1853 angelegter sehr starker Band mit Abzeichnungen alter Siegel bekannt, der jetzt im kgl. geh. Staatsarchiv zu Berlin aufbewahrt wird und auf den mich Herr Rat Gust. A. Seyler gütigst aufmerksam machte. Dank der Vermittlung der kgl. bayer. Staatsbibliothek konnte ich die Sammlung in München durcharbeiten. Ein großer Teil der Abbildungen enthält Städtesiegel (etwa 220 deutsche) aus den Archiven zu Koblenz, Düsseldorf, Darmstadt, Magdeburg, Schwerin ꝛc.; hauptsächlich vertreten und wertvoll sind die rheinischen Stücke, die dem Sammler wohl alle im Originale vorgelegen haben. Von anderen Landstrichen sind meist nur die interessantesten, eben darum aber auch durch Abbildungen bekanntesten Siegel vertreten; einige, wie z. B. die mecklenburgischen, scheinen sogar Nachzeichnungen aus Druckwerken zu sein. Die Federzeichnungen sind teilweise überaus fleißig, teils aber etwas schablonenhaft, und wäre es gut, dieselben nicht durch Druck weiter zu verbreiten, ohne sie vorher noch einmal mit den Urbildern verglichen zu haben.

Abb. S. 59 **Rhinow,** Stadt. In Gold St. Jakobus blaubekleidet, mit Pilgerstab und Hut, wachsend über einem Schilde mit dem roten märkischen Adler; rechts und links vom Heiligen zwei rote, verschieden gestaltete Türme über einer durchgehenden Mauer, darunter blaues Wasser auf dem jederseits zwei silberne Schwäne hintereinander, alle nach rechts schwimmen.

So auch das älteste bisher bekannt gewordene, wohl auch nicht über den Anf. des 17. Jahrh. zurückreichende: „✱ SIGILLUM · CIVITATIS · RINOINENSIS" (25 : 22 mm), während ein zur Zeit des dreißigjährigen Krieges sehr roh geschnittenes: „SIGEL ✱ DES (✱STÆ)TLEINS ✱ RINOW ✱" (oval, 30 : 27 mm) die Stadtansicht wegläßt und nur über dem Adlerschilde einen mit kurzem Mantel und Hut bekleideten Mann mit einem Speere in der Rechten zeigt. Auf diesem, wie auf den spätern, das erste Bild wiederholenden Siegeln ist der Adler linksblickend dargestellt.

Abb. S. 60 **Saarmund,** Flecken. In Silber der rote, goldenbewehrte brandenburgische Adler.

So das: „STADT SIEGEL VON SAARMVND 1788" (28 mm); die neuern Ortssiegel haben nur Schrift.

Abb. S. 60 **Schwedt,** Stadt. In Silber auf grünem Boden eine rote Burg, mit zwei Rundtürmen zwischen denen ein silberner Schild mit einem roten Greifen schwebt; in der die Türme verbindenden Mauer seitwärts, gegen den rechten Turm zu, ein geschlossenes Thor.

Das im Königsberger Stadt-Archiv an einer Urk. v. 1337 hängende: „✠ S'°BVRGENCIVM°DE°SWET°" (! 50 mm) hat im Felde einen nach links schauenden gekrönten Adler. Ein „✠ SECRET · CIVIT NOZWET" (! nove? 31 mm) vom 14. Jahrh. in Voßb. Mskpt. zeigt nur einen, auch linkshin gewandten Adlerkopf. Siegel aus dem 15. Jahrh. fehlen mir leider; ein solches aus der Mitte des 16. Jahrh. mit undeutlicher Umschrift hat bereits das Kastell mit dem Greifenschild darüber. So auch der noch vorhandene Stempel eines dem Anfang des 17. Jahrh. angehörigen: „ ✱ SIGILLVM CIVITATIS SWEDTH" (37 mm); bei diesem sind die Quaderfugen der Türme sowohl, als die der Verbindungsmauer stark betont; später mißverstand man diese Fugen, übersah das Thor der Mauer und machte aus ihr ein Eisengitter, dem man oben einen Ring gab. So verstümmelt, also als ein eiserner Rost zwischen zwei Türmen, wird das Bild noch jetzt geführt. — Die Stadt war zeitweise pommerisch, daher der Greifenschild.

Abb. S. 60 **Spandau,** Stadt. In Silber über blauem Wasser eine rote Burg mit einem breiten mittlern Zinnenturm und zwei spitzbedachten Seitentürmen; der Mittelturm belegt mit einem silbernen Schilde, worin der rote brandenburgische Adler; darüber auf den Zinnen der brandenburgische Helm mit rotem (richtiger schwarzem!) Flug.

Dies ist das Bild des für 1289 nachgewiesenen: „✠ S · BVRGENSIVM · DE · SPANDOV" (62 mm), welches, wie auch das 1352 vorkommende: „SECRETVM · CIVITATIS · SPA(ND)OW" (31 mm) von Voßberg in: „Siegel der Mark Brandenburg", II. S. 39 besprochen und abgebildet ist. Letzteres zeigt einen verzierten Thorturm, in dessen Bogen der brandenburgische Helm schwebt. Ganz dieselbe Darstellung hat ein: „✠ secretum ✠ civitatis ✠ spandow ✱" (35 mm) des 15. Jahrh., dessen Originalstempel, wie die vieler späteren Siegel, die Stadt noch bewahrt. Auch ein Signet des 16. Jahrh., nur mit: „S · P" (achteckig, 18 : 12 mm) bezeichnet, und das 1685 gebrauchte: „DER · STADT · SPANDOW · MINOR · SECRET ·" (oval, 30 : 25 mm) lehnen sich noch an das älteste Sekret an, doch ist der Flug bereits nicht mehr zweifellos als solcher zu erkennen. Später aber zeigen die Siegel immer unmöglichere Architekturformen und der Phantasiehelm wird mit einem Wulst belegt, der mit einer Reihe von stecknadelförmigen Figuren besetzt ist; schließlich wird der Thorbogen fortgelassen und ein Theaterhelm entweder allein oder auf einem ausgespannten Wappenmantel ins Siegelfeld genommen. Im Jahre 1818 aber ging man wieder auf das erste Sekret zurück und nahm 1861 auf Freih. v. Ledebuhrs Anrathen das Bild des alten Hauptsiegels in guter Nachbildung wieder auf. Eine ziemlich vollständige Reihenfolge von Abdrücken der Stadtsiegel findet sich in den vom Magistrat angelegten Aktenfascikeln über das Stadtwappen und über die Anfertigung der städtischen Siegel.

Abb. S. 60 **Stolpe** a. d. Oder, Flecken. In Rot ein silberner Turm, umgeben von einer Ringmauer mit offenem Thor.

So das: „SIGILLVM CIVITATIS OD STOLP 1778" (oval, 27 : 24 mm), dessen Stempel noch bis vor Kurzem benutzt wurde, und der diesem nachgeschnittene neue Farbstempel. Der Ort wird schon 1286 und auch später noch als Städtchen bezeichnet.

Abb. S. 60 **Storkow,** Stadt. In Blau auf Rasen ein naturfarbener Storch.

Das dem 14. Jahrh. angehörende: „SIGILLVM CIVITATIS · D · STORKOW" (30 mm) in Voßb. Mskpt. zeigt einen nach links gewendeten flugbereiten Storch zwischen drei Sternen. Der noch erhaltene Stempel des: „✱ SIGILLVM CIVITATIS STORCKOVIENSIS" (43 mm) des 16. Jahrh. hat den Storch nach rechts gewandt im damascierten Siegelfelde stehen. Ein auch noch vorhandener Stempel des: „· STADT U : GERICHTS SIEG : DER IMMEDIAT ST : STORCHOW" (35 mm) aus dem 17. Jahrh. hat einen gespaltenen Schild, darin rechts der halbe brandenb. Adler, links ein schreitender Storch. Dasselbe Bild, aber mit dem nach links gestellten Storch, hat auch ein Gerichtssiegel a. d. 16. Jahrh.

Strasburg in der Ukermark, Stadt. In Schwarz eine dreitürmige silberne Burg; das Thor ist durch den brandenburgischen Adlerschild verdeckt; neben dem Dache des Mittelturmes schwebt jederseits eine goldene Kugel. Abb. S. 60

Die Kugeln sind sicher ohne heraldische Bedeutung, doch erscheinen sie seit dem Ende des 17. Jahrh. regelmäßig in den Siegeln. Ein: „∴ SIGILLVM · CIVITATIS · STRASBERGENSIS" (45 mm) des 17. Jahrh. zeigt eine Mauer mit geöffnetem Thor, über der rechts der märkische Adler schwebt, links ein Turm mit Haubendach sichtbar wird. Aus einer Bemerkung Fidicins in den „Territorien der Mark Brandenburg" Bd. IV, S. 15, scheint hervorzugehen, daß die ältesten Stadtsiegel nur den Adler zeigten.

Strausberg, Stadt. In Blau auf grünem Boden ein nach links gewendeter, widersehender silberner Strauß, mit dem Schnabel den silbernen Schild mit dem brandenburgischen roten Adler haltend. Abb. S. 60

Ein altes Hauptsiegel ist nicht bekannt geworden. Das von Voßberg in „Siegel der Mark Brandenburg" II. S. 38 besprochene und abgebildete, i. J. 1369 gebrauchte: „✠ SECRETV CIVITATIS STRVZBERG" (36 mm) zeigt auf einem Dreiberg den widersehenden Strauß mit dem ihn als solchen charakterisierenden Hufeisen im Schnabel, während links von ihm auf einer Ranke ein kleiner Hahn sitzt(?). Ein in Voßb. Mskrpt. abgebildetes: „✠ secretum ⁝ ciui ⁝ strusberc" (! 35 mm) des 14. Jahrh. hat den Vogel mit dem Adlerschilde im Schnabel. Der noch erhaltene Stempel des: „✱ SIGILL : CIUITAT : STRAUSBERGENS : (im Felde:) 1649" (44 mm) hat die hier abgebildete Darstellung im Schilde, während die späteren Siegel sich an das Sekret aus dem 14. Jahrh. lehnen.

Der Ansicht Sellos, daß das Siegel von Strausberg dem von Leoben in Mähren nachgebildet sei, kann ich nicht zustimmen, denn von den drei mir vorliegenden mittelalterlichen Siegeln letzterer Stadt zeigt keines eine andere Ähnlichkeit mit dem von Strausberg, als daß eben auf allen ein Strauß ist. Bei allen denen der mährischen Stadt hält dieser aber als specielles Charakteristikum außer dem Hufeisen im Schnabel noch ein zweites in der erhobenen rechten Klaue.

Teltow, Stadt. In Silber eine rote Burg mit drei offenen Thoren; im größeren Mittelthore schwebt eine goldene Königskrone. Abb. S. 60

Das schon 1289 vorkommende: „✠ S ✱ CIVITATIS ✱ TELTOWE ·" (53 mm) bringt Voßberg in den „Siegeln der Mark Brandenburg", II. S. 38; es zeigt zwischen Eichenzweigen einen Schild mit dem nach links blickenden brandenburgischen Adler. Wann die Stadt das jetzige Siegelbild angenommen habe, ist mir nicht bekannt; ein: „SIGILLVM CIVITATIS TELTOW : " (27 mm) aus dem Anfange dieses Jahrhunderts hat im Barockschilde den gekrönten, Schwert und Wage in den Fängen haltenden preußischen Adler; die neuesten Siegel aber haben die Burg mit der Krone.

Templin, Stadt. In Silber der rote brandenburgische Adler. Abb. S. 60

Das wohl noch dem 13. Jahrh. angehörige, in Voßb. Mskpt. abgebildete: „✠ SIGILLVM · BURGENSIVM · IN · TEMPELYN" (68 mm) hat im mit Kleeblättern bestreuten Felde den brandenburgischen Adlerschild. Den Adler frei im Siegelfelde zeigt ein dem ausgehenden 16. Jahrh. angehöriges nur mit „· S C T ·" (achteckig, 15 : 14 mm) bezeichnetes Signet. So auch, aber nach links blickend, das: „: SIGIL : CIVITAT : TEMPLIN · ANNO · 16 · 1 : 8" (27 mm) und der erhaltene, dem Ende des 17. Jahrh. angehörende und oft nachgeschnittene Stempel des: „ : SIGIL : CIVITAT : TEMPLINENS : ANNO : ✱ 1618" oval, 33 : 30 mm). Das neue Magistratssiegel bringt den auffallend gut stilisierten Adler nach rechts schauend im Siegelfelde.

Teupitz, Stadt. In Silber über grünem Wasser ein blauer Karpfen, über dem ein schwarzes von zwei naturalistischen Wasserlilien beseitetes Kreuz schwebt. Abb. S. 60

Voßberg bringt in den Siegeln der Mark Brandenburg ein: „✠ S · CO · · · · · · IN TVPCZ" (24 mm) aus dem 14. Jahrh.; dasselbe zeigt über Wasser einen Fisch, und über diesem zwei undeutliche Gegenständen, die Voßberg für Kieferbäume hält; das Kreuz ist nicht vorhanden. Dies letztere, beseitet von zwei Rosen („Rosenkränze" schreibt Fidicin) an Blätterstielen, erscheint über dem Fisch in: „✱ DER KLEIN STAT INSIGEL TEVPETZ" (oval 30 : 28 mm) des beginnenden 17. Jahrh. und auf dem Kämmereisiegel von 1816. Nach Mitteilung des Magistrats wird das Kreuz jetzt von Wasserlilien begleitet.

Provinz Brandenburg. Regierungsbezirk Potsdam.

Abb. S. 60 **Trebbin.** **Unter silbernem Schildeshaupt von Rot und Silber dreimal gespalten und zweimal geteilt.**

Nach dem „Neuen Siebmacher" stammt das Schach aus dem Wappen der ausgestorbenen Familie v. Torgowe (Torgau), welche die Stadt im Anfang des 15. Jahrh. in Pfandbesitz hatten. Fidicin führt dasselbe auch, aber als eine Vermutung an und will auf einem nicht näher bezeichneten Siegel des 16. Jahrh. den Schild von dem brandenburgischen Adler „an Fäden" mit dem Schnabel gehalten sehen. Ein: „· SIGILLVM · DER · STAT · TREBIN · " (27 mm) vom Ende des 16. Jahrh. zeigt auch den nach links schauenden brandenburgischen Adler, spätere den preußischen über dem Wappenschilde der Stadt.

Abb. S. 60 **Treuenbrietzen,** Stadt. **In Silber auf grünem Boden eine zweitürmige rote Burg mit geschlossenem Thore; zwischen den Türmen der fliegende preußische Adler mit allen Attributen.**

Voßbergs Mskpt. bringt das für 1351 nachgewiesene: „✠ SECR(ET)VM · CIVITATIS · BRICEN" (42 mm), welches eine Burg mit Doppelthor und zwei Zinnentürmen zeigt; zwischen diesen schwebt, nach links blickend, der brandenb. Adler, während jederseits die ihm nächste Zinne mit einem ganz kleinen brandenb. Helme mit dem Flug besetzt ist. Letztere läßt das: „S · CIVITATIS · BRIECZEN 1561" (25 mm) weg. Ebenso die erhaltenen Stempel des: „STAD · TREWENBRIZEN 1641" (oval 25 : 24 mm) und des: „* SIGIL · DER · STAD · TREWENBRIZEN · 1642 · " (35 mm), welche zwischen den Türmen den Adlerschild haben, welch letzterer im Anfange dieses Jahrh. dem mit Schwert und Wage begabten preußischen Adler weichen mußte. Die neuesten Siegel haben dann obiges Bild.

Abb. S. 60 **Vierraden,** Stadt. **In Grün eine silberne Rose mit goldenem Butzen.**

Ein wohl dem Ende des 16. Jahrh. angehöriges aber anscheinend einem frühern nachgeschnittenes: „◦ SIGILVM · CIVITATIS · VIRADENSIS" (27 mm) mit der das ganze Siegelfeld ausfüllenden Rose, bringt Voßbergs Mskpt. Bei dem neueren Stadtsiegel ist die Rose in einem von Palmzweigen umrahmten und von einer Krone überhöhten Schilde zu sehen.

Abb. S. 60 **Wendisch-Buchholz,** Stadt. **In Silber auf Rasen eine grüne Buche.**

Erhalten ist der Stempel eines Siegels mit der Umschrift: „DAS STÆTLEIN BVCHHOLTZ (im Felde:) 1645" (30 mm) mit derselben Darstellung. Vorübergehend erscheint in einem Stadtverordneten-Siegel von 1809 rechts ein Berg mit der dahinter aufgehenden Sonne und links einem ganzen Walde.

Abb. S. 60 **Werder** an der Havel, Stadt. **In Silber gespalten, rechts der halbe brandenburgische Adler, links drei grüne Kleeblätter übereinander.**

So auch auf: „◦ DER ◦ STADT ◦ WERDER ◦ INSIEGEL" (30 mm) aus dem 17. Jahrh. und auf dem: „* SIEGEL DER STADT WERDER 1777" (24 mm).

Abb. S. 60 **Werneuchen,** Stadt. **In Silber auf grünem Boden ein grüner Eichbaum.**

Alte Siegel sind nicht bekannt geworden. Zwei Siegel vom Anfange dieses Jahrhunderts zeigen beide einen, einer stilisierten Linde ähnlichen Laubbaum; das Farbsiegel trägt die Umschrift: „STADT SIEGEL VON WERNEUCHEN (unten noch einmal:) VON WERNEUCHEN" (! also der Ortsnamen doppelt! 32 mm). Die neuen Siegel haben einen naturalist. Eichbaum.

Abb. S. 60 **Wilsnack,** Stadt. **In Blau auf Rasen eine silberne Kirche mit zwei hohen und einem niedern Turme.**

Die Wilsnacker Kirche war vor der Reformation eine der berühmtesten Wallfahrtskirchen, daher das Bild. Die Stempel des im Jahre 1586 gebrauchten: „SIGILLVM : WILZNACK" (21 mm) wie der eines ähnlichen, dem 17. Jahrh. angehörigen Siegels mit derselben Umschrift (aber „WILSNACK") (30 mm) haben sich erhalten.

Abb. S. 60 **Wittenberge** R. B. Potsdam, Stadt. **In Rot eine silberne Burg mit sechseckigem Mittel- und zwei runden Seitentürmen; auf dem Knopfe des erstern eine flugbereite nach links gewendete silberne Gans.**

Ein altes Hauptsiegel ist mir nicht zu Gesichte gekommen; Die noch vorhandenen Stempel eines: „* SECRETVM · CIVITATIS WITTENBERG" (35 mm) und eines ähnlichen, nur 18 mm großen Siegelchens mit gleicher Legende, beide aus dem 17. Jahrh., zeigen über dem Mittelturme den schwebenden brandenburgischen, spätere den preußischen Adler; der Magistrat beschloß aber am 1. März 1892 den Adler durch die Gans der Edlen Gänse von Putlitz, welche in Wittenberge ihre Stammburg gehabt, zu ersetzen. So denn auch die neuesten Stempel. Wer aber weiß, wie schwer ein Magistrat sich entschließt einen einmal gefaßten Adler gegen eine andere heraldische Figur abzugeben, der wird die Hoffnung nicht verlieren, daß es mit der Zeit gelingen werde, auch diejenigen Stadtbehörden, die jetzt noch das Wappen des Staates im Siegel führen, durch unwiderlegliche Gründe und urkundliche Belege zur Wiederaufnahme ihres alteigenen Siegelbildes zu vermögen.

Wittstock, Stadt. **In Blau eine silberne zweitürmige Burg mit gezinntem Thorturm, geöffnetem Thor und Fallgatter; über den Zinnen, zwischen den Türmen ein goldengekleideter Bischof, in der Rechten den goldenen Stab, in der Linken ein aufgeschlagenes Buch haltend.** Abb. S. 60

Auf dem von Voßberg in den Siegeln der Mark Brandenburg gebrachten: „✠ S CIVITATIS · WIZSTOC" (67 mm) aus dem 13. Jahrhundert (1324 urkundl.) thront der Bischof auf einem Sessel über den Thorzinnen; von einem zweiten alten: „✠ S · CIVITATIS WITZSTOCHENSIS · " ist mir nur eine ganz unzuverlässige Abbildung bekannt, die den Bischof wachsend über dem Thore zeigt. Ein: „✠ secretum * civitatis ⁝ witstock ✦" (30 mm) aus dem 15. Jahrh. zeigt denselben mit Stab und Buch auf einem verzierten Sessel. Ein noch erhaltener Stempel des 17. Jahrh.: „SECRETUM CIVITATIS WITSTOCK" (30 mm) mit dem über der Burg wachsenden Bischof hat allen nachfolgenden Siegeln in Darstellung und Umschrift zu einem fast sklavisch copierten Vorbilde gedient. Es liegen davon 10 Stücke vor, die nur sehr wenig, hauptsächlich in der Größe und dadurch unterschieden sind, daß bei den neuesten der Stadtname mit doppeltem T geschrieben ist.

Wriezen, Stadt. **In Silber der rote brandenburgische Adler.** Abb. S. 60

So auch das in Voßb. Mskpt. nach einem Abdruck v. J. 1513 gezeichnete: „✠ S'CIVITATIS * WRICEN" (35 mm) vom Anf. d. 14. Jahrh., es ist darauf der Adler im Felde nach links blickend gegeben, während ihn ein: „· S CIVITATIS · WRICINENSIS" (24 mm) nach rechts schauend und im Schilde bringt. Ein Siegel des vorigen Jahrhunderts wiederholt die Darstellung eines Gerichtssiegels des 17. Jahrh.: in einem von drei Engeln gehaltenen Schilde der Adler, dessen Brust aber bei beiden mit einem steigenden Halbmond, in dessen Höhlung ein Stern schwebt, belegt ist. Ein: „◦ SECRETVM ◦ IVDICII ◦ WRICZENN" (30 mm) des 16. Jahrh. zeigt dagegen einen von einer Pfahlleiste gespaltenen Schild, worin rechts eine Rose, links der halbe Adler.

Wusterhausen an der Dosse, Stadt. **Gespalten von Silber und Rot; am Spalt rechts halber roter Adler, links eine halbe goldene Lilie.** Abb. S. 61

Voßb. Mskpt. bringt das: „SIGILLV······WSTERHVSE" (spitzoval, c. c. 70 : 45 mm) des 14. Jahrhunderts nach Abdruck von 1551 im Geh. Staatsarchiv in Berlin. Ein zweites, wohl als Sekret benutztes spitzovales Siegel erwähnt G. G. Winkel*); bei dem einzigen bekannten, in demselben Archiv an einer Urkunde von 1406 hängenden Exemplar, ist der untere Teil weggebrochen und sind von der Umschrift nur wenige Buchstaben zu erraten (Größe ungefähr 50 : 30 mm). Beide haben im Siegelfelde frei nebeneinander rechts die halbe Lilie (Herren v. Plotho), links den halben Adler (Brandenburg? Grafen v. Arnstein?). Ein: „* SIGILLVM ◦ CIVITA(TIS) ◦ WVSTERHVSENSIS" (38 mm) des 16. Jahrh. hat, wie auch ein: „∴ SIGIL ∴ CIVIT : WVSTERH 1688" (24 mm) und die späteren Siegel die Stellung der Figuren verwechselt; nur bei ersterem finden sie sich in einem Schilde.

Zechlin, Flecken. **In Silber auf blauem mit Schilf bewachsenem Wasser ein roter Kahn mit einem blaubekleideten, sein Netz aufziehenden Fischer.** Abb. S. 61

So mehrere neue Siegel und Oblaten. Dies gute Genre- und weniger gute Siegelbild wurde von Pastor Ragotzky für den Ort entworfen und vom Landratsamte genehmigt (s. S. 40 oben).

Zehdenick, Stadt. **In Silber ein gekrönter schwarzer Adler, im rechten Fang ein Schwert, im linken ein goldenes Scepter haltend, auf der Brust die goldenen, verschlungenen Initialen FR tragend.** Abb. S. 61

So: „DER · STAD · ZEDENICK · INSIEGEL ✦" (! oval 42 : 36 mm) an einer Urkunde von 1796; ein Siegel des Magistrats v. J. 1809 und die neuen Siegel haben den fliegenden Adler mit Schwert und Scepter in den Fängen. Das im „Neuen Siebmacher" erwähnte Wappen: gespalten, rechts gekrönter halber Adler, links halbe Lilie, ist das Bild des Gerichtssiegels. Es soll auch ein Zehdenicker Siegel mit dem Gotteslamm geben (?).

---

*) Die Siegel der brandenburgischen Städte: Freienstein, Havelberg, Kyritz, Lenzen, Meyenburg, Perleberg, Pritzwalk, Putlitz, Wilsnack, Wittenberge, Wittstock und Wusterhausen, werden auch beschrieben in dem demnächst erscheinenden Werke: „Die Wappen und Siegel der Städte, Flecken und Dörfer der Altmark und Prignitz" von Regierungs-Assessor G. G. Winkel (Verlag v. Eman. Baensch, Magdeburg). Der Herr Verfasser hatte die Freundlichkeit, mir den betr. Teil seines Manuskriptes einzusenden, wofür ich ihm auch hier meinen besten Dank ausspreche. Sehr schätzbar sind in dem Werke die historischen Notizen, die in knapper Form die Geschichte der Stadt unter Berücksichtigung der Wappen der jeweiligen Herrschaft geben.

Abb. S. 61 **Zinna,** Stadt. **In Blau eine silberne, leichtbekleidete weibliche Gestalt auf goldenem Postamente stehend und in der rechten Hand eine goldene Weintraube, in der linken einen goldenen Apfel haltend.**

Diese Darstellung auf einem Siegel der Kommunal- und Polizeiverwaltung der Stadt Zinna aus dem Anfang dieses Jahrhunderts. Die Stadt ward erst von Friedrich d. Gr. auf Grund und Boden des ehemaligen Klosters Zinna gegründet. Dabei wollte man den Namen von der wendischen Göttin Sywa herleiten und nahm deren Bild ins Siegel. Für die Attribute war wohl die Sachsenchronik (1492) Quelle, die bei Aufzählung der Wendengötzen von der dritten Abgöttin (Lage Q I) schreibt: „de heyt siwee .... in der eynen hant hadde se eynen gulden appel. unde in der anderē hant hadde se ein wyn druwelen mit eymē großen blade un̄ ōre hare hangede ōr went in de waden."

Abb. S. 61 **Zossen,** Stadt. **In Silber ein grüner Baum zwischen zwei querliegenden Stubben (gefällten Stämmen) aufwachsend.**

Ein in Voßb. Mskpt. abgebildetes: „· sigillum : civitatis : cossen : " (auf Schriftband, 27 mm), welches zweifellos dem 15. Jahrh. angehört, sowie ein: SIGILLVM CIVITATIS ZOSSEN" (oval 21 : 19 mm) aus dem Anfang des 17. Jahrh. haben beide dasselbe Bild, welches ich nicht anders als oben geschehen deuten könnte. Ein dem letztern nachgeschnittenes: SIGILLVM · CIVITATIS · ZOSSEN (oval 30 : 26 mm) aus der ersten Hälfte des 18. Jahrh. und mehr noch die spätern Nachbildungen desselben, zeigen das rechte Ende des obern Stubbens in drei Zacken auslaufend. Auch die neuesten Stempel wiederholen möglichst treu das zweite Siegel, doch erklärte der Magistrat das Bild als: „einen gefällten Baum mit vier Ästen, hinter dem sich ein Fichtenbaum mit einem starken, nach links abzweigenden Ast erhebt, neben dem rechts ein querliegender Fischpfeil (Neptunspeer) schwebt". Diese Auslegung erscheint nicht richtig, weil die Figur rechts vom Stamme keine Ähnlichkeit mit der üblichen Form eines Dreizacks hat und weil der „linke Ast" auf dem fragl. Siegel weit dicker als der Stamm des Baumes ist, von dem er abzweigen soll, und in rechtem Winkel auf diesen stößt. Ein: „SIEGEL DES MAGISTRATS ZU ZOSSEN" (30 mm) aus dem Anfang dieses Jahrhunderts zeigt geradezu einen auf Rasen wachsenden Baum, dessen Stamm von einem nach links gerichteten befiederten Pfeile durchbohrt ist. Aber die Darstellung des ältesten Siegels widerspricht dieser Deutung, ebenso wie dessen Umschrift der Angabe Fidicins: daß Kurfürst Joachim II. i. J. 1546 dem Orte das Stadtrecht verliehen habe. Ein neueres, nur mit: „STADT ZOSSEN" (oval, 35 : 29 mm) bezeichnetes Siegel weist eine dreitürmige Burg mit zwei offenen Thoren, zwischen denen die Mauer mit einem Schilde, worin der Baum mit den Stubben, belegt ist.

Wappen und Siegelbilder von Dörfern des Regierungsbezirks Potsdam.

Nur einige Dörfer des Regierungsbezirks Potsdam führen seit ältern Zeiten heraldische Siegelbilder; die meisten derselben erwählten erst vor wenigen Jahren, namentlich auf Veranlassung des Pastors Bernh. Ragotzky, für ihre Siegel ein, meist redendes, d. h. auf den Klang des deutschen oder slavischen*) Ortsnamens anspielendes Bild. Wenn nun auch die getroffene Wahl nicht in allen Fällen eine glückliche genannt werden kann, so sind solche Siegel doch immer netter, als wenn sie nur nüchterne Schriftzeilen enthielten. Den Amtsadler dürfen die preußischen Dörfer nicht führen (S. 4). Diese neuen Schöpfungen haben allerdings ein geringes Interesse für den Heraldiker; da sie sich aber sachlich nicht, sondern nur durch ihre Jugend von den alten Ortssiegeln unterscheiden, so dürfen sie in diesem Werke nicht unerwähnt bleiben.

Badingen. Burg mit zwei höhern Mittel- und zwei niedern, mit Glockendächern versehenen Seitentürmen.

So das „✱ SIGILLVM CIVITATIS BADVNGENSIS" (32 mm) des 17. Jahrh. Nach diesem Siegel ist das Dorf einst ein Städtchen gewesen.

Berlinchen. Das Dorf dieses Namens führt auf einer neuen Siegeloblate einen aufgerichteten, behalsbandeten Bären.

Beveringen. Ein Biber auf seinem Baue sitzend.

Biesenbrow. Der alte Ort war bis zum dreißigjährigen Kriege ein Städtchen; Siegel sind nicht bekannt.

(Fidicin, Territorien der Mark Brandenburg.)

Blandikow. Ein Pferd und drei Kühe auf der Weide.

Blumenthal. Die Siegel zeigen das Wappen Derer v. Blumenthal: im von Schwarz und Gold gespaltenen Schilde auf grünem Dreiberge ein grüner Weinstock; auf dem Helme zwischen einem goldenen und einem schwarzen Flügel eine wachsende, in der Rechten einen Kranz haltende Jungfrau in von Schwarz und Gold geteilter Kleidung.

Breddin. Wanderer einen Bach durchschreitend (Breda = Furth).

Brüsenhagen. Eine Birke auf Rasen (Brjeza = Birke).

Buchholz. Eine Buche auf Rasen.

Buckow bei Berlin. Ein Buchenzweig.

Buddenhagen. Kleines Haus auf Rasen.

*) Zur Erläuterung sind die slavischen Worte nebst ihrer Verdeutschung hier so beigesetzt, wie ich sie in der Sammlung Clericus (jetzt im Geh. Staatsarchiv in Berlin), der ich die meisten dieser märkischen Dorfsiegel verdanke, fand; da ich aber dieser Sprache gänzlich unkundig bin, so kann ich die Richtigkeit nicht verbürgen.

Christdorf. Ein Kreuz.

Dahlhausen. Zwischen zwei Bergen ein Haus.

Dannenwalde. Eine Tanne auf Rasen.

Döllen. Ein von Felsen eingeschlossenes Thal (Dol=Thal).

Dossow. Schon im 13. Jahrh. und noch bis zum 18. als opidum, Städtlein bezeichnet. Die neue Siegeloblate zeigt eine Landschaft mit einem schlängelnden Bach.

Dransee. Auf Wasser ein Kahn mit zwei Ruderbänken.

Eichenfelde. Drei (2 · 1) hängende Eicheln.

Fahrland. Unter dem Namen „Vorland" wird der Ort vom 14. Jahrh. bis zum 30jährigen Kriege als Stadt bezeichnet; noch bis z. J. 1714 wurden dort Märkte gehalten (Fidicin). Siegel sind nicht bekannt geworden.

Falkenhagen. Falke auf einem Aste.

Frehne. Krähe auf einem Aste (Vrona = Krähe).

Fretzdorf. Engel mit Palmzweig.

Gantikow. Auf Rasen eine schreitende Gans.

Gollwitz. Ein Wappen: im Schilde ein Schwein, am Halse an einer vom linken Obereck herabgehenden Kette angekettet; auf dem bewulsteten Helme ein springendes Roß.

So das „DORF SIEGEL GOLLWITSCH" (28 mm) a. d. 17. Jahrh. und ein diesem nachgeschnittenes neues „Gollwitzsches Dorf-Siegel". Es gelang mir nicht den Ursprung des Wappens festzustellen; die bekannten frühern Besitzer des Ortes haben andere Wappen, doch könnte die Helmzier der v. Schlaberndorff: eine Meerkatze mit einem Ringe um den Leib, woran eine Kette hängt, vielleicht mit im Spiele sein.

Golzow a. d. Plane. Der Ort wird i. J. 1351 Städtchen („Stedeken") genannt, welche Benennung demselben, obwohl er niemals eine eigentliche städtische Verfassung hatte, bis zu Anfang des vorigen Jahrhunderts blieb. (Fidicin) Siegel unbekannt.

Grabow bei **Kyritz** und **Grabow** bei **Meyenburg.** Beide Dörfer führen einen Eichenzweig in ihren Siegeln.

Groß-Pankow. Haselnußstaude, vor welcher auf de" Rasen ein Eichhörnchen sitzt (Panka = Nußschale).

Halenbeck. Über Wasser eine hölzerne Brücke.

Helle. Landsch. mit Häusern u. einer Brücke üb. einem Bach.

Herzsprung. Nach links schreitender Hirsch.

Holzhausen. Auf Rasen ein kleines Haus vor einem dasselbe überragenden Baume.

Jabel. Ein gegabelter Apfelbaumzweig (Jablo = Apfel).

Jännersdorf. Der heil. Januarius, in der Rechten ein Kreuz, in der Linken ein Palmzweig haltend.

Kalkberge-Rüdersdorf. Hammer und Schlegel gekreuzt.

Kehrberg. Wappen der Familie v. Kerberg: in R. drei rechte s. Flankenspitzen; auf dem gekrönten Helme drei (s?) Straußenfedern.

Kemnitz. Eine eintürmige Kirche.

Klein-Pankow führt dasselbe Bild wie Groß-Pankow.

Kolrep. Eine Kohlrübe mit ihren Blättern.

Königsberg. Eine Königskrone (Bügelkrone).

Krüssow. Alt- u. Neu- führen beide ein Kreuz im Siegel.

Kuhbier. Ein Kastell auf einem Berge.

Kuhsdorf. Kuh auf Rasen.

Kunow. Ein Marder auf Felsen (Kuna = Marder).

Lellichow. Lilienstaude mit drei Blüten.

Lindenberg. Linde auf Rasen.

Löwenberg in der Mark. Das jetzige Dorf ward, nach Berghaus Landbuch der Mark, schon im 13. Jahrh. oppidum genannt. Siegel sind mir nicht vorgekommen.

Maulbeerwalde. Maulbeerbaum auf Rasen.

Mechow. Ein gestürztes Schwert (mjetsch = Schwert).

Mertensdorf. St. Martin zu Fuße, seinen Mantel mit dem Bettler teilend.

Nowawes. Ein Wappen: im Schilde ein Wanderer mit dem Stabe in der Rechten; auf dem Helme der brandenburgische Adler.

Nowawes ist eine 1752 von Friedrich II. gegründete böhmische Exulantengemeinde; der Siegelstempel aus jener Zeit mit obigem Wappen hat sich noch erhalten (34 mm); derselbe trägt eine äußere böhmische und eine innere deutsche Umschrift, oben: „POD · TWAU · OCHRANAU :· " = (Unter Deinem Schutz :· ;) unten: „P : CYRKWE : W : NOWEWSY" = Kirche von Nowawes. Die deutschen Worte aber scheinen zu bestätigen, daß das Siegel auch gemeindlichen Zwecken diente; sie lauten: „Siegel v. Nowawes". (Gütige Mitteilung des Herrn Oberpfarrer Keller in Nowawes.)

Papenbruch. Über Wasser eine Brücke mit einem darüberschreitenden Mönche.

Raben, im 14. Jahrh. ein Flecken, war schon um 1530 wie noch jetzt ein Dorf (Berghaus, Landb. d. Mark, I. S. 604).

Randow. Hängende Weintraube mit Blättern (Ran = Weinrebe).

Rapshagen. Auf Rasen ein schreitender Rabe.

Redlin. Eine Pflugschaar (Redlica = Pflugschaar).

Rehfeld. Auf Rasen ein schreitender Rehbock.

Repente. Eine Rübe mit ihren Blättern (Repa = Rübe).

Rohlsdorf. Ein gekrönter Geharnischter (St. Rudolph), in der Rechten eine Fahne, in der Linken einen Schild mit einem Löwen haltend.

Rosenwinkel. Zweig mit drei Rosen.

Sadenbeck. Ein Mühlrad.

Schmolde. Ein dampfender Kohlenmeiler (Smola=Pech).

Schönebeck. Ein schwimmender Karpfen.

Schrepkow. Wasser mit Binsen.

Sechszehneichen. Ein Eichbaum auf Rasen.

Sewekow. Eine Birke.

Sophiendorf. Eine Heilige (St. Sophia) mit einem Salbengefäß in der Linken.

Steffenshagen. St. Stephanus in der Rechten einen Palmzweig, mit der Linken in den Falten des Gewandes die Steine tragend.

Steglitz. Unter silbernem Schildeshaupt, worin ein schwebender Adlerkopf, in Silber zwei fünflätzige rote Stege.

Dies Wappen, bei dem die Stege dem Wappen der ausgestorbenen Familie von Stegelitz entnommen sind, wurde dem Dorfe durch Allerhöchsten Erlaß vom 24. Oktober 1887 verliehen. „Auf „den Bericht vom 16. Okt. d. J. will Ich der Landgemeinde Steglitz „im Kreise Teltow zur Führung des in der zurückfolgenden Zeichnung „dargestellten Wappens Meine Genehmigung ertheilen. Berlin, den „24. Okt. 1887 (gez.) Wilhelm. ggez. v. Puttkamer." Es ist der einzige bekannte Fall von schriftlicher Verleihung eines Wappens an ein Dorf.

Stepenitz. Ein zweibuckeliges Kameel, schreitend auf steinigem Boden.

Stralau. Ein schwimmender Karpfen (an das bekannte, hier jährlich am 24. August stattfindende Fischzug-Fest erinnernd).

Stüdenitz. Ein Ziehbrunnen (Studnje = Brunnen).

Suckow. Ein dürrer Baumast (Suck = Baumast).

Triglitz. Eine Distelpflanze mit drei Blüten (Tryi = Distel).

Vettin. St. Vitus in der Rechten einen Palmzweig, in der Linken ein Buch, auf dem ein Hahn sitzt, haltend; rechts neben ihm der dampfende Oelkessel.

Wiesenburg in der Mark, jetzt Dorf, war früher und wurde noch zu Ende des 16. Jahrh. Städtlein genannt, welches den Brand's von Lindau gehörte (Berghaus, Landbuch d. Mark, I. S. 601); Siegel unbekannt.

Wilmersdorf. Ein von vorne gesehener Spangenhelm ohne Decken oder Kleinod.

Wulfersdorf. Auf Rasen ein stehender Wolf.

Wutike. Eine auf Rasen dahinlaufende halbbekleidete Jungfrau mit flatterndem Haar.

Der Ortsname soll von dem slavischen „Wusek" = Zufluchtsort abgeleitet sein.

Zempow. Eine Buche (?).

Zernitz. Ein sechsstrahliger Stern (Zernica = Stern).

BRANDENBURG / REG. BEZ. POTSDAM

POTSDAM

ALT-LANDSBERG

ALT-RUPPIN

ANGERMÜNDE

BARUTH IN DER MARK

BEELITZ

BEESKOW

BELZIG

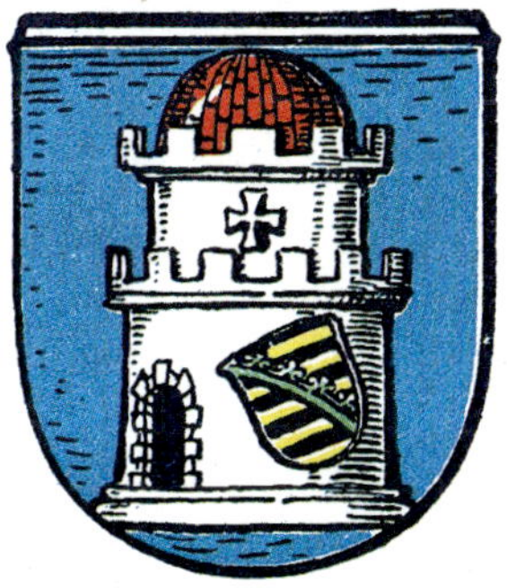

BERNAU IN DER MARK

BIESENTHAL

BRANDENBURG A. D. HAVEL

BRÜCK I. D. MARK

BRÜSSOW

CHARLOTTENBURG

DAHME

EBERSWALDE

BRANDENBURG, REG. BEZ. POTSDAM

FEHRBELLIN

FREDENWALDE

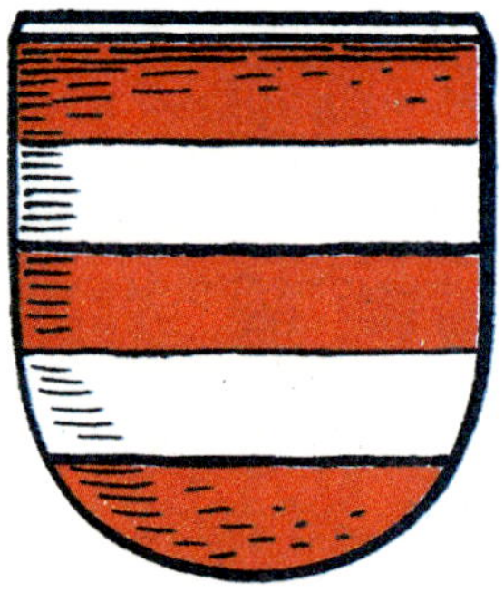

FREIENSTEIN

FREIENWALDE A. D. O.

FRIESACK IN DER MARK.

FÜRSTENWERDER

GRANSEE

GREIFFENBERG U. M.

HAVELBERG

JOACHIMSTHAL U. M.

JÜTERBOG

KETZIN

KÖNIGS WUSTERHAUSEN

KÖPENICK

KREMMEN

KŸRITZ IN DER PRIGNITZ.

LEHNIN

LENZEN A. D. ELBE.

LIEBENWALDE

LINDOW I. D. MARK.

BRANDENBURG / REG. BEZ. POTSDAM:

LUCKENWALDE

LYCHEN

MEYENBURG I.D.PR.

MITTENWALDE I.D.M.

NAUEN

NEU-RUPPIN

NEUSTADT A.D. DOSSE.

NIEDER-FINOW

NIEMEGK

ODERBERG I.D. MARK

ORANIENBURG

PERLEBERG

PLAUE A.D. HAVEL

PRENZLAU

PRITZERBE

PRITZWALK

PUTLITZ

RATHENOW

RHEINSBERG I.D. MARK

RHINOW

BRANDENBURG / REG·BEZ· POTSDAM

SAARMUND.

SCHWEDT

SPANDAU

STOLPE A.D. ODER

STORKOW

STRASBURG I.D. U.M.

STRAUSBERG.

TELTOW

TEMPLIN

TEUPITZ

TREBBIN

TREUENBRIETZEN.

VIERRADEN.

WENDISCH BUCHHOLZ

WERDER A.D. HAV.

WERNEUCHEN.

WILSNACK

WITTENBERGE R.B. POTSD.

WITTSTOCK

WRIEZEN

BRANDENBURG / REG·BEZ· POTSDAM

WUSTERHAUSEN A·D·DOSSE

ZECHLIN

ZEHDENICK

ZINNA

ZOSSEN

BRANDENBURG / R·B· FRANKFURT A/O.

ARNSWALDE

BÄRWALDE IN D·NEU·MARK·

BERLINCHEN

BERNSTEIN IN DER NEU·MARK·

BOBERSBERG.

BUCKOW REG·BEZ. FRANKF. A/O

CHRISTIANSTADT

DOBRILUGK

DREBKAU

DRIESEN

DROSSEN

FINSTERWALDE

FORST IN DER LAUSITZ.

FRIEDEBERG IN DER NEUMARK·

FRIEDLAND I·D·NL.

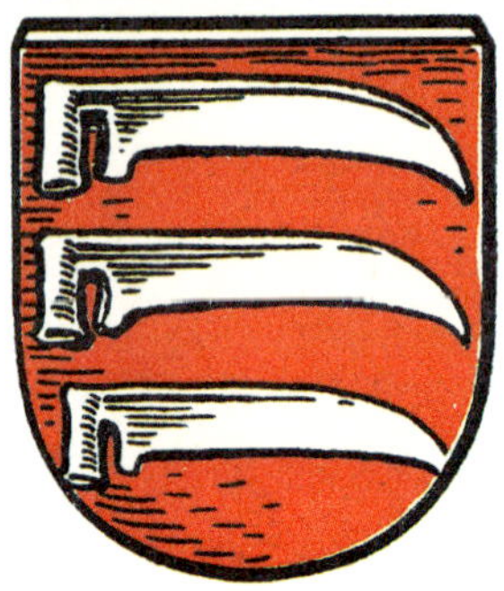

FÜRSTENBERG A/OD.

BRANDENBURG / R·B· FRANKFURT A/O.

FÜRSTENFELDE I·D· N·M·

FÜRSTENWALDE A·D· SPREE.

GASSEN

GOLSSEN

GÖRITZ

GUBEN

KALAU

KIRCHHAIN IN DER N. LAUS.

KÖNIGSBERG I·D· NM·

KÖNIGSWALDE I·D· N·M·

KOTTBUS

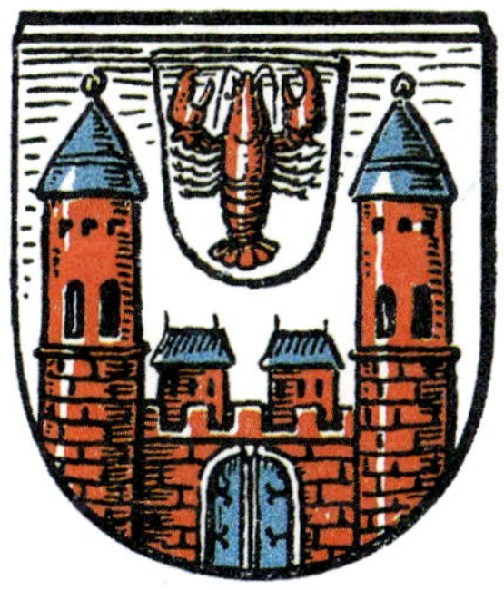

KRIESCHT

KROSSEN A·D· ODER·

KÜSTRIN

LAGOW

LANDSBERG AN DER WARTHE.

LEBUS

LIEBENAU IN DER NEUMRK·

LIEBEROSE

LIPKE

BRANDENBURG / REG.-BEZ. FRANKFURT A/O.

LIPPEHNE

LÜBBEN I.D. LAUSITZ

LÜBBENAU

LUCKAU I.D.L.

MOHRIN

MÜLLROSE

MÜNCHEBERG I.D. MARK

NEUDAMM

NEUWEDELL

PEITZ

PFÖRTEN

REETZ KR. ARNSWALDE

REPPEN

SCHÖNFLIESS I.D. NM.

SCHWIEBUS

SEELOW

SENFTENBERG I.D. LSTZ.

SOLDIN

SOMMERFELD

SONNENBURG I.D. NM.

Königreich Preußen. Provinz Brandenburg.

Regierungsbezirk Frankfurt a. d. Oder.

Abb. S. 62 **Frankfurt** a. d. Oder, Hauptstadt des gleichnamigen Regierungsbezirks. In Silber ein golden-bewehrter roter Hahn im Bogen eines breitbedachten, von zwei sechseckigen Türmen beseiteten offenen roten Thores, über dem Mittelturme schwebt ein silberner Schild mit dem brandenburg. roten Adler, auf den Dächern der Seitentürme je ein widersehender goldener Vogel.

Von dem ersten Stadtsiegel hat sich nur ein in Voßb. Mskpt. abgebildetes Bruchstück an einer Urk. v. J. 1294 erhalten; es scheint nur etwas einfachere Formen, sonst aber dieselbe Darstellung, Größe und Umschrift wie das 1336 vorkommende zweite: „SIGILLVM · BVRGENSIVM · IN · VRANKENVORDE“ (74 mm) zu haben. Dieses zeigt das oben beschriebene Bild. Ein für das Jahr 1380[1]) nachgewiesenes: „SECRETUM CIVITATIS VRANKENVORDIS“ (38 mm) hat den Hahn nach links gewandt unter einem Zierbogen stehend; der noch erhaltene Stempel eines dem Ende des 15. Jahrh. angehörigen: „s ⁘ mi ⁘ ∘ civitatis * i * franckfor ⁘ ? ⁘ ∘“ (!23 mm) bringt den Hahn allein im Schilde. Und so, auch ohne Schildform, bald auf beiden Füßen stehend, bald den einen erhebend, führen ihn auch alle spätern kleinen Siegel. Ein Hauptsiegel aus der Empirezeit mit der zweizeiligen Unterschrift: „MAGISTRAT ZU FRANKFURTH A · D · O · (51 mm) hat unter dem Adlerschild auf Rasenboden den stehenden Hahn zwischen zwei thorlosen Zinnentürmen mit je einem langen Fenster, während neuerdings die reichere, älteste Darstellung getreu wieder in das große Siegel aufgenommen wurde. — Das zweite sigillum und das älteste Sekret sind nicht schlecht abgebildet in: „Kurtze Beschreibung Der Alten Löblichen Stat Franckfurt an der Oder, ... durch Wolffgangum Jobsten . . . . . . nebst Unterschiedlichen Historischen Accessionen . . . . von Johann Christoph Beckmannen, D.“ Frankf. a. d. O. 1706, Seite 86.

1) Die Daten verdanke ich der Freundlichkeit des Herrn Oberlehrers Dr. Gurnik in Frankfurt a. d. Oder.

Altdöbern, Flecken. Laut Auskunft des Gemeindevorstehers führt der Ort kein Wappen.

Abb. S. 62 **Arnswalde,** Stadt. In Silber der rote brandenburgische Adler, in jedem Fang einen aufwärts gekehrten grünen Eichenzweig mit goldenen Eicheln haltend.

Das älteste, 1349 benutzte, von Voßberg in den Siegeln der Mark Brandenburg abgebildete: „✠ SIGILLVM * CIVITATIS * ARNESWALDIS“ (! 59 mm) hat den Adler links blickend zwischen Eichenzweigen, die er aber nicht mit den Fängen berührt. Ein: „∵ SECRETV · CIVITATIS ARNSWOLCES“ (32 mm) des 14. Jahrh. weist den Adler rechts blickend zwischen Blumenranken. Später ließ man diese, resp. die Eichenzweige fort und begnügte sich nur mit dem Adler; erst die neuesten Siegel bringen das alte Bild wieder zu Ehren. — Es hat sich nur der Stempel eines: „* SIGILVM ⁘ CIVITATIS ⁘ ARNESWALDENSIS“ (35 mm) aus dem 17. Jahrh. erhalten, auf dem der Adler auch nach links schaut.

Abb. S. 62 **Bärwalde** i. d. Neumark, Stadt. In Silber auf Rasen ein grüner Tannenbaum; jederseits am Stamme ein aufgerichteter schwarzer Bär.

Das 1321 vorkommende: „✠ SIGILLVM * CIVITATIS * BEREN * WOLD“ (55 mm) zeigt die Bären am Stamme einer Eiche aufgerichtet, in deren Krone ein Vogel sitzt; letztern läßt das: „(✠ S)ECRET ◆ CIVIV · · · · · · RWOLD“ (37 mm) aus dem 13. Jahrh. fort. Beide Siegel in Voßb. Mskpt. Ein „∵ SECRET: CIVITATIS BEHRWALDT“ (oval, 30 : 25) des 16. Jahrh. und nach ihm alle Siegel, haben die Darstellung im Schilde.

Abb. S. 62 **Berlinchen,** Stadt. In Silber der rote brandenburgische Adler.

Ein altes Hauptsiegel von Neu-Berlin ist nicht bekannt geworden; der im Märk. Prov.-Mus. in Berlin bewahrte Stempel des 1349 an Urk. vorkommenden: „SECRETVM CIVITATIS NOVE BERLIN“ (36 mm) zeigt ein dreiteiliges, mit Zinnen besetztes Thor, in dessen größerer Mittelöffnung der brandenburgische Adler nach links blickend zu sehen ist, während in jeder der beiden Seitenöffnungen je ein zugewandter brandenburgischer Helm mit dem Fluge schwebt. Ein: S * · · · · · · * berlinensi *“ (33 mm) in Voßb. Mskpt. hat nur den, ebenfalls links schauenden Adler im Siegelfelde. Das: „* RATHS UND GERICHTS SIEGEL ZU BERLINCHEN (im Felde:) 1731“ (oval, 25 : 22 mm) und nach ihm die spätern Siegel haben den Adler rechtsblickend.

Abb. S. 62 **Bernstein** in der Neumark, Stadt. In Silber auf Rasen ein grüner Eichbaum; links am Stamme ein aufgerichteter schwarzer Bär.

Ein Siegel vom Anfang des 16. Jahrh. zeigt einen auf Steinen nach links gegen einen Baum schreitenden Bären (die Umschrift ist auf dem vorliegenden Abdruck undeutlich) (32 mm); die neueren Siegel wie oben. Ein „* BERNSTEINISCH : GERICHTS : INSIEGEL“ (30 mm) aus dem 17. Jahrh. hat die Darstellung des erst beschriebenen Stadtsiegels, den Bär aber nach rechts schreitend.

Bobersberg, Stadt. In Silber auf grünem Boden zwischen einem goldenen Bienenkorb und einen roten Zinnenturm ein aufgerichteter, die schwärmenden Bienen abwehrender schwarzer Bär. Abb. S. 62

So auch das älteste bekannt gewordene Siegel mit der Umschrift: „BOBERSBERG · 1733“ (21 mm), nur daß auf diesem, wie auf einem v. J. 1803, der Bär behalsbandet ist und der Turm ein Glockendach hat. Nach magistratlicher Mitteilung kommt dasselbe Bild auf Reiterfahnen aus dem 30jährigen Kriege vor, mit der Unterschrift: „In dem du Andern Schaden bringst, nach deinem Unglück selber ringst.“ Der erhaltene Stempel des: „BOBERSBERG · GERICHTS SIEGEL“ (30 mm) aus dem 17. Jahrhundert zeigt eine wachsende Figur mit einer Art Mitra auf dem Haupte und einem offenen Buche in der Linken (Bischof? Schöffe?).

Buckow Regierungsbezirk Frankfurt a. d. Oder, Stadt. In Silber eine rote Rose mit goldenem Butzen, umkränzt von zwei grünen Hopfenranken. Abb. S. 62

Alte Siegel sind unbekannt; solche aus dem Anfang dieses Jahrh. zeigen in einem aus Palmwedeln gebildeten Kranze eine Kugel. Da Voßberg in: „Siegel der Mark Brandenburg“ darauf hinwies, daß die Kugel eine Verstümmelung der Rose des Wappens der Familie vom Closter, welcher der Ort im 16. Jahrh. gehörte, sei, so änderte der Magistrat die Stempel entsprechend ab.

Christianstadt, Stadt. In Silber nebeneinander rechts eine goldene Krone, aus der ein nach links gekehrter, mit einem goldenen linksgekehrten Löwen belegter blauer Adlerflug wächst; links ein schwebender roter Schild mit einem schrägrechtsgestellten, von zwei silbernen Sternen begleiteten silbernen Pfeil. Abb. S. 62

Es ist dies Schild und Helmschmuck der Grafen v. Promnitz, die den Ort im 17. Jahrh. gründeten und ihm 1659 das Wappen verliehen. Der noch erhaltene Stempel des: „* B E G V P CHRISTIAN STADT SIEGEL 1670“ (? 38 mm) zeigt dies Bild und sind die neuern demselben nachgebildet.

Dobrilugk, Stadt. In Silber die aus dem obern Schildrande hervorgehende, durch blaue Wolken strahlende goldene Sonne; darunter eine grüne Dornenkrone. Abb. S. 62

So nach Angabe des Magistrats und einem neuen Siegel; zwei Siegel des 18. Jahrh., beide mit der Umschrift: „STADT · DOBRILVGK“ (27 und 21 mm) lassen nicht die Sonne selbst, sondern nur die unter den Wolken hervorbrechenden Strahlen sehen; auch haben dieselben statt der Dornenkrone einen Blätterkranz. Das Bild verdankt dem dortigen Cisterzienserkloster sein Entstehen.

Drebkau, Stadt. In Blau eine durchgehende silberne Zinnenmauer mit zwei runden Türmen, offenem Thore und Fallgatter; zwischen den Türmen schwebt ein roter Schild mit einem silbernen Löwen (Böhmen). Abb. S. 62

Das älteste bekannt gewordene ist ein dem Ende des 16. Jahrhunderts angehöriges: „* SIEGEL · DES · STÄDTLEINS · IN · DREBGKO ~“ (42 mm). Es hat sich ein Stempel erhalten, der den Stadtnamen: „DERGBKO“ (!) lesen läßt, sonst aber in Bild, Umschrift und Größe dem erstern zum verwechseln ähnlich ist; es war wohl der zuerst angefertigte, aber wegen des Fehlers nicht in Gebrauch genommene der beiden Stempel. Ein Abdruck dieses letztern ist abgebildet in v. Mülverstedts „Diplomatarium Ileburgense“ 1877. Auch ähnlich, aber kleiner ist das: „ * SIGEL · DER · STAD · IN · DREBCKO 1713 ·“ (25 mm), während ein neues Magistratssiegel statt des Eigenwappens der Stadt den preuß. Adler zeigt.

Drehna bei Kalau, Flecken. Der Ort scheint kein Wappen noch Siegelbild zu haben.

Driesen, Stadt. In Silber der rote brandenburgische Adler, dessen Brust mit einem goldenen Herz, dessen Schweif mit einem goldenen Stern belegt ist. Abb. S. 62

So nach Angabe des Magistrats und den neueren Siegeln der nicht alten Stadt. Das Herz ist zweifellos aus der, auf einem ältern Siegel etwas stark betonten Brust des Adlers entstanden. Der noch vorhandene Stempel des: „* SIGILLUM · SENATUS · DRIESNENSIS ·“ (oval 26 : 24 mm) vom Anfang des 17. Jahrh. hat, wie auch mehrere spätere Siegel, wohl den Stern, aber nicht das Herz. Selbst auf den Siegeln, die den Adler fliegend (zuweilen in einem vom preuß. Adler gehaltenen Schilde) zeigen, ist der Schweif mit dem Stern belegt. Der Magistrat sieht in dem fünfspitzigen Stern den Grundriß der 1602 angelegten, 1763 geschleiften Festung Driesen (!). Eine Zeit lang führte man den preußischen Adler mit seinen Attributen, ging aber bald wieder auf den märkischen mit den beschriebenen Zuthaten zurück. Ein Gerichtssiegel des 17. Jahrh. hat den Adler allein im Felde.

Abb. S. 62 **Drossen,** Stadt. **In Gold ein schwarzer, rot-bewehrter Adler.**

Die Farbenangabe nach dem „Neuen Siebmacher". Alte Hauptsiegel sind nicht bekannt geworden, dagegen bringt Voßb. Mskpt. nach Abdruck v. J. 1393 ein wohl dem Anfang des 14. Jahrh. zuzuschreibendes „✠ S'ЄCI ∴ CIVITATIS ∴ DROSSЄN" (35 mm), welches den brandenburgischen (also roten) Adler nach links blickend zeigt. Das: „RATHS UND GERICHTS SIEGEL DER STADT DROSSEN" (32 mm) aus dem vorigen Jahrh., wie auch die neuen Magistratssiegel haben den Adler rechtsblickend.

Abb. S. 62 **Finsterwalde,** Stadt. **In Silber eine durchgehende Zinnenmauer mit Kuppelturm und offenem Thor; zu beiden Seiten des Turmes je eine wachsende grüne Linde.**

So auch ein von v. Mülverstet im: „Diplomatarium Ileburgense" abgebildetes: „SIGEL · DER STAT · FINSDERWALDE ∴" (! 35 mm) des 16. Jahrh., dessen Darstellung sich offenbar früheren Siegeln anlehnt; anfangs dieses Jahrh. führte die Stadt den gekrönten preuß. Adler mit Schwert und Scepter in den Fängen, ging aber bald wieder auf das eigene Siegelbild zurück. Die neuen Siegel stellen dasselbe in eine Schildform.

Abb. S. 62 **Forst** in der Lausitz, Stadt. **In Gold eine rote Hirschstange.**

Alte Siegel blieben unbekannt; ein: „· SIGILLVM · ✝ · CIVITATIS · ✝ · FORST · ✝ · 16 : 42 · ✝" (34 mm), abgebildet in in v. Mülverstedts „Diplomatarium Ileburgense", zeigt das Wappen der Herren von Biberstein mit der Hirschstange im Schilde und auf dem Helme. Diesem Siegel sind alle neuern nachgeschnitten. Die „drei Kügelchen am untern Ende" die Joh. Christ. Schneiders „Chronik der Stadt und Standesherrschaft Forst" 1846, S. 7 der Hirschstange zuschreibt, sind selbstredend auf die von der Heraldik kleeblattförmig stilisierte Rose des natürlichen Geweihes zurückzuführen.

Abb. S. 62 **Friedeberg** in der Neumark, Stadt. **In Rot eine silberne Burg mit drei runden Türmen, deren mittlerer höher ist; im offenen Thor ein naturalistischer grüner Lilienstengel mit drei weißen Lilien.**

Das von Voßberg in: „Siegel der Mark Brandenburg" gebrachte: „✠ SЄCRЄT : CIVIT : VRЄDЄBЄRGK" (40 mm) aus dem 14. Jahrh. zeigt die Burg mit einer heraldischen Lilie im Thor; neben letzterem ist die Mauer jederseits belegt mit einem zugewandten brandenburgischen Wappen: Adlerschild und Helm mit Flug. Ein: „✝ sig · · · · civitatis * fredeberghe" (37 mm) des 15. Jahrh. zeigt nur die Burg und in derem Thore einen undeutlichen Gegenstand; auf dem: „* RATHS UND GERICHTS INSIGEL ZU FRIDEBERG 1731" (34 mm) ist in letzterm deutlich ein Pflanzenstengel zu erkennen; dieser wurde früher amtlich als Nesselstrauch, jetzt als Lilienstengel bezeichnet. Die neueste Siegeloblate zeigt das Thor geschlossen.

Abb. S. 62 **Friedland** in der Niederlausitz, Stadt. **In Rot drei silb. Sensenklingen querlinkshin mit der Schneide nach unten.**

Diesen Schild der Herren von Strele (Strehla) weist auch das: „· STADT · SIGIL · IN · FRIEDLAND · AN · 1659" (25 mm); bei einem mit 1727 bezeichneten, aber wohl jüngern Farbsiegel hält über dem Schilde eine aus Wolken kommende Hand eine Wage.

Abb. S. 62 **Fürstenberg** an der Oder, Stadt. **In Blau ein goldener Löwe.**

So nach amtlicher Angabe und Siegeln von denen das früheste das: „SIGILLVM · CIVITATIS · FVRSTENBERGENSIS · (im Felde:) 1643" (30 mm) mit dem Löwen in einen Schilde ist. Die neueste Siegeloblate zeigt den Löwenschild schwebend zwischen den beiden runden Türmen einer Burg mit zwei offenen Thoren.

Abb. S. 63 **Fürstenfelde** in der Neumark, Stadt. **In Silber ein rotes Rad.**

So die neuen Siegel; alte sind nicht bekannt geworden. Ein: „SIEGEL · D · STETLEIN · FVRSTENFELDE" (oval 24 : 20 mm) vom Ende des 17. Jahrh. zeigt statt des Rades eine Rose im Schilde.

Abb. S. 63 **Fürstenwalde** a. d. Spree, Stadt. **In Silber ein grüner Laubbaum mit Wurzeln, auf dem der rote Adler mit einem goldenen Ring im Schnabel sitzt; rechts vom Stamme schwebt ein goldener Schild mit einem schwarzen, links ein silberner Schild mit einem roten Adler.**

Das in Goltz' Chronik von Fürstenwalde schlecht, in Voßb. Manuskript gut abgebildete, dem 14. Jahrhundert angehörige: „✠ S · CIVITATIS · VORSTЄNWALD" (35 mm), wie auch ein: „* SIGILLVM · CIVITATIS · FVRSTENWALDENSIS" (32 mm) vom Anfang des 16. Jahrh. und ein noch erhaltener Siegelstempel des 17. Jahrh. (abgeb. in Jobst's Chronik d. St. Frankfurt a/O., 1706) mit derselben Umschrift, haben die gleiche Darstellung, nur daß bei dem ältesten der Vogel auf dem Baume nach links schaut. Der Ring im Schnabel ist bei keinem zu sehen, ist also eine ganz neue Beigabe. Der schwarze Adler gilt als der Schlesische, doch fehlt der diesem zukommende Halbmond auf der Brust. Merkwürdig ist ein: „* SIGILLVM · SCABINATVS · FVRSTENWALDENSIS" (! 34 mm) des 17. Jahrh. Dasselbe zeigt das Siegelfeld durch eine aufsteigende, ausgebogene Spitze in drei Teile zerlegt; oben im ersten ein Scepter, im zweiten der brandenb. Adler; unten in der Mitte der Baum mit dem Vogel, während der Stamm des Baumes wieder von den zwei Adlerschilden begleitet wird. Eine ähnliche pleonastische Darstellung hat auch ein späteres achteckiges Gerichtssiegel.

Gassen, Stadt. **In Rot ein goldener Löwenkopf im Visier, darunter eine goldene Lilie, deren Mittelblatt den Unterkiefer desselben bedeckt. („Leopardenkopf auf einer Lilie ruhend.")** Abb. S. 63

Rudolf v. Bünau zu Gassen erwarb 1660 für das Dorf Gassen von Herzog Christian zu Sachsen das Stadtrecht und gab dem Orte dies sein Wappen. Ein: „* SIGILLVM * CIVITATIS * GASSENSIS (im Felde:) 1738" (25 mm) zeigt auch das ganze Bünau'sche Wappen mit dem (schwarzen) Adlerflug auf dem Helm. Statt des letztern hat die Stadt nach einem Allerhöchsten Erlaß vom 20. Jan. 1862 auf dem Schilde eine Mauerkrone mit dem daraus wachsenden gekrönten schwarzen preuß. Adler zu führen.[1] So also die neuen Siegel.

[1] Die Geschichte des Wappens der Stadt Gassen wird in der Übersicht über das Wappen- und Siegelwesen der Städte eingehender besprochen werden.

Golssen, Stadt. **Von Rot und Silber geteilt; oben eine durchgehende, mit drei Türmen besetzte silberne Zinnenmauer mit offenem Thor, unten ein linkshin schreitender schwarzer Eber.** Abb. S. 63

So schon auf dem: „❀ S · CIVITATIS · GOLSЄN" (36 mm) des 14. Jahrh., nur daß dabei die Türme weder Fenster noch Thor zeigen, während ein: „❀ SIEGEL DER STADT GOLSEN" (22 mm) des 17. Jahrh. letzteres hat.

Göritz, Stadt. **In Gold zwei gekreuzte rote Bischofsstäbe; in dem obern der dadurch gebildeten Winkel ein silberner Stern.** Abb. S. 63

Ein: „s * der ✦ stat * goritz * ∾" (26 mm) a. d. 14. Jahrh., dessen Originalstempel Voßberg besaß, zeigt die Bischofstäbe in einem Schilde, der mit einer Mitra besetzt ist; so auch die neuen Siegel, die aber über der Bischofsmütze noch den fliegenden preuß. Adler haben. Der Stern, den die magistratl. Auskunft eigens betont und den auch der Neue Siebmacher angibt, ist weder auf der Abb. des ältesten, noch auf den mir vorliegenden späteren Siegeln zu sehen. Göritz war Sitz der Bischöfe von Lebus.

Guben, Stadt. **In Silber eine rote Burg mit breitem Zinnenturm und zwei spitzbedachten Seitentürmen, geöffnetem Thor und Fallgatter; auf den Zinnen des Mittelturmes ruht eine goldene Krone; alle drei Türme sind belegt mit je einem nach rechts gelehnten Schilde: am Mittelturm in Rot ein gekrönter silberner Löwe (Böhmen), rechts der Schild von Sachsen, links der preußische Adlerschild.** Abb. S. 63

Ein Zeitungsausschnitt mir unbekannter Herkunft in der Sammlung Clericus, betitelt: „Das Stadtwappen von Guben", sagt über das älteste, 1312 vorkommende Stadtsiegel nur, daß es dieselbe Darstellung habe und kleiner sei als das zweite: „✠ SIGILL ✦ BVRGЄNSIVM ✦ DЄ ✦ GVBIN" (50 mm). Dieses bringt Voßb. Mskpt. nach einem Abdruck v. J. 1348; es zeigt drei unverbunden nebeneinanderstehende spitzbedachte Türme, von denen der mittlere höher ist und ein offenes Thor hat. Ganz so das von Engel aus dem Thorner Ratsarchiv von einer Urk. von 1400 gebrachte: „✠ S'(E)CRETVM · CIVIT(A)TIS · GVB · · · · ·" (34 mm). Ein ganz anderes Bild: einen Schild mit einer Krone darin, weist ein Signet des 15. Jahrh.; es ist auf einem vielfach verschlungenen Bande mit: „MI ∘ SE ∘ CI ∘ GVBI" (= secretum minus civit. Gubin, 22 mm) bezeichnet. Ein noch erhaltener, wohl erst dem 17. Jahrh. angehöriger Stempel hat auch die Krone und darunter im Schilde die Jahreszahl „1584"; Umschrift: „❀ SIGILLVM · CIVITATIS · GVBEN" (32 mm); das: „SIGILLVM CIVITATIS GVBIN 1643" (35 mm) weist zuerst die Krone über dem Mittelturm einer aus drei, durch eine Mauer verbundene, fenster- und thorlosen Zinnentürmen bestehenden Burg. Von da an wechselten die Formen der Burg oft; auch kommt sie mit und ohne die Krone und einigemal auch mit dem auf einem Schauthaler v. J. 1623 zuerst erscheinenden schildhaltenden Löwen vor. I. J. 1883 fand man für nötig das Stadtwappen, wie oben angegeben, zu bereichern (s. darüber die Allgemeinen Vorbemerkungen).

Kalau, Stadt. **In Silber eine rote Burg mit offenem Thore und zwei runden Türmen; zwischen den letzteren schwebt ein von Rot und Blau geteilter Schild, worin oben ein wachsender goldener Löwe, unten drei (2 : 1) silberne Sterne.** Abb. S. 63

Die Figuren des Wappens sind die der Dynasten von Ileburg (Eulenburg), die aber den (später rot gekrönten) Löwen schwarz in Gold führten. Ein altes Hauptsiegel ist nicht bekannt.

Dagegen bewahrt die Stadt noch den Stempel des: „✠ o secretum o civitatis ° s kalow o " (30 mm) aus dem 15. Jahrh., abgebildet in v. Mülverstedt's „Diplomatarium Ileburgense" 1877. Auch der Stempel des dem 16. Jahrhundert angehörenden: „ * SIGILLVM · CIVITATIS · CALOVIÆ" (32 mm) und der des, in Voßb. Mskpt. abgebildeten, nur durch zwei Sternchen zu Beginn der Legende von diesem unterschiedenen neuern Nachschnittes sind noch erhalten. Alle diese und auch die neuen Darstellungen haben dieselbe Darstellung. Das Stadtwappen findet sich so auch abgebildet in der: „Chronike der Creysz-Stadt Calau" von Joh. Christian Edlen von Schmidt, Lübben, 1758.

Abb. S. 63 **Kirchhain** in der Niederlausitz, Stadt. **In Blau eine silb. Kirche mit drei Türmen und geschlossenem Thor.**

Ein: „ ❀ S(I)GILLVM · CIVITATIS ∗ KIRCH · · · · · ·" (23 mm) aus dem Ende des 16., und ein: „ ·:· SIGILLVM · CIVITATIS · KIRCHHAINENSIS" (36 mm) aus dem Anf. d. 17. Jahrh. zeigen ein ähnliches Bauwerk. Unter Benutzung der mangelhaften Siegelabbildungen aus Zahn's „Geschichte der Städte Kirchhain und Dobrilugk" 1885, brachte L. Clericus in der Zeitschrift „Der Sammler", Februar 1889, einen Aufsatz über die Siegel dieser Stadt.

Abb. S. 63 **Königsberg** in der Neumark. **In Blau der Kopf eines jugendlichen bekrönten Königs mit langem goldenem Haar.**

Ein schönes, wohl noch aus dem 13. Jahrh. stammendes, für 1331 nachgewiesenes und noch 1697 (Engel) gebrauchtes: „✠ S BVRGENSIVM · CIVITATIS · KONINGESBERCH" (65 mm) zeigt einen thronenden König, der in jeder Hand einen zugewendeten Helm mit dem brandenburgischen Flug über je einem rechtshin gewendeten brandenburgischen Adlerschild hält. Ein: „✠ SECRET CIVITATIS ❀ KONIGESBERG" (39 mm) des 14. Jahrh. hat schon den Rumpf eines Königs. Die späteren Siegel, wie das Signet: „S · C · K (im Felde:) 1727" (oval, 20 : 18 mm), das: „RAHTS U GERICHTS SIEGEL D STADT KÖNIGSBERG I D N · MARCK 1731" (oval, 33 : 22 mm) u. s. w. haben den Kopf in einem bekrönten Schilde. Abbildung der beiden ältesten Siegel in Voßb. Mskpt.

Abb. S. 63 **Königswalde** in der Neumark, Stadt. **In Silber eine nur mit einer goldenen Krone bekleidete wachsende Jungfrau mit wallendem goldenen Haar, die in jeder Hand einen grünen Tannenbaum hält.**

So das: „ ∗ SIGILLVM ∗ CIVITATIS ∗ KÖNIGES WALDENSIS" (! oval, 40 : 35 mm) des 17. Jahrh.; die modernen Siegel verunstalten das Bild, indem sie das Königskind ohne Arme darstellen und die Bäume daneben frei schweben lassen. S. darüber die Kritik von L. Clericus im „Neuen Siebmacher".

Abb. S. 63 **Kottbus,** Stadt. **In Silber eine rote Burg mit geschlossenem Thore, zwischen deren Türmen ein silb. Schild mit einem aufgerichteten roten Krebse schwebt.**

Das Kreuzlein, was die neuen Darstellungen über diesem Schilde der Herren von Cottbus (Chotebuz) zeigen und das der „Neue Siebm." als „ein 8eckiges(!) Johanniterkreuz" blasonniert, hat keine historische Bedeutung; es ist vielmehr nur das übliche Zeichen, welches bei dem schönen: „✠ SIGILLVM · CIVIVM · DE · COTEBVZ" (63 mm) des 13. Jahrh., den Anfang der Legende bezeichnet. Ein: „S : CIVTA : COTBVS · V 1632 (im Felde:) 1538 (! 23 mm) in Voßbergs Manuskript dürfte wohl dem letztern Jahre angehören und das V (A?) 1632 später beigefügt worden sein; es zeigt nur den Schild mit dem Krebs, ohne Burg und Kreuz. Das: „SIGILLVM CIVITATIS COTBVS 16✠71" (33 mm) und die spätern ahmen dagegen die Darstellung des ältesten Siegels nach, ziehen jedoch das Kreuz mit in's Siegelfeld. Ein ganz vereinzeltes: „STADTVERORDNETEN SIEGEL ZV COTTBVS 1831" (oval, 30 : 25 mm) zeigt zwei, aus Wolken an den Seiten des Siegelfeldes kommende, verschlungene Hände, die zwischen sich ein Bündel Pfeile halten. Die Gerichtssiegel zeigen die Burg im Schilde und über diesem einen Helm mit dem Krebse, bis auf ein merkwürdiges: „SEAV · DE · LA · IVSTICE · FRANCOISE · DE · COTTBUS 17✠06" (! 35 mm), welches die ganze Anordnung des Stadtsiegels von 1671 wiedergibt. Dasselbe gehörte der dortigen vom Großen Kurfürsten angelegten französischen Kolonie und teilt den Schreibfehler SEAU mit dem entsprechenden Siegel der franz. Kolonie in Magdeburg.

Abb. S. 63 **Kriescht,** Flecken. **In Rot ein silb. Johanniterkreuz.**

So nach Angabe der Ortsbehörde und einem modernen Farbsiegel.

Abb. S. 63 **Krossen** a. d. Oder, Stadt. **In Blau eine silberne Burg mit breitem Mittelbau und zwei Seitentürmen; in der goldenen Thoröffnung der schwarze, schlesische Adler mit silbernem Halbmond auf der Brust; der fensterlose Mittelbau mit einer goldenen Lilie belegt.**

Das für das Jahr 1380 zuerst nachgewiesene, aber ältere: „✠ SIGILLVM · BVRGENSIVM · DE CROZNA" (78 mm) hat die Lilie nicht; die Burg ist dabei mit einem großen Schilde, worin der schles. Adler mit einfachem Brustmond, belegt; das im Thorner Archiv an Urk. v. 1376 hängende: „✠ SECRETVM ✠ CIVITATIS ✠ CROSNE ✠" (35 mm) hat dieselbe Darstellung, jedoch im Siegelfelde, nebst drei Sternen, eine kleine wohl auch nur zur Raumausfüllung dienende Lilie. Ein: „·⁰ SIGILLVM · CIVITATIS · CROSNENSIS ⁹" (32 mm) aus dem 17. Jahrh. hat wohl zuerst das jetzige Bild und daran lehnen sich alle spätern, die nur den Adler zuweilen im Schilde, zuweilen frei im Thorbogen haben. Ein 1564 gebrauchtes Siegel mit nur einem Schilde mit der Lilie (Umschr. unleserlich, 28 mm) scheint ein Gerichtssiegel zu sein. Doch zeigen auch Krossener Brakteaten des 13. Jahrh. nur die Lilie. Das erste Haupt- und Sekretsiegel sind beschrieben und abgebildet im „Wappenbuch der Schlesischen Städte" von Hugo Saurma, Freiherr v. u. z. d. Jeltsch (Berlin 1870) S. 149.

Küstrin, Stadt. **Von Silber und Blau gespalten; rechts der halbe rote brandenb. Adler am Spalt, links ein abgewendeter silberner Karpfen.** Abb. S. 63

Von ältern ist nur ein in Voßb. Mskpt. nach einem Abdr. v. 1423 abgebildetes: „ s s civitatis # in # custerin #" (28 mm) bekannt geworden, was den halben Adler und den Fisch nebeneinander im Schilde zeigt; hier wie bei einigen spätern Siegeln fehlt die Spaltlinie. So auch bei dem: „SIGILLUM · SENATUS · CUSTRINENS" (oval, 22 : 20 mm) aus dem 17. Jahrh. Der noch erhaltene Stempel: „D · KON · PR · NEUM · STADT U · VESTE CUSTRIN RATHS U · STADT SIEGEL 1758" (oval, 37 : 35 mm) hat die Darstellung in einem reichen, von Palmwedeln umrahmten und von einer fünfblätterigen Krone überhöhten Schilde, und diente diese Anordnung vielen andern Siegeln zum Vorbilde. Die neuen aber lehnen sich an die nüchternen Siegel der Stadtverordneten aus dem Anfange dieses Jahrhunderts an.

Lagow, Stadt. **In Rot ein silbernes Johanniterkreuz.** Abb. S. 63

Es ist mir nur ein neues Farbsiegel mit diesem Bilde bekannt geworden. Lagow war ehemals eine Komturei des Johanniter-Herrenmeistertums Sonnenburg.

Landsberg a. d. Warthe, Stadt. **In Silber der rote, gold-bewehrte brandenburgische Adler, je ein grünes Kleeblatt am Stiele in den Fängen haltend.** Abb. S. 63

Ein altes Hauptsiegel fehlt noch; das an einer im Königsberger Archiv an einer Urk. v. 1348 hängende: „✠ SECRETV CIVIT : NOVE · LA · · · SBERG" (28 mm) zeigt den Adler nach links blickend, wachsend über Dornzweigen (Voßb. Mskpt.). Das 1444 gebrauchte: „sigillum ✠ civitatis ✠ novelantsberg" (auf Band, 33 mm) hat denselben aber schon rechtsschauend und mit den Kleeblättern im Schilde. So auch ein: S · CIVITAT · NOVÆ · LANDSBERGÆ ANNO 1729" (23 mm), während alle spätern Siegel dem noch erhaltenen Stempel des: „SECRET : SENAT : ET · CIVITAT : LANDSB A WARTH · (im Felde:) 1707" (39 mm) nachgebildet sind und wie dieses über dem Schilde einen Helm mit einem offenen Flug, zwischen dem ein gestieltes Kleeblatt wächst, zeigen.

Lebus, Stadt. **In Blau auf grünem Boden ein springender goldener Wolf, der ein silbernes Lamm im Rachen hält.** Abb. S. 63

Nach dem „Neuen Siebmacher" soll ein nicht näher beschriebenes Siegel aus d. J. 1335 einen stehenden Wolf mit dem Lamm im Rachen haben; bei der durchgängigen Unzuverlässigkeit jenes Werkes ist es nicht unmöglich, daß eine Verwechslung mit dem Siegel von Landsberg i. Opr., welches dieses Bild zeigt und dessen Abbildung Voßberg die Jahreszahl 1335 beischrieb, vorliegt; es wäre sonst der erste Fall, daß der Neue Siebm. ein nicht sonst bereits veröffentlichtes mittelalterliches Siegel brächte, und noch dazu von einer Stadt, von der sonst keine über das 17. Jahrh. zurückgehenden Siegel bekannt sind. — „DER STADT LEBUS CAMREY SIEGEL" (oval, 24 : 21 mm) a. d. 17. Jahrh. hat den Wolf zwischen zwei Palmwedeln unter einer Krone; ein: „∗ SIEGEL DES MAGISTRATS ZU LEBUS" (30 mm) aus dem vorigen Jahrh. hat denselben mit dem Lamm im Felde, die neuesten in einem blau schraffierten Schilde.

Liebenau in der Neumark, Stadt. **In Rot eine durchgehende silberne Zinnenmauer mit offenem Thor, hinter der sich ein gezinnter, breitbedachter fensterloser Turm erhebt; rechts neben diesem ein aufgerichteter, von zwei silbernen Sternen begleiteter goldener Bischofsstab, links unter einem silbernen Stern ein Schildchen.** Abb. S. 63

Freiherr Hugo Saurma von und zu der Jeltsch beschreibt im Wappenbuch der schlesischen Städte das älteste bekannte aus dem Anf. des 16. Jahrh. stammende Siegel wie oben, ohne jedoch des Schildleins zu erwähnen; auf dem: „ ✠ SIGILLUM ‡ CIVITATIS ‡ LUBINOVIENSIS ‡ 1723 (im Felde:) SIL" (33 mm) ist letzteres jedoch deutlich und zwar sechsmal geteilt sichtbar; ein: „❀ SIGILUM ❀ CIVITATIS ❀ LUBENAU 1762" (31 mm) hat es nur einmal quergeteilt, doch zeigen sich oben und unten undeutliche Schrägstriche in den Feldern; auf einem neuen, aber auch mit 1723 bezeichneten Stempel ist dasselbe endlich zu einer Art Flagge geworden. Der Magistrat weis über die Schildfigur keine Auskunft zu geben, vermutlich bezieht sich der Schild wie auch der Krummstab auf das Cistercienser-Kloster Paradies, dem der Ort früher gehörte. (Saurma-Jeltsch S. 171.)

Abb. S. 63 **Lieberose,** Stadt. In Blau zwei schwebende silberne Zinnentürme ohne Thore nebeneinander.

Der noch erhaltene Stempel des: „* SIGILLUM • CIVITATIS • LIBROSENSIS“ (35 mm) aus dem 16. Jahrh. zeigt dasselbe Bild im Schilde. Zwischen den Türmen ist dabei ein nicht erkennbarer Gegenstand zu bemerken, der auf einem in v. Mülverstedts „Diplomatarium Ileburgense“ abgebildeten, mit: „CIVITA * LVBRO (im Felde:) 1553“ (! 24 mm) bezeichneten Siegel, dessen Stempel erhalten ist, am ehesten die Gestalt einer gestürzten Sensenklinge hat. Ein diesem in Umschrift und Größe nachgebildetes Siegel mit derselben Jahreszahl, welches aber wohl 100 Jahre später ist, sowie die neuen, lassen den Gegenstand weg.

Abb. S. 63 **Lipke,** auch Alt-Lipke, Flecken. In Grün drei goldene Weizenhalme.

So die einzige Quelle, ein neues Farbsiegel.

Abb. S. 64 **Lippehne,** Stadt. Von Silber und Blau gespalten; rechts am Spalt ein halber roter Adler; links drei pfahlweis gestellte goldene Sterne.

Ein altes Hauptsiegel ist nicht bekannt. Das im Königsberger Archiv an einer Urk. v. J. 1376 vorkommende: „✠ SEC····· ·VITATIS ··· ANE ·“ (37 mm, Voßb. Mskpt.) hat im Siegelfelde frei nebeneinander rechts die drei Sterne, links den linksblickenden Adler. Dieser ist nicht wie gewöhnlich gespalten, sondern es fehlt ihm nur der rechte Flügel, während er beide Fänge hat. Ebenso, nur nach rechts schauend und rechts neben den Sternen, findet sich der Adler auf einem höchst ungeschickt geschnittenen „··· SIGILLVM CIVITATIS LIPPEN ····“ (40 mm) aus der Zeit des 30jähr. Krieges. Das Siegel des: „* KÖN · PR · NEUMARKL · SOLDINSCHEN CREISES MAGISTRAT ZU LIPPEHN“ (37 mm) des vorigen Jahrh. ist zum Vorbild aller späteren Siegel geworden; es zeigt obige Figuren im gespaltenen Schilde und über diesem einen Turnierhelm, der von einer fünfblätterigen Krone überhöht ist. Da diese Zuthaten hier keine heraldische Bedeutung haben, sondern nur Flitterwerk sind, so blieben sie besser weg.

Abb. S. 64 **Lübben** in der Lausitz, Stadt. In Gold ein schwarzer, rot-bewehrter Adler.

Vermutlich wäre der Adler richtiger rot in Silber zu geben. Einen Adler im Schilde hat auch das: SIGILLVM CIVITATIS · LVBEN IN FERIOR I···· SATIÆ“ (35 mm) des 16. Jahrh. und der noch erhaltene Stempel von: „DER · STAT · LVEBEN · IN · SIEGEL · 1619“ (31 mm). Frei im Felde haben ihn das: „* SIGILLVM · CIVITATIS LVBENSIS (im Felde:) 1709“ (35 mm) und ein ovales (22:20 mm) Siegelchen mit derselben Umschrift (ohne Jahr) in Voßb. Mskpt., sowie die neueren Siegel. Das neueste vertauscht leider den alten Adler mit dem preußischen.

Abb. S. 64 **Lübbenau,** Stadt. In Blau ein schwimmender silb. Fisch; über demselben ein, unter ihm zwei silb. Sterne.

Dasselbe Bild haben im Schilde ein: „✠ SIGILLVM CIVITATIS LVBENOIENSIS“ (33 mm) aus dem 16. und der noch vorhandene Stempel des: „❀ SIGILLVM ∘ CIVITATIS ∘ LVBENOVIENSIS“ (40 mm) aus dem 17. Jahrh., wie auch die neueste Siegeloblate, während ein in v. Mülverstedt's „Diplomatarium Ileburgense“ 1877 abgebildetes: „* SIGILLVM CIVITATIS · LVBENAVIENSIS“ (27 mm) des 16. Jahrh. die Eulenburgischen Sterne in der üblichen Weise gestellt hat, also zwei über, einer unter dem Fische. Dabei ist der Schild im Siegelfelde nochmals von drei Sternen umstellt.

Abb. S. 64 **Luckau** in der Lausitz, Stadt. In Silber ein schreitender, widersehender roter, gold-bewehrter Stier mit über dem Rücken geschlagenem Schweife.

Das älteste bekannt gewordene ist ein von Engel im Thorner Ratsarchiv an einer Urk. v. 1399 gefundenes: „Secretum ·······“ (31 mm) mit dem schreitenden Stier. Ein 27 mm großes Siegel des 15. Jahrh. zeigt den letztern springend in einem Schilde, über dem ein Band mit einer auf dem vorliegenden Abdrucke nicht erkennbaren Inschrift flattert. Ein: „SIGILLVM CIVITATIS LVCCÆ“ (28 mm) des 16. Jahrh. hat den Stier mit zurückgewandtem Haupte in reichem Rahmenschilde, wogegen er auf einem Siegelchen des 17. Jahrh. mit derselben Umschrift (20 mm) geradeaus schauend dargestellt ist. Das neueste Siegeloblate copiert ein: „* SIEGEL DER HAUPT U · KREYS STADT LUCKAU I · M · N · L“ (37 mm) aus der Empire-Zeit selbst mit der veralteten Schreibweise.

Abb. S. 64 **Mohrin,** Stadt. In Silber eine rote Burg mit zwei runden Türmen und geschlossenem silbernen Thor; zwischen den Türmen schwebt ein schwarzer Adler; der rechte Thorflügel ist belegt mit einem halben roten Adler, der linke mit einem aufgerichteten blauen Fisch.

Voßberg bringt in den Siegeln der Mark Brandenburg die Abbildung des: „✠ S' CIVITATIS · MORIN“ (22 mm) von einer Urk. v. J. 1348, welches, wie auch ein von demselben a. a. O. besprochenes v. J. 1513, nur den brandenb. Adler zeigt. Erst i. J. 1639 erscheint das jetzige Bild. Erhalten der Stempel des: „* SIGILLVM · CIVITATIS · MORINENSIS · 1780“ (35 mm); es gibt davon einen in Darstellung, Umschrift und Jahreszahl gleichen Nachschnitt von nur 25 mm Durchmesser.

Mühlbach, nach Saurma-Jeltsch früher ein Städtchen, jetzt Marktflecken im Reg.-Bez. Frankfurt a. d. O.; Siegel sind nach S.-J. nicht bekannt.

Müllrose, Stadt. In Silber ein schwebender roter Adler über einem aus dem unteren Schildrande wachsenden golden-bewehrten roten Hirsch. Abb. S. 64

Ältere Siegel haben sich nicht erhalten. Das früheste bekannt gewordene ist ein Gerichtssiegel des 17. Jahrh., welches, wie auch das: „MULLROSER STADTSIEGEL“ (32 mm) aus dem vor. Jahrh. und alle späteren, dasselbe Bild hat. In Folge der unrichtigen Darstellung des Stadtzeichens auf einer Fahne wird der Adler zuweilen für einen Reiher gehalten.

Müncheberg in der Mark, Stadt. In Gold auf grünem Dreiberge ein wachsender, blaugekleideter Mönch, der in der Rechten den silbernen Schild mit dem roten brandenburgischen Adler, in der Linken einen silbernen, oben mit einem Stern besteckten langen Stab haltend. Abb. S. 64

In Voßb. Mskpt. findet sich die Abb. des Bruchstückes eines i. J. 1307 gebrauchten Siegels mit anscheinend demselben Bilde, nur daß der Mönch den Adlerschild links hat; was er in der Rechten hält ist ungewiß, da der Teil des Abdruckes fehlt; von der Legende ist nur erhalten: „······· ITAT ······ EHIC ···“ (? 63 mm). Auf dem für 1355 nachgewiesenen: „✠ SE · CIVITATIS · MONKEBERCh“ (37 mm) hält derselbe den Schild in der Rechten, in der Linken einen, wie ein Streitkolben geformten Gegenstand, den ich als Sprengwedel ansprechen möchte; so auch auf einem nur mit „M · S · S ·“ (achteckig, 12:9 mm) bezeichneten Signet des 16. Jahrhunderts. Bei dem: „SIEGEL ···· D · MVNCHBERGK · * * * *“ (35 mm) des 17. Jahrh., und: „*DER ∘ STAD ∘ MVNCHBERGK ∘ SIEGEL ∘“ (28 mm) ist, wie auf den neuern Siegeln, der Stab übermäßig verlängert. Das Gerichtssiegel (und auch das Kirchensiegel) zeigen das Bild des Stadtsiegels. Müncheberg ward in der ersten Hälfte des 13. Jahrh. von schlesischen Mönchen angelegt, daher Name und Siegelbild.

Neudamm, Stadt. In Rot ein goldener, blau-bewehrter Löwe. Abb. S. 64

Dies Wappen soll der Stadt von deren Begründerin, Katharina, Gemahlin des Markgrafen Johann von Küstrin, einer geborenen Prinzessin von Braunschweig, i. J. 1540 verliehen worden sein. Aus dieser Zeit stammt wohl auch das: „✝ SIGILLVM · CIVITATIS ∴ TAM ∴“ (27 mm) mit dem Löwen im Schilde. So auch die späteren Siegel.

Neuwedell, Stadt. Von Gold und Blau gespalten; rechts am Spalt ein halbes schwarzes Mühlrad, links ein silberner Kranich. Abb. S. 64

Der noch erhaltene Stempel des: „ ∴ SIGILLVM · CIVITATIS · NEOWEDELENSIS : AO · 1 · 6 · 1 · 8“ (39 mm) und eine hübsche Handzeichnung des Wappens aus derselben Zeit (welche ich der Freundlichkeit des † Herrn Clericus verdanke) zeigen beide ohne Teilungslinie nebeneinander rechts den Kranich, mit dem für ihn charakteristischen Steine in der erhobenen linken Klaue, links das halbe Kammrad. Ein: „⁂ : SIGILL * CIVITAT * NOVÆWEDEL :“ (18 mm) des 17. Jahrh. bringt zuerst die Verwechslung der Figuren, die Spaltlinie und den auf beiden Füßen stehenden Kranich, was dann alle späteren Siegel beibehalten. Das halbe Rad ist ein Teil des Wappens der v. Wedell, der frühern Grundherrschaft.

Peitz, Stadt. In Rot eine dreitürmige silberne Burg mit geschlossenem Thor; auf dem Spitzdach des Mittelturmes sitzt ein goldener Vogel; die Seitentürme haben Kuppeldächer. Abb. S. 64

Das früheste bekannt gewordene, der Form der Türme nach wohl einem ältern nachgebildete Siegel bringt Voßb. Mskpt.; es zeigt den Vogel linkshin gewandt und hat die Umschrift: „∼ 15 ✝ * PEICZ * ✝ 63 ∼ (im Felde:) 85“ (37 mm); letztere Zahl steht auch bei allen spätern Siegeln neben dem Dache des Thorturmes, so bei dem: „* CIVITAS PEITZ (im Felde:) 85“ aus dem Ende des 16. Jahrh.; auch das Gerichtssiegel wiederholt das Bild der Stadtsiegel und die Zahl 85 (22 mm).

Pförten, Stadt. In Rot ein springendes goldenes Roß auf einem, unten von zwei silbernen Sternen begleiteten, silbernen Pfeil, so daß der Schaft des schräglinks aufsteigenden Pfeiles von dem nach rechts aufspringenden Rosse z. T. überdeckt wird. Abb. S. 64

Früher führte die Stadt die biberstein'sche Hirschstange, wie: „DER · STAD · SIGEL · ZV · BFERTEN“ ausweist. Darauf kam Pförten an die Grafen v. Promnitz und nun erhielt: „DER · STAD · SIGIL · ZV · PFERTEN“ deren Wappen, den von zwei Sternen begleiteten Pfeil mit dem nach Clericus als „redend“ (?) hinzugefügten Pferde. Als das Städtchen i. J. 1740 an den Grafen Brühl kam, zeigte das: „SIEGEL DER STAT PFORTHEN“ (27 mm), dessen Wappen (geviert, 1 u. 4 Doppeladler, 2 u. 3 Sparren) mit drei Helmen und zwei Löwen als Schildhalter. Das neue Siegel hat wieder den oben beschriebenen Schild.

Abb. S. 64 **Reetz,** Kreis Arnswalde, Stadt. In Silber über einer roten, im Winkel vorspringenden Zinnenmauer drei Zinnentürme, der mittlere belegt mit einem silbernen Schilde, worin der rote brandenburgische Adler.

Das: „sigillum ⁘ civitatis ⁘ retze' ·⁓" (33 mm) des 15. Jahrh. in Voßb. Mskpt. zeigt einen gespaltenen Schild (Tartsche), darin rechts der halbe brandenb. Adler, links ein halbes Kammrad. Ein: „SIGILLVM · CIVITATIS · RETZENSIS :" (oval, 24 : 23 mm) des 17. Jahrh. hat, wie alle spätern, die Burg in monströser Form in einem von einem Engel gehaltenen Schilde. So auch das Gerichtssiegel, bei dem über dem Schildhalter noch der preuß. Adler fliegt.

Abb. S. 64 **Reppen,** Stadt. In Silber auf grünem Rasen ein schreitender golden-bewehrter Hirsch.

Ein: „* SIGIL · DER · STAT · REPPEN * 1○5○7○3" (28 mm) und ein diesem getreu nachgeschnittenes, nur 24 mm großes Siegel mit der gleichen Umschrift und Jahreszahl haben den Hirsch im Schilde, die neuen frei im Siegelfelde.

Schloß-Dobrilugk, Flecken, scheint kein Siegelbild zu führen.

Abb. S. 64 **Schönfließ** i. d. Neumark, St. In Silb. eine rote zweitürmige Burg mit einer Kuppel über dem geöffneten Thor; zwischen den Türmen schwebt der rote brandenb. Adler.

Das im Königsberger Archiv an einer Urkunde von 1320 hängende: „✠ SIGI · · CIVITATIS SCOWENVLIET" (65 mm) zeigt eine Burg mit offenem Thore und zwei sehr hohen Zinnentürmen; von diesen ist der rechte mit einem rechtsgewendeten Helme mit dem brandenburg. Fluge, der linke mit dem rechtsgelehnten brandenburg. Adlerschilde belegt. Das 1381 gebrauchte: „✠ SECRETVM CIVITATIS SCOWENVLIT" (30 mm) hat dagegen nur eine Burg mit drei spitzbedachten Türmen, deren mittlerer höher ist, im Felde. So auch ein vielleicht noch früheres, wenn auch erst für 1513 nachgewiesenes: „○ SECTVM ⁑ CIVITATIS SC(W)EVLIT" (! 30 mm). Das jetzige Bild bringt das: „· SIGILL CIVITATIS SCHON : FLIES · · · ·" (oval, 30 : 26 mm) aus dem 16. Jahrhundert; dies, wie auch das: „* RAHTS UND GERICHTS · SIEGEL D · STADT SCHONFLIES · I · D · N · MARCK 1731" (oval, 36 : 32 mm) und die spätern, mit Ausnahme des neuesten Siegels, hat den Adler linkshin schauend.

Abb. S. 64 **Schwiebus,** Stadt. In Silber eine zweitürmige rote Burg mit einem Giebel zwischen den eckigen Türmen und zwei offenen Thoren, zwischen welchen die Mauer mit einem goldenen Schilde belegt ist, worin der schwarze schlesische Adler mit silbernem Brustmond.

Freiherr Hugo Saurma v. u. z. d. Jeltsch beschreibt im „Wappenbuch der Schlesischen Städte" 1870, S. 307 ein Siegel mit Minuskelumschrift ebenso, ohne wegen der Undeutlichkeit des Abdruckes die Legende mitteilen zu können; ein auch von ihm erwähntes: „SIGILLVM CIVITATIS · SWEBVSIENSIS ·" (36 mm) des 17. Jahrh., und der noch erhaltene Stempel des: „* SIGILLVM CIVITATIS SCHWIEBVSIENSIS" (25 : 23 mm) a. d. vorigen Jahrh. haben auch dies Bild. Letzteres zeigt über dem Giebel eine Erhöhung, die Saurma-Jeltsch als „die geschmacklose Zuthat einer Wolke" bezeichnet, in der ich aber eher die Spuren von etwas wieder Ausgraviertem, etwa einer der Verjährung wegen von dem noch gebrauchten Stempel getilgten Jahreszahl, sehen möchte.

Abb. S. 64 **Seelow,** Stadt. In Blau zwei gekreuzte silb. Sensen mit gold. Stielen, deren Kreuzungspunkt mit einem querliegenden silb. Wetzstein belegt ist; in den Winkeln: oben goldene Krone, rechts aufgehender silberner Halbmond, links silbernes, gekerbtes Kreuz, unten goldener Stern.

Die Abb. des: „✠ SIGILLVM ◆ CIVITATIS ◆ SELOV" (36 mm) aus dem 14. Jahrh. (von einer Urk. v. 1429 im Müncheberger Archiv) in Voßb. Mskpt. zeigt statt der Krone einen geflammten Stern = Sonne, und statt der Sensen zwei dem Karst ähnliche Gerätschaften zwischen Halbmond und Kreuz. Da das oppidum Zelou schon im 13. Jahrh. dem Bistum Lebus gehörte, so wäre es wohl nicht unmöglich, daß dies ursprünglich die gekreuzten Bootshaken des Stiftswappens wären? Ein wohl dem 17. Jh. entstammendes: „SIGILLVM SELOVIENSIS VRBIS (im Felde:) 1576" (31 mm) hat statt der Sonne einen am ehesten einer Schafscheere ähnlichen Gegenstand im obern Winkel. Ein Magistratssiegel aus dem Anf. dieses Jahrh. zeigt, wie die auf S. 12 besprochenen Stadtverordnetensiegel, ein Monument, welches mit einer Scheibe belegt ist, in der das alte Siegelbild zu sehen ist, während auf dem Steinblocke der preuß. Adler sitzt. Die beiden gekreuzten Gegenstände haben hierbei mehr die Gestalt von Dreschflegeln und sind nur seitlich und unten von den oben angegebenen Figuren bewinkelt, während der obere Winkel leer ist. Erst die neuesten Siegel setzen in diesen eine Mauerkrone und bringen die Sensen und den Wetzstein.

Abb. S. 64 **Senftenberg** in der Lausitz, Stadt. In Gold eine aufrecht gestellte, von Schwarz und Silber geteilte, mit den gekreuzten sächsischen roten Kurschwertern belegte, nach links wehende Fahne.

In v. Mülverstedts „Diplomatarium Ileburgense" findet sich die Abb. eines: „✝ s : civiu ◆ de : senft ◆ inberg ⁓" (34 mm) vom Anfang des 14. Jahrh., welches nebeneinander zwei aus einem Berge wachsende zugeneigte Senfstauden zeigt. Ein noch erhaltener Stempel des ausgehenden 15. Jahrh. enthält einen Turm mit offenem Thore, dessen Fallgatter herabgelassen ist; über letzterm ein großes Fenster, in dem ein Löwe sitzt; die Windfahne zeigt die Kurschwerter; die auf flatternden Bändern stehende Umschrift lautet: „ · s · civium · de · senftenberg" (37 mm). Der auch noch vorhandene Stempel des: „* SIGIL : CIUIT : SENFTENBERGENSIS : 1642" (32 mm) hat, wie alle spätern, nur die Fahne mit den Schwertern im Schilde.

Soldin, Stadt. In Silber der golden gekrönte rote brandenburgische Adler, in den Fängen je einen schwarzen Flug haltend; über dem Kopfe ein sinkender goldener Halbmond, dessen Hörner je mit einem goldenen Stern besteckt sind. Abb. S. 64

Das stattliche: „✠ SIGILLL⁹ ✲ BVRGENSIVM DE ✲ SOLDIN" (! 75 mm) für 1326 urkundl. nachgewiesen, aber sicher älter, zeigt den gekrönten Adler, am Halse von zwei Sternen beseitet, zwischen zwei Kleestauden; unter jedem Flügel schwebt ein brandenburgischer, abgewendeter Helm mit dem Adlerflug; der Siegelstempel desselben hat sich noch glücklich im Besitz der Stadt erhalten; Voßberg bildet in „Siegel der Mark Brandenburg", 2, S. 37 dies Siegel, sowie ein: „✠ SECRETVM · CIVITATIS · SOLDIN" (30 mm) aus dem 14. Jahrhundert ab, welches nur einen gekrönten Adlerkopf zwischen zwei Sternen zeigt. Im 16. Jahrh. findet sich in den Siegeln der gekrönte brandenburgische Adler allein, nur von den Halssternen begleitet, wie der noch erhaltene Stempel eines hübschen: „* SIGILLVM * CIVITATIS * SOLDIN" (42 mm) und dessen, nur 32 mm große, sonst genaue Nachbildung weisen. Erst das: „* SIGILLVM * CIVITATIS * SOLDIN" (37 mm) des 17. Jahrh. (Stempel erhalten) und das: „* RAHTS UND GERICHTSSIEGEL ZU SOLDIN" (28 mm) des vorigen Jahrh. bringen denselben mit dem Halbmond (Regenbogen?) und den Flügeln in den Fängen, und leider haben diese Verstümmelungen den neuen Siegeln zum Vorbilde gedient.

Sommerfeld, Stadt. In Rot eine zweitürmige silberne Burg mit offenem Thor; auf den Mauerzinnen zwischen den Türmen ein goldener Löwe. Abb. S. 64

Ein altes Hauptsiegel ist nicht bekannt; ein: „✝ SIGILVM MINUS CIVITATIS SOMERFELD" (31 mm) vom Anfang des 16. Jahrh. zeigt den Löwen zwischen zwei einzelnen Türmen auf einem Dreiberg; bei einem Siegel aus dem 17. Jahrh., dessen Stempel erhalten ist und die Umschrift trägt: „DIE STADT SOMMER FELDT" (38 mm), sind die Türme durch eine niedere Mauer miteinander verbunden und schwebt über dem Löwen ein Engelsköpfchen; diese Darstellung kehrt oft wieder, bis auf dem neuesten Siegel das letztere wegbleibt und die Mauer, mit Zinnen und einem Thor versehen, den Hauptteil des Bildes ausmacht.

Sonnenburg in der Neumark, Stadt. In Silber eine rote Burg mit fünf Türmen, deren zwei äußerste das Thor beseiten, während die drei mittleren hinter den Thorzinnen sichtbar werden; im offenen Thore schwebt ein silbernes Johanniterkreuz. Abb. 64

Der Ort kam 1426 durch Kauf an den Johanniterorden. Alte Siegel sind unbekannt geblieben; ein Magistratssiegel aus der Mitte dieses Jahrh. hat das Thor der Burg leer, doch haben mehrere neue Darstellungen das Ordenskreuz darin.

Sonnewalde, Stadt. In Blau die strahlende goldene Sonne. Abb. 71

So auch das ältest bekannt gewordene, dem Anf. des vorig. Jahrh. angehörige Siegel: „* BÜRGERMEIST VND RATH IN SONNENWALDA" (! 26 mm), dessen Stempel noch vorhanden ist; dasselbe ist abgebildet in v. Mülverstedts „Diplomatarium Ileburgense" 1877, Tafel der Nieder-Lausitzer Städtesiegel.

Sorau in der Nieder-Lausitz, Stadt. In Blau unter einem goldenen „S" ein goldenes „W". Abb. 71

Das aus dem Ende des 13. Jahrhunderts stammende: „✠ SIGILLVM · BVRGENSIVM · DE · SAROVIA" (62 mm) zeigt im Thore eines dreitürmigen Kastells einen barhäuptigen Gewappneten mit einer Lanze in der Rechten, während die Linke einen Schild mit einem schreitenden Hirsch (Dewin? Pogk?) vor die Brust hält. Von einem dem Anf. des 15. Jahrh. angehörigen: „✝ sigillum burgensium de sarovia" (38 mm) gibt es (nach einer vom dortigen Altertumsverein mir gütigst geliehenen Zeichnung), noch eine gleichzeitige, nur überaus wenig verschiedene Variante. Beide haben gleiche Größe und Umschrift und zeigen unter einem Baldachin nebeneinander zwei zugewendete gelehnte Schilde: im rechten ein linkshin stehender Hirsch, im linken eine Hirschstange (Bieberstein). Zu Anfang des 15. Jahrh. erscheint ein Sekret mit einem „W" im Schilde; von der auf einem flatternden Bande stehenden Umschrift ist nur: „sec·······" (26 mm) zu erkennen. Auch ein: „* SIGIL * CIVITA * SORAVIÆ (im Felde:) 1611" (30 mm), dessen Stempel, wie der aller noch zu besprechenden Siegel erhalten ist, hat den Schild mit dem „W". Das: „* SIGILLVM · CIVITATIS · SORAVIENSIS · 1639" (44 mm) hat einen gevierten Schild: 1) eine Hirschstange, 2) ein schreitender Hirsch, 3) ein schrägrechtsgestellter, von zwei Sternen begleiteter Pfeil (Promnitz), 4) das „W". Wenige Jahre später ist das Wappen wieder verändert. Das: „: SIGILLVM * CIVITATIS * SORAVIENSIS 1653" (47 mm) weist einen gevierten, aber noch mit einem Herzschildchen, worin das „W", belegten Schild, darin: 1) der nach links schreitende Hirsch, 2) die Hirschstange, 3) der Pfeil mit den Sternen, 4) ein Bracke (Jagdhund). Erst die neueste Zeit brachte die nüchterne Zusammenstellung der beiden Buchstaben. Sie finden sich auf den neuen Siegeln in einem von zwei Adlern (Raben?) gehaltenen Schilde, über dem zwei gekreuzte Schlüssel schweben.

Abb. S. 71 **Spremberg,** Stadt. **In Rot auf bergigem, grünem Boden zwei einzelne runde silberne Zinnentürme; dazwischen ein Wappen: schwarzer Schild mit einem goldenen Löwen, auf dem Schilde ein Topfhelm mit goldenem Flug.**

Das älteste Siegel (Zeit?) soll nach dem neuen Siebmacher nur einen Löwen zeigen (?). Im Thorner Ratsarchiv (Engel) findet sich ein 48 mm großes Siegel mit der oben beschriebenen Darstellung, dessen Umschrift unleserlich ist; erhalten hat sich der Stempel eines: „✠ S + CIVIVM + IN + SPREMBERCK" (39 mm) aus dem 14. Jahrh. mit demselben Bilde, welches der Magistrat auch für das neueste Siegel hat wiederholen lassen. Erhalten ist auch noch ein Stempel mit der Umschrift: „∘ STAT ∘ SPREMBERG ∘ 1679" (50 mm). Derselbe zeigt eine Burg mit zwei Kuppeltürmen ohne Thor, zwischen welchen ein Löwe, dessen Ohren mit Palmwedeln besteckt sind, auf der Mauer steht.

Abb. S. 71 **Sternberg** R. B. Frankfurt a. d. Oder, Stadt. **In Blau über grünem Dreiberg drei (1 · 2) goldene Sterne.**

Es sind nur Siegel aus diesem Jahrh. bekannt geworden.

Abb. S. 71 **Straupitz,** Flecken (Dorf?). **In Silber auf Rasen ein grüner Laubbaum, jederseits von drei wachsenden goldenen Getreidehalmen begleitet.**

So das: „STRAUPITZER · DORFF · SIEGEL 1750" (27 mm) und das diesem nachgebildete neue Farbsiegel.

Abb. S. 71 **Triebel,** Stadt. **In Gold eine rote Hirschstange.**

Die Siegel zeigen stets das Wappen der Herren von Biberstein: obigen Schild mit der auf dem gekrönten Helme sich wiederholenden Schildfigur. Ein sichtlich einem ältern nachgebildetes Siegel aus den ersten Jahrzehnten des 16. Jahrh., dessen Umschr. auf dem vorliegenden Abdrucke leider nicht zu lesen ist (35 mm), hat dasselbe unter einem gotischen Zierbogen; erhalten hat sich der einst verlorene, im Jahre 1863 in einem Acker wiedergefundene Stempel eines: „S · S CIVITATIS · TRIBVLENCIS" (!26 mm) aus der Mitte des 16. Jahrh.

Abb. S. 71 **Vetschau,** Stadt. **Gespalten, rechts ein nach links aufspringender silberner Windhund mit goldenem Halsband, links von Blau und Silber gewürfelt.**

Dies Wappen wurde der Stadt i. J. 1548 von Kaiser Ferdinand verliehen und lautet die betr. Stelle des Briefes: „Also nämlichen einen Schild, in der Mitte nach längs abgetheilt, das hinten roth oder rosinfarb (rubinfarb?) darinnen erscheinend eines waißen Windspiels Gestaldt vom hintern untern bis in das Oberegg aufrecht zum Sprung gestreckt mit krumm geworffenen Schwanz, offenen Maul und roth ausgeschlagener Zungen, habend um sein Halz ein gelb oder goldfarben Wildband und ein Ring zurückkehrend, und vordertheil von Blaw und Wasserfarben Schachwaise in 20 Thail abgethailt." Ein Stempel: „· SIGILLVM · CIVITATIS · VETZSCHENSIS · 1549" (30 mm) ist erhalten. Es ist dies eine, wohl noch dem 16. Jahrh. angehörige treue Nachbildung des ersten Siegels, mit dem es Form, Größe und Umschrift teilt und sich bei genauer Vergleichung nur dadurch unterscheidet, daß der Kopf des Windspieles auf dem ältern Siegel mehr wagerecht, auf dem spätern mehr senkrecht gestellt ist. Ein neues Farbsiegel zeigt den Schild geteilt, oben das Windspiel laufend, unten das Schach; diese willkürliche Änderung eines verliehenen Wappens ist nicht gut zu heißen.

Vietz, Flecken.

Der Ort führt jetzt den preußischen Adler im Siegel. Ein: „DORF SIEGEL ZU VIETZ" (30 mm) zeigt eine Anhäufung landwirtschaftlicher Geräte und Erzeugnisse.

Abb. S. 71 **Woldenberg,** Stadt. **In Silber eine rote Rose mit goldenem Butzen und grünen Kelchblättern.**

Die Stadt hieß früher Dubegneve. — Das älteste: „✠ S BVRGENSIVM (CO)MMVNITATIS CIVITATIS DVBEGNEWE" (!58 mm) zeigt im gegitterten Felde den brandenburgischen Helm mit dem Adlerfluge, nach links gewendet, in einem Kreise, welcher wieder in einem Vierpasse steht; in des letztern Bögen schwebt je ein Adlerkopf. Dasselbe Bild, nur mit Rosen statt der Adlerköpfe, hat das dem 15. Jahrh. angehörige, in Voßb. Mskpt. nach einem Abdrucke v. J. 1513 abgebildete: „✠ sigillum civitas ❀ woldenbergensis" (!36 mm). Van Niessen (s. unten) beschreibt S. 163 ein Sekret vom Ende des 16. Jahrh. (urkundl. 1624), welches im Schilde „ein bereits der Rose ähnliches Gebilde mit stark hervortretendem Mittelstück" und die Umschrift: „S · SIGIL CIVITAT WOLDENBERG (K?)" zeigt. „DES : RATHS : DER : STADT : WOLDENBERG : INSIEGEL : 1707" (oval, 38 : 35 mm) hat, wie alle spätern Siegel, die Rose im Schilde. Über letzterm ist vom Ende des 18. Jahrh. an, der preußische Adler, fliegend, mit Scepter und Reichsapfel, zu sehen. — Auch die Gerichtssiegel zeigen die Rose; das von 1809 über dem Schilde den Adler mit Scepter und Wage.

Als deutscher Ort kommt Dubegnev zum erstenmal in einer i. J. 1303, Sept. 18., hier ausgestellten Vertragsurkunde der Markgrafen Otto, Konrad, Johann und Waldemar mit dem Bischofe von Kamin, vor. Es ist nun nicht zu beweisen, aber auch nicht unmöglich, daß die ganz auffallende Vervierfachung des brandenburgischen Adlerkopfes auf dem ältesten Siegel mit der Anwesenheit jener vier brandenburgischen Fürsten in Beziehung gebracht werden darf. Der Stempel kann nicht viel später geschnitten sein, wenn auch der älteste bekannte Abdruck sich erst an einer (im Deutschordens-Archive zu Wien bewahrten) Urkunde vom Jahre 1404 findet. Abgebildet ist dieses Siegel in Dr. E. G. Pöttickh Grafen v. Petteneggs „Sphragistische Mittheilungen aus dem Deutsch-Ordens-Centralarchive" 1884 S. 39; darnach wieder abgedruckt in Dr. van Niessens „Geschichte der Stadt Woldenberg" 1893; besprochen wird es, wie auch das zweite Stadtsiegel, von Dr. G. Sello in einem Aufsatze „Dubegnew-Arnswalde-Waldenberg" im Herold 1885 No. 4. — G. G. Küster spricht in der „Bibliotheca historica Brandenburgica" 1743 S. 833 von einer zu Küstrin i. J. 1721 gedruckten Schrift: „Betrachtung des Woldenbergischen Stadtwappens" von Martin Hensel, damaligem Rektor der Schule in Woldenberg; das Werkchen muß aber recht selten sein, denn es ist weder der Stadtbehörde bekannt, noch hat es von Sello, van Niessen und mir gefunden werden können.

Zehden, Stadt. **In Silber gespalten; rechts der halbe brandenb. rote Adler, links ein halbes rotes Rad.** Abb. S. 71

Im Jahre 1299 wurden die Brüder Beteke und Herbert v. Jagow mit Zehden belehnt, aus deren Wappen also das Rad. Die Stadt bewahrt noch den wohl in jenem Jahre angefertigten Stempel des: „✠ S · SIVITATIS · CEDENE" (!52 mm), bei dem die Figuren ohne Teilungslinie frei im Felde nebeneinander schweben. Die Buchstaben der Umschrift dieses Siegels sind paläographisch sehr interessant. Sonst wurden nur Siegel des 17. Jahrh. bekannt, die wie die neuen, das Bild in einem Kreise unter einer Königskrone mit fliegenden Bändern zeigen und die Umschrift: „* SIGILLVM * CIVITATIS * ZEDENSIS * " (25 mm) tragen.

Es liegt m. W. kein Grund zu der Annahme vor, daß das Zehdener Siegel dem von Ratibor nachgebildet sei, wie in einer sonst guten Monographie als „unbestreitbare Thatsache" behauptet wird. Beide Städte führen nebeneinander rechts einen halben Adler, links ein halbes Rad; beider ältestes Siegel stammt aus den letzten Jahren des 13. resp. den ersten des 14. Jahrh. Aber während bei Zehden die monogrammatische Zusammenziehung der Wappen des Landes- und der Lehensherrn: Brandenburg und Jagow bedeutet, ist der Adler bei Ratibor der (weiße) polnische (in Rot) und das Rad soll redend sein, d. h. auf den deutschen Klang des Stadtnamens anspielen. Innerlich hat also das Wappen jeder der beiden Städte seine volle Eigenbedeutung, das Nichtvorhandensein einer äußern Ähnlichkeit aber wäre bei zwei Städtesiegeln aus jener Zeit und mit diesen Figuren undenkbar.

Zellin, Flecken.

Der Markt führt kein eigentliches Ortssiegel. Es hat sich der Stempel eines: „SCHVLTZEN · GERICH · SIGEL ZV ZELLIN (im Felde:) 1651" (!24 mm) erhalten, auf dem eine weibliche (?) Figur mit Nimbus dargestellt ist, die mit der rechten Hand einen großen Fisch am Schwanze emporhebt. Über die Bedeutung dieser Darstellung war keine Auskunft zu erlangen. Ein neues Gerichtssiegel hat die Justitia mit den üblichen Attributen.

Ziebingen, Flecken.

Nach amtlicher Auskunft führt der Ort weder Wappen noch Siegelbild.

Zielenzig, Stadt. **In Schwarz auf grünem Boden ein silbernes Gotteslamm mit einer silbernen Fahne, auf der statt des gewöhnlichen ein rotes Templerkreuz sich befindet.** Abb. S. 71

Im Jahre 1244 schenkte ein Graf Mrotseck sein Erbgut Zielenzig den Templern. Das noch dem 13. Jahrh. angehörige „✠ S'CIVITATIS SCILENZIC" zeigt im gegitterten Felde das linkshin gewandte, widersehende Lamm mit der Fahne, sein Blut in einen Kelch verspritzend. Ein: „* S · DER STADT · CIELLENZIGK 1577" (24 mm) hat dasselbe wie oben im Schilde; so auch die neuen Siegel, die über dem Schilde noch den preußischen Adler zeigen.

Züllichau, Stadt. **In Silber eine rote Burg mit zwei runden Türmen ohne Thor; auf der Mauer, zwischen den Türmen, steht ein Gewappneter in der Tracht der ersten Hälfte des 17. Jahrh. mit einer Hellebarde.** Abb. S. 71

Das älteste bekannte ist ein Bruchstück eines in der Urk. v. 1404 (Thorner Ratsarchiv; Engel) als Sekret bezeichneten Siegels, dessen Stempel spätestens der Mitte des 14. Jahrh. angehört. Es ist darauf noch ein baarhäuptiger Gewappneter mit einem Adlerschilde vor der Brust und dem Schwerte an der Seite, stehend zwischen zwei Türmen, zu erkennen. Von der Umschrift hat sich nur ein: „S" erhalten (cc. 43 mm). Vermutlich hatte derselbe in der Rechten eine Lanze, wie auf dem von Saurma-Jeltsch im „Wappenbuch der Schlesischen Städte" 1870, S. 391 besprochenen und abgebildeten: „sigillum civitatis · sulchaw · " (33 mm) aus dem Ende des 14. Jahrhunderts. Ein: „· SIGILLVM · CIVITAT · ZVLLCH · 1637" (28 mm) (Abdr. im Wormser Stadtarchiv an einem Geburtsbrief v. 1720) bringt den Herzog in einen Soldaten aus der Zeit des dreißigjährigen Krieges verwandelt, mit einer Lanze in der Rechten, im Siegelfelde zwischen zwei Türmen stehend. Bei dem: „* SIGILLVM · CIVITAT : ZULLICHO · 1654" (oval, 28 : 26 mm) sind letztere durch eine Mauer mit einander verbunden und der Gewappnete, mit einer Hellebarde ausgerüstet, auf diese gestellt, was von da an alle Siegel beibehalten.

BRANDENBURG i. R. B. FRANKFURT a. O.

SONNEWALDE

SORAU I·D·NIED. LAUSITZ

SPREMBERG

STERNBERG REG·BEZ. FRANKF.

STRAUPITZ

TRIEBEL

VETSCHAU

WOLDENBERG

ZEHDEN

ZIELENZIG

ZÜLLICHAU

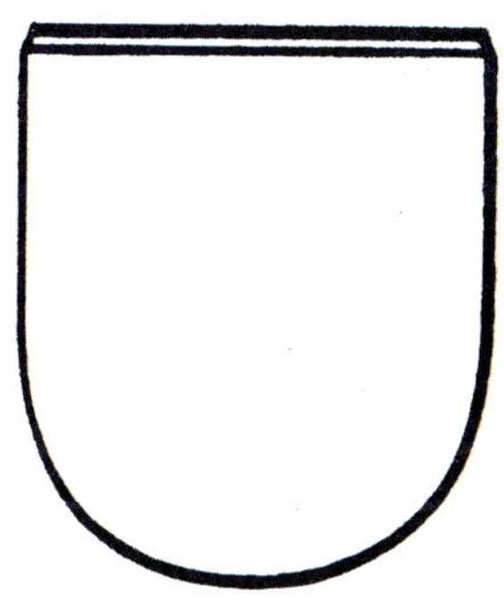

Wappen und Siegelbilder von Dörfern des Regierungsbezirks Frankfurt a. d. Oder.

Von den Dörfern des Regierungsbezirks Frankfurt a. d. Oder sind nur wenige Wappen resp. Siegelbilder bekannt geworden, es gilt von diesen das auf Seite 55 von den Dorfsiegeln des Regierungsbezirks Potsdam gesagte.

Alt-Rehfeld. Einige aus dem Boden sprießende Getreidehalme zwischen einer aufrecht gestellten Sense und einem Rechen.

Brügge. Über Wasser eine gemauerte dreibogige Brücke mit einem Geländer.

Droskau. Ein Siegel mit der Umschrift: „DORF GERICHT DROSKAU" (26 mm) aus dem Anf. dieses Jahrh. hat einen achtstrahligen Stern.

Friedersdorf. Ein achteckiges Siegelchen aus dem Anfang dieses Jahrh. mit der Umschrift: „* FRIEDERSDORF" (17:15 mm) zeigt einen sechsstrahligen Stern.

Gersdorf. Ein: „GERSDORF · GER · SIGL ·" (25 mm) aus diesem Jahrh. zeigt einen achtstrahligen Stern. Es wird dem Dorfe Gersdorf im Kreise Sorau angehören.

Groß-Teuplitz. Aus Schneider's Chronik der Stadt Forst (s. d.) S. 168. „Die Töpfer zu Groß Teuplitz, die ihr Gewerbe gehoben zu sehen wünschten, ersuchten den Herzog Christian I. (v. Sachsen-Merseburg) ihrem Orte Stadtrecht zu verleihen, und es erfolgte 1671 der Bescheid, daß das Dorf zur Stadt erklärt werden solle, wenn es sich vergrößere. Da diese Vergrößerung aber nicht eingetreten, ist es geblieben, was es war, und nur der Markt am Kirchweihtage und das Gewerks-Siegel der Töpfer daselbst von 1691, auf welchem der Ort die Stadt Deuplitz heißt, bezeugen noch die ehemaligen Aussichten."

Jakobsdorf. St. Jakobus in ganzer Figur mit dem Pilgerstabe.

Klinge. Justitia mit Schwert und Wage; so das: „GEMEINDE SIGIL ZU KLINGA 1752" (oval, 23:21 mm).

Letschin. Ein Hahn auf einem Baumstamm stehend, um den sich eine Schlange windet. (Letschin-Heildorf von Lesze-heilen; Jobst, Frankfurter Chronik.)

Mehrenthin. Der Ort führt das Wappen der Herren von Waldow: in Rot ein schrägrechts gestelltes Pfeileisen; auf dem Helme eine Krone mit einem daraus wachsenden roten Hut mit aufgeschlagener weißer Krempe, dessen Spitze mit einem schwarzen Federbusch besteckt ist.

Ober-Gennin. Drei aus dem Boden wachsende Getreidehalme.

Petersdorf. Ein: „* GERICHS * SIEGEL * ZV * PETERSDORF (im Felde:) 1685" (! 27 mm) zeigt zwei gekreuzte Schlüssel und in dem obern der dadurch gebildeten Winkel eine Rose.

Schermeisel. Ein Siegel v. J. 1805 zeigt ein Wappen: im von Silber und Blau gespaltenen Schilde zwei gekreuzte Heugabeln; auf dem Helme ein stehender Mann, der in jeder Hand eine solche Gabel hält. Nach der Bezeichnung: „Siegel des Magistrats" dürfte der Ort früher Stadtrechte gehabt haben.

Seiffersdorf. Ein dem vorigen Jahrh. angehörendes: „SEIFERSDORF GERICHTS SIEGEL" (30 mm) zeigt einen springenden Hund.

Slamen. Auf Rasen nebeneinander drei Laubbäume.

Trebschen (Friedrichshuld) jetzt Dorf, ward zu Anfang des 18. Jahrh. von einem Grafen Reuß für vertriebene schlesische und polnische Protestanten gegründet und mit Stadtrechten begabt. Ein Farbsiegel aus dem Anfang dieses Jahrhunderts zeigt in Schwarz den (goldenen, rot gekrönten) reußischen Löwen und die Umschrift: „GRÄFL · REUSS · STADT SIEGEL ZU TREBSCHEN" (cc. 30 mm).

Ende des ersten Heftes.

ERSTER BAND,
KOENIGREICH PREUSSEN:

WAPPEN DER PROVINZ
POMMERN.

WAPPEN DER PROVINZ
POSEN.

WAPPEN DER PROVINZ
SCHLESIEN.

ZWEITES HEFT,

ENTHALTEND DIE WAPPEN UND SIEGEL
DER STAEDTE, FLECKEN UND DOERFER
DER PREUSSISCHEN PROVINZEN:

POMMERN,
POSEN
UND SCHLESIEN.

Vorbemerkungen zum zweiten Hefte.

> Ohne die Sphragistik ist und bleibt die Heraldik eine leere Spielerei.
>
> F. K. Fürst von Hohenlohe-Waldenburg.

Dem 1894 erschienenen ersten Hefte, das die Städte-Wappen und -Siegel von Ostpreußen, Westpreußen und Brandenburg behandelt, folgt erst jetzt das zweite Heft. Es waren zwei Ursachen, die die große Verzögerung veranlaßten, eine angenehme und eine unangenehme. Die letztere, so sehr sie mir auch zu schaffen machte und noch macht, hat doch mit der Arbeit als solcher nichts zu thuen, und braucht darum hier nicht erörtert zu werden. Das angenehme Hindernis eines früheren Erscheinens aber war der über alles Erwarten reiche Zufluß von Materialien, namentlich von alten Siegeln. War es mir bei den Vorarbeiten zum ersten Hefte, als ich nur mit Plänen und Vorschlägen kam, begreiflicherweise sehr schwer, die Herren Archivvorstände für meine Absichten zu erwärmen, so fand ich jetzt überall offene Thüren; ja es kamen auch wohl Beiträge ohne mein Zuthuen ins Haus. Diese Materialien im einzelnen zu registrieren, ist eine der Aufgaben des Buches selbst. Doch erscheint es nicht unzweckmäßig, die im ersten Hefte begonnene Aufzählung der Archive und Sammlungen, auf deren Beständen diese Arbeit sich aufbaut, hier zu vervollständigen.

Arbeitsmaterial.

Den eigentlichen Grundstock der in diesem Hefte beschriebenen Siegel bilden: die von den Städten und Märkten selbst, bezw. aus ihren Archiven und Registraturen eingesandten Materialien; die Ortssiegel aus dem Kgl. Geh. Staatsarchiv in Berlin; aus dem K. und K. Haus-, Hof- und Staatsarchiv in Wien; aus dem Kgl. böhmischen Landesarchiv und dem Archiv des Museums in Prag; aus den Kgl. Staatsarchiven zu Stettin, zu Posen und in Breslau; aus den Sammlungen des Germanischen Museums in Nürnberg, des Bayerischen Nationalmuseums in München, des schlesischen Museums in Breslau und der Gesellschaft für pommersche Geschichte in Stettin; aus dem Pfarrarchiv zu Frankenstein und aus andern kleineren Archiven. Ferner wurden benutzt die Sammlungen von Siegelzeichnungen des Archivars Bayer (geh. Staatsarchiv), des Dr. Joh. C. C. Oelrichs (Bibl. d. Joachimsthalschen Gymnasiums, Berlin) und des Freiherrn v. Bohlen (Staatsarch. Stettin) sowie von größeren Privatsammlungen die des Freiherrn v. Saurma (schles. Mus.), die von F. A. Voßberg (schles. Mus.) und L. Clericus (Geh. Staatsarchiv in Berlin), dann die teilweise in meinen Besitz übergegangene Sammlung von Grenser (Wien), die Emmerichsche Sammlung im Kgl. Staatsarchiv zu München, die des Herrn Prof. Dr. Kirmis in Neumünster, des Herrn Landrichter Engel in Thorn, des Herrn Stadtarchivar Heinrich in Görlitz, des Herrn Paul Trummer in Hamburg und endlich die des Herrn Registrators Gilg in München.[1]) (Der benützten Litteratur ist im Folgenden ein besonderer Abschnitt gewidmet.)

Wenn mir aus diesen Depots nun auch ein so reiches Material zukam, daß es mir möglich war, die bisher veröffentlichten Zusammenstellungen von Ortssiegeln, auch die lokal begrenzten und zuweilen selbst Monographien ansehnlich zu vervollständigen, so werden Nachfolgende doch auch wieder in meiner Arbeit viele Lücken auszufüllen haben. Das Material ist ja zu zerstreut, das Interesse erst im Erwachen, und Vollständigkeit, an die man anstandshalber doch glauben muß, um ihr zustreben zu können, ist bei einem solchen Sammelwerke noch nie dagewesen.

Sehr viel ist aus den Stadtarchiven noch zu hoffen. Eine ganze Anzahl von Ortsbehörden hat zwar anläßlich dieses Werkes in ihren Archiven Nachforschungen nach alten Siegeln anstellen lassen, allein diese beschränkten sich doch fast immer nur auf die Siegelfolge der eigenen Stadt — um mehr durfte ich ja auch nicht bitten. Und doch haben die wenigen städtischen Archive, die bisher von Fachleuten nach dieser Richtung gründlich durcharbeitet wurden, wie das Lübecker (von Milde), das Thorner (von Engel), das Görlitzer (von Heinrich), das Zerbster (von Neubauer), das Löwenberger (von Wesemann), das Bischweiler (von Uhlhorn) u. a. m., so schöne Früchte geliefert.

Zur Siegelbeschreibung.

Den einleitenden Vorbemerkungen des ersten Heftes habe ich hier noch anzufügen, daß ich nicht mehr jede Siegelumschrift in Gänsefüßchen („ “) setze, sondern nur die derjenigen Siegel, die ich entweder selbst gesehen habe, oder von denen mir doch so zuverlässige Nachbildungen vorlagen, daß ich dafür einstehen zu können glaube. Überhaupt ist, da aus den früher angeführten Gründen die Siegel hier nicht abgebildet werden können, auf die Wiedergabe der Legende die größte Sorgfalt verwendet. Buchstaben, die auf den vorliegenden Abdrücken fehlten oder unkenntlich waren, sind auch dann nicht willkürlich ergänzt, sondern durch kleine Punkte (. . . .) angedeutet worden, wenn die Vervollständigung mit großer Wahrscheinlichkeit hätte vorgenommen werden können. Ich halte es nämlich der größeren Genauigkeit wegen für nützlich — und die von der Schriftgießerei von Genzsch in München eigens geschnittenen Majuskeln ermöglichen

---

[1]) Die kleineren Sammlungen können hier nicht aufgezählt werden; ich habe aber bei der Beschreibung der Siegel meist die Quelle angegeben. Wo dies nicht geschehen, und das Stück auch nicht aus einer der oben angeführten Sammlungen stammte, da befindet es sich eben unter der großen Anzahl von Einzelstücken, Urkunden, Akten und kleinen Sammlungen, die ich im Laufe der Jahre als Eigentum erwerben konnte.

die Durchführung — auch die Form der Buchstaben zu berücksichtigen. So werden denn hier A, A und A, C und C, D und D, E, E und E, H und h, M, M, M und M u. s. w. wohl auseinander gehalten. — Damit fehlerhafte Legenden als solche erkannt und nicht für Schreib- oder Druckfehler gehalten werden, ist am Schlusse von deren Wiedergabe ein: ! gesetzt.

Das Messen von Siegeln.

Man sollte sich gewöhnen, bei Siegelbeschreibungen jedesmal hinter die Legende gleich den Durchmesser des Siegels in Millimeter zu schreiben. So sind: „ziemlich groß", „mittelgroß", „von mäßiger Größe" zwar bequeme Ausdrücke, aber sie gestatten nicht, Siegel einer Stadt, die etwa nur durch Größenunterschiede von einander abweichen, zu unterscheiden. Aber wie soll man messen? In einem sonst guten Siegelverzeichnisse überraschten mich einmal durchgehends unverhältnismäßig große Maßangaben; eine Anfrage ergab, daß man auch den äußeren, rein zufälligen Wachs- bezw. Papierrand mitgemessen hatte. Das kommt nun wohl selten vor, sehr oft aber findet man ein zu geringes Maß angegeben, und zwar deshalb, weil vielfach nur von Schriftrand zu Schriftrand gemessen wird. Man muß aber auch die äußeren Linien und Rändchen mitrechnen, muß den Durchmesser des ganzen Stempeleindrucks in seiner größten Breite (bei ovalen, spitzovalen und dreieckigen Siegeln natürlich auch die Höhe) angeben; denn es ist ja doch natürlich, daß, wenn man das Maß statt von einem Siegel, einmal vom Stempel selbst abnimmt, man auch den Durchmesser der ganzen Druckfläche mißt.

Danksagung.

Wenn nun auch im Werke selbst die freundlichen Geber und Förderer meist genannt sind, so muß ich doch hier noch mit besonderem Danke hervorheben, daß Herr Geh. Archivrat Dr. Friedländer die einschlägigen Teile der Siegelsammlung des Geh. Staatsarchivs in Berlin, und mein hochverehrter Freund, Herr Direktor Boesch die reiche Ortssiegelabteilung des Germanischen Museums mir hier zugänglich machten, daß Herr Staatsarchivar Dr. Bär selbst vorzügliche Gipsabgüsse aus dem Kgl. Staatsarchiv in Stettin und Herr Dr. Dworsky, Landesarchivar des Königr. Böhmen, ebensolche aus dem Landesarchiv und dem Museum zu Prag kostenlos für dies Werk anfertigten, daß Herr Direktor Dr. Lemcke in Stettin als Vorsitzender der Gesellsch. f. Pommersche Geschichte, die Siegel aus deren Sammlung, und Herr Prof. Dr. Kirmis in Neumünster seine Sammlung Posenscher Ortssiegel zu beliebiger Entnahme von Kopien mir anvertrauten, daß der leider inzwischen verstorbene kgl. Archivrat Dr. Pfotenhauer es sich nicht verdrießen ließ, Hunderte von Ortsakten aus den Beständen des Kgl. Staatsarchivs in Breslau herauszusuchen, und Herr Archivar Dr. Neubauer dieselbe mühsame Arbeit im Stadtarchiv zu Zerbst für mich ausführte, daß Herr Oberlehrer Dr. Roehl in Breslau mit vieler Sorgfalt ein Verzeichnis der im Museum schlesischer Altertümer bewahrten Ortssiegel anfertigte und Herr Dr. Seger, der Custos des Museums, die fehlenden Stücke herlieh, und daß endlich Herr Pfarrer und Erzpriester Dr. Herrmann mir das ganze interessante Pfarrarchiv von Frankenstein leihweise anvertraute.

Sonst habe ich noch für manche Beihilfe und Gefälligkeit zu danken den Herren: Museumsassistent Buchwald in Breslau, Direktor Dr. Graf in München, Geh. Archivrat Dr. Grünhagen in Breslau, Konservator Haggenmiller in München, Prof. Ad. Hildebrandt in Berlin, Dr. Knötel in Tarnowitz, Direktor Dr. v. Laubmann in München, Universitätsprofessor Dr. Pyl in Greifswald, Prof. Dr. Riggauer in München, Rechtsanwalt v. Schimmelfennig in Bartenstein, Amtsrichter Schmula in Leobschütz, Kanzleirat Seyler in Berlin, Konservator Stubenrauch in Stettin, und Archivdirektor Dr. v. Weech in Karlsruhe. — Die ungewöhnliche Förderung, deren sich mein Unternehmen von seiten des kgl. bayer. Reichsheroldes, Herrn Ministerialrat Gottfr. Böhm, zu erfreuen hatte, sowie die zahlreichen Beiträge, die zu den Materialien später zu behandelnder Abschnitte des Werkes hinzukamen, werden am entsprechenden Orte Erwähnung finden.

Schließlich muß ich es noch einem Vorausgegangenen, meinem unvergeßlichen Freunde Heinrich Lossow, ehemaligen Konservator der hiesigen Staatsgalerie, nachrufen, daß ich es im Herzen bewahre, mit welchem Eifer er seine amtliche Stellung dazu benützte, um mir die Durcharbeitung von Archivalien, die nicht an Private versendet werden dürfen, zu ermöglichen.

Als einen Verlust meiner Sache muß ich es auch beklagen, daß mein geschickter und überaus liebenswürdiger Freund, Herr Heinrich Wallau in Mainz, der Drucker des ersten Heftes, krankheitshalber seine Offizin auflösen mußte.

Schleißheim im Oktober 1898. **Otto Hupp.**

Die Litteratur der Städte-Siegel und -Wappen der Provinzen Pommern, Posen und Schlesien.

Unter Hinweis auf das im ersten Hefte über die Fachlitteratur im Allgemeinen gesagte und geklagte kann hier sogleich mit der Besprechung der hierher gehörigen Specialwerke begonnen werden.

I) Pommern.

Ein Druckwerk, in dem die Wappen oder die Siegel der pommerschen und rügischen Städte eingehend beschrieben wären, gab es bisher nicht. Kantzows Pomerania (vollendet nach 1532) berührt dies Thema überhaupt nicht. Des Geometers Eilhard Lubin i. J. 1614 im Auftrage des Herzogs Philipp II. gezeichnete, von Nic. Geilkerck gestochene Karte von Pommern und Rügen enthält wohl Adels- leider aber keine Städte-Wappen. — Merians: Historischer Chronicken CONTINVATION, und dessen: Topographia Electorat. Brandenburgici et Ducatus Pomeraniae haben zwar viele Abbildungen pommerscher Städtewappen, aber es fehlen die Belege für deren Zuverlässigkeit, und eine ganze Reihe derselben leidet an offenbaren Ungenauigkeiten und heraldischen Unmöglichkeiten, die hier bei den betreffenden Städten nach Kräften ausgejätet wurden. — A. G. v. Schwartz: Geschichte der Pommersch-Rügischen Städte Schwedischer Hoheit (1755 von Dähnert herausgegeben) enthält wenig Hergehöriges. — Brüggemanns: Beschreibung von Vor- und Hinterpommern, 1779, gibt wohl eine ziemliche Anzahl von Städtewappenbeschreibungen, aber man muß dabei die Zeit der Entstehung des Werkes stets recht berücksichtigen. — In Gadebusch's: Pommersche Sammlungen, 1783, findet sich u. a. ein Kupfer des höchst interessanten Siegels der ehemaligen Stadt Ruyendal (s. d.). — J. C. C. Oelrichs zahlreiche Werke enthalten nichts Aufhebenswertes über Ortssiegel, obwohl wir gerade seinem Interesse für diesen Gegenstand eine Sammlung von Zeichnungen nach solchen verdanken, die, wenn letztere halbwegs zuverlässig wären, vom allergrößten Werte für die pommersche Siegelkunde sein würde. Unten ist näheres darüber zu finden. — Carl Gust. Fabricius': Urk. z. Gesch. d. Fürstenth. Rügen, 1841—1869, enthält nur einige Lithographien städtischer Siegel. — Hasselbach, Kosegarten und v. Medems Cod. Pomerania Diplomaticus, 1843, bringt sozusagen Nichts über Siegel. — Dieses Werkes Ergänzung, Dr. Rodgero Prümers: Pommersches Urkundenbuch, 1881, vertröstet wegen der fehlenden Siegelbeschreibungen auf ein: in nicht gar zu ferner Zeit erscheinendes Pommersches Siegelbuch. — Berghaus: Landbuch von Pommern, 1865 ff., ist in den spärlichen Mitteilungen über unsern Gegenstand nicht immer ganz korrekt, bringt aber einige brauchbare Abdrücke neuerer landesherrlicher Erlasse. — In Th. Pyls histor. Schriften finden sich einige wertvolle Notizen über unser Thema. — Reinh. Cramers: Geschichte der Lande Lauenburg und Bütow, 1858, enthält einige wenige Siegelbeschreibungen und die Abbildungen der Siegel von Lauenburg, Bütow und Leba, die aber nur grobe Holzschnittnachbildungen der Kupfer dieser selben Siegel in Voßbergs: Gesch. d. Preuss. Münzen und Siegel, 1843, sind.

Kratz: Städte Pommerns.

In dem von Gust. Kratz geschriebenen, nach dessen Tode von Rob. Klempin mit einer Einleitung versehenen und herausgegebenen Werke: Die Städte Pommerns, 1865, ist dagegen jeder einzelnen Stadt eine Beschreibung ihres Wappens (resp. Siegelbildes) vorangestellt. Leider aber sind diese Notizen zu allgemein gehalten, um einen besondern Wert beanspruchen zu können; und doch hätte die Beigabe einer Beschreibung wenigstens der wichtigsten Siegel jener Städte recht gut in das Programm gepaßt. Es muß sogar geradezu als ein Mangel jenes sonst ganz vortrefflichen Werkes bezeichnet werden, daß in dem, bei jeder Stadt aufgeführten Inventar ihrer noch vorhandenen Altertümer nirgendwo von den noch erhaltenen bronzenen und silbernen Tymparen aus dem 13., 14. und 15. Jahrhundert berichtet wird.[1]) Und manche pommersche Stadt hat deren noch. —

Was die Städtewappenabteilung des Neuen Siebmacher, dieses großen und zum Teil vorzüglichen Wappenwerkes, über hergehörige Ortswappen bringt, das ist, Dank der Ungeniertheit der betreffenden Bearbeiter, ein lautloser Nachdruck der Kratz-Klempinschen Angaben, der sich (gerade so wie das Plagiat der Voßbergschen Arbeiten für das Deutschordensgebiet und Posen und des Saurmaschen Wappenbuches für Schlesien) hauptsächlich dadurch von seiner Vorlage unterscheidet, daß da, wo diese Etwas vermutend aufstellt, der Nachschreiber diese vorsichtige Einschränkung einfach fortläßt.[2])

---

[1]) Es können die Meinungen darüber wohl nicht geteilt sein, ob bei der Inventarisierung der Kunstdenkmäler der Städte deren mittelalterliche Insiegel, diese intimsten Kinder ihrer verstorbenen Kunstblüte, eine aufmerksame Behandlung verdienen. Gerade aus den Inventaren selbst läßt sich nachweisen, daß die darin meist fehlenden Stadtsiegel in manchen Fällen die frühesten, in andern die schönsten, fast immer aber — vermöge der Urkunden an denen sie hangen — die am besten datierten und die unberührtesten Kunstwerke einer Stadt sind. Ich wage die Prophezeiung, daß die jetzt überall so kräftig aufblühende nationale Forschung den Siegeln überhaupt, sowohl in künstlerischer, als kunsthistorischer, als auch in rein historischer Hinsicht bald einen so hohen Platz anweisen wird, wie die wenigen Kenner es jetzt noch kaum zu hoffen sich getrauen.

[2]) Zu den Opfern des Neuen Siebmacher, die nun selbst wieder Böses gebären müssen, zählt leider neuerdings auch der staatlich mit der Inventarisierung der Bau- und Kunstdenkmäler der Provinz Ostpreußen beauftragte Architekt A. B. Fast alle in den bisher

Dannenbergs Münzgeschichte Pommerns im Mittelalter, 1893, enthält das meiste und brauchbarste hierher gehörige Material, nämlich 59 Abbildungen alter pommerscher Stadtsiegel. Da das Schlesische Museum in Breslau mir gütigst die mittlerweile in seinen Besitz übergegangenen Vorlagen zu diesen, das sind die aus Voßbergs Sammlung stammenden Abgüsse jener Siegel, einsandte, so kann ich konstatieren, daß die Siegel von Dannenbergs Hand durchaus mit dem Verständnisse und der Treue gezeichnet sind, die man von dem erfahrenen Münzenkenner voraussetzen durfte. Die mittlerweile bekannt gewordenen bessern Abdrücke mancher Siegel brachten daher auch meist nur geringe Verbesserungen der Lesart. —

Was sich in Werken, Zeitschriften und Specialgeschichten über Siegel und Wappen einzelner Städte fand, das wird im Texte bei diesen angezeigt und besprochen. Doch glaube ich hier noch besonders die Monographie von F. Fabricius über die ältern Siegel von Stralsund als ein Vorbild derartiger Arbeiten, sowohl was die textliche Durcharbeitung, als was die Abbildungen betrifft, hervorheben zu müssen. —

Außer den Druckwerken aber sind hier noch zwei Sammlungen von Handzeichnungen nach pommerschen Ortssiegeln zu besprechen.

Oelrichs Zeichnungen. Die erste, auf die mich Herr Kanzleirat Gust. A. Seyler gütigst aufmerksam machte, und die mir der jetzige Hüter derselben, Herr Prof. Dr. Fuhr, Bibliothekar des Joachimsthalschen Gymnasiums in Berlin, freundlichst zur Benützung anvertraute, ist ein starkes Konvolut von Siegelzeichnungen aus dem Besitze des weiland Kayserl. Hof- und Pfaltz-Grafen, ordentlichen Lehrers der Rechten bey dem königl. akademischen Gymnasio zu Alten-Stettin ꝛc. ꝛc. Dr. Joh. Conr. Oelrichs. Die Sammlung enthält einen ungewöhnlichen Reichtum an Zeichnungen pommerscher Siegel und darunter mehrere hundert Abbildungen von Städtesiegeln. Sie sollte die Grundlage zu einem eigenen Werke bilden. In einem 1785 zu Frankfurt a/O. ausgegangenen Büchlein: Dr. Joh. C. C. Oelrichs .... Nachricht von seinen eigenen, meist zum Druck fertigen Manuskripten ...., bezeichnete der tintenfreudige Verfasser unter 15 andern Büchern auch: „Pomerania et Rugia sigillis illustrata: Oder das durch Siegel erläuterte Pommern und Rügen“, als druckfertig lagernd. Das Buch ist aber nicht im Druck erschienen und auch von einem Manuskripte desselben nichts weiteres bekannt geworden, als die spärlichen Bemerkungen, die sich hin und wieder unter den Zeichnungen finden. Diese letztern sind leider alle recht flüchtig und so ungenau, wie dies bei derartigen Abbildungen aus dem vorigen Jahrhundert eben die Regel zu sein pflegt. So sind z. B. alle Umschriften, selbst die von Siegeln des 16. und 17. Jahrhunderts, in Majuskeln des 13. Jahrhunderts wiedergegeben. Auch der durchgängige Gebrauch des bei Originalen nicht so ausschließlich vorkommenden runden S und die Eigentümlichkeit des meistvertretenen Zeichners, inmitten seiner Majuskeln das R stets durch die Minuskel r zu geben, lassen erkennen, wie wenig derselbe auf die Buchstaben-Formen achtete. Da nun gerade diese letztern zur Zeitbestimmung des Stempelschnittes den sichersten und manchmal einzigen Anhalt geben, so war hier bei den aus jener Sammlung entnommenen Stücken weder die Altersangabe, noch die sonst erstrebte paläographisch-genaue Wiedergabe der Umschrift möglich. Noch schlimmer ist, daß sich darunter viele verdächtige und eine ganze Anzahl nachweislich erfundener Stücke befinden (s. unten). Als Vorbesitzer einiger Teile der Sammlung werden darin gelegentlich bekannte pommersche Historiker, der Minister Graf Hertzberg, der Finanzrat Dreger, der Regierungsrat Sam. Gottl. v. Löper genannt; andere Siegel ließ Oelrichs von Urkunden des kgl. Archivs zu Berlin abzeichnen. Einmal erwähnt er auch eines Zeichners namens Bertaille. Der größte Teil der Zeichnungen aber wird aus der Sammlung bestehen, die Oelrichs, wie er in den: Hist. Geograph. Nachrichten vom Herzogth. Pommern, 1771, (S. 108,) erwähnt, aus des Diacon Aegid. Bohm zu Stargard Nachlaß käuflich an sich brachte. Darunter befand sich nun, laut seiner Klage in den: Fortgesetzten Histor. Diplomat. Beyträgen z. Geschichte der Gelahrtheit, 1770, S. VIII u. (S. 104, Note 14,) manches „aus der Pristaffschen Fabrick“.[1]) Oelrichs versichert, daraufhin die Zeichnungen mit den Originalsiegeln sorgfältigst (?) verglichen zu haben; aber nur bei dem von Pristaff für die 1392 geplant gewesene, aber nicht zustande gekommene

erschienenen fünf Heften: Samland, Natangen, Oberland, Ermland und Masuren mit den Siegeln der Städte in Verbindung gebrachten Jahreszahlen sind unrichtig und zwar deshalb, weil der Bearbeiter, statt sich an die Quellen, in den Archiven, oder wenigstens an die durch, aus zuverlässigen Werke Voßbergs zu wenden, zuerst an den Neuen Siebmacher und später an den nur wenig bessern Beckherrn gerieth. Hier nur ein Beispiel, weil es zugleich darthut, wie durch Unkenntnis der Siegel historische Fragen beeinflußt werden können. Die Zeit der Erhebung von Barten zur Stadt ist strittig. Da führt nun B. an: „aber 1359 hatte die Stadt Barten bereits ein Wappen“ (!) Das ist ein Trugschluß und der floß aus der leichten Siebmacherschen Zeile: „(Barten) führt nach einem mit 1359 bezeichneten Stempel ein redendes Wappen.“ Vor dem 16. Jahrhundert ist keine Jahreszahl in den Stempel einer ostpreußischen Stadt geschnitten worden, und die ersten vorkommenden Zahlen beziehen sich auf die Anfertigung des Stempels. Erinnerungszahlen an das wirkliche oder vermeintliche Jahr der Stadtrechterteilung (wie dies 1359 also doch nur sein kann) aber erscheinen erst viel später. Thatsächlich steht das betr. Siegel zur Frage nach den Stadtrechten Bartens ähnlich, wie das gelegentlich der voreiligen Feier des halbtausendjährigen Bestehens von Neidenburg angefertigte Siegel mit der Legende: „500IÄHRIGER JUBELTAG 15. OCTBR 1855“ zu der im Staatsarchiv zu Königsberg aufbewahrten Gründungsurkunde dieser Stadt vom 2. April 1381.

[1]) M. Gottl. Sam. Pristaff, geb. zu Kottbus, gest. 1736 zu Anklam, erscheint zuerst als Prediger zu Grapzow bei Treptow a/T., kam dann 1724 als Adjunkt des Pastor emer. Joh. Friedr. Meyer nach Langenhagen bei Treptow a/R. und ging zwei Jahre später ohne des Pastors Vorwissen mit dessen junger Frau nach Danzig. Nach seiner Absetzung ward er zur Strafe als gemeiner Soldat in ein preußisches Regiment gesteckt und erst nach einigen Jahren wegen Kränklichkeit entlassen. Nun ließ er sich in Greifswald nieder und verlegte sich auf die Fälschung von: „Pommerschen Urkunden, Siegeln, Müntzen, Alterthümern, Zeichnungen davon, geographischen Charten, historischen und geographischen Clöster- Schlösser- Städte ꝛc.-Beschreibungen“. In diesem neuen Berufe muß dieses Vorbild des Magisters Knips sehr emsig gewesen sein, denn Oelrichs zählt in der „Nachricht von zweenen Pommerschen historischen, diplomatischen und geo-

Stadtanlage Arnshope erfundenen Siegel machte er auf der Zeichnung und in verschiedenen seiner Schriften Bemerkungen über die Fälschung, erbot sich auch einmal: „demjenigen eine Prämie von Einem Louisd'or zu geben, der mir zuerst eine authentische Versicherung von dem würklichen Daseyn dieses Siegels verschaffen kann". Es sind aber der aus dem Stegreif erfundenen Siegel gewiß mehr in der Sammlung enthalten, so die vier, für eine sonst nicht bekannte civitas Jasmund bestimmten Sekrete, zwei Sekrete für eine civitas Wittow in Ruya, sehr wahrscheinlich die ältern Siegel für Bergen, und sicher die der civitas Gingst. Weit schwieriger als bei diesen nebelhaften civitatibus, und manchmal überhaupt unmöglich zu lösen aber wird die Frage nach wahr oder falsch in den Fällen, in denen das Vorkommen eines der Zeichnung entsprechenden Siegels wahrscheinlich, möglich, oder wenn auch unwahrscheinlich, so doch nicht geradezu unmöglich ist (wie z. B. bei dem sonst ganz unbekannten Sekret von Stralsund [s. d., No. 4]); oder dann, wenn weniger zu bezweifeln ist, daß dem Zeichner wirklich ein Siegel der betr. Stadt vorgelegen habe, als vielmehr, daß er dessen Bild richtig deutete, man vielmehr annehmen muß, er habe mit derselben Ungeniertheit, die ihm die Majuskeln in die Feder gab, ein beliebiges Etwas dafür hingezeichnet. Denn das ist das Schlimmste bei der Sache, daß die überwiegende Anzahl jener Zeichnungen von einer und derselben vertrauensseligen Hand gefertigt sind; bekannte Originale, Stücke, die im Original zwar nicht bekannt sind, an deren Existenz aber nicht zu zweifeln ist, unwahrscheinliche Stücke und zweifellose Fälschungen — alles ist mit der gleichen Tinte und Ruhe auf sauber umrandete Bögen gesetzt. Wenn daher bei den nachfolgenden Siegelbeschreibungen: „Oelr. Zeichn." beigeschrieben ist, so will ich damit die Ehre und aber auch die Verantwortlichkeit für das betreffende, sonst unbekannte Stück dem alten Gelehrten gesichert haben.

v. Bohlens Sammlung.

Die zweite hier benützte Serie von Pommerschen Siegelzeichnungen wurde 1872 im Auftrage des vor etwa 12 Jahren verstorbenen Freiherrn Julius v. Bohlen auf Bohlendorf von dem Zeichner F. Ratzky hergestellt. Es sind auf 9 Bogen gerade 100 Siegel, darunter 17 von Zünften, die andern von pommerschen Städten. Die meisten davon sind nach Originalen an Urkunden, teils aus dem Besitze des Freiherrn selbst, teils aus dem Stadtarchiv in Stralsund, andere nach Neudrucken noch vorhandener alter Stempel gezeichnet, wieder andere nach Abbildungen in Druckwerken kopiert. Alles ist sauber und gewissenhaft gezeichnet, auch meist das Datum der Urkunden beigeschrieben. Die Sammlung befindet sich jetzt im kgl. Staatsarchiv zu Stettin und wurde von Herrn Archivrath v. Bülow aus freien Stücken mir zur Benützung gesandt, für welche liebenswürdige Aufmerksamkeit ich hier nochmals herzlich danksage. —

2) Posen.

Für die Siegelkunde der Städte dieser Provinz ist noch weit weniger geschehen, als für die Pommerns. Die innern Verhältnisse des Landes sind die Ursache. In Polen strebte jeder adelige Grundbesitzer darnach, sein Bauerndorf zur Stadt zu erheben, teils um sich als den Herrn einer Stadt fühlen zu können, teils der vermehrten Einkünfte wegen. Die schwachen Wahlkönige waren auch leicht genug zu den nötigen Freibriefen zu bewegen, und es entstanden daher weit mehr Städte, als das Land ernähren konnte. So blieben denn die meisten dürftig. Wilde Kriege, unerhörte Bedrückungen seitens ihrer Herren und die allgemeine Rechtsunsicherheit gestalteten die Geschichte vieler, der meisten, erbärmlich. Das war nicht der Boden, um so stattliche Kunstwerke, wie wir sie in den Siegelstempeln anderer Gegenden bewundern, erblühen zu lassen. Dazu kommt der Umstand, daß infolge der Armut der Bevölkerung und des Mangels an Haustein fast alles aus dem reichlich vorhandenen Holze erbaut wurde. Brände mußten also häufiger sein und verderblicher werden als in andern Landstrichen. Aus diesen Ursachen erklärt es sich, daß von dieser städtereichen Provinz nur sehr wenige alte städtische Urkunden sich erhalten haben, und daß daher von den 124 posenschen Städten bisher insgesamt nur 24 mittelalterliche Siegel bekannt wurden, und von nur ganz wenigen derselben noch die Stempel vorhanden sind.

Voßbergs Wappenbuch.

Und doch haben wir ein „Wappenbuch der Städte des Großherzogtums Posen" (Berlin 1856) und zwar aus der Hand eines der bedeutendsten Sphragistiker, F. A. Voßbergs, dessen anderweite Arbeiten im ersten Hefte ausführlich besprochen wurden. Aber obwohl Voßberg in Posen geboren war, muß ich diese „Gedenkschrift an das 50jährige Jubiläum der Wiedervereinigung der Provinz mit der preußischen Monarchie" doch für die am wenigsten befriedigende Arbeit des Meisters halten. Er unterläßt es, darin die Quellen für seine kurzen Wappenangaben so darzulegen, wie man dies von einem Werke, welches zum ersten Male an den Stoff herantritt, noch mehr aber von einer Arbeit Voßbergs, erwarten dürfte. Ein Städtewappenbuch, das nicht zugleich ein Städtesiegelbuch ist, hat nur dann eine Berechtigung, wenn es die bereits anderweit bekannten Quellenmaterialien in hervorragend künstlerischer Darstellung bringt. Die dem Buche beigegebenen Lithographien von Ludwig Clericus weichen aber von einer solchen bedeutend ab. Auch ist es nicht zu loben, daß Voßberg für 14 Städte, deren Siegelbilder ihm unbekannt geblieben waren, Phantasiewappen erfand und deren Abbildungen, ohne sie genügend kenntlich zu machen, unter den andern brachte. Wenn Köhne (Berl. Bl. f. Münz.- rc. Kunde, 1868) diese neu vorgeschlagenen Wappen „etwas einförmig" findet, so soll dem auch nicht widersprochen werden. Wie im Texte bei Betsche nachgewiesen, haben diese Erfindungen auch schon falsche Schlüsse veranlaßt. — Ein anderes, früheres, Werk Voßbergs, betitelt: Siegel des Mittelalters von Polen, Lithauen, Schlesien,

---

graphischen Betrügern", eine stattliche Reihe seiner Werke auf, darunter allein 17 Städtechroniken. (s. über Pristaff auch: Baltische Studien, 14. Jahrg., 1. Heft, S. 185.)

Pommern und Preußen (Berlin 1854) bringt drei gute Kupfer der ältesten bekannten Stadtsiegel von Posen, Gnesen und Inowrazlau. Wenn es auch nicht diese paar städtischen Siegel angeht, so will ich doch auch hier Baron Köhnes Urteil über dies Buch (Berl. Bl. f. Münz.- zc. Kunde, 1863, S. 252) anführen: „Es existiert unstreitig kein sphragistisches Werk, welches sich, namentlich auch in Hinsicht der wohlgelungenen Abbildungen, dem vorliegenden an die Seite stellen ließe." Ich muß hinzufügen, daß die zu Beginn der 40er Jahre von Kielisinski radierten Siegelabbildungen auch heute noch zu den schönsten gehören, die wir haben, ja vielleicht die einzigen künstlerisch voll befriedigenden sind.[1]) Dann finden sich in Raczynski's Cod. dipl. Majoris Poloniae, 1840, noch gute Abbildungen der ältesten Siegel der Stadt Posen, in Freih. v. Saurma-Jeltsch's: Wappenbuch d. Schlesischen Städte (1870) eine solche des ältesten Siegels von Fraustadt, in Dr. Kirmis's: Beiträge z. Wappen- und Münzkunde Groß-Polens, 1885, eine eingehende Behandlung der Fraustadter Siegel und schließlich in Engel's: Mittelalterl. Siegel a. d. Thorner Rathsarchiv, 1894, noch eine Anzahl polnischer Städtesiegel beschrieben. Sonst aber ist über posensche Ortswappen und -siegel nichts nennenswertes bekannt geworden. Die Wappennotizen in Wuttke's, für die Lokalgeschichte sonst unentbehrlichem: Städtebuch des Landes Posen, 1864 und 1877, sind durchgängig ungenau, und die sehr dankens- und nachahmenswerte, von der „Posener Zeitung" in ihrer Sonntagsbeilage begonnene und z. Z. noch nicht abgeschlossene Serie der Städtebilder aus der Provinz Posen, brachte bisher für unser Feld nur indirekt brauchbare Materialien. Was aber in den Städtewappenbänden des großen Wappenwerkes: der neue Siebmacher steht, das ist, wie für Pommern aus Kratz, für Schlesien aus Saurma, so auch für Posen nur ein ruhiger Abklatsch aus Voßbergs Wappenbuche. Bei diesem Mangel an fachmännischer Bearbeitung ist es nur natürlich, daß viele Stadtbehörden — wie aus den mir gewordenen amtlichen Bescheiden hervorgeht — selbst nicht wissen, daß ihre Stadt jemals ein Eigenzeichen besessen, je etwas anderes als den, für die kleinen Angelegenheiten kleiner Städte so wenig passenden königl. preuß. Adler in ihren Siegeln geführt habe. Unter diesen Verhältnissen hielt ich es für geboten, mein Programm: nur die interessanteren, älteren Siegel genau zu beschreiben, von den neuern dagegen bloß etwaige Abänderungen des Siegelbildes zu registrieren, für diese Provinz zu erweitern und alles aufzunehmen, was mir von deren Ortssiegeln bekannt wurde. Es wird dies auch schon durch eine Besonderheit derselben gefordert. Während nämlich die spätern Siegel anderer Städte in der Regel nur ein früheres Siegelbild treu oder verwischt wiedergeben, wechseln die Siegel posenscher Städte vom 16. Jahrhundert herwärts ungemein mit ihren Darstellungen. Für die unmittelbaren Städte kommen zwar nur die großen politischen Umänderungen vom Ende des 18. Jahrhunderts ab, die südpreußische, herzoglich warschauische und jetzige großherzoglich posensche Epoche in Betracht, deren jede bei ihrem Beginne mehr oder minder energisch die vorgefundenen Siegel aufhob und durch neue, mit ihren eigenen Emblemen ersetzte.

Polnische Adelswappen.

Für die sehr große Anzahl der mittelbaren Städte aber tritt hierzu noch die Eigentümlichkeit, daß nicht nur ihr Gründer oft sein Wappen in ihr Siegel setzte, sondern daß häufig auch andere Edelleute, die nachmals durch Erbschaft, Tausch oder Kauf in den Besitz der Stadt kamen, dasselbe thaten. Während daher in deutschen Ländern Adelswappen überhaupt seltener und dann fast nur diejenigen der Gründer, meist reicher und mächtiger Geschlechter, in den Siegeln der Städte vorkommen, und durch jahrhundertelangen Gebrauch nach dem Aussterben der ehemaligen Stadtherren gewissermaßen zum Eigenwappen der Stadt wurden, konnte ein solches Verwachsen bei den polnischen Städten, infolge der häufigen Veränderungen des Besitzstandes des niedern polnischen Adels selten stattfinden. Wenn aber dies unruhige Wechseln des Herrschaftswappens die Bildung einer eigentlich städtischen Heraldik vereitelte, so ward die beschriebene Sitte andererseits für die Kenntniß der Lokalgeschichte von nicht zu unterschätzendem Werte. Nur wenige hergehörige Städte besitzen nämlich chronikalische Aufzeichnungen. Von der Specialgeschichte der meisten weiß man für lange Zeitläufte nichts und würde auch wegen Mangels an Urkunden nichts erfahren können, wenn nicht aus den Wappen auf städtischen Siegeln, die sich an Geburtsbriefen und andern indifferenten Papieren finden, wenigstens hervorginge, zu welchem Wappengeschlechte der gehörte, der in jener Zeit Herr der Stadt war. Schwieriger ist es dann allerdings, dessen Familiennamen herauszubringen (wenn nicht eben die Siegelumschrift denselben nennt, was öfter vorkommt). Denn eine Besonderheit beim Wappenwesen des polnischen Adels ist es, daß eine ganze Anzahl, oft Dutzende von Familien verschiedenen Namens und Ursprungs sich eines und desselben Wappens bedienen. Diese Stammwappen, die „Herb"[2]), werden allerdings durch Farbenverschiedenheiten, unbedeutende Zusätze oder Weglassungen für die einzelnen Geschlechter etwas abgeändert, es entsteht dadurch, wie Hefner (Wappenbuch d. galizischen Adels, München, 1863) treffend sagt, eine: verwickelte Einfachheit. Aber die geringen Abweichungen vom Stamm-

---

[1]) Herr Prof. Dr. Kirmis sandte mir freundlichst die Kopie einer in der Biblioteka Kórnicka (gräfl. Działyn'skische Bibliothek in Kurnik) befindlichen Kupferplatte mit Abbildungen städtischer Siegel von Kielisinski's Hand. Es sind leider ganz undankbare neuere Stücke, an die derselbe hier seine Sorgfalt wendete (s. unter Buk). Die Platte kam nicht zur Benützung.

[2]) Nach dem Aufsatze von Machs: Ueber polnische Stammwappen in der herald. Zeitschr.: Der deutsche Herold, 1886, No. 7 u. 8, kommt das polnische Wort „herb", czechisch „erb" von unserm „Erbe" her. „Es bedeutet also herb zunächst das Erbe jemandes an Besitztümern, Rechten und Pflichten, worunter sich eben das Wappen befand, und wurde dann erst die Bezeichnung für unser ‚Wappen'. „. . . . . Die sogenannten Wappennamen sind nichts als die Namen einer gens, einer Schildvetternschaft, einer Genossenschaft, die (ursprünglich) zusammenwohnte, wie denn auch der polnische Ausdruck ‚herb' viel mehr bedeutet als unser ‚Wappen'." S. jedoch auch ebenda die Einwendungen von Gritzner und Janecki.

wappen lassen sich bei der farblosen und naturgemäß sehr kleinen Darstellung auf den städtischen Siegeln meist nicht erkennen. So konnte denn auch hier von einer Anzahl von Orten wohl das Wappengeschlecht, nicht aber auch der Name des ehemaligen Grundherrn ermittelt werden. —

3) Schlesien.

Während die Städtewappen der beiden vorhergehenden Provinzen noch wenig bearbeitet worden und die hier beschriebenen Siegel zumeist Inedita sind, ist das in Schlesien wesentlich anders. Die intensive Beackerung, die dem historischen Boden dieses Landes seit längerer Zeit, namentlich aber in den letzten Jahrzehnten durch mehrere außerordentlich begabte Historiker zu teil wurde, mußte auch den historischen Hülfswissenschaften, also auch der Siegel- und Wappenkunde zugute kommen. Ferner haben die Wappenbriefe, mit denen die Kaiser und die engern Landesherren die schlesischen Städte reichlich begnadeten,[1]) dazu beigetragen, das Interesse für deren Wappen und damit indirekt auch das für die Siegel zu beleben. So erscheinen denn, abgesehen von vereinzelten frühern Darstellungen, schon in der ornamentalen Umrahmung von Martin Helwigs Erster Schlesischen Landcharte v. J. 1561 bereits die Wappen von 14 Hauptstädten. Dieselben sind recht gut gezeichnet, aber nicht auch alle durchaus richtig. Sie fehlen zwar in dem Schlesischen Wappenbuche von 1577, gingen aber aus der Karte unverändert (bis auf den unter Jauer angemerkten Irrtum) und unvermehrt in Johann Siebmachers Wappenbuch von 1609 über und bilden auch den Hauptbestandteil der Wappenbeschreibungen in der von Schickfus neuvermehrten Schlesischen Chronik des Curäus (Jena, 1625). — Manches brauchbare und viel unbrauchbares bringt Gottfr. Dewerdecks Silesia Numismatica oder Einleitung zu dem Schlesischen Müntz Cabinet (1711) und — von den herbezüglichen der Sechsstädte — Joh. Bened. Carpzovs Ehrentempel merkwürdiger Antiquitäten des Markgrafthums Oberlausitz (1719). Dessen mangelhafte Kupfer werden hinreichend ersetzt durch die Lithographien der Siegel von den Verbündungsurkunden v. J. 1346 in G. Köhlers: Bund der Sechsstädte (1846), welches Werkchen auch farbige Abbildungen von deren Wappen enthält. — Dr. Joh. Gust. Büschings Werk: Der alten schles. Herzoge, Städte, Äbte u. s. w. Siegel (Breslau 1813) kam über die erste Lieferung nicht hinaus und diese enthält nichts städtisches. — Die sonst außerordentlich brauchbare, bis ins Kleinste eingehende Alphabet.-Statist.-Topogr. Uebersicht aller Dörfer, Flecken und Städte d. Prov. Schlesien von Knie und Melchers (Breslau 1830) beachtet leider die Wappen und Siegel der Orte nicht. — Im großen ganzen werden die ältern Arbeiten in den Schatten gestellt durch die neuern, welche die Errungenschaften der kritischen historischen Forschungen benutzen, aus Tzschoppe und Stenzels und anderen Urkundensammlungen, namentlich aber aus den (jetzt 17) Bänden des unschätzbaren Cod. diplomat. Silesiae sich Anregung und Vertiefung holen konnten. —

Hugo Saurma Freiherr v. u. z. d. Jeltsch, geboren 1837 21./8. zu Lorzendorf, gestorben an seinem sechzigsten Geburtstage auf dem Rittergute Jürtsch bei Kanth, gab i. J. 1870 heraus das:

---

[1]) Von folgenden schlesischen Städten wurden mir sichere Wappenbriefe bekannt:

Görlitz	1433	von Kaiser Sigismund;
Schweidnitz	1452	„ König Ladislaus I. (Posthumus) von Böhmen;
Liegnitz	1453	„ „ „ „ „ „
„	1453	Bestätigung durch Kaiser Friedrich III.
Sagan	1475	von den Herzogen Ernst und Albrecht v. Sachsen;
Glogau	1490	„ König Mathias Corvinus;
Reichenstein	1491	„ Herzog Heinrich I. von Münsterberg;
Beneschau	1493	„ König Wladislaus II. von Böhmen;
Löwenberg	1501	„ „ „ „ „ „
„	1501	Bestätigung durch Kaiser Maximilian I.;
Glogau	1504	Wappenänderung durch Herzog Siegismund;
Winzig	1512	von König Wladislaus II. von Böhmen;
Deutsch-Wartenberg	1528	„ König Ferdinand I. von Böhmen;
Breslau	1530	„ „ „ „ „ „
„	1530	Bestätigung durch Kaiser Karl V.
Görlitz	1536	Wappenbesserung durch Kaiser Karl V.;
Silberberg	1540	von Heinrich II. Herzog von Münsterberg;
Lauban	1541	„ König Ferdinand I. von Böhmen;
Georgenberg	1561	„ Georg Friedrich, Markgrf. v. Brandenbg.-Jägerndorf;
Tarnowitz	1562	„ „ „ „ „ „ „
Zülz	1564	„ Kaiser Ferdinand I.;
Schömberg	1580	„ Kaiser Rudolf II.;
Sprottau	1597	„ „ „ „
Hirschberg	1599	„ „ „ „
Sagan	1602	„ „ „ „
Neustadt i. Ob.-Schles.	1607	„ „ „ „
Gleiwitz	1629	„ Kaiser Ferdinand II.;
Dyhernfurth	1663	„ Kaiser Leopold I.;
Neusalz	1743	„ König Friedrich II.;
Schmiedeberg	1747	„ „ „ „
Kontopp	1706	„ Kaiser Joseph I.;
Kattowitz	1867	„ König Wilhelm I. v. Preußen;
Königshütte	1869	„ „ „ „ „

Hier ist bei den betr. Städten meist nur die eigentliche Wappenbeschreibung aus dem Diplome abgedruckt; im übrigen werden die Briefe gemeinschaftlich mit denen anderer Länder in der am Schlusse dieses Werkes erscheinenden Abhandlung über das gesamte Wappen- und Siegelwesen der Städte besprochen werden.

Wappenbuch der Schlesischen Städte und Städtel, illustriert von L. Clericus (Berlin, 1870). Dies ist ein ganz vorzügliches, unentbehrliches Buch, aber allerdings nicht buchstäblich in Bezug auf das, was eigentlich sein Titel aussagt. Denn die Wappen sind nur sehr nebensächlich behandelt und die zahlreichen kleinen Zeichnungen derselben entbehren allen künstlerischen Reizes. Auch leidet das Werk stellenweise an dem „zwar quantitativ aber nicht immer qualitativ wertvollen Material"[1]), auf dem es sich aufbaute, d. h. es sind einige Siegel darin beschrieben, von denen dem Bearbeiter weder das Original, noch eine gute Kopie, sondern nur unzuverlässige ältere Angaben vorlagen, ohne daß dies von ihm immer genügend betont worden wäre. Damit aber ist auch alles gesagt, was auszusetzen ist. Dagegen aber ist das Buch zu preisen als eine mit außerordentlichem Fleiße gearbeitete, kurzgefaßte Geschichte aller schlesischen Städte mit besonderer Berücksichtigung von deren Siegeln und 162, meist guten, Abbildungen der letztern. Wenn jede deutsche Landschaft ein Buch besäße, wie das Saurmasche es für Schlesien ist, dann wäre ein Werk wie das vorliegende weniger notwendig.

Alwin Schultz' Veröffentlichung: Die Schlesischen Siegel bis 1250 (Breslau, 1871) bringt nichts städtisches, weil eben das älteste bisher aufgefundene, sicher datierte schlesische Ortssiegel (S. d. St. Neisse v. J. 1260) just 10 Jahre jünger als die Altersgrenze der Schultzschen Arbeit ist. Die Fortsetzung derselben: Die Schlesischen Siegel von 1250 bis 1300 von **Dr. Paul Pfotenhauer** (Breslau, 1879) aber enthält auf Tafel XIV acht Lichtdrucke früher städtischer Siegel (von denen einige bei Saurma fehlen) und im Texte manches interessante über diese und über die Siegel städtischer Beamten. — In Dr. H. Luchs': Schlesische Landes- und Städtewappen (46. u. 47. Bericht des Vereins f. d. Museum schles. Altertümer, Breslau, 1881) beschränken sich letztere auf drei (Breslau, Liegnitz und Oppeln), doch ist hervorzuheben, daß die Abbildungen dieses Heftchens zu den besten Arbeiten von Clericus gehören. — In der Städtewappenabteilung des Neuen Siebmacher folgen die schlesischen Wappenangaben dem voranschreitenden Saurmaschen Werke wie ein Schatten auf unebenem Boden. — Dr. Paul Knötels Schriftchen: Die Städtewappen Oberschlesiens (Beilage z. Osterprogr. d. Realgymnas. z. Tarnowitz, 1894) lehnt sich, wie der Verfasser gleich in den ersten Zeilen bescheiden bemerkt, hauptsächlich an Saurma's Werk an, mit dessen bezügl. Holzstöckchen es auch illustriert ist; außerdem aber bringt es auch manches Neue, u. a. den ersten Abdruck des Wappenbriefes für die Stadt Tarnowitz. Mehrere bisher noch unveröffentlicht gewesene Siegel schlesischer Orte bringt auch das in der Litteraturübersicht des ersten Heftes schon besprochene Werk über die mittelalterlichen Siegel des Thorner Rathsarchivs von Landrichter Bernh. Engel (IX. Heft d. Mitth. d. Coppernicus Vereins zu Thorn, 1894). Sehr zahlreich sind ferner die Notizen über unser Thema in den Schlesischen Städtechroniken. Diese, wie auch das, was sich sonst noch in Werken und Zeitschriften über einzelne Städte fand, werden im Texte unter den betr. Städten angezeigt und besprochen. Hervorgehoben aber müssen hier noch zwei Schriftchen werden: Die Siegel der Stadt Neisse, von Oberlehrer Dr. J. W. Schulte (Sonderabdruck aus dem XX. Jahresber. d. Neisser Philomathie, 1879), und: Die Siegel und Wappen der Stadt Görlitz, von Th. Heinrich, Stadtarchivar a. D. (Separatabdr. a. d. Neuen Lausitzischen Magazin, Bd. LXVII). Beide behandeln mit Liebe ihren Stoff, beide geben gute Lichtdrucke der Siegel ihrer Stadt (das Görlitzer auch eine treue farbige Wiedergabe des Wappens aus dem Diplom v. J. 1433) und beide wären gleich geeignet, als Vorbilder für derartige Arbeiten zu dienen.

---

[1]) Wie Conrad Buchwald in seiner Biographie des Freih. v. Saurma-Jeltsch in der Zeitschrift „Der Sammler" 1896, No. 13, richtig bemerkte.

Königreich Preußen. Provinz Pommern.

Regierungsbezirk Stettin.

Abb. S. 89 **Stettin,** Hauptstadt der Provinz Pommern.

In Blau ein golden-gekrönter roter Greifenkopf mit goldenem Schnabel.[1]

Bei reicherer Darstellung halten zwei goldene, gekrönte Löwen eine Königskrone über dem Schilde und das Ganze ist dann von einem Lorbeerkranze eingerahmt. Diese Auszeichnung wurde der Stadt für die tapfere Vertheidigung gegen Kaiserliche und Brandenburger im Jahre 1659 von König Karl XI. von Schweden, d. d. Stockholm 1660, Sept. 14. verliehen (Urk. darüber im Stadtarchiv), und von da an bis heute auf allen Hauptsiegeln angebracht. — Nach Pitzschky's Abdruck und Uebersetzung in: Baltische Studien, (14. Jahrgg. 1850, 1. Heft,) lautet die betr. Stelle des Diploms:

„Porro quo mens Nostra in promovendum Civitatis Nostrae Stetinensis Honorem prona magis innotescat, Insignia Civitatis in id augemus et praeclariora reddimus, ut supra scutum, in quo caput illud Gryphi, quo hactenus usa civitas apparet, duo Leones coronati, anterioribus Coronam Regiam teneant, in posterioribus insistentes unguibus toto illo insigni in argumentum obtentae victoriae laureo serto circumducto, plane sicuti schema hic insertum et suis coloribus distinctum ad vivum expressum est."

Um indessen Unsere Geneigtheit für die Ehre der Stadt noch mehr an den Tag zu legen, wollen Wir das Stadtwappen dadurch erweitern und verherrlichen, daß über dem Schilde, in welchem nach wie vor der Greifenkopf verbleibt, zwei gekrönte Löwen mit den Vorderklauen eine Königskrone halten, mit den Hinterklauen aber auf einem Lorbeerkranze stehen, welcher, zum Zeichen des errungenen Sieges, das ganze Wappen umgiebt; — ganz so wie das hier eingezeichnete farbige Schema es angiebt.

Das älteste, um die Mitte des 13. Jahrh. (nicht 1181!) gefertigte: „SIGILLVM · BURGENCIVM · DE · STITIN" (70 mm)[2] zeigt unter dem flachen Kleeblattbogen einer reichgegliederten Burg, zwischen zwei gelehnten Schilden in deren jedem ein Greif, sitzend einen Pommern-Herzog (nicht Kaiser!), barhäuptig, in der Rechten ein Schwert, in der Linken ein Szepter haltend. Der Stempel dieses Siegels ist von Bronze, während der oft damit verwechselte silberne Stempel nur ein markloser Nachschnitt desselben aus dem 17. Jahrh. ist. Die Umschrift des letztern ist die gleiche (jedoch „BVRGENSIVM"), der Durchmesser 76 mm, aber dem Herzoge hat man einen Vollbart gegeben, die Schildformen modernisiert und die Greifen einander zugewendet, während sie beim Original, trotz der gegeneinander gelehnten Schilde, beide rechtshin gewandt erscheinen. — Ein in der ersten Hälfte des 14. Jahrh. entstandenes spitzovales: „✠ S' CIVITATIS : STETIN : AQVA :"! (54 : 38 mm)[3] zeigt unter einem, mit einem Turme besetzten gespitzten Kleeblattbogen einen aufgerichteten, linkshin gewandten Greifen. — Das jetzige Wappenbild, der gekrönte Greifenkopf, erscheint zuerst auf dem 1361 gebrauchten: „✠ SECRETVM CIVITATIS · STITIN" (45 mm); dann auf dem wundervoll in Silber geschnittenen Stempel des: „⚜ secretum ⚜⚜⚜⚜ civitatis ⚜⚜ ⚜ stetin (hier im Schriftrande ein ungekröntes Greifenköpfchen) ⚜" (43 mm) aus dem 15. Jahrh., von welchem, wie von allen bisher besprochenen Siegeln mit Ausnahme des ersten Sekrets, die Stadt noch glücklich den Stempel bewahrt. Dasselbe Bild haben dann auch noch ein, von v. Bohlen[4] abgebildetes stummes Signet (28 mm) vom Anfang des 16. Jahrh., „·SECRETVM · MINVS · CIVITATIS · STETTIN ~~" (31 mm) aus der Mitte des 16. Jahrh., sowie ein wenig kleineres Siegel mit derselben Umschrift und endlich verschiedene neuere Signete. — Im Jahre der Wappenverbesserung wurde dann gestochen das: „✶SIGILLUM · CIVITATIS · VETERIS · STETTIN · NOVUM ✶ ANNO · 1660" (48 mm) und das: „SIGIL · MINVS · ET NOVUM · CIVITATIS · VETERIS : STETINI :" (32 mm); beide haben in einem Kränzl den Wappenschild mit den Löwen und der Königskrone darüber und beide wurden bis in die neueste Zeit, bald mehr, bald minder treu, zuweilen selbst mit der Jahreszahl 1660, nachgebildet. — Nach Einführung der Städteordnung (1808) erscheint ein Magistratssiegel mit einem ungekrönten Greifenkopf in einem, mit einer dreiblätterigen Krone besetzten, von einem preuß. Adler mit Schwert und Szepter in den Fängen gehaltenem Schilde, was aber nicht lange benützt wurde. — Auch die Stadtteile Ober- und Unterwiek und Lastadie hatten im 17. Jahrh. ein eigenes: +SIGEL+BEDER+WIKEN+UND+LASTADE+VOR+STETTIN (35 mm, Oelr. Zeichn.[5]). Dasselbe hat unter einem Engelsköpfchen zwei Schilde nebeneinander, im rechten steht der linkshin gewandte gekrönte Greifenkopf, der linke ist (von Rot und Silber) quergeteilt[6]. Der Stempel einer 27 mm großen Nachbildung dieses Siegels ist noch vorhanden. —

Die alten Schöffensiegel zeigen alle den Greifenkopf, aber ohne Krone. Erhalten hat sich der wohl dem Anfange des 14. Jahrh. angehörige Stempel des: „S SCABINORVM IN STETIN" (46 mm), welches den Greifenkopf im berankten Siegelfelde enthält, wogegen das: „× sigillū × schabinorum × × in × stettin" (47 mm) des 15. Jahrh. denselben in einem, von einem Engel gehaltenen Halbrundschilde, das dem 16. Jahrh. angehörige: „SECRETVM MINVS SCABINORVM STETIN ···" (24 mm) ihn aber wieder (nach links) im Felde zeigt. —

Stettin, obwohl noch im Besitze einer ganzen Reihe höchst werthvoller Originalstempel, ermangelt doch noch einer genügenden und mit guten Abbildungen versehenen Bearbeitung seiner alten Stadtsiegel. Was darüber in pomm. Geschichtswerken, bei Friedeborn, in Pitzschky's: Wappen d. St. St. (Baltische Studien, XIV, 1, S. 31), in W. H. Meyers: Stettin i. alt. u. neuer Zeit, 1887, im Neuen Siebmacher u. in der Illustr. Ztg. gebracht ist, ist unvollständig und z. T. fehlerhaft. Die vorzügliche Abhandlung Th. Pyls in den Monatsblätt. d. Ges. f. Pomm. Gesch., 1893, No. 9 aber bringt, ihrem Titel entsprechend, auch nur Ergänzungen zur Geschichte des Wappens (resp. der Siegel) der Stadt.

1) Der Greif des Herzogtums Stettin und der Greifenkopf der Hauptstadt machen eine, durch mehrhundertjährigen Gebrauch sanktionierte Ausnahme von der heraldischen Regel, nach der in einem farbigen Schilde nicht wieder eine farbige, sondern eine metallene Figur stehen soll (s. Heft I, S. X). Der Vorschlag von L. Clericus, die Tradition mit der Regel dadurch in Einklang zu bringen, daß man den Greifenkopf mit — roter Goldbronze male, beweist, bis zu welcher Pietät- und Geschmacklosigkeit moderne Wappenzeichner einer Theorie zuliebe gelangen können.

2) Die Umänderung des „I" bei Burgencium in „E", wodurch der Stempel jetzt „BURGENCEVM" zeigt, ist offenbar neuern Ursprungs.

3) Der Stempel zeigt deutlich: „AQVA" (= antiqua), nicht NOVA, wie unerklärlicherweise so oft gelesen wurde. „Stetin antiqua" ist als undeklinierbar, als Uebersetzung von „Altstettin" zu betrachten.

4) Ueber die Siegelzeichnungen des Freiherrn Jul. v. Bohlen auf Bohlendorf, die sich jetzt im kgl. Staatsarchiv zu Stettin befinden, s. unter Litteratur.

5) Die Abkürzung: Oelr. Zeichn. will besagen, daß mir das Stück, dessen Beschreibung sie beigefügt ist, lediglich aus der zwar sehr reichhaltigen, oft aber sehr unzuverlässigen Sammlung von Handzeichnungen nach alten pommerschen Siegeln bekannt wurde, welche der bekannte Gelehrte Dr. J. C. C. Oelrichs zusammengetragen hat, und die sich jetzt in der Bibliothek des Joachimsthalschen Gymnasiums zu Berlin befindet. Näheres darüber in der Litteraturübersicht S. 2.

6) Weiß-Blau (später Weiß-Rot) quergeteilt war die Stettiner Flagge (Pyl, Pomm. Geschichtsdenkm. VII. 20). Merian gibt in der Topographia Elect. Brandenb. et Ducat. Pomeraniae der Stadt ein nie von ihr geführtes Wappen: gespaltener Schild, darin rechts der gekr. Greifenkopf, links die Querteilung von Silber und Blau; auf dem ins Visier gestellten Spangenhelm wächst aus einer Krone der (wie im Schilde —) linkshin gewandte gekr. Greifenkopf; statt der Helmdecken ein Wappenmantel. Die unrichtige und unheraldische Zusammenstellung ist wieder ein Beweis, daß Merians sonst so werthvolle Werke als Quellen für Städtewappen nicht benutzt werden dürfen.

Altdamm, Stadt. **In Silber eine rote Burg mit offenem Thore und zwei Kuppeltürmen; zwischen diesen steht auf den Zinnen aufgerichtet der rote pommersche Greif.** Abb. S. 89

Das noch dem 13. Jahrh. angehörende: „+ SIGILLVM CIVITATIS DAMMIS" (66 mm) zeigt den von vorne gesehenen, fächerförmig mit Pfauenfedern besteckten Topfhelm der Herzoge von Pommern. Aber schon im 14. Jahrh. kommt die Burg mit dem auf den Thorzinnen linkshin schreitenden Greifen vor, nämlich auf dem: „+ SIGILLVM BVRGENSIVM · IN · DAMMIS ❀" (69 mm); so auch das: „SECRETV BVRGENSIVM IN DAMMIS" (42 mm) aus derselben Zeit und das: „∵ SECRETVM ∵ CIVITATIS ∵ DAM ∵" (30 mm) vom Anf. des 16. Jahrh. Bei einem um 1520 gestochenen Siegel mit der seltsamen Legende: „.. EIN · SIGIL · DER · STAT · · VAM · · D . M" (29 mm) ist der bisher linkshin gewendete Greif nach rechts schreitend, und zwar auf der Kuppel des, hier ausnahmsweise bedachten, Thorturmes dargestellt. Auch die Seitentürme haben hier schon Kuppeldächer. Auf dem noch vorhandenen Stempel des: „SIGILLVM · CIVITATIS · DAMMENSIS ❀ · POM 1592" (29 mm), welches später nebst dieser Jahreszahl in verschiedenen Größen wiederholt wurde, und auf dem SIGILLVM CIVITATIS · DAMMENSIVM · POM 1595 (37 mm, Oelr. Zeichn.), sowie bei den neuern Siegeln erscheint der bis dahin schreitende Greif aufgerichtet, stets aber linkshin gewendet; auch noch ein Magistratssiegel vom Anfang dieses Jahrh., welches das Bild erstmalig in einem Schilde (und mit darüber schwebendem preuß. Adler) zeigt, hat ihn so. Erst die neuern Siegel zeigen den Greifen stets rechtshin gekehrt. — Die alten Siegel sind abgebildet bei Oelrichs (s. unter Litteratur) und besser in Dannenbergs: Münzgeschichte Pommerns, Berlin 1893, das Sekret vom Anf. d. 16. Jahrh. bringt v. Bohlen (s. S. 3).

Anklam, Stadt. **In Silber der rote pommersche Greif, der über einer niedern, mit spitzbedachtem Thorturm versehenen blauen Zinnenmauer schreitend schwebt.** Abb. S. 89

So auch, jedoch mit linkshin gewendetem Greif das mächtige, für 1284 nachgewiesene: „✠ ∘ SIGILLVM + CIVITATIS + TANGGLIM ∘" (82 mm), dessen Bronzestempel erhalten und bis in die Neuzeit als Hauptsiegel verwendet wurde. Das der Mitte des 14. Jahrh. (1375 urkdl.) angehörende: „✠ SECRETVM : CIVITATIS : TANGLIM" (37 mm) hat im Siegelfelde allein einen rechtshin gewendeten Greifen. Ein um das Jahr 1530 gefertigtes: „~ SECRETVM CIVITATIS TANGLIM ~ (36 mm Schrift auf bewegtem Bande) zeigt einen aufgerichteten Greif in einem Schilde, und unter letzterem, zwischen zwei Röslein ganz klein ein steigendes Pfeileisen (Stral) wie selbiges (wohl seit dem Münzvertrage mit Greifswald und Stralsund von 1395) auch auf den Anklamer Münzen vorkommt. Das: „✻ SIGNETVM ☘ CIVITATIS ✻ TANGLIM" (30 mm), Mitte des 16. Jahrh., Stempel erhalten, sowie das ··· SECRETVM · CIVITATIS · TANGLEM (35 mm, Oelr. Zeichn.) und ein: „+ SIGNETVM + CIVITATIS + TANGLIM 1616" (28 mm) haben nur den Greifen im Schilde, ohne den Stral, wogegen zu Ende des 17. in dem: „SIGNETVM · CIVITATIS · TANGLIM ·" (33 mm) und auf zwei, je 24 mm großen Nachbildungen desselben der Stral wieder an derselben Stelle steht, aber weit größer als früher ist, so daß seine Spitze in den Schild hineinragt. —

„✶ DES GERICHTS ZV ANCKLAM SIGNET 1670" (22 mm) gibt dem Wappentiere den Stral in die rechte Vorderklaue; ganz so, dabei aber auf der Stadtmauer stehend, zeigen den Greif einige neuere Magistratssiegel; die neuesten Stadtsiegel aber bilden löblicherweise die oben beschriebene Darstellung des ältesten Hauptsiegels wieder nach. — Ungenaue Abb. u. Beschr. der ältern Siegel in Stavenhagen: Gesch. d. St. Anklam, (Greifswalde 1773), Berghaus: Landbuch v. Pomm. u. Rüg. II. Th. I. Bd. S. 252, und Oelrichs; bessere bei v. Bohlen und in den Berliner Blättern f. Münz-, Siegel- u. Wappenkunde 1863, Taf. X. u. Jahrg. 65 S. 18 (Dannenberg). — Merians Topographia Elect. Brandenb. et Ducatus Pomeraniae zeigt über der Stadtansicht einen Schild mit dem nach links gekehrten Greifen, der im linken Fang den Stral aufrecht hält.

Abb. S. 89

Bahn, Stadt. **In Gold die blaubekleidete hl. Maria Magdalene mit rotem Nimbus, in den Händen das goldene Salbgefäß haltend, begleitet links oben von dem pommerschen Greifenschild, unter welchem ein silbernes Johanniterkreuz schwebt.**

In Oelrichs Sammlung (s. S. 2) findet sich die Zeichnung eines i. J. 1493 gebrauchten: ❀...... CIVITATIS : BAHNEN .. (42 mm), worauf eine weibl. Figur mit ausgebreiteten Armen rechts den Greifenschild, links einen Gegenstand hält, den der Zeichner, offenbar von der falschen Auffassung seiner Zeit beeinflußt, als Laterne abbildete, der aber nur das Salbgefäß sein kann. Auch zeigen ein: „○ SI GIL · CIVITA · BAENEN" (23 mm) und ein: SIGILLVM · MAIVS · CIVITATIS · BAHNEN 1573 (41 mm) dies Bild. Zu Ende des 16. Jahrh. erscheint auf einem: „❊ SIGILLVM ❊ CIVITATIS ❊ BANENSIS" (33 mm) unter Wolken eine gekrönte Jungfrau, die in jeder Hand einen Schild hält, im rechten sieht man den Greifen, während das Bild des linken ebensowohl als ein fenster- und thorloser Turm, als wie als Laterne angesprochen werden könnte. Ein 39 mm großer Nachschnitt, am Stempelgriff (also im Abdr. nicht sichtbar) mit 1714 bezeichnet, und ein ovales (26 : 23 mm) Siegelchen aus der zweiten Hälfte des 18. Jahrh. bieten beide dieselbe Darstellung wie Umschrift und denselben Zweifel. So auch ein nur mit „S. B." (oval, 19 : 17 mm) bezeichnetes Signet des 17. Jahrh. Erst ein um 1800 entstandenes Farbsiegel zeigt ein Mädchen, was die Rechte in die Hüfte stützt und mit der Linken eine Laterne an deren seitlichem Henkel hält, während rechts über ihr der Greifenschild schwebt. Aehnlich ein noch späteres Siegel, bei dem die, hier noch von der Sonne überstrahlte Laterne rechts, der Greifenschild links gehalten wird. 1880 genehmigte auf Antrag des Bürgermeisters der Oberpräsident der Prov. Pommern die Annahme des oben beschriebenen, vom Staatsarchivar v. Bülow in Stettin nach dem alten Siegelbilde neu construierten Wappens.

Abb. S. 89

Daber, Stadt. **In Blau unter einem goldenen Zierbogen der pommersche Greif.**

Das von Oelrichs gebrachte Fragment eines: SECRE .. C · V . . . S . . . D . . . (cc. 48 mm), welches wohl dem 14. Jahrh. angehören könnte, zeigt eine Burg, auf deren Mittelturm eine Fahne mit einem Kreuze steckt, die von dem links daneben stehenden Greifen gehalten wird. (Zu Ende des 13. Jahrh. hatten die Templer gewisse Rechte im Lande Daber, möglich, daß die Kreuzfahne darauf Bezug hat.) Das jetzige Bild zeigt zuerst ein: ✠ SECRETVM · CIVITATIS : DABERÆ 1500 (33 mm), welches aber nur in Oelrichs unzuverlässiger Zeichnung bekannt und vielleicht identisch ist mit dem: „❊ SECRETVM ❊ CIVITATIS ❊ DABER ❊ 1 ❊ 5 ❊ 5 ❊ 3" (32 mm). Von diesem Siegel gibt es eine spätere gleichgroße Nachbildung mit anderer, auf dem vorliegenden Abdruck jedoch nicht erkennbarer Jahreszahl, und einen wohl dem 19. Jahrh. angehörigen, sehr genauen Nachschnitt in gleicher Größe, mit derselben Umschrift und der Jahreszahl 1553. Dasselbe Bild zeigt auch ein, nur mit „S C D" bezeichnetes Signet des 17. Jahrh. (20 mm) und das neue Magistratssiegel. — Das Siegel von 1553 ist in Dannenbergs Münzgeschichte Pommerns (Berlin 1893) abgebildet.

Abb. S. 89

Demmin, Stadt. **In Silber eine zweitürmige rote Burg mit größerem geöffneten Mittelthore und zwei kleinern offenen Seitenthoren*); zwischen den Türmen schwebt das Wappen der Herzoge von Pommern: der Greifenschild unter dem, von einem Pfauenfederbusch bekrönten Helm mit rot-silbernen Decken. Die Spitzdächer der Türme sind mit halben goldenen Lilien besetzt.**

Das schon 1265 vorkommende: „✠ ✳ SIGILLUM · CIVITATIS ✶ DEMIN" (78 mm) zeigt die zweitürmige Burg mit nur einem, geöffneten, Thore mit Fallgatter. Zwischen den Türmen schwebt das herzogliche Wappen mit Topfhelm, ohne Helmdecken. Ein dem 14. Jahrh. zuzuschreibendes: „✠ SECRETVM DE DEMIN" (38 mm) hat zwischen den Türmen nur den Helm mit dem Pfauenwedel, nicht auch den Greifenschild. Ein: „SGIL ❊ CIVI ❊ DEMMINI ❊ ANNO ❊ 1535"! (37 mm) bringt in einem Schilde einen linkshin gewendeten Greifen zwischen zwei einzelnen Türmen; ganz so, nur daß die Türme unten noch durch eine niedere (thorlose) Mauer verbunden sind, auf der der Greif steht, das: „+ SIGILLVM + CIVITATIS · ❊ DEMMINI ❊ AO 161 ·" (30 mm). In Oelr. Sammlg. finden sich dann noch mehrere Zeichnungen kleinerer Siegel, die ich aber wegen ihrer augenscheinlichen Unzuverlässigkeit nicht beschreiben möchte (s. S. 2). Als i. J. 1659 Brandenburger die Schweden zur Uebergabe der Stadt zwangen, ließ diese neue Stempel mit dem noch jetzt gebräuchlichen, oben beschriebenen Bilde anfertigen. So das: „SIGILLUM MAJUS CIVITAT DEMMIN A° 1659" (50 mm) und das: „✠ SIGILLVM · MINVS · CIVIT · DEMMIN · ANNO · 659" (35 mm), dessen silberner Stempel zu Oelrichs Zeiten noch im Besitze der Stadt war. Bis jetzt scheint sich nur noch der Stempel eines: „SIGILLVM MINVS CIVITAT DEMMIN 1742" (27 mm) erhalten zu haben. — Alle diese Siegel haben auf den Turmspitzen die halben Lilien (die Brüggemann übrigens fälschlich als Helleparten bezeichnet), und diese sind bei Demmin nicht, wie in den weitaus meisten Fällen, nur willkürliche Ausschmückungen, denn nicht nur war eine Lilie das Münzbild der Stadt, sondern auch die Gerichtssiegel derselben zeigen sie, wie: „DER STADT DEMMIN NIEDER GERICHTS SIGEL A° 1659" (35 mm) und spätere Siegel mit der wachsenden Justitia über einem Lilienschilde lehren. Erwähnt sei auch noch ein dem 17. Jahrh. angehöriges Siegel mit einem Wappen, in dessen Schilde zwei Männer einen Achter „8" halten, während auf dem Helme die Themis mit ihren Attributen wachsend dargestellt ist. Die Umschrift lautet: DER · ACHTEN · WAPEN · Z · DEMMIN (30 mm, Oelr. Mskpt.). Unter den „Achten" wird der Richter mit den üblichen sieben Schöppen zu verstehen sein. — Das älteste Siegel ist am besten von Dannenberg in den Berl. Blättern f. Münzkunde, die ältern Sekrete bei v. Bohlen abgebildet. Merians Topographia bringt über dem Grundriß von Stadt und Festung Demmin rechts ein Wappen: Greifenschild, darüber der pommersche Helm; links dagegen einen Schild mit der Lilie.

Abb. S. 89

Fiddichow, Stadt. **In Gold auf einem Kleeblattbogen drei rote Zinnentürme, der mittelste höher; unter dem Bogen auf blauen Wellen ein silberner Schwan.**

Der Schwan entstammt dem Wappen der Herren von Fiddichow. Das: „✕ S BVRGENSIVM DE VIDEKOWE" (70 mm) aus dem 14. Jahrh. hat auch den Bogen und die Türme, unten aber nur den Rumpf des Schwanes. Sehr kurios ist ein Gerichtssiegel, wohl aus dem Jahre 1681, in dem der große Kurfürst der Stadt das Gericht über Hals und Hand beilegte (Kratz). Es zeigt das Bild des Hauptsiegels und hat eine doppeltzeilige Umschrift, innen: „FIDDICH : GERICH : SIEGEL", außen: „❊ BURG SION DAVID THRON A° 1400" (oval, 31 : 28 mm). Dies Siegel wird von Thümmel im: Deutschen Herold, 1885 No. 6, besprochen und die räthselhafte äußere Umschrift als eine Verballhornisierung von: S. BVRGENSIVM DE FIDDICHOWE, erklärt (?). — Dannenberg bildet das älteste Siegel ab und schreibt dazu „nachgestochen"; der mir vorliegende Abdruck ist zwar nicht sehr scharf, läßt aber, außer etwa in dem Andreaskreuz statt des üblichen gemeinen Kreuzes zu Anfang der Umschrift, nichts auffälliges erkennen; auch in den: Beiträgen z. Gesch. d. Stadt Schwedt (1824), wo auf S. 87 dies Siegel beschrieben wird, ist davon nichts erwähnt.

Abb. S. 89

Freienwalde in Pommern, Stadt. **Von Rot und Gold gespalten; rechts ein aufgerichteter, von einem silbernen Stern begleiteter, die Krümmung nach rechts wendender goldener Bischofsstab, links ein halbes schwarzes Richtrad.**

Der Krummstab erinnert an das Bistum Kammin, das halbe Rad an das Wappen der v. Wedell, welche, als Vasallen der Kamminer Bischöfe, dem Orte die Stadtrechte verschafften. Der noch erhaltene Stempel des wohl kurz nach jener Verleihung (1338) angefertigten: „✠ SIGILLVM : CIVITATIS : VRICHENWALDE" (57 mm) zeigt, wie alle ältern Siegel, im nicht geteilten, resp. gespaltenen Felde nebeneinander rechts den aufrecht gestellten, rechts von einem Sterne begleiteten Stab, links das halbe Zackenrad. So auch das ebenfalls noch dem 15. Jahrh. angehörende: ✠ SECRETVM CIVIT NOVE · VRIEWOL (35 mm) und das wohl um 1500 entstandene: + SIGILLUM CIVITATIS : FREIENWALD (42 mm, Oelr. Zeichn.), sowie ein vielleicht im 17. Jahrh. gestochenes: + CIVITAS NOVA FRIENWALDENSIS (Oelr. 30 mm). Auf einem Stempel des 18. Jahrh. mit der Umschrift: „❊ CIVITAS NOVA FREVENWALDENSIS ~~" (25 mm) findet sich das Bild verdreht, der Stab unter dem Sterne querliegend und das halbe Rad den untern Teil des Feldes ausfüllend (Stempel erhalten), was das neue Farbsiegel nachahmt. — Von Bohlen bildet das älteste Siegel ab. Dannenberg gibt in der Münzgeschichte Pommerns das Sekret nach einem Abdruck von 1394.

Abb. S. 89

Garz an der Oder, Stadt. **In Silber ein Gewappneter mit dem pommerschen Helm auf dem Haupte, in der Rechten eine weiße Fahne mit dem roten Greifen, in der Linken den pommerschen Schild haltend; hinter letzteren ist ein gestürztes Schwert gesteckt.**

Das ursprüngliche Siegelbild war ein von zwei spitzbedachten fensterlosen Türmen beseitetes Thor, dessen Giebel in eine Lilie ausläuft. So das: „• SIG ...... VRGEN ...... DIZ" (60 mm), dessen einzig bekanntes, recht schlecht erhaltenes Exemplar an einer Urk. v. J. 1284 im Geh. Staatsarch. in Berlin hängt. Ein, allerdings nur in Oelrichs Zeichnung bekanntes: + SECR : CIVITATIS ⁘ GARCENSIS (46 mm), etwa aus dem Anfang des 15. Jahrh., hat dann den gewappneten Pommernherzog mit der Fahne in der Rechten (ohne Schild?) im beringelten Siegelfelde. Bei dem um 1450 geschnittenen: „secr .. um burgensium ⚜ in ⚜ gar ...." (43 mm) steht derselbe mit Fahne und Schild rechtshin gewandt, innerhalb einer Zierarchitektur. Ohne diese und von vorn gesehen steht er in dem: „○ sigillu • ciuitat gardtz" (33 mm Schrift auf Bändern) vom Ende des 15. Jahrh. Dies hübsche Siegel diente den spätern zu einer Vorlage, welche aber der fortschreitenden Geschmackserweichung natürlich nicht lange Widerstand zu leisten vermochte. Während ein stummes

---

*) Der größern Genauigkeit wegen unterscheide ich zwischen „geöffnetem" und „offenen" Thore; unter ersterem verstehe ich ein solches, bei dem man die aufgemachten Thorflügel sieht, unter letzterm ein Thor ohne sichtbare Flügel.

Signet (15 mm) des 16. Jahrh., ferner ein um 1600 geschnittenes: „SIGILLVM CIVITATIS · GARCENIS“ (21 mm) und ein dem 17. Jahrh. angehörendes: „SIGILLUM CIVIT. GARTZ MINUS“ (oval, 21 : 19 mm) noch ein gefälliges Aussehen haben, schwindet dies bei des letztern Nachschnitten immer mehr, so daß beim „SIGILLUM CIVIT: GARTZ MINUS“ (29 mm) vom Anfang dieses Jahrhunderts der Ritter zu einer komischen Figur geworden ist, die auf dem Theaterhelme fünf Straußenfedern (!), auf Fahne und Schild einen Löwen (!) und auf dem unglaublich geformten Brustharnisch zwei Johanniterordenskreuze trägt. Nur die eigentümliche Stellung des Schwertes ist auf allen Siegeln die gleiche geblieben. Die meisten Siegel sind abgebildet in J. Schladebach: Urkundl. Gesch. d. St. Gartz a. d. O. (Leipzig 1841).

Abb. S. 89 **Gollnow,** Stadt. **In Blau zwei abgewendete goldene Halbmonde, umwinkelt von vier silbernen Sternen.**

Das alte Siegelbild der Stadt war ein Schiff mit Bug und Steuer, aus dem statt des Mastes ein breitverzweigter Nadelholzbaum (Kiefer?) aufwächst, in dessen Krone der pommersche Greif schreitet. So das noch dem 13. Jahrhundert entstammende, im kgl. Staatsarch. Stettin an einer Urk. v. J. 1339 hangende: „✠ S' CIVIT . TI . GOLNOV“ (75 mm) [1]) und das der Mitte des 14. Jahrh. zuzuschreibende: „✠ SECRETVM CIVITATIS GOLNOV“ (37 mm). Beide haben den Greif rechtshin gekehrt. Ein gleichgroßes, auch noch dem 14. Jahrh. angehörendes Sekret mit sonst gleichem Bilde und derselben Umschrift, aber hat ihn linkshin gewendet. Ein: ✠ SECRETVM : BVRGENSIV · IN GOLNOV : (55 mm, Oelr. Mskpt.) hat das Schiff mit einem vom Greifen gehaltenen Maste, von dem Taue herabgehen, zwischen denen Zweige wachsen. Der noch erhaltene Stempel des dem 17. Jahrh. angehörigen: „❊ SIGILLUM ❊ CIVITATIS ❊ GOLNOV-MAGNUM“ (39 mm) zeigt das Schiff wieder mit einem Eichbaum anstatt des Mastes und in dessen Krone den Greif nach rechts gewendet. Die Halbmonde mit den Sternen — vielleicht das Münzbild? — kommen zuerst auf einem etwa um 1600 gefertigten: „❊SIGILLVM CIVITAT GOLN : MINVS“ (28 mm) vor, von dem es mehrere spätere Nachbildungen in fast gleicher Größe und Umschrift gibt. Oelr. Mskpt. enthält auch die Skizze eines achteckigen Signets mit diesem Bilde (17 : 15 mm). — Das älteste Siegel ist in Dannenbergs Münzgesch. Pommerns abgebildet.

1) Das Siegel thut dar, daß Herzog Barnims I. Versuch: den alten slavischen Dorfnamen Gollenog bei der Erhebung des Ortes zur Stadt (Originalbrief v. J. 1268 im Stadtarchiv) in Friedensheide umzuwandeln: „novella civitas Gollenog, quae nunc Vredeheide appellatur“, schon im 13. Jahrh. als verunglückt zu betrachten war.

Abb. S. 89 **Grabow** a. d. Oder, Stadt. **In Blau eine Windfahne in Form eines roten Greifen, der von einer, unten mit einem runden, goldenen Knaufe versehenen silbernen Stange durchbohrt ist.**

Der erst 1847 zum Flecken und 1855 zur Stadt erhobene Ort erhielt durch ein Ministerial-Reskript vom 29. Nov. 1856 dies Siegelbild; es soll die Turmspitze der alten Odernburg Pamporen, die später ein Kloster, dann aber ein herzogliches Residenzschloß wurde, vorstellen. Das demnach älteste Siegel ist das: „Siegel der Stadt Grabow a/O.“ (33 mm) aus der Zeit der Verleihung, welches das beschriebeue Bild zeigt. Die Stadt verdankt dies sehr originelle und hübsche Zeichen dem Kunstsinne und feinen heraldischen Gefühle des Königs Friedrich Wilhelm IV. von Preußen. Ueber diese Wappenverleihung ist aus Berghaus, Landbuch von Pommern und Rügen II. T. Bd. 2 S. 1361 zu entnehmen: Als i. J. 1856 die kgl. Regierung die Gemeindebehörde zu Grabow, die bisher in ihrem Dienstsiegel den preußischen Adler geführt hatte, aufforderte, diesen, als den neuern Bestimmungen gemäß fernerhin nicht mehr zulässig, mit einem andern Siegelbilde zu vertauschen, da beschloß die Gemeindebehörde, künftig als Wappen ein Bild des im 30jähr. Kriege zerstörten, in Grabow belegen gewesenen Residenzschlosses der Pommernherzoge, des Schlosses Pamporen, von dem alte Abbildungen noch vorhanden, zu setzen. Auf den hierüber von der Regierung erstatteten Bericht erließ der Minister das Reskript:

„Des Königs Majestät haben auf meinen, in Folge des Berichts der Königlichen Regierung vom 23. September d. J. gehaltenen Immediat-Vortrag mir durch Allerhöchsten Erlaß vom 19. d. Mts. zu eröffnen geruht, wie Allerhöchstdieselben die bildliche Darstellung des ehemaligen Schlosses Pamporen zu Grabow zu groß fänden, um als Wappen in dem Dienstsiegel der Gemeinde-Behörden von Grabow verwendet zu werden und es für angemessener erachteten, wenn nur die Spitze der Schloßthürme mit dem Greif und dem Knopf, wie die beigehende Zeichnung dieß veranschauliche, genommen würde. Unter Rückschluß der mit dem Bericht vom 22. September d. J. vorgelegten Zeichnung, überlasse ich der Königlichen Regierung hiernach die weitere Verfügung.

Berlin, den 29. November 1856.
Der Minister des Innern.
An die Königl. Regierung zu Stettin. gez. v. Westphalen.“

Und die kgl. Regierung verfügte:

„ — Abschrift vorstehenden Rescripts erhält der Magistrat zu Grabow in Bezug auf den Bericht vom 24. April d. J. zur Kenntnißnahme und mit der Veranlassung, demgemäß das künftig von den dortigen Gemeinde-Behörden zu führende Dienstsiegel so fertigen zu lassen, wie die beigefügte Zeichnung B. dies veranschaulicht. Ein Abdruck des darnach gefertigten Siegels ist demnächst einzureichen. Die mit dem Berichte vom 24. April d. J. eingereichte Zeichnung des ehemaligen Residenz-Schlosses Pamporen erfolgt anliegend zurück.

Stettin, den 6. Dezember 1856.
Königl. Regierung, Abthlg. d. Innern.“

Abb. S. 89 **Greifenberg** in Pommern, Stadt. **In Silber der rote pommersche Greif, in den Fängen eine goldene Lilie haltend.**

Die beiden ältesten Siegel sind nur aus unzuverlässigen Quellen bekannt geworden. Brüggemann sagt in der Beschreibung von Vor- und Hinterpommern (1779), das Wappen dieser früher civitas super Regam geheißenen Stadt sei ursprünglich ein roter Greif mit darunterfließendem Regastrom in blauem Felde gewesen. 1334 komme jedoch schon die Lilie, anfangs allein, später vom Greifen gehalten, vor. Nun findet sich unter Oelrichs Zeichnungen auch ein: ✠ SIGILLVM BVRGENSIVM CIVITATIS GRIPENBERGE (58 mm), welches einen auf Wellen schreitenden Greifen mit storchartigem Schnabel zeigt und den Eindruck eines Siegels aus der zweiten Hälfte des 13. Jahrh. macht. Dagegen ist zu vermuten, daß Brüggemann in dem Siegel von 1334 mit nur einer Lilie, ein Siegel der Marienkirche vor sich hatte, wenigstens ist mir weder aus jener, noch einer spätern Zeit ein Stadt-, wohl aber ein spätes Kirchensiegel mit nur einer Lilie bekannt geworden. Einen aufgerichteten, rechts unten von einer schwebenden Lilie begleiteten Greif hat ein: ✠ SECRETVM BVRGEN : IN : GRIFENBERG (58 mm, Oelr. Samml.) aus dem 14. Jahrh. Bei dem im Geh. St. Arch. z. Berlin a. Urk. v. 1493 hangenden: „s * consulatus * opidi * grifeberch“ (35 mm, Schrift auf Band) hält der schreitende Greif einen Schild mit einer schräglinks gestellten Lilie vor der Brust; zwischen den Hinterfüßen des Greifen schweben drei Ringeln °°°. Das Siegel findet sich trotz der hier etwas auffallenden Bezeichnung der Stadt als oppidium noch a. Urk. v. 1601 im St. Arch. z. Stettin, während 1623 ein: „SIGILLVM CIVITATIS GRYFENBERG“ (38 mm) vorkommt, bei dem der aufgerichtete Greif den Schild, darin eine geradestehende Lilie, trägt. Bei einem: „✶ SIGILLVM CIVITATIS GRIPHENBERGENSIS“ (38 mm) des 17. Jahrh., sowie bei dem: „✳ SIGIL ✶ CIVITATIS ✶ GRYPHIBERGEN : SIS“ (oval, 30 : 26 mm) des 18. Jahrh. und dessen Nachschnitten, hält der Greif die Lilie frei (ohne Schild in den Fängen. Um 1800 zeigt dann: „DER STADT GREIFENBERG SIEGEL“ (40 mm) auf einmal ein großes Wappen: im Schilde der die Lilie haltende Greif, auf dem gekrönten Spangenhelme eine Lilie zwischen zwei mehrfach geteilten Fähnchen und zwei wilde Männer mit Keulen als Schildhalter. Dieser unpassende Pomp wurde mehrfach nachgebildet; in jüngster Zeit kam die Stadt wieder zu häuptlings beschriebenem einfachen Zeichen zurück. Gute Abbildungen der Siegel gibt es nicht; in Bezug auf die älteren sind wir, wie oben bemerkt, auf Oelrichs angewiesen. Das Siegelchen des 15. Jahrh. findet sich mehrfach und stets etwas abweichend abgebildet.

Greifenhagen, Stadt. **In Silber über einem querliegenden, dreiastigen schwarzen Stubben schwebend ein halber roter Greif; links unten begleitet von einem goldenen Stern.** Abb. S. 89

Das schon 1278 urkundl. erwähnt werdende Siegel dieser Stadt ist vermutlich das nur in einem Bruchstücke v. J. 1327 bekannte: „✠ SIGILLVM CIVITATIS GRIP . . . . . .“ (cc. 70 mm) bei dem die Umschrift unten beginnt. Es zeigt den halben Greifen ohne Stern linkshin gewendet über dem gestümmelten Baumstamme. 1339 erscheint bereits ein anderes: „✠ SIGILLVM : CIVIT . . . . HAGHEN ✠“ (74 mm), bei dem die Darstellung rechtshin gekehrt und auch hinter dem Abschnitt des Greifenleibes der Stern schon vorhanden ist. Ganz ebenso, aber im gegitterten Siegelfelde, das ebenfalls dem 14. Jahrh. angehörige: „✠ SIGILLVM · CIVITATIS · GRYPHENHAGHEN“ (70 mm). Bei einem auch noch im 14. Jahrh. geschnittenen „✠ SECRETVM CIVITATIS GRIPENHAGE“ (45 mm) fehlt der Stern, dagegen wächst vorn und hinten aus dem Stubben je ein Zweiglein mit drei Blättern. Ein: „○ S DER STAT GRIFENHAGEN • 1530“ (25 mm) zeigt den halben Greif über dem Stubben (ohne Stern) in einem Schilde. Merkwürdigerweise kommt gleich darauf neben diesem zierlichen, zweifellos mit seiner Jahreszahl gleichalterigen Siegelchen (welches später noch oft benutzt wurde) ein grobkörniges: „∴ S • DER ∴ STAT ∴ GRIFENHAGEN • 15 • 31“ (35 mm) vor mit derselben Darstellung frei im Felde. Auch dies ist mit der Jahreszahl gleichzeitig, während ein von Oelrichs abgebildetes, nur 30 mm großes Siegel mit derselben Umschrift und Jahreszahl, jedoch mit dem Stern, ein erheblich späterer Nachschnitt sein dürfte. — Dannenberg bildet das Siegel des 14. Jahrh. mit dem gegitterten Siegelfelde ab. Ein stummes Signet zeigt nur einen (ganzen) Greifen (14 mm), ein anderes von Oelrichs auch hierher gewiesenes, ebenfalls ohne Schrift, dagegen den pommerschen Helm mit dem Pfauenwedel (12 mm). „ · DER STAT GREIFENHAGEN · KL · S 1744“ (27 mm) und dessen Nachbildungen haben einen ganzen Greifen stehend auf dem aufwärts gebogenen Stamme. Ein dem Ende des 17. Jahrh. zuzuschreibendes: „RAHTS · UND · GERICHTS · SIEGEL · DER · STADT · GRIFFENHAGEN 1531“ (oval, 35 : 30 mm) hat in verziertem Rahmenschilde wieder das älteste Siegelbild, wie solches denn auch die neuesten Siegel zeigen.

Groß-Mellen, Dorf, früher Stadt.

Der Ort wird 1373 unter den Neumärkischen Städten genannt (Riedel, Erwerbung d. Mark Brandenbg. durch das Luxemburgische Haus, 1849, S. 26). Ein Siegel ist nicht bekannt.

Gülzow, Flecken. **In Silber der rote Greif, eine grüne Bischofsmütze haltend, unter der ein kleines, goldenes Kreuz schwebt.** Abb. S. 89

Die Zeichnung eines: ❁ SI · CIVIT : EPISC : GILZOV (32 mm) in Oelrichs Sammlung ist die einzige Quelle hierfür. Auf das event. Alter dieses Siegels lassen sich aus der flüchtigen Skizze keine Schlüsse ziehen. Es ist überhaupt nicht ausgeschlossen, daß dasselbe nur der geschäftigen Phantasie Pristaffs sein Entstehen verdankt, (s. darüber S. 2); denn von einer civitas Gilzov ist sonst nichts zu finden. Der Flecken Gülzow benutzt jetzt kein eigenes Siegelbild, sondern den preuß. Amtsadler, jedoch mit Schwert und Scepter in den Fängen, in seinen Siegeln.

Abb. S. 89 **Jakobshagen**, Stadt. In Silber(?) ein blauer(?) Querbalken, überdeckt durch eine abwärts gekehrte rote Greifenklaue.

Nach Kratz: die Städte der Prov. Pommern, soll der Ort früher eine mit den Krallen aufwärts gekehrte Greifenklaue geführt haben. Es kam mir bisher kein solches Siegel zu Gesichte. Oelrichs bildet ein 1430 gebrauchtes: + SECRET : CI .... BESHAGE (32 mm) ab, welches die Figur eines Heiligen mit Nimbus, der mit der Rechten anscheinend ein Schwert schwingt, in der Linken einen Stab hat, darstellt. Der noch benützte Stempel des: „STADT · SIGEL · ZU IACOBSHAGEN IN POMMERN“ (oval, 30 : 27 mm) aus dem 17. Jahrh. hat oben beschriebene Darstellung in einem Schilde, der von zwei, mit Hellebarden bewaffneten Geharnischten gehalten wird. Der Balken bleibt noch zu deuten; die Herren von Stegelitz, denen der Ort im 14. Jahrh. gehörte, hatten ein anderes Wappen.

Abb. S. 89 **Jarmen**, Stadt. In Silber auf grünem Boden eine rote Burg mit geschlossenem Thore und zwei Kuppeltürmen, zwischen denen auf dem Dache der Verbindungsmauer der rote Greif steht.

Ein altes Hauptsiegel ist nicht bekannt. Ein: + SECRE TVM : CIVITA : IARMEN : (34 mm) bei Oelrichs, könnte vielleicht dem 14. Jahrh. angehören. Es zeigt einen aufgerichteten Greif und unter demselben einen unkenntlichen Gegenstand (Zweig?). Einen Greifen allein haben ein Siegelchen vom Ende des 16. Jahrh. mit der Umschrift: „✲ ✲ ✲ INSIGNIA · CIVITATIS · IARMENSIS“ (26 mm) und der noch vorhandene Stempel eines Siegels des 17. Jahrh. mit der Umschrift: „⁘ DAS · STET · LIN · IAR · MENT ·“ (30 mm). Auch noch neuere Magistrats- und Polizei-Siegel zeigen nur den Greif. Erst im Jahre 1842 erscheint dazu auch die Burg in den Siegeln, ob willkürlich, ob vielleicht auf ein mir fremd gebliebenes älteres Siegel zurückgehend, ist mir unbekannt. Ein anscheinend dem 16. Jahrh. zuzuschreibendes Gerichtssiegel: SECRETVM · IV DITII IN IARMEN (33 mm). in Oelr. Slg. gibt dem Greifen die Wage in die Fänge, während über derselben ein Schwert schwebt.

Abb. S. 89 **Kammin** in Pommern, Stadt. In Blau St. Johannes der Täufer (?) mit goldenem Nimbus, in weißem Mantel, mit betend gefalteten Händen, wachsend zwischen zwei goldenen Bischofsstäben über einer silbernen, mit zwei roten Rosen belegten, beiderseits stumpf nach oben gebrochenen Mauerbrüstung.

Das älteste bekannte ist ein in Oelrichs Sammlg. mit „1390“ bezeichnetes: + SECRETV : BVRGENSIVM : IN KAMIN : (44 mm). Es zeigt obiges Bild, jedoch sind bei ihm, wie auch bei den beiden folgenden Sekreten, die Hände des Heiligen nicht gefaltet, vielmehr die Rechte in die Seite gestützt, die Linke auf die Brust gelegt. So auch das im Geh. Staatsarch. an Urk. v. J. 1493 hangende: „SECRETV CONSVLV CIVITATIS CAMI“ (35 mm), bei dem das Feld gegittert ist, und ein: „+ S'ECRE TVM CIVITATIS CAMMINE“ (36 mm) des 15.(?) Jahrh. Bei dem: „‡×‡ SECRETUM × MINVS ‡×‡ CIVITATIS ‡ CAMMIN ‡“ (31 mm) vom Ende des 16. Jahrh. ließ der Stecher die Hände sich betend falten, gab das Gesicht bartlos und verwandelte die Krummstäbe in die Lehne eines hohen Stuhles. Der dreißigjährige Krieg verwirrte das Andenken an die Bedeutung des Bildes völlig. Bei dem in diese Zeit fallenden: „+ SECRETVM CIVI TATIS CAMINENSIÆ“ (32 mm) ist aus dem Patron der ältesten Stadtkirche eine Dame mit Puffärmeln und hoher Halskrause geworden, in der man, wie das „Memorabilienbuch“ der Stadt Kammin mitteilt, eine fromme pommersche Fürstin erkennen wollte. Dasselbe Bild enthält auch ein späteres: „✲ : SECRETVM · CIVI TATIS . CAMMIN“ (22 mm) und das: „✲ SIEGEL DES MAGI STRATS ZU CAMMIN 1788“ (31 mm), sowie alle neueren, diesem getreulich nachgeschnittenen Stempel. Wenn auch bereits Kratz, Städte Pommerns, S. 58, die Figur als: „Ein Heiliger mit der Glorie auf einem Stuhle sitzend ....“ (!) erklärte, so gelang es doch erst Ad. Hildebrandt gelegentlich seiner Vorarbeiten zu den Glasmalereien im Ständesaal zu Stettin, den Magistrat zur Wiederannahme des oben beschriebenen alten Bildes zu veranlassen. — v. Bohlen bildete mehrere der späteren Siegel ab und fragt dabei, ob nicht etwa die Rosen sich auf das Wappen des Bischofs Friedrich (v. Eichstedt) beziehen könnten. Die Rosen erscheinen nun zwar auf den älteren Siegeln mehr als an den Spitzen mit Kugeln bedeckte Sterne, aber die Vermutung hat doch Das für sich, daß die Stadt gerade zu Bischof Friedrichs Zeit (1329—1343) vorübergehend aus herzoglichem in bischöflichen Besitz kam. (s. Pyl, Entwicklg. d. Pomm. Wappens, S. 3, Note 4.)

Kuhblank, Dorf.

Ein um 1800 geschnittenes: „····· N : Z : KUHBLANCK“ (21 mm) zeigt in einem mit einer Königskrone besetzten Schilde einen gekrönten Stierkopf.

Kummerow, Dorf, früher Sadt.

Der Ort wird 1482 als Stadeken erwähnt. Noch in der zweiten Hälfte des 16. Jahrh. nennt Dr. Jakob Runge in einem Kirchen-Visitations-Protokoll denselben eine kleine Stadt. (Berghaus, Landbuch von Pommern und Rügen, II. T., Bd. I, S. 79.) Siegel sind nicht bekannt.

Labes, Stadt. In Gold auf grünem Boden ein laufender, golden gekrönter, roter Wolf. Abb. S. 92

Der Wolf ist das redende Wappentier der Herren v. Borcke, von denen der Ort schon im 13. Jahrh. Stadtrechte erhalten haben soll. — Man kennt bisher kein altes Hauptsiegel. Bei einem i. J. 1450 gebrauchten: + SECRET : CIVITAT : LABSS (40 mm, Oelr. Zeichn.) scheint der Wolf ein Halsband zu tragen. Ein wohl dem Ende des 16. Jahrh. angehöriges: + LABESS · SIGIL LVM · CIVITATIS · (26 mm, Oelr. Zeichn.) hat denselben auf Boden linkshin springend, während die Krone über dem Kopfe schwebt. Das: „✲ SIGILLUM : CIVITATIS : LAB ··· 1777“ (oval, 26 : 23 mm) hat den gekrönten, rechtshin springenden Wolf in einem Schilde, der mit einer siebenblätterigen Krone besetzt ist. Mehrere neuere Stempel zeigen den Wolf schreitend und darüber im Felde die Jahreszahl: „1400“. —

Löcknitz, Dorf, früher oppidum.

Der Ort, Eigentum der Bischöfe von Kammin wird im 14. Jahrh. schon oppidum genannt. Berghaus (Landbuch II. T., II. Bd., S. 1801) nennt ihn: Zwitter zwischen Stadt und Land, früher Marktflecken. Siegel kennt man nicht.

Massow, Stadt. In Blau eine zweitürmige, silberne Burg mit offenem Thor; auf dessen Giebel ein gekrönter goldener Löwe. Abb. S. 92

Der Löwe ist aus dem Wappen der Grafen v. Eberstein, die im letzten Viertel des 15. Jahrh. als Pfandbesitzer erscheinen. In Oelrichs Sammlung finden sich folgende Zeichnungen: + SE CR · CIVITAT · MASSOV : (44 mm), 14. Jahrh., Brustbild eines Mannes mit segnend erhobener Rechten, in der Linken ein Buch haltend; + SECRETV : BVRGENS : IN MASSO (37 mm), 14. Jahrh., Mannesrumpf, beseitet von zwei Rauten; SIGILLVM CIVITATIS MASSOVIEN: (27 mm), 16. Jahrh., Brustbild eines segnenden Mannes. Bei allen diesen Figuren ist zwar weder Nimbus noch Mitra zu sehen, aber es ist nicht zu bezweifeln, daß dieselben entweder den Schutzpatron oder einen Bischof von Kammin darstellen sollen, da früher Land und Stadt Massow dem Bistum gehörten. Ein: · SIGILL : CIVITAT · MASSOVIENSIS (27 mm, Oelr. Zeichn.), wie es scheint, um 1600 entstanden, zeigt auf einmal ein ganz anderes Ding, einen Drudenfuß (Pentagramm) — nota bene wenn man der einzigen Quelle, den unsichern Zeichnungen Oelrichs, glauben darf. Erst im 17. Jahrh. erscheint m. W. zuerst das obige Bild auf dem: „✲ SIGILLUM ∘ CIVITATIS ∘ MASSOVIENSIS“ (26 mm), bei dem, wie bei drei Nachbildungen desselben, der Löwe von Ringeln umstreut ist, aus denen auf den neuern Stempeln Sterne geworden sind. — So auch ein Gerichtssiegel vom Anfang dieses Jahrhunderts.

Naugard, Stadt. Im silbernen, mit blauen, halblilienartigen Figuren bestreuten Felde eine durchgehende rote Mauer mit Thorturm und offenem Thore; das Spitzdach des Turmes ist mit einer rechtshin wehenden blauen Fahne besteckt, in der ein gekrönter goldener Löwe. Abb. S. 92

Der Löwe ist der ebersteinsche. Die Figuren, mit denen das Feld bestreut ist, sind noch nicht gedeutet; Kratz nennt sie „hermelin- oder lilienartig“; vielleicht sollen es Blumen sein und diese im Anklang an den unrichtig abgeleiteten Ortsnamen einen Garten vorstellen. Die besonders unsichere Zeichnung eines: + SECRET : BURGENS : IN NEDGART (50 mm) bei Oelrichs zeigt auf einer starken Quadermauer rechts Baulichkeiten, links einen Greifen. Ein: + SECRETVM . CIVITATIS NOVGARDE (41 mm, Oelr. Zeichn.) (Zeit ?) hat das oben beschriebene Bild. So auch der noch erhaltene Stempel eines roh geschnittenen: „+ SIGETVM ✲ CIVITATIS ✲ NEOGARDIÆ ·“! (30 mm), gestochen um 1640, bei dem aber die fraglichen Figuren rechts neben dem Turm auf Stangen (Stengel) gesteckt erscheinen, die auf der linken Seite dagegen zu Bäumen verarbeitet sind. Ganz ebenso ein fast gleichzeitiges: „✲ SECRET ✲ CIVIT ✲ NEOGARDIÆ“ (23 mm). Ein Sekret des 18. Jahrh. mit derselben Umschrift (30 mm) und mehrere Nachbildungen desselben zeigen eine von Bäumen umgebene Kirche, deren Turmknopf aber mit der ebersteinschen Fahne besteckt ist. Die neueren Siegel wie oben, jedoch ohne die Figuren im Felde.

Neumark i. P. Dorf, früher Flecken.

Nach Kratz (S. 181) hob Bogislaw IV. schon i. J. 1283(?) zu Gunsten Greifenhagens die Marktgerechtigkeit der Flecken Woltin, Neumark und Fiddichow auf. Später muß sie aber wieder verliehen worden sein, wenigstens schreibt Oelrichs (Histor. geogr. Nachrichten S. 99), es sei unter dem nicht aufzufindenden „Niestadt“ des Catalogus urbium der Lubinschen Karte (1618), „doch aber zu vermuthen, daß hier Niemarck oder Neumarck, so zu Lubinus Zeiten noch ein Flecken gewesen, aber längst ein Dorf ist, welches zum Amt Colbatz gehöret, gemeynet.“ — Ein hierher gehöriges Siegel ist nicht bekannt.

Provinz Pommern. Regierungsbezirk Stettin.

Abb. S. 92 **Neuwarp,** Stadt. **In Silber ein roter Greif, der in den Fängen einen blauen Fisch hält.**

Diese Darstellung hat in einem Schilde das um 1530 geschnittene, hübsche: „✤ S ✤ DER ✤ STADT ✤ NIEN ✤ WARP ✤" (28 mm, Schrift auf flatterndem Bande). Auf einem kleinen, achteckigen: „❊ RAHTSIEGEL NEWEN WARPE" (19 : 16 mm) aus dem Ende des 17. Jahrh. ist der Greif mit dem Fisch frei im Felde zu sehen. Ein dem 17. Jahrh. angehöriges: ❁ SIGILLVM · CIVITATIS · NEVWARPE (34 mm, Oelr. Sammlg.) hat das Bild wieder im Schilde, während ein Siegelchen des 18. Jahrh. mit der Umschrift: „NEUWARP RATH SIGEL" (oval, 18 : 17 mm) und alle spätern, es wieder ohne Schildbegrenzung haben.

Abb. S. 92 **Nörenberg,** Stadt. **In Silber ein goldenbewehrter roter Adler.**

Die Stadt gehörte bis 1815 zur Neumark, daher der brandenburgische Adler. Ihn zeigt auch der noch vorhandene Stempel eines: „S ✶ CIVITAS ✶ NURENBERGHE ✳ ! (42 mm) des 17. Jahrh. und, aber gekrönt, ein: „NORENBERGISCHES CAMMEREY SIEGEL" (oval, 24 : 22 mm) des 18. Jahrh. Ein: „SIGILLUM CIVITAT NORENBERGENSIS" (21 mm) aus dem 18. Jahrh. macht daraus den preußischen Adler mit allen seinen Attributen, während ein neues Farbsiegel durch ein ganzes Wappen überrascht: im Schilde ein Kranich mit einem Stein in der erhobenen rechten Klaue, auf dem vorwärts schauenden Bügelhelm aber ein wachsender, linkshin gewendeter Greif. Wahrscheinlich ist auch hier der Kranich als Symbol einer wachsamen Obrigkeit aufzufassen, wie bei mehreren andern Städten.

Abb. S. 92 **Pasewalk,** Stadt. **In Blau drei (2 : 1) rote Greifenköpfe.**[1])

Seit dem 17. Jahrh. erscheint auf diesem Schilde ein Helm mit drei, mit den Klauen nach oben gerichteten, Greifenfängen (nicht Kranichklauen, wie Berghaus meint). Bei Oelrichs Zeichnungen findet sich ein: + S · BVRGENSIVM CIVITATIS POTSWOLK (43 mm), was weniger wegen der ja bei diesen Zeichnungen bedeutungslosen Majuskeln (s. darüber S. 2), als wegen der Schreibart des Stadtnamens zweifellos als ältestes bekanntes Siegel anzusprechen wäre, wenn nicht darauf um um die Greifenhäupter eine Schildform gezogen wäre, die nur dem Ende des 16. Jahrh. angehören kann. Ob nun in letzterer oder in der damit unvereinbaren Legende des Zeichners Willkür steckt, muß einstweilen unentschieden bleiben. Das in der Mitte des 14. Jahrh. geschnittene, im kgl. St.-Arch. Stettin a. Urk. v. 1509 hangende: „✠ sigillum ❊ civitatis ‡❊‡ pozvwalk" (33 mm) hat in einem Sechspasse einen Halbrundschild mit den drei Greifenköpfen. Während bei diesen und dem: „+ SECRETVM · MINVS CIVITATIS PASWALK" (24 mm) vom Ende des 16., sowie auf einem gleichgroßen Siegel des 17. Jahrh. mit derselben Umschrift (jedoch: PASEWALK) die Figuren frei im Schilde stehen, zeigt ein Siegel mit der Legende: „+ INSIGNIA REIPUBLICÆ PASEWALCKCENSIS (im Felde:) 1576"! (38 mm), den Schild geteilt und oben gespalten, und in jedem der drei Felder dann einen der Köpfe. Dieses selbe Siegel hat auch über dem Schilde zuerst den Helm mit dem oben beschriebenen Kleinod und diese Darstellung wurde mehrfach nachgeahmt. Seltsam ist ein: „KGL : PR : PASEWALCKSCHES PROBSTEY SIEGEL" (24 mm), bei dem der dreifelderige Schild des Stadtwappens dem preußischen Adler als Herzschild aufgelegt ist.

1) Es ist nicht zu beweisen, wäre aber wohl möglich, daß die Annahme des Siegelbildes i. J. 1354 erfolgte, als die Stadt, entgegen dem in Sachen des falschen Waldemar erlassenen kaiserlichen Mandate von 1350, dem Markgrafen von Brandenburg die Huldigung weigerte und den drei Wolgaster Herzogen: Bogislav V., Barnim IV. und Wartislaw V. die Thore öffnete, die ihr dafür wichtige Privilegien gaben.

Abb. S. 92 **Penkun,** Stadt. **In Silber ein roter Greif, stehend auf einer fünfblätterigen goldenen Krone.**

An einer im Geh. Staatsarch. in Berlin aufbewahrten Urkunde v. J. 1284 hängt ein Rest des ältesten Siegels der Stadt. Von der Umschrift sind nur unleserliche Spuren vorhanden; doch ist deutlich zu erkennen, daß das Siegelbild ein, über einer niedern Burg (nicht Krone!) linkshin aufgerichteter Greif ist (Größe ungefähr 45 mm). Unter Oelrichs Zeichnungen findet sich ein: ❁ SECRETV : CIVITATIS : PENCVN (33 mm) mit einem Wappen: im Schilde ein Greif, auf dem Helme eine sitzende Gans; das Wappen hat den Charakter des 16., die Schrift den Typus des 14. Jahrhunderts, das Ganze daher den Stil leider so vieler Zeichnungen jener Sammlung. Der auf der Krone stehende Greif erscheint dann auf einem um 1600 geschnittenen Siegel mit der Umschrift: + IS LER ❊ STADT ❊ SIGEL ❊ VON ❊ PENKVHN"! (38 mm) und auf dessen Nachschnitt: „IS · DER · STADT · SIGEL · VON · PENKVHN · 1631" (33 mm). Spätere ovale Nachbildungen wiederholen die seltsame Umschrift und letztere Jahreszahl. — Merians Topographia gibt der Stadt offenbar fälschlich ein ganz anderes Zeichen: hochgeteilt, vorn drei Schräglinksbalken, hinten ein aufgestellter Schlüssel.

Abb. S. 92 **Plathe,** Stadt. **In Silber der rote pommersche Greif.**

Die drei bekannt gewordenen ältern Siegel zeigen den Greifen linkshin gewendet und mit einer, wohl nur als Raumausfüllung gedient habenden Pflanze (Klee?) zwischen Vorder- und Hinterfüßen. So das: „°8° SIGILLVM · CIVITATIS · PLOTE" (49 mm) aus dem 14. Jahrh. und das: ❁ SIGILL : CIVITAT : PLATE · ANNO 1697 (23 mm, Oelr. Sammlg.). So auch ein: ❁ SIGILLVM : IVDICII : PLATE . ANNO 1599! (27 mm, Oelr. Sammlg.). Dagegen hat das: „❊SIEGEL CIVITAT · PLATHE . ANNO : 1809"! (oval, 28 : 25 mm) und alle folgenden den Greifen allein und rechtshin gewendet. — Das älteste Siegel ist von Dannenberg in der Münzgeschichte Pommerns, Taf. XXIII, abgebildet.

Pölitz, Stadt. **In Blau ein golden-gekrönter roter Greifenkopf.** Abb. S. 92

Der Ort (oppidum) wurde 1321 von Herzog Otto I. der Stadt Stettin übereignet,[1]) und führt deshalb deren Wappenbild. Bei einem: ✠ SECRET : CIVITAT : PELITZ (33 mm) in Oelr. Zeichnungen findet dasselbe statt, wie z. B. bei dem Sekret von Penkun: Majuskeln des 14., der Greifenkopf aber in einer Schildform des 17. Jahrh. Ein: „○ SECR CIVITATIS PELITZ AN DN 1360" (?) (25 mm, Oelr. Zeichn.) des 17. Jahrh. hat den Greifenkopf zwischen zwei Zweigen. Bemerkenswert ist, daß bei diesen beiden Siegeln der Kopf ungekrönt erscheint, während das Wappenbild Stettins wohl auf Gerichts-, nie aber auf Stadtsiegeln ohne Krone vorkommt. Ein: „STAD POLITZ SIGEL" (oval, 24 : 19 mm, Oelr. Mskpt.) etwa vom Ende des 17. Jahrh., hat, wie auch die neuen Siegel, den gekrönten Greifenkopf.

1) Ueber das interessante Verhältnis der beiden Städte zu einander s. Berghaus, Landbuch d. Herzogt. Pommern, II. T., 2. Bd., S. 1475 ff.

Pyritz, Stadt. **In Silber ein von zwei Zinnentürmen beseitetes offenes blaues Stadtthor, über dem der rote Greif schreitend schwebt; im Thorbogen schwebt eine rote Rose mit goldenem Butzen.** Abb. S. 92

Die Rose, das alte Münzzeichen der Stadt (s. Dannenberg), kommt wahrscheinlich erst seit dem Jahre 1543 in den Siegeln vor. Das: ✠ SIGILLVM BVRGENSIVM IN PIRIS (67 mm, Oelr. Zeichn.), welches wohl noch aus dem 13. Jahrh. stammen könnte, zeigt nur den schreitenden Greifen über einer viertürmigen Burg. So auch das: „✠ SECRETV · BVRGENSIV ○ IN PIRIZ" (36 mm) aus dem 14. Jahrh., welches noch dadurch merkwürdig ist, daß die Türme alle schief, und zwar vom untern Rande aus fächerförmig aufsteigen, und daß nur die niedern mittlern und der rechte Seitenturm einfache Zinnen haben, der linke dagegen auf diesen noch ein Spitzdach trägt. Mit der Rose im Thore erscheinen dann alle folgenden. Zunächst das: „S · MINVS · CIVITAT · PIRICSIS 1543" (32 mm, Schrift auf Band), dann ein: SIGILLVM · CIVITATIS : PYRICEZE 1634? (34 mm, Oelr. Zeichn.) ein wenig späteres: SIGILLVM CIVITATIS : PYRICENSIS . ∾ (32 mm, Oelr.), ein nur mit: „1776" (22 mm) bezeichnetes, und zwei stumme Signete vom Ende des 18. Jahrh. (oval, 22 : 20 u. oval, 20 : 19 mm) und schließlich das direkte Vorbild der neuen Stadtsiegel, das ebenfalls ovale: „SIGILLVM CIVITATIS PYRICENS (unten im Abschnitt:) 1721" (32 : 26 mm). Abbildungen der ältern Siegel bei v. Bohlen und in Dannenbergs Münzgeschichte Pommerns. — Auch Merians Topographie bringt das Wappen so, wie es jetzt noch geführt wird.

Regenwalde, Stadt. **In Gold eine aus blauen Wellen wachsende grüne Linde.** Abb. S. 92

Das wohl noch dem 13. Jahrhundert angehörige: „+ SIGILLVM ✣ CIVITATIS ✣ REGEVOL • •" (50 mm) zeigt einen aus Wellen wachsenden ornamentalen Baum von kopfweidenartigem Wuchse, auf dessen äußersten Zweigen jederseits ein kleiner Vogel sitzt, der an den Beeren einer, am Ende einer langen Ruthe sitzenden Traube pickt. Ein: ❁ SECR ⸽ CIVITATIS REGEWALD (45 mm), für welches jedoch eine unsichere Zeichnung Oelrichs die einzige Quelle ist, hat einen Greif, der auf einem, sich rechtshin aufwärts biegenden Baumaste steht. Ein: • sil^v × regenvolde (31 mm, Schrift auf Band) derselben Sammlung zeigt dagegen wieder einen aus Wellen wachsenden Waldbaum, jedoch ohne die Vögel. So auch: „DAS STADT SIEGEL ZU REGENWALDE" (23 mm) vom Ende des 18. Jahrh., welches aber, wie auch die neueren Siegel, aus den Wellen Grasboden gemacht hat. — Das älteste Siegel findet sich abgebildet in Dannenbergs Münzgeschichte Pommerns, Tafel XXIII. Das ebenda abgebildete Sekret vom Jahre 1387 gehörte jedoch nicht hierher, sondern nach Belgard. Schon Voßberg hatte seinen Abguß irrtümlich bestimmt.

Stargard in Pommern, Stadt. **Gespalten, rechts in Silber ein linkshin gekehrter roter Greif, links in Silber ein blauer (roter?) Schräglinksstrom.**[1]) Abb. S. 92

Diese beiden Wappenfelder erscheinen seit dem 17. Jahrh. in den städtischen Siegeln in zwei nebeneinander gestellten Schilden, rechts ein Greifen-, links ein Balkenschild. Ueber beiden steht ein Spangenhelm, dessen Kleinod ein zweitürmiges rotes Thor (das Mühlenthor) ist, in dessen Bogen ein Greif steht, während von jedem der spitzbedachten Türme nach außen eine Stange hervorragt, von der eine Kette herabhängt. Da Stargard nicht, wie Königsberg, Brandenburg u. a. m., aus ehemals selbständigen, später zu einem Gemeinwesen vereinigten Städten besteht, so ist die Führung zweier Schilde unmotiviert, weshalb hier beide Bilder in einen gespaltenen Schild zusammengezogen wurden — wie dies übrigens auch meist bei Abbildungen des Stargarder Stadtwappens geschieht. — Das schon in einer Urk. v. J. 1278 (Pomm. Urkb., II, N. 1110) erwähnt werdende Insiegel scheint ganz verloren zu sein. Unter Oelrichs Siegelzeichnungen findet sich ein: + SECR : BVRGENS (D)ESTAROGART (50 mm) mit dem Greifen vor einer Burg, die zwischen den spitzbedachten Seitentürmen noch einen mittlern Zinnenturm hat. Trotz der Beischrift „1430" macht die Zeichnung einen höchst unsichern Eindruck. Das erste zweifellose und sehr zur Wiederaufnahme zu empfehlende Siegelbild, gibt das um 1400 gefertigte: „✠ SECRETV : CIVITATIS : STARGARD" (39 mm). Es zeigt über einer Zinnenmauer zwei spitzbedachte, oben nochmals durch einen, mit einem Zinnenturm besetzten Bogen verbundene Türme; unter diesem Bogen schreitet der Greif, während im Thore der Zinnenmauer ein gelehnter Schild steht, worin ein (nicht gewellter) Querbalken. Ein vielleicht dem 16. Jahrh. angehöriges: SECRET : CIVITATIS STARGART (30 mm), für welches jedoch auch Oelrichs der einzige Gewährsmann ist, hat auf Rasen nebeneinander links einen einzelnen Turm, rechts den aufgerichteten Greifen. Ein mir nur in Abbildung bekannt gewordenes Signet mit der Umschrift: · DER · STADT · STARGARDT (20 mm, Oelr. Zeichn.) zeigt nur einen Halbrundschild mit einem Querstrom (gewelltem Balken) darin. Das: „· SECRETVM CIVITATIS STARG · · ·" (oval, 25 : 23 mm) des 17. Jahrh. hat den aufgerichteten Greifen auf einer Mauer zwischen den beiden Türmen, die oben durch ein niederes flaches Dach verbunden sind. Zu Anfang des 17. Jahrh. erscheint dann das oben beschriebene Doppelwappen mit der Burg auf dem Spangenhelm.[2]) Die Stadt bewahrt noch die damit versehenen Stempel eines: „SIGILLVM BVRGENSIVM DE STARGARD AD OENVM" (60 mm) und des: SIEGEL DES MAGISTRATS DER STADT STARGARD · 1784" (52 mm). Bei beiden und bei den zahlreichen diesen nachgebildeten Siegeln erscheint der zweite Schild mit einem glatten Schräglinksbalken. Will man den Schraffierungen desselben heraldische Bedeutung beilegen, so wäre der des ersteren Siegels als golden, der aller folgenden als rot anzusprechen. — Ein Kämmereisiegel aus dem Anfang des 18. Jahrh. mit der Umschrift: „✻ DAS CEMEREI SIEG· DER STADT STARGARD" (oval, 32 : 29 mm) hat nur einen Greifenschild, während: „✻ DAS STADT CÄMMEREI SIEG · ZU STARGARD IN POMMERN 1798" (35 : 33 mm) den Greifen auf einem hermelingefütterten, oben von einer Krone abgeschlossenen Wappenmantel (!) bringt.

Ein Gerichtssiegel des 16. Jahrh. mit der Umschrift: „SIG⁂L LVM · IVDICY · INFERIORES · STARGARDENSIS" (31 mm) hat allein den Greifenschild, während bei den neuen Polizeisiegeln der schwebende preußische Adler über den beiden Schilden den Helm — jedoch innerhalb der zu diesem gehörigen Decken (!) — vertritt. Welchem von Oelrichs gezeichnetes: „: SIGILLVM · TRIBVNI . PLEBIS · STARGARD" (32 mm) diente, habe ich bisher nicht erfahren können. Dasselbe gehört anscheinend dem 16. Jahrh. an, und sein Bild ist so eigenartig wie seine Umschrift: in einem zierlichen Schilde eine schrägrechts gestellte gehenkelte Vase mit drei Blumen darin.

1) Seit etwa der Mitte dieses Jahrhunderts wird diese Schildfigur in Siegeln und andern Darstellungen allgemein als ein blauer Schräglinksstrom in silbernem Felde geführt. Man will darin das Bild des Flüßchens Ihna sehen. Thatsächlich wurde die Stadt auch vom 14. bis ins 17. Jahrh. „Nigen Stargarde up der Ihne" genannt, und das im Jahre 1374 von der Stadt für 7000 Mark Finkenaugen vom Herzog Swantibor von Stettin erworbene Recht der zollfreien Schiffahrt auf der Ihna und den andern Strömen seines Landes (Kratz) war die Quelle des Emporkommens derselben. Dennoch kann der Schild sich ursprünglich nicht hierauf bezogen haben. Denn, abgesehen davon, daß es der alten Wappen- und Siegelsprache durchaus widerstrebt haben würde, diese Rechte durch einen eigenen heraldischen Schild im Siegel auszudrücken, so würde man, wenn es dennoch hätte geschehen sollen, doch zweifellos dafür das rechte Wort gewählt, d. h., etwa ein Schiff oder das heraldische Bild eines Stromes in den Schild gesetzt haben. Das ist aber nicht der Fall. Das älteste sicher bekannte Siegel, das um 1400 geschnittene Sekret, zeigt (es liegen mehrere sehr scharfe Abdrücke vor —) einen Querbalken, nicht gewellt, sondern glatt. Wenn dann auch die spätern Wappensiegel daraus einen Schrägbalken machen, so bleibt er doch noch immer glatt, kann also auch dann noch nicht an Wasser erinnern. Auch die Färbung des Balkens spricht dagegen. Vom Siegel von 1784 an bis zu den neuen mit dem Schrägstrom zeigen die eigentlichen Stadtsiegel alle den Schrägbalken heraldisch rot schraffiert, und rot hat ihn auch die älteste mir bekannte farbige Abbildung des Wappens, eine bemalte Federzeichnung aus dem vorigen Jahrhundert unter den Manuskripten aus dem Nachlasse von J. C. C. Oelrichs. Nur ein Siegel des 17. oder 18. Jahrh. bringt statt des Balkens einen Querstrom (s. oben). Aber es ist wegen der vielen anderen Darstellungen anzunehmen, daß dasselbe entweder schon auf die Ihna-Hypothese hin angefertigt wurde, oder aber daß dessen unrichtiges Bild umgekehrt dieser zum Ausgangspunkte diente. Ich vermute, daß der Balken das Familienwappen eines der Kamminer Bischöfe ist, denn 1240 kam das Land Stargard an das Bistum, und es ist nachgewiesen, daß nicht nur die Attribute desselben, sondern einigemale auch die Familienwappen einzelner Bischöfe in städtischen Siegeln vorkommen (s. Bublitz, Köslin).

2) Zu der Bezeichnung: „sehr alt und von besonderer Stattlichkeit", welche die Leipz. Illustr. Ztg. vom 4. Jan. 1873 diesem bombastischen Aufbau beilegt, kann man nur so „!" machen.

Stepenitz (Groß-), Flecken, und

Stepenitz (Klein-), Flecken, führen keine eigenen Siegelbilder, sondern haben beide nur Schriftsiegel.

Stramehl, Dorf, früher Stadt.

1348 soll das Städtlein Stramehl oder Vvlvesberghe = Wolfsberg, von Jacobus Borcke gegründet worden sein. Es kam aber nicht auf. Oelrichs erwähnt als Fehler einer von ihm besprochenen Landkarte vom Jahre 1770, daß darauf Stramehl noch als Stadt aufgeführt sei, während es doch schon längst Dorf sei. — Siegel sind nicht bekannt.

Abb. S. 92 **Swinemünde,** Stadt. In Blau ein goldengekrönter roter Greif, der einen silbernen Anker hält.

Das erste Siegel dieser von Friedrich dem Großen angelegten Stadt bezieht sich in Bild und Umschrift auf die Vollendung des Hafens. Dies: „✻ SIGILLUM CIVITATIS SWIENEMUNDENSIS (innere Umschrift:) FINIS CORONAT OPUS" (27 mm) zeigt nämlich rechts auf hügeligem Boden einen Mann, der, mit der einen Hand an dem Stamme einer Weide sich haltend, mit der andern einem auf Wellen ruhenden Dreimaster zuwinkt. Der Hafen ist dadurch trefflich charakterisiert, daß auf dem Schiffe alle Segel gerefft sind. Im Jahre 1765 (Juni 3.) erhob eine kgl. Kabinetsordre das Städtchen zur Immediatstadt und darnach zeigen das: „SWIEN · MUNDE · RATS · SIEGEL" (28 mm), das: „· SWINE · MUNDER · RAHTS · SIEGEL ·" (23 mm) und das letzterm nachgebildete: „SWINEMUNDER CAMMEREY SIEGEL", sowie das: „SCHWIENERMUNDER GERICHTSSIEGEL" den Greifen mit dem Anker in einem Schilde. Erst die neuesten Magistratssiegel haben den Greifen gekrönt.

Treptow an der Rega, Stadt. In Silber der rote Greif, in den Fängen einen goldenen Schild, darin ein grünes Kleeblatt haltend; unten rechts schwebt ein rotes Kreuzchen, oben links ein blauer Schlüssel mit abgewendetem Barte. Abb. S. 92

Kreuz und Schlüssel sollen an das Kloster Belbuk erinnern, dem der Burgflecken Nien-Treptow im 13. Jahrh. angehörte; ein Kleeblatt aber war das Münzzeichen der Stadt (Dannenberg). — Ein 1383 (St. Arch. Stettin 1387 und 1486) gebrauchtes: „+ SECRETVM · CIVITATIS · NIEN TREPTOW" (45 mm) zeigt im gegitterten Felde einen aufgerichteten Greif zwischen einem Andreas-Kreuzchen und einen aufrechtstehenden Schlüssel. Unter Oelrichs Siegelzeichnungen findet sich noch ein, vielleicht dem Anfang des 15. Jahrh. angehörendes: „+ SECR : BVRGENS : NOVA TREPT :" (50 mm), welches dem Greif den Kleeblattschild in die Fänge gibt, das Kreuzl jedoch wegläßt. Der Schlüssel ist dabei, ganz wie auf dem um 1500 geschnittenen: „SECRETV̄ CIVITA NOVE TREPTOW" (32 mm, Schrift auf Band), freischwebend und in den Schriftrand hineinragend, angebracht; auch weist letzteres Siegel wieder das Kreuzlein. So auch ein: SIG · CIVITATI NOVE TREPTOVÆ (38 mm, Oelr. Mskpt.), das dem 16. Jahrh. angehören mag. Erst ein ovales: „+ SIGILLVM CIVITAT · NOVÆ TREPTAVÆ" (30 : 27 mm) des vorigen Jahrhunderts und dessen zahlreiche, bis heute reichenden Nachbildungen, stecken den Schlüssel zwischen die Flügel des Greifen oder belegen auch letztere mit ersterem, was beides weder gut aussieht, noch den historischen Vorbildern entspricht. Die ältern Siegel bildet Dannenberg in der Münzgeschichte Pommerns, Taf. XXVII, ab.

Treptow an der Tollensee, Stadt. In Silber eine rote Burg mit drei spitzbedachten Türmen; an dem Dache des höheren und stärkeren Mittelturmes klimmt links der rote Greif hinauf, während aus dem offenen Thore ein Bach hervorbricht, der sich in drei Arme teilt. Abb. S. 92

Das alte Sigillum ist nicht bekannt, doch unterliegt es kaum einem Zweifel, daß der noch erhaltene Stempel eines: „✳ SIGILLVM ⁑ CIVITATIS ⁑ ANTIQVÆ ⁑ TREPTOW ⁑ CIS ⁑ TOLLENSAM ✶" (75 mm), dessen Bild aufbehalten hat. Derselbe hat ganz den alten Habitus, kann aber nach den Buchstabenformen erst um 1520 geschnitten sein, die Darstellung stimmt mit obiger Angabe. Ein dem Ende des 14. Jahrh. angehöriges: + SECRETVM · BVRGENSIVM · ALDEN TREPTOW (40 mm) hat dasselbe Bild, außerdem aber schwebt noch rechts vom Hauptturm, dem Greifen zugewendet, der pommersche Helm mit dem Pfauenwedel. So auch auf einer in Bezug auf treue Wiedergabe mehr als verdächtigen Pause eines Siegels unbekannter Herkunft in der Sammlg. Clericus, mit der Umschrift: „+ secretum burgensium do alten treptau" (38 mm). Schon im 15. Jahrh. ließ man den Helm wieder weg, wie ein 1447 gebrauchtes: „. . . secretum consu latus antique treptow" (42 mm) mit obigem Bilde lehrt. Ein im Jahre 1570 gebrauchtes Siegel hat die plattdeutsche Umschrift: „· OLDEN · TREPTOW . UP · DER TOLLENS" (28 mm), welche ein gleich großes, etwa hundert Jahre späteres treu, jedoch auf einem Schriftbande wiederholt. Noch ein erhaltenes Stempelchen mit der Umschrift: „· TREPTOW · AUF · DER . TOLLENSEE · 1756" (22 : 21 mm) hält sich an das schöne alte Bild, während dessen Nachfolger den so charakteristischen dreiarmigen Bach weglassen und die Formen der Burg zuerst durch Ueberladung, dann durch Vernüchterung entstellen. Originell ist ein Gerichtssiegel vom Jahre 1759, bei dem die Justitia mit ihren Attributen auf der Spitze des Mittelturmes steht und der Greif zu ihr hinaufklettert. — Abbildungen der alten Siegel bei Dannenberg: Münzgeschichte Pommerns.

Ückermünde, Stadt. In Silber ein schreitender roter Greif. Abb. S. 92

Ein altes Sigillum dieser Stadt ist bisher nicht bekannt geworden, doch wird ein solches schon in einer Urkunde von 1284 erwähnt (Pomm. Urkb. II., No. 1301). Ein um die Mitte des 16. Jahrh. gestochenes Siegel mit der Umschrift: „✶ BVRGEMEISTER · VND · RAHT · DER · STAD · VKER · MV̄D" (35 mm) zeigt in einem gefälligen Schilde den pommerschen Greif. Bei Oelrichs findet sich wieder ein: + SECRETV : BVRGENS : VKERMVNDE (46 mm) und ein: ❀ SIGILL : CIVITATIS : VKERMVND : (30 mm), beide mit Majuskelumschriften um ein Wappen, welches so unmöglich vor dem letzten Viertel des 16. Jahrh. entstanden sein kann. Es zeigt im Schilde den Greif, auf dem Helm aber zwei in Form eines W verschränkte „V", die nach dem Neuen Siebmacher Vrbs Vcra bedeuten sollen. Dies Wappen kommt auch auf einen neueren Siegel von Bürgermeister und Rat vor, daneben aber erscheint schon in einem: „✶ SIGILL CIVITAT VCARMVND" (oval, 20 : 15 mm) des vorigen Jahrh.

Pommern : Reg: Bez: Stettin

Altdamm

Anklam

Bahn a/Thue

Daber

Demmin

Fiddichow

Freienwalde i/P

Garz a/Oder

Gollnow

Grabow a/O

Greifenberg

Greifenhagen

Gülzow

Jakobshagen

Jarmen

Kammin i/Pom

das W allein. Später werden die Siegel mit diesem zahlreicher und neuerdings scheint das hölzerne W den Greifen ganz verdrängen zu wollen. — In der Beschreibung des Wappens in Berghaus, Landbuch v. Pomm. u. Rüg. II., Bd. I., S. 892, ist der Passus mit der Gnadenkette offenbar im Satze verrutscht, nicht der Greif, sondern der Helm sollte eine Kette um den Hals haben — was übrigens ein ganz wesenloser Ausputz ist.

Abb. S. 92 **Usedom**, Stadt. **In Rot ein silberner Fischgreif, d. h. ein Greif, dessen Leib in einen einwärts gekrümmten Fischschwanz ausläuft.**

Den Fischgreif, das Wappentier der Swenzonen, hatten die Herzoge von Pommern-Wolgast nach deren Aussterben in ihren Schild aufgenommen. Später war dessen Bedeutung unklar geworden, man hielt ihn für das Wappen des Landes Usedom[1]) und die Stadt nahm daraufhin im 18. Jahrh. dies allerdings sehr schöne Bild in ihre Siegel. — Auf den ältesten Siegeln und Münzen ist nach Pyl, Pommersche Geschichtsdenkmäler, VII., S. 29, „eine Burg mit drei Türmen und unter dem Bogen eines Burgthores ein Helm mit Pfauenfedern zu sehen." Das dem Anfang des 14. Jahrh. angehörende: „+SECRETVM:BVRGENSIVM:DE:VZNEM ❀" (40 mm) zeigt den mit Pfauenfedern in zwei Reihen übereinander besteckten, rechtshingekehrten Kübelhelm der Herzoge von Pommern, mit unten daraus hervorgehenden Binderiemen. So auch ein um 1520 geschnittenes: „○ SIGNET ⁊ ○ + ○ + + ○ VS NAMENSIS" (27 mm). Nachmals änderte man den Kübelhelm in einen Spangenhelm, die allein richtigen Pfauen- aber in Straußfedern um. Ein den Akten des Magistrats über das Stadtwappen beiliegendes, vermutlich einer Chronik entstammendes Blättchen enthält von einer Hand aus der Mitte des 17. Jahrh. die Nachricht von einem „Bräsent," welches die Landschaft der Königin Christine auf Michaelis 1650 „zu dero königlichem Crönungsfest naher Stockholm" sendete, und worauf gleich den Wappen anderer Städte, auch „der Stadt Usedohm uhralte Waffen an Helm und Schild" gegraben waren. Daneben eine Abbildung des Wappens in Farben: ein roter Schild mit dem rechtshin gewendeten stahlblauen Spangenhelm, besteckt mit acht abwechselnd schwarzen und gelben Straußenfedern. Derselbe Helm kehrt dann nach vorn gewendet auf dem Schilde wieder, doch wachsen hierbei die Straußfedern zwischen zwei blauen Fähnlein aus einer Krone. Dies ganze Wappen (doch ohne Krone) zeigt auch ein erhaltener Stempel des 17. Jahrh. mit der Umschrift: „DER STADT VSEDOM WAPEN" (42 mm). Ein Stempel des 18. Jahrh. hat unter einer großen fünfblätterigen Krone den von Palmwedeln umschlossenen Schild mit dem Fischgreif; Umschrift: „STADT VSEDOHM" (32 mm). Darnach sind auch die neuen Siegel gefertigt.

Abbildungen des ältesten Sekrets bei Dannenberg, Münzgesch. Pommerns, T. XXVII.

1) Schon in Seb. Münsters Cosmographie von 1588 ist der Fischgreif als Wappen des Landes Usedom abgebildet (S. 1096).

Abb. S. 92 **Wangerin**, Stadt. **In Blau ein goldener Balken.**

Die Herkunft dieses Wappens ist unbekannt. Ein unter Oelrichs Siegelzeichnungen befindliches: + • SECR • • • D • • • ATI : WANGRIN (40 mm) (Zeit?) enthält vor einem Baume einen laufenden, behalsbandeten Wolf, über dessen Haupt eine Krone schwebt. Der Wolf mit Krone und Halsband ist das Wappentier der Herren v. Borcke, denen der Ort früher gehörte. Dannenberg bringt in der Münzgeschichte Pommerns, T. XXVIII, die Abbildung eines: „+SIGILLVM · REIPV ...... ANGERIN ⚮ (im Felde:) 15??" (30 mm), welches den Balkenschild zeigt. So auch ein wohl erst im 17. Jahrh. gestochenes, später mit derselben Erinnerungszahl mehrmals wiederholtes Siegel mit der Umschrift: ✱ WANGERINS ✱ RATHS ✱ SIGEL ✱ 1 · 5 · 9 · 5 (24 mm).

Abb. S. 92 **Werben**, Flecken. **In Blau auf dem Regenbogen thronend der Salvator mundi, mit ausgebreiteten Armen; zu Seiten des Hauptes schweben Lilienstengel und Schwert; zu seinen Füßen, unter dem Bogen übereinander zwei gegengewendet schwimmende Fische.**

Bei Oelrichs Siegelzeichnungen findet sich ein 1430 gebrauchtes: ❀ SECRET CIVITAT WERBEN : (39 mm) mit obigem Bilde, doch schräglinkshin gestellten Fischen. In Lubins Catalogus Urbium von 1614 wird der Ort nicht mehr als Stadt aufgeführt, scheint also schon vor dem 30jährigen Kriege seine Stadtrechte verloren zu haben. Ein anscheinend dem 17. Jahrh. angehöriges Siegel mit der Umschrift: + D · GERICHTES · SIGEL · ZV · WERBEN (30 mm, Oelr. Zeichn.) hat dieselbe Darstellung, doch sind die Fische gegengewendet, schwimmend. So auch bei dem jetzt gebrauchten Gerichtssiegel des Fleckens, bei dem aber unter Beibehaltung von Schwert und Palmwedel aus dem Weltenrichter ein weibliches Wesen in derselben Stellung geworden ist, worin man wohl eine Justitia erkennen soll.

Wollin in Pommern, Stadt. **In Silber der rote Greif, im linken Fang eine goldene Karde (Distelkopf) haltend, rechts unten begleitet von einem goldenen Stern.** Abb. S. 92

Das nur in einem einzigen Bruchstück (a. Urk. a. d. J. 1301) bekannte: „SIGILLVM.... B..... IN WOLI ...." (73 mm) zeigt den Greif unter einem, mit einem Türmchen und Dächern besetzten Bogen, welcher zwei spitzbedachte Türme miteinander verbindet. Das im kgl. St. Arch. z. Stettin a. Urk. v. 1387 hangende: „• + SECRETVM • CIVITATIS • WOLIN •" (43 mm) hat einen schreitenden Greif über einem Stern. Ein: + SECR • BVRGENS • IN • WOLLIN : (37 mm, Oelr. Zeichn.) hat den Greif auf einem belaubten Zweige (?); wie dies letztere, so findet sich unter Oelrichs Zeichnungen auch ein Signet, welches nur den Greif und die Buchstaben: „S T W" (achteckig, 17 : 15 mm) enthält. Um 1600 erscheinen dann ein: „○ ○ SIGILLVM · CIVITATIS · WOLLINENSIS" (45 mm?) und ein: „· SIGILLVM · MINVS · CIVITATIS · WOLLIN" (24 mm). Bei beiden ist der Greif rechts unten von einem Stern begleitet und hält im linken Fang einen kleinen Gegenstand, den Brüggemann, Restorf und Kretschmer für ein Fichtenbäumchen, Kratz und der neue Siebmacher aber für ein Nesselblatt (urtica, nicht Holstein) hielten. Beides hätte aber keinen erkennbaren Sinn; ein so kleines Fichtenbäumchen gegenüber der Größe des Greifen — wie es übrigens die neuen Siegel thatsächlich zeigen — verstößt noch dazu gegen alles heraldische Gefühl. Deshalb glaube ich, daß der Gegenstand als eine Karde anzusprechen ist, wie solche zum Aufkratzen der Wolle früher unentbehrlich war, und deshalb auch in den Zunftsiegeln der Tuchmacher in gleicher Gestalt, meist drei, fünf und mehr Stücke als Krempel (Kartätsche) vereinigt, häufig abgebildet wurde. Man wollte dem Greifen ein Beizeichen geben, was ihn von dem anderer Städte unterschied, und wählte die Karde, um damit an Wolle = Wollin zu erinnern. — Ein Stadtgerichtssiegel aus dem 18. Jahrh. hat genau das Bild der neuen Siegel. — Abbildung des ältesten Hauptsiegels bei v. Bohlen, des ersten Sekrets bei Dannenbergs Pomm. Münzgesch., T. XXVII.

Zachan, Stadt. **In Blau ein querliegender, die Krallen rechtshin wendender, goldener Greifenfang; begleitet oben von einem silbernen Stern, unten von einer silbernen Lilie.** Abb. S. 96

Die Zeichnung eines: +S • CIVITATIS ZOCHA • • (35 mm) bei Oelrichs läßt keine Zeitbestimmung zu, weil sie innerhalb der Majuskelumschrift wieder das Bild: eine abwärts gekehrte, von zwei Sternen beseitete Greifenklaue, in einem Spätrenaissance-Schild, zeigt. Daß der Ort im 16. Jahrh. eine Greifenklaue als Wappen führte, bezeugt Micraelius. „+DAS . ZACHANISCHE SIGEL" (31 mm) aus dem 17. Jahrh. hat den abwärts gekehrten Fang rechts oben und links unten, von je einem Stern begleitet, während ein kaum vor dem Ende des 18. Jahrh. geschnittenes: „❀ SIEGEL IN DER STADT ZACHAN 1616" (oval, 29 : 25 mm), das Bild wie oben beschrieben in einem ornamentierten Schilde zeigt.

Königreich Preußen. Provinz Pommern.

Regierungsbezirk Köslin.

Abb. S. 93

Köslin, Hauptstadt des Regierungsbezirkes Köslin. **In Rot auf einer goldenen Schale liegend das Haupt Johannes des Täufers.**

Das: „+SIGILLVM ∘ CIVITATIS ∘ CVSSELIN" (65 mm) zeigt einen Bischof mit segnend erhobener Rechten und dem Krummstabe in der Linken, stehend unter einem, mit spitzbedachtem Turme besetzten Thorbogen, an den sich seitlich Zinnenmauern anschließen; diese letztern sind mit zwei gelehnten Schilden belegt, die beide je einen zugewendeten gekrönten Löwen, das Wappen der Grafen v. Gleichen, enthalten.[1]) Der Bronzestempel dieses, dem letzten Viertel des 13. Jahrh. angehörenden Siegels wurde unversehrt aus dem Schutt des 1718 abgebrannten Rathauses gehoben und wird noch von der Stadt bewahrt. Das Johanneshaupt war ursprünglich das Bild des Sekrets, welches, wie oft, so auch hier, die Darstellung des Hauptsiegels ganz verdrängte. Daß Bischof Johann dasselbe im Jahre 1344 als Wappen verliehen habe, ist mehr als sehr unwahrscheinlich. Das im kgl. Staatsarch. Stettin zuerst an einer Urkunde von 1406 vorkommende: „+ SECRETV · CIVITATIS · KVSSALIN" (43 mm) hat das Haupt aufgerichtet auf einer gefußten Schale. Bei dem, durch die ganz ungewöhnliche Form und Verteilung der Buchstaben auffallenden: „+ SECRCTAM ⁘ CIVITAT9 ⁘ CVSSL'N"!! (34 mm, Schrift auf Band) vom Anfang des 16. Jahrh. (kgl. St. A. Stettin 1529) ist die Schüssel aufrecht gestellt, (also scheibenförmig erscheinend) und mit dem aufgerichteten Haupte belegt.[2]) So zeigen sie auch der um 1540 geschnittene, noch vorhandene Stempel des: „⁝SECRETVM ⁝ CIVITATIS ⁝ CVSSLIN" (35 mm), sowie im Rahmenschilde das, dem Ende des 16. Jahrh. angehörende: „❊SE CRETVM · CIVITATIS · CVSSALINENSIS" (43 mm) und eine ganze Reihe kleinerer Sekrete des 17. und 18. Jahrh. mit gleicher oder ähnlicher Umschrift, deren Stempel meist noch vorhanden sind. Erwähnenswert ist ein, dem letztbeschriebenen in Größe und Umschrift gleiches Siegel vom Ende des 18. Jahrh. wegen des auf Siegeln nicht häufigen, die Zeit so ungemein charakterisierenden, denkmalartigen und mit einer Urne bekrönten Aufbaues. Ein wohl nicht vor dem 19. Jahrh. gestochenes: „❊ SECRETUM CIVITATIS CUSSALINENSIS" (47 mm) bringt ein ganzes Wappen: im Schilde das Haupt auf einer becherförmigen Schale liegend, auf dem Helme eine Bischofsmütze. Diese Darstellung wird auch jetzt noch geführt.[3]) — Kratz und Dannenberg erwähnen, daß die Stadt sich „in bürgerlichen Angelegenheiten" eines Zeichens bedient habe, welches sie als ein schrägrechts gestelltes, von zwei Ringeln begleitetes Z beschreiben. Was mit „bürgerliche Angelegenheiten" gemeint ist, ist nicht recht klar; vielleicht war es das Beschauzeichen für Metallgeräte, die Tuchmarke, oder das Eichungszeichen, wie z. B. bei Greifswald die sogen.: Salztrage; auf Siegeln kommt es m. W. nicht vor. — Die ältern Siegel sind am besten in Dannenbergs pommerscher Münzgeschichte, Taf. XIX, abgebildet.

1) Die auch in andere Werke übergegangene Angabe des Neuen Siebmacher: „Unter diesen Zinnen hängen 2 Wappenschilde, rechts mit dem pommerschen Greife und links mit dem rügenischen Löwen, weil der Bischof Jaromar, welchem man die Verleihung dieses Wappens zuschreibt, ein geborner Fürst von Rügen war", ist irrig. Ein Greif ist nicht auf dem Siegel; beide Schilde zeigen einen gekrönten Löwen; ein solcher ist auch nicht das Wappen von Rügen (s. die Note bei Tribsees). Jaromar wurde erst 1288 Bischof von Kammin (Grote, Stammtafeln); das Siegel wird aber 1280 schon erwähnt (Pomm. Urkb., II., No. 1152 u. 1153) und hat sich an einer Urkunde von 1286 noch erhalten. Jaromars Vorgänger aber war Hermann, ein Graf von Gleichen; die Schilde zeigen dessen Stammwappen, den gekrönten, silbernen Löwen in Blau. —

2) Die Umschrift dieses durchaus nicht roh geschnittenen Siegels ist sehr merkwürdig. Zunächst beginnt sie nicht, wie gewöhnlich, mit dem Anfange des Schriftbandes, sondern oben in dessen Mitte. Dann ist bei SEKRETΛM nicht nur die Schreibweise mit K, sondern auch das umgekehrte V („Λ") ohne Beispiel. Ebenso die Form der drei in der Umschrift vorkommenden T in Gestalt von Kreuzen mit verlängertem unterm Arme. Desgleichen das Kürzungszeichen 9 für IS und die ungeschickte Verteilung von CI V ITATIS so über die Bandenden hinweg, daß das V mitten zwischen diesen im Felde steht.

3) In der Leipz. Illustr. Ztg. vom 22. Febr. 1873 ist dies Wappen beschrieben und abgebildet. Der ungenannte Verfasser jenes Aufsatzes glaubt zwar an die Verleihung desselben (mit offenem [?] Helm und Mitra) durch Bischof Johann im Jahre 1344 (!), fährt dann aber, leider ebenso richtig als boshaft, fort: „in verständnißvoller Würdigung der heraldischen Bedeutung des Helmes hat die Stadt aber, soweit bekannt, niemals denselben geführt, sondern stets statt seiner einen ornamentalen Körper, der in der Form einer Mohnsamenkapsel am nächsten steht, und dem die Bischofsmütze in seitlicher Wendung aufgestülpt ist. Die die Helmdecke vertretenden Ornamente sind rot und silbern."

Arnhausen, Dorf, früher Stadt.

Nach Brüggemann, Beschrbg. d. Herzogt. Pommern, III., S. 628 wurde der Ort bereits im 16. Jahrh. zu Gunsten von Polzin zum Dorfe herabgedrückt. Lubins Catalogus urbium (1614) nennt ihn noch Stadt und auch der jetzige Gemeindevorsteher berichtet, daß erst im dreißigjährigen Kriege ein Dorf daraus geworden sei. Ein Siegel ist nicht bekannt; doch befindet sich in der Sammlung Clericus (Geh. Staatsarch.) die Pause eines; SECR : CIVI TATIS : NOVE ARNSHOPE (54 mm) mit einem auf Wellen fahrenden Schiffe, dessen Bug und Steven je mit einer Greifenfahne besteckt sind, und welches von Cl. als mögliches Siegel dieses Ortes bezeichnet wurde. Die Pause nach einer Zeichnung Oelrichs gefertigt, verdient nicht mehr Vertrauen als die schlimmsten aus dieser Sammlung.

Abb. S. 93

Bärwalde in Pommern, Stadt. **In Silber auf grünem Boden vor dem Stamme einer grünen Buche ein linkshin schreitender schwarzer Bär.**

Das in Dannenbergs Münzgeschichte Pommerns, Taf. 27, No. 44 abgebildete: „+ SIGILLVM ✶ CIVITATIS ✶ BE REN ✶ WOLD" (55 mm) mit zwei aufgerichteten Bären zu Seiten eines Eichbaumes gleicht einem im Arch. d. St. Frankfurt a/O. an einer Urkunde v. J. 1321 hängenden Siegel der Stadt Bärwalde in der Neumark, trotz des auf letzterm in der Baumkrone sitzenden kleinen Adlers, der auf D's Zeichnung allerdings nicht zu sehen ist, so auffällig, daß wohl eine Verwechslung vorliegt. Ein: „+ SECRETV · BVRGENSIVM · BERWOL ·" (45 mm, Oelr. Zeichn.) des 14. Jahrh. hat den Bären nach rechts gewandt vor der Eiche. Vermutlich so auch ein von Kratz, Städte Pommerns, als ältestes Siegel der Stadt bezeichnetes, aber nicht beschriebenes: SIGILLVM CIVITATIS BERWOLDIE 1564 (Größe?). Das: „· SIGILLUM · CIVITATIS · BERWALDE · AN · 1 · 6 · 26" (30 mm) und nach ihm die neueren Siegel, haben den Bär linkshin gekehrt; die meisten in einem vom preußischen Adler gehaltenen Schilde. Merkwürdig aber ist ein Stempel vom Ende des vorigen Jahrhunderts mit der Umschrift: „POLIZEY SIEGEL ZU BUTH ODER BAERWALDE B" (oval, 33:29 mm) mit einem Wappen: im Schilde ein tanzender Bär zwischen Bäumen, auf dem Helme der gekrönte preußische Adler mit Szepter und Schwert.

Belgard, Stadt. **In Silber über blauem Querstrom ein roter Greif.** Abb. S. 93

Ein Sigillum dieser alten Stadt ist noch nicht aufgefunden worden. Das dem Anfang des 14. Jahrh. angehörige: „+ S'SE CRETVM CIVITATIS · BELGART" (49 mm) zeigt oben beschriebenes Bild. So auch das: „sigillum · civitatis · belgardens ·" (35 mm, Oelr. Zeichn.) aus dem 15. und das: „⁘ SI GILLVM CIVITA BELGARDEN" (36 mm) aus den ersten Jahrzehnten des 16. Jahrh. Bei einem um 1600 geschnittenen: „SIGILL ❊ CIVIT + BELGARDIÆ ❧" (30 mm) ist aus dem Querstrom ein begraster Boden geworden; bei dem um die Mitte des 17. Jahrh. gefertigten: „❊ SIGILLVM CIVITATIS BELGAR DENSIS" (43 mm) steht der Greif frei im Felde, wogegen aber das: „SIGILLVM · CIVITATIS · BELLGARDIÆ REN : 17❊87" (34 mm) den Rasen wieder „renoviert". Leider wurde auch hier im 19. Jahrh. ein Wappen zusammenkomponiert: im Schilde der Greif auf Boden, auf dem vorwärts schauenden Bügelhelm ein wachsender, rechtshin (!) gewendeter Greif. —

In der Dissertation: Disquisitio Historica de Belgardia Pomeranorum a Martino Beilfusz, Lipsiae 1689, ist nichts Herbezügliches zu finden. — Eine Abbildung des ältesten und des dritten Siegels bringt Dannenberg, Münzgeschichte Pommerns, ersteres unter der irrigen Bezeichnung „Regenwalde" auf Taf. XXIII, letzteres Taf. XVIII.

Bublitz, Stadt. **In Silber zwischen zwei Laubbäumen stehend, Johannes der Täufer mit dem Lamme auf den Armen; zu seinen Füßen ein dreimal von Gold und Schwarz geteilter Schild mit 3 (2 : 1) goldenen (silbernen?) Rosen auf den schwarzen Streifen.**[1]) Abb. S. 93

Der kleine Schild ist das Familienwappen des Kamminer Bischofs Friedrich v. Eickstedt, des wahrscheinlichen Gründers der Stadt. In seine Zeit, 1329—1343, fällt auch die Anfertigung des spitzovalen: SIGILLVM : CIVITATIS BVBVLIZ (90 : 25 mm [?]) mit derselben Darstellung unter einem, die obere Spitze des Siegelfeldes ausfüllenden Baldachine, welches Oelrichs an einer Urkunde v. J. 1389 fand. Derselbe bringt dann noch ein, vielleicht kurz nach 1411, in welchem Jahre der Herzog dem Bistum die Stadt mit Waffengewalt nahm, gefertigtes: 88 SIGIL LVM : CIVITATIS BOBLIZ (55 mm) mit dem pommerschen Greifen unter einem recht verdächtigen Portal. Das 1477 gebrauchte: „+ secretum ⁖ civitatis bubu .... ❦" (40 mm) zeigte dagegen nur das Symbol des Täufers, ein widersehendes Lamm mit der Kreuzesfahne. So auch die neueren Siegel; aber die neueste Siegeloblate bringt wieder die Darstellung des ältesten Insiegels. — Eine Abbildung des letztgenannten Sekrets ist in Dannenbergs Münzbuch, Taf. XVIII zu finden.

1) Der Schild der v. Eickstedt, Erbkämmerer im Lande Pommern, kommt sowohl dreimal als auch viermal (zwei Balken) geteilt vor; die Rosen stehen immer im zweiten, bezw. vierten Felde. Dreimal geteilt hat ihn außer obigem Stadtsiegel auch ein Siegel des Bischofs Friedrich v. Camin; viermal ist derselbe auf der neuen Siegeloblate geteilt.

Bütow, Stadt. **In Blau eine silberne Burg mit Ringmauer, niederm Thorturm und zwei höhern spitzbedachten Türmen, zwischen denen ein silberner Schild mit einem schwarzen Kreuze schwebt.** Abb. S. 93

Bütow kam 1329 durch Kauf an den Deutschen Orden, daher dessen Schild. Um dieselbe Zeit wurde das: „+ S' CIVITATIS ✶ BVTOV·I·E" (57 mm) mit der oben beschriebenen Darstellung gestochen.[1]) Sie kehrt unverändert durch alle Zeiten bis auf den heutigen Tag in den Siegeln wieder. So auf dem vielleicht mit dem Hauptsiegel gleichzeitigen: „+ SECRETVM · CIVITA TIS · BVTOVIE" (41 mm), auf einem: „❊ SECRETVM ❊ BU THOVIE" (30 mm) des 16., auf einem gleichgroßen Nachschnitt desselben mit derselben Umschrift (jedoch verkehrtem S) aus dem 17. Jahrh., auf kleineren, neueren und neuesten und sogar im Kirchensiegel. Ein um 1800 gestochenes Signet mit der Abschnittschrift: „ST. BUTOW" (oval, 19 : 17 mm) hat den Schild zwar sehr klein und den Thorturmknopf berührend, aber die andern gleichzeitigen Siegel bezeugen, daß die Bedeutung nicht verkannt war.[2]) Voßberg (Gesch. d. preuß. Münz. u. Sieg. 1843) fügt S. 45 der Beschreibung des Hauptsiegels einen Hinweis auf die Abbildungen desselben bei; auf der betreffenden Tafel aber findet sich irrtümlich statt dessen das Sekret. Eine Holzschnittkopie desselben auch in Reinh. Cramers Gesch. d. Lande Lauenburg und Bütow, 1858,

Pommern, Reg.-Bez. Stettin.

Labes

Massow

Naugard

Neuwarp

Nörenberg

Pasewalk

Penkun

Plathe

Pölitz

Pÿritz

Regenwalde

Stargard i. Pom.

Swinemünde

Treptow a. d. Rega

Treptow a. d. Tollense

Ückermünde

Usedom

Wangerin

Werben

Wollin

POMMERN · REG · BEZ · KÖSLIN

KÖSLIN

BÄRWALDE i/P

BELGARD

BUBLITZ

BÜTOW.

DRAMBURG

FALKENBURG i/P

KALLIES

KOLBERG

KÖRLIN A·D· PERS:

LAUENBURG i/P.

LEBA

NEUSTETTIN·

POLLNOW

POLZIN

RATZEBUHR·

RÜGENWALDE

S. 158. Die Meinung des Verfassers, daß das Wappen vom Orden verliehen worden sei, ist nicht zu beweisen (s. Lauenburg). — Zur Charakterisierung der Qualität mancher Siegelzeichnungen in Oelrichs Sammlung (s. Litteratur) sei erwähnt, daß darin sich auch noch ein: + SECR : CIVITATIS · BVTOW (38 mm) befindet, welches auf einem kistenartigen Unterbau — einen Bienenkorb mit summenden Immen zeigt. Und dabei Majuskeln! — Dies Siegel wurde offenbar auf jene Hypothese hin erfunden, welche den Landes- und Stadtnamen Bütow von Büten = Beuten = Bienenwohnungen ableitet.

1) Hiervon gibt es einen neuen, täuschend ähnlichen Nachschnitt in der gleichen Größe, Darstellung und Umschrift, bei dem jedoch die Kreuz-Enden den Schildrand berühren, was beim Originale nicht der Fall ist.

2) Wenn daher Voßberg bei Erwähnung von Wappenverstümmlungen (Köhne, Zeitschr. f. M.-, S.- u. Wappenkunde, Bd. 3, S. 384) klagte, Bütow habe den Ordensschild auf dem Stadtthore für eine Laterne gehalten und demgemäß abgebildet, so waren seine Quelle dafür nicht die Siegel, sondern Brüggemann und dessen Nachschreiber.

Abb. S. 93

Dramburg, Stadt. In Silber über blauen Wellen zwei spitzbedachte rote Türme, welche oben durch einen, mit einem Zinnenturme besetzten Bogen mit einander verbunden sind; unter dem Bogen schwebt der rote brandenburgische Adler.

So das: · SIGILLVM ✠ CIVITATIS ✠ DREWEBORCH (40 mm) des 14. Jahrh., und ein vielleicht noch älteres: „✠ SECTV CIVITATIS DRAWEBORCH“ (43 mm), welches a. Urk. a. d. J. 1401 u. 1421 im Deutschordens-Centralarchiv in Wien hängt. Auch ein dem 16. Jahrh. angehörendes: „ · · · · LVM ○ CIVITATIS ○ DRAV · · · · “ (28 mm), ferner ein Signet mit nur: „DRAMBORG“ (19 mm) aus dem 16. Jahrh. und ein solches des 18. mit: „DRAMBURG“ (oval, 20 : 19 mm) haben dasselbe ursprüngliche Bild. Bei einem: „SI GILLVM · CIVITATIS · DRAMBURGENSIS (im Felde:) 85“ (35 mm), dessen Jahrzahl in 1785 zu ergänzen ist, ist der die Türme verbindende Bogen weggelassen und (nach dem Vorgange des Gerichtssiegels), aus dem Zinnenturm eine große freischwebende Krone geworden. Spätere Siegel bringen zuweilen noch Andeutungen des Bogens, lassen aber die Krone nicht wieder aus; ein um 1800 gefertigtes: „✲ STAD : UND CÆMMEREY SIEGEL ZU DRAM BURG“ (oval, 29 : 25 mm) gibt sogar außerdem noch dem Adler eine Königskrone aufs Haupt. — Ein: „∴SIGILLUM IVDICII DRAMBURGENSIS“ (30 mm) aus der Mitte des 17. Jahrh. zeigt zwei aus Wellen wachsende spitzbedachte Türme, zwischen denen der brandenburgische Adler schwebt, während über ihm die Türme durch einen Bogen verbunden sind, auf dem eine fünfblätterige Krone ruht. So auch ein späteres: „SIEGEL DES KON : STADT GERICHTS ZU DRAMBVRG“ bei dem jedoch der märkische in den fliegenden, widersehenden preußischen Adler verwandelt ist, der im einen Fang das Schwert, im andern eine Wage hält. — Merian bringt in der Topographia eine Burg mit drei spitzbedachten Türmen, die mit dem brandenburgischen Adler belegt ist — ein Bild, dessen sich die Stadt niemals bediente, wie ja auch manche andere das ihr von Merian zugelegte Wappen nie geführt hat. — Das alte Sigillum findet sich abgebildet unter den im Geh. Staatsarchive beruhenden, noch unveröffentlichten Siegelzeichnungen Voßbergs (s. Heft 1, S. 1, Note).

Abb. S. 93

Falkenburg, Stadt. In Blau eine silberne Burg mit zwei spitzbedachten Türmen und drei Thoren, von denen das mittelste durch ein goldenes Andreaskreuz versperrt ist; auf den Thorzinnen ein auffliegender goldener Falke.

Das: „+S' CIVITATIS VALKEMBOR . .“ (35 mm) vom Anfang des 15. Jahrh. hat den Falken linkshin gewandt und das Mittelthor offen und leer. Ein: „✲ RAHTS · UND · GERICHTS · SIEGEL · ZU · FALCKENBURG · 1 · 7 · 36 · “ bringt die Burg auf einem Dreiberg, den Falken nach rechts auffliegend, und im Thore das Andreas-Fadenkreuz. Bei einem Magistratssiegel aus den ersten Jahren unseres Jahrhunderts fehlt letzteres, während die neuesten Siegel es wieder zeigen. Dannenbergs Pommersche Münzgeschichte liefert auf Tafel XX die Abbildung des alten Siegels. Bei Merian wächst an Stelle des Falken ein Adler hinter den Zinnen der Mauer hervor.

Abb. S. 93

Kallies, Stadt. In Silber ein roter Adler, der sich auf einen, auf grünem Boden laufenden, roten Hasen stürzt.

Dieselbe Darstellung, aber nach links gekehrt, haben ein im Deutsch-Ordens-Zentralarchiv in Wien an Urkunde v. J. 1404 hängendes: „✠ S' CIVITATIS : NOVE : KALIS“ (34 mm) (Stempel a. d. Anf. d. 14. Jahrh.), und ein auch noch dem 14. Jahrh. angehörendes: „✠ S'CIVITATIS · NOVE KALIS“ (35 mm). Zu Ende des vorigen Jahrhunderts führte die Stadt an Stelle dieses ihr eigentümlichen Siegelbildes den preußischen Adler in ihren Siegeln, ist aber schon zu Anfang des 19. Jahrh. wieder zu der originellen Darstellung, die sie übrigens rechtshin gewendet hat, zurückgekehrt. — Auch in Merians Topographie springt der von einem Adler verfolgte Hase rechtshin. Eine Abbildung des zweiten Siegels findet sich bei Dannenberg, Tafel XVIII.

Abb. S. 93

Kolberg, Stadt.

Gespalten; rechts: zweimal geteilt; 1. Feld: in Rot gespalten, vorn eine silberne[1]) Salzpfanne, hinten zwei schräggekreuzte goldene Pfannhaken; 2. Feld: in Silber eine rote Burg mit drei spitzbedachten Türmen, deren jeder ein offenes Thor hat; 3. Feld: in Silber auf blauen Wellen zwei nach rechts schwimmende silberne Schwäne nebeneinander.

links: in Silber über blauen Wellen zwei schräggekreuzte goldene Bischofsstäbe, über denen eine rote Mitra mit rot-weißen Bändern schwebt.

Die neuern Magistratssiegel bringen diese Darstellung in zwei, unter dem Helme mit dem Pfauenfederbusch der Pommernherzoge nebeneinander gestellten Schilden, welche von zwei keulentragenden wilden Männern, den Schildhaltern des kgl. preußischen Wappens, gehalten werden. Dieser anspruchsvolle Aufbau schickt sich schlecht für das Wappen einer Stadt, und es wäre zu wünschen, daß der Magistrat zu dem schönen, einfachen Bilde des Sekrets, welches über 400 Jahre sich in den Stadtsiegeln behauptete, zurückkehren möchte. — Das schon 1257 urkundlich erwähnt werdende: „+ SIGILLVM ○ BVRGENSIVM ○ DE ○ KOL BERGHE“ (80 mm) bringt über Wellen, in denen zwei Fische gegeneinander schwimmen, eine mehrtürmige Burg von seltsamen Formen, in deren Mitte unter einem Bogen eine Bischofsmütze schwebt. Das: „+ SECRETVM ○ COLBERGENSIVM“ (46 mm) des 14., und das: „+ secretum ✲ colbergensium ✲“ (33 mm) vom Ende des 15. Jahrh. zeigen beide das Zeichen der Zugehörigkeit der Stadt zum Bistum Kammin: unter einer Bischofsmütze zwei schräggekreuzte Krummstäbe und darunter Wellen = die Persante. Sehr interessant ist ein Siegel mit folgendem Bilde: über Wellen ein Schild mit zwei schräggekreuzten Salzhaken; über demselben die Mitra mit den Krummstäben[2]); rechts neben dem Schilde steht in Flammenglorie die Gottesmutter mit dem Kinde, links Johannes der Täufer mit dem Lamme. Die Umschrift lautet: „⁜ SIGILVM ⁜ XLVIII ⁜ OPPVDI ⁜ COLBERGENSIS“! (45 mm); die Buchstaben sind mit dem Kopfe gegen die Mitte des Siegels gestellt, also von außen zu lesen, was sonst äußerst selten vorkommt. Es ist dies das Siegel der i. J. 1524 unter Führung des bischöflichen Richtvogts Jakob Adebar gegen den Rat aufgestandenen 48 Männer, die sich auf kurze Zeit des Stadtregiments bemächtigten.[3]) Auffallenderweise nahm der Rat nach Dämpfung der Empörung den Stempel selbst in Gebrauch und benutzte ihn noch lange. — Der Stadt ist es geglückt, die Stempel aller bisher genannten Siegel noch zu erhalten. — Die spätern Siegel halten sich an die Darstellung und Umschrift der alten Sekrete. Die Wellen, die noch ein: „✳ SECRETUM ✳ COLBERGENSIUM +“ (22 mm) des 17. Jahrh. deutlich zeigt, verwandelte im 18. Jahrh. ein schlechter Nachstecher in einen länglichen Klumpen gekreuzter Strichlagen, den man zunächst als den bei der Stadt belegenen Salzberg,[4]) später aber als eine Fischreuse deutelte und dementsprechend zu Anfang dieses Jahrh. thatsächlich eine solche in die Magistratssiegel aufnahm(!). Um das Jahr 1800 erscheinen in den Siegeln dann die beiden Schilde mit der noch um einige Novitäten vermehrten, gedrängten Uebersicht aller je von der Stadt geführten Siegelbilder, bereichert durch den darüber gesetzten pommerschen Helm und gehalten von den Schildhaltern des königlich preußischen Wappens.[5]) Bei dem ersten Vorkommen dieses Doppelwappens auf dem: „SIEG · D · MAGISTRATS · ZU COL BERG“ (34 mm) ist dem Schilde mit den Bischofsstäben noch die rechte Stelle eingeräumt und statt der Salzpfanne enthält das betreffende, rot schraffierte Feld einen Querbalken. Bald aber erscheint die zu Häupten beschriebene Darstellung[5]). — Beiläufig mag noch erwähnt werden, daß Bischof Erasmus i. J. 1524 die Stadt mit dem Rot-Wachs-Rechte erfreute. — Auch ein 1802 gebrauchtes: „❊ COLBERGSCHES GERICHTS SIEGEL“ (oval, 28 : 25) hat die unter der Mitra gekreuzten Krummstäbe über den zu einem Knäuel gewordenen Wellen.

1) Vom Magistrat wird die Salzpfanne als schwarz im roten Felde bezeichnet; aber das geht gegen die heraldischen Farbengesetze und es ist auch nicht wohl möglich, einen schwarzen Hohlkörper so zu zeichnen, daß die Deutlichkeit nicht darunter leidet. Auch die goldenen Bischofsstäbe und die silbernen Schwäne, beides in silbernem Felde, verstoßen gegen die Regel.

2) Dies Siegel mit den Krummstäben und den Pfannhaken widerlegt Dannenbergs Meinung, daß letztere aus erstern korrumpiert seien. Uebrigens kommen nach einem Aufsatz (Kretzschmers) über Siegel und Münzen der Stadt Colberg, in Köhne's Zeitschr. f. Münz-, Siegel- u. Wappenkunde (1845, S. 329) die Pfannhaken schon auf Brakteaten und Denaren d. St. a. d. 13. Jahrh. vor.

3) In des fürstlichen Geheimschreibers Thomas Kantzow in der Zeit von 1532—42 verfaßten „Pomerania“ (Ausgabe von H. G. L. Kosegarten, 1817, 2. Bd., S. 448 ff.) finden sich die Schlieff-Adebarschen Händel am ausführlichsten erzählt und wird dabei auch des Siegels der Aufständischen gedacht: „. . lieszen sich ein eigen sigil graben, damit sie von wegen der stadt schrieben vnd handelten was sie wolten . . . .“

4) Hierfür beruft sich der Verfasser des sub 2) erwähnten Aufsatzes in Köhne's Zeitschr. auf: Wachsen: Gesch. d. Altstadt Colberg, Halle 1767, S. 440. Das muß aber ein Irrtum sein, denn in diesem Werke ist nichts vom Stadtwappen oder -Siegel, wohl aber auf eben jener Seite eine Beschreibung der von letzterm ganz abweichenden (Heiligenfiguren zeigenden) Siegel des Capitels und des Domprobstes zu finden.

5) Ueber diesen sinnlosen Pleonasmus schreibt dann der Verfasser der Städtewappenserie in der Leipz. Illustr. Ztg. (8. Febr. 1873): „Das Wappen der Stadt Kolberg ist von seltener Schönheit und besonderem Reichtum an heraldischen Sinnbildern“ — !

Körlin an der Persante, Stadt. In Silber eine blaue Wellendeichsel, begleitet oben in der Gabelung von einer grünen Mitra, seitlich von je einem abgewendeten, schräglinks gestellten roten Bischofsstabe. Abb. S. 93

Die Flußgabel stellt die Vereinigung der Radü mit der Persante dar, die Attribute erinnern an die Rechte des Kamminer Bischofs. Unter den Zeichnungen Oelrichs findet sich ein verdächtiges ✠ S · CIVITAT : EPISC · KERLIN (40 mm) aus unbestimmbarer Zeit mit einem Wappen: im Schilde ein Kreuz, auf dem Helme eine von zwei Krummstäben (?) beseitete Bischofsmütze. Ein: SIGILLVM : OPPIDI : CORLIN (im Felde verteilt:) 1644 (34 mm, Oelr. Zeichn.) zeigt die zusammenfließenden Bäche und oben in der Gabel einen wachsenden Bischofsrumpf, seitlich die Stäbe. Aber noch im 17. Jahrh. erscheint das oben beschriebene Bild auf dem: „* SIGILLVM CIVITAT .... RLINENSIS“ (25 mm), nach dem sich dann alle spätern Stempel richteten. — Eine Abbildung und Besprechung des Wappens findet sich in Seylers Gesch. d. Heraldik, S. 313.

Abb. S. 93 **Lauenburg in Pommern, Stadt. In Rot auf grünem Boden nebeneinander, rechts eine Stadtansicht, links ein, vor derem Thorturm sitzender, widersehender goldener Löwe; unten Wellen (die Leba).**

Wenn Cramer in seiner: Gesch. d. Lande Lauenburg und Bütow, 1858, S. 90, schreibt, daß das Wappen (d. h. Siegelbild) der Stadt vom Deutschen Orden verliehen worden sei, so ist das eine haltlose Vermutung. In der Handfeste des Hochmeisters Dietr. v. Altenburg v. J. 1341 sowohl, als in deren Erneuerung durch Herzog Bolislaw X. vom Jahre 1507 ist geradeso wenig als in sonst einem Privilegium des Ordens oder eines pommerschen Fürsten jener Zeiten vom Wappen oder Siegel einer Stadt die Rede. — Eine der unzuverläßigen Zeichnungen von Oelrichs gibt ein: + SECRET · CIVITATIS LEBENBVRG (50 mm) mit einem Greifen zwischen den, mit Kreuzfahnen besteckten Türmen einer Burg. Das am Bundesbriefe der preußischen Städte von 1440 hangende, auch nicht viel früher geschnittene: „+ sigillum + civitatis + lewenburch +“ (32 mm, Schriftband) hat obiges Bild. — Da der Stempel bis ins 18. Jahrh. hinein in Gebrauch war, so weisen auch das daneben benützte kleine: „SIGILLVM CIVITATIS ^ LEWENBVRCH ~“ (22 mm) aus dem 16. Jahrh., das: „* SIGILLUM · CIVITATIS · LAUENBURG :“ (26 mm) aus dem Anfang und ein zu Ende des 18. Jahrh. gestochenes: „✻ SIEGEL · DER · STADT · LAUENBURG · 1526 . ~“ (25 mm) u. a. m. nur unbedeutende Veränderungen dieses Bildes. Die Jahreszahl auf letztbeschriebenem Siegel soll wohl daran erinnern, daß die Stadt in jenem Jahre als erbliches Lehen an Pommern kam. Dieselbe für das Jahr der Stempelanfertigung zu halten, entspricht der Kritiklosigkeit des Neuen Siebmachers ebenso, wie die Merkwürdigkeit, das oben angeführte Siegel mit der Minuskelumschrift dem Jahre 1322 (in welchem der Deutsche Ritterorden die Stadt erwarb) zuzuschreiben. — Ein: „GERICHTSSIEGEL DER STADT LOWENBVRG 1715“ zeigt nach Cramer (S. 315) die Justitia mit Schwert und Wage. — Voßberg bringt in der: Gesch. d. Preuß. Münzen u. Siegel, 1843, Taf. XVI, die Abbildung des 1440 gebrauchten Siegels, welche Cramer in mangelhaftem Holzschnitt und Dannenberg besser wiederholen.

Abb. S. 93 **Leba, Stadt. In Silber über blauen Wellen ein liegender, roter Seelöwe, dessen Rücken mit einem schwarzen Deutsch-Ordenskreuze besetzt ist.**

Im Jahre 1570 zwangen Sturmflut und Triebsand die Bewohner der Stadt Lebamunde ihre Häuser zu verlassen und sich weiter landeinwärts am rechten Ufer der Leba anzusiedeln. Auf den neuen Ort, den man Leba nannte, übertrug Herzog Johann Friedrich i. J. 1575 die Rechte der ehemaligen, 1357 gegründeten Stadt. — Alle Siegel zeigen obiges Bild in einem Schilde. So das: „✠ S' CIVITATIS : DE : LEBEMVNDE“ (40 mm) des 14., ein: „+ s + ciuitatis + de + lebemunde + ~“ (40 mm) aus dem 15., ein: „✻ SIGILLUM · CIVITATIS · LEBENSIS“ (24 mm) des 17. Jahrh., und die neuen Siegel. Abbildungen des ältesten Siegels finden sich in Voßbergs Gesch. d. Preuß. Münz. u. Sieg., Taf. XVI, No. 43, in Cramers Gesch. d. Lande Lauenburg u. Bütow, 1858, S. 262 und in Dannenbergs Pomm. Münzgeschichte, Taf. XXIII. — Wenn Cramer (a. a. O., S. 112) das Wappen als einen schwimmenden Greif mit einem Störschwanz und als vom Orden verliehen erklärt, so spricht gegen ersteres die ganze Siegelfolge, gegen letzteres der schon bei Lauenburg erwähnte Umstand, daß sich keine Ordensurkunde vorfindet, die des Wappens oder Siegels einer Stadt Erwähnung thäte.

Abb. S. 93 **Neustettin, Stadt. In Silber ein roter Greif, der in den Fängen einen blauen Karpfen hält.**

Die Zeichnung eines: „SECR · CIVITAT · NOVE · STTIN (45 mm) bei Oelrichs, der dieser „1530“ beischrieb, hat den Greifen allein im Felde und zwar linkshin gewendet. So auch ein: „· SIGILLVM · CIVITATIS · NEO · STETTINI“ (34 mm) aus der Mitte des 16. Jahrh., das: „SIGILLV · CIVITATIS · NEO STETINENSIS 1601“ (39 mm) bei welchen beiden der Fisch zwischen Vorder- und Hinterfüßen de. Greifen zu liegen scheint, und ein noch erhaltener Stempel: „✶ SIGILL : CIVITAT : NEOSTETIN : A° 1 · 6 · 38“ (37 mm), dem derselbe fehlt. Das: SIGILLVM · NEO · SEDINI : 1653“ (26 mm, Oelr. Zeichn.) kehrt zuerst den Greif nach rechts und gibt ihm den Fisch in die Fänge. Seit dem: „✻ STADT SIEGEL ZU NEU STETTIN 1809“ (oval, 25 : 24 mm) krönt man den Greif; noch später setzte man ihn so in einen Schild, über dem man auch noch eine große Krone schweben ließ. Diese Graveurseinfälle sollte man ebensowenig festhalten, als den, auf dem so zubereiteten Farbsiegel anzutreffenden Lapsus: „SIGILIUM“, und doch kopiert beides der neueste Magistratsstempel.

Abb. S. 93 **Pollnow, Stadt. In Silber ein roter Greif, der ein goldenes Szepter in den Fängen hält.**

Ein nur aus Oelrichs Zeichnungen bekanntes: ✾ SECR ⁞ CIVITATIS POLNOW (34 mm) hat einen auf einem Buchen(?)-Zweige stehenden Greifen. Der noch vorhandene Stempel des: „+ ⁘ SIGILLVM · OPPIDI · POLNOW ⁘“ (32 mm) aus der Mitte des 16. Jahrh. zeigt in einem Schilde nur einen schreitenden Greif. Nach einer beiläufigen Bemerkung Brüggemanns bestätigten die v. Glasenapp als Grundherrn des Ortes gelegentlich eines i. J. 1613 stattgefundenen Vergleiches der Stadt auch das Recht, ein eigenes Stadtsiegel zu führen. Es scheint, daß damals auch dem Greifen das Szepter in die Fänge gegeben wurde, denn ein noch vorhandener Stempel jener Zeit: „ ⁘ POLLNOW ⁘ STADT ⁘ SIEGEL“ (oval, 20 : 19 mm) bringt m. W. zuerst dies Bild. Etwa hundert Jahre später erscheint so auch ein: „POLLNOW : KLEINE : STADT • SIEGEL“! (oval, 22 : 30 mm). Das Stadtverordneten-Siegel von 1809 wiederholt noch einmal den Greifenschild des Siegels aus dem 16. Jahrh., während die neuen Siegel alle den Greifen mit dem Szepter in einem Schilde haben.

Polzin, Stadt. In Silber gespalten, vorn ein roter Balken, hinten auf grünem Dreiberg drei Weinstöcke mit blauen Trauben. Abb. S. 93

Der Balken ist aus dem Wappen der v. Manteuffel, die vom Ende des 14. bis ins 19. Jahrh. Besitzrechte an Polzin hatten. — Ein: SECR : CIVITATIS PVLSIN (47 mm) unter Oelrichs Zeichnungen hat im gespaltenen Felde vorn den, hier mit einer vierblätterigen Rose belegten Balken, hinten einen schwebenden, naturalistischem Lorbeer ähnlichen Zweig mit Blättern und runden Samen. Ein: ✳ SIGILLVM · CIVITATIS · POLZIN (Oelrichs Sammlg.) des 16. Jahrh. hat jedoch schon obige Darstellung im Schilde. Ebenso ein ovales Siegel des 17. Jahrh. mit derselben Umschrift (25 : 22 mm). Ein: „✻ SIGILLVM CIVITATIS POLZINENSIS“ (44 mm) vom Ende des 17. Jahrh. und dessen Nachbildungen lassen über diesem Schilde eine fünfblätterige Krone schweben. Ueberaus charakteristisch für ihre Zeit sind zwei zur Biedermaierzeit geschnittene Stempel der Stadtverordneten; sie zeigen den Schild mit oben beschriebenem Wappen an eine oben abgebrochene Säule gelehnt, rechts daneben liegt eine Getreidegarbe, während links als Sinnbild einer wachsamen Obrigkeit ein Kranich steht, der im erhobenen Fuße den ihn kennzeichnenden Stein hält. — Kratz, Städte Pommerns, S. 308, sagt, die linke Hälfte des Wappens zeige zuweilen: „eine quergelegte Ranke mit drei hängenden Trauben; unten Rasen, oben sechs Getreidekörner“; hiervon ist mir nichts weiter bekannt geworden, als das Echo dieser Aeußerung im Neuen Siebmacher.

Ratzebuhr in Pommern, Stadt. In Silber ein aus grünem Dreiberg wachsender, roter Greif, der im rechten Fang einen Zweig mit drei goldenen Eicheln hält. Abb. S. 93

Wenn ein: + SECR : CIVITATIS IN RATZBOHR (35 mm) in Oelr. Sammlg. nicht eine Arbeit Pristaffs (s. S. 2) ist, — was allerdings sehr wahrscheinlich ist — dann war das erste Siegelbild der Stadt, wie das des Gerichts, ein Hügel mit zwei nebeneinander stehenden Laubbäumen. Nach Kratz wurde der Ort 1597 zum Marktflecken und erst 1754 zur Stadt erhoben. Dem widerspricht nicht, daß sich der Stempel eines: „GERICHTES ✶ SIGEL ✶ IN RATZEBAVR ✶ 1620“ (36 mm) erhalten hat, denn es kommt öfter vor, daß sich das Gerichtssiegel eines Ortes aus der Zeit vor dessen Erhebung zur Stadt nachweisen läßt. Dies Siegel zeigt ein Wappen: im Schilde zwei wenig belaubte Bäume (Eichen?) nebeneinander, auf dem Helme einen ebensolchen Baum. Das älteste Siegel der Immediatstadt hat die Umschrift: „✶ KONIGL : PREUSS : POMMER : IMMEDIATSTAD RATZEBUHR“ (oval, 35 : 32 mm); es zeigt den wachsenden Greifen mit den Eicheln in einem verzierten Rahmenschilde. Ebenso, doch noch mit einer fünfblättrigen Krone über dem Schilde und mit mehr gekürzter Legende, ein nur 26 : 24 mm großer, ovaler, noch vorhandener Stempel aus dem Ende des 18. Jahrh. Auch das Stadtverordnetensiegel von 1809 hat noch das Bild; später aber nahm man statt dessen den preuß. Amtsadler in die Siegel.

Rügenwalde, Stadt. Rot mit silbernem Schildfuße: oben ein silberner Fischgreif, d. h. ein Greif, der von der Leibesmitte ab in einen Fischschwanz ausläuft; im Schildfuße zwei gegenschräge blaue Bäche. Abb. S. 93

Jesko, zweiter Sohn des mächtigen Woiwoden Swenza, war i. J. 1300 von König Wenzel II. von Böhmen zum Kastellan der Lande Rügenwalde und Schlawe eingesetzt worden; beide Städte dieses Namens führen daher das Wappentier der Swenzonen, den Fischgreif, in ihren Siegeln. Bei dem, der ersten Hälfte des 14. Jahrh. zuzuschreibenden: „+ SIGILLVM : CIVITATIS : RVGENVVALT“ (49 mm) erscheint derselbe zwischen zwei Eichenzweigen über Wellen. Das auch noch dem 14. Jahrh. angehörende: „+ S' CIVITATIS + RVGENWALT“ (38 mm) hat das Ungeheuer allein in einem mit Kreuzchen bestreuten Felde. Ein im kgl. St.-Arch. z. Stettin a. Urk. v. 1552 befindliches: „○ S ⸰ CIVITATIS ⸰ RVGENWALD“ (35 mm, Schrift auf Band), läßt auch noch die Kreuzchen fort. Ein: „SIGILLVM · CIVITATIS · RVGENWALDE“ (30 mm) vom Ende des 16. Jahrh. bringt ein Wappen: im Schilde allein der Fischgreif, auf dem Helme ein Mühlrad. Ebenfalls ein Wappen mit dem Mühlrade auf dem Helme, aber mit geteiltem Schilde: oben der Fischgreif, unten die gegenschrägen Bäche, hat ein dem 17. Jahrh. angehöriges: „SIGILLUM CIVI

Pommern, Reg: Bez: Köslin.

Rummelsburg. Schivelbein. Schlawe. Stolp in Pommer.

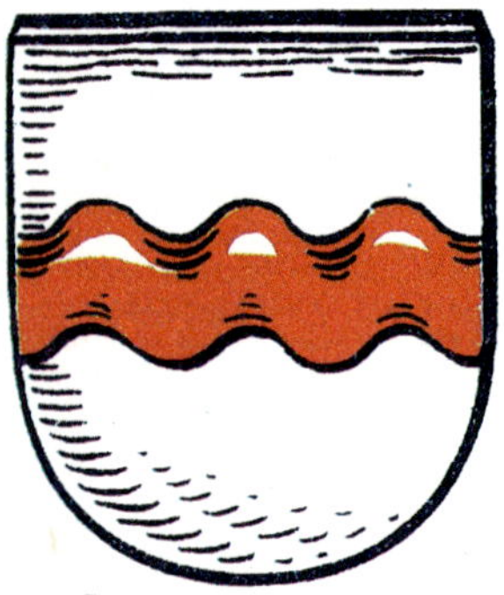

Tempelburg. Zanow. Zachan. R.B. Stettin.

TATIS RUGENWALDENSIS“ (45 mm). Jederseits neben dem Wappen steht ein bewurzelter Laubbaum, deren Stamm die Helmdecken umwinden. Ein wenig späteres: „SIGILL · CIV · RUGEN WALD“ (oval, 24:21 mm) hat im Schilde nur den Fischgreif, auf dem Helme nur eine große dreiblätterige Krone. Dagegen wieder dasselbe Wappen wie das vorher beschriebene und auch dieselbe Umschrift trägt ein noch vorhandener, aus dem 18. Jahrh. stammender Stempel (oval, 50:45 mm). Ein kleines, dem 17. Jahrh. angehörendes Signet mit: „S · C · RVGENW ·“ (oval, 18:16 mm) hat nur den Fischgreif im Felde, wogegen: „❊ DER STADT RUGEN WALDE INSIEGEL“ (28 mm) aus dem 18. Jahrh. denselben schwebend über zwei Querströmen, und ein um 1800 gefertigtes Siegel ihn links neben zwei, die rechte Flanke des Schildes pfalweise begleitenden Strömen hat. Die neuesten Siegel haben das oben beschriebene Bild in einem Schilde und über diesem eine Mauerkrone, die mit einem kleinen Mühlrade belegt ist. — Abbildungen der drei ältesten Siegel in Dannenbergs Pommerscher Münzgeschichte, Taf. 24.

Abb. s. oben. **Rummelsburg,** Stadt. In Silber ein roter Querstrom.

Es ist nicht unmöglich, daß sich dies Siegelbild auf den v. Massow'schen Wappenschild, der in Silber zwei rote Querbalken zeigt, zurückführen läßt. Laut Kratz, Städte Pommerns, wird nämlich 1506 zuerst das Stedcken, und zwar in Lehnbriefen der v. Massow, erwähnt, und ein: „+ SIGILLVM · ROMMELS BVRGENSE“ (35 mm) aus dem Ende des 16. Jahrh. hat in einem verzierten Schilde ein „M“ (= Massow?), überlegt (gewissermaßen durchflossen) von zwei schwach gewellten Balken. Ein ganz ähnliches, gleich großes, mit derselben Umschrift versehenes, auch noch dem 16. Jahrh. angehöriges Siegel läßt dagegen nur einen gewellten Balken (ohne das M) im Schilde erkennen. Im 18. Jahrh. führte die Stadt den preuß. Adler in den Siegeln, wie ein auffallend schlecht geschnittenes: „✤ ROMELSBURG · · E · STADT SIGELUN“! (oval, 28:23 mm) und ein um 1800 geschnittener Stempel mit der Abschnittschrift*): „RUMMELSBURG“ (oval, 22:20 mm) ausweisen. Die neueren Magistratssiegel haben wieder den Schild mit einem Querstrom. Einmal kommt über dem Schilde der wachsende Greif vor. Ein Siegel mit einem ein Szepter haltenden Greifen, dessen Kratz Erwähnung thut, habe ich nicht gesehen. Das: + SECR · CIVITAT : ROMELSBVRG (36 mm) mit einem Greif unter einem schwebenden Kübelhelm (?) in Oelr. Mskpt. dürfte dem Fleiße des † Herrn Pristaff (s. S. 2) sein Dasein verdanken.

Abb. s. oben. **Schivelbein,** Stadt. In Silber eine frei schwebende, mit einem fensterlosen Mittelturme besetzte, rote Zinnenmauer mit offenem Thore; über den Zinnen des Turmes schwebt ein roter Adler.

Die Stadt war bis zu Anfang dieses Jahrh. brandenburgisch, daher der Adler der Markgrafen. — Das 1382 gebrauchte: „+ S · · · REGVM ✶ CIVITATIS · SCHIVELBEIN“ (38 mm) hat schon dies Bild; so auch das: „+ sigillum ❀ civitatis ❀ schivelbyn“ (42 mm) des 15. Jahrh. und ein um 1600 geschnittenes: „+ ∘ SIGILLVM ✶ CIVITATIS ✶ SCHIEVELBEINENSIS ∘ (im Felde:) 12 96“ (43 mm); beide letztere zeigen den Adler linkshin. Die Jahreszahl, die an die angebliche Erlangung des Stadtrechtes erinnern soll, kehrt auf den neuern Siegeln bis zu Anfang dieses Jahrh. wieder, wird dann aber weggelassen. Leider bilden alle neuern statt des heraldischen Adlers einen naturalistischen Vogel ab, ja, ein Magistratssiegel aus den vierziger Jahren macht sogar eine herniederschwebende Taube daraus. — Ein: „✳ SIGIL ✶ IVDICII ✶ SCHIVELBEIN (im Felde:) 49“ vom Jahre 1549, hat nur den brandenb. Adler. — Abbildungen der beiden ersten Siegel finden sich unter Voßbergs unveröffentlichten Siegelzeichnungen im Geh. Staatsarch. i. Berlin. Dannenberg, Pommersche Münzen, Taf. XXVI., bildet das um 1600 gearbeitete Siegel gut, das Gerichtssiegel leidlich ab und schreibt beide befremdlicherweise dem 15. Jahrh. zu.

Schlawe, Stadt. In Rot nebeinander: ein blauer Schrägrechtsstrom und ein, aus einer schräggestellten blaugoldenen Schachtafel wachsender, silberner Greif. Abb. s. oben.

Der alte Ort wurde nach Kratz 1317 von den Söhnen Swenzos (d. h. wohl von Jesko, dem zweiten Sohne) zur deutschen Stadt erhoben. Das anscheineud gleichzeitige: „+ S SIVITATIS NOVE SLAWE IN PO MERANIA“ (65 mm) hat nur den Fischgreifen im Felde. Ein 1352 gebrauchtes: „+ S' CIV (ITATIS N) OVE : SLAWE : IN : POMERANIA“ (63 mm) hat bereits den stark geschlängelten Fluß und das, die hintere Körperhälfte des Fischgreifen verdeckende, schräggestellte Schachbrett.[1]) Ersterer bedeutet die Wipper, das Schach aber ist noch nicht gedeutet; an eine Verstümmelung des Rügenschen Stufengiebels, wie man geglaubt hat, ist bei einem Siegel aus der Mitte des 14. Jahrh. nicht zu denken; man hat darin auch das Wappen des Landes Usedom sehen wollen, und wenn mir das auch wenig wahrscheinlich vorkommt, so habe ich doch die Farben von dessen Schach deshalb hier beibehalten, weil man die Schachtafel der Stadt auf neuen Abbildungen meist so tingiert findet. Im Stillen möchte ich vermuthen, daß das Schach hier, trotz seiner schrägen Stellung doch, wie das regelrecht geschachte Feld mancher Adels-

---

*) Abschnittschriften nennt man im Gegensatz zu Umschriften diejenigen Schriften, welche sich unter der Darstellung in einem Abschnitte befinden, die also unten quer über die Siegelfläche laufen. Sind derartig gestellte Schriften an anderer Stelle, etwa auf einem Postamente, im Innern eines offenen Thores, auf einem Täfelchen 2c. 2c. angebracht, so heißen sie Inschriften.

wappen, nur Mauerwerk vorstellen und als solches die Lage der Stadt am Flusse andeuten sollte. Dasselbe Bild haben das: „+ SECRETVM CIVITATIS * SLAWE“ (31 mm) aus dem 14., das: „+ SIGNETVM CIVITATIS · SLAWE“ (26 mm) aus dem 16., zwei nur mit: „D · S · S · W“ (jedes 15 mm) bezeichnete Signete vom Anfang und: „DER ❁ STADT ❁ SCHLAW ❁ INSIGEL ❁“ (40 mm), Stempel erhalten) vom Ende des 17. Jahrh. Im 18. Jahrh. setzte man das Bild in einen Schild, so: „DER KÖNIGL : STADT : SCHLAWE : SIEGEL“ (28 mm), welches mit veränderter Umschrift wiederholt nachgebildet wurde, und das gleichzeitige Kämmereisiegel. Die neuesten Siegel besetzen den Schildrand mit drei Straußenfedern, die, wenn sie an den Helmschmuck der Puttkammer erinnern sollen, nicht dahin gehören, sonst aber überhaupt keinen Sinn haben. — Abbildungen der alten Siegel in Dannenbergs Pommerscher Münzgeschichte und bei v. Bohlen.

1) Dasselbe ist bei diesem Siegel nicht quadratisch, sondern ein Rechteck von acht Feldern in der Länge, zu sieben in der Breite. Die spätern Siegel haben weniger, die neuen oft nur fünf zu drei Felderreihen.

Abb. S. 96

Stolp i. Pomm., Stadt. In Silber über drei blauen Querströmen ein wachsender, roter Greif.[1])

Das aus dem ersten Viertel des 14. Jahrh. stammende: „+ S' CIVITATIS : STOLP : IN : POMERANIA“ (65 mm) hat den wachsenden Greif über e i n e m Querstrom (die Stolpe, die sich vor der Stadt in drei, sich aber bald wieder vereinigende Arme teilt). So auch zwei nicht unverdächtige Zeichnungen in Oelr. Sammlg., ein: + SECR : BVRGENSIVM IN STOLPA (48 mm) und ein: + CONTRA : SIGILLVM IN STOLPA (29 mm), die beide aus dem 14. Jahrh. stammen wollen. Bei dem im k. St.-Arch. z. Stettin a. Urk. v. J. 1418 hangenden: „+ SECRETVM CIVITATIS : STOLP“ (33 mm), sowie bei dem: „secretum civitatis stolp“ (39 mm, Schrift auf Band) des 15. Jahrh. und auf dem noch erhaltenen Stempel des: „ · WAPEN · DER · STADT · STOLP · IN · POM MERN · ANNO · 1627“ (40 mm), füllt der Strom fast die ganze untere Hälfte des Siegelfeldes. Die drei Flüsse erscheinen zuerst in: „DER STADT STOLP · KLEINES INSIGEL 1685“ (achteckig, 32 : 26 mm, Oelr. Mskpt.) und mehreren ovalen Nachbildungen desselben mit der gleichen oder ähnlicher Legende, doch ohne die Jahreszahl. Die neuern Siegel haben die Flüsse bald rechts-, bald linksschräg gestellt. Das von Kratz, Städte Pommerns, S. 413, erwähnte Siegel mit einem Wappen: im Schilde nur drei Schräglinks- (nicht Quer-) Flüsse, auf dem Helme ein wachsender Greif ist kein eigentliches Stadtsiegel, sondern gehört einem: :· STOL PISCH : BILEET : AMT :· des vorigen Jahrh. — Abbildung des ältesten Siegels in Dannenbergs Münzgeschichte Pommerns; eine dünne Besprechung des Wappens in der Leipz. Illustr. Ztg. vom 25. Jan. 1873. In Hakens: Drei Beiträge z. Stadtgesch. v. Stolp, Neudruck v. Feige, 1866, ist wohl ein Klostersiegel abgebildet, der Stadtsiegel aber mit keinem Worte gedacht worden.

1) Der Magistrat meinte, der halbe Greif dürfe nur Kopf, Hals und oberste Klaue rot, müsse aber die übrigen Körperteile dunkelgrün haben, weil es „der herzoglich Croy'sche Greif“ sei (!). Nun wird der Dekorationsgreif, der im großen pommerschen Wappen das Herzogtum Wenden vertreten soll, allerdings vereinzelt als Griphus rubeus, cum ala viridi, in campo albo bezeichnet, sonst aber meist als von Rot und Grün mehrmals (5—9 mal) schräglinks geteilt, abgebildet. Dementsprechend findet man denn auch n e u e r d i n g s den Stolper halben Greif zuweilen als fünfmal von Rot und Grün schräglinks geteilt, angegeben. Von andern wird derselbe als Fischgreif der Swenzonen angesprochen und dementsprechend als silbern in Rot bezeichnet. Diese Ansicht teilte ich früher, weil die benachbarten Städte Schlawe, Rügenwalde und Zanow denselben führten, und die Nachkommen Swenzos als Castellane von Stolp genannt werden. Allein beides ist irrig. Der halbe Greif kommt in den Stolper Siegeln einige hundert Jahre früher vor, als ein Croy — abgesehen davon, daß diese Familie ein ganz anderes Wappen führte — an Stolp dachte, und daß es nicht der Fischgreif sein kann, geht indirekt aus den Urkunden, direkt aus den Münzen hervor; in den für die Stadt wichtigsten Dokumenten erscheinen nämlich die Castellane nur als Zeugen, also ganz nebensächlich, während die Münzen das Siegelbild in beide Teile zerlegen, indem sie auf der einen Seite die drei Flüsse, auf der andern einen ganzen Greif (nicht Fischgreif !) bringen. Es ist daher hier der einfache Greif des Herzogtums Pommern gegeben.

Stolpmünde, Flecken. Führt kein eigenes Siegelbild, sondern bedient sich des kgl. preuß. Adlers.

Tempelburg, Stadt. In Blau eine silberne Burg mit drei Zinnentürmen und geschlossenem Thore; auf dem höhern Mittelturme steht ein Storch (?) in seinen Farben. Abb. S. 96

Auf dem um 1600 gefertigten: „+ SIGILLVM · CIVITATIS · TEMPELBVRGENSIS“ (34 mm) welches die „Kgl. Pohlnische, itzo Churbrandenburgsche versetzte Stadt Tempelburg“ i. J. 1687 benutzte, findet sich dasselbe Bild, doch sind die Türme spitzbedacht und der Vogel ist gänseartig. So auch bei einem wenig spätern Siegel, welches nur die Schrift: „ST * P · BVRG“ (30 mm, T und P zusammengezogen) zu enthalten scheint. So auch auf einer 1740 gebrauchten, ovalen (23 : 21 mm) Nachbildung des erstgenannten Siegels. Ein Stadtverordnetensiegel (wohl von 1809) ist ähnlich, läßt jedoch den Vogel nach links schauen. Von 1811 ab wird h i n t e r der Burg nach links hervorbrechend der preußische Adler mit seinen Attributen angebracht, was nicht nur ganz schlecht aussieht, sondern auch gegen das heraldische Herrschaftsrecht verstößt. — Ein: „SIGILLVM IVDICIALE CIVITATIS TEMPOL BVRGENSIS 1661“ (29 mm), hat in einem Rahmenschilde die Burg mit drei Zinnentürmen, auf deren mittelstem der Vogel sitzt, während im Bogen des geöffneten Thores eine menschliche Figur steht. Letztere ist auf dem Abdrucke unkenntlich, es könnte die Justitia, vielleicht aber auch ein Geharnischter, und dann das ganze Wappen das des polnischen Adelsstammes Grzymala sein sollen, denn vom Ende des 14. bis nach der Mitte des 17. Jahrh. gehörte die Stadt zu Polen.

Zanow, Stadt. In Rot ein silberner Fischgreif, links unten begleitet von einem blauen Schräglinksstrom. Abb. S. 96

Das um die Mitte des 14. Jahrh.[1]) geschnittene: „+ S' SI VITATIS * DE * SANOWE“ (44 mm) hat den Fischgreifen allein in einem Schilde, während unter letzterm im gegitterten Siegelfelde ein Querstrom fließt, der noch die untere Spitze des Schildes überdeckt. Ein: + SECRE : CIVITAT : SANO (27 mm, Oelr. Zeichn.) hat das Wappentier der Swenzonen allein im Felde. Das: „* SIGILLVM * CIVITATIS * SANOVIENSIS“ (30 mm) des 16. und der noch erhaltene Stempel des: „* SIGE LUM · CIVITATIS ❁ ZANOVIENSIS“ ! (26 mm) des 17. Jahrh. haben dagegen den Fischgreif mit dem Schrägstrom im Schilde. Das neueste Farbsiegel läßt den Greifen fälschlich aus dem Schrägstrom wachsen, wodurch der charakteristische Fischschwanz verloren geht. — Das älteste Siegel ist erwähnt in Seylers Geschichte der Heraldik, S. 311, abgebildet in Dannenbergs Pommerscher Münzgesch., Taf. XXVIII, und im Deutschen Herold, 1887, No. 12.

1) Der Stempel mit dem Wappen der Swenzonen wird zwischen 1343, wo (nach Kratz) der Ritter Peter (v. Polnow), Sohn des Grafen v. Neuenburg und Groß-Neffe des Palatins Swenzo, — die deutsche Stadt Zanow gründete, und dem Jahre 1353, — in welchem der Bischof Johann v. Cammin das Land Polnow kaufte und der Stadt Zanow das Privilegium Peter v. Polnows vidimierte und bestätigte, — gefertigt sein. — Noch im vorigen Jahrhundert bewahrte die Stadt diesen Bronzestempel, dann befand er sich in der Stempelsammlung des Geheimrats Warnecke, mit welcher er jetzt neuerdings wohl in den Besitz des germanischen Nationalmuseums gelangte.

Abb. S. 106

Stralsund, Hauptstadt des Regierungs-Bezirks Stralsund.

In Blau unter einer goldenen Krone ein steigender silberner Stral (Pfeileisen).

Der Stral ist das eigentliche und redende Zeichen der anfänglich Stralow geheißenen Stadt. Erst König Friedrich I. von Schweden vermehrte, in Erfüllung eines Versprechens Carls XII., das Wappen gelegentlich der Bestätigung der Privilegien, am 29. Dezember 1720, durch die Krone; dazu verlieh derselbe der Stadt auch einen Helm mit offenem blauen Flug und einem dazwischen schwebenden, goldenen Kreuze; als Schildhalter aber einen goldenen Löwen und einen roten Greif. Der Hauptinhalt des Diploms war die Verleihung des Adels für sämtliche Mitglieder des Magistrats und ihre Amtsnachfolger solange sie im Amte blieben. Der dann folgende Wappenpassus lautet nach Dähnerts Abdruck in der: Sammlung der wichtigsten Pommerschen Constitutionen 2c. II. Bd. (1767), No. 55:

„Proinde etiam ejusdem Urbis insignia sive Civica et gentilitia arma auctiora et illustriora reddimus, eum in modum, ut in scuto caeruleo supra radium tricuspidem sursum tendentem corona aurea conspiciatur; scuto superne instat aperta cassis coronata, super quam inter binas alas expansas aurea crux eminet, circumposita ornamenta aureo, argenteo, et caeruleo colore distinguuntur: totaque insignia a Leone aureo retrospiciente et Grypho rubro utrinque sustinentur, quemadmodum insertum schema id omne ad vivum delineatum exprimit. Haec itaque solemnia insignia civicaque arma Civitas Nostra Stralsundia per omne tempus auspicato gerat, expeditionibus, omnibusque honestis et decoris actionibus rite praeferat, vexillis, tentoriis, picturis, et sigillis libere inserat, actaque, decreta, et documenta sua rubra inposterum cera obsignet, adeoque his, aliisque omnibus ad Nobilitatem pertinentibus juribus, bene ficiis et honoribus, omni tempore, loco, et quacunque occasione absque ullo impedimento rite semper gaudeat, atque fruatur."

Die Stralsunder Siegel sind von den unten genannten Autoren so eingehend bearbeitet worden, daß kaum zu erwarten steht, daß die Stempelfolge noch durch neu auftauchende Stücke unterbrochen werde; sie dürfen deshalb hier ausnahmsweise mit einer laufenden Nummer bezeichnet werden.

1.) „✳ SIGILLVM · CIVITATIS IN STRALES SVNT" (64 mm); unter dem querlinks liegenden Stral ein nach links gewendetes mastloses Boot mit Steuer, darunter zwei nebeneinander linkshin schwimmende Fische. Dies ist wahrscheinlich das schon 1256 und 1257 urkundl. erwähnt werdende Siegel (Pomm. Urkb. No. 625 u. 689), erhalten ist es an Urk. von 1265—1274.

2.) „+ SIGILLVM ⊙ CIVITATVS ⊙ STRALES SVNT" (100 mm, v. Bohlen zeichnet CIVITATIS), a. Urk. v. J. 1278; ein nach links fahrendes Schiff, dessen Mast und Tauwerk von dem nach links gerichteten Strale überdeckt sind; unten Wellen mit zwei linkshin schwimmenden Fischen.

3.) „⁑ SIGILLVM ‡ CIVITATIS ‡ STRALESVN DIS ⁑" (92 mm), zuerst a. Urk. v. J. 1301; auf Wellen ein nach links gerichtetes Schiff, dessen Tauwerk mit einem querlinks liegenden, vom Maste überdeckten Stral belegt ist; oben am Mast ein Wimpel mit nach links zeigendem Stral.

4.) „❊ S' CONSVLVM: BVRGEN ❊ CIVITAT: SVN DE" (47 mm), ein rechtshin fahrendes Schiff, an dessen Bugspriet ein Schiffer steht; im Siegelfelde links neben dem Maste ein steigender Stral. — Die Zeichnung dieses Siegels in Oelrichs Sammlung ist entweder das Einzige, was von diesem Sekret erhalten blieb, oder aber, was wahrscheinlicher, eine jener freien Arbeiten des Magisters Pristaff, von denen S. 2 gesprochen wurde.

5.) „+ SECRETVM CIVITATIS STRALES SVNT" (48 mm), im berankten Siegelfelde ein schrägrechts gestellter Stral. Dies Sekret wurde laut urkundlicher Nachricht schon 1329, 3. Febr. gebraucht.[A)]

6.) „SIGILLVM (✳) CIVITATIS (✳) STRALES SVNDIS" (93 mm, an den mit „(✳)" bezeichneten Stellen kleine vierfüßige, geflügelte Ungeheuer mit Menschenköpfen)[B)]; auf Wellen ein mit geblähtem Segel rechtshin fahrendes Schiff, an dessen Steuer ein Seemann sitzt; auf dem Mastwimpel ein Stral, auf einer Fahne am Hinterkastell übereinander zwei linkshin zeigende Strale; das Siegelfeld ist gegittert mit Röslein zwischen den Maschen. Der noch erhaltene prachtvolle Stempel wurde um Martini 1329 geschnitten und bis ins 19. Jahrh. benützt.[C)]

7.) „+ CONTRASIGILLV · STRALESSVNT" (33 mm); in einem Sechspaß der querlinks liegende Stral. Dies Siegel kommt als Rücksiegel zu No. 6 an Urkunden von 1370 bis 1509 vor (Fabricius).

8.) „+ SIGNVM · STRALESSVNT" (35 mm), im Sechspaß der querrechtshin zeigende Stral. Der Stempel wurde im Jahre 1368 zum Besiegeln der Pfundgeld-Quittungen angefertigt.[D)]

9.) „+ SIGILLVM + + STRALESSVNDENCE + SVPER ❊ REDDITVS" (49 mm), der steigende Stral im mit Eichenzweigen berankten Felde; Ende des 14. Jahrh. Zur Beglaubigung von Rentenbriefen benützt.

10.) „+ SECRETVM + SIVITATIS + STRALS SVN" (40 mm); im Sechspaß ein steigender Stral. Um 1400.[E)]

11.) „+ SIGILLV : MI : CIVITATIS : STRALSVNDIS" (33 mm), im Sechspaß der steigende Stral.[F)] Mitte des 16. Jahrh. Der in Stahl geschnittene Stempel ist erhalten.

12.) „⁘ SIGILLVM MINVS CIVITATIS STRALSVNDIS" (30 mm), im berankten Siegelfelde der steigende Stral. Um 1580; Stempel erhalten.

13.) „SIGILL : MINVS CIVIT : STRALSVNDENSIS ✖" (33 mm), im Siegelfelde der steigende Stral. Um 1600 (?).

14.) „❊ SIGILLVM · CENTVMVIRORVM · IN · STRAL SVNT" (32 mm), im geteilten Siegelfelde oben der steigende Stral, unten ein schwebendes Kreuz.[G)] Dies Siegel wurde den Hundertmännern, den damals mit dem Rate unzufriedenen Vertretern der Bürgerschaft von dem, demselben ebenfalls aufsäßigen Herzoge Philipp Julius am 4. März 1616 verliehen, jedoch lieferten dieselben schon einen Monat später den Stempel sowohl als das Diplom dem Rate freiwillig aus.[H)] Der stählerne Stempel und die Urkunde werden noch im Archiv des Gewandhauses bewahrt.

15.) „❊ SIGILL : MINVS : CIVIT : STRALSVNDENSIS ❊" (35 mm), im berankten Siegelfelde ein steigender Stral, dessen Spitze mit einem Kreuze besetzt ist; um 1620; Stempel erhalten.

16.) „SIGILLVM CIVITATIS STRALSVNDENSIS" (32 mm), das 1720 verliehene Wappen (s. oben), im Schilde der gekrönte Stral, auf dem Spangenhelme der offene Flug mit dem darin schwebenden Kreuzchen, mit Löwe und Greif als Schildhaltern.

17.) Dieselbe Umschrift und dasselbe Bild wie 16.), aber nur 25 mm groß; kurz nach 1720.

Das Diplomwappen haben dann auch alle spätern Stadtkämmerei- und Gerichtssiegel; nur die Siegel einiger Aemter, wie das der Stralsunder Cancellei und der Verwaltung des Arbeitshauses zeigen statt des ganzen Wappens bloß den gekrönten Stral mit dem über der Krone schwebenden Kreuze. — Schon die Sachsenchronik (1492) enthält den Schild mit dem steigenden Stral; beim alten Siebmacher fehlt das Wappen der Stadt; dagegen bringt Merian sowohl in der Topographie als in der Histor. Chronik (1633) jedesmal zwei Schilde; in einem den Stral mit darunter schwebendem Kreuze, im andern nur ein gekerbtes Kreuz — wieder ein Beweis, wie wenig diese sonst so schätzbaren Werke als Quellen für Ortswappen angesehen werden können. Eine eingehende Besprechung des Wappens findet sich in Gadebusch's Pommerschen Sammlungen, 1786, Heft V u. VI; Abbildungen der beiden ältesten Siegel in Carl Gust. Fabricius: Urk. z. Gesch. d. Fürstenth. Rügen, 1843, III. Bd.; eine Aufzählung der Siegel im Deutschen Herold, 1871, S. 81, im Neuen Siebmacher und an anderen Orten. Die ausführlichste Arbeit darüber und damit eine der besten sphragistischen Monographien aber ist die, zuerst in der Vierteljahrszeitschrift des Herold, 1874, II. Heft, dann auch als Separatabdruck erschienene Abhandlung: Die ältern Siegel d. St. Stralsund; aus Syndicus' Brandenburgs hinterlassenen Papieren und nach den Originalen herausgegeben von Dr. F. Fabricius, welche auch gute Abbildungen aller ältern Siegel bringt. Eine Ergänzung dazu bilden zwei Aufsätze in der Stralsunder Zeitung, 1883, No. 283 und 1888, No. 235, in denen die außerhalb der Siegel sich findenden Darstellungen des Wappens besprochen werden.

A) Im Transumt einer Urkunde vom 3. Febr. 1329 heißt es: „Sigillatum erat quodam sigillo mediocri rotundo, in quo medio sculptum erat signum teli, quod dicitur strale, et litere circumferenciales erant SECRETVM CIVITATIS STRALESSVNT et parva crux." Dann aber berichtet das zweite Stadtbuch: „Nota: anno m°ccc°xx° nono circa festum beati Martini episcopi domini consules de vnanimi consensu sua sigilla tam majus quam secretum innouari fecerunt." F. Fabricius zieht nun aus dem gleichen kräftigen Schnitt der obigen No. 5 und 6 den richtigen Schluß, daß beide Stempel von einem Meister gearbeitet seien, geht aber zu weit, wenn er meint, daß deshalb dies die beiden um Martini 1329 neu angefertigten Siegel sein müßten, und daß also das schon am 3. Februar erwähnt werdende Sekret zu der Annahme nötige: „daß auch schon vorher ein ganz ebensolches oder ähnliches mit derselben Umschrift in Gebrauch gewesen ist." Mir scheint das genau beschriebene Sekret vom 3. Febr. 1329 zweifellos obige No. 5, das um Martini 1329 neu angefertigte Sigillum unser No. 6 und das gleichzeitig genannte Sekret obige No. 7 zu sein. Daß letzteres in der Notiz als secretum, auf dem Stempel aber: contrasigillum bezeichnet ist, würde mich gar nicht genieren; will man sich aber ans Wort halten, so würde (da vom Bilde des Siegels ja nichts erwähnt ist) obige No. 4 ganz bedeutend an Körper gewinnen.

B) Es sind nicht Katzen, wie Dinnies (Gadebuschs Pomm. Samml. 1783, I, S. 48) sagt, weshalb auch der frühere Beiname für den Stralsunder: „Hans Katt" nicht, wie er meinte, daher seinen Ursprung nehmen konnte.

C) Das Siegel hieß wegen der darauf abgebildeten Kogge (= Schiff) „dat Kokensegel" (Cod. dipl. Pomeran., S. 223.); „angehenget vnser Inghesegel genomet den Koggen" (Arn. Brandenburg, Gesch. d. Magistrats d. St. Stralsund 1837, S. 25). — Das erste Bürgerbuch nennt auch den Namen des Verfertigers und damit einen der frühesten bekannten deutschen Stempelschneider. Unter der Rubrik: anno domini m°ccc°xxix° post Nicolai infra collectam wird, als des Bürgerrecht erlangt habend, aufgeführt: „Rothgerus, qui fecit sigillum civitatis" (nach F. Fabricius; Brandenburg a. a. O. las den Namen fälschlich: Weger).

D) Dies Siegel wurde angefertigt gemäß der 1367 auf dem großen Hansetage zu Köln getroffenen Vereinbarung über die Pfundgeldzettel, d. h. der Quittungen über einen des Dänenkrieges wegen den Schiffen auferlegten Zoll. Es haben sich von mehreren Städten derartige eigens angefertigte Siegel erhalten (s. Siegel d. Mittelalt. a. d. Archiven d. St. Lübeck, 1859, III. Heft, S. 22). — Das Siegel

Provinz Pommern. Regierungsbezirk Stralsund.

Abb. S. 106 **Barth**, Stadt. **Geteilt, oben in Silber ein bärtiges Haupt, unten in Blau nebeneinander drei silberne, schrägrechts gestellte Fische.**

Das i. J. 1304 gebrauchte: + S · BVRGENSIVM · CIVITATIS · D . . . ART · (72 mm, Oelr. Zeichng.) zeigt auf Wellen ein Schiff, dessen Bug und Spiegel mit je einem abgewendeten Manneshaupt besteckt sind. Ein für 1404 nachgewiesenes: „S' + SECRETVM : CIVITATIS : BART“ (45 mm) hat im berankten Siegelfelde einen herschauenden Manneskopf mit langem Haupt- und Barthaar. Letzteres geht von den Wangen in zwei breiten Strähnen herab, läßt jedoch das Kinn frei, während ein 1493 vorkommendes: „S' + SECRETVM ⁝ CIVITATIS ⁝ BART ⁝“ (45 mm) das Haupt mit gleich von den Lippen herabgehendem Barte im glatten Siegelfelde zeigt. Unter Oelrichs Siegelzeichnungen findet sich ein nicht unverdächtiges: + SIGILLVM : CIVITATIS BARDENSIS 1518 (40 mm), welches im Halbrundschilde einen wachsenden Mann zeigt. Dieselbe Quelle gibt die Zeichnung eines: + SECRETVM · BVRGENSIVM · IN · BARDIS (50 mm), welches, abgesehen von der Majuskelumschrift, zu charakteristisch die guten Formen der ersten Hälfte des 16. Jahrh. zeigt, als daß ihm nicht ein Original zu grunde gelegen haben sollte; es bringt einen durch einen Querbalken geteilten Schild, oben gespalten: rechts ein geradeaus, links ein rechtshin schauendes bärtiges Haupt; unten die drei nebeneinander schwimmenden Fische. Ein derselben Zeit angehöriges Signet hat das herschauende Haupt im Felde und im Schriftrande, nach den Richtungen der Windrose verteilt, die vier Buchstaben: „B A R T“ (25 mm). Der nach der Mitte des 16. Jahrh. gefertigte, noch vorhandene Stempel eines: „❊ SIGILLVM ✶ CIVITATIS • BARDT ❊“ (42 mm) bringt ein Wappen: Schild geteilt und oben gespalten; im ersten und zweiten Felde je ein bärtiges Haupt, unten die drei schrägrechts gestellten Fische; auf dem Helme ein Manneshaupt mit starkem Barte. Das kaum spätere: „SECRETVM CIVITATIS BART MINVS“ (42 mm) hat zuerst den noch heute geführten Schild: geteilt, oben das Haupt, unten die drei Fische. Ein: „❊ SECRETVM · MINVS ○ CIVITATIS · BARTH“ (30 mm, Oelr. Zeichn.) des 17. Jahrh. hat im Schilde einen armlosen Mannesrumpf, im Schildfuß die Fische. Zu Ende des 18. Jahrh. setzte man auf den Schild wieder einen Helm, ließ aber das dazu gehörige Kleinod weg. Es ist nicht lobenswert, daß die neuen Siegel statt des alten Kleinodes bedeutungslose Straußenfedern auf den Helm setzen. — Ein: ❁ SIGILLVM · IVDICII · BARTENSIS (27 mm, Oelr. Sammlg.) aus dem 17. Jahrh. zeigt im geteilten Schilde oben das Haupt, unten zwei, rechts und links aus dem Schildrande kommende Arme, deren einer die Wage, der andere ein Schwert hält. — Ueber der Ansicht der Stadt in Merians Topographia schwebt als Stadtwappen der geteilte Schild mit den beiden Häuptern im obern gespaltenen Felde und den drei Fischen unten.

Abb. S. 106 **Bergen** auf Rügen, Stadt. **In Gold auf grünem Dreiberg ein roter Zinnenturm mit geschlossenem Thore; auf den Zinnen der golden-gekrönte, wachsende, schwarze Löwe von Rügen.**[1])

Es sind mehrere Zeichnungen und Abgüsse alter Siegel bekannt, alle aber von solchen Qualitäten, daß sie nicht zur Klärung der noch unentschiedenen Frage: ob der alte Ort früher schon einmal Stadtrechte besessen habe, beitragen können, daß vielmehr deren Beantwortung den Wert oder Unwert jener bedingt. — Merian nennt in seiner Topographie den Ort einen Markt, oder Flecken „der gleichwohl Anno 1190 zur Stadt, doch ohne Mauern, gemacht und Sachsen hierher gesetzt worden.“ 1190 ist etwas arg lange her, namentlich, wenn ein Schriftsteller des 17. Jahrh. diese Jahreszahl überliefert. Wenn aber, wie Kratz berichtet, i. J. 1408 Gewandschneider in Bergen genannt werden, so setzt das natürlich städtische Einrichtungen voraus und dann müssen die Einwendungen fallen, welche v. Schwarz in der Dipl. Gesch. d. Pomm. Rüg. Städte, (1755, S. 538) gegen Wolfg. Lazius erhoben, der zu seiner Zeit (um die Mitte des 16. Jahrh., in de gentium migratione) den Ort noch den Städten zugezählt hatte. Dann aber können auch den folgenden Siegelzeichnungen aus Oelrichs Sammlung Originale zu Grunde gelegen haben. ✶ SECR · CIVITATIS : BERGE . IN RVIA (45 mm), auf einem Berge der pomm. Greif; ✶ SECRETVM : BVRGENS.. IN BERGI : (40 mm), ebenso, jedoch jederseits vom Greifen eine Eichstaude; ✶ SECRETV : MINVS : BERGE (26 mm), ganz wie das vorige. — Schwerlich hierher, noch überhaupt einer deutschen Stadt (aber auch nicht dem norwegischen Bergen), gehört das von Dannenberg (Pomm. Münzgesch. Taf. XVIII) nach einem Gipsabguß aus Voßbergs Sammlg. abgezeichnete, ovale: „sigillvM ✶ CIVITATIS ✶ bERgE“ (44 : 40 mm), welches einen leeren Dreieckschild von wenigstens vorheraldischer Form und in der Umschrift Majuskeln, Minuskeln und runenartige Formen gemischt enthält. Voßberg hatte, wie sein, jetzt im Museum schles. Altert. in Breslau befindlicher Abguß zeigt, denselben rückseitig als: Bergen auf Rügen bezeichnet. Mich erinnert das Siegel daran, daß Pristaff nach Oelrichs Zeugnis (s. S. 2) nicht nur Zeichnungen von Siegeln, sondern auch diese selbst fälschte. Ein weiteres: „❁ SIGILLVM CIVITATIS BERGENSIS“ (37 mm), auf dessen Abguß Voßberg rückseitig fragt: „ob in Pommern?“ mit einer höchst ungeschickt geschnittenen dreitürmigen Burg, dürfte trotz der einheitlicheren Schriftformen nicht allzuweit vom vorigen entstanden sein. Wie dieses um den Schild herum eigentümliche Punkte zeigt, so zeigt sich bei jenem die Mauer unter dem Thore der Burg mit auffallenden Punkten bestreut. Ludwig Giesebrecht berichtet in den Baltischen Studien (XIV, 1850, S. 186), daß Professor Albrecht Schwarz i. J. 1733 von Pristaff mit von diesem gefälschten Blechmünzen mit Runenschrift, auf denen die Darstellung „wie mit einem Pfriemen punktiert war“ betrogen worden sei.. Auch viele der verdächtigen Siegelabbildungen in Oelrichs Sammlung zeigen das Feld mit so sonderbaren Pocken besäet. Ich vermute Zusammenhang. — Im Jahre 1613 bewidmete Herzog Philipp Julius den Ort (wieder?) förmlich mit städtischen Privilegien und Freiheiten. Das erste authentische Siegel ist das in jenem Jahre gefertigte: „· SIGILLVM · CIVITATIS BERGÆ · IN · RVGIA · ANO 1613“ (35 mm), welches die häuptlings beschriebene Darstellung in einem Schilde zeigt. So auch dessen, nur durch die Formen U statt V und A° abweichender, wenig späterer Nachschnitt und eine durch das ausgeschriebene ANNO und reichern Rahmenschild unterschiedene, nur 29 mm große Nachbildung des

---

wurde später nicht immer zu Seeangelegenheiten benutzt, wie Fabricius vermutet; im Jahre 1474 z. B. verschließt dasselbe als: „vnser stad signet“ einen Brief des Rates an den Rat zu Zerbst (Stadtarch. daselbst), in dem es sich um eine Schuldsache handelt.

E) Seinem ganzen Habitus nach gehört das Siegel nicht in das 16. Jahrh. Auch kommt die Schreibweise: SIVITATIS im 14. Jahrh. häufig, im 15. seltener, im 16. aber fast niemals vor.

F) Die Umschrift beginnt, wie im 16. Jahrh. sehr oft, rechts unten. Es ist daher nicht „durch einen Fehler des Stempelschneiders der Stral gestürzt dargestellt“, welches Versehen dann die Siegler wieder dadurch hätten verbessern wollen, daß sie das Siegel umgekehrt an die Urkunde hingen, wie F. schreibt. Gestürzt kommt der Stral m. W. nur als Helmzier auf dem Stadtwappen über dem Ratsstuhl in der Nicolaikirche und auf einem: „SIGILLVM MINISTERII SVNDENSIS“ (32 mm) aus dem 18. Jahrh., hier in einem herzförmigen, bekrönten Schilde, vor.

G) Die Stralsunder Münzen zeigten auf der Vorderseite den Stral, auf der Rückseite (gleich denen anderer Hansestädte) ein Kreuz. Man hatte sich endlich an letzteres so sehr gewöhnt, daß man es als zum Wappen gehörig, gewissermaßen als ein zweites Wappenbild betrachtete: „. . . . unsre Vorfahren solche Form gebraucht, daß uf einer Seite ein Strahl, und uf der andern ein Kreuz (als dieser Stadt beide Wapen) sind gepräget worden“ heißt es in der Antwort der Stadt auf des Herzogs ungebührlichen Eingriff in deren Münzfreiheit im Juli 1610 (Gadebusch, Pomm. Sammlungen, 2. Bd., S. 36). Dennoch erscheint das Kreuz nicht so bald als die Münzzeichen anderer pomm. Städte in den Siegeln. Erst das vom Herzoge den Hundertmännern verliehene Siegel (s. No. 14) hat es, und hier sollte es offenbar als besonderes Symbol der Bürgerschaft dies Siegel von denen des Rates unterscheiden. Das gleiche Bild, das geteilte Siegelfeld, darin oben der Stral, unten das Kreuz, hat sonst nur noch das: „: SIGILLVM ÆRARY STRALSVND“ (26 mm), welches mit Gewißheit als das Siegel der durch den Bürgervertrag von 1616 geschaffenen Achtmannskasse anzusehen ist. Als dann das unter No. 15 beschriebene Siegel angefertigt wurde, mochte man das Kreuz weder so hervorkehren noch auch ganz fortlassen, man gab ihm deshalb die Stelle des üblichen Anfangskreuzes der Siegelumschriften und machte es nur bedeutend größer, als dieses zu sein pflegt. Nachdem dann 1720 das ganze Wappen mit dem schwebenden Kreuzl zwischen dem Flug der Helmzierde verliehen worden war, erscheint bei gewissen Ämtern, auf Stempeln, die zu klein waren, um das ganze Wappen aufnehmen zu können, wieder das Kreuzlein schwebend über dem bekrönten Stral.

H) Der Magistrat war so freundlich, mir eine Abschrift der Verleihungsurkunde, sowie des Protokolls über die Aushändigung des Siegels, aus dem in der Ratsbibliothek bewahrten Diplomatarium Civitatis Stralsundensis, einem handschriftlichen Werke des ehemal. Bürgermeisters Dinnies v. J. 1772, zu senden. Der Passus der Siegelverleihung lautet in der Urkunde vom 4. März 1606: „. . . . . alldieweil sie aber bis dahero keines eignen, sondern der Vier Gewercke Siegell sich gebrauchet, wodurch dan offte Verzügerung der sachen vorursachet, auch dahero bei uns undertheniglich angehallten, Wir Ihnen die gerechtigkeitt, ein sonderbar Siegell zu haben und dessen in vorfallenden Ihres Collegii sachen zu gebrauchen gnediglich conferiren und geben wollten, inmaszen sie uns dan eine form des neuen Siegels, darin ein Strale und Creutz mit der inscription, Sigillum Centum Virorum in Stralsundt, befunden, undertheniglich fürgezeigt und dieselbe zu confirmiren gebeten. So haben wir demnach in Ihre Bitten, zumahln einem jeglichen Cicito Collegio sein eigen Siegell zu haben vorstattet wirtt, gnediglich gewilligtt: Concediren und geben darauff gedachtem Collegio der Hundert Menner die gerechtigkeitt, das sie ferner ein eigen siegell haben, confirmiren und bestettigen obspecificirtes Siegel und geben Ihnen crafft dieses volnkombliche macht dasz sie desselben bei vorsiegelung Ihrer Missiven, Instructionen und allerhands urkunde, gleich andern zugelassenen Collegiis gebrauchen mügen.“

18. Jahrh. Die neuen Siegel krönen den Löwen fälschlich mit einer Mauerkrone.

1) Nach der Abhandlung über das Bergener Stadtwappen in der Leipz. Illustr. Ztg. vom 5. April 1873 soll der Löwe golden (auf dem silbernen Felde!) sein. Eine Quelle dafür ist nicht angegeben und sonst ein Grund nicht einzusehen.

Abb. S. 106 **Damgarten**, Stadt. **In Silber ein gekröntes, blaubekleidetes, weibliches Brustbild.**

Es ist nicht wahrscheinlich, daß das Bild ursprünglich ein männliches gewesen, wie mehrfach, und auch von Kratz, vermutet wurde[1]), vielmehr anzunehmen, daß man, als die ursprüngliche Bedeutung des Stadtnamens Damgur (1258) von Dambagora = Eichberg vergessen war, das Siegel durch das Bildnis einer Dame zu einem redenden machen wollte. Daß man dieselbe gekrönt darstellte, erklärt sich schon daraus, daß die Bezeichnung: Dame früher nur den vornehmsten Frauen zukam; vielleicht aber hatte man auch die Absicht, damit an Unsere liebe Frau, oder an Margaretha, die Witwe Herzog Georg I. zu erinnern, welche 1533 Damgarten als Wittum erhalten hatte. — Ein als Sekret auffallend großes: + SECRETVM · CIVITATIS DAMGART (69 mm, Oelr. Zeichn.) des 14. Jahrh. (?) bringt über einer eigentümlich gefugten, zinnenlosen (Garten-?) Mauer mit geschlossenem Thor den Greifen inmitten eines hinter der Mauer hervorwachsenden, reichen Laubwerkes. Das vielleicht um 1500 gefertigte: „+ SIGILLVM ✳ DAMGARDIAE" (40 mm, Oelr. Zeichn.) hat dasselbe Bild, doch weniger Laubwerk. Das 1571 gebrauchte: „· SI GILLVM · CIVITATIS + DAMGART" (24 mm) zeigt auf v. Bohlens Wiedergabe einen weiblichen Kopf, der eine, mehr einem aus Pelz gefertigten Fürstenhute als einer Krone ähnliche Bedeckung trägt, also ganz ähnlich wie bei dem Helmschmuck des herzoglichen Wappens. Vielleicht früher noch ist ein „SIGILLVM DIVITATIS DAMGOR"! (25 mm), welches das Haupt mit einer Lilienkrone geschmückt zeigt. Ebenso, aber mit Blattkrone ein: „✳ ✳ ✳ SIGILLVM CIVDA TIS ✳ DAMGARTN"! (31 mm) aus dem vorigen Jahrh., von dem auch eine Nachbildung als Farbsiegel mit buchstäblicher Wiederholung der orthographischen Blößen existiert.

1) Es ist allerdings sehr gewöhnlich, daß die bartlosen und langlockigen Männerköpfe (meist Könige, auch Schöffen), welche sich auf den Siegeln des 13. und 14. Jahrh. finden, später mißverständlich als weibliche Köpfe aufgefaßt und wiedergegeben wurden; hier scheint dies nicht der Fall, sondern ursprünglich schon ein weiblicher Kopf gemeint gewesen zu sein.

Eldena, Dorf.

Nach dem Neuen Siebmacher soll das Dorf das Wappen des Amtes Eldena, welches dieselbe Quelle als: in Blau auf Wellen ein goldener Kahn, in dem ein gekrönter roter Greif steht, abbildet und beschreibt, weiterführen.

Abb. S. 106 **Franzburg**, Stadt. **In Blau eine silberne Burg mit einem höhern, mit Kuppeldach und einem Kreuzlein darauf versehenen Mittelturme zwischen zwei niedern, ebenfalls mit je einem Kreuze besteckten Zinnentürmen; in dem offenen Thore ein roter Greif; rechts neben dem Mittelturme schwebt ein gekröntes, goldenes: „F" (Franz), links ein gekröntes: „B" (Bogislaf).**

Es wäre nicht unmöglich, daß Herzog Bogislaw XIII. dieser von ihm im Jahre 1587 gewissermaßen auf Aktien gegründeten, mit einer aristokratischen Verfassung nach dem Vorbilde von Venedig begabten, und seinem Schwiegervater, dem Herzog Franz v. Braunschw. Läneb. zu Ehren benamsten Stadt das Siegelbild verliehen hätte, welches zwei in Oelrichs Sammlg. befindliche Siegelzeichnungen darstellen. Beide zeigen nämlich eine Burg mit zwei spitzbedachten Türmen, zwischen denen auf den Thorzinnen ein Greif mit einer Fahne in den Fängen steht. Die Umschrift des einen lautet: + SECRE : CIVITAT · FRANCISB (35 mm), die des andern: + CIVITAS NOVE SIGILL FRANZBVRG (23 mm). Aber die Quelle ist eine so fragliche (s. S. 2), daß die Zeichnungen ebensowohl Erfindungen sein können, zumal bei der größern wieder jene fatale Majuskel zu sehen ist. In der von A. G. v. Schwartz[1]) wörtlich abgedruckten: „Capitulation zwischen den Durchlauchtigsten Fürsten und Herrn, Herrn Bogislaf XIII. Herzogen zu Stettin, Pommern, an einen, und dann etlichen von Adel . . . . am andern Theil, die Stadt Franzburg zu bauen und zu regieren, aufgerichtet . . . . ." wird trotz ihrer Ausführlichkeit keines Siegels erwähnt. Wohl aber sagt das Privilegium des Herzogs Philipp Julius v. J. 1612: „. . . vndt sohl Bürgermeister vndt Radt ein gemeine Stadt-siegel haben, dafzelbe zu Geburts-Brieffen, Verordnunge, der Vohrmundtschafften, Mittheilung allerhandt Uhrkunden, auch Confirmerung vndt Bestedung ihrer erlangten bürgerlichen Freiheit, erhaltunge guder Ordnung undt den insgemeine in Besterkunge des ihnen von vns anvertrauten Obricheit-Ambtes, sowohl auch zu Befürderung der heilsamen Justitz gebrauchen, wie es dahn auch der elteste Bürgermeister allwege in Vorwahrung behalten sohl." Was das Siegel enthalten solle, ist auch hier nicht gesagt. Ich möchte vermuten, daß die zu Häupten beschriebene Darstellung, die ein zu Anfang des 17. Jahrh. geschnittenes: „· SIGILLVM · CIVITATIS · FRANTZBVRGENSIS ·" (27 mm) und dessen, in Bild und Schrift getreue, 31 mm große, noch jetzt gebrauchte Nachbildung zeigen, auch das ursprüngliche Siegelbild war.

1) A. G. v. Schwartz: Gesch. d. Pommersch-Rügischen Städte Schwedischer Hoheit, (1755 von Dähnert herausgegeben) S. 480 ff.

Abb. S. 106 **Garz** auf Rügen, Stadt. **In Blau eine silberne Burg mit breitem, runden Zinnenturme zwischen zwei runden Kuppeltürmen; auf dem Mittelturm eine weiße (fälschlich) sogenannte Kirchenfahne mit dem roten Greif; im Bogen des geöffneten Thores ein goldenes G.**

Zwischen 1314 und 1319 wurden die Hufen und damit wohl auch die Stadtrechte der bisherigen Stadt Ruyendal auf das neben der Burg Garz belegene Dorf desselben Namens übertragen (Fabricius, Urk. d. Fürstenth. Rügen). Derselben Zeit entstammt das: „+ ○ ○ ○ ○ ○ ○ ○ SIGILLVM : CIVITATIS : GHARTS : IN : RVYA :" (77 mm),[1]) welches dasselbe Bild, jedoch ohne das G zeigt. Ganz so auch ein: ✣ SECRETVM : CIVITAT : GARSE : I · RUYA (52 mm, Oelr. Zeichn.). Ein auch noch dem 14. Jahrh. angehörendes: „S · SECRETVM : CIVITATIS : GHARTS IN RVYA" (35 mm)[2]) hat dagegen nur die (hierbei vierlatzige) Fahne mit dem Greifen darauf im damaszierten Siegelfelde. Den Stempel dieses Sekrets, wie auch den des Hauptsiegels bewahrt noch die Stadt. Ein wohl dem 17. Jahrh. angehöriges: ❁ S · CIVITATIS GARC · · · S IN RHVYA (24 mm, Oelr. Zeichn.) hat die Burg mit der Fahne; ebenso ein ganz besonders schlecht geschnittenes: „Signum Civitatis Garztiæ"! (26 mm) vom Anfang dieses Jahrh., bei dem die in die bekannten modernen zwei Zipfel auslaufende Fahne leer, das Thor aber mit dem G gefüllt ist. Gerade dies Siegel hat zur Vorlage des neuesten: „SIGILUM CIVITATIS GARTZIA" (!) dienen müssen. — Die alten Siegel sind erwähnt in Seylers Gesch. d. Heraldik, abgebildet bei Dannenberg und v. Bohlen.

1) v. Schwartz schreibt ungenau SYGILLVM. — Es ist wohl nur eine willkürliche Annahme, wenn Pastor Wildahn in einem Protokoll v. J. 1725 meint, das große Stadt-Insiegel, welches die Stadt von undenklichen Jahren gehabt, sei ihr von dem Fürsten Witzlao (dem wievieltesten?) in Gnaden verliehen worden; es ist weder eine Siegel- noch eine Wappen-Verleihung eines pommerschen Fürsten bekannt, d. h. aus jener frühen Zeit.

2) Das erste S ist nur leicht vorgestochen, nicht ausgraviert.

Gingst, Flecken, **führt nach gefälliger Auskunft des Gemeindevorstehers kein Siegelbild.**

Schon 1232 wird eine: taberna in Ghynst erwähnt; Barnim VIII. spricht 1439 vom Wickbelde to Gynxst; 1503 heißt es: oppidum Gynxst; in der Mitte des 16. Jahrh. dagegen nennt Wolfgang Lazius die Stadt Gingisto inter famigeratas Rugiae civitates; Lubin schätzt den Ort 1618 wieder als oppidum, und so will es auch v. Schwarz haben. Hier liegt die Sache ganz so wie bei Bergen: nach der Bedeutung, die man diesen, aus verschiedenen Quellenschriften gezogenen Bezeichnungen beilegen will, steigt oder sinkt der Wert von zwei nur aus Oelrichs Sammlung bekannten Siegelzeichnungen. Das: SECR CIVIT GINGET (39 mm) zeigt den Rügenschen Löwen wachsend auf dem Stufengiebel, das: SECR · CIVITATIS : GINGEST · RVÆ (29 mm) einen ganzen Löwen im Felde. Von auch nur annähernder Zeitbestimmmung kann bei jenes Zeichners Majuskelomanie nicht die Rede sein.

Greifswald, Stadt. **In Silber auf grünem Boden der rote, pommersche Greif, einen rechts neben ihm aufwachsenden, abgebrochenen aber noch grünenden Eichenstamm fassend.** Abb. S. 106

Das schon 1255 urkundlich erwähnt werdende älteste Siegel hat sich nur in einem, schadhaften, Exemplare, nämlich an der Stiftungsurkunde des Hl. Geist-Hospitals v. J. 1262 erhalten. Es zeigt in einem Schilde nebeneinander einen rechtshin gewandten Greifen und einen belaubten (Linden-?) Zweig. Von der Umschrift ist nur: „· · · · · CI · · · · ·" (c. c. 68 mm) erhalten. Das markige, noch dem 13. Jahrh. angehörige: „+ SIGILLVM ‡ BVR GENSIVM ‡ DE ‡ GRIPESWOLD" (93 mm)[1]), sowie das schon 1310 vorkommende: „+ SECRETV · CIVITATIS · GRIPESWOLD" (68 mm) zeigen den Greifen in der Gabelung eines, nach kurzem Stamme sich in zwei Zweige teilenden heraldischen Baumes. Während bei diesen beiden Siegeln jeder der Zweige nur zwei ahornartige Blätter hat, verlängern sich bei dem um 1400 geschnittenen: „+ S'ECRETV . CIVITATIS . GRIPES WOLD" (45 mm) die Zweige und jeder hat vier epheuartige Blätter. Von diesen drei schönen Siegeln bewahrt die Stadt noch glücklich die Originalstempel. Noch ein zu Ende des 16. Jahrh. gefertigtes: „✲ SECRETVM ✲ CIVITATIS ✲ GRIPESWOLD" (29 mm, Stempel erhalten) behält diese gutheraldische Darstellung bei. Ein kleines achteckiges: „SECR CIVITATIS GRIPESWOLD" (20 : 15 mm, Oelr. Mskpt.) des 17. Jahrh. bringt den Greifen allein. Ein Kämmereisiegel derselben Zeit: ✶ SIGILLVM CA MERE GRYPHISWALDENSIS (26 mm, Oelr. Zeichn.) läßt denselben auf einem Zweige stehen. Noch später, bei dem: „SI GILL · CIVIT · GRYPHISW ·" (25 mm) erscheint der Grasboden, und aus diesem wachsend, ein sich stark nach rechts krümmender Baumstumpf, auf den der Greif schreitet. Das: „SIGILLVM CIVITATIS GRYPHISWALDENSIS" (39 mm, Stempel erhalten) aus dem 18. Jahrh. bringt zuerst die zu Häupten beschriebene Darstellung, und zahlreiche Nachbildungen desselben pflanzten sie bis jetzt fort.[2]) Es wäre wünschenswert, daß der Magistrat wieder das schöne, alte Siegelbild zu Ehren brächte. — Das älteste Siegel bildete Pyl, stark verkleinert und mit frei ergänzter Umschrift im 7. Bde der Pommerschen Geschichtsdenkmäler ab (Taf. II, No. 2). Eine Abb. des zweiten Siegels findet sich zuerst bei Kosegarten, De Gryphisvaldia, Hansae Teutonic. socia, 1833, darnach mit andern Siegeln, bei v. Bohlen u. s. w. — Merian bringt in der Topographia einen merkwürdigen Aufbau als Stadtwappen: Im Hauptschilde ein Greif (ohne Baum); auf dem ins Visier gestellten Helme ein nach rechts gewandter Greif; beiderseits vom Mittelschilde je ein kleiner, von den Helmdecken des ersteren umschlossener Nebenschild; im rechten Nebenschilde befindet sich ein Schrägrechtsbalken, im linken die Tragbahre (s. unten No. 2).

1) Die feuervergoldete Bronzeplatte dieses zweiten Sigillum ist einer der prächtigsten Siegelstempel, die ich noch gesehen.

2) In der Diplomat. Gesch. d. Pomm.-Rüg. Städte von Alb. Georg v. Schwartz (1755) nimmt der Verf. (S. 96) an: „daß das älteste Wapen der Stadt vieleicht wol nicht die Bildung des Greifen gewesen sein mag, die sie noch itzund führet; sondern daß selbige etwa in der sogenannten Trag-Bahre bestanden, die der Greif in der vollständigen Vorstellung des Stadt-Wapens in denen Vorder-Klauen führet;" Auf diese Vermutung kann man wohl mit den Worten antworten, die der Verfasser in seiner hübschen Sprache gerade eine Zeile vorher in Bezug auf eine anderweite Sache braucht: „Aber womit will man dieses Vorgeben bescheinigen? Mir ist nichts bewußt, damit es geschehen könnte, und so blindlings kann man es doch nicht glauben." Thatsächlich hat das Eichungs- oder Beschauzeichen, die Bahre, die Kratz Salztrage und Homeyer ganz unzutreffend Weinleiter nennt, mit dem Wappen und den Stadtsiegeln gerade so wenig zu thun, als der Stadt Münz- und Flaggenbild; wenn auch das Polizeisiegel den Greifen mit der Bahre in den Fängen darstellt, und wenn das mit der Bahre belegte Flaggenbild auch bei Merian und sogar am Rathause (1728) dem eigentlichen Stadtwappen gegenübergestellt wird. S. darüber: Pyl, Zur Gesch. d. Greifswalder Stadtwappens (Monatsbl. d. Gesellsch. f. Pomm. Gesch. u. Altertkde. 1893, No. 4; Deutsch. Herold, 1892, No. 10 und 11.

Abb. S. 106 **Grimmen**, Stadt. **In Silber ein roter Mauergiebel, aus dem der rote Greif wächst.**

Das Bild ist eine hübsche Variante des Wappens der Fürsten von Rügen. Es erscheint schon auf dem, noch dem 13. Jahrh. angehörigen (1304 urkdl.): „+ S · CIVITATIS · GRIMME" (70 mm). Bei dem: „+ S'ECRETVM + CIVITATIS + GRIMME ✶" (47 mm) des 14. Jahrh. schwebt rechts neben dem Stufengiebel ein zugewendeter Halbmond und das Feld ist mit Sternen (in Form von nach außen gezackten Ringen) besät. Letztere verschwinden bei den spätern Siegeln, aber der Halbmond bleibt zuweilen; so bei dem 1588 gebrauchten Signet: „S · D · S · GRIMEN" (oval, 17 : 15 mm), bei dem die Darstellung im Schilde steht, ferner bei dem achteckigen: „· SIGILLVM · CIVITATIS · GRIMMEN · 1648" (28 : 24 mm), dann bei dem: „✶ SIGILLVM ✶ CIVITATIS ✶ GRIMMENSIS" (40 mm) des 17. und endlich bei dem: ∘°∘ SIGIL LVM ∘°∘ CIVITATIS ∘°∘ GRIMMEN ∴ 1723 (42 mm, Oelr. Zeichn.). Oelrichs bringt auch noch die Zeichnung eines nur mit „GRYM" (achteckig, 20 : 16 mm) bezeichneten Signets und eines: ❁ SECRE TVM . BVRGENSIV · GRYME (35 mm), beide haben nur einen schwebenden halben Greif, ersteres in einer Tartsche, letzteres im späten Renaissanceschilde. Da weiß man wieder nicht, ob man der Buchstaben- oder der Schildform glauben soll. (s. S. 2) Ein neues Siegel hat den aus dem Stufengiebel wachsenden Greif ohne Halbmond. — Abbildungen der alten Siegel bei Dannenberg, Münzgeschichte Pommerns, Taf. XXI und v. Bohlen, Taf. 4.

Abb. S. 106 **Gützkow**, Stadt. **In Gold zwei schräggekreuzte, rote Stäbe, bewinkelt von vier golden besamten, roten Rosen.**

Dies ist der Schild der im 14. Jahrh. schon ausgestorbenen Grafen v. Gützkow. — Das älteste sichere, um 1500 geschnittene: „S × CIVITATIS × GVTZKOW" (20 mm, Schrift auf Band) zeigt nach einer der sonst sehr zuverlässigen Zeichnungen v. Bohlens einen Schild mit einem durchgehenden gemeinen (nicht Andreas-!) Kreuze, in dessen Winkeln die Rosen stehen. Das richtige Wappenbild dagegen hat im Schilde ein: + SECRET : CIVITA TIS : GVTZKOV (37 mm, Oelr. Zeichn.). Ein ganzes Wappen mit diesem Schilde und dem Schildbilde auf dem Helme hat ein: + SECRETVM : CIVITATIS : GVTZKOW (33 mm, Oelr. Zeichn.), was man wohl aufs 17. Jahrh. schätzen darf. „❊ DER STAT GUZKAVW IN SIGEL"! (28 mm) aus dem Anfang des 17. Jahrh. hat das Bild frei im Felde; jedes Stabende ist dabei mit einem Nagel (ähnlich den Bergstöcken) bewehrt. Ein neueres Stadtsiegel bringt das Bild in einem mit der neunperligen Grafenkrone besetzten Schilde, während das neueste eine Nachbildung des vorletzten ist.

Jasmund, Halbinsel.

Unter Oelrichs Siegelzeichnungen finden sich vier verschiedene Stücke mit der Umschrift: „SECRETVM CIVITATIS IASMVND, welcher eines derselben noch: „1370", zwei andere aber „IN RVIA" hinzusetzen. Das Bild ist auf allen eine Burg im Charakter des 16.—17. Jahrh., paßt also übel zu den Majuskeln. — Von einer civitas Jasmund ist sonst nichts zu finden. Doch soll nach dem Cod. dipl. Pomm. (S. 905) im Transumt (v. J. 1421) einer Urk. Papst Innocens IV. v. 13. Okt. 1250 eine Kirche zu Jasmund genannt werden. Hasselmann u. Kosegarten bemerken dazu: „Ob auf der Halbinsel J. noch ein besonderer Ort war, der Jasmund hieß und eine Kirche enthielt, wissen wir nicht . . . Am südlichen Ende derselben liegt ein kleiner Ort, welcher jetzt den Namen Klein-Jasmund führt." Auch letztern Ort habe ich weder im Homann noch in den Ortslexicis finden können. Es scheint also, daß auch diese Zeichnungen nur den Wert hätten, zu zeigen, von welcher Beschaffenheit die von Oelrichs überkommenen Materialien mitunter seien.

Abb. S. 106 **Lassan**, Stadt. **Im mit goldenen Sternen besäten, blauen Felde ein steigender silberner Karpfen.**

Das schöne: „+ SIGILLVM · CIVITATIS · LAS SAN" (72 mm), dessen noch erhaltener Stempel zweifellos bei der Erhebung des Ortes zur Stadt, im letzten Jahrzehnt des 13. Jahrh. geschnitten wurde, zeigt den Fisch im besternten Felde rechtshin schwimmend; so auch ein: + SECRETVM : CIVITATIS LASSAN (26 mm, Oelr. Zeichn.), hiebei ist das Siegelfeld gegittert. Auch das um 1500 gefertigte: „❁ SIGILLVM ❁ CIVI TATIS ❁ LASSAN" (39 mm) hat den rechtshin schwimmenden Karpfen, jedoch in einem mit Röslein bestreuten Felde. Bei dem auch noch dem 16. Jahrh. angehörenden: „:+: SIGILLVM ❁ CIVI TATIS + LASSAN ❁" (39 mm) dagegen ist derselbe steigend zwischen den Sternen gestellt. Ganz so bei einem ovalen: „❊ SIGIL LVM · CIVITATIS · LASSAN" (22 : 19 mm) aus dem vorigen Jahrh.

Loitz, Stadt. **In Rot fünf pfalweise gestellte, silberne Sterne zwischen zwei aufgerichteten goldenen Zeremonien-Keulen, die nach außen von je einem gestürzten schwarzen Adlerflügel beseitet sind.** Abb. S. 106

Das noch dem 13. Jahrh. angehörige: „+ S ∘ CIVITA TIS LO · · Z ∘" (64 mm) zeigt nebeneinander rechts über einem großen Stern, einen Adlerflügel, links eine Keule.[1]) Das nächste bekannt gewordene: „⚜ S ⚜ ⁞ CIVITATIS ⚜ LOTZE ⚜" (30 mm) gehört der ersten Hälfte des 16. Jahrhunderts an und zeigt schon oben beschriebene Darstellung. Die Keulen erscheinen hier als auf dünne Stäbe gesteckte Kugeln. Unten an erstern bezeichnen zwei ringförmige Verdickungen die Handhabe. Zu Beginn des 17. Jahrh. war die Bedeutung der Figuren schon ganz vergessen, denn ein Siegel dieser Zeit mit der Umschrift: „· ❊ · CIVITATIS · LOTZE ·" (25 mm) macht daraus kugeltragende Säulen. Im 18. Jahrh. bringen ein: SIGILLUM · CIVITATIS · LOITZENSIS (31 mm, Oelr. Zeichn.) und ein: „SIEGEL ❊ DER ❊ ACHT ❊ MÄNNER ❊ ZU ❊ LOITZ ❊" folgenden fast unblasonierbaren Durcheinander: ein Helm mit offenem Flug, zwischen welchem eine Rose schwebt, ruht samt seinen Decken auf einer, von den Säulen beseiteten, mit starken Bändern beschlagenen, geschlossenen Thüre; die Schließleiste ist mit den fünf pfalweise gestellten Sternen belegt, deren mittelster hier bedeutend größer ist; nach außen begleitet jederseits ein gestürzter Flügel die Säulen. Aehnlich die neueren Siegel, während man ganz neuerdings wieder zur häuptlings beschriebenen Darstellung zurückgekehrt ist.

1) Die Figuren dieses alten Siegels sind bisher nicht genügend gedeutet. Der Flügel könnte aus dem Wappen des Gründers der Stadt, des Ritters Detlev von Gadebusch stammen, wie Hasselbach und Kosegarten meinen, denn wenn auch von „Thetlevus miles, dominus de Godebuz, dominus terre Lositz", wie er sich in der Gründungsurkunde von 1242 nennt, kein Siegel bekannt ist, so führten doch dessen Söhne (laut Pyl) einen wachsenden Adler über Schach — wie Putbus. Es ist aber auch erlaubt, bei dem Adlerflügel an Brandenburg zu denken; denn gerade um die Zeit der Anfertigung des Siegels erscheint der Markgraf als Oberlehnsherr, der dann im Templiner Vertrag von 1314 seine Rechte an das Land Lositz für 2000 Mark Silber an den Fürsten Wizlaf v. Rügen abtritt. — Was den zweiten Gegenstand auf diesem Siegel betrifft, so bin ich überzeugt, daß derselbe nicht, wie er immer bezeichnet wird, eine Keule — wenigstens nicht im gewöhnlichen Sinne des Wortes ist. Eine Kriegskeule um 1300 im Siegel einer Stadt, wobei an einen ähnlichen Wortklang (also an ein sogenanntes „redendes" Bild) nicht zu denken ist, wäre ohne Beispiel. Dann sah auch eine Kriegskeule nicht so zierlich aus (Th. Blell: Die Keule der heidnischen Preußen, Zeitschr. Prussia, 1884—85, S. 19). Es könnte aber wohl eine Zeremonienkeule sein, wie solche als Attribut des Scharfrichters bei Ankündigung des Gerichtstages diente; namentlich dann, wenn auch hier, wie an andern Pomm. Orten, dieser auf die Abmessung der Strafe Einfluß hatte, oder diese sogar selbst bestimmte (s. Arnold Brandenburg, Gesch. d. Magistrats d. St. Stralsund, 1837, S. 5 und Note 17). Meine Ansicht wird dadurch bestärkt, daß der Burgwall vor Loitz urkundlich als Appellationsgerichtsstätte erwähnt wird, zu welcher unter besondern Umständen sogar der Instanzenzug von Stralsund aus ging. Unbedingt aber irrte Lisch (Mecklb. Jb. XIV, S. 85), wenn er glaubte, daß die Keule eine Verstümmelung des, auf den Sekreten der Stadt Gadebusch erscheinenden Baumes, richtiger Busches, sei. — Ueberaus ähnliche Figuren sind übrigens die zwei Löffel auf einem Siegel der badischen Stadt Löffingen, aus dem 14. Jahrh., doch erscheint es zu gewagt, hier bei Loitz (spr. Löhtz) an ein redendes Zeichen zu denken.

Putbus, Flecken. **Geteilt, oben in Gold ein wachsender, gekrönter, schwarzer Adler, unten von Schwarz und Gold geschacht.** Abb. S. 106

Ueber diesem Schilde wird ein gekrönter Spangenhelm mit einem geschachten, oben mit dem wachsenden Adler besetzten Schirmbrett als Kleinod geführt, also das Stammwappen der jetzigen Fürsten von Putbus. Unter den unzuverläßigen Siegelzeichnungen bei Oelrichs findet sich ein: SIGILLVM IN PVTBVS (32 mm) und ein: ❁ SECR : CIVIT ❁ ATIS : PVTBVS (38 mm). Ersteres zeigt einen geteilten Schild: oben leer (!), unten in drei Reihen zu je drei Feldern geschacht; über dem Schilde statt des Helmes ein wachsender, gekrönter Adler; das zweite hat das Putbussche Wappen, wie es oben beschrieben wurde; ein sicheres Siegel ist nicht bekannt geworden. — Eine Abbildung und Beschreibung dieses Ortswappens findet sich in der Leipz. Illustr. Ztg. v. 19. April 1873.

Richtenberg, Stadt. **In Blau ein spitzbedachter schwebender, silberner Turm mit offenem Thore.** Abb. S. 106

Ein: + : SECRETVM · BVRGENSIVM · RICH TENB : (45 mm) bei Oelrichs zeigt den Greifen, der in den Fängen einen Schild, darin eine Rose, hält.[1]) Ein in der ersten Hälfte des 16. Jahrh. gefertigtes: „+ S · S · RICHTENBERCH · ❁ ·" (28 mm) hat zwischen Bergen (?) ein, einer kleinen Kapelle ähnliches, oben jederseits von einem Sterne begleitetes Gebäude. Den schwebenden Turm und zwar in einem Schilde zeigen die noch erhaltenen Stempel eines um 1600 gestochenen: „❊ SIGEL · DER · STADT · RICHTENBARCH"! (30 mm) und des: „ SIEGEL · DER STADT RICHTENBERG" (21 mm) aus dem vorigen Jahrhundert. Oelrichs bringt ein: ❁ SECR : IVDICII · IN · RICHTEBER GE (30 mm), bei dem der Greif einen Schild, worin eine Wage, hält.

1) Die Rose könnte vom Kloster, dem das Dorf bei dessen Stiftung verschrieben war, kommen; laut der Stiftungsurkunde v. J. 1231 sollte dasselbe zuerst Rosengarten genannt werden; man gab ihm aber zu Ehren des rheinischen Mutterklosters den Namen Neuenkamp.

Ruyendal, ehemalige Stadt.

Die Stadt wurde nach ganz kurzem Bestehen im Anfang

des 14. Jahrh. zu gunsten von Garz a/R. (s. d.) aufgelöst. Der einzige Ueberrest der Stadt Ruyendal ist eine im Archive des hl. Geisthospitales in Stralsund aufbewahrte, am Michaelstage des Jahres 1313 von der communitas consulum et ciuium nostre civitatis Ruyendal site in Ruya ausgestellte Urkunde nebensächlichen Inhalts, an der an roten und grünen Seidenfäden das wohlerhaltene Stadtsiegel hängt. In Gadebuschs Pommerschen Sammlungen (1782, II. u. III. Heft, S. 140) gab J. A. Dinnies einen Abdruck und Besprechung der Urkunde, sowie eine Nachbildung des Siegels in rohem Kupferstich. Dasselbe zeigt einen auf Rasen schreitenden Greif, über dem der fürstlich rügensche, mit drei (natürlichen) Lilienstengeln zwischen zwei Pfauenfederbüschen besteckte Helm schwebt. Die Legende lautet: „✠ SIGILLVM NOVE CIVITATIS RVYENDALE". Die Abbildung scheint vergrößert zu sein, denn während ihr Durchmesser 83 mm beträgt, heißt es im Texte „von mehr, denn Thalergröße".

Sagard, Flecken, führt nur den preußischen Adler in seinen Siegeln.

Oelrichs Siegelzeichnungen enthalten ein: + SECRETVM · BVRGENSIVM · IN SAGARDE (im Felde:) 1490 (33 mm), welches eine Burg mit einem Greifen an Stelle des Thores zeigt, und ein: + SECRETV : IVDITI : IN : SAGARDA ! (35 mm) mit einer Burg, über der ein aus Wolken kommender Arm ein Schwert hält. (?; s. S. 2 über Pristaff.)

Schadegard, ehemalige Stadt.

Diese 1256 urkdl. erwähnt werdende Stadt ließ Fürst Wizlaf II., laut einer im Stralsunder Stadtarchiv noch erhaltenen Urkunde v. J. 1269 zu gunsten der Stadt Stralsund eingehen (Pomm. Urkb. II., No. 903). Ein Siegel ist nicht bekannt geworden; es ist aber nicht unwahrscheinlich, daß ein solches vorhanden war, da das benachbarte Stralsund sich schon 1256 eines Siegels bediente.

Abb. S. 106 **Tribsees,** Stadt. In Silber eine rote Burg mit einem Zinnenturme zwischen zwei spitzbedachten Seitentürmen. Auf den Zinnen des höheren Mittelturmes wächst der rote Greif, der eine blaue (?) Fahne, darauf ein silberner (?) Löwe, hält; drei offene Thore.

Ein schon 1267 gebrauchtes: „+ SIGILLVM ✳ CIVITATIS ✳ TRIBESES" (61 mm) zeigt auch die dreitürmige Burg, der Greif fehlt dabei, dagegen ist der Mittelturm mit der Löwenfahne[1]) besteckt. Ganz so ein: „✳ SIGILLVM · CIVITATIS · TRIBESES" (32 mm) bei Oelrichs, während ein: „+ SECRET : BVRGENSIVM IN TRIBESES :" (41 mm) und ein: „+ SECRETVM + CIVITATIS + TRIBESES + A DM 1350" (31 mm) aus derselben wenig vertrauenswürdigen Quelle eine Burg mit zwei Türmen zeigen, bei der das Dach des dieselben verbindenden Langhauses mit der Fahne besteckt ist. Von einem stummen Signet aus dem letzten Viertel des 16. Jahrh. (21 mm) liegt nur ein ähnlicher unscharfer Abdruck vor, wie der gewesen sein muß, nach dem v. Bohlen seine Abb. gezeichnet hat; bei beiden ist die Fahne nur undeutlich und zeigt scheinbar statt des Löwen einen Greifen. Bei diesem Siegel und bei einem um 1600 gearbeiteten: „SIGILLVM CIVITATIS TRIEBSEES" (27mm) schwebt im offenen Mittelthore ein kleiner Ring, der sonst nicht wieder vorkommt. Das zuletzt genannte läßt auf den Zinnen deutlich den wachsenden Greifen, nicht aber die Fahne erkennen. Das aus dem Anfang dieses Jahrh. stammende: „SIGILLUM CIVITATIS TRIEBSEES" (oval, 29 : 26 mm) hat die oben beschriebene, auch jetzt noch geführte Darstellung, doch ist dabei die Fahne ganz leer gelassen, was jedoch keinen Sinn hat. Das älteste Siegel ist abgebildet in Fabricius: Urk. z. Gesch. d. Fürstent. Rügen, Bd. 3, 1853, Taf. IV, und bei Dannenberg.

1) Ob dieser Löwe wirklich, wie Dannenberg will (Berl. Blätter f. Münzkunde, 1863, S. 277, Note **), als ein Mitbeweis dafür dienen könne, daß das älteste Wappen der Fürsten von Rügen ein Löwe gewesen sei, muß ich sehr bezweifeln. Daß die von ihm ebenfalls dafür angeführten Löwen auf dem Siegel von Köslin nicht rügisch sein können, wurde bei dieser Stadt dargethan. Das von Pyl (Entw. d. Pomm. Wappens) abgebildete Siegel Wizlaw I. (121—1249) zeigt schon im geteilten Schilde oben den wachsenden, gekrönten Löwen, unten „drei abgetreppte Sparren". Auch wird das Wappen Wizlaf II. nach seinem Siegel an einer Urk. v. 1275, in einem Notariatstransumt von 1342 ganz als das bekannte rügische geschildert. Der Stufengiebel ist dabei ausdrücklich genannt: „sed in inferiore parte eiusdem clipei erat sculpta quedam pars in modum quod vulgariter dicitur STEINAFTECH" = steinhaftig = steinartig. (Hasselb. u. Koseg. Cod. dipl. Pomeraniae S. 655.) 1432 wird derselbe „Tynne" = Zinne, 1464 „tenoculum", 1591 „moenia" genannt (Pyl, S. 51).

Wieck auf Rügen, Dorf.

Der Ort soll einst ein Städtchen gewesen sein, doch führt ihn schon der Cat. urbium von Lubin nicht mehr als solches. Oelrichs bringt ein wenigstens fragliches: ❀ SECR CIVIT : WYKE : IN RVYA (34 mm) mit einer zweitürmigen Burg und zwischen deren Türmen einen wachsenden Löwen.

Wittow, Halbinsel.

Wie für Jasmund (s. d.), so bergen auch für Wittow Oelrichs Siegelzeichnungen ein: + SECRETVM : CIVITATIS : WITTO" (48 mm) und ein: „+ SECR · CIVITAT : WITTOV IN RVYA (31 mm). Ersteres zeigt einen Löwen im mit Ringeln bestreuten Felde, letzteres einen ebensolchen unter einem Kreuze zwischen den Türmen einer Burg. Offenbar wurden diese Fälschungen auf Grund von Wolfgang Lazius Nachricht von den civitates famigeratas Hiddensee und Wittow (s. Gingst) angefertigt. Schon v. Schwartz machte sich darüber lustig: „denn Jedermann weiß, daß das erste eine Insul und das andere eine Halb-Insul des beflossenen Landes Rügen sey, und weder die eine noch die andere jemalen eine Stadt ihres Namens gehabt habe." — Diese Stücke tragen nicht zur Vollständigkeit dieses Werkes, wohl aber zur Wertschätzung der uns von Oelrichs überlieferten Materialien bei (s. S. 2).

Wolgast, Stadt. In Gold auf grünem Boden ein hoher, runder, roter Turm mit Kuppeldach und geschlossenem Thore zwischen zwei schwarzen Greifen, die auf den Bärten zweier aufrecht gestellter, abgewendeter, blauer Schlüssel stehen.[1]) Abb. S. 106

Das schon 1295 erwähnt werdende: „+ SIGILLVM · CIVITATIS · WOLGAST" (75 mm) zeigt einen eckigen Turm mit zwei Reihen Zinnen übereinander; die Greifen stehen dabei nicht auf den denselben unten begleitenden Schlüsseln, sondern auf den äußersten der weit ausladenden Zinnen des untern Stockwerkes und fassen die des obern. Das: „+ SECRETVM : CIVITATIS : WOLGAST" (41 mm) des 14. Jahrh. läßt den Turm fort und hat nur einen schreitenden Greifen schwebend über beiden Schlüsseln. So auch ein: „SECR CIVIT WOLGAST" (29 mm, Schrift auf Band) des beginnenden 16. und ein gleichgroßes mit derselben Umschrift vom Ende des 16. Jahrh. (Oelr. Zeichn.) Bei Oelrichs findet sich auch noch ein zweifelhaftes: ❀ SIGIL · BVRGENSIVM : IN : CIV : WOLGAST (35 mm), welches einen, rechts unten von zwei Türmchen begleiteten Greifen zeigt, der im rechten Fang einen Schlüssel hält. Ein: „❀ SIGILLVM · CIVITATIS · WOLGAST" (oval, 29 : 27 mm) aus der Mitte des 18. Jahrh. scheint nach vorliegendem, etwas unscharfem Abdruck dasselbe Bild, jedoch ohne die Türmchen zu haben. So auch ein Polizeisiegel derselben Zeit. Das um 1800 gefertigte: „SIGILLUM CIVITATIS WOLGASTANAE" (29 mm) zeigt die abgebildete Darstellung, die dann bis jetzt beibehalten wurde. — Der Stempel des ältesten Stadtsiegels wurde anfangs dieses Jahrhunderts wieder aufgefunden, wie Köhne's Zeitschr. f. Münz-, Siegel- u. Wappenkunde, 1844, S. 246 berichtet. Abb. der ältern Siegel in Dannenbergs Münzgesch. Pommerns. Taf. XXVII.

1) Diese Farben gab das kgl. Heroldsamt in Berlin der Stadt an.

Beiläufige Bemerkungen über die Wappen der pommerschen Herzoge. Bei keinem Stammwappen eines deutschen Fürstenhauses herrscht eine solche Unsicherheit bezüglich der heraldischen Farben, als bei dem der Herzoge von Pommern. Fast alle alten Quellen widersprechen sich. Selbst beim Wappen von Stettin-Pommern, welches doch schon von altersher als ein warnendes Beispiel unheraldischer Farbenzusammenstellung aufgeführt zu werden pflegt, ist dies der Fall. In dem Erbfolgestreite, der nach dem Tode des letzten Herzogs der alten Stettiner Linie (1464) zwischen den Wolgaster Herzogen einerseits und den Markgrafen von Brandenburg andererseits ausbrach, bezeichneten die Greifswalder Juristen den Schild des Herzogs von Stettin-Pommern als: gripho rubeus, habens rostrum deauratum, in campo albo. Ebenso nennt der Kurfürst 1465 seinen Stettiner Greifen: ein rot gripe in einem witten Felde. Im Konstanzer Konzilienbuche vom Jahre 1483 (und ebenso in der Ausgabe von 1536) erscheint als Wappen des: herczog johannes (?) von stettin ein gespaltener Schild, vorn in Gold ein schwarzer Greif, hinten in Silber ein von Grün und Weiß fünfmal geteilter, rotgeflügelter Greif (ebenda Wappen des herczog waszlaus [Wratislaw IX.] in wolgast: gespalten, vorn in Silber ein roter Greif, hinten geteilt, oben in Schwarz ein silberner Greif, unten blau-silbernes Schach). Im selben Jahre 1483 aber bildete Grünenberg als Wappen des Herzog von Stettin einen roten, blaubewehrten Greifen in goldenem Felde ab. Das könnte man nun als einen vereinzelten Irrtum ansehen, wenn nicht Grünenberg ein höchst sachkundiger Heraldiker gewesen wäre, und wenn nicht die merkwürdige Thatsache dazu käme, daß Herzog Bogislaw X. (1474—1523) in einem Gesuche den Kaiser Karl V. gebeten hätte: die blaue Farbe des Schildes in Goldfarbe zu verwandeln. Das Gesuch wurde gewährt, kam aber auffallenderweise nicht zur Anwendung. Ledebuhr, der in Köhnes Zeitschr. f. M.-, S.- u. Wappenkunde (1841) davon spricht, bemerkt dazu: es betraf also diese Veränderung die Rückkehr zum Alten und zur heraldischen Regel. Ist es also nicht sicher, ob der rote Stettiner Greif ursprünglich im silbernen oder im goldenen Felde stand, so ist um so zweifelloser, daß er vom Beginn des 16. Jahrhunderts an in blauem steht, und zwar anfangs ungekrönt, später mit einer goldenen Krone auf dem Haupte. Ebenso werden auch die Farben der Wolgaster Linie anfänglich verschieden angegeben, und was erst die dürren Hölzer, Kassuben, Wenden, Barth, Bernstein, anbelangt, so ist es etwas auffallendes, wenn zwei Quellen darüber gleichlautend aussagen. Thatsächlich war man schon im 16. Jahrh. über das Wappen im Unklaren. Wie Pyl (im 7. Bde. d. Pomm. Geschichtsdenkmäler) mitteilt, beauftragte Herzog Ernst Ludwig im Jahre 1588 den Kanzler Henning Ramin, ihm einen genauen Bericht über das fürstliche Wappen zu erstatten. Dies und die heraldischen Zweifel, die nach Ramins Aussagen noch bestehen blieben, beweisen, daß man sich selbst am Hofe in dem Greifennest nicht mehr auskannte. — Dafür, daß die Städte, die in den Landstrichen liegen, welche im Gesamtwappen so vielfarbig vertreten sind, diesen Luxus mitgemacht hätten, scheint ein historischer Anhalt zu fehlen. Ich mußte hier wohl den Magistraten, welche mir Farbenangaben für ihren Greifen machten, nachkommen, bezweifle aber, daß — Stettin ausgenommen — dieselben sich auf etwas anderes, als auf Theorien neuerer Heraldiker zu berufen im stande sind. In all den Fällen, in denen keine derartigen Wünsche vorlagen, habe ich einfach das allgemeine pommersche Wappen, welches auch das der jetzigen Provinz ist, gegeben: den roten Greifen in silbernem Felde.

Königreich Preußen. Provinz Posen.

Regierungsbezirk Posen.

Abb. S. 107 **Posen,** Hauptstadt der gleichnamigen Provinz.

In Blau eine silberne Burg mit drei Zinnentürmen und offenem Thore; über den Zinnen des höhern Mittelturmes schwebt der Schild von Polen: in Rot ein gekrönter, silberner Adler; auf den Zinnen der Seitentürme stehen in weißer Kleidung und mit goldenen Nimben um den Häuptern, rechts der hl. Paulus mit dem Schwerte, links der hl. Petrus mit dem Schlüssel; im Thorbogen befinden sich unter einem goldenen Kreuzchen zwei schräggekreuzte, silberne Schlüssel mit abgewendeten Bärten; rechts und links neben beiden Heiligen schwebt je ein, von einem goldenen Stern überhöhter, steigender Halbmond.

Dies ist das genaue Bild des ältesten Hauptsiegels, welches die Stadt mit allen Nebensächlichkeiten in einen Schild gesetzt und als ihr Wappen angenommen hat. Der Originalstempel dieses, dem Anfang des 14. Jahrh. angehörigen: „+ × S' × IGILLVM × CIVITATIS × POZNANIE" (69 mm) hat sich noch erhalten. Ein für 1344 nachgewiesenes, noch lange nachher gebrauchtes: „+ S'ECRETVM · CIVITATIS · POZNANIE" (45 mm) zeigt im gegitterten Siegelfelde nur den polnischen Adlerschild schwebend über den gekreuzten Schlüsseln. So auch das auf einer Urk. des Zerbster Ratsarchivs v. J. 1487 befindliche: „⁝ s . . . . civ . . . . . poznanie" (25 mm), bei dem die Schrift auf einem Bande steht, welches einen, die Darstellung umrahmenden Dreipaß durchschlingt. Ein: „SECRETVM × CIVITATIS × POSNANIÆ" (41 mm, Schrift auf Band) vom Ende des 16. Jahrh. hat im wesentlichen das Bild des ersten Siegels, doch schwebt der Adler frei (ohne Schild und ohne Krone) über dem Mittelturme und die Heiligen haben ihre Stellung vertauscht, rechts St. Peter, links St. Paul; auch sind die Krone des Adlers und die Raumausfüllungen, das Kreuzchen über den Schlüsseln, Halbmond und Stern (wie von nun an, bis wieder zu den neuesten Magistratssiegeln, stets) weggelassen. Ganz so ein sehr roh geschnittenes, wohl dem Ende des 17. Jahrh. angehörendes Siegel mit der Abschnittschrift: „SIGILLVM CIVITATIS POSNANIÆ" (50 mm, Stempel erhalten), bei welchem Petrus in der Linken einen aufgerichteten Schlüssel hält, in dessen Ring der Ring eines zweiten, mit dem Barte abwärts hängenden Schlüssels verkettet ist. Diese eigentümliche Schlüsselstellung kommt von nun an bis zur Mitte des 19. Jahrh. fast auf allen Siegeln vor. So auf dem etwa um 1750 gefertigten: „SIGILLUM URBIS POZNANIÆ" (oval, 27 : 24 mm, Schrift auf Band), wobei jedoch St. Paulus wieder rechts, St. Petrus links steht. Statt des Schwertes hält ersterer ein Kreuz vor die Brust. Ganz so auf dem: „PIECZEC MIASTA POZNAN:" (37 mm) des 18. Jahrh. und auf einem diesem genau nachgeschnittenen Farbsiegel. Als nach der zweiten Teilung Polens i. J. 1793 die Stadt zur Hauptstadt der neuerrichteten Provinz Südpreußen wurde, bediente dieselbe sich eines Siegels mit demselben Bilde und der Abschnittschrift: „SIEGEL DES MAGISTRAT DER HAUPTSTADT POSEN VON SUDPREUSSEN"! (46 mm). Auch das gleichzeitige Siegel des Polizeidirektoriums hat die gleiche Darstellung beibehalten, während ein um 1800 gefertigtes: „KÖN· SÜDPR· STADT SECRETARIAT SIEGEL ZU POSEN" (29 mm) den über dem Mittelturme schwebenden polnischen Adler durch Krone, Schwert und Szepter zum preußischen macht. So hat ihn auch das: „COMMISSIONS SIEGEL DES MAGISTRATS ZU POSEN (innere Umschrift:) PIECZEC KOMMISSYINA MAGISTRATU MIASTA POZNANIA" (33 mm) derselben Zeit. —

Während der kurzen Dauer des nach dem Tilsiter Frieden von Napoleon errichteten und dem Könige Friedrich August von Sachsen zuerteilten Herzogtums Warschau (1807—1812) wurden zwei Siegel und ein Farbsiegel benutzt, welche statt des bisherigen Bildes das Wappen von Sachsen-Polen im gespaltenen Schilde tragen; die rechte Schildseite hat die von grünem Rautenkranze überschrägte schwarz-goldene Balkenteilung von Sachsen, die linke in Rot den silbernen Adler mit über seinem Haupte schwebendem Herzogshute; der Schild ruht auf einem, oben von einer Königskrone zusammengehaltenen Hermelinmantel. Die Umschrift lautet bei allen dreien: „PIECZEC MIASTA POZNANIA" (51 mm, 33 u. 31 mm). . Ein Farbsiegel mit oben deutscher, unten polnischer Umschrift: „○ SIEGEL D : STADT POSEN ○ PIECZEC MIASTA POZNANIA" (40 mm), wird wohl gleich zu Beginn der neuen preußischen Herrschaft gefertigt sein. Dabei stehen die beiden Heiligen, auf dem Boden, statt wie bisher auf den Turmzinnen, während sich zwischen ihnen ein säulenartiger, unten mit den gekreuzten Schlüsseln belegter, oben mit dem Adler besetzter Turm befindet, Bei Einführung der sogen. revidierten Städteordnung (1831) kam dann das alte Siegelbild mit der Burg, dem Adler auf dem Mittel-, den Heiligen auf den Seitentürmen und den Schlüsseln im Thore wieder zu Ehren; auf dem rechten Turme steht wieder St. Paul mit dem Schwerte, auf dem linken St. Peter, diesmal zwei gekreuzte Schlüssel in der Rechten haltend. Das betr. Siegel trägt eine äußere deutsche und, eine innere polnische Umschrift, sowie noch eine Abschnittschrift: „STADTVERORDNETE DER HAUPTSTADT POSEN (innen:) REPREZENTANCI MIASTA STOLECZNEGO POZNANIA (unten:) CABINETSORDRE VOM 29 TEN NOVEM 1831" (45 mm) Der Gemeinderat bediente sich eines Farbstempels mit der gleichen Darstellung: (oben:) „DER GEMEINDE RATH ZU POSEN (unten:) RADA GMINY MIASTA POZNANIA" (45 mm). Ein später gefertigtes Siegel: „DER MAGISTRAT DER STADT POSEN · (im Abschnitt:) MAGISTRAT MIASTA POZNANIA · (links neben der Burg, wohl die Initialen des Graveurs:) F. D." (35 mm) und ein 1874 gebrauchtes Farbsiegel: „SIEGEL D. STADT POSEN" (unten:) PIECZEC MIASTA POZNANIA" (38 mm) haben beide ebenfalls das Bild des Siegels von 1831. Noch später wird ein Siegel mit demselben Bilde sein, mit der Umschrift: oben:) MAGISTRAT (unten innen:) DER HAUPTSTADT POSEN (unten außen:) MIASTA GLOWNEGO POZNANIA" (35 mm). Die neuesten Siegel endlich haben, wie eingangs bemerkt, die Darstellung des ältesten Stadtsiegels in einem Schilde, und nur die deutsche Umschrift: „MAGISTRAT DER STADT ✶ POSEN ✶". Die Stempel aller beschriebenen neueren Siegel sind noch vorhanden. — Einige kleine Farbsiegel, deren ältestes dem 18., die andern wohl dem Anfang des 19. Jahrh. angehören, scheinen besonderen städtischen Aemtern gedient zu haben. Das erste zeigt über zwei kranzartig gelegten Palmzweigen die gekreuzten, von einer Königskrone überhöhten Schlüssel; es hat weder Rand noch Schrift (22 mm). Die andern haben nur die gekreuzten Schlüssel über Buchstaben: 1.): „P S A D" (19 mm), 2.): „P T Z" (23 mm). 3.): „P S W" (23 mm).[1]) Eine mittelst der Guillochiermaschine hergestellte Abbildung des (defekten Exemplars des ältesten Siegels und Sekretes, beide von der Vergleichsurkunde der Tuchweber v. J. 1344, findet sich in Raczyński: Cod. dipl. Maioris Poloniae, 1840, ad No. XCI: eine recht gute Abbildung des erstern auch in Voßberg: Siegel d. Mittelalters v. Polen, Lithauen ꝛc., 1854, Taf. 25, No. 13. Eine (verkleinerte) zinkographische Nachbildung auch in Rothe's Verz. d. Kunstdenkmäler d. Prov. Posen (Bd. II, S. 5)*)

1) Die Angabe Wuttke's (Städtebuch d. Landes Posen, 1877, S. 396): „Das Stadtwappen zeigte ein dreithürmiges Thor, die Apostel Peter und Paul neben beiden Seitenthürmen und im Thor unter dem mittelsten höhern Thurm 2 gekreuzte Schlüssel oder auch den weißen Adler" ist nach obigem ungenau.

Von Vor- und ehemaligen Nebenstädten der Stadt Posen sind folgende Siegel bekannt geworden:

Wallischei (Chwaliszewo). Der dem 16. Jahrh. angehönige, noch erhaltene Stempel eines: „· SIGILLVM · ADVOCA : OPPIDI · CHWALSZEWO AD 1444" (37 mm) zeigt zwei schräg gekreuzte Schlüssel, durchsteckt mit einem Schwerte (?) mit nach oben zu sich einseitig verbreiternder Klinge, während das Griffende dolchartig zugespitzt ist. Vielleicht soll sich dasselbe auf das Martyrium der hl. Barbara, der die dortige Kirche geweiht war, vielleicht auch auf die eigene Gerichtsbarkeit des Rates beziehen. Die Jahreszahl 1444 erinnert an die Stadtrechtsverleihung.

Ostrow (Ostrowek). Ein noch erhaltener Stempel des 17. Jahrh. mit der Umschrift: „VS ✳ • CIVITATIS ✳ DE ✳ OSTROW ✳•"! (31 mm) zeigt in einem Schilde die gekreuzten Schlüssel, überlegt mit einem gestürzten Schwerte.

St. Roch und **Zawady.** Ein dem 17. Jahrh. angehörender Stempel mit der Umschrift: „· SIGILLVM P.S.T ROCHIÆ ZAWAD" (31 mm) hat nur die gekreuzten Schlüssel.

St. Martin. Das: „SIGILLUM · SUB · URBIS · S · MAR(TINI · PO)S ·" (27 mm) des 17. Jahrh. zeigt den hl. Martin zu Pferde, den Mantel teilend; unter ihm der kniende Bettler.

St. Georgenstadt. An einem im kgl. Staatsarchiv zu Posen befindlichen Geburtsbriefe von 1744, ausgestellt von Bürgermeister und Rathmannen „der geistlichen Jurisdiction, Sanct Georgen Stadt, nahe der Königlichen Haupt Stadt Posen in „Groß-Pohlen" hängt ein, in der Corroboratio als: „gewöhnl. Raths Insiegel" bezeichnetes, rotes Wachssiegel in Blechkapsel mit der Darstellung eines infulierten Bischofs, der in der Rechten den Krummstab, in der Linken ein Ruder (?) hält. Von der Umschrift ist nur zu entziffern: „SIGIL ○ PLEB ○ DNI ○ HÆ · · · VNDI ○ S ○ A ○ P" (oval, 24 : 22 mm).

Adelnau (poln. Odolanów), Stadt. **In Rot ein nach oben sich verjüngender, silberner Turm mit offenem Thore; auf dem Dache eine goldene Windfahne.** Abb. S. 107

Das einzige bekannt gewordene ältere Siegel ist das: „SIGILLVM : OPPIDI : ODALANOVIENSIS : S : R : M : 1572" (33 mm), welches den Turm in einem ovalen, verzierten Schilde zeigt. Es kommt noch 1796 an einem Jagdpachtvertrag (kgl. Staatsarch. Posen) vor. Der Kopf eines bärtigen Kriegers, der nach dem Neuen Siebmacher den Schlußstein des Thorbogens bilden soll, ist auf mehreren vorliegenden Abdrücken nicht zu erkennen. Auch Voßberg erwähnt nichts davon. Ein neuer Farbstempel hat in einem Schilde eine conventionelle Burg mit geschlossenem Thore; wenn man hierbei die Schraffierung als heraldische Farbenangabe auffassen wollte, so wäre der Schild als von Blau und Rot geteilt, anzusehen. Umschrift: „+ MAGISTRAT ARELNAU + (unten:) 1403 1637 1854" (33 mm). Das letzte Jahr ist das der Einführung der revidierten Städteordnung.

*) Dies ist die einzige Abbildung eines Stadtsiegels und auch sozusagen die einzige Erwähnung eines solchen in dem, im Auftrage des Provinzial-Verbandes bearbeiteten Verzeichnisse der Kunstdenkmäler d. Provinz Posen. Es gilt also auch für diese Inventarisation das, was auf S. 1, Note [1]) über die meisten derselben gesagt werden mußte.

Provinz Posen. Regierungsbezirk Posen.

Abb. S. 107 **Baranow** (Baranowo), Stadt. **In Blau ein silberner Widderkopf mit goldenen Hörnern.**

Es wurde nur ein: „✳ SIGILLVM CIVITATIS BARNAO WIENSIS" (23 mm) aus der ersten Hälfte des 18. Jahrh. bekannt, welches den, auf den Stadtnamen (baran = Widder) anspielenden Kopf in zopfigem Rahmenschilde zeigt. Das neue Farbsiegel: „⁑ MAGISTRAT · BARANOW" (29 mm) hat denselben frei im Felde.

Baschkow (Baszkow), **ehemals Stadt, wird seit der Besitzergreifung durch Preußen seiner Unbedeutendheit wegen als Dorf betrachtet.**

Ein Siegel ist nicht bekannt geworden.

Abb. S. 107 **Bentschen** (Zbąszyn), Stadt. **In Blau ein linkshin schreitender, silberner Schwan.**[1])

Das älteste bekannte Siegel, dessen Stempel im 15. Jahrh. geschnitten wurde, hängt an einem Geburtsbriefe v. J. 1764 im kgl. Staatsarchiv zu Posen. Dasselbe zeigt den schreitenden Schwan; von der Umschrift ist nur zu erkennen: „+ spunsryn ○ sigil lv ○ . . . . . ." (35 mm). Dasselbe Bild hat ein: „✳ SIGIL : CI VIT : ZBA · · · : 1781 (27 mm). Ein: „POLIZEY SIEGEL DER MEDIATSTADT BENSCHEN 1798" (29 mm) bringt den Schwan rechtshin auf Wellen schwimmend. Bei dem, der ersten Hälfte dieses Jahrh. angehörenden Siegel der: „STADT GEMEINDE BENT SCHEN 1568" schwimmt derselbe wieder linkshin. So auch auf den neuen Siegeln. — Es ist möglich, daß der Schwan als das Wappenbild Łabęc (Labendz) aufzufassen ist, wie Voßberg will, daß also einer der Grundherrn zu diesem Stammwappen gehörte.

1) Farbenangabe nach der ausdrücklichen Erklärung des Magistrats; Voßberg gibt das Feld als rot an.

Betsche (Pozczewo), Stadt.

Ein Wappen oder Siegel dieses Ortes ist trotz allen Nachforschungen nicht bekannt geworden. Ich kann mich nicht entschließen, das dafür von Voßberg frei erfundene Wappen: im roten Schilde zwei gekreuzte Schlüssel, darüber die Initiale P, durch eine Abbildung weiter zu verbreiten. Wie Unrecht Voßberg hatte, die von ihm erfundenen Wappen unter die andern zu stellen und sie nur durch ein leicht zu übersehendes kleines Sternchen von diesen zu unterscheiden, ersieht man z. B. daraus, daß Friedensburg in: Schlesiens Münzen 1888, S. 207, dadurch getäuscht, ohne weiteres Bekshe unter denjenigen Posenschen Städten aufzählt, welche zwei gekreuzte Schlüssel im Wappen führten.

Abb. S. 107 **Birnbaum** (Międzychód), Stadt. **In Silber ein bewurzelter grüner Birnbaum mit goldenen Früchten, in dessen Krone eine thorlose, rote Burg mit drei Zinnentürmen schwebt.**

Ein etwa um das Jahr 1600 gefertigtes: „⚜ ○ SIGILLVM ○ OPPIDI ○ ⚜ ○ MIEDZYCHOD •" (30 mm) zeigt dasselbe Bild, doch sind an dem Baume wohl Aeste und Zweige, aber keine Blätter und Früchte zu erkennen. Später gravierte man in denselben Stempel neben den Stamm des Baumes die Jahreszahl „17 86". Vermutlich geschah dies beim Uebergange der Stadt von den v. Unruh an einen anderen Grundherrn, wenigstens findet sich im St. Arch. Posen ein 1790 von Bürgermeister und Ratmannen der „Hochadelich von Mielzckischen Stadt" ausgestellter Geburtsbrief mit diesem veränderten Stempel besiegelt. Ganz ebenso ward auch dem Stempel eines kleinen: „⁞ ○ SIGILLVM ○ OPPIDI ○ ⁞ ○ MIEDZYCHOD ○" (25 mm), dessen Abdruck noch i. J. 1781 ohne Jahreszahl vorkommt, später an derselben Stelle „17 86" eingraviert. Nach der zweiten Teilung Polens erscheint ein neues: „STADTSIEGEL ZU BIRNBAUM IN SUD PREUS: (neben dem Baumstamme:) 17 93". Dasselbe zeigt im verzierten Schilde auf Rasenboden einen früchtetragenden Birnbaum ohne die Burg. Das gleiche Bild mit derselben Jahreszahl haben auch zwei weitere: „✻ STADTSIEGEL ZU BIRNRBAUM" (31 mm und 26 mm), während ein Siegel mit der Umschrift: „DER MAGISTRAT ○ ZU BIRN BAUM ○" (28 mm) die Erinnerungszahl wegläßt. Vielleicht infolge von Clericus' drastischer Klage über die Mißachtung aller historischen Erinnerungen seitens der Stadtbehörden (im Neuen Siebmacher) weisen die neuesten Siegel wieder den bewurzelten Birnbaum mit der Burg im Wipfel, in einem Halbrundschilde.

Abb. S. 107 **Blesen** (Bledzewo), Stadt. **In Rot ein gekrönter silberner Adler, im rechten Fang eine goldene Bischofsmütze, im linken einen goldenen Krummstab haltend.**

Das 1577 gebrauchte: „○ SI ○ CIVITATIS ○ BLES" (26 mm) zeigt in einem Schilde nur den polnischen Adler. Ueber dem Schilde ist als Raumfüllung eine kleine Lilie angebracht; zu seiten desselben scheinen sich Zahlen, die aber auf dem vorliegenden Abdrucke nicht zu erkennen sind, zu befinden. Ein 1778 gebrauchtes: „SIGILLVM CIVI · · I BLESDZOVIENSIS" (oval, 25 : 23 mm) hat die oben beschriebene, auch von Voßberg und dem Neuen Siebmacher als Wappen der Stadt gebrachte Darstellung. Denselben Adler mit denselben Attributen in den Fängen, dessen Brust aber mit einer Scheibe belegt ist, die ein Wappen mit geschachtem Schilde, Helm mit Decken und einer Bügelkrone statt des Kleinodes zeigt, bringt ein für die Zeit von 1748—1805 nachgewiesenes: „SIGILLVM CIVITATIS BLEDZOVIENSIS SACRI ORDINIS CISTERCIENSIS" (33 mm) und ein etwa gleichzeitiges ovales Siegelchen mit der gleichen Umschrift (25 : 22 mm). Die Stadt gehörte, wie ja auch diese Siegel mit seltener Deutlichkeit sagen, dem im Beginne des 15. Jahrh. hierher verlegten Kloster und kam erst 1816 an Preußen. Es ist also kaum anders denkbar, als daß das Wappen auf der Brust des Adlers das Familienwappen eines der Aebte ist. Unterstützt wird diese Annahme durch den Umstand, daß der Blesener Abt Provincial der Cisterzienser war, und daß ein Wappen mit eben derselben Bügelkrone, aber mit anderer Schildfigur auch bei dem folgenden Siegel vorkommt. Dies, wohl sogleich nach dem Anfall an Preußen gefertigte: „SIEGEL DER STADT BLESEN" (32 mm) zeigt im Felde den fliegenden preußischen Adler mit Schwert und Scepter in der Fängen. Unter ihm ein Strich, und unter diesem ein Wappen mit einer Bügelkrone auf dem Helme. Die Schildfigur ist wohl deutlich zu sehen, aber ihrer Kleinheit wegen nicht unzweifelhaft zu bestimmen; sie gleicht einem geraden Pflanzenstengel mit einem obern Mittelblatte und jederseits drei sparrenartig abstehenden Seitenblättern. Der neue Farbdruckstempel: „MAGISTRAT × DER STADT BLESEN (32 mm) hat nur den bekrönten fliegenden Adler mit dem Schwerte im rechten, dem Scepter im linken Fang.

Bnin (Bnialy), Stadt. **In Rot ein aufgestellter, silberner Schlüssel, überlegt von einem goldenen Kahn.***) Abb. S. 107

Der Kahn ist das herb (Wappenbild) Lodzia. Der letzte Grundherr der Stadt, Graf Szoldrski, führte in der untern Schildhälfte seines Wappens zwar das gleiche herb, aus dem ältesten bekannten Siegel geht aber hervor, daß dasselbe hier schon von einem frühern Erbherrn, der der gleichen Wappenfamilie angehörte, ins Stadtwappen gekommen ist. Es ist dies das: „⁝ SIGILVM ⁝ OPPIDI ⁝ BNIEN ⁝ PRO ⁝ CONSVLIS 1656" (40 mm), dessen sich noch 1788 Bürgermeister und Ratmänner „der Hochgräflichen Potulickaischen Erbstadt Bnien" bedienten. Es hat in einem runden Rahmenschilde den Kahn, aus dem der Schlüssel, aufrecht stehend, emporragt. — Bei dem Siegel des Stadtvogtes, dem: „SIGILLUM OPPIDI BNIN ADVOCA(TI)AL · 1785" (26 mm) mit ähnlichem Wappenschilde ist der Schlüssel, vom Kahn überdeckt, so daß der Bart über, der Ring unter diesem sichtbar wird. Das Farbsiegel des: „STADTPOLIZEY-AMT ZU BNIN" (29 mm) aus dem Anfange dieses Jahrh. bringt in mißverstandener Auffassung des Kahnes eine Blätterkrone mit durchgestecktem Schlüssel. In Rothes Kunstdenkmälern der Prov. Posen (Bd. III, S. 257) ist eine Bauinschrift mit dem Wappen des Bischofs Andreas IV. von Posen (1438—79) abgebildet. Auch dieses zeigt das herb Lodzia; es ist wahrscheinlich, daß unter ihm die Stadt dem Bistume angehörte; dadurch würden sich des Bischofs große Stiftungen für die dortige Kirche und auch der Schlüssel im Stadtwappen erklären.

Bojanowo (Neu-Bojanowa), Stadt. **In Rot ein aus einem grünem Walde nach rechts hervorbrechender silberner Widder.** Abb. S. 107

Von dem ältern, 1583 von Stephan Báthori auf Ansuchen Stanislaus Bojanowskis zur Stadt erhobenen Orte Bojanowo ist kein Siegel bekannt geworden. Dagegen hat sich von dem bei der Neu-Gründung (durch Stephan Bojanowski auf Bärsdorf i. J. 1638) gefertigten: „✻ SIGILLVM · CIVITATIS · NEOBO IANOVENSIS" (35 mm) noch der eiserne Stempel erhalten. Derselbe zeigt oben beschriebenes Bild in einem ovalen Rahmenschilde. Das Bild erinnert an das Wappen der Bojanowski, welches (nach Voßberg) einen Widder zeigt. Dies Siegel, wie auch das wenig spätere: „✻ SIGILLV · MIN · CIVITAT · NEO BOIA NOVENSIS" (28 mm) wurde bis ins 19. Jahrh. gebraucht. — Ein Siegel der: „CAMMEREY CASSE ZU BOIANOWO" (28 mm) aus dem Anfange, ein: „SIGILLUM CIVITATIS NEOBOIANO VENSIS" (3 mm) aus der Mitte des 19. Jahrh. und das neue Farbsiegel: „✳ DER MAGISTRAT ✳ ZU BOJANOWO" (30 mm) zeigen ebenfalls das zu häupten beschriebene Bild, jedoch ohne Schildform frei im Siegelfelde.

Bomst (Babimost = Weiberbrücke), Stadt. **In Rot zwei schräggekreuzte, goldene Schlüssel mit zugewendeten Bärten.** Abb. S. 107

Voßberg (und natürlich auch das Siebmacherecho) beschreibt das Wappen als: „im rothen Schilde eine weiße Brücke, vor deren Oeffnung zwei gekreuzte Schlüssel von einem auf der Brücke stehenden weißen Adler gehalten werden." Die Abbildung zeigt den Adler auf der Brücke stehend, mit heruntergestrecktem Kopfe, die gekreuzten Schlüssel im Schnabel so vor den Brückenbogen haltend, als ob er sie eben aus dem Wasser gezogen hätte. Leider führt V. auch hierfür, wie überhaupt in seinem Wappenbuche der Posenschen Städte, keinen Beleg an, und da mir sonst eine solche Darstellung (die ich übrigens gar nicht anzweifle) nicht vorgekommen ist, so konnte ich mich nicht zu einer Abbildung derselben entschließen. Das älteste bekannt gewordene, ist ein noch 1646 gebrauchtes Siegel v. J. 1570 (Urk. i. Staatsarch. Posen) mit der Umschrift: „+ OPIDVM BABIMOST I · 5 · Λ · o ·" (22 mm); es zeigt in einem Schilde zwei schräggekreuzte, die Bärte einander zuwendende Schlüssel. Zur südpreußischen Zeit weist dann das: „✻ STADT SIEGEL DES MAGISTRATS DER IM̄EDIAT STADT BOMST" (35 mm) eine Brücke mit drei Bogen, in denen unten Wasser fließt und auf welcher der preußische Adler widersehend

*) Der Kahn, das Wappenbild Lodzia, erscheint auf alten wie neuen Abbildungen stets in derselben starren Form.

sitzt, der im erhobenen rechten Fang zwei gekreuzte Schlüssel hält. Während des Herzogtums Warschau (1806—1812) mußte auch Bomst ein: „PIECZEC MIASTA BABIMOSTU" (23 mm) nach der Schablone, d. h. mit dem gekrönten Sachsen-Polnischen Schilde führen. Als die Preußen wieder einrückten, kam die oben beschriebene Darstellung auch wieder zur Geltung. Neuerdings hat das Magistratssiegel nur den preußischen Amtsadler mit allen Attributen, der, wie oft bemerkt, kein S t a d t - sondern ein Staatswappen ist.

Abb. S. 107 **Borek** (Borku), Stadt. **In Grün über einem goldenen Kahne schwebend, zwei einzelne, spitzbedachte, thorlose, silberne Türme; zwischen denselben schwebt über einer silbernen Lilie ein goldenes Hufeisen mit abwärts gekehrten Stollen, welches oben mit einem goldenen Kreuzchen besteckt ist.**

Die Figuren zwischen den Türmen sind wohl den Wappen verschiedener früherer Mediatherren entnommen. Das früheste bekannt gewordene: „⁂ SIGILLUM ⁂ OPPIDI ⁂ BOREK ⁂ 1781" (41 mm) zeigt in einem Schilde zwei auf Boden stehende Türme, zwischen denen die sogen. Feldbinde, d. h. ein schmales, in einen Kreis gelegtes, unten zusammengeknotetes Tuch, die Schildfigur der Wappengesellschaft Nałęcz, schwebt. An einem Geburtsbriefe vom Jahre 1792 (St. Arch. Pos.) findet sich das: „PIECZEC BURM · MIASTA BORKU R · P · 1781", welches schon die häuptlings beschriebene Darstellung in einem Schilde zeigt. Der Stempel dieses Siegels ist noch vorhanden. Der neue Farbdruckstempel des: „SIEGEL DER STADT BOREK" (34 mm) zeigt eine genaue Nachbildung dieses Wappens.

Abb. S. 107 **Brätz**, (Brojce), Stadt. **In Rot zwei schräggekreuzte silberne Schlüssel mit abgewendeten Bärten.**

Das älteste bekannte ist ein gegen 1600 geschnittenes Siegel mit der Umschrift: „CIVITATIS BREDIENSIS R : POLONIÆ" (33 mm) in der Sammlung Kirmis in Neumünster. Es zeigt auf bewachsenem Boden einen linkshin gewendeten Schwan mit einem Ringl im Schnabel. Dies Bild läßt also darauf schließen, daß in jener Zeit ein Glied des Wappenstammes Łabęc Grundherr des Ortes war. Den Schild mit den beiden gekreuzten Schlüsseln hat zuerst der noch erhaltene Stempel eines: „SIGILLUM CONSULARE OPPIDI BROICAE S · R · M · (im Wappenschilde:) 16 56" (32 mm). Ein Siegel mit der von Voßberg (und also auch vom Neuen Siebmacher) beschriebenen Darstellung einer dreitürmigen Burg mit den Schlüsseln im Thorbogen habe ich nicht gesehen. Dagegen zeigt das: „SIEGEL DES POLICEY MAGISTRATS DER IMEDIAT STADT BRAETZ (im Felde:) 1799" (33 mm) auf bewachsenem Boden zwei kleine Türme, zwischen denen auf einem großen, einem Säulensockel ähnlichem Postamente — auf dem die Jahreszahl steht — der gekrönte, widersehende, preußische Adler sitzt, der im linken Fange die beiden gekreuzten Schlüssel hält. Ein neues, nur 28 mm großes Farbsiegel wiederholt diese Darstellung, Jahreszahl und Umschrift.

Abb. S. 107 **Buk**, Stadt. **In Silber eine bewurzelte heraldische Buche, deren Stamm durch einen querliegenden, den Bart nach rechts und abwärts kehrenden, blauen Schlüssel gekreuzt wird.**

Die Buche verkörpert den Stadtnamen, Buk = Rotbuche; der Schlüssel deutet auf das Erzbistum Gnesen-Posen. Dasselbe Bild hat schon ein im St. Arch. Pos. an einer Urk. v. J. 1459 hangendes, schönes: „+ secretum ⁝ civitatis ⁝ buk ⁝ maius ⁝ ......" (40 mm). Ferner ein ebenda an einer Urkunde von 1541 befindliches: „✠ SIGILVM ∘ · · · · BVK" (21 mm) und ein dem Ende des 16. Jahrh. angehörendes: „☙ SIGILLVM ∘ ADVOCATI + BVCCO VIENSIS ∘" (31 mm). Auffallend durch seine ganz viereckige, äußere Form ist ein Signet aus dem 17. Jahrh., welches den Schlüssel linkshin über den Stamm gelegt und darüber nur die Buchstaben „M B" (25 mm hoch und ebenso breit) zeigt. Der Stempel desselben scheint nach den vorliegenden scharfen Lackabdrücken noch irgendwo erhalten zu sein. Von den beiden letztbeschriebenen Siegeln befinden sich auf der in der Literaturübersicht erwähnten Kupferplatte der Biblioteka Kórnicka Abbildungen von der geschickten Hand Kielisinski's. Ein Siegelchen des 18. Jahrh. hat das Bild in einem ovalen, von zwei Palmwedeln eingerahmten und mit einer fünfblätterigen Krone besetzten Schilde. Dies Signet hat keine Umschrift, doch stehen im Schilde, unter dem Schlüssel die Buchstaben: „C B" (20 : 18 mm). Zur südpreußischen Zeit verschwindet das alte Bild. Ein Siegel mit der Umschrift: „KO · · · SUDPR · · · MAGISTRAT ZU BUK 1797" (35 mm) bringt statt dessen den fliegenden, widersehenden preußischen Adler mit einem Schwerte im rechten, und einer Wage im linken Fang. Ueber demselben hängen ein paar Zweiglein mit kleinen Blättchen herab, die wohl an die Buche erinnern sollen. Aber schon im Anfange dieses Jahrhunderts kehrte das ursprüngliche Stadtzeichen, wenn auch ein wenig modernisiert, wieder zurück. Die Buche wächst nun aus dem üblichen Rasen und hat statt der ursprünglichen drei Blätter drei Zweige mit je drei Blättern. So auf einem Siegel des: „KOEN : PR : MAGISTRAT ZU BUK 1833" (32 mm) und auf einem etwas früheren 35 mm großen Siegel mit derselben Umschrift und einer, auf vorliegendem Abdrucke nicht erkennbaren Jahreszahl. So auch die neuesten Magistratssiegel.

Czempin (Tschempin), Stadt. **In Gold eine schräg- rechts gelegte bewurzelte Buche; der Stamm gekreuzt von drei schräglinks liegenden roten Pfeilen.** Abb. S. 107

Dies Bild zeigen im Schilde ein 1669 von „Proconsul et Consules Oppidi Czempin" gebrauchtes, bis ins 19. Jahrh. benutztes: „∘ SIGILLVM • MAIVS • OPPIDI • CZEMPIN • ∾" (30 mm) und das: „ ⁕ SIEGEL DES MAGISTRATS ZU CZEMPIN ⁕ 1847 : " (32 mm). Bei beiden schwebt im Siegelfelde über dem Schilde, von zwei Sternen begleitet, der Kahn der Wappengenossenschaft Łodzia, welcher von den früheren Grundherren die Grafen Szołdrzki angehörten.

Dobrzyca (Dobberschütz), Stadt. **In Rot ein silbernes Wiederkreuz.** Abb. S. 107

Dies ist das Schildbild eines um 1700 gefertigten: „∴ SI GILLVM OPPIDI : DOBRZYCENSIS :" (29 mm), sowie eines 1796 gebrauchten: SIGILLVM OPIDI DOBRSYCA (nach Notiz i. d. Slg. Kirmis), und des: „MAGISTRATS SIEGEL DER STADT DOBRZYCA" (30 mm) vom Anfang des 19. Jahrh. und endlich auch des neuen Siegels mit derselben Umschrift (27 mm).

Dolzig (poln. Dolok), Stadt. **In Blau der golden gerüstete Erzengel Michael als Sieger, mit einer Palme in der Rechten und der Lanze in der Linken, stehend auf dem zu Boden geworfenen Fürsten der Finsternis.** Abb. S. 107

Das Bild stellt den Patron der um 1460 erbauten St. Michaelskirche dar. So erscheint es auch auf dem: „✱ SIGILLVM PRO CONSVLARE OPPIDI DOLSKO ANNO DOMINI" (35 mm; die Umschrift füllt den Schriftrand vollständig aus, auch sonst ist keine Spur von der zu erwartenden Jahreszahl zu sehen, obwohl der vorliegende Abdruck ganz leidlich ist). Dessen 37 mm große Nachbildung hat die gleiche Umschrift, aber noch die Jahreszahl „1666". Während der südpreußischen Zeit mußte auch hier das städtische Siegelbild dem fliegenden, Scepter und Apfel in den Fängen haltenden preußischen Adler weichen. So das Siegel des: „KON : SUD PR : MAGISTRAT ⁕ ZU DOLZIG" (28 mm). Aber schon bei dem: „STADT SIEGEL ZU DOLZIG 1818" (29 mm) kehrt der Erzengel zurück. Während bis jetzt dessen Widersacher in Lindwurmgestalt mit behörntem menschlichem Kopfe erschien, hat ein neues, 1865 gebrauchtes, gutgearbeitetes: „✱ SIGILLUM PROCONSULARE OPPIDI DOLSKO · ANNO DOMINI 1666" (38 mm) denselben in mehr menschlicher Gestalt, wenn auch mit Drachenflügeln und Schweif. Hiervon gibt es auch ein gleichgroßes und sonst ganz gleiches Farbsiegel. Bei der neuesten Siegeloblate verzichtete leider der Magistrat wieder auf das der Stadt eigentümliche Siegelbild und nahm statt dessen den königl. preuß. Adler. Im ersten Hefte ist schon wiederholt darauf hingewiesen, wie wenig derselbe sich als Symbol einer Stadtgemeinde eigne.

Dubin (Dupin, poln. Dubino), Stadt. **In Silber eine rote Burg mit drei Kuppeltürmen; über dem Mittelturme schwebt der preußische Adler mit allen Attributen.** Abb. S. 107

Nach Voßberg (und also per se auch nach dem Neuen Siebmacher) soll der Adler ursprünglich der weiße polnische sein. Leider sagt Voßberg auch hier nicht, worauf sich diese, ja an sich sehr wahrscheinliche Angabe stützt. Mir sind nur neue Materialien bekanut geworden: ein 1804 gebrauchtes, durch besonders ungeschickte Anbringung der Jahreszahl auffallendes Siegel mit der Umschrift: „93 MAGISTRAT ZU DUPIN 17" (27 mm) und ein modernes Farbsiegel: „MAGISTRAT ZU DUBIN 1629" (32 mm) beide mit dem p r e u ß i s c h e n Adler über der Burg.

Fraustadt (poln. Wschowa), Stadt. **In Rot zwischen zwei silbernen Ringen ein silbernes Patriarchenkreuz.** Abb. S. 107

Das Doppelkreuz ist die Schildfigur der Jagellonen[1]); von den dasselbe hier begleitenden Ringen vermutet Kirmis (Polnische Münzkunde, 1892, S. 36), daß diese ursprünglich von den Fraustädtern zur Unterscheidung ihrer bessern Denare von den leichtern Krakauern neben das Kreuz gesetzt und später aus den Münzen in das Wappen übergegangen seien. — An der unter Guhrau (s. Schlesien) näher beschriebenen Urkunde v. J. 1310 hängt das älteste bekannte, wohl schon seit der Erhebung Fraustadts zur deutschen Stadt (um 1200) gebräuchliche: „+ S'CIVIVM · DE · FROWENSTAT" (53 mm). Es zeigt Unsere liebe Frau mit dem auf ihren Knien sitzenden Kinde, nach links gewendet, sitzend auf einem ebenfalls nach links gestellten Lehnstuhle, also die Figuren und der Stuhl ganz in der Seitenansicht, nur die Gesichter sind ein wenig herwärts gewendet. Der Stempel eines im Staatsarchiv Posen an einer Urkunde v. 1420 hängenden: „+ S CIVIVM ⁝ DE . . . . ENSTAT" (32 mm) muß auch noch der ersten Hälfte des 14. Jahrh. angehören. Dies Siegel zeigt auf einer Bank nebeneinander sitzend, rechts die hl. Jungfrau mit betend erhobenen Händen, links den dieselbe krönenden Gottvater, welcher eine Krone auf dem Haupte und ein Scepter in der Linken trägt. Auf einem der Mitte des 15. Jahrh. angehörenden, noch erhaltenen Stempel mit der Umschrift: „s ⁝ civitatis ⁝ ∴ frawenstat ⁝"! (30 mm) findet sich unter derselben Darstellung der Schild mit dem jagellonischen Doppelkreuze. Das Haupt des Himmelvaters hat hierbei statt der Krone einen Nimbus, an Stelle des Scepters ist die Weltkugel getreten und die Bank hat zwei hohe säulenförmige Lehnen. Der Stempel war noch 1761 in Gebrauch. v. Saurma erwähnt im

POMMERN, REG. BEZ. STRALSUND.

STRALSUND

BARTH.

BERGEN.

DAMGARTEN

FRANZBURG

GARZ AUF RÜGEN.

GREIFSWALD.

GRIMMEN.

GÜTZKOW.

LASSAN.

.LOITZ.

PUTBUS.

RICHTENBERG.

TRIBSEES.

WOLGAST.

POSEN REGIERUNGS-BEZIRK POSEN

ADELNAU.

BARANOW.

BENTSCHEN

BIRNBAUM

BLESEN

BNIN.

BOJANOWO

BOMST.

BOREK.

BRÄTZ

BUK

CZEMPIN:

DOBRZYCA

DOLZIG

DUBIN

FRAUSTADT

Nachtrag seines Wappenbuches der schlesischen Städte (S. 399) eines: sigillum . Frauenstat . . . und eines: sigillum . civitatis . Fraw enstat, welche dieselbe Darstellung haben sollen. Da v. S. oft nach mangelhaften Beschreibungen citiert, so wäre es wohl möglich, daß diese beiden mit dem vorherbeschriebenen Siegel eins wären, zumal da v. S. keinerlei Angaben, weder über Zeit noch Größe dabei macht. Ein in der Sammlung Kirmis befindliches, um 1520 gefertigtes: „❄ SIGILLVM : DER : FRAVNSTAT ❄" (Schriftband, 36 mm) hat beide Figuren mit großen Heiligenscheinen, die Himmelskönigin faltet die Hände, Gottvater hält die Weltkugel in der Linken, während die Rechte segnend erhoben ist. Das Schildchen mit dem Doppelkreuz (ohne Ringe!) ist hier ganz klein unten im Schriftrande angebracht. Um 1600 kam ein: „SIGILLVM CIVI TAT : FRAVNSTAD SEV WSCHO" (35 mm) in Gebrauch, bei dem die beiden Figuren halbleibs über dem Rahmenschilde mit dem Doppelkreuz und den Ringen dargestellt sind; der Stempel ist noch vorhanden. Später wird das Siegelbild weggelassen und nur der Wappenschild allein gegeben. So hat denselben, von Eichen- und Palmzweigen umgeben, das Siegel des: „RADA MIASTA WSCHOWY ·" (32 mm). Nachdem die Stadt 1795 an Preußen gekommen war, wurden alsbald Siegel mit einem linkshin fliegenden widersehenden preußischen Adler, der im rechten Fang an einem Bande den Schild mit dem Doppelkreuze nnd den Ringen, im linken ein Scepter hält, angefertigt. Es haben sich davon folgende, im Posener Staatsarchiv deponierte Stempel erhalten: „KÖN : SÜD PR : IMMED : CREIS STADT (unten:) FRAUSTADT" (33 mm) und: „KOEN : PREUSS : MAGISTRAT · (unten:) FRAUSTADT" (29 mm), sowie ein dem letztern in Darstellung und Umschrift gleicher, nur 27 mm großer, 1797 in Gebrauch genommener Stempel, und schließlich ein Farbstempel : MAGISTRAT D : KOEN : PR : CREIS : STADT (innen:) FRAUSTADT (33 mm). — In herzoglich warschauischen Tagen mußte zwar auch hier das Stadtwappen dem allgemeinen: „PIECZEC MIASTA WSCHOWA" (28 mm) mit dem bekrönten Wappen von Sachsen-Polen weichen, aber nach abermaligem Einzuge der Preußen kam es wieder zu Ehren. Ein Farbsiegel mit der Inschrift: „KON : PR : MAGISTRAT DER IMEDIAT STADT FRASTADT 18 17" (34 mm) zeigt unter der, das ganze Feld einnehmenden Schrift, zwischen der Jahreszahl einen ovalen Schild mit dem Stadtwappen. So auch ein Siegel und ein Farbstempel mit der Jahreszahl 1818. Auf den neuesten Magistratssiegeln ist der städtische Schild von geschmacklosem Rankenwerke umgeben, auf dem oben wieder die Krönung Mariens sichtbar wird.

Von Gerichtssiegeln wurden bekannt: ein an einer Urkunde v. J. 1508 (Staatsarchiv Posen) befindliches, vom Vogt Nikel Fengeler im Namen des Erbvogtes gebrauchtes: „s scabinorum de frawenstat" (28 mm), dessen Stempel um die Mitte des 15. Jahrh. geschnitten wurde. Es zeigt die gekrönte Himmelskönigin mit dem Kinde auf dem rechten Arme und dem Scepter in der linken Hand, links von einem Stern begleitet, wachsend über dem Schilde mit dem Patriarchenkreuze, in dem aber hier die Ringeln fehlen. Dann findet sich in der Sammlung des Herrn Prof. Dr. Kirmis in Neumünster ein 1536 und 1661 von Vogt und Schöffen gebrauchtes: „o SIGILLVM · IVDICII ❧ WSCHOWENSIS" (30 mm), welches im Felde den polnischen Adler, um dessen Brust und Hals sich ein großes S (Sigismund) schlingt und dessen Schweif mit einem kleinen Schildchen, darin das jagellonische Doppelkreuz, belegt ist. Bei einem: „• SIGILLVM · IVDICII ‡ ❧ WSCHO VENSIS (im Felde:) 17 16" (31 mm) mit demselben Sigismundsadler, erscheint das Patriarchenkreuz nur ganz nebensächlich (ohne Schildform) in der Umschrift. Ein 1792 von: Praesident, Vicepraesident und Rath der Freyen königlichen Republik und Appellations Sadt Fraustadt in Groß-Pohlen ausgestellter Geburtsbrief (St. Arch. Pos.) trägt ein Siegel mit dem Patriarchenkreuze und den Ringeln und der Umschrift: „∴ SAD : ORDYNA : PRIM : INSTAN : MIAS : WSCHOWY (im Felde:) 1792" (45 mm), was nach freundlicher Mitteilung des kgl. Staatsarchivs Posen zu Deutsch: Ordentliches Gericht der ersten Instanz der Stadt Fraustadt heißt. Auch hiervon ist der Stempel noch vorhanden.

Die 1633 vom Starosten Hieronymus Radomicki gegründete Neustadt-Fraustadt erhielt in dem Bestätigungsbriefe König Vladislaus IV. u. a. auch ein Wappen verliehen. Nach dem Abdrucke der Urkunde in Wuttke's Cod. dipl. urbium magni ducatus Posnaniensis (CCXXXXII) lautet die betr. Stelle: „Publicum ejus oppidi perpetuumque insigne, quo magistratus illius oppidi in signandis literis omnibusque actionibus utetur, in scuti medietate dimidia aquila rubra in sarto ceruleo (!), in altera vero scuti medietate erunt tres teniae sive campi duo rubri, album prout hic artificis manu expressum est." Wuttke macht dazu die Note: „Hic in medio diplomate insigne civitatis depictum extat, at differt a descripto in eo, ut medius campus sit ruber, ceteri vero albi, ruber quoque campus in quo semi aquila conspicitur. (Derartige Ungenauigkeiten kommen nicht allzu selten vor.) So zeigen denn auch zwei gleichzeitige Siegel, beide mit der Umschrift: „❄ SIGILVM ❄ CIVI TATIS ❄ NEV STADIENSIS ❄ AD 1633" (37 mm und 28 mm) im gespaltenen Siegelfelde rechts den halben Adler, links einen Querbalken. Der Stempel des größeren ist noch vorhanden. Man hat auf die Wappenverleihung augenscheinlich viel gehalten, denn noch 1722, als der geschworene Vogt und die Schöppen das kleinere dieser Siegel benützen, lautet die Corroborationsformel: „zu mehrer Uhrkundt haben Wier Unser der Stadt königl. privilegirtes Insiegel wohlbedächtig vordrücken lassen" (Urk. im Rathsarch. z. Thorn): 1832 ward die Neustadt mit der Altstadt verschmolzen. — Eine Besprechung der Fraustadter Siegel und die Abbildung des ältesten findet sich im Wappenbuch der schlesischen Städte von Hugo Saurma, Freiherrn v. u. z. d. Jeltsch, 1870, Sp. 52, Taf. 11, No. 23. — Ausführlicher ist die Abhandlung darüber in Dr. M. Kirmis: Beiträge zur Wappen- und Münzkunde Großpolens, 1885, S. 6. — Selbst Rothe's Kunstdenkmäler erwähnen ausnahmsweise die Fraustadter Siegel, wenn auch nur ganz flüchtig.

1) Dasselbe erscheint zuerst auf den Münzen der Stadt. Die Privilegienbestätigung Wladislaus Jagiellos von 1404, Juni 2. (Wuttke No. 42) bestimmt das Doppelkrenz ausdrücklich als Münzbild, während es auf Siegeln erst später erscheint, wonach die umgekehrte Ansicht Dannenberg's (Berl. Münzbl. S. 546) zu berichtigen ist.

Görchen (Miejska-Górka), Stadt. **In Rot ein goldener, an den Enden mit Ungeheuerköpfen besteckter Kahn, aus dem ein silberner Zinnenturm wächst.** Abb. S. 110

Dies Bild ist wohl das Wappenbild eines, oder die Zusammenschiebung des Wappens zweier ehemaliger Grundherren, der Kahn könnte einem Mitgliede der Wappengenossenschaft Lodzia angehören.[1]) Dieselbe Darstellung zeigt sich auf dem noch erhaltenen, aus dem Anfang des 17. Jahrh. stammenden Stempel des: „+ SI GILLVM · CIVITATIS · GORCENSIS" (30 mm) frei im Siegelfelde, bei einem „SIGILLVM + CIVITATIS + GORCENSIS" (oval, 37 : 31 mm) vom Anfange des 18. Jahrh. und bei einem Siegel vom Ende des 18. Jahrh.: „MAGISTRAT ZU GOERCHEN (unten:) MIEYSKO GORKI" (30 mm) im verzierten Schilde. Ein neueres Farbsiegel des: „POLIZEY-AMT GOERCHEN" (27 mm) und darnach das neue Farbsiegel des: „+ MAGISTRAT DER STADT GÖRCHEN" (25 mm) haben das alte Bild mißverstanden und daraus eine durchgehende, mit einem Zinnenturme besetzte Mauer gemacht.

1) Vielleicht wäre an das herb Korabi Schiff mit Mast und Mastkorb, am Bug und Spiegel mit einem Löwenkopfe besetzt, zu denken.

Gostyn, Stadt. **In Silber eine rote Burg mit einem höheren mittleren Zinnenturme und zwei spitzbedachten Seitentürmen; in ersterem zwei offene Thore.** Abb. S. 110

Ein älteres Siegel ist nicht bekannt. Ein vorliegendes: „· SIGILLVM CONSVLVM CIVITATIS GOSTINENSIS · 1585" (46 mm) kann wohl nur der etwa zu Ende des 17. Jahrh. gefertigte Nachschnitt eines solchen sein. Während der herzoglich warschauischen Zeit bediente die Stadt sich des vorgeschriebenen Wappens von Sachsen-Polen mit der Umschrift: „PIECZEC MIASTA GO STYNIA." Darnach kehrte sie wieder zu dem alten Bilde zurück und hat es auch bis jetzt beibehalten. Ein: „S · SCABINORVM · CIVITATIS · GOSTINSIS"! (30 mm) aus der Mitte des 16. Jahrh. hat dasselbe Bild, nur daß die Türme unten nicht verbunden sind. 1816 wurde dessen Stempel zum Besiegeln von Briefen des Magistrats verwendet.

Grabow in Posen (Grabowo), Stadt. **In Grün ein goldener Pelikan mit seinen Jungen auf dem Neste.** Abb. S. 110

Es liegt mir nur ein etwa um 1600 gefertigtes, 35 mm großes Siegel mit diesem Bilde vor, dessen Umschrift leider auf diesem Abdrucke unkenntlich ist.

Grätz in Posen (Grodzisko), Stadt. **In Blau ein auf goldenem Throne sitzender Polenkönig mit der Krone auf dem Haupte.** Abb. S. 110

Das älteste bekannt gewordene Siegel ist ein: „+ S CIVI TATIS · GROD · · · IZ" (49 mm) des 14. Jahrh., erhalten auf einer Urkunde des Proconsul opidi Grotzysko v. J. 1520 im Stadtarchiv zu Zerbst. Der Papierabdruck läßt ebenfalls den Thron und auf ihm die Umrisse einer Figur erkennen. Dann folgt ein dem Ende des 16. Jahrh. angehörendes: „SIGILL · · CIVITATIS GROD ZISKO" (31 mm), welches, wie auch ein nur mit: „S · C · G" (oval 22 : 20 mm) bezeichnetes Signet des 18. Jahrh., den thronenden König zeigt. In herzoglich warschauischer Zeit ward auch hier das sächsisch-polnische Wappen mit der Umschrift: „URZAD STANU CYWIL NEGO MIASTA GRODZISKA" (30 mm), welches bald von dem fliegenden Adler im: „MAGISTRATS SIEGEL (unten:) ZU GRAETZ" (25 mm) vertrieben ward. Ein neues Stadtverordnetensiegel zeigt wieder den thronenden König und darunter die Jahreszahl der Verleihung der Städteordnung, 1836.

Jaraczewo (Jaratschew), Stadt. **In Rot ein goldener Laurentiusrost.** Abb. S. 110

Nach Voßberg war die Stadtkirche dem hl. Laurentius geweiht,[1]) daher der Rost. Auch ein, mir nur in undeutlicher Pause bekannt gewordener Farbabdruck eines vielleicht dem 17. Jahrh. angehörigen: „+ SI · · · · M CIVITAT IARA · · · ·" (35 mm) scheint den Rost zu haben. Zweifellos zeigt ihn, im rot schraffierten Schilde, ein der zweiten Hälfte des 19. Jahrh. angehörendes: „SIGILL · CIVITATIS JARACZEWO" (30 mm) und dessen gleich große Nachbildung als Farbstempel.

1) Nach Rothe's Kunstdenkmälern jedoch der hl. Maria Magdalena.

Jarotschin (Jaroczyn), Stadt. **In Gold ein roter fensterloser Turm mit offenem Thore; auf dem breit ausladenden Gesimse steht neben einem höheren spitzen Mitteldache noch jederseits ein kleineres spitzes Seitendach.** Abb. S. 110

So ein um das Jahr 1600 gefertigtes: „❄ SIGILLVM CIVI TATIS IAROT · · · ·" (31 mm), dessen Darstellung der neueste Farbstempel: „❄ MAGISTRAT ❄ ZU JAROTSCHIN" (27 mm) wiederholt. Voßberg erwähnt ausnahmsweise im Wappenbuche der Städte des Großherzogt. Posen eines Stadtsiegels mit der Jahreszahl 1641, welches, da er nur von einem freistehenden Turme spricht und auch einen gewöhnlichen viereckigen, spitzbedachten Turm abbildet, nicht die charakteristischen drei Dächer nebeneinander zu haben scheint.

Abb. S. 110 **Jutroschin** (Jutroszyn), Stadt. **In Rot eine runde, thorlose Burg mit drei Zinnentürmen.**

Dasselbe Bild zeigt in einem Schilde das: „❊ SIGILLVM ❊ PROCONSVLIS ❊ OPPIDI ❊ IVTROSIN (im Felde:) 1699" (40 mm), dessen Stempel sich erhalten hat. Die Jahreszahl bezieht sich auf die Anfertigung des Stempels, nicht, wie Voßberg vermutete, auf die Gründung der Stadt, denn 1533 schon wird die Stadt als abgebrannt erwähnt,[1] 1556 erhielt das oppidum Jutrosin Jahr- und Wochenmärkte bewilligt, und 1642 spricht der Grundherr, Stanislaus von Konary Kolaczkowski von „freudiger Aufbauung dieser verödeten Stadt". Das neue Farbsiegel: „DER MAGI STRAT ZU JUTROSCHIN" (31 mm) hat dasselbe Kastell in einem Schilde. So auch die Siegel der Kämmereikasse.

1) Nicht aber führt die Stadt zur Erinnerung an diesen Brand „drei Schornsteine" in ihrem Siegel, wie Ludwig in den Städtebildern der Posener Ztg. vom 12. Juli 1896 meinte.

Kähme (Kamionna), Dorf (seit 1874), vordem Stadt. **In Rot eine kranzförmig gelegte, unten verknotete, weiße Feldbinde, durch welche ein quergelegter mit dem Barte nach links und abwärts gerichteter silberner Schlüssel gesteckt ist.**

Die Binde ist das Wappenbild (herb) Nałęcz, welcher Wappengenossenschaft also ein früherer Grundherr angehörte; der Schlüssel erinnert an die Stadtrechts-Verleihung seitens des Posener Erzbischofs Jaroslaus. Es ist mir nur ein: „❊ STADT SIEGEL Z · KAEHME IN SUDPR ·" (25 mm) bekannt geworden.

Abb. S. 110 **Kempen** in Posen (Kempno), Stadt. **In Blau[1] ein auf grünem Hügel stehender silberner Schwan.**

Dies Wappen wurde in der Fundationsurkunde, mittelst deren König Johann Kasimir am 20. Dezember 1660 dem Adam von Rudniki Biskupski gestattete, bei seinem Erbgute, genannt Kempen, aufs neue eine Stadt zu gründen, erteilt, und lautet der betreffende Passus nach einer, mir vom kgl. Staatsarchiv Posen gütigst zur Benützung geliehenen Bestätigung dieser Rechte durch König Stanislaus August vom 5. April 1767: „Insigne autem Seu Sigillum publicum Civitatis illius, qui Magistratus in obsignandis Decretis Literis et Mercimonijs ac circa quevis Negotia Civitatem suam concernentia utetur, erit Olor Seu Cignus coloris albi in Campo Ceruleo viridi insulae vulgo na Zieloney Kempie (a qua denominatur) insistens, prout hic pictoris opera demonstrantur."[2] In der Pergamenturkunde[3] ist dies Wappen in einem, mit fünfblätteriger Krone besetzten, verzierten Rahmenschilde eingemalt. — Das älteste bekannte, wohl mit der Wappenverleihung gleichzeitige: „❊ SIGILLVM · CIVITATIS · KEMPNENSIS" (28 mm) zeigt den Schwan auf dem Hügel in einem einfachen Schilde. Eine wenig spätere Nachbildung hat zu seiten des Schildes die Jahreszahl: „16 61" (39 mm). Erhalten ist der Stempel eines, auch noch dem 17. Jahrh. angehörigen: „SIGILLUM · CIVITATIS · KEMPNEN SIS" (37 mm), bei dem der reiche Schild mit einer Phantasie-Königskrone besetzt und von zwei Engeln gehalten wird. Das neuere: „❊ SIEGEL DES MAGISTRATS ZU KEMPEN" (30 mm), sowie die modernen Farbsiegel, zeigen unter dem blau schraffierten Schilde die Jahreszahl „1616", angeblich das Jahr der erstmaligen Erhebung des Ortes zur Stadt.

1) Voßberg gab im Texte des Wappenbuches der Städte d. Großherzgth. Posen das Feld richtig als blau an, schraffierte es aber auf der Abbildung irrtümlich rot. Beides machte — wie stets, ohne Quellenangabe — Gautsch im Neuen Siebmacher getreulich nach. In einem späteren Hefte desselben Werkes bemängelte Clericus dann, daß sein Vorgänger den Schild richtig rot schraffiert, im Texte aber als blau bezeichnet habe!

2) Weit reicheres Material als Wuttke in seinem Städtebuche des Landes Posen gibt Paul Pitsch im Osterprogramm 1891 des Progymnasiums zu Kempen. Darin findet sich auch der Abdruck eines Transsumptes der Fundationsurkunde von 1660, bei dem der Wappenpassus nur durch die, vermutlich vom Herausgeber verbesserte Orthographie von obiger Wiedergabe sich unterscheidet.

3) Vier Pergamentblätter von je 41 cm Höhe und 33 cm Breite mit dem (ganz zerdrückten) königlichem Siegel an blauseidener Schnur, in stattlichem Bande von rotem Marmorpapier.

Abb. S. 110 **Kiebel** (Keblowo), Flecken, früher Stadt. **In Silber der hl. Bartholomäus, blaubekleidet, mit goldenem Nimbus, der in der Rechten seine Haut, in der Linken ein Messer hält.**

St. Bartholomäus war der Patron der Pfarrkirche. Es gelang mir nicht, ein Siegel aufzufinden, und auch das kgl. Staatsarchiv Posen besitzt nur das Bruchstück eines 1828 gebrauchten Magistratssiegels, auf dem nur noch der nimbierte Kopf und von der Umschrift: „MAGISTRAT ZU . . . . . ." (ca. 30 mm) zu sehen ist, und ein stark verwischtes Farbsiegel aus dem Jahre 1835 (31 mm), welches ebenfalls den Heiligen nur sehr undeutlich zeigt. Voßberg muß aber ein Siegel vorgelegen haben, denn er sagt, daß beim Wappen oben die Namen des Heiligen (den er übrigens nicht erkannte) andeutenden Buchstaben „S B" ständen.

Abb. S. 110 **Kobylin,** Stadt. **In Blau drei spitzbedachte, aus einem goldenen Kahne wachsende, silberne Zinnentürme, von denen der mittlere höher ist.**

So das gutgeschnittene, bis zum Beginne dieses Jahrhunderts gebrauchte: „❊ SIGILLVM + CIVITATIS + COBILINENSIS + (im Felde:) 16 18" (36 mm), welches dies Bild in einem Rahmenschilde zeigt, und ein 1759 gebrauchtes: „· SIGILVM · COBILI NENSIS" (19 mm), in der Sammlung Kirmis, was es frei im Felde hat. Auch bei einem, in der ersten Hälfte des 17. Jahrh. geschnittenen: „SIGILLVM ADVOCA : CIVITA : KOBILIN" (Schriftband, 27 mm), dessen Bürgermeister und Rat der hochfürstlichen Stadt Kobilien sich noch 1755 bedienten, ist die Kahnform beibehalten. So auch auf einer Nachbildung dieses Siegels, dem: „SIGILVM : ADVOCA : CIVIT : KOBELIE : (im Felde:) F L 17 26" (24 mm). Die Buchstaben F L beziehen sich vermutlich auf den Namen des damaligen Vogts. Dann taucht ein Siegel mit dem polnischen Adler in einem, von einem Herzoghute bekrönten Schilde auf (äußere Umschrift unleserlich) mit der Abschnittschrift: „BURMISTRZ MIASTA KOBYLINA" (30 mm) auf, an welches sich das: „PIEC ZEC MIASTA KOBYLINA" (56 mm) der herzogl. warschauischen Zeit mit dem sächsisch-schlesischen anschließt. Neuerdings aber führt man wieder das alte Abzeichen.

Kopnitz (Kopanica), Stadt. **In Blau ein silberner rechtshin schwimmender Fisch.** Abb. S. 110

Den Fisch hält Voßberg für den Karpfen der Wappengenossenschaft Glaubicz; er ist aber wohl einfach auf die Lage der Stadt am Ober, oder auch auf die von Wuttke mitgeteilte Sage zurückzuführen, daß die Stadt von Fischern gegründet worden sei. Auch erinnert der Fisch, den das einzig bekannt gewordene, dem 17. Jahrh. angehörige Siegel in einem Schilde zeigt, nicht eben sehr an einen Karpfen. Die Umschrift jenes Siegels lautet: „✱ CON SVL ✱ OPIDI ✱ COPENICESIS ≋" ! (34 mm).

Koschmin (Kozmin), Stadt. **In Rot ein silberner Adler.** Abb. S. 110

Ein Hauptsiegel dieser alten Stadt ist nicht bekannt; doch ist kaum zu bezweifeln, daß dasselbe das gleiche Bild wie das um 1400 gefertigte: „+ SECRETVM CIVITATIS COZ MYN" (34 mm) gezeigt habe, nämlich den einfachen polnischen Adler. Denselben hat auch noch ein dem 17. Jahrh. angehörendes: „❊ SIGILLVM ❊ CIVITATIS ❊ · · ZMIN (29 mm). Zur herzoglich-warschauischen Zeit mußte auch Koschmin den allgemein vorgeschriebenen sachsen-polnischen Wappenschild führen. Nach dem Rückfall an Preußen kehrte man wieder zu dem Adler zurück, dem man aber, wenigstens bei dem 1840 gebrauchten: „SIGILLVM · CIVI TATIS · KOSMINEN · · · GERM ❊" (35 mm), eine Königskrone aufs Haupt setzte. Nach der Mitte des 19. Jahrh. veränderte der Bürgermeister Rex, vielleicht in Erinnerung an den großen Brand v. J. 1822, das Siegelbild. Ein Farbsiegel mit der Umschrift: „DER MAGISTRAT DER STADT + KOSCHMIN ❊" (oval, 31 : 25 mm) zeigt innerhalb einer Schildform noch einmal eine, oben durch eine Krone abgeschlossene Umrahmung, in der nebeneinander rechts der hl. Laurentius mit dem Roste (Patron der Pfarrkirche), links der hl. Florian stehen; letzterer in der Rüstung, in der Rechten den Feuereimer, in der Linken die bewimpelte Lanze, rechts neben ihm das brennende Haus. Diese Darstellung, jedoch in einfacher, mit einer Krone besetzter Schildform, hat auch das jetzt gebrauchte Farbsiegel: „DER MAGISTRAT ZU KOSCHMIN" (oval, 33 : 30 mm). Es ist aber, wie der Herr Bürgermeister unterm 7. Juli 1896 freundlichst mitteilte, die Wiederaufnahme des alten Siegelbildes angeregt, da nicht nur die alten Siegel, sondern auch die Stadtchronik und eine Reihe anderer, mit dem Stadtwappen bezeichneter Gegenstände unverwerflich darthun, daß nur der weiße Adler im roten Felde als das Stadtzeichen anzusehen sei.

Kosten (Koscian), Stadt. **In Rot ein silberner Zinnenturm mit offenem Thore; auf den Zinnen steht der silberne polnische Adler.** Abb. S. 110

Das vielleicht noch aus dem 13. Jahrh. stammende: „+ S' CI VIVM DE COZTEN" (56 mm) hat nur einen spitzbedachten Turm mit breitausladenden, seitlich durch Schrägbalken gestützten Zinnen mit offenem Thore. Ganz so das: „+ S CIVIV · DE COZTEN" (41 mm) des 14. Jahrh. — Haupterwerbszweig der Stadt war die Tuchbereitung, und ihre Tücher galten als die besten in Polen. Als aber anderwärts gefertigtes Tuch als Kostener Ware verkauft und dadurch die Stadt sehr geschädigt wurde, wandten sich der Bürgermeister und die Tuchweber an den König um Abhilfe. Kasimir IV. gab ihnen darauf (1472, Nov. 13) das Recht, ihre Tücher mit einem Bleisiegel (Plombe) zu bezeichnen, welches den königlichen Adler auf den Zinnen eines Turmes zeigen sollte. Nach dem Abdruck der Urkunde in Raczinski: Cod. dipl. Majoris Poloniae, No. CXXXII, lautet die betr. Stelle: „Nos autem volentes in hoc petitioni textorum praedictorum tanquam justae et consonae rationi morem gerere et de omni ex hoc ipsis et civitati ipsorum facere incrementa turrim unam cum aquila alis extensis in ipsa residente, pro signe praedicto, damus et deputamus eisdem." Aus dem Wortlaute des Briefes geht nun klärlich hervor, daß das Wappen nicht nur den Tuchwebern, sondern auch der Stadt verliehen wurde. Es kommt aber auf den Siegeln, soviele deren bekannt sind, der Adler nicht vor.[1] Der Grund für diese auffallende Erscheinung ist entweder darin zu finden, daß, wie der Magistrat meint, die Stadt „in den Jahren von 1440 ab durch wiederholte Verpfändungen in den Privatbesitz königlicher Gläubiger kam, sie aus diesem Anlaß den königlichen Adler nicht mehr führte" oder, weil eine solche Delikatesse doch allzu vereinzelt dastünde, darin, daß die Stadt an ihren zwei Siegelstempeln vorderhand genug zu haben glaubte und die Anfertigung neuer hinausschob, und daß darüber etwa der Brief verloren ging oder in Vergessenheit kam.

POSEN REG:-BEZ: POSEN

GÖRCHEN

GOSTYŃ

GRABOW I. POS.

GRÄTZ IN POSEN

JARACZEWO

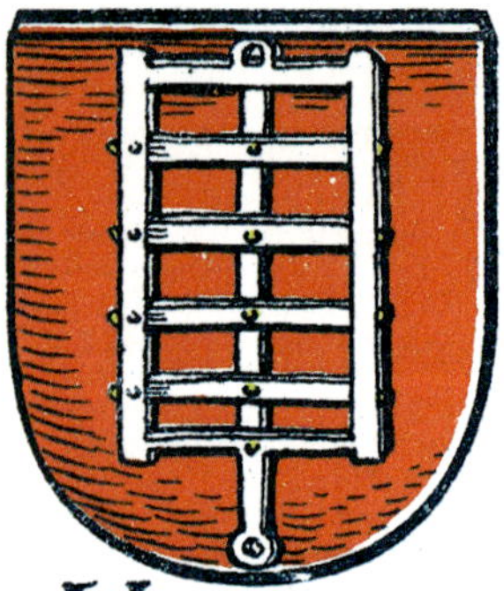

JAROTSCHIN

IUTROSCHIN:

KEMPEN IN POS.

KIEBEL

KOBYLIN

KOPNITZ

KOSCHMIN

KOSTEN

KOSTRZYN

KRIEWEN

KRÖBEN

KROTOSCHIN

KURNIK:

LISSA I. POSEN:

MESERITZ

Posen Reg: Bezirk Posen

Mieschkow.

Miloslaw.

Mixstadt.

Moschin:

Murowana-Goslin

Neustadt bei Pinne

Neustadt a.d. Warthe

Neutomischl

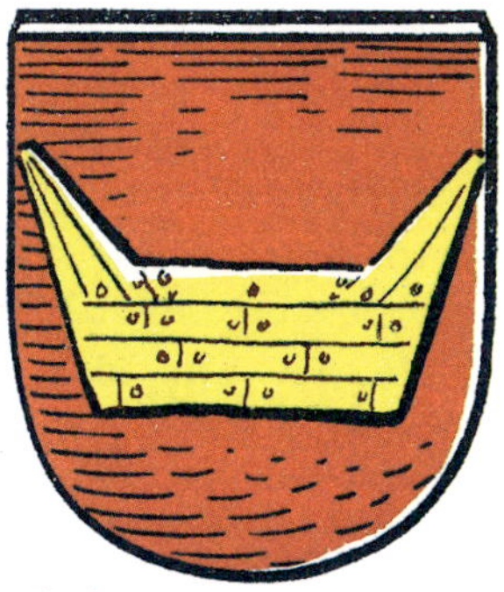

Obersitzko.

Obornik

Opalenitza

Ostrowo

Pinne

Pleschen.

Pogorzela

Pudewitz

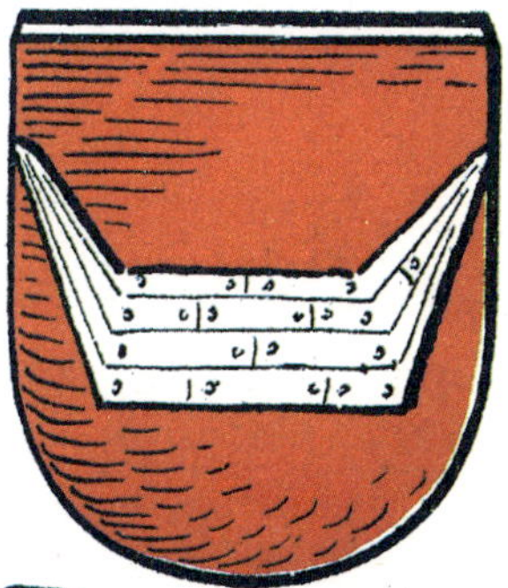

·Punitz·

Rakwitz

Raschkow.

Rawitsch:

Bei Danzig (Heft I, S. 18) wurde dargethan, daß diese Stadt, obwohl sie von eben demselben Könige Kasimir i. J. 1457 ein Wappen verliehen bekommen hatte, demungeachtet noch jahrhundertelang ihre vordem geführten alten Stempel unverändert beibehielt und nur auf den kleinen Signeten, deren der rege Verkehr manche nötig machte, sich des Wappens bediente. Letztere mögen bei dem kleinen Kosten nicht in Gebrauch gewesen, oder können unbekannt geblieben sein. Sicher ist, daß die Kürschnerordnung v. J. 1597 (kgl. Staatsarchiv Posen) noch mit dem oben beschriebenen ältesten Siegel bekräftigt ist. — Auch das: „SIGILLVM S CONSVLATVS CIVIT COSTEN (im Schilde:) 1672" (38 mm) hat den spitzbedachten Zinnenturm in einem Schilde. Ein um 1700 gefertigtes: „SIGILLVM S CONSVLATVS CIVITATIS COSTENSIS (im Felde:) 16 72" (oval, 20 : 19 mm) hat den Zinnenturm ohne Dach frei im Felde. So auch das zu Ende des 18. Jahrh. gebrauchte Siegel des: „: MAGISTRAT MIASTA KOSCIANA DO WYDZIALV POZNANSKIEGO NA LEZACEGO" (32 mm „... im Verwaltungsbezirke Posen belegenen Stadt ..."), sowie das wohl bei Einführung der Städteordnung (1835) gestochene Siegel: „D · GEMEINDE VORSTAND D · KREIS STADT KOSTEN (innere Umschr.:) PRZEŁOZENSTWO GMINNE MIASTA POWIATOWE KOSCIANA" (35 mm), von dem es auch einen gleichgroßen Nachschnitt als Farbsiegel gibt, bei dem jedoch das vorletzte Wort „POWIATOWEGO" heißt. Der Gebrauch dieser Stempel wurde später verboten und dafür ein Siegel mit der Umschrift: „✶ STADTVERORDNETEN ZU KOSTEN" (29 mm) und ein Farbsiegel: „✶ MAGISTRAT DER KREIS-STADT KOSTEN" (28 mm) eingeführt. Beide zeigen auch nur den Zinnenturm und wurden nach 1889 gebraucht. Jetzt neuerdings hat man dagegen (nach gefl. Mitteil. d. Magistrats) das 1472 verliehene Wappen mit dem Adler auf dem Turme in die Siegel genommen. — Wie Voßberg dazu kam, in seinem Städtewappenbuche die Brust des Adlers noch mit einem „C" zu belegen, obwohl ihm die Verleihungsurkunde bekannt war, ist nicht verständlich.

1) Auch das Wappen der Stadt in der kathol. Pfarrkirche zeigt, nach Rothe, Kunstdenkmäler, nur den Turm.

Abb. S. 110 **Kostrzyn**, Stadt. **In Grün zwei schräggekreuzte, gestürzte Schwerter mit goldenen Griffen; in den Winkeln oben und unten je ein goldener Stern, rechts und links je ein zugekehrter, silberner Halbmond.**

Von dem: „✲ SIGILLVM · PROCON · CIVITATIS · COSTR ZIN (im Felde:) 1680" (32 mm), welches obiges Bild in verziertem Schilde zeigt, kommt neben der wahrscheinlich älteren Form mit äußerem und innerem, dünnem Perlrändchen, schon 1698 (Thorner Ratsarchiv) eine wohl nur durch Ueberarbeitung desselben Stempels entstandene, durch stärkere und mehrfache Ränder verschiedene Abweichung vor. Auch im 18. Jahrh. wurde das Siegel nebst der Jahreszahl nachgebildet, doch trägt diese 35 mm große Kopie recht deutlich den Charakter ihrer Zeit. Das neue Farbsiegel: „✲ MAGISTRAT ✲ ZU KOSTRZYN" (35 mm) konserviert ebenfalls noch den Wappenschild, sowie die Jahreszahl „1680" des älteren Siegels.

Abb. S. 110 **Kriewen** (Krzywin), Stadt. **In Rot ein silberner Stierkopf, zwischen dessen Hörnern ein aufgerichteter, goldener Rechen wächst.**

Ein älteres Siegel ist nicht bekannt geworden. Das: „KON : PR : MAGI : SIEG : D : STADT KRZYWIN (unten im Abschnitte:) PIECZEK MAGIST : MIASTA KRZYWIN" (35 mm) aus dem Ende des 18. Jahrh. zeigt in einem von Eichenlaub, Palmwedel und Rosen eingerahmten Schilde oben beschriebene Figuren in rot schraffiertem Felde. Wenige Jahre später bringt das Siegel des: „KON SÜD PR MAGISTRAT ZU KRZYWIN" (oval, 34 : 29 mm) statt dessen den fliegenden, preußischen Adler mit allen Attributen. Voßberg muß noch ein anderes Siegel vorgelegen haben, denn er beschreibt im Wappenbuch der Städte d. Großhzgt. Posen, 1866, S. 10 das Wappen als: „im Schilde ein Ochsenkopf, oben und unten ein Kreuz, zu den Seiten zwei niederwärts gekehrte Hirtenstäbe (des Abtes),¹) oben eine Harke (Wappen Grabie I.) zu den Seiten des Schildes auf einem flatternden Bande das Gründungsjahr 12—57". Aus letzterm Passus ist anzunehmen, daß dies Siegel ein ganz neues war, denn Erinnerungszahlen auf flatternden Bändern sind eine sehr moderne Erfindung.

1) Die Stadt, die übrigens nach Wuttke, Städtebuch des Landes Posen, 1877, S. 341, schon i. J. 1237 genannt wird, gehörte vom 13. bis ins 19. Jahrh. dem Benediktinerkloster Lubin.

Abb. S. 110 **Kröben** (Krobia), Stadt. **In Blau St. Paulus mit goldenem Nimbus, in der Rechten ein gesenktes Schwert, in der Linken ein Buch haltend.**

Der Ort gehörte den Bischöfen von Posen, daher der Patron des Bistums im Siegel. Das älteste bekannt gewordene ist ein Schöffensiegel aus der ersten Hälfte des 16. Jahrh., welches aber zu Anfang dieses Jahrhunderts vom Bürgermeister als Amtssiegel benutzt wurde. Es enthält den Heiligen und die Umschrift: „¦ S ¦ SCAB + ¦ CIVI ¦ CROB" (25 mm). Die Darstellung und Umschrift der älteren Stadtsiegel scheint ein neueres Farbsiegel zu überliefern: „SIGILLUM CONSULARE CIVITATIS CROBENSIS (unten:) + 1819 +" (33 mm), welches den Apostel (bartlos) in roher Darstellung zeigt. Das neue Farbsiegel: „MAGISTRAT DER STADT ✲ KRÖBEN" (58 mm) hat denselben in der konventionellen Form.

Abb. S. 110 **Krotoschin**, Stadt. **In Blau zwei gekreuzte, silberne Schlüssel mit abgewendeten Bärten; im obern der dadurch entstandenen Winkel eine silberne Rose, in den beiden seitlichen je ein goldener Stern.**

Das älteste bekannt gewordene ist ein dies Bild zeigendes, etwa um das Jahr 1700 gefertigtes: „+ SIGILLVM · PROCONSI ✲ CIVITATIS : KROTOSIN" (oval, 38 : 33 mm), dessen Stempel noch vorhanden ist. Das von Clericus im Neuen Siebmacher als Zusatz angezeigte Siegel des Dominiums Krotoschin mit der Jahreszahl 1786 ist eben kein Stadtsiegel. Bei einem Siegel mit der Umschrift: „STADTVERORDNETE ZU KROTOSZYN (innere Umschrift:) REPREZENTANCI MIASTA" (34 mm), wohl aus dem Jahre der Verleihung der Städteordnung, 1834, sowie bei einem späteren Siegel: „DER MAGISTRAT ZU KROTTOSCHIN" (28 mm) ist aus der Rose des älteren Siegels ein Stern geworden; es ist aber wahrscheinlich, daß die Rose eine herald. Bedeutung hat, daß sie aus dem Wappen des zum herb Doliwa (mit drei roten Rosen belegter, silberner Schrägbalken) gehörigen Grundherrn Rożdrażewski, der 1570 die Stadt erwarb, herstammte. Das neueste Farbsiegel hat die Darstellung in einem Schilde, oben wieder die Rose, aber im unteren Winkel noch einen dritten, kleineren Stern. — In der Leipz. Illustr. Zeitung vom 28. November 1874 findet sich ein Aufsatz über das Stadtwappen von Krotoschin. Darin heißt es: König Johann Kasimir von Polen habe i. J. 1415 den Ort zur Stadt erhoben und mittelst desselben Privilegs auch das Wappen verliehen. Aber von 1386 bis 1434 saß Wladislaw II. Jagal auf dem polnischen Throne. Johann Kasimir kam erst 1648 daran. Die Notiz entstand wohl aus einer leichtlebigen Verschmelzung der beiden Mitteilungen in Voßbergs Posenschem Städtewappenbuche, daß Krotoschin (angeblich!) 1415 das Magdeburger Stadtrecht erlangt habe, und daß Johann Kasimir der Schützengilde zu K. ein Privilegium erteilte, auf dem sich auch das Stadtwappen befinde. Eggelings Mitteilungen betr. d. Gesch. d. St. Krotoschin (Beil. d. Krotoschiner Gymnasial-Programms 1886) enthalten nichts über unser Thema.

Kurnik, Stadt. **In Rot eine durchgehende, silberne Mauer mit offenem Thore, welche mit drei fensterlosen Zinnentürmen besetzt ist.** Abb. S. 110

Es ist nur ein, der ersten Hälfte des 19. Jahrh. angehörendes: „SIEGEL DES MAGISTRATS ZU KURNIK" (34 mm) und dessen gleichgroße Nachbildung als Farbsiegel bekannt geworden. Daß hierbei aus den Zinnen der Türme kleine Kugeln geworden sind, ist offenbar nur der Unkenntnis des Graveurs zuzuschreiben.

Lissa (Leszno), Stadt. **Von Silber und Rot gespalten; vorn ein halber, schwarzer Stierkopf mit silbernem Nasenring, hinten ein aufgerichtetes, mit der Schneide linkshin gekehrtes Beil mit goldenem Stiel; das Ganze belegt mit einem Herzschilde: von Gold und Blau (?) geteilt, oben ein wachsender, schwarzer Adler, unten leer.** Abb. S. 110

Nach einer nicht unter Beweis gestellten Angabe soll der Ort früher einen Auerochsenkopf mit einem Weidenrutenring durch die Nase als Wappen geführt haben (Wuttke, Städtebuch, S. 355). Dies Bild soll dann vom Grundeigentümer, dem Grafen Raphael III. Perszteyn (Lesczynski), der mit Genehmigung des Königs Sigismund den Ort (Liesno) um das Jahr 1547 zur Stadt erhob, in einen gespaltenen Schild, darin vorn der halbe, an die Spaltlinie angeschlossene Stierkopf (das halbe Wappenbild Wiesniawa) hinten das Beil (das Wappen Topor), umgeändert worden sein. Das erste bekannt gewordene: „✠ SIGILLVM · M · CIVITATIS · LESNO · IN · MAIORI · POLONIA (im Felde:) 16 32" (39 mm), sowie auch das zweite Siegel mit derselben Umschrift und in gleicher Größe, jedoch mit der Jahreszahl: „1665" (an Geburtsbrf. v. J. 1691 im Schles. Museum z. Breslau) zeigen beide dieses Wappen in einem Rahmenschilde. Im Jahre 1738 kaufte der Reichsgraf Sulkowski die Grafschaft Lissa. Dieser änderte das Stadtwappen dahin ab, daß er die Spaltlinie wegließ und demselben sein eigenes Wappen als Herzschild auflegte.¹) Es ist zwar von den drei kreuzförmigen Kleinoden (Bijous), die im unteren Felde des Sulkowskischen Wappens stehen sollten, auf den Siegeln der Stadt nichts zu bemerken; jenes Feld vielmehr bei allen (11 St. vorliegend) glatt und nur bei einigen blau schraffiert, aber es ist doch nicht, wie Clericus im Neuen Siebmacher gethan hat, daran zu zweifeln, daß der Herzschild den Sulkowskischen Besitz anzeigen soll, denn nicht nur, daß Voßberg und, unabhängig von ihm, Wuttke dieser Wappenänderung ausdrücklich Erwähnung thuen, sondern das früheste Siegel, was dieselbe zeigt, entstand auch erst nach der Erwerbung der Grafschaft durch Alexander Joseph Sulkowski, und wenn Clericus dasselbe Siegel als: aus dem 17. Jahrh. zu stammen scheinend, bezeichnete, so hatte er die unanfechtbare Jahreszahl 1741 darauf übersehen. Das betreffende Siegel trägt das beschriebene Wappen mit dem Herzschilde und die Legende: „✲ SIGILLVM · MAIVS · CIVITATIS · LESNENSIS · IN · MAIORI · POLONIA (im Felde:) 1741" (oval, 54 : 41 mm). Gleichzeitig wurde ein kleineres Siegel mit ganz derselben Darstellung, Jahreszahl und Umschrift gefertigt, nur daß in letzterer an Stelle des maius steht: „MINVS" (oval, 35 : 31 mm). Mit Ausnahme der paar Jahre des Großherzogtums Warschau, in denen die Stadt den allgemeinen Stempel mit dem Sachsen-polnischen Wappen, mit der Umschrift: „PIECZEC MIASTA LESZNA" (28 mm) führen mußte, hat dieselbe die Schildfiguren von 1741 bis in die Gegenwart unverändert beibehalten, nur daß die neueren und neuesten Siegel über dem Schilde eine Grafenkrone zeigen. Es ist daher, wenn man das jetzige Stadtwappen von Lissa darstellen will, nicht richtig, das

Posen : Regierungs-Bezirk : Posen

Reisen

Ritschenwalde

Rogasen

Rostarzewo

Samter.

Sandberg

Santomischel

Sarne:

Scharfenort.

Schildberg

Schlichtingsheim.

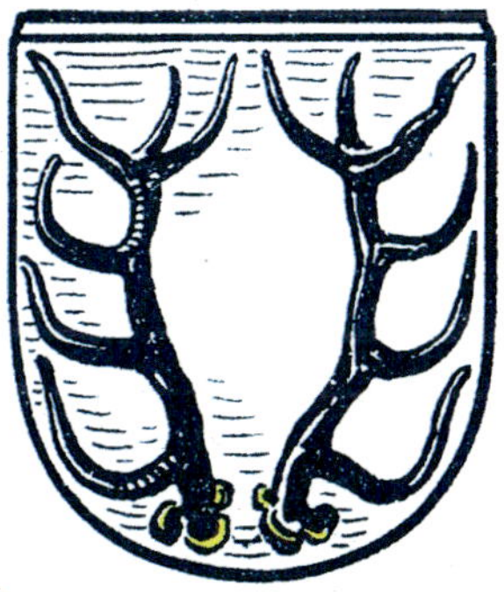

Schmiegel

Schrimm

Schroda

Schwerin a. d. Warthe.

Schwersenz

Schwetzkau

Stenschewo:

Storchnest

Sulmierschütz

allerdings schönere, einfache Wappen mit dem gespaltenen Schilde ohne Herzschild abzubilden — wie es Voßberg, der Neue Siebmacher, der Bearbeiter der Städtewappenserie der Leipz. Illustr. Ztg. und die Rommelsche Städtewappentafel gethan haben. — Ein wohl dem Anfang des 17. Jahrh. zuzuschreibendes, noch im 19. Jahrh. gebrauchtes: „SIGIL · U · · · · AI . IVDICII · SCAB · CIVITATIS · LES · · ·" (32 mm) hat eine gefüllte Rose als Bild.

1) So, jedoch ohne den Herzschild, zeigt das Wappen auch das von Rothe in den Kunstdenkmälern abgebildete, städtische Beschauzeichen für Zinnarbeiten.

Abb. S. III **Meseritz** (Międzyrzecz), Stadt. **In Blau eine viertürmige, mit zwei Windfahnen versehene, silberne Burg, deren thor- und fensterloses Mittelhaus ein rotes, mit dem gekrönten, silbernen, polnischen Adler belegtes Feld bildet.**

Das von Voßberg im Wappenbuche der Städte Posens, 1866, S. 11, erwähnte, mir nicht zu Gesicht gekommene Siegel aus dem 14. Jahrh. soll: „ein vierfach getürmtes Thor, oben mit Fahnen besteckt, in der Oeffnung der polnische, weiße Adler" zeigen (Umschrift? Größe?). Dasselbe Bild hat ein in der ersten Hälfte des 16. Jahrh. geschnittenes: „SIGILLVM CIVITATIS MEYDZEREC+" (32 mm, Schrift auf Band), welches in einer Urk. v. 1560 (Innungsstatut der Schneider, St. Arch. Pos.) der Stadt „maior Secret" genannt wird. Während hierbei, wie auch noch bei dem: „✶ SI GILL · CIVITAT · MIEDZYRZECZ · ANNO 1637" (oval, 36 : 33 mm) der Adler ungekrönt erscheint, trägt er bei dem: „SIGILL : CIVI TAT : MIEDZYRZECZ : ANNO 1667" (39 mm) und bei einem stummen Signet des 18. Jahrh. (oval, 21 : 18 mm) eine Krone auf dem Haupte. Das: „RATHS U. GERICHTS SIEGEL DER KON : SUDPR : STADT MESERITZ 1795" (oval, 34 : 30 mm) und das: „SIEGEL DER KÖN : SÜD PREUSS : STADT MESERITZ 1796" (oval, 31 : 29 mm), sowie zwei noch vorhandene, wohl gleich nach Ablauf der herzoglich warschauischen Zeit gefertigte Stempel mit den Umschriften: „KOENIGL : PR : GR : HERZ : POSEN SIEGEL DER KREIS STADT · (unten:) MESERITZ" (38 mm) und: „KÖN : PR : SIEGEL DER STADT (unten:) MESERITZ" (31 mm), sie alle haben dasselbe Bild, statt des bisherigen polnischen jedoch den preußischen Adler mit allen Attributen, in der bekannten älteren, fliegenden Stellung. So auch ein: „POLIZEI SIEGEL D STADT (unten:) MESERITZ" (34 mm). — Die neueren und neuesten Siegel zeigen an jener Stelle ein Halbundhalb, indem sie einen gekrönten Adler in der für den neueren preußischen Amtsadler charakteristischen Haltung und mit dessen Kleeblättern auf den Flügeln geben, Brust und Fänge aber leer lassen.

Abb. S. III **Mieschkow**, Flecken, früher Stadt. **In Rot auf grünem Boden eine silberne Burg mit drei runden, spitzbedachten Türmen; der mittlere ist höher und hat ein schmales offenes Thor.**

In der Sammlung Clericus, jetzt im Geh. Staatsarchiv zu Berlin, findet sich die Bleistiftabreibung eines Siegels mit obigem Bilde in einem ovalen Rahmenschilde, darunter die von Cl. mit einem „?" eingeleitete Umschrift: SIGIL · INHABITATOR · · · POS · · · S · OPIDI MISKE (oval, 27 : 25 mm); es ist dies wohl das Siegel v. J. 1777, von dem Voßberg spricht, ohne es zu beschreiben. Die neuen Lack- und Farbsiegel des: „KOENIGL : POLIZEI . MA GISTRAT . ZU MIESZKOW" (31 mm) haben kein eigenes Bild mehr, sondern zeigen den fliegenden preußischen Adler.

Abb. S. III **Miloslaw**, Stadt. **In Blau ein spitzbedachter silberner Zinnenturm, belegt mit einem goldenen Kahn.**

Der Kahn ist das Wappenbild (herb) der Adelsgenossenschaft Lodzia. Voßberg läßt den Turm aus dem Kahne wachsen, ein vorliegendes: „❁ SIGILVM CIVITATIS MILOSLAVIENSIS" (35 mm) aus dem Anfange des 17. Jahrh. zeigt ersteren aber deutlich von letzterem überlegt.

Abb. S. III **Mixstadt**, Stadt. **In Rot eine silberne Lilie.**

Das ist nach Voßberg das Zeichen der Wappengenossenschaft Gozdawa. Ein: „❊ SIGILLVM CIVITATIS MIXSTADENSIS" (38 mm) des 18. Jahrh. bringt die Lilie in verschnörkeltem Schilde.

Abb. S. III **Moschin** (Moszyn), Stadt. **In Blau ein silbernes Rathaus.**

Ein noch vorhandener Stempel: „✶ SIGILLVM ✶ OPPIDI ✶ MOSINENSIS" (27 mm) des 17. Jahrh., mit dem noch 1752 die Bestätigungsurkunde der Statuten der Leinweberzunft besiegelt wurde (St. Arch. Posen), zeigt den polnischen Adler, hier gekrönt und nach links schauend. Erst zu preußischer Zeit nahm man das Bild des Rathauses ins Siegel. So das: „SIEGEL D : IMME DIAT STADT MOSCHIN (unten:) PIECZ : MIASTA MOSINY" (34 mm) aus dem Anfange des 19. Jahrh. und das gleichzeitige Farbsiegel: „SIEGEL D: IMMED: STADT MOSCHIN (innere Umschr.:) PIECZEC MIASTA MOSINY" (35 mm), sowie das neue Magistratssiegel.

Abb. S. III **Murowana-Goslin**, Stadt. **In Blau ein mit drei roten Rosen belegter silberner Schrägrechtsbalken.**

Dieser Schild, nach Voßberg das Wappen Doliwa, wird in den städtischen Siegeln stets von einem dahinter stehenden Engel gehalten. So das: „SIGILLVM · PROCONSO OPPIDI · COS LINA (im Felde:) A P"! (28 mm) vom Anfang des 17. Jahrh. Die Buchstaben A · P deutet Voßberg auf den Gründer oder (mit mehr Wahrscheinlichkeit) auf einen Besitzer der Stadt; es ist aber dessen Name noch nicht festgestellt. Ein wenig späteres: „⁖ SI GILLVM · PROCON : OPPIDI · GOSLINA" (28 mm) läßt die Initialen fort. Das neue Farbsiegel des: „✶ MAGISTRAT DER STADT MUR : GOSLIN" (27 mm) besetzt den Schild unnötigerweise mit einer fünfblätterigen Krone. Es wäre sehr zu empfehlen, daß die Stadt bei Neuanfertigung städtischer Siegel die vorzügliche Raumausteilung der älteren zum Vorbild nähme!

Naclau, Dorf.

Die Dörfer Naclau (Nazlau), Sierakowo, Czarkowo und Kurzagora gehörten der Stadt Kosten. Der Magistrat war so zuvorkommend, mir einen Abdruck des im vorigen Jahrhundert gefertigten Stempels des: „CAEMEREY DORF NACLOW" (24 mm) zu senden. Das Siegelbild ist ein breiter niederer Zinnenturm mit offenem Thore.

Neubrück, Dorf, früher Stadt.

Das einzige bekannt gewordene Siegel dieses erst im Laufe des 19. Jahrh. zum Dorfe herabgesunkenen Ortes ist das: „SIEGEL DER KÖNIGL : SÜD PR : STADT NEUBRÜK 1793" (oval, 31 : 29 mm), welches den preuß. Adler mit einem Schwerte im rechten, einem Scepter im linken Fange bringt. Voßberg bildete als „provisorisches Stadtwappen" willkürlich den preuß. Adler mit dem polnischen als Herzschild ab, was nicht gutzuheißen ist.

Neustadt bei Pinne (Lwowek), Stadt. **In Silber (?) ein roter (?) Löwe.** Abb. S. III

Ein noch 1802 gebrauchtes: „SIGILVM ❊ CIWITATIS ❊ LWOWEK ·"! (37 mm) aus der Zeit um 1700, hat den Löwen in einem reichen Rahmenschilde. Die neue Siegeloblate des: „MAGI STRAT ZU NEUSTADT b. PINNE" (26 mm) bringt fälschlich den Löwen mit einer Königskrone gekrönt und auf dem Boden ruhend resp. kauernd.

Neustadt an der Warthe (Nove miasto), Stadt. **In Blau ein silberner Zinnenturm mit offenem Thore.** Abb. S. III

Das: „SIGIL · OPIDI NOVO MIASTO AD 1723 PO"! (oval, 24 : 22 mm) zeigt den Turm in einem Schilde. Ein Farbsiegel des: „KOENIGL : POLIZEI MAGISTRAT ZU NEU STADT · · ·" (31 mm) aus dem Anfange dieses Jahrhunderts hat den preußischen Adler in der zu jener Zeit üblichen fliegenden Stellung. Ein neues Farbsiegel des: „❊ MAGISTRAT ❊ ZU NEU STADT A/W" (25 mm) geht dagegen löblicherweise wieder auf das der Stadt eigentümliche Bild zurück.

Neutomischl (Nowy Tomysl), Stadt. **In Rot ein goldener Kahn.** Abb. S. III

Der Ort entstand erst zu Ende des 17. Jahrh. 1786 genehmigte König Stanislaus August, daß der Grundbesitzer Graf Felix Szoldrski denselben zur Stadt erhebe, was derselbe durch ein Privileg vom 18. Febr. 1788 that.[1]) — Das älteste Siegel, dessen Stempel noch vorhanden ist, zeigt das Wappen des zum Stamme Lodzia gehörigen Erbherrn, den Kahn in einem ovalen, von Kriegstrophäen umgebenen Schilde. Auf dem letzteren ruht eine siebenperlige (also Freiherrn!-)Krone, aus der ein, mit dem Schildbilde belegter Pfauenwedel wächst. Ohne Umschr., nur unten der Ortsname (auf vorliegendem Abdrucke bloß „TOM" zu erkennen), oben „1788" (34 mm). Ein Siegel des: „MAGISTRAT ZU NEU TOMISCHEL ✶ 1788 ✶" (34 mm) aus der ersten Hälfte dieses Jahrhunderts hat dieselbe Darstellung, jedoch ungeschickter gearbeitet. Das neue Siegel (33 mm) mit derselben Umschrift und Jahreszahl hat dasselbe Wappen, statt der Trophäen aber Helmdecken. So auch das nach 1887 gefertigte Siegel des: „Magistrat der Kreisstadt Neutomischel" (31 mm).

1) Daten nach dem Aufsatze von Th. St. in den Städtebildern der Posener Zeitg. 1896, No. 24.

Ober-Pritschen, Dorf.

In der Sammlung Kirmis in Neumünster findet sich ein neuer Abdruck eines um 1800 geschnittenen Siegels mit der Umschrift: „OBER PRITSCHEN G (im Abschnitt:) FRAUSTADT KREIS" (oval, 20 : 18 mm), welches, über Rasen schwebend, ein die Stollen nach oben kehrendes Hufeisen, oben und beiderseits begleitet von einem schwebenden Kreuzl, darstellt.

Nieder-Pritschen, Dorf.

Ein neuer Abdruck eines um 1800 gefertigten Siegelchens mit der Umschrift: „NIEDER PRITSCHEN · G · S · (im Abschnitt:) FRAU STADT KREIS" (oval, 22 : 19 mm) (Sammlung Kirmis in Neumünster) zeigt einen auf Rasen wachsenden Laubbaum (Linde?).

Obersitzko (Obrzycko), Stadt. **In Blau eine aufgerichtete goldene Hirschstange zwischen drei querliegenden goldenen Hifthörnern mit roten Bändern; zwei der Hörner schweben mit zugewendeten Mundstücken zu Seiten, das dritte unter der Hirschstange.** Abb. S. III

Die noch vorhandenen Stempel eines: „∴ SIEGEL · OPPIDI · OBRZICKO 1638 ·∴"! (oval, 39 : 33 mm) und eines wohl gleichzeitigen kleineren runden Siegelchens mit derselben Umschrift und Jahreszahl (25 mm), zeigen beide das beschriebene Wappen in einem mit einer Fürstenkrone besetzten Schilde. Die Jahreszahl bezieht sich auf das in jenem Jahre durch den Fürsten Christof Radziwil vom Könige erwirkte magdeburger Stadtrecht (Wuttke). Zur Zeit des Großherzogtums Warschau (1806—1813) trifft man auch hier die damals allgemeine Stadtsiegeltype, das sächsisch-polnische Wappen mit der Königskrone darüber und mit der Umschrift: „PIECZEC MIASTA OBRZYCKO" (28 mm). Gleich darnach aber erscheint eine Nachahmung des kleineren der beiden alten Siegel mit der Jahreszahl 1638 und derselben deutsch-lateinischen Umschrift. Weniger Pietät zeigte man bei einer späteren Stempelanfertigung; denn ein neues Farbsiegel mit der Umschrift: „DER MAGISTRAT ZU OBRZYCKO" (29 mm) weist statt des Stadtwappens den preußischen Adler mit allen Attributen. — Ein vom St. Arch. Posen als Vogtsiegel erklärtes: „+ SIEGEL ······ OBRZICKO 1697" (32 mm) zeigt in einem Schilde einen Fürstenhut über einem Jagdhorne, dessen Bänder unten aus der Krone hervorkommen.

Abb. S. III **Obornik** (Obornicki), Stadt. **In Rot der silberne polnische Adler.**

So das im Thorner Ratsarchiv an einer undatierten Urkunde hangende, von Bernh. Engel in: mittelalterliche Siegel des Thorner Ratsarchivs, I., S. 16 beschriebenes: „S' CIVITATIS · DE OBORNI ···" (29 mm) aus dem 14. Jahrh.; und so auch ein „SIGILLVM OPPIDI OBORNIKI" (34 mm) des 17. Jahrh. Bei letzterem steht der Adler in einer phantastisch verzierten Schildform. Auf dem: „SIEGEL DES POLIZEI MAGISTRATS DER KR · STADT OBORNIK" (34 mm) aus dem Anfange des 19. Jahrh. ist der barocke Schild ausgeartet zu einem mit Fahnen besteckten Tempelchen, in welchem unter einem Kuppeldache der preußische Adler schwebt, der einen Brustschild trägt, worin sich der polnische Adler befindet. Ein späteres Farbsiegel der Kreisstadt Obornik wiederholt diese moderne Korrumpierung.

Abb. S. III **Opalenitza,** Stadt. **In Gold eine bewurzelte Rosenstaude mit drei roten Rosen; über den Stamm liegt querlinkshin ein silberner Schlüssel mit abwärts gewendetem Barte.**

Es ist sehr möglich, daß die Rosen erst eine neue Ausdeutung des ursprünglichen Stadtzeichens sind. Wenigstens zeigt die, auch mit dem querliegenden Schlüssel überlegte bewurzelte Staude im Wappenschilde des: „· SILVM ⁝ OPIDI ⁝ OPALENICE · 1616"! (35 mm), dessen Bronzestempel noch vorhanden ist, weder Blätter noch Dornen; auch haben die Klümpchen runder Punkte an den Spitzen der drei Zweige nicht viel Ähnlichkeit mit heraldischen Rosen. Wuttke leitet den Stadtnamen von opal=Brennstoff ab, und berichtet, daß der Ort zwischen Wäldern liege; es ist also wahrscheinlich, daß das Siegelbild ursprünglich einen Laubbaum darstellen wollte. Das: „SIEGEL DER STADT OPALENICE (unten:) PIECZEC MIASTA OPALENICE ❊" (35 mm) aus dem ersten Viertel des 19. Jahrh., und ein gleichzeitiges, gleichgroßes Farbsiegel zeigen deutliche Rosen im Schilde. Es soll auch ein aus dem vorigen Jahrhundert stammendes Siegel mit dem Kahne der Wappengenossenschaft Lodzia geben, was ich aber nicht gesehen habe.

Abb. S. III **Ostrowo** in Pommern, Stadt. **In Rot zwei schräggekreuzte goldene Schlüssel mit abgewendeten Bärten; der Kreuzungspunkt ist belegt mit einem goldenbeschlagenen blauen Reichsapfel.**

Nach J. Koerbel[1]) ließ sich der zu Beginn des 18. Jahrh. (nach Wuttke viel früher) zur Stadt erhobene Ort i. J. 1711 vor dem Grodgerichte zu Kalisch feierlich als Dorf erklären, ward jedoch schon 1714 vom Grafen Joh. Georg Przebendowski mit Einwilligung des Königs wieder zur Stadt erhoben. Den Reichsapfel hatte letzterer erst kurz vorher von August II. wegen seiner Verdienste um dessen Königswahl in sein Wappen verliehen bekommen; die Schlüssel sollen nach Voßberg auf des Grafen Amt als Schatzmeister der Krone deuten; vielleicht waren sie aber auch schon das Siegelbild der früheren Stadt. — Das obige Bild zeigt zunächst ein: „SIGILLVM CIVITATIS OSTROVIEN DATVM 1715" (oval, 34 : 31 mm), dessen Neudruck in der Sammlung Kirmis auf einen noch vorhandenen Stempel schließen läßt. Dann ein um 1800 geschnittenes: „DER MAGISTRAT DER STADT (unten:) OSTROWO" (30 mm), ein um 1850 gebrauchtes: „MAGISTRAT DER STADT OSTROWO ····" (35 mm), und das dem ersteren in der Umschrift und Größe gleiche neue Siegel und Farbsiegel.

1) In den von der Posener Zeitung herausgegebenen, schätzenswerten Städtebildern, 1895, No. 43.

Abb. S. III **Pinne** (Pniewy), Stadt. **In Rot zwei schräggekreuzte silberne Schlüssel; die Kreuzung ist mit einem goldenen Fichtenstubben belegt.**

Der Ortsname soll vom Worte pień = Baumstamm abgeleitet sein. Ältere Siegel sind nicht bekannt; ein: „SIEGEL DES MAGISTRATS (unten:) ZU PINNE" vom Anfang des 19. Jahrh. zeigt dies Bild in einem ovalen Schilde, der von dem Querast eines Baumstumpfes herabhängt. So auch ein späteres, 32 mm großes Siegel mit derselben Umschrift. Das neue Farbsiegel von: „MAGISTRAT, POLIZEI-VERWALTUNG ❊ PINNE, KR. SAMTER *" (31 mm) hat dagegen nur den preußischen Amtsadler.

Pleschen (Pleszewo), Stadt. **In Blau ein silberner Zinnenturm mit offenem Thore, stehend auf vier goldenen Kugeln.** Abb. S. III

Es ist wahrscheinlich, daß die Kugeln ursprünglich entweder Berge oder nur Raumausfüllungen gewesen sind; doch scheinen sich ältere Siegel, die darüber Gewißheit geben würden, nicht erhalten zu haben. Bekannt wurden nur ein Siegel: „MAGISTRAT DER STADT PLESCHEN" (32 mm) aus dem Anfang des 19. Jahrh.; dann: „STADTRATH VON PLESCHEN · (unten:) RADA MIEYSKA M PLESZEWA" (29 mm) und das neue Farbsiegel: „MAGISTRAT ZU PLESCHEN" (28 mm), alle mit dem Turme auf den vier Kugeln.

Podsamtsche, Flecken.

Nach freundl. Mitteilung des Distriktskommissarius führt der Ort kein Siegelbild.

Pogorzela, Stadt. **In Rot auf grünem Boden ein schmaler silberner Zinnenturm, hinter dem ein goldener Löwe schreitet, so daß letzterer von ersterem in der Leibesmitte überdeckt wird.** Abb. S. III

Das älteste bekannt gewordene Siegel ist ein Schöffensiegel: „✶ S ✶ SCABINORVM · CIVITATIS · POGORSEL" (32 mm) aus dem 17. Jahrh.; es hat ebenfalls den Turm mit einem dahinter sichtbar werdenden, aber springenden Löwen. 1806—1813 wurde auch hier das sachsen-polnische Wappen mit der Umschrift: „PIECZEC MIASTA POGORZELI" (29 mm) gebraucht. Kurz darauf aber erscheint ein: „✶P ······ GISTRATU MIASTA POGORZ ····" (26 mm) mit dem mittleibs vom Turme überdeckten schreitenden Löwen. So auch das neue Farbsiegel: „DER MAGISTRAT ✶ ZU POGORZELA ✶" (26 mm).

Posen, s. oben.

Priment (Przemet), Dorf, ehemals Stadt.

Wappen oder Siegel sind nicht bekannt geworden.

Pudewitz (Pobiedziska), Stadt. **In Rot ein silberner Kahn.** Abb. S. III

Dies Wappenbild Lodzia erscheint nach Voßberg auch auf einem (mir unbekannt gebliebenen) Siegel etwa aus dem 17. Jahrh.; wie schon erwähnt, beschreibt Voßberg in seinem Wappenbuch der Städte der Großherzogtums Posen leider kein Siegel näher, sondern beschränkt sich nur auf die Angabe des Bildes. Ein: „SIE ·· D : KÖN : SÜD : PR : STADT PUDEWITZ (im Felde:) 1796" (oval, 26 : 23 mm) hat eine merkwürdige, unerklärliche Darstellung: ein aus dem Boden wachsender Pfahl, der eine fünfblätterige Krone trägt, rechts daneben schwebt der preußische Adler mit Schwert und Szepter in den Fängen, links vom Pfahl kniet in betender Stellung eine Frau (?). Dasselbe Bild kehrt nach freundlicher Mitteilung des kgl. Staatsarch. Posen auf einem Siegel aus der herzogl. warschauischen Zeit wieder, von dessen Umschrift sich nur entziffern läßt: „····· MIASTA POBIEDSISK" (27 mm). Jetzt führt die Stadt wieder den Kahn in einem Schilde.

Punitz (Poniec), Stadt. **In Rot zwei, unten durch eine niedere Mauer verbundene silberne Türme neben einander; zwischen den spitzen Dächern schwebt ein goldener Stern.** Abb. S. III

So der noch vorhandene Stempel eines: „SIGILL CONSULARE OPPIDI PONIECESI" (36 mm) aus dem 17. Jahrh., bei welchem die Darstellung zwischen Palmzweigen steht. Bei dem: „❊ SIGIL · CIVITATIS : PONICENI : 1750" (23 mm), dessen Stempel sich im Staatsarch. Posen befindet, sind die Türme durch ein Thor verbunden. Ein neueres Siegel der: „❊ STADT VERORDNETEN ZU PUNITZ" (31 mm) hat sie wieder einzeln, während das neueste Farbsiegel: „DER MAGISTRAT + ZU PUNITZ +" (30 mm) sie unten durch eine thorlose Mauer verbindet. — Der auch noch erhaltene, um 1600 geschnittene Stempel eines: „·:· SIGIL ·:· SCABI OPPIDI ·:· PONICZ" (28 mm) zeigt ebenfalls die beiden einzelnen Türme mit dem zwischen den Dächern schwebenden Sterne. Die nach dem Schöffensiegel gezeichneten Wappenabbildungen bei Voßberg und ergo auch im Neuen Siebmacher konservieren unnötigerweise den gerade nur bei diesem Siegel stark sichtbaren Zirkelpunkt als eine kleine Kugel inmitten des Bildes.

Rakwitz (Freistadt in Polen), Stadt. **In Blau ein aufgerichteter goldener Stubben (Baumstamm), durch den von oben schrägrechts ein Schwert gestoßen ist.** Abb. S. III

Im Jahre 1662 gründete Christof Grzymultowski mit Genehmigung des Königs Johann Casimir bei dem Dorfe Rakonewitz eine neue Stadt, die er Freistadt nannte. In der zu Warschau 1662, Febr. 24., vom Könige ausgestellten Urkunde ist das Wappen eingezeichnet (nicht bemalt) und steht darum in Goldschrift: „SIGILLVM CIVITATIS FREISTAD :" Die betr. Textstelle lautet nach einer vom kgl. Staatsarch. Posen freundlichst mitgeteilten Abschrift: „Denique ut Oppidum hoc more aliorum Oppidorum et Civitatum speciali suo proprio gaudeat Stemmate, Stemma hoc prout hic expressum et depictum est a praefato Magnifico Grzymultowski Castellano Posnaniensi eidem concessum, approbamus et impertimur atque concedimus. Quo quidem Stemmate dictum Oppidum in omnibus actionibus suis publicis et privatis, videlicet in Judiciis suis, omnes causas et Decreta, tum etiam in literis quibusuis, quam et mercibus rebusque alijs omnibus signandis et sigillandis Magistratus ac tota Communitas Oppidi huius, libere sigillabit et utetur.“ Dementsprechend zeigt denn auch der noch vorhandene Stempel des gleichzeitigen: „✻ SIGILLVM ✻ CIVITATIS ✻ 1662 ✻ FREISTAD“ (oval, 41 : 35 mm) dies Wappen in einem Schilde. Der deutsche Name aber konnte sich nicht behaupten. Bei dem, dem Anfang des 19. Jahrh. angehörenden Siegel mit demselben Schilde lautet daher die Umschrift: „SIEGEL D : MAGIST : D : ST : RAKWITZ (unten:) PIECZEC MAGIST : MIASTA RAKWIC ·“ (oval, 36 : 35 mm).

Abb. S. 111 **Raschkow** (Raczków), Stadt. **In Blau ein silberner Turm mit zwei Erkertürmchen und mit offenem Thore.**

Ältere Siegel sind nicht bekannt. Ein Siegel des: „KON ······· MAGIST ··· ZU RAS ····“ (34 mm) aus der südpreußischen Zeit, zeigt den fliegenden preußischen Adler. Das neue Siegel der „STADT RASZKOW (unten:) 1444“ (29 mm) hat das beschriebene Bild in einem Schilde und daneben oben: „M S“, unten: „B R“ innerhalb der Schildform. Dasselbe kommt auch als Siegeloblate vor. Ueber die Bedeutung der Initialen war nichts zu erfahren; sie beziehen sich wohl, wie die auf einem Siegel der Stadt Wreschen, auf einen ehemaligen Erbherrn.

Abb. S. 111 **Rawitsch** (Rawicz), Stadt. **In Gold auf grünem Boden ein schreitender schwarzer Bär.**[1])

Graf Adam Albrecht von Przyma-Przyjemski gewährte den wegen Religionsbedrückung aus Deutschland flüchtenden Protestanten in seiner Herrschaft Unterkommen und diese bauten sich hier an. König Wladislaus IV. gab dem Orte d. d. Warschau den 24. März 1638[2]) das Magdeburger Stadtrecht und das Wappen. Die letzteres betreffende Stelle der Urkunde lautet (nach gütiger magistratlicher Abschrift): „Publicum autem ejus civitatis perpetuum insigne, quo magistratus illius civitatis in literis signandis omnibusque actionibus utetur, ursus nigri coloribus in campo flavo depinctus, prout hic artificis manu expressum est.“ Der schwarze Bär ist dem Stammwappen (herb Rawicz) des Grundherrn entlehnt[3]). — Das gleichzeitige, für jene Zeit recht stattliche: „✻ SIGILLVM ✻ CIVITATIS ✻ RAWICZENSIS ·“ (51 mm) zeigt das Wappen in reichem Rahmenschilde. So auch ein 1689 gebrauchtes, ovales: „· SIGILLVM · CIVITATIS · RAWITZENSIS“ (40 : 35 mm) und ein kleineres Siegel des 18. Jahrh. mit derselben Umschrift (29 : 26 mm), sowie das Siegel des: „MAGISTRAT ZU RAWICZ“ (31 mm) vom Anfang des 19. Jahrh. Ein späteres Siegel des: „MAGISTRAT ZU RA WITSCH“ (34 mm) setzt noch die Jahreszahl „1639“ in den Schild, welch letztere ein: „SIGILLUM CIVITATIS RAVICENSIS 1639“ (oval, 33 : 25 mm) richtiger *unter* denselben stellt. Die neuen Siegel lassen sie ganz fort. — Die älteren Gerichtssiegel, so der im Stadtarch. Posen befindliche Stempel von: „DER STADT RA WICZ GERICHTS INSIEGEL (über dem Schilde auf Band:) 1646“ (30 mm) und das: „○ GERICHTS - SIEGEL DER SÜD PREUSS : STADT RAWICZ“ (33 mm) zeigen, letzteres im vom preuß. Adler gehaltenen Schilde, den Bären aufgerichtet und mit den Vorderpranken eine Wage haltend. Spätere Gerichts- und Polizeisiegel lassen diese hübsche Variante weg und geben nur den schreitenden Bär.

1) Dorst, Wappenbuch, I. Bd., S. 84, gibt an, daß im Diplom der grüne Boden zwar nicht beschrieben, wohl aber der Abbildung eingemalt sei.

2) Nicht 1639 wie Voßberg schrieb; das grundherrliche Privileg vom 26. April 1639 bestätigt und erweitert nur die durch die Gründungsurkunde verliehenen Rechte, ohne des Wappens zu gedenken (Magistratl. Mitteil.) Eine Übersetzung des hauptsächlichsten Inhalts der Urkunde von 1638 findet sich in den Städtebildern der Posener Ztg., 1896, No. 2.

3) Unerklärlich ist, wie Wuttke, Städtebuch von Posen, S. 423, bei der Aufzählung der einzelnen Freiheiten schreiben konnte: „Zum Siegel gab er (der Grundherr) das Zeichen einer auf einem Throne sitzenden Jungfrau.“ Eine auf einem Bären sitzende Jungfrau war das Wappen des Gründers; die Maid kam nie in die städt. Siegel, wohl aber haben die Beschaumarken für Silber- und Zinnarbeiten sowohl den Bären allein, als auch mit der darauf sitzenden Jungfrau (Rothe, Baudenkmäler).

Abb. S. 113 **Reisen** (Rydzyna), Stadt. **In Rot ein breiter Zinnenturm, belegt mit einem quadrierten Wappenschilde: 1. und 4. in Rot je eine silberne unten in ein Kreuz auslaufende Pfeilspitze, 2. und 3. in Blau je sechs (3 · 3) goldene Lilien.**

Der Schild ist der einer Linie der Grafen Wierzbna (Wrbna), Wurben, welche 1422 den Ort bauten und sich danach Rydzynski nannten. Das älteste bekannt gewordene ist das: „✻ SIGILLVM · OPPIDI · RYDZYNÆ · ANNI · 1422“! (41 mm) aus der Zeit um 1600, welches das Wappen in einem verzierten Schilde zeigt. So auch ein wenig späteres, nur 18 mm großes Siegelchen mit derselben Umschrift, jedoch ANNO. Ein Farbsiegel: „SIGILLVM OPPIDI RIDZYNENSIS 1422“ (31 mm) aus dem 18. Jahrh. läßt den so charakteristischen, das Stadtwappen vom Grafenwappen unterscheidenden Turm weg und setzt eine fünfblätterige Krone auf den Schild — was beides ein neues Farbsiegel: „+ DER MAGI STRAT + ZU REISEN“ (27 mm) leider nachmacht.

Abb. S. 113 **Ritschenwalde** (Ryczywól), Stadt. **In Gold ein schwarzer Stierkopf mit goldenen Hörnern.**

Ein noch vorhandener Stempel mit diesem Bilde und der Umschrift: „· SIGILL · OPPIDI · RICZIWOL · 1567“ (oval, 28 : 24 mm)[1]) dürfte wohl erst im 18. Jahrh. nach einer Vorlage des 16. Jahrh. geschnitten sein. Ein 1834 gebrauchtes Farbsiegel: „MAGISTRAT D · STADT R·······“ (32 mm) hat den Stierkopf im Schilde, während das Siegel der: „STADTVERORDNETEN · VERSAMM LUNG ZU ✻ RYCZYWOL ✻“ (30 mm) ihn wieder frei im Felde zeigt.

1) Voßberg hält das Jahr 1567 für das Gründungsjahr, aber Wuttke berichtet, daß schon 1458 der Ort Stadt genannt wurde.

Rogasen (Rogožno), Stadt. **In Rot unter einer goldenen fünfblätterigen Krone neben einander rechts ein halber silberner Adler, links ein aufgerichteter Schlüssel mit abgewendetem Barte.** Abb. S. 113

1445 verpfändete der König die Stadt einem Ulrich Ost (Wuttke). Das vermutlich um jene Zeit entstandene, jetzige Stadtwappen zeigt dies Verhältnis an, denn der gespaltene Schild des Wappens der Osten enthält in seinem hinteren roten Felde einen aufgerichteten silbernen Schlüssel. Das beschriebene Bild, jedoch mit nur dreiblättriger Krone, deren Mittelblatt mit einem Kreuzchen besteckt scheint, zeigt das dem 17. Jahrh. angehörende: „✳ SIGILL : CIVITATIS : S · R · M · ROGOS“ (29 mm), dessen Stempel noch vorhanden ist. Ein wohl dem Ende desselben Jahrh. zuzuschreibendes, 42 mm großes Siegel mit gleicher Umschrift, hat bereits die fünfblätterige Krone. Es fehlt auch hier nicht das: „PIECZEC MIASTA ROGOZNA“ (29 mm) mit dem mit der Königskrone besetzten Schilde von Sachsen-Polen. Das 1835 benützte: „✶•✶ MAGISTRAT SIEGEL DER STADT ROGASEN“ (35 mm), wovon auch ein gleichartiges Farbsiegel existiert, gibt dem halben (ungekrönten!) Adler ein Schwert in den Fang, womit man ihn wohl preußisch zu machen beabsichtigte. — Ein noch erhaltener Stempel: „SIGULUM : ROGSI NENSIS : NOWE : URBE : 1756“! (44 mm) zeigt eine Justitia mit Schwert und Wage, zwischen Blumen auf einem Dreiberge stehend. Das Siegel gehört der 1750 mit Erlaubnis König August III. vom Starosten Wladislaus Szoldrski gegründeten Neustadt Rogasen.

Rostarzewo (Rothenburg), Stadt. **In Blau unter einem goldenen Sterne die zu einem Monogramm zusammengezogenen silbernen Buchstaben RMR (RMR).** Abb. S. 113

Die Initialen bedeuten wohl Miasta Rostarzewo = Stadt R. Das: „✻ SIGILLVM : CIVITATIS : RESTAURSENSIS (im Felde:) 177? ✻“! (36 mm) hat das Zeichen in einem, mit einer fünfblätterigen Krone besetzten Schilde. So auch ein, wohl erst zu Anfang des 19. Jahrh. gestochenes: „✻ SIEGEL DER STADT ✻ ROSTAR ZEWO (im Felde:) 1754“ (oval, 34 : 31 mm). Das neue Farbsiegel: „MAGISTRAT DER STADT ·:· ROSTARZEWO ·:·“ (31 mm) hat nur den preußischen Adler.

Samter (Scamotuły), Stadt. **In Blau ein gekrönter Königskopf, schwebend über zwei Edelsteinen in goldener Fassung.** Abb. S. 113

Ein 1401 gebrauchtes: „· · CIVITATIS · AMO · · · ·“ (35 mm) ist nur in einem, im Thorner Ratsarchiv befindlichen Bruchstücke bekannt geworden. Engel beschreibt dasselbe in: Die mittelalterlichen Siegel des Thorner Ratsarchivs, 1894, S. 18, und vermutet in der Darstellung einen Johanneskopf auf der Schüssel. Ein vom Verfasser mir freundlichst mitgeteilter Abguß läßt mich der Meinung durchaus beipflichten, obwohl die Pfarrkirche dem hl. Stanislaus gewidmet war. Auf einem um die Mitte des 17. Jahrh. geschnittenen: „✶ SIGILLVM · CIVI ✶ SZAMOTVLI 1455“ (26 mm) aber findet sich die häuptlings beschriebene Darstellung in einem, mit einer fünfblätterigen Krone besetzten Schilde; (sie ist wohl ein Familienwappen?). So auch ein neues Siegel des: „✻ MAGISTRAT DER STADT SAMTER“ (29 mm) und das ähnliche Farbsiegel (30 mm).

Sandberg (Piaski), Stadt. **In Silber zwischen zwei grünen Bäumen ein goldener Berg, auf dessen Spitze unter goldener Krone ein roter Hirsch springt.** Abb. S. 113

Die Stadt wurde erst 1773 von Carolus Leszcyc de Pierzchno Koszutzki, Castellanus Sremensis und Besitzer des Dorfes Groß-Strzelce, gegründet. Das an einem, von diesem den Leinewebern i. J. 1777 verliehenen Privileg (im Staatsarchiv Posen) hängende Siegel wird also das erste sein. Es zeigt obiges Bild unter einer fünfblätterigen Krone. Von der Umschrift sind auf dem Abdrucke nur einzelne, weit auseinanderstehende durch Punkte getrennte Buchstaben zu erkennen: „• K ··· S •••············ (im Felde:) S B“ (30 mm). Ein Siegel des: „MAGISTRAT DER STADT SANDBERG“ (34 mm) aus der ersten Hälfte des 19. Jahrh. zeigt bei sonst gleicher Anordnung, statt des redenden Berges den auf einem Stückchen Rasen springenden Hirsch, schwebend über zwei gekreuzten Krummsäbeln. Das neue Farbsiegel ist ebenso. (Im Wappen des 1782 als Erbherr der Stadt genannten Edeln v. Sokolnicki erscheint u. a. auch ein blankes Schwert.)

Santomischel (Zaniemyšl), Stadt. **In Silber ein widersehender, gekrönter roter (?) Löwe, der in der rechten Pranke einen grünen Palmzweig, mit der andern ein großes rotes Herz hält, aus welchem drei rote Rosen sprießen.** Abb. S. 113

Diese Zusammensetzung verrät deutlich die Zeit ihrer Entstehung, die zweite Hälfte des 18. Jahrh. Das erste bekannte Siegel ist das: „✻ PIECZEC ✻ MIASTA · ZANDOMISLI · 1781“ (34 mm), bei dem der Löwe auf einem zopfigen Schnörkel steht. So auch bei dem: „STADT · SIEGEL · ZU · SANTO ·········“ (34 mm) aus dem Anfang des 19. Jahrh. und dem neuen Farbsiegel: „DER MAGISTRAT ZU SANTOMYSCHL ·“ (30 mm). Bei beiden letzteren ist der Löwe ungekrönt.

Tirschtiegel

Unruhstadt

Wielichowo

Wollstein

Wreschen

Wronke

Xions

Zaborowo

Zduny

Zerkow

Zirke

Fortsetzung von Seite 118

„❊ SIGILLVM ❊ CIVITATIS ❊ SCHWERINENSIS" (39 mm) aus der Mitte des 17. Jahrh. hat den schlüsseltragenden Löwen in einem, mit einer fünfblätterigen Krone besetzten Rahmenschilde. Einen Schild und diese Krone behalten von da ab alle Stadtsiegel. So der noch vorhandene, um 1700 gefertigte Stempel des: „SI GILLVM OPPIDI SCHWERINENSIS" (24 mm) und der des: „SIGILLVM OPPIDI SCHWERINENSIS (im Felde:) 1722" (31 mm). Der ebenfalls noch existierende des: „✶ SIEGEL DER KON : SVD PR : IMMEDIAT STADT SCHWERIN" (40 mm) zeigt den Wappenschild inmitten eines für die Zeit sehr bezeichnenden Aufbaues. Nach Verlauf des Herzogtums Warschau erscheint eine in Darstellung, Umschrift, Jahreszahl und Größe genaue Nachbildung des Siegels von 1722. Daß die Jahreszahl der damaligen Stempelanfertigung mitkopiert wurde, liegt wohl nur an einer allzu buchstäblichen Auffassung der Ministerialentschließung vom 24. November 1816, worin es heißt: „3) Die Stadtsiegel sind, so wie solche früher (d. h. vor der Fremdherrschaft) vorhanden waren, wieder in Gebrauch zu nehmen, und die etwa verlorenen herzustellen." Aber auch die neuen Mastratssiegel behalten überflüssigerweise diese Jahreszahl bei. — Der noch vorhandene Stempel des: „· SIGILLVM SCABINOV : CIVI TATIS SCHWEREN"! (34 mm) aus der Mitte des 16. Jahrh. (Papierabdr. v. J. 1604 i. d. Sammlg. Kirmis) hat in einem, von drei Engelsköpfchen umgebenen Rahmenschilde einen Löwen (ohne Schlüssel). Andere Gerichtssiegel, wie das: „SIGILLVM .... WERINE .... (im Felde:) 16 18" (39 mm) und das: „SIGILLVM · ADVOCATIÆ · SCHWERINENSIS · (im Felde:) 1678" (26 mm) haben dagegen ganz den Schild der Stadtsiegel, auch mit der Krone darüber.

Abb. S. 113 **Schwersenz** (Grzymalowa), Stadt. **In Rot ein goldener Kahn, aus dem eine silberne Burg mit drei Zinnentürmen wächst, in dessen offenem Thor ein Geharnischter steht.**

Das sind die beiden vereinigten Wappenbilder Grzymala I. (Burg mit dem Ritter) und Lodzia (Kahn). Die Stadt wurde von Sigismund Grudzinski, Woiwoden von Kalisch, i. J. 1638 nahe bei seinem Dorfe Schwersenz angelegt und Grzymalowa genannt; allein der neue Name wurde durch den des ältern Dorfes verdrängt. 1768 siegeln Bürgermeister und Rathmanne der „Hochgräfflichen Stadt Grzymalowa alias Schwersentz" mit dem: „✕ ❊ ✶ SIGILLVM OPPIDI GRZYMALOWA ✶" (im Felde:) ANNO 1638" (27 mm), welches, wie auch der neue Farbstempel, der dieselbe Umschrift und Jahreszahl, nur mit Fortlassung des „ANNO" hat, dasselbe Bild zeigt. — So auch: „DER GERICHTE · SIGEL · IN · GRZIMALOWA (im Felde:) 16 45" (26 mm).

Schwetzkau (Święciechowa) Stadt. **In Blau Christus als Schmerzensmann, nur mit dem Lendentuche bekleidet, aus dem offenen Grabe wachsend; auf dem Haupte trägt er die Dornenkrone, in der Rechten die Geißel, in der Linken die Ruthe.**[1]) Abb. S. 113

Das wohl älteste, vielleicht um 1600 geschnittene: „SIGIL .. .. KOVIENSIS" (37 mm) läßt auf dem vorliegenden Abdrucke, die unter der obigen Darstellung stehende Jahreszahl nicht erkennen. Das: „⁝ SIGILL : CIVITATIS ⁘ SCHWECIKO VIENSSIS (im Felde:) 1630"! (30 mm) hat dasselbe Bild; es wurde bis zur herzoglich-warschauischen Epoche benutzt. Das dann eingeführte Siegel unterscheidet sich von den meisten anderen aus dieser Zeit dadurch, daß der sachsen-polnische Schild hierbei auf einem, von der Königskrone ausgehenden Hermelinmantel liegt. Darnach erscheint auf dem: „○ PIECZ · MAGISTR · MIAST : NO RODO ○ SWIECIOCHOWA ·" (28 mm) wieder das alte Bild. Leider aber haben die neuen Farbsiegel des: „MAGISTRAT DER STADT ✶ SCHWETZKAU" (28 mm) es wieder verlassen und statt dessen das Wappen des Staates, den preußischen Adler aufgenommen.

1) Die Stadt gehörte dem Kloster Lubin, daher wohl das religiöse Bild. Voßberg erklärte es irrig für den hl. Vitus im Oelkessel — und so natürlich auch in Wort und Bild der Neue Siebmacher.

Fortsetzung auf Seite 119

Abb. S. 113 **Sarne** (Sarnowo), Stadt. **In Silber auf grünem Boden ein schreitender, roter Rehbock.**

Sarnowo = polnisch: Rehort. Das älteste bekannte Siegel ist einer im St.-Arch. Posen befindlichen Urkunde untergedruckt, mittelst deren die Zechmeister der Gewerke zu Krotoschin ihre Willkür den Meistern zu Sarne mitteilen. Der Stempel ist nicht viel älter als das Jahr dieser Benutzung, 1616. Das Bild ist ein auf Rasen linkshin springendes Reh. Die Umschrift besteht nur in dem Worte: „+ SARNOVI + ~~~“ (27 mm). Der noch vorhandene Stempel des: „+ SIGILLVM + SARNOVÆ + 1649“ (32 mm), sowie der des auch noch erhaltenen: „❊ SIGILLVM · OP PIDI · SARNOVA“ (32 mm), und ein ovales: „❊ SIGLIVM : OP PIDI · SARNOVA“! (22 : 20 mm), sowie schließlich das neue Farbsiegel: „MAGISTRAT ZU SARNE 1649“ (29 mm) haben alle den Bock rechtshin schreitend.

Abb. S. 113 **Scharfenort** (Ostroróg), Stadt. **In Rot ein schmales ringförmig gelegtes und unten in einen Knoten gebundenes weißes Tuch.**

Dies ist die sogenannte Feldbinde, das Wappenzeichen Nałęcz, welchem Stamme die Familie Ostrórog, die Besitzer der Stadt, angehörten. Das im 17. Jahrh. gefertigte: „SIGILLVM CI···· OSTROROG ☘“ (24 mm) hat die Binde in einem Schilde. — Ein: „POLIZEI SIEGEL DER STADT SCHARFENORT (unten:) SAM TER KREISES“ (29 mm) hat einen Schild mit einer Lilie darin.

Abb. S. 113 **Schildberg** (Ostrzeszow) **in Posen, Stadt. In Silber eine thorlose Mauer, aus der links ein Zinnenturm sich erhebt; rechts von diesem steht auf der Mauer der preußische Adler in naturalistischer Haltung, mit linkshin gewendetem, von zwei goldenen Sternen beseiteten Kopfe.**

Das älteste bekannte: „⁝ SIGIL : ‿ PROCONS : CIVIRIG OSTRZESZOW (im Felde:) 1642“[1] (37 mm) zeigt in einem Schilde einen gekrönten Adlerkopf zwischen drei (2 : 1) Sternen. Der Haken, den Voßberg unter dem Kopfe sehen wollte, ist wohl nur der vom Stecher auffällig ungeschickt gestaltete Halsabschnitt. Die Burg scheint zuerst vorzukommen auf dem Siegel des: „RADA MIASTA OSTRZESZOWA 1810“ (34 mm), bei dem jedoch der Adler links vom Turme sitzt. So auch bei dem wenig späteren Siegel von: „MAGISTRAT ❊ POLIZYI ❊ MIASTA ❊ OSTRZESZOWA“ (oval, 37 : 35 mm). Das obige Bild hat dagegen das Siegel der: „BUER GER REPRAEZENTANTEN DER KON : IMED : ST OSTRZES ZOW“! (38 : 36 mm), bei dem die Schrift in einem Abschnitt unter der Darstellung steht. Neuerdings führt auch diese Stadt an Stelle ihres eigenen Zeichens das Wappen des Staates, den preuß. Adler.

1) Die Buchstaben hinter CIVI geben keinen Sinn. Der Graveur war sehr unsicher in den Buchstabenformen; zuerst hatten dort andere gestanden, die er dann nur ungenügend entfernte. Auch ließe sich die Schreibart des Stadtnamens eigentlich weit eher durch OSLRZFSZOW, als durch OSTRZESZOW wiedergeben — wie der vom Magistrat mir gütigst zur Ansicht gesandte Stempel ausweist.

Abb. S. 113 **Schlichtingsheim** (Szłychtyngowo), Stadt. **In Silber zwei aufgerichtete schwarze Hirschstangen.**

Zu diesem Schilde wird ein Helm mit drei Straußfedern geführt, von denen die mittelste golden, die beiden andern schwarz sind. Im Jahre 1645 gründete Johann Georg v. Schlichting, Oberlandrichter des Fraustädter Kreises, mit Genehmigung des Königs Wladislaus IV. die Stadt, und gab ihr wohl auch dies Wappen, welches von dem seinigen nur dadurch abweicht, daß letzteres über den beiden Hirschstangen noch eine dritte querliegend hat. Der noch vorhandene Stempel des: „SIGILLVM CIVITATIS SCHLICHTINGSHEIM (im Felde:) 1645 (achteckig, 21 : 19 mm) zeigt das ganze Wappen. Es dürfte das einzige ältere Siegel des Ortes sein, denn es ist offenbar mit seiner Jahreszahl gleichzeitig und wird von Bürgermeister und Rathmannen der freiherrlichen Stadt Schlichtingsheim noch 1778 „der gemeinen Stadt gewöhnlich Insiegel“ genannt (Geburtsbrief im St.-Arch. Posen). Ebenso trägt das ganze Stadtwappen das neue Farbsiegel: „MAGISTRAT ✱ ZU SCHLICHTINGSHEIM ✱“ (28 mm) und das Siegel des Polizeiamts.

Abb. S. 113 **Schmiegel** (Szmigiel), Stadt. **In Rot auf grünem Hügel ein spitzbedachter Turm mit offenem Thore; zu Seiten desselben schwebt je eine bewurzelte grüne Staude, an welcher nach innen eine Blüte, nach außen je eine große Eichel hängt.**

Das älteste bekannt gewordene ist ein Papiersiegel an einer Urkunde v. J. 1596 im Löwenberger Stadtarchiv: „✱ SIGILVM · MAIVS · CIVIT · SMIGEL · A · D · 1 · 5 · 8 · 6 ·“ (35 mm). Es zeigt obiges Bild. Ob hierbei die gerstenkornartigen Figuren unter dem Turme die sprichwörtlich gewordene Hügellage des Städtchens oder dessen gleichfalls berühmte Quelle andeuten sollen, ist nicht sicher; ersteres wird aber durch das Vogtsiegel wahrscheinlicher gemacht. Eine in Darstellung, Umschrift, Jahreszahl und Größe genaue Nachbildung dieses Stempels, vermutlich aus dem 17. Jahrh. stammend, wurde noch 1801 (Staatsarchiv Posen) gebraucht. Es unterscheidet sich diese Nachbildung von der Vorlage hauptsächlich dadurch, daß die Blüte der Stauden bei ersterer die Form einer kleinen Rosette, bei letzterer die einer Tulpe hat. Noch ausgesprochener ist die Tulpe bei einer abermaligen Kopie aus der Mitte des 19. Jahrh., welche sonst dieselbe Darstellung, Größe und Umschrift, aber die, wohl durch einen Lesefehler veranlaßte Jahreszahl 1556 hat. Dasselbe Bild, auch mit letzterer Zahl und noch mit der Schreibweise: SIGILVM hat die neueste Siegeloblate (23 mm). — Ein „· SIGIL · ADVOCAT · CIVIT · SMIGEL“ (25 mm) aus dem 17. Jahrh. zeigt den Turm auf einem Hügel und daneben zwei naturalistische Bäume (Eichen?). Wuttke nennt den Turm eine Kirche; es ist aber nur das allgemeine Stadtsymbol.

Schrimm (Srem), Stadt. **In Rot eine silberne Burg mit drei Zinnentürmen und offenem Thore.** Abb. S. 113

Das dem 14. Jahrh. angehörige: „✠ S ✶ SREMENSIS ⁜ ❊ ⁜ CIVITATIS“! (42 mm) enthält einen spitzbedachten Turm mit zwei seitlichen Ausbauten in halber Höhe und offenem Thore. Ein: „SIGILLVM CIVITATIS SREM .... Æ REGIÆ MAGESTATIS (im Felde:) 1681“ (40 mm) hat die Erker bezinnt und so hoch, daß ihre Zinnen mit denen des in gleicher Weise bewehrten Mittelturmes eine Linie bilden. Auf den letzteren steht Christus als Erlöser, die Rechte segnend erhoben, in der Linken die Weltkugel mit dem Kreuze darauf; rechts neben ihm Maria mit dem Kinde, links der hl. Laurentius mit dem Roste. Dies Siegel wurde bis in die letzten Jahre des 18. Jahrh. gebraucht. Dann folgt eine andere Darstellung: eine Burg mit drei Zinnentürmen, deren mittelster höher ist; der Unterbau mit dem offenen Thore ist kaum breiter als der Mittelturm und wird von zwei Säulen begleitet, welche die Seitentürme tragen. Die Umschrift des noch erhaltenen Stempels lautet: „❊ MAGISTRAT · MIASTA · SRZEM · DO · WYD ZIALU POZNANS NALEZACEGO“ (54 mm), was nach freundlicher Mitteilung des Magistrats bedeutet: Magistrat der zum Departement Posen gehörigen Stadt Schrimm. Dieselbe Darstellung hat das der ersten Hälfte des 19. Jahrh. angehörige Farbsiegel: „SI GILL : MAGISTRATUS CIVIT : SREM ·“ (34 mm), und wird dieselbe amtlicherseits ausdrücklich als das Stadtwappen bezeichnet.

Schroda (Scroda), Stadt. **In Blau eine silberne Burg mit zwei Zinnentürmen; die Mauer ist belegt mit einem roten Schilde, darin der silberne polnische Adler; zwischen den Türmen schweben übereinander, oben ein gestürzter silberner Halbmond, darunter ein goldener Stern und unter diesem ein gestürzter goldener Kahn.** Abb. S. 113

Der Halbmond, Stern und der gestürzte Kahn sollen auf frühere Besitzer — die man jedoch nicht zu nennen weiß — hindeuten. Es liegt aber gewiß eine arge Verstümmelung vor (s. d. Note). Ein um das Jahr 1300, also zu der Zeit, wo Schroda zum Reiche Herzog Heinrich III. von Glogau (†1309) gehörte, geschnittenes: „+ S' : CIVI TATIS · · RODENSIS : IN : POLONIE“ (62 mm), welches sich an einer Urkunde v. J. 1404 im Thorner Ratsarchiv befindet, zeigt eine Burg mit zwei Zinnentürmen, belegt mit dem Wappen der schlesischen Herzoge, einem gelehnten Adlerschilde, besetzt mit einem rechtshin gewendeten niederen Topfhelm mit ausgebreitetem Pfauenschweife. Es lassen sich auf dem einzig bekannten Abdrucke auch Reste des halbkreisförmigen Schirmbrettes, an dem die Pfauenfedern befestigt waren, noch erkennen. Ein im gleichen Archiv an einer Urkunde von 1407 befindliches: „S · CIVITATIS · SRODEN SIS ....“ (40 mm) läßt dieselbe Darstellung, doch auf dem hier höheren Kübelhelme einen Stern mit darüber schwebendem gestürzten Halbmonde erkennen[1]. Dann fehlen für lange Zeit die Siegel. Dasjenige des: „KÖN · SÜDPR · POLICEY MAGISTRAT DER IMMEDIAT STADT SCHRODA 1797“ (31 mm) bringt den häuptlings beschriebenen Aufbau. So auch das Farbsiegel der: STADTVERORDNETENVERSAMMLUNG (unten:) + ZU SCHRO DA + (innen:) RERREZENTANCI MIASTA SRODY“ (34 mm) und das neue Farbsiegel des: „MAGISTRAT ❊ SCHRODA ❊“ (34 mm). Eine Eigentümlichkeit aber erinnert bei diesen neuen Stempeln und auch bei derselben Darstellung auf dem Siegel der Stadtwage noch an den Ursprung des Halbmondes. Derselbe ist darauf nämlich nicht glatt oder gesichtet (wie bei außeramtlichen Darstellungen), sondern durch fächerförmig laufende Linien (den Resten der einzelnen Federn) abgeteilt. Das richtige Wappen der Stadt wäre nach obigem also: in Rot eine zweitürmige silberne Burg, belegt mit einem Wappen: im goldenen Schilde der schlesische schwarze Adler, auf dem Helme ein ausgebreiteter Pfauenwedel. — Die beiden ältesten Siegel bespricht Engel in: Mittelalterl. Siegel d. Thorner Ratsarchivs, I., S. 18.

1) Es fällt schwer, an eine unwissentliche Verstümmelung eines so bekannten Helmschmuckes schon in so früher Zeit zu glauben; allein Herr Landrichter Engel in Thorn versicherte mich, daß auf dem Siegel deutlich der Halbmond zu erkennen und dessen Umgebung vollkommen glatt sei. Auch läßt der mir gütigst gesandte Abguß dieses bisher einzig bekannten Exemplares nicht wohl eine andere Deutung zu. Vielleicht wollte man durch eine absichtliche Veränderung des Helmschmuckes zu einer Zeit, wo die Stadt längst nicht mehr schlesisch war, das Wappen unkenntlich machen; der Adlerschild konnte dann ja als polnischer gelten. —

Ein ganz ähnlicher Fall, daß nämlich (jedoch aus Unkenntnis) aus dem schlesischen Helme mit dem Pfauenschweife, den die älteren Stadtsiegel zeigen, auf den neueren ein gestürzter Halbmond geworden ist, liegt bei Grünberg in Schlesien vor. Hier ging der Magistrat unlängst an eine Erneuerung des Stadtwappens, möge der von Schroda nicht lange zurückbleiben!

Schwerin a. d. Warthe (Skwierzyna), Stadt. **In Blau (?) ein doppelgeschwänzter, goldener (?) Löwe, der in den Vorderpranken einen aufgerichteten, silbernen Schlüssel hält.** Abb. S. 113

Nach W. Schulz (Städtebilder a. d. Prov. Posen, Posener Zeitg. 1896, No. 10) ward der Stadt dies Wappen von dem Deutschordens-Hochmeister Albrecht von Brandenburg (1511—1525) verliehen; näheres darüber fand ich nicht. Bei dem ältesten bekannt gewordenen, dem: „· SIGILLV · CIVITATIS· SCHWEREN (im Felde:) 1538“ (28 mm) ruht der Löwe auf dem, mit dem Barte nach rechts querliegenden Schlüssel. Der noch vorhandene Stempel eines:

Fortsetzung auf Seite 117

Siedlec (Schiedlitz), Dorf, früher Stadt.
Ein Siegelbild dieses erst in diesem Jahrhundert zum Dorfe gewordenen Städtchens kennt man nicht.

Sienutowa, s. Zduny (S. 44).

Abb. S. 113 **Stenschewo** (Stęszewo), Stadt. **Im blauen, mit goldenen Schindeln bestreuten Felde ein gekrönter, goldener Löwe, der in der rechten Vorderpranke ein Schwert schwingt, in der linken ein Bündel goldener Pfeile hält.**
Die Stadt kam 1799 in den Privat-Besitz des Königs der Niederlande und führt daher dessen Wappen in einem mit einer Königskrone besetzten Schilde. Das älteste bekannte ist das: „SIGILLVM · CIVITATS · STASZEW A D 17 · 68"! (42 mm). Es zeigt auf einem, von einem Fürstenhute überhöhten Hermelinmantel neben einander zwei Schilde, rechts: unter einem Patriarchenkreuz, dem der rechte untere Balken fehlt, eine gestürzte Sensenklinge und ein halbes Hufeisen, beide in Form eines sinkenden Halbmondes zusammengestellt; links: ein Stierkopf mit Nasenring. Nach Voßberg ist der erste Schild das Wappen Prus III., das zweite das Wappen Wieniawa. Das zur südpreußischen Zeit geführte Siegel: „KONIGL · PR · POLIZEY MAGISTRAT zu STENSCHEWO" (33 mm) zeigt den fliegenden preußischen Adler mit allen Attributen. Das: „PIECZEC MIASTA STESZEWA" (29 mm) der herzoglich-warschauischen Periode (1806—13) hat in allgemeiner Form den Schild von Sachsen-Polen unter der Königskrone. Das Siegel des: „MAGISTRAT DER MEDIAT STADT STENCZEWO" (oval, 30 : 27 mm) und das neue Farbsiegel: „+ DER MAGISTRAT + ZU STENSZEWO" (32 mm) haben das niederländische Wappen wie oben beschrieben. Die Stempel aller hier genannten Siegel, und die mancher Aemter sind noch vorhanden.

Abb. S. 113 **Storchnest** (Osieczno), Stadt. **In Gold ein roter Hirschkopf.**
Ein im 15. Jahrh.[1] geschnittenes: „✤ sigillum ✤ commune ✤ ciuitatis ✤ olscherzna (46 mm) zeigt den Kopf im schräggegitterten, die andern Siegel ihn im glatten Felde. So das: „SIGILLVM CIVITATIS DE OS · ECNO" (29 mm) des 16. Jahrh. und ein: „SIGILLV . . CIVITATIS . . . . . ECZNO (im Felde:) 17 . ." (35 mm), endlich auch die neue Siegeloblate des: „✱ MAGISTRAT DER STADT SRORCHNEST" (28 mm).

1) Dies Siegel lehrt, daß die Stadt älter ist, als bisher angenommen wurde. Voßberg schreibt im Wappenbuch der Städte d. Großherzogt. Posen. 1866, S. 16, der Ort habe i, J. 1530 Magdeburger Stadtrecht erhalten; Wuttke sagt im Städtebuch des Landes Posen, 1877, S. 455: „Die Stadturkunden sind bei dem Brande 1793 untergegangen. Wir vermögen daher nur anzugeben, daß dieser Ort um die Mitte des XVI. Jahrh. Stadtrecht besaß." Das Siegel hat ganz den Habitus der ersten Hälfte des 15. Jahrh.; lange nach der Mitte desselben kann es unmöglich geschnitten sein. Daß davon nur Abdrücke an späten Geburtsbriefen bekannt sind (von 1698 in meiner Sammlg., von 1743 und 1786 im Staatsarch. Posen), kann nicht auffallen, denn von hundert mittelalterl. Städtestempeln sind bisher nur späte Abdrücke bekannt geworden.

Abb. S. 113 **Sulmirschütz** (Sulmierżyce) Stadt. **In Blau eine silberne Burg mit drei Zinnentürmen, von denen der mittlere höher; mit offenem Thore.**
Das: „SIGILVM PROCONSVLARE SVLMIRIENSI (im Felde:) AN 1730"! (oval, 39 : 35 mm) zeigt die Burg in einem, von Lorbeer- und Eichenzweigen eingefaßten Rundschilde. Der anscheinend später[1] überarbeitete Stempel dieses Siegels ist noch vorhanden. Ein neueres Farbsiegel: „MAGISTRAT ✱ (unten:) SULMIERZYCE ✱" (33 mm) hat die dreitürmige Burg in einem Kränzl, während ein neues Siegel mit nur: „SULMIERCYCE" (25 mm) das Kastell frei im Felde hat.

1) Jedoch nach 1786, von welchem Jahre ein Abdruck des ersten Stempelzustandes in der Sammlg. Kirmis befindlich.

Abb. S. 117 **Tirschtiegel** (Trzjel), Stadt. **In Blau über Wellen eine zweitürmige, thorlose, silberne Burg; auf den Zinnen zwischen den Türmen St. Georg zu Pferde, den Drachen tötend.**
Es scheint das Bild aus einer Verschmelzung der Siegelbilder der Neu- und Altstadt hervorgegangen zu sein. Wenigstens zeigt ein, wohl nur auf die katholische Altstadt beziehbares: „✲ SIGILLVM · OPPIDI · TRZCIEL ✲ ANNO ✲ 1658" (34 mm) nur das Bild des siegenden hl. Georg;[1] die lutherische Neustadt dagegen führt auf dem: „+ SIGILLVM · OPPIDI · NOVI · TRZE LENSIS (im Felde:) 1734" (30 mm) nur die zweitürmige Burg. Auf einem: „SIEG : DER STA . . . ALT : UND NEU : TIRSCH TIEGEL 1796 :" (30 mm) erscheinen beide Figuren schon vereint. Ebenso aber auch auf einem, nur die Altstadt als Eigentümerin nennenden Siegel aus der südpreußischen Zeit: „· MAGISTRAT DER MEDIAT STADT ALTTIRSCHTIEGEL" (33 mm) und bei einem Siegel des: „MAGISTRAT DER MEDIATSTADT TIRSCH TIEGEL 1820" (34 mm), von dem auch eine 32 mm große Nachbildung als Farbsiegel mit gleicher Umschrift und Jahreszahl vorkommt. Schließlich hat auch das wohl nach der Vereinigung beider Städte (i. J. 1888) gefertigte Farbsiegel des: „MAGISTRAT DER STADT TIRSCHTIEGEL" (32 mm) das oben beschriebene Bild.

1) Der Patron der katholischen Pfarrkirche war jedoch — nach Rothe, Kunstdenkmäler — der hl. Adalbert.

Abb. S. 117 **Unruhstadt** (Kargowo), Stadt. **In Rot der gekrönte silberne polnische Adler mit einem Brustschilde: in Gold ein roter Löwe.**
Der Herzschild ist das Wappen der v. Unruh; Christof v. Unruh gründete die Stadt nach 1600. Das: „☉ STADTSIEGEL · IN · VN · RVSTADT" (24 mm) mit obiger Darstellung scheint das älteste Siegel des Ortes zu sein. 1675 benützen Bürgermeister und Rat der „Freyherrlichen" Stadt U. ein gleichartiges, jedoch 23 mm großes Siegel mit derselben Umschrift. Wenig jünger dürfte ein: „✲ KLEIN · VNRVHSTATISCH · STADT · SIEGEL" (oval, 19 : 18 mm) sein. 1777 brauchen Bürgerm. u. R. der „Hochgräflichen" Stadt U. ein: „STADT·SIEGEL · IN · UNRUH · STADT" (37 mm), bei dem der Adler, statt wie bisher die alte dreiblätterige Krone, nun die neue Königskrone mit Bügeln trägt. Auf allen diesen Siegeln ist der Löwe des Brustschildes linkshin gewendet. Erst das neuere Farbsiegel: „STADT SIEGEL ZU UNRUHSTADT" (29 mm) hat ihn rechtshin.

Wielichowo, Stadt. **In Silber unter einem goldenen Stern auf grünem Boden ein schreitender roter Stier.** Abb. S. 117
So das: „SIGILLVM OPPIDI WIELICHOWO" (30 mm) aus dem 17. Jahrh., und ein: „SIEGEL D · MA . . . . WI LICHOWO (unten:) PIECZEC MAGIS : MIASTA WIELICHO :" (35 mm) des 18. Jahrh., welche beide den Stier linkshin gekehrt zeigen. Ein: „SIEGEL · D · MAG · D · ST · WIEL · . . OWO (unten:) 1818" (26 mm) hat ihn rechtshin. Ein 1835 gebrauchtes Siegel: „KOENIGL · POLIZEI MAGISTRAT zu WIELICHOWO" (32 mm) zeigt den fliegenden, widersehenden preußischen Adler mit seinen Attributen. — Der Ort gehörte früher dem Bischofe von Posen, und waren (nach Wuttke) die Einkünfte aus demselben zur Bestreitung der bischöflichen Tafel angewiesen. Ob der Stier (Ochse?) aus dem Familienwappen eines der Bischöfe stammt, oder aber die Braten symbolisieren sollte —? Voßberg kannte kein Siegel und erfand deshalb für die Stadt ein Wappen (s. S. 3), welches nicht weiter berührt zu werden braucht.

Wollstein in Posen (Wolsztyn), Stadt. **In Blau in goldenem Strahlenkranze auf silbernem Halbmonde stehend die golden bekleidete, gekrönte Muttergottes, in der Rechten ein goldenes Szepter, auf dem linken Arme das Kind haltend, welches die Weltkugel trägt.**[1] Abb. S. 117
Das noch dem 16. Jahrh. angehörige: „+ SIGILLVM . . . . . . WOLSTINENSIS" (29 mm) hat die Madonna in einem Schilde, das Kind sitzt auf dem rechten Arme derselben, das Szepter ist dabei nicht zu sehen, ebensowenig der Strahlenkranz. Das: „SIGILLUM CONSULI ✲ OPPIDI ✲ WOLSTIN 1637" (30 mm), dessen Stempel (wenn es nicht ein Nachschnitt ist) noch vorhanden, zeigt das Bild ganz wie häuptlings beschrieben. Auf einem wenig späteren: „✢ SIGILLVM ✢ OPPIDI ✢ WOLSZ TIN ✢" (oval, 31 : 25 mm) fehlt das Kind, während Szepter, Krone, Halbmond und Strahlenglorie die Mutter ausschmücken. So auch mit dem Kinde, doch ohne Strahlen ein: „SIGILLV · PROCONS OPPIDI WOLSZTIN (im Felde:) 1707". Das Farbsiegel des: „POLIZEY AMT ZU WOLSTEIN" (30 mm) aus dem Anfang des 19. Jahrh. hat dasselbe Bild, ist aber selbst für diese Zeit auffallend ungeschickt geschnitten.

1) Die nicht günstige Farbenverteilung (goldene Kleidung auf goldenen Strahlen) wurde 1858 vorgeschrieben, als der König der Schützengilde zu W. gelegentlich der Feier ihres 200jähr. Bestehens eine Fahne verlieh. In Betreff des Wappens heißt es dabei: „Auf blauem Grunde ein auf dem Halbmond stehendes Marienbild, von goldenen Strahlen umgeben; das Haupt trägt eine offene Blätterkrone, die rechte Hand führt den Scepter, die linke das auf dem Arme sitzende Christuskind; letzteres ist unbekleidet bis auf eine weiße Windel am Schooß. und hält in der linken Hand einen goldenen Apfel (die Weltkugel) in die Höhe. Der Halbmond ist von Silber, sonst aber ist das ganze Bild der Maria goldfarben angethan."

Wreschen (Września), Stadt. **In Rot eine silberne Rose (Mispelblüte?) mit grünen Kelchblättern.** Abb. S. 117
Von der Umschrift eines um 1500 geschnittenen, aber noch 1775 gebrauchten Siegels[1] ist nur noch der Schluß der Legende: „. . . . . enſis" (41 mm) zu erkennen. Das Bild ist eine fünfblätterige Blume (Rose?) Ein 1789 benutztes: „∴ SIGILLUM ∴ OPPIDI ∴ WRESNENSIS 1671 (im Felde verteilt:) Z D W B K S I" (oval, 52 : 45 mm) zeigt ein Wappen: im Schilde einen nach unten geöffneten halben Ring, oben mit einer steigenden Pfeilspitze besetzt (herb Drogoslaw), auf dem Helme zwei aus einer Krone wachsende Menschenarme (?). Die Initialen im Felde bedeuten nach gütiger Mitteilung des Kgl. Staatsarchivs zu Posen: „ZYGMUNT DZIA LYNSKI WOJEWODA BRZESC-KUJAWSKI STAROSTA INO WRAZLAWSKI = Sigismund Działyński Woiwode von Brzesc in Kujavien, Starost von Inowrazlaw. Działyński war Erbherr von Wreschen und bestätigte in eben dem Jahre der Stadt die früheren Privilegien. Es ist bezeichnend für die damaligen Verhältnisse in Polen, daß die Stadt in ihrem Siegel nicht nur, wie gebräuchlich, das Wappen, sondern auch die Anfangsbuchstaben des Namens und der Titel ihres Mediatherrn führen mußte. Das neue Farbsiegel des: „MAGISTRAT ✲ ZU WRESCHEN ✲" (32 mm) zeigt eine sechsblätterige Rose. — Auch ein: „✲ SIGILL ✲ ADVOCA ✲ O . . . . WRESN ‡" (32 mm) des 18. Jahrh. enthält eine solche, aber in einem Schilde. Ein Kupferstich dieses Siegels findet sich in der Biblioteka Kórnicka, und zwar, wie Dr. Kirmis seiner Kopie desselben beischrieb: augenscheinlich von der Hand des Körniker Bibliothekars und bekannten Kupferstechers Kielisinski (s. unter Literatur, S. 4).

1) Das Siegel, an einem Geburtsbriefe (im Staatsarch. Posen) hängend, ist dadurch auffällig, daß es in rotes Siegellack in eine Wachsschale gedruckt ist. An den Rändern ist Wachs und Lack mit einander verschmolzen, wodurch die Umschrift ganz unleserlich wurde.

POSEN / REG: BEZ: BROMBERG

BROMBERG

ARGENAU

BARTSCHIN

BUDSIN:

CZARNIKAU

EXIN

FILEHNE

FORDON

GEMBITZ.

GNESEN

GOLLANTSCH

GONSAWA

INOWRAZLAW

KLETZKO

KOLMAR IN POS.

KRONE AN DER BRAHE

KRUSCHWITZ

POSEN REGIERUNGS-BEZIRK: BROMBERG

LABISCHIN

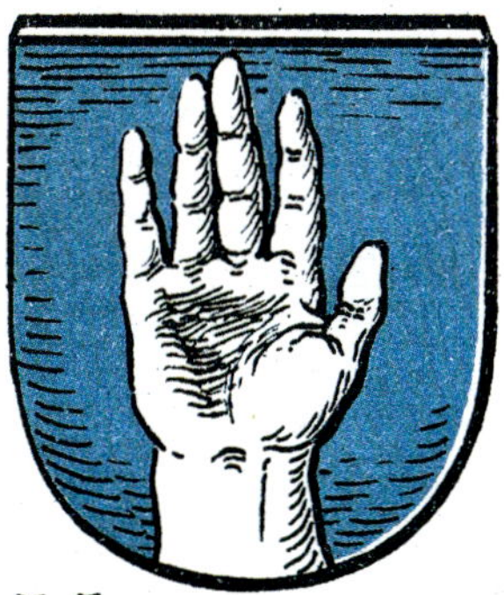

LEKNO

LOBSENS

LOPIENNO

MARGONIN

MIELTSCHIN

MIETSCHISKO

MOGILNO

MROTSCHEN

NAKEL

PAKOSCH

POWIDZ

ROGOWO.

RYNARZEWO

SAMOTSCHIN

SCHNEIDEMÜHL

SCHOKKEN:

SCHÖNLANKE

SCHUBIN

SCHULITZ

Provinz Posen. Regierungsbezirk Posen.

Abb. S. 117 **Wronke** (Wronki), Stadt. In Silber eine linkshin schreitende schwarze Krähe.

Nach Voßberg ist das Bild ein redendes: Wran = Krähe. Alte Siegel dieses schon 1279 oppidum, hundert Jahre später civitas genannten Ortes sind nicht bekannt. Das um 1600 geschnittene: „✻ SIGILLVM ✻ OPIDI ✻ WRONKI" (32 mm) hat das Bild in einem verzierten Rahmenschilde. So auch das 1731 von Bürgerm. und Ratmannen der „Adligen", und 1744 von Bürgerm. u. R. der „Hoch-Gräf lichen" Stadt Wroncke benutzte: „· SIGILIVM · ADVOCATIALE . . . OPPIDI · WRONKI" (32 mm) und die dem ersteren nachgebildeten neuen Farbsiegel mit: „DER MAGISTRAT ✻ ZU WRONKE · ✻" (33 und 32 mm),

Abb. S. 117 **Xions** (Książ), Stadt. In Rot zwei, unten durch einen niederen Mauerstreifen verbundene Türme, rechts vom ersten eine Stück Mauer.

So das: „✻ SIGILLVM ✳ OPIDI ✳ KXYASZ ✳ ~~~" (31 mm), bei dem das Bild in einem ovalen Rahmenschilde steht. Das Siegel ist um 1650 geschnitten. Vermutlich war das Vorbild die perspektivisch ungeschickt dargestellte Ortskirche. Ein von Voßberg erwähntes, „etwa aus dem 17. Jahrh. stammendes Siegel" (Größe? Umschrift?) zeigt die Erinnerungszahl 1407 und ist vermutlich ein Nachschnitt des ersteren.

Abb. S. 117 **Zaborowo**, Dorf, früher Stadt. In Silber ein bewurzelter Tannenbaum, neben dem jederseits ein schwarzer Stierkopf mit Nasenring schwebt.

Das Bild ist ein teilweise redendes; za bora = hinter dem Walde (Wuttke). Der Stierkopf ist das Wappen der Adelsgenossenschaft Wieniawa. Der Ort entstand aus einer vom Grundherrn Albert Gajewski begünstigten Niederlassung geflüchteter deutscher Protestanten. Wuttke berichtet von einem Freibriefe Wladislaus IV. vom 20. März 1644, mittelst dessen der Gemeine magdeburger Recht und „das Sigel ihres Erbherrn Gajewski, das Wappen Ostia genannt: im roten Felde ein Schwert zwischen zwei Monden" verliehen worden sei. Von einem Siegel mit diesem Bild ist aber nichts bekannt geworden; alle zeigen vielmehr die oben beschriebene Darstellung. Auch führten nach v. Hefner die Gajewski ein ganz anderts Wappen. Die Tanne zwischen den Stierköpfen hat das: „✻ SIGILLVM · CIVITATIS · SABOROVIENSIS · 16 · 54" (38 mm), welches die Darstellung in einem von einem Engel gehaltenen Rahmenschilde im berankten Siegelfelde hat. Ferner das: „SIGILVM CIVITATIS ZABOROVIENSIS 1697" (20 mm) und der um 1700 gefertigte noch vorhandene Stempel des: „♣ ·:· SIGILLVM CIVITATIS SABOROVIENSIS 1654 ·:·" (39 mm), bei dem wieder ein Engel das Wappen in einem mit schweren Voluten verzierten ovalen Schilde hält. Ein wohl zu Ende des 18. Jahrh. gefertigtes: „✻ SIGILLVM · CIVITATIS · SABOROVIENSIS 1654" (31 mm) hat das Bild frei im Felde. Dieses letztere Siegel findet sich, von Kielisinski in Kupfer gestochen, in der Biblioteka Kórnika (s. unter Literatur). Ein Farbsiegel v. J. 1815 (33 mm) hat wieder die Darstellung des vorletzten Siegels.

1) In Geburtsbriefen nennen Bürgermeister und Ratmanne ihre Stadt 1709: Königl. Poln. Erb-Stadt; 1729: Königl. Stadt; 1745: Hoch Reichs-Gräf liche Stadt; 1757: Hoch-Fürstliche Stadt — was zur Auf hellung der noch fast unbekannten Lokalgeschichte mit beitragen kann. 1892 ward der Ort als Dorf erklärt.

Abb. S. 117 **Zduny**, Stadt. In Blau das Haupt Johannes auf aufgerichteter goldener Schüssel.

Dem Täufer ist die Pfarrkirche geweiht; derselbe ist aber auch Patron des Breslauer Domstiftes und diesem hatte Herzog Boleslaw der Fromme (von Kalisch) i. J. 1267 das Dorf Zdunki abgetreten und die Erlaubnis erteilt, dasselbe zur Stadt zu erheben (Wuttke, Urk. CCLI); das Bild könnte also ziemlich alt sein, doch kennt man keine älteren Siegel als das: „✻ DEVTSCH RATHSSIEGEL ZVE ZDVNY IN POHLEN (auf der Schüssel:) 1637" (35 mm), und ein zu Anfg. des 18. Jahrh. gefertigtes: „~ ·:· ~ SIGILLUM CIVITATIS NEOZDUNENSIS" (35 mm). — Auch das: „· GERICHTS · SIEGEL D · ST · DEUTSCH ZDUNY" (24 mm) aus dem 18. Jahrh. hat das Haupt auf der Schüssel. — Diese Siegel gehören der Stadt Neu- oder Deutsch-Zduny an, welche Schlesier, die wegen Religionsbedrückung die Heimat verlassen hatten, gestützt auf einen Freibrief des Grundherrn v. Sienuta, i. J. 1637 gründeten. Von dem älteren Zduny nimmt Wuttke, S. 453, an, daß dessen erlangtes Recht im Zeitenlauf verkürzt und vergessen worden sei, daß es neben seinem Namen noch (wegen der Herrschaft) Sienutowa genannt worden und also mit dem Orte dieses Namens, der 1647 von Wladislaw IV. Stadtrechte erhielt, identisch sei. Dem widerspricht aber ein: „SIGILLVM · OPPIDI · ZDVNY · · · · ANNO · · · 1642" (26 mm), mit welchem, als „unserm gewöhnlichen Stadt-Innsiegel", Bürgermeister und Ratmanne der „Alt-Stadt Zduny" noch 1751 einen Geburtsbrief (im Staatsarch. Posen) besiegelten. Das Siegelbild zeigt ein freischwebendes Menschenhaupt zwischen zwei schwebenden, verschieden gestalteten, spitzbedachten Türmen. Auch erwähnt Rothe in den Denkmälern, daß 1647 Sienutowo als dritte Stadt angelegt worden sei. 1772 wurden die drei Städte vereinigt. Ein wohl 1833 bei der Verleihung der Städteordnung gefertigtes Siegel mit der Umschrift: „DIE STADTVERORDNETEN ✻ VON ZDUNY ✻" (37 mm) und ein neueres Farbsiegel des: „✻ MAGISTRAT DER STADT ZDUNY" (26 mm) haben ebenfalls das Haupt auf der Schüssel.. Bei einem noch neueren Farbsiegel des: „+ MAGISTRAT + DER STADT ZDUNY" (31 mm) bedient sich die Stadt statt ihres eigenen Siegelbildes merkwürdigerweise des Wappens des Staates, des preußischen Amtsadlers.

Zerkow (Scherkowo), Stadt. In Rot ein goldener Kahn, über dem ein goldener Stern schwebt. Abb. S. 117

Dies Wappenbild Lodzia hat in einem, von einer fünfblätterigen Krone überhöhten Schilde, das einzig bekannt gewordene: „· SIGILLVM · NOSTRVM · OPPIDI ZYRKOWIENSIS"! (33 mm), welches um das Jahr 1700 geschnitten sein wird.

Zirke (Sierakow), Stadt. In Silber ein roter Hirschkopf mit goldenem Geweih. Abb. S. 117

Das älteste bekannte ist ein Vogtsiegel des 16. Jahrh.: „ꟗ SIGIGILLVM ꟗ ADVOCATI ꟗ SIERAKOW (im Felde:) 1561"! (32 mm), welches aber i. J. 1733 von Bürgermeister und Rat der „Hoch Gräflichen Stadt Zirckowa" als „Unsere Raths Inszigul" benutzt wurde (St. Arch. Posen). Es zeigt in einem Schilde den Hirschkopf, zwischen dessen Geweih ein, auf dem Abdrucke nicht ganz deutlicher, der Feldbinde des Wappenstammes Nalecz ähnlicher Gegenstand schwebt. Den Hirschkopf, aber ohne das Abzeichen, hat in einem Rahmenschilde auch das: „✶ SIGILLVM ✶ OPPIDI ✶ SIERAKOWIENSIS ✶ 1641" (32 mm), und das neue Farbsiegel: „MAGISTRAT ·:· DER STADT ZIRKE ·:·" (31 mm). — Das um 1800 gestochene: „SIEGEL DES WOYTAMTS (unten:) ZIRKE" (27 mm) zeigt unter einem Fürstenhute einen von Rot und Gold quadrierten Schild, worin der gekrönte, polnische Adler mit einem Brustschilde, in dem der Kahn der Wappengenossenschaft Lodzia.

Regierungsbezirk Bromberg.

Abb. S. 120 **Bromberg** (Bydgoszcz), Hauptstadt des gleichnamigen Regierungsbezirkes.

In Silber eine rote Burg mit drei spitzbedachten Türmen, deren mittlerer höher und mit einer großen Windfahne besteckt ist; der rechte Thorflügel ist geöffnet, der linke geschlossen.[1]

König Kasimir III. ermächtigte mittelst Urkunde vom 10. April 1346[2]) den Johann Kiessielhuth (Kesselhut) und den Conrad bei der alten Burg Bydgoszcz, eine neue Stadt nach Magdeburger Recht anzulegen, „quod oppidum Kunigesburg debet nominari". Die Stadt gedieh, aber der Name schlug nicht ein (ganz wie bei Gollnow in Pommern und Konstadt in Schlesien). Schon die nächste, deutsche, 1386 ausgestellte Urkunde nennt sie Broburg und Broberg (von ihrer Lage an der Brahe); im Polnischen aber nannte man die Stadt nach der Burg: Bidgost. — Der Stempel des schönen, kurz nach der Gründung geschnittenen: „+ S ꟗ CIVITATIS ꟗ DE ꟗ KVNIGISBERG ꟗ" (65 mm) hat sich (in Warschau) erhalten; das Siegel zeigt im gegitterten Felde den linkshin reitenden, den Drachen durchbohrenden hl. Georg. Sein Haupt ist mit der Kesselhaube, an die sich das Kettenhemd anschließt, bewehrt; am linken Arme trägt er den Schild, worin ein Kreuz. Das auch noch dem 14. Jahrh. angehörige: „✳ S' CIVITATIS BROMBURIEN" (27 mm), welches im Ratsarchiv zu Thorn an einer undatierten Urkunde hängt, zeigt bereits eine Burg mit offenem

Thore. Bei einem in demselben Archiv an Urkunde v. J. 1485 vorhandenen: „s ⁘ igillvm ⁘ rivitatis ⁘ bidgo ..... ⁘ ‡‡‡‡‡+“ (35 mm) hat die Burg bereits ganz die noch heute übliche Form und läßt auch den einen geschlossenen Thorflügel erkennen. So ebenfalls auf einem 1552 gebrauchten: „⚘ SIGILVM ⚘ CIVITATIS ⚘ BITGOSTIENSIS ⚘“! (40 mm), von dem noch der Stempel eines ein wenig dünner gehaltenen, sonst höchst genauen Nachstiches aus dem 17. Jahrh. erhalten ist,[3] auf einem: „⚘ SIGILVM CIVITATIS BITGOSTIENSIS“! (31 mm) des 18. Jahrh., auf dem um 1800 geschnittenen, noch vorhandenen Stempel des: „SIEGEL DER KONIGL : PREUSS : STADT (unten:) BROMBERG“ (47 mm) und auf den neuen Magistratssiegeln. Die neuesten der letztern machen die Mode mit, d. h. sie setzen die Burg in einen Schild und auf diesen eine fünftürmige Mauerkrone. — Auch die Vogtssiegel haben die dreitürmige Burg mit dem einen geschlossenen Thorflügel; so das um 1600 gefertigte: „+ SIGILVM ⁝ ADVOCATIALÆ ⁝ CIVITATIS ⁝ BIDGOST“! (37 mm) und eine nur 25 mm große Nachbildung des 18. Jahrh. Ersteres Siegel wurde 1778 von Bürgermeister und Rat benützt. Erwähnt mag noch ein Siegel der Stadtkämmerei aus der Mitte dieses Jahrhunderts werden, weil es die ganz ungewöhnliche Form eines gleichseitigen, mit einer Spitze nach oben gerichteten Dreieckes hat. Es zeigt die Burg mit der Umschrift: „CAEMMEREI BROMBERG“ (Schenkellänge 20 mm).

Die Vorstadt **Bocianowo** benutzte zu Anfang des 19. Jahrh. ein Farbsiegel: oben Lorbeer- unten Eichenzweige, in der Mitte die Inschrift: „BOCIANOWO · (darunter:) BROMBERGERKREISES“ (30 mm).

1) Die Farben sind hier nach einer vom Magistrat freundlichst eingesandten, 1869 gefertigten, bemalten Wappenzeichnung auf Pergament gegeben; bei Voßberg, im Neuen Siebmacher, in der Leipziger Illustr. Zeitung vom 2. Jan. 75 u. s. w. sind sie umgekehrt, die Burg silbern in rotem Felde.

2) Wuttke, Cod. dipl. magni ducatus Posnaniensis, No, XXIV.

3) Das Original hat auch auf der geöffneten Thüre dieselben Beschläge wie auf der geschlossenen, während erstere bei der Nachbildung unbeschlagen ist.

Abb. S. 120 **Argenau** (Gniewkowo), Stadt. **In Rot auf grünem Boden zwei spitzbedachte, silberne Türme, zwischen denen ein silbernes, unten zugespitztes Kreuz (?) schwebt; über demselben schweben unter einer Krone nebeneinander, aber abgewendet, ein silberner Löwen- und ein silberner Adlerkopf.**

Das wohl noch dem 13. Jahrh. angehörende, älteste Siegel, dessen einziger, bekannter Rest an einer undatierten Urkunde des Thorner Ratsarchivs hängt, hat dasselbe Bild; doch schwebt dabei das Kreuz nicht zwischen den Türmen, sondern, etwas schräg gestellt, links neben dem Dache des linken Turmes. Von der Umschrift ist nur erhalten: „+ S' CIV ..... S · G ..... ⁝“ (45 mm). Gniewkowo war die Hauptstadt des ehemaligen Fürstentums Kujawien; dessen Wappen aber waren ein Löwe und ein halber Adler, beide abgewendet nebeneinander unter einer gemeinschaftlichen Krone. Daher die Köpfe im Stadtsiegel. Das ganz unregelmäßig ins Siegelfeld gesetzte Kreuz könnte wohl nachträglich in den Stempel eingeschnitten sein, vielleicht nach 1332, als die Stadt über ein Jahrzehnt lang im Besitze des Deutschen Ordens war. Später erkannte man die Köpfe zwischen den Türmen nicht mehr, und so zeigen ein, im 18. Jahrh. geschnittenes: „✶ STADT ✶ SIEGEL ✶ ZU · GNIEFKOWO ✶ 1551“ (30 mm) und ein wohl vom selben Stecher gefertigtes: „✶ STADT ✶ SIEGEL ✶ ZU ✶ GNIEFKOWO ✶ 1787“ (39 mm), deren beide Stempel das Staatsarchiv zu Posen aufbewahrt, zwischen den Türmen einen krabbenartigen Gegenstand, dem man ansieht, daß sein Verfertiger durchaus nicht wußte, was er machen sollte. Ein neueres Siegel: „DER MAGISTRAT ⁝ ARGENAU 1185 ⁝“ (32 mm) suchte das Rätsel durch das Bild eines spinnenartigen Insektes zu lösen; da dasselbe aber, namentlich auf dem gleichzeitigen Farbsiegel, zu sehr dem kleinen Wesen glich, was Brehm als Phthirius pubis abbildete, so hat man neuerdings auf Vorschlag des Thorner Coppernicusvereins das erste Siegelbild wieder aufleben lassen. — Engel hat das älteste Siegel beschrieben in: Mittelalt. Siegel des Thorner Ratsarch., 1894, S. 11.

Abb. S. 120 **Bartschin,** Stadt. **In Silber eine sechsblätterige rote Rose mit goldenem Butzen.**

Dies Bild zeigt das einzige mir bekannt gewordene, im kgl. Staatsarchiv zu Posen befindliche Siegel, welches die für ein Stadtsiegel seltene Umschrift trägt: „✶ SANCTVS ✶ AD ✶ ALBE ✶ PATRO ✶ BARTI (im Felde:) 1578“ (27 mm), dessen Stempel jedoch erst im 17. Jahrh. geschnitten zu sein scheint. St. Adalbert wirkte u. a. als Apostel der Polen und ward, nachdem er bei Fischhausen von den heidnischen Preußen getötet worden war, in Gnesen begraben. Das moderne Farbsiegel: „✶ MAGISTRAT U. POLIZEIVERWALTUNG ZU BARTSCHIN“ (29 mm) bringt statt eines städtischen Siegelbildes den preußischen Adler. Es sei hier wiederholt, daß es unpassend erscheinen muß, wenn eine kleine Ortsbehörde ihre Schriftstücke mit dem Wappen des Staates besiegelt.

Bromberg, s. oben.

Abb. S. 120 **Budsin** (Budzyn), Stadt. **In Rot ein querrechtshin gelegter goldener Schlüssel, dessen abwärts gekehrter Bart von einem, die vordere Schildhälfte füllenden, halben silbernen Adler überdeckt wird.**

So ein: „· SIGILLVM · OPPIDVM · BVDZINENSIS 1·6·4·1·“! (33 mm) und ein um 1700 gefertigtes, ovales Siegel (23 : 21 mm) mit derselben Umschrift und demselben sprachlichen Verstoße. Ein diesem Siegel sehr ähnliches: „SIGILLVM CIVITATIS BVDSINENSIS · 1641 ·“ (oval, 23 : 21 mm) dürfte dem Anfange des 19. Jahrh. angehören. Die Jahreszahl bezieht sich auf die unterm 26. August 1641 durch Wladislaw IV. erfolgte Erneuerung der verloren gegangenen Freibriefe. Das neue Farbsiegel: „✶ MAGISTRAT POLIZEI-VERWALTUNG D. STADT BUDSIN“! (31 mm) bringt statt des städtischen das Staatswappen, den preuß. Adler.

Czarnikau (Tscharnikau), Stadt. **In Rot eine silberne, sogenannte Feldbinde.** Abb. S. 120

Die Binde ist das Stammwappen Nałęcz, welches die Familie Czarnikowski, welcher der Ort vom 14. bis in das 18. Jahrh. zugehörte, führte. Alle Siegel zeigen die Binde in einem Schilde. So das: „+ SIGILLVM · OPPIDI · CZARNKOW (im Felde:) 1682“ (35 mm) und das: „✶ SIGILLUM · OPPIDI · CZARNKOW (im Felde:) 1775“ (25 mm). Ein: „· SIGILLVM : CIVITATIS : CZARNICOWENSIS : 1775“ (35 mm) hat den ovalen, verschnörkelten Schild von zwei mit Lanzen (?) bewaffneten Männern gehalten. Das wohl bei Einführung der Städteordnung (1837) gefertigte Siegel: „STADTVERODNETE ZU CZARNIKAU“ (30 mm) lehnt sich wieder an das erstbeschriebene Siegel an. Das neue Farbsiegel und die Siegeloblate lassen eine Mauerkrone über dem Schilde schweben.

Exin (Kzynia), Stadt. **In Rot ein golden gekrönter, silberner Adler.** Abb. S. 120

Ein altes Siegel dieser alten Stadt ist nicht bekannt. Das: „⁘ SIGILLVM ⁘ PROCONS.., RE ⁘ OPPIDI ⁘ KCINA ⁘ A ·1709“ (30 mm) hat den gekrönten Adler frei im Felde; ein neueres Farbsiegel der Stadtverordneten-Versammlung hat denselben in einem Schilde und in einem verzierten Aufsatze über letzterem die Jahreszahl „1262“, d. i. das Jahr, in welchem Herzog Boleslaw, der Keusche, den Ort nach deutschem Rechte anzulegen erlaubte. Das neueste Farbsiegel von Magistrat und Polizeiverwaltung zeigt den preußischen Amtsadler.

Filehne (Wieleń), Stadt. **In Silber ein auf Rasen ruhender, linkshin gekehrter, roter Hirsch mit goldenem Halsbande.** Abb. S. 120

So auch das älteste, bekannt gewordene: „SIGILLVM ⁕ OPIDI ⁕ VIELENENSIS 1573“ (25 mm) und zwei, um die Mitte des 18. Jahrh. geschnittene Siegel mit derselben Umschrift und Jahreszahl, welche beide letzteren den liegenden Hirsch in einem verschnörkelten Schilde zeigen (34 und 28 mm). Das neue Farbsiegel: „MAGISTRAT DER STADT FILEHNE“ (33 mm) hat ebenfalls den ruhenden Hirsch, läßt jedoch das charakteristische Halsband weg. Ein gehender Hirsch, wie ihn Voßberg (und also auch der Neue Siebmacher) der Stadt zuschreibt und als das Wappen Brochwicz II. erklärt, ist mir nicht vorgekommen. Vor 1700 kam die Stadt an den Fürsten Sapieha, und demgemäß zeigt ein: „HOF UND STADT GERICHTS SIEGEL · FILEHNE“ (29 mm) auf einem, von einem Fürstenhute ausgehenden Hermelinmantel den von Ordensketten umgebenen fürstlichen Schild: geteilt, oben zweimal gespalten, 1. drei Lilien (2 : 1), 2. ein sogenanntes Wurfeisen mit zwei Querstäben, 3. ein gestürzter Pfeil, überdeckt von einem geharnischten Arme; unten ein Reiter auf springendem Rosse.

Fordon (Fordan), Stadt. **In Blau eine silberne Rose mit goldenem Butzen.** Abb. S. 120

Alle älteren Siegel zeigen die Rose in einem von Ranken umgebenen, mit einem Engelsköpfchen bekrönten Schilde. So das: „• • • SIGILLVM CONSVLARE CIVITATIS FORDANENSIS (im Felde:) 16 60“ (28 mm), das: „⁕ SIGILLVM · CONSVLARE · CIVITATIS · FORDANENSIS (im Felde:) 16 63“ (38 mm), das: „KON · WESTPR : STADT SIEGEL ZU FORDAN (im Felde:) 1796“ (Schrift im Abschnitt, 35 mm), und auch das: „KON · WESTPR · STADT GERICHTSIEGEL ZU FORDAN (im Felde:) 17 ..“ (37 mm). Ein dem ersten Viertel des 19. Jahrh. angehörendes Farbsiegel: „KOENIGL : POLIZEI MAGISTRAT DER STADT FORDON“ (30 mm) bringt den fliegenden, widersehenden, preußischen Adler mit Scepter und Reichsapfel in den Fängen, dessen Brust mit einem Schilde, worin der polnische Adler, belegt ist. Ein um die Mitte dieses Jahrhunderts angefertigtes Siegel mit derselben Umschrift (80 mm) hat dagegen nur den allgemeinen preußischen Amtsadler; so auch das neueste Farbsiegel: „⁕ MAGISTRAT DER STADT FORDON“ (34 mm). Das eigene Zeichen der Stadt ist also auch hier völlig aus den städtischen Siegeln verschwunden — hoffentlich nicht auf immer.

Friedheim (Miasteczko = Städtchen), Stadt. **Der Ort führt laut freundlicher Auskunft des Bürgermeisters vom 20. Mai 1889 kein Wappen.**

Im kgl. Staatsarchiv zu Posen findet sich auf magistratlichen Schriftstücken von 1787 und 1795 ein, leider beidemale arg zerbröckeltes Siegel des 18. Jahrh. ohne Umschrift (oval, 33 : 30 mm). Dasselbe stellt in barocker Umrahmung zwei Schilde nebeneinander dar. Der erste Schild zeigt einen mit drei Sternen (Rosen?) belegten Schrägrechtsbalken, der oben und unten von einem springenden Hunde (?) begleitet wird; der zweite läßt einen auffliegenden Vogel erkennen. Ueber den Schilden eine gemeinsame siebenperlige (Freiherrn-) Krone, aus der zwischen einem offenen Flug ein Hund (?) wächst. Nach Wuttke (S. 455) war zu Ende des 18. Jahrh. ein Herr Arndt Besitzer des Ortes. In Hefners Wappenbuch des Preußischen Adels, 1878, S. 75, kommt eine Familie v. Arndt II.

vor, die in Posen angesessen ist und eine auffliegende Taube mit Oelzweig im Schnabel als Wappen führt. Der zweite Schild dürfte also diesem Grundherrn angehören. 1851 kommt ein Farbsiegel vor: „+ DER MAGISTRAT ✻ ZU MIASTECZKO“ (30 mm), welches den preußischen Adler mit allen Attributen zeigt.

Abb. S. 120 **Gembitz** (Gębice), **Stadt. In Gold drei gekreuzte Schwerter, belegt mit einem schwarzen, von zwei roten Kugeln beseiteten Stierkopf.**

Dies zweifellos dem Wappen eines früheren Grundherrn entstammende Bild zeigt das einzige bekannt gewordene: „✻ SIGILVM . . . . NSIS ~“ (35 mm) aus dem Anfang des 18. Jahrh.

Abb. S. 120 **Gnesen** (Gniezno), **Stadt. In Rot der golden gekrönte silberne Adler.**

Nach dem Neuen Siebmacher soll das älteste Siegel im mit Kreuzchen bestreuten Felde einen König mit dem Szepter in der Rechten, dem Reichsapfel in der Linken und dem Adlerschilde vor sich zeigen. Das recht unzuverlässige Werk gibt weder Alter, noch Größe, noch Umschrift dieses Siegels an; auch findet ein solches Siegel sich sonst nirgends erwähnt. Das älteste sichere, jedoch erst der Mitte des 14. Jahrh. angehörende: „× S × CIVITATIS × GNESNENSIS“ (37 mm) zeigt im mit Kreuzchen bestreuten Felde den Adlerschild und darüber ein gekröntes Haupt. Letzteres wohl, weil Gnesen die alte Hauptstadt des Landes und bis zu Anfang des 14. Jahrh. die Krönungsstadt der Polenherzoge war. Ein hübsches, noch 1638 von Proconsul et Consules civitatis S. R. M. Gnesna gebrauchtes: „+ SIGILLV̄ ✻ PRETORY ✻ CIVITATIS ✻ GN . . . . . ✻ D : 1 : 5 : 4 : 5 :“ (43 mm) hat an Stelle des Kopfes über dem Adlerschilde eine große Königskrone. Ein zu Ende des 18. Jahrh. gefertigtes: „PIECZEC MIASTA GNIEZNA“ (30 mm) und das gleichzeitige, gleichartige Farbsiegel verraten durch ihre Dürftigkeit den damaligen Zustand der Stadt. Sie zeigen den Adler in einem bekrönten Schilde, den Palmwedel einfassen. Ganz merkwürdig ist die Darstellung der neueren Siegel; sie zeigen nämlich in einem, mit einer Königskrone besetzten Schilde den (heraldischen!) polnischen Adler über einem Neste. Den Anlaß hierzu gab eine — von der neueren Sprachforschung übrigens verworfene — Ableitung des Stadtnamens von gniazdo = Nest, nach der die Stadt zuweilen bildlich als Nest der Seelen oder auch des weißen Adlers genannt wurde. Und diese poetische Wendung glaubte der Magistrat in seinen Siegeln verkörpern zu müssen. Nicht minder auffallend ist übrigens die Umschrift des ersten dieser Siegel, welches 1875 gebraucht wurde: „· DL : ANNVS CONDITVS · SYMBOLUM URBIS GNESNAE“ (38 mm). Spätere haben um dasselbe Bild nur: „MAGISTRAT ZU GNESEN“ (27 mm). Die neuesten Farbsiegel des Magistrats aber weisen den preußischen Adler mit allen Attributen, was ein einer Stadt durchaus nicht zukommendes Bild ist. In gemeines Deutsch übersetzt lautet diese heraldische Chiffre nämlich: Königlich preußischer Magistrat zu . . . . . . und das will man ja doch nicht sagen.

Die Vorstadt **Grzybowo** benutzte 1759 ein: „∴ SIGIL : OPP : GRZIBOW . . . . O . . . . A . . . GNES“ (34 mm) mit einem Patriarchenkreuz im verzierten Schilde. — Eine gute Abbildung des ersten beglaubigten Siegels gibt Voßberg in: Siegel des Mittelalters von Polen, Lithauen etc. etc., 1854, Taf. 25.

Abb. S. 120 **Gollantsch** (Gollącz), **Stadt. In Blau ein silberner Zinnenturm mit großem geöffnetem Thore; in letzterem die Worte: PORTA PATENS ESTO.**

Leider ist unbekannt, auf welches Ereignis sich die Worte: Porta patens esto = das Thor soll offen sein! beziehen mögen. Aus der Stadtgeschichte, soweit dieselbe von Wuttke und neuerdings von Alexander (in den Städtebildern der Posener Ztg., 1896, No. 20) erzählt wird, ist ein Anlaß nicht zu ersehen; auch der Magistrat und das Staatsarch. Posen wissen darüber keine Auskunft zu geben; ebensowenig ist aus Rothe's Kunstdenkmälern etwas darüber zu erfahren. Ein dem 17. Jahrh. angehörendes Siegel zeigt nur einen fensterlosen Turm mit offenem (leerem) Thore, und über dem Turme einen Engelskopf; die Umschrift lautet: „· PORTA PATENS ESTO · G · S · E · N · C · . .“ (23 mm). Die Darstellung mit der Inschrift im Thore zeigt ein: „✻ SIGILLVM ✻ OPPIDI · ✻ GOLANCZA : ~ 1731 (im Thore:) PORTA PATENS ESTO“ (30 mm). Ganz so ein kaum späteres Siegel mit derselben Umschrift und Jahreszahl, bei dem nur die Buchstaben der Inschrift anders verteilt sind (22 mm). Zur südpreußischen Zeit wurde ein Farbsiegel benutzt: „KOEN · PR · POLIZEI MAGISTRAT DER STADT GOLANCZ (Inschrift:) KROI · PRUS · MAGISTRAT POLICYI MIASTA GOLANCZ“ (35 mm) und dem Bilde des fliegenden, widersehenden preußischen Adlers mit Schwert und Szepter in den Fängen, dessen Brust mit dem polnischen Adlerschilde belegt ist.

Abb. S. 120 **Gonsawa** (Gasawa), **Stadt. In Silber ein Augustiner-Abt (schwarze Kleidung, weißes Skapulier) mit der Mitra auf dem Haupte und dem Krummstabe in der Rechten.**

Der Ort gehörte früher der Abtei (Augustinerkloster) Tremessen). Ein: „SIGILL · · CIVITATIS GONSAWENSIS 1783“ (oval, 31 : 29 mm) zeigt dies Bild. Das neue Farbsiegel: „KOENIGL · POLIZEY MAGISTRAT ZU GONSAWA ·“ (31 mm) hat nur den preußischen Adler.

Abb. S. 120 **Inowrazlaw** (Jungleslau), **Stadt. In Rot zwischen zwei schwebenden, fensterlosen silbernen Zinnentürmen mit offenen Thoren der silberne polnische Adler; über und unter demselben schwebt je eine goldene Lilie.**

Das älteste bekannte, um das Jahr 1400 geschnittene: „✻ sigillum ✻ civitatis · iuvenis · ladi ✻~“ (42 mm) hat ein anderes Bild: auf hügeligem Boden die beiden Türme, dazwischen der polnische Adlerschild, hinter dem ein Baum hervorwächst. Ein: „✶ SIGILLVM : CIVITATIS IVNI . . . . . SLAVIENSIS“ (cc. 38 : 35 mm) des 17. Jahrh. zeigt schon den Adler ohne Schildform zwischen den Türmen, und über ihm eine Lilie. Dieses Siegel ist bemerkenswert wegen seiner höchst seltsamen äußeren Form. Die Darstellung steht nämlich in einem ausgekerbten Schilde und der Schriftrand schließt sich nun dessen Form an. Dadurch erhält das Siegel einen äußeren Umriß in der Gestalt eines Kreises, aus dem oben und zu beiden Seiten kleinere Halbkreise ausgeschnitten sind. Bei dem: „✻ SIGILLVM PROCONSVLARE CIVITAT . . IVNIWLADISLAWIE“ (30 mm) aus der Mitte des 17. Jahrh. mit sonst gleichem Bilde, ist unter den Türmen nur eine halbe Lilie angebracht, die aber so groß ist, daß die Türme darauf zu stehen scheinen; die obere Lilie ist dabei klein. Die folgenden Siegel zeigen dann auch unten eine ganze Lilie, allein, bis auf die neuesten Siegel, welche beide gleich groß haben, ist die untere Lilie stets viel (oft mehr als dreimal) größer als die obere. So das: „+ SIGILLVM PRO CONSULA · CIVIT · IUNIWLADISLAWIENSIS“ (24 mm) aus dem 17. Jahrh. und ein sehr genauer Nachschnitt desselben in gleicher Größe und derselben Umschrift; ferner ein 30 mm großes Siegel aus dem 18. Jahrh. mit der gleichen Legende, und das: „PIECZEC POLICYI MAGISTRATU INOWROCLAWSKIEGO“ (37 mm) aus dem Ende des 18. Jahrh. Das neue Siegel: „MAGISTRAT ZU INOWRACLAW ·“ (33 mm) und das Farbsiegel des: „MAGISTRAT ZU JNOWRAZLAW“ (33 mm) haben dann beide Lilien von gleicher Größe. — Eine gute Abbildung des ersten Siegels findet sich in Voßberg: Siegel des Mittelalters von Polen etc., 1854, Taf. 25.

Janowitz, Stadt, führt nach gefäll. Angabe der Ortsbehörde kein Wappen.

Voßberg erwähnt eines Siegels, welches die Themis mit Schwert und Wage zeige. Es könnte wohl nur ein Gerichtssiegel sein. Ein um 1850 gefertigtes Siegel des: „MAGISTRAT DER STADT IANOWITZ“ (30 mm) hat den preußischen Adler.

Kletzko (Klecko), **Stadt. In Blau ein roter hermelinverbrämter und mit Perlenspangen verzierter Herzogshut, aus dem an roter Fessel ein goldenes Jagdhorn hängt.** Abb. S. 120

Ob das Horn dem Wappen eines der Grundherren entstammt, oder ob sich darin noch eine Erinnerung an die schon bei der Gründung des Ortes, im Jahre 1255, den Ansiedlern versprochene freie Hasenjagd (Wuttke, S. 234) anklingt, ist ungewiß. Ein vermutlich um die Mitte des 17. Jahrh. gefertigtes, aber noch 1797 benutztes: „SIGILVM · CIVITATIS · KLTC · (folgen unentzifferbare Zeichen)“ (35 mm) von sehr roher Arbeit, zeigt einen Adlerschild. Das: „+ SIEGIL + CIVIT . . . . CKO 1697“! (31 mm) hat das von dem Herzogshute überhöhte Jagdhorn in einem Schilde. Zur südpreußischen Zeit zeigt das Siegel den fliegenden, widersehenden preußischen Adler mit Schwert und Szepter in den Fängen, die Brust belegt mit dem polnischen Adlerschilde.

Kolmar in Posen (Chodziesz, Kodschesen), **Stadt. In Gold eine rote Burg mit drei Zinnentürmen und geöffnetem Thore.** Abb. S. 120

Der Ort wurde im Jahre 1434 von König Wladislaus II. (Jagello) auf Verwendung des Erbherrn Potulicki zur Stadt erhoben. Letzterer (wie übrigens auch der spätere Grundherr Graf Grudna-Grudzinski) gehörte dem Wappenstamme Grzymala an, dessen Zeichen eine dreitürmige Burg ist, in deren Thore ein Gewappneter mit erhobenem Schwerte steht. Das Wappen der Stadt ist also vielleicht eine Variante des grundherrlichen Wappens.— Bei dem mit der Jahreszahl gleichzeitigen: „♣ SIGILLVM ♣ OPPIDI ♣ CHODZIS ♣ 1 · 5 · 5 · 3“ (35 mm) steht die Burg in einem hübschen Schilde. So auch bei einem im 18. Jahrh. diesem nachgebildeten, jedoch nur 21 mm großen Siegel mit der gleichen Umschrift und Jahreszahl. Das: „SIEGEL DES MAGISTRATS (unten:) ZU CHOZIESEN 1553“ (oval, 27 : 23 mm) aus der ersten Hälfte des 19. Jahrh. hat die Burg frei im Felde. — Den Namen Kolmar erhielt die Stadt (und der Kreis) auf ihr Ansuchen zu Ehren des damaligen Landrates Herrn v. Colmar durch königl. Kabinetsordre vom 12. Februar 1877.

Krone a. d. Brahe (Koronowo), **Stadt. In Blau eine goldene Bügelkrone, durch welche ein aufrechtstehendes Szepter gesteckt ist.** Abb. S. 120

So auch das: „✻ SIGILLVM OPPIDI CORONOVIENSIS ✻ 1699“ (30 mm), sowie das: „∴ POL : CRONER ST . DT SIGEL 1699“ (30 mm) vom Ende des 18. Jahrh., und das neue Farbsiegel: „✶ MAGISTRAT ✶ DER STADT CRONE AN DER BRAHE“ (32 mm). Auch das: „✻ KON WESTPREUSS : STADT GERICHTS SIEG : Z : POHLNISCH CRONE“ (35 mm) hat dasselbe Zeichen, welches hierbei jedoch in einem Kränzlein steht. — Die Stadt gehörte dem Cistercienserkloster Bisson (Byszewo), dem sie auch ihre Gründung verdankt. Wuttke berichtet, daß an der Turmspitze der Klosterkirche unter einer Bischofsmütze eine vergoldete Krone hange.

Das Kloster hatte in der Nähe auch eine zweite Stadt namens Waliszewsko gegründet, welche der Abt Mirkowski im Jahre 1563 mit Koronowo vereinigte. Von Waliszewsko hat sich ein Siegel m. W. nicht erhalten.

Abb. S. 120 **Kruschwitz** (Kruświca), Stadt. **In Rot auf grünem Dreiberge ein kleines silbernes Bauwerk mit einem thor-, fenster- und zinnenlosen Turm davor.**

Ein „SIEGEL DER STADT KRUSZWITZ (unten:) 17 98" (25 mm) mit diesem Bilde ist das einzige bekannte sphragistische Denkmal dieses zu den ältesten polnischen Burgen und Städten zählenden, aber schon seit Jahrhunderten verödeten Ortes. Der Turm stellt den letzten Rest der alten Schloßherrlichkeit, den jetzt noch 31 Meter hohen Mäuseturm dar, welcher kein Fenster und nur, etwa 10 Meter über dem Boden, ein kleines Thürchen hat. Voßberg schreibt: „Als Wappen sehen wir bezeichnend die bekannte Burgruine im Goplo-See; neben dem Schilde auf einem flatternden Bande 14—22"; was ihm dafür als Vorlage diente, sagt er nicht.

Kwieciszewo, Dorf, ehemals Stadt. **In Rot unter einer goldenen Bischofsmütze drei natürliche Lilienstengel mit je drei Lilien.**

Der Ort ward 1342 mit Erlaubnis des Königs Kasimir III. vom Erzbischof von Gnesen zur Stadt erhoben (Kothe, Kunstdenkmäler), daher die Mitra. — Das einzig bekannt gewordene Siegel gehört dem 17. Jahrh. an, es zeigt obiges Bild und die ungewöhnliche Umschrift: „: SIGILLVM EST : OPPIDI : K.. ECSZEV" (41 mm).

Abb. S. 121 **Labischin** (Labyszyn), Stadt. **In Blau eine offene, aufwärts gerichtete, rechte Hand.**

Im Ratsarchiv der Stadt Thorn befindet sich an einer Urkunde v. J. 1407 ein Siegelbruchstück, dessen wenige erhaltene Buchstaben beweisen, daß der Ort schon 50 Jahre früher, als man bisher wußte, eine civitas war (vergl. Wuttke, S. 353). Das Siegel zeigt die aufgerichtete Hand zwischen zwei Rosen; von der Umschrift ist zu erkennen: „... IVITATIS × LAB ..." (27 mm). Ein: „✻ SIGILLUM CIVITATIS LABISSINENSIS (im Felde:) 17 94" (25 mm) hat die Hand (ohne die Rosen) in einem oben zugebundenen Kränzlein. So auch ein noch vorhandener Stempel mit derselben Umschrift, jedoch ohne Jahreszahl (33 mm).

Abb. S. 121 **Lekno**, Stadt (neuerdings Dorf geworden). **In Rot eine silberne, ringförmig zusammengebundene Feldbinde.**

Dem kgl. Staatsarchiv in Posen verdanke ich den Abguß eines defekten Siegels mit einem Wappen: im Schilde befindet sich die Binde, d. i. das Stammwappen Nalecz, auf dem Helme ist vom Kleinod nur ein offener Flug zu erkennen. Von der Umschrift ist auf dem einzigen aufgefundenen Abdruck nichts zu lesen. Derselbe „befand sich auf einem polnischen Schreiben [um 1799], das unterzeichnet war von dem 1. und 2. Assessor und der Stadtkommunität als solcher; vielleicht das Siegel der Grundherrschaft?" wenn nicht das Siegel, so doch jedenfalls das Wappen einer Grundherrschaft. Da aber eine auffallend große Anzahl polnischer Orte sich der Wappen ihrer Mediatherren bedienten, so hat dessen Abbildung hier mehr Berechtigung, als etwa die Wiedergabe des von Voßberg in Ermanglung eines Anhaltes frei erfundenen Wappens, oder der vom Neuen Siebmacher gebrachten Abbildung des fliegenden, widersehenden preußischen Adlers mit Schwert und Scepter in den Fängen und dem polnischen Adlerschilde auf der Brust.

Abb. S. 121 **Lobsens** (Lobzenica), Stadt. **In Silber auf grünem Boden ein schreitender, schwarzer Eber.**

So auch der noch erhaltene Stempel des: „SIGILLVM PRO CONSVLARE CIVITATIS LOBZENENSIS · A · D · 1617" (35 mm), sowie ein „RAT . · SIEGEL DER STADT LOBSENS 1775" (oval, 21 : 19 mm) und ein 1803 gebrauchtes Siegel von dessen Umschrift auf vorliegendem Abdruck nur: „....... STADT LOBSENS ......" (30 mm) zu entziffern ist.

Abb. S. 121 **Lopienno**, Stadt (Dorf?). **In Rot ein, an den Enden mit Löwenköpfen besetzter, silberner Kahn, aus dem eine kannelierte, goldene Säule wächst, die eine Krone trägt.**

Das einzige bekannte: „✻ DOMINY CIVIVATIS LOPIENNO SIGILLUM · 17 + 96" (29 mm) zeigt dies Bild in einem ovalen Schilde, welcher oben mit einer Krone besetzt ist, aus der das Schildbild nochmals wächst; rechts neben dem Schilde steht ein Gewappneter mit einer Lanze, links türmen sich Kriegswaffen auf. Das Wappen ähnelt dem Adelswappen Korab. Ein von Voßberg für den Ort erfundenes Wappen braucht nicht weiter erwähnt zu werden.

Abb. S. 121 **Margonin**, Stadt. **In Gold eine gekrönte, blaubekleidete Jungfrau mit erhobenen Armen, sitzend auf einem schreitenden Bären.**

Die Stadt gehörte, wenigstens in der zweiten Hälfte des 17. Jahrh., den Grafen Skorzewski. Das obige Bild, das Zeichen der Adelsgenossenschaft Rawicz, bildet einen Teil von deren Wappen. Ein 1787 gebrauchtes, nur mit „· S · · M ·" bezeichnetes Siegel (oval, 22 : 19 mm) zeigt die Jungfrau auf dem Bären in einem reichverzierten Schilde, der mit einer Krone besetzt ist, aus der ein Bär wächst. Ganz so ein wenig späteres Siegel mit Inschrift: „GRÆFL V SKORZEWSKI STADT SIEGEL ZU MARGONIN" (30 mm). Wie bei diesem, so steht auch bei einem 1802 gebrauchten, ovalen (26 : 21 mm) Siegel mit demselben Wappen und gleichlautender Inschrift, diese in einem Abschnitt der unteren Hälfte des Siegelfeldes. — Ein um 1800 gefertigtes: „✻ GRÆFL · V · SKORZEWSKI · PATRIMONIALGERICHTS SIEGEL (im Felde:) ZU MARGONIN" (44 mm) zeigt dagegen das Stammwappen Drogoslaw der Grafen Skorzewski: im Schilde ein halber, mit der Oeffnung nach unten gerichteter Ring (Pfeilbogen?), der mit einem steigenden Pfeil (hier mit Flinsch) besetzt ist, auf dem Helme die neunperlige Krone, aus der fünf Straußenfedern wachsen. — Voßberg hatte kein Siegel der Stadt gesehen und ihr deshalb ein Phantasiewappen (silbernes M in Rot) beigelegt.

Mieltschien, Stadt. **In Blau ein goldenes Gottesauge.** Abb. S. 121

So das einzig bekannte: „SIGILLUM : CONSVLUM : CIVI TATI : MIELZINENSIS (im Felde:) 1785"! (oval, 29 : 25 mm).

Mietschisko, Stadt. **Gespalten, vorn in Rot ein halber silberner Adler, hinten in Silber der den Drachen tötende Erzengel Michael.** Abb. S. 121

St. Michael ist Patron der Pfarrkirche. Ein um das Jahr 1600 gestochenes: „SIGILLVM · OPPIDI · NOVE MIESCISKO" (32 mm) hat diese Darstellung in einem Schilde. Ein anderes Siegel ist nicht bekannt; das im Neuen Siebmacher angegebene v. J. 1491 beruht auf einem Druckfehler; die Quelle jener Nachricht, Voßberg, schreibt „1791" und das Siegel ist mit obigem identisch; der Stempel wurde bis ins 19. Jahrh. hinein gebraucht.

Mogilno Stadt. **In Blau drei verschränkte Schwerter.** Abb. S. 121

Das dem Ende des 18. Jahrh. angehörende: „KOENIGL . W PREUS STADT SIGEL MOGILNO"! (24 mm) hat das Bild in einem verschnörkelten, mit einer dreiblätterigen Krone besetzten Schilde. Ein der Mitte des 19. Jahrh. angehörendes Farbsiegel: „✻ MAGISTRAT DER STADT (im Felde:) MOGILNO" (26 mm) hat überhaupt kein Bild, sondern nur diese Um- und Inschrift. Ein noch neueres Farbsiegel: „MAGISTRAT DER STADT MOGILNO (unten:) ANNO 1398 (im Schilde:) C · M" (31 mm) hat dagegen wieder die Darstellung des ersten Siegels.

Mrotschen Stadt. **In Blau auf grünem Boden stehendes, silbernes Schaf.** Abb. S. 121

Dem kgl. Staatsarchiv zu Posen verdanke ich die Kenntnis eines bisher unbekannt gebliebenen Siegels dieser Stadt. Das: „✱ SIGILL : OPPIDI · CONSVLAR · MROCZA" (29 mm) zeigt das beschriebene Bild in einem Schilde. Dadurch wird das von Voßberg (s. S. 3) der Stadt zugeteilte Phantasiewappen beseitigt.

Nakel (Naklo), Stadt. **In Gold eine rote Burg mit drei Zinnentürmen, in deren geöffnetem Thore ein Geharnischter mit Schwert und Schild steht.** Abb. S. 121

Das älteste bekannte: „+ · SIGILL · CIVITA · NAKLE" (39 mm) aus dem 14. Jahrh. zeigt im gegitterten Felde nur einen Zinnenturm mit zwei seitlichen Erkertürmchen.[1] Ein noch vorhandener Stempel aus dem 17. Jahrh. hat die oben beschriebene Darstellung, doch ist dabei die Mauer eine durchgehende, d. h. beiderseits den Rand des Siegelfeldes berührend und der Gerüstete hält die Waffe in der Linken; Umschrift: „+ SIGILLVM · CIVITATIS · S · R · M · NAKLOENSIS ·" (32 mm). Bei dem: „PIECZEC MIASTAIEGO KROLWSKIMCI NAKLA (im Felde:) 1762" (32 mm), sowie bei allen nachfolgenden Siegeln, bleiben die seitlichen Mauern fort, und das Bild erhält dadurch die gleiche Gestalt wie das Wappen der Adelsgenossenschaft Grzymala; daß dasselbe aber hier gemeint sei, wie Voßberg und nach ihm andere annehmen, scheint mir unwahrscheinlich, denn eine Burg mit einem Gewappneten im Thore ist an sich ein häufiges Stadtzeichen und die allmälige Entstehung der Form aus einem Turm spricht sehr dagegen; auch ist aus der Geschichte der Stadt, soweit sie bekannt ist, nicht ersichtlich, daß ein Mitglied jenes Wappenstammes Rechte am Orte gehabt hätte. Das gleiche Siegelbild zeigen noch das Siegel der: „· KON : WEST : PR : INMED : STADT : NAKEL (im Felde:) 17 79" (20 mm), das: „✻ KÖN · WESTPR · STA...... SIEGEL ZU NACKEL (im Felde:) 17 90" (27 mm), das Siegel der: „KON : WESTPREUSS : INMEDIAT STADT NACKEL (im Felde:) 17 96" (33 mm), das wohl bei der Einführung der Städteordnung i. J. 1835 gefertigte: „AMTS SIEGEL DER STADTVERORDNETEN (unten:) ZU NACKEL" (30 mm) und endlich das neue Siegel und die Oblate des: „MAGISTRAT DER STADT ✱ NAKEL ✱" (beide je 26 mm).

[1] Ein vorliegendes, gutes Exemplar berichtigt Engel (Mittelalterl. Siegel d. Thorner Ratsarchivs, Heft I, S. 15), der auf einem undeutlichen Abdruck v. J. 1404 das jetzige Siegelbild, jedoch unter „?", vermutete.

Pakosch, Stadt. **In Blau auf grünem Boden der hl. Jakob in weißer Kleidung mit Muschel und Pilgerstab; rechts neben demselben steckt im Boden ein kleines Kreuz.** Abb. S. 121

Dies Bild zeigt im bestirnten Felde das: „SIGILLVM · AD VOCATIALE · PAKOSTENSE" aus dem 17. Jahrh. Sigismund

Schwarzenau

Strelno.

Tremessen

Usch

Welnau

Wirsitz.

Wissek

Witkowo

Wongrowitz

Znin

Działynski, Erbherr von Pakosch, hatte eine Wallfahrt ins gelobte Land gemacht, von der er 1660 heimkehrend, den Ort durch Erbauung eines Calvarienberges mit 25 Stationen, für welche er einen besonderen Ablaß auszuwirken verstand, zu einer besuchten Wallfahrtsstätte machte; daher das Siegelbild. Voßberg war dies Siegel, welches sich in den Beständen des kgl. Staatsarchivs zu Posen fand, unbekannt geblieben, weshalb er auch für diese Stadt ein Wappen erfand. Um die Mitte des 19. Jahrh. zeigt ein Siegel des: „KON: POLIZEI MAGISTRAT DER STADT PAKOSC ·" (30 mm) den preußischen Adler. So auch ein Farbsiegel: „MAGISTRAT POLIZEIVERWALTUNG DER STADT PAKOSCH KREIS MOGILNO" (33 mm).

Abb. S. 121 **Powidz**, Stadt. In Rot eine goldene Königskrone.

So das einzige bekannte, dem Ende des 18. Jahrh zuzuschreibende: „SIGILLUM .... DI POW ....." (19 mm) im kgl. Staatsarchiv zu Posen. Durch dasselbe wird das von Voßberg frei erfundene Wappenbild beseitigt.

Radolin, Dorf, früher Stadt. In Rot ein goldenes Strohdach auf vier Pfählen.

Der Ort wurde unter Genehmigung König August III. von seinem Grundherrn, dem Grafen Radolinski, zur Stadt erhoben. Dieser gehörte dem Geschlechte Leszcyc an, dessen Wappenbild der „Brog", ein Strohdach auf vier Pfählen, ist. — Das: „SIGILLUM CIVITATIS RADOLINÆ 17 60" (22 mm) zeigt diese Figur in einem ovalen, mit dreiblätteriger Krone besetzten und von Kriegstrophäen umgebenen Schilde. So auch ein kaum späteres Siegel von 26 mm Durchmesser, mit gleicher Umschrift, welches jedoch eine fünfblättrige Krone zeigt. Voßberg war kein Siegel bekannt geworden, er vermutete aber richtig, daß der Ort das Wappen seines Herrn geführt habe.

Abb. S. 121 **Rogowo**, Stadt. In Rot unter zwei schräggekreuzten, silbernen Rudern mit nach oben gerichteten Schaufeln zwei goldene Kähne übereinander; oben in den Winkeln der Ruder drei goldene Sterne.

Dies Bild hat in einem Schilde, über dem ein kleines Engelsköpfchen angebracht ist, das: „SIGILLVM · OPPIDI · ROGOWO 1690" (35 mm). Später soll die Stadt nur einen Kahn mit den gekreuzten Rudern und zwischen diesen die drei Sterne pfahlweise gestellt, mit darüber schwebendem Engelskopfe geführt haben. Auch zeigt die etwas undeutliche Pause eines: „SIGILLUM CIVITAT · S ROGOVIENSIS 1809 RENOVAT ·" (30 mm) wohl die letztern Figuren in dieser Weise, läßt aber zugleich die Konturen zweier Kähne sehen. Die Verdoppelung sollte wohl an die geographische Lage der Stadt, zwischen kleinen Seen, erinnern.

Rynarzewo (Rohrbruch), Stadt. In Grün ein freischwebender („abgekürzter") S-förmig gebogener silberner Schrägrechtsfluß, der oben mit einem goldenen Kreuzchen besteckt ist. Abb. S. 121

Dies Wappenbild eines zur Wappenfamilie Sriniawa gehörenden Grundherrn hat im rankenverzierten Felde auch das einzig bekannte, etwa um 1700 gefertigte: „SIGILLVM .... C...... S I ... 7 ..." (cc. 35 mm).

Samotschin, Stadt. In Rot zwischen zwei gestürzten, zugewendeten silbernen Fischen ein blauer Reichsapfel mit goldenem Kreuze und Beschläge. Abb. S. 121

So ein nur mit „R P M S" bezeichnetes Siegel des 17. Jahrh. (oval, 28:25 mm), welches die Darstellung in einem verzierten, mit fünfblätteriger Krone besetzten Schilde zeigt. Das Kgl. Staatsarchiv Posen, dem ich einen Abguß davon verdanke, schreibt dazu: „Das Siegel findet sich in dieser Form mehrfach in jener Zeit (um 1800) auf Urkunden und Briefen, die vom Bürgermeister im Namen der Stadt ausgestellt sind." Voßberg kannte es nicht und gab deshalb dem Orte in seinem Wappenbuche der posenschen Städte ein Phantasiewappen.

Schneidemühl (Piła), Stadt. In Silber auf grünem Boden ein springender, roter Hirsch. Abb. S. 121

Das älteste bekannt gewordene: „✻ SIGILLVM OPPIDI PILLA ✻ ANNO ✻ 1671" (44 mm) zeigt einen linkshin schreitenden Hirsch; das: „✻ SIGILLVM · OPPIDI · PILLA · 1775 ✻" (25 mm) hat denselben linkshin springend. Bei beiden ist von einer Krone nichts zu sehen. Dagegen hat bei dem zu Ende des 18. Jahrh. gefertigten: „· SIEGEL D · MAGISTRATS ZU SCHENIDEMUHL" (26 mm) der linkshin springende, und bei den beiden um 1800 gebrauchten Siegeln: „PIECZEC MAGISTRATU MIAS · NARODOWEG PILV" (oval, 30:25 mm) und dem „SIEGEL DES MAGISTRATS ZU SCHNEIDEMÜHL" (oval, 30:26 mm) der nach rechts springende Hirsch, vor dem Geweih eine Königskrone auf dem Kopfe. So auch auf dem um die Mitte des 19. Jahrh. geschnittene Siegel mit der Umschrift: „Stadt Schneidemühl · PILA ·" (38 mm, Schrift auf Band). Bei diesem Siegel ist die Darstellung in einem

Schilde, dessen äußere Form ein innerer glatter Rand begleitet. Diese häufig vorkommende Graveurslaune bildete Voßberg zu einem heraldischen, zwölfmal von Silber und Rot gestückten Bort aus. Natürlich sieht man nun im Neuen Siebmacher sowohl als auf den Städtewappentableaus dies schöne Beizeichen, nie aber auf den amtlichen Darstellungen. Die neue Siegeloblate der: „STADT SCHNEIDEMÜHL" (31 mm) hat vielmehr den rechtshin springenden Hirsch wieder in einem Schilde mit glattem Rande. Auch fehlt hierbei die Krone. — Merkwürdig ist, daß die Stadtbehörde zur Zeit ihre Briefe wohl mit der das Stadtwappen zeigenden Oblate verschließt, den Briefbogen aber mit einem Reliefsiegel bestempelt, welches das Wappen des Staates, den preußischen Adler, innerhalb der Umschrift: „MAGISTRAT SCHNEIDEMÜHL" (27 mm) bringt. — Ein: „STADTGERICHT : SIEGEL : ZU ✣ SCHNEIDEMÜHL : 1780" (28 mm) hat auch den linkshin springenden Hirsch; ob derselbe gekrönt sei, ist auf vorliegendem Abdrucke nicht zuerkennen. — Im Jahre 1796 benutzten die Städte Schneidemühl und Usch ein gemeinschaftliches: „GERICHTS SIE D : COMBINIR TEN STÄDTE SCHNEIDEMÜHL UND : USCZ :" (32 : 30 mm); dasselbe zeigt auf einem verzierten Postamente unter einer gemeinschaftlichen Adelskrone zwei ovale Schilde, im ersten der rechtshin springende Hirsch von Schneidemühl mit der Königskrone auf dem Kopfe, im zweiten den Hirschrumpf von Usch.

Abb. S. 121 **Schokken** (Skoki), Stadt. **In Blau ein silbernes, die Stollen nach unten kehrendes Hufeisen, in dessen Höhlung ein goldenes Kreuzchen schwebt.**

Nach Voßberg war der Ort im 14. Jahrh. im Besitze eines Janus von Podlesia[1]), und ist obiges dessen Wappen. Ein: „SI GILLVM C........" (35 mm) des 16. Jahrh. zeigt dasselbe in einem Rahmenschilde. Ähnlich ein um 1800 gebrauchtes: „✻ SIGIL LUM ✻ CIVITATIS ✻ SKOCENSI · •" (35 mm). Zu Anfang des 19. Jahrh. zeigt ein Siegel von: „KOEN : PR : POLIZEI MAGI STRAT U : STADT SCHOCKEN (unten:) KROL : PRUS : MAGI STRAT POLICYI MIAS · SKOKI" (32 mm) und ein Farbsiegel mit ganz ähnlicher Umschrift (34 mm) den fliegenden, widersehenden preußischen Adler mit Schwert und Szepter in den Fängen und dem polnischen Adlerschilde auf der Brust. Das neue Siegel: „MAGISTRAT UND POLIZEIVERWALTUNG SCHOCKEN" (34 mm) hat dagegen den preußischen Adler in der neueren Form und unter demselben schwebend ein kleines Hufeisen (ohne das Kreuz).

1) Wuttke kennt denselben nicht.

Abb. S. 121 **Schönlanke** (Trzcianka), Stadt. **In Silber ein stehender roter Stier.**

Dies ist das Wappen der zum Stamme Ciollek gehörenden Familie Poniatowski, der früheren Grundherren dieses erst 1731 (von neuem?) zur Stadt erhobenen Ortes. Wuttke erwähnt, im Stiftungsbriefe sei derselben auch ein Wappen erteilt worden, beschreibt es aber nicht. Der Magistrat weiß nichts davon. Der von letzterem als ältestes Siegel bezeichnete, noch vorhandene Stempel mit der Umschrift: „✻ SIGILLVM · OPPIDI · TRZCIONKA · 1738" (33 mm) hat den Stier in einem mit einer Adelskrone besetzten verzierten runden Schilde. Als dann die Stadt an die Lassozki's kam, zeigt ein: „SCHOENLANCKSCHES · STADTSIEGEL ✻ 1772" (26 mm) deren Wappen Dolenga, nämlich einen gestürzten, von einem die Stollen abwärts kehrenden Hufeisen überlegten Pfeil. Dies Bild steht in einem Schnörkelschilde, der mit einer Adelskrone besetzt ist, aus welcher das dazu gehörende Kleinod, ein von einem rechtshin fliegenden Pfeile durchbohrter Flügel, wächst. Später kam die Stadt an die v. Swinarski, welche ihre Herrschaft i. J. 1790 dem Könige von Preußen verkauften. Ein in eben jenem Jahre gefertigtes: „o MAGISTRATSSIEGEL DER KÖNIGL: STADT SCHŒNLANCKE (im Felde:) 1790" (29 mm) zeigt nun ein ganz merkwürdiges, mit dem Wappen der Swinarski in keinerlei Beziehung stehendes Bild: eine Burg (Kirche?) mit einem breiten mittleren Kuppelturme und zwei verschieden gestalteten Seitentürmen, zwischen denen oben ein gekrönter Vogel fliegt; vor dem Mittelturme aber steht eine nackte Figur mit Pfeil und Bogen. Der Vogel soll wohl trotz der durchaus naturalistischen Stellung der preußische Adler sein, ob aber bei der nackten (männlichen?) Gestalt an einen der Schildhalter des preußischen Wappens gedacht werden dürfe, ist so zweifelhaft, als was mit der Darstellung überhaupt gemeint war. Das: SIEGEL D : MAGISTRATS Z : SCHŒN LANKE · (im Felde:) 18 38" (30 mm) hat wieder den Stier in einem mit fünfblätteriger Krone besetzten Schilde. So auch das Farbsiegel: „SIEGEL D · MAGISTRAT Z · SCHŒNLANKE (im Felde:) 1861" (30 mm).

Abb. S. 121 **Schubin**, Stadt. **In Rot ein silberner, die Jungen mit seinem Blute atzender Pelikan auf seinem Neste.**

Zwei gleichzeitige Siegel, von denen der Stempel des größeren noch vorhanden, beide mit der Umschrift: „✻ SIGILLVM ✻ OPIDI ✻ SVBIN ✻ ANNO 1616" (34 und 23 mm) zeigen über dem, als Symbol der sich aufopfernden Obrigkeit in Stadtsiegeln nicht gerade seltenen, Pelikan schwebend die ringförmig zusammengelegte Feldbinde der Wappengemeinschaft Nalęcz, welcher also einer der Grundherren angehörte. Zu Anfang dieses Jahrh. führte die Stadt, wie viele andere, den fliegenden, widersehenden, Schwert und Scepter in den Fängen haltenden preußischen Adler mit dem polnischen Adlerschilde auf der Brust. Wahrscheinlich gelegentlich der Einführung der Städteordnung kam dann die noch jetzt beibehaltene Siegeltype auf: der Pelikan im Schilde und auf dessen oberem Rande sitzend der preußische Adler mit allen Attributen. So das: „MAGISTRATS-SIEGEL DER STADT (unten:) SCHUBIN" (oval, 37 : 33 mm), von dem es eine genaue Nachbildung als Farbsiegel gibt, und ein gleichgroßes, auch als Farbsiegel vorkommendes, nur durch die Einrückung des Ortsnamens in den Schriftrand unterschiedenes Siegel. Dieselbe Umschrift hat auch das neueste, nur 25 mm große Farbsiegel, bei dem der Graveur die alte Figur des heraldischen Pelikans durch die naturgetreue Abbildung eines Pelecanus Onocrotalus ersetzte, was unheraldisch ist.

Schulitz (Solec), Stadt. **In Blau eine silberne Burg mit zwei spitzbedachten Zinnentürmen und geöffnetem Thore; zwischen den Türmen das Brustbild des hl. Stanislaus in grünem Bischofsornate; außen neben den Türmen jederseits ein goldenes S.** Abb. S. 121

Sanctus Stanislaus, Bischof von Krakau, war nach gefäll. Nachricht des Magistrats der Patron der Pfarrkirche. — Das älteste bekannte Siegel dieser alten Stadt, ein erst um 1600 gestochenes: „✿ ✻ SIGILVM ✶ OPIDI ✶ SOLEC (im Felde:) S S" (28 mm) und das: „✻SIEGILUM->-✻-<-OPIDI->-✻-<-SOLEC ->-✻-<-1792 (im Felde:) S S"! (29 mm), zeigen beide nur den Bischofsrumpf zwischen den Initialen. Später war das Bild in Vergessenheit gekommen und man gebrauchte ein Farbsiegel: „POLI ZEI MAGISTRAT DER STADT (unten:) SCHULITZ" (30 mm) mit dem preußischen Adler und ein, nur die Worte: „✳ MAGISTRAT ✳ SCHULITZ" enthaltendes Farbsiegel. Als aber 1892 ein Erbpachtskontrakt mit dem Siegel von 1792 aufgefunden wurde, da ließ man dessen Darstellung mit Umschrift und Jahreszahl in der gleichen Größe als Farbsiegel nachbilden. Daß man aber auch die fehlerhafte Schreibweise genau beibehielt, verrät mehr Pietät als nötig gewesen wäre. 1893 nahm man Anstoß daran, daß die fast nur von Protestanten bewohnte Stadt einen Heiligen als Abzeichen führe; man wandte sich wegen eines anderen Wappens an den Verein Herold in Berlin und nahm auf dessen Anraten endlich die hier abgebildete Zusammenstellung an. — Voßberg war kein Siegel bekannt geworden, weshalb er auch diese Stadt in seinem Wappenbuche der Posenschen Städte mit einem Phantasiewappen bedachte.

Schwarzenau (Czerniejewo), Stadt. **In Rot ein silberner Zinnenturm mit spitzem Dache und offenem Thore.** Abb. S. 126

Das: „SIGIL · OPPIDI · CZERNIEWIENSIS 1654" (25 mm) hat den Turm in einem Schilde. Der Stempel, oder aber der eines sehr genauen Nachschnittes desselben ist noch vorhanden. Das neue Farbsiegel: „MAGISTRAT SCHWARZENAU 1654" (33 mm) hat denselben Schild.

Strelno (Strzelno), Stadt. **In Rot zwei schräggekreuzte silberne Pfeile, in deren oberen Winkel ein goldenes Kreuzlein schwebt.** Abb. S. 126

Die Pfeile machen das Bild zu einem redenden (Strela = Stral = Pfeil); das Kreuzchen erinnert an das dortige Kloster, dem die Stadt lange gehörte. Das: „+ SIGILLUM CIVITATIS STRZELENSIS" (36 mm) aus der Mitte des 16. Jahrh. zeigt in einem ovalen Rahmenschilde nur die gekreuzten Pfeile ohne das Kreuzlein. Das neue Siegel: „MAGISTRAT DER STADT ✶ STRZELNO ✶" (36 mm) setzt das letztere darüber. Nach dem Neuen Siebmacher soll ein (nicht näher beschriebenes) Siegel von 1684 ein von einem Pfeile durchschossenes Herz zeigen. — Die Gerichtssiegel haben auch das Kreuzlein über den Pfeilen, so das: „SIGILLUM ✻ SCABINORV ✻ OPP ✻ STRZELNO ✻✻" (38 mm) aus dem 17. und zwei kleinere, sonst selbst in den Abkürzungen der Legende genaue Nachbildungen desselben aus dem Beginn bezw. Schluße des 18. Jahrh. (24 bezw. 25 mm).

Tremessen (Trzemeszno), Stadt. **In Blau das Brustbild des hl. Adalbert im bischöflichen Gewande mit Mitra und Nimbus, in der Rechten ein Patriarchenkreuz, in der Linken zwei Wurfspeere und eine Keule haltend.** Abb. S. 126

Der Ort gehörte früher dem dortigen sehr alten Kloster, dessen Schutzpatron der Apostel Polens, der von den heidnischen Preußen mit Lanzen durchbohrte und mit Keulen zu Tode geschlagene hl. Adalbert war. Das obige Bild weist der noch erhaltene Stempel des: „+ · SIGILLVM · CIVITATIS ✻ TREMESN SIS · A : D : 1669 (im Felde:) SANCTUS ADALBER"! (31 mm) und das: „SIGILLVM · CIVITATIS · TREMESNEN... A · 17 · 83 (im Felde:) SANGT.. AD.. BER"! (c. c. 34 mm); so auch das neue Farbsiegel: „✻ MAGISTRAT DER STADT TREMESSEN (im Felde:) SANCTVS ADALBERT" (32 mm). Voßberg bildet den Heiligen in ganzer Figur ab, ob ihm dazu ein Siegel vorgelegen, ist fraglich.

Usch (Usz), Stadt. **In Silber ein rechtshin gewendeter, roter Hirschkopf.** Abb. S. 126

Ein um 1700 geschnittener, noch im Besitze der Stadt befindlicher Stempel eines: „SIGILUM + OPIDI + VSCIE" (32 mm) hat den Hirschrumpf in einem Schilde. So auch ein: „✻ · SIGIL LVM OPPIDI USCIE ·" (21 mm) des 18. Jahrh. Um 1800 benutzte man ein Siegel: „KOEN : PR : POLIZEI MAGISTRAT D : STADT USCZ (unten:) KROL : PRUS : MAGISTRAT POLIZYI MIASTA USCZ" (31 mm) mit der damals ziemlich häufigen Darstellung des fliegenden, widersehenden preuß. Adlers mit Schwert und Scepter in den Fängen und dem polnischen Adlerschilde auf der Brust. Hiervon gibt es auch ein nur 27 mm großes Farbsiegel. Bei einem späteren, 32 mm großen Siegel mit ganz ähnlicher Umschrift ist die Stellung und sonstigen Attribute beibehalten, doch der polnische Brustschild durch die verschlungenen Buchstaben F R ersetzt. Ein noch späteres Farbsiegel: „MAGISTRAT DER STADT (unten:) USCZ" (32 mm) hat den preußischen Adler in der neueren Form mit Scepter und Reichsapfel. Das neueste Farbsiegel: „MAGISTRAT DER STADT * USCH *" (34 mm) hat löblicherweise wieder den Hirschrumpf im Schilde. — Über ein von den Städten Schneidemühl und Usch gemeinschaftlich geführtes Gerichtssiegel s. S. 51 unter Schneidemühl.

Waliszewsko, s. Krone a. d. Brahe (S. 46).

Abb. S. 126 **Welnau** (Kischkowo), Stadt. **In Blau auf einer aufgerichteten goldenen Schüssel das Haupt Johannes des Täufers.**

Dies Bild zeigt das offenbar älteste der bekannten Siegel der Stadt, dessen auffallend roher Stempel wohl noch im 16. Jahrh. geschnitten, nach längerer Unterbrechung aber 1801 wieder gebraucht wurde. Von der äußeren Umschrift ist auf den beiden vorliegenden, aus dem Staatsarchiv Posen stammenden Abgüssen SIGILLVM OPPIDI K mehr zu erraten als zu lesen, dagegen steht über dem Haupte innerhalb der Schüssel deutlich: „S IANA SCIE" (36 mm). Ein 1705 gebrauchtes Siegel, von dessen Umschrift nur: „2 OP......." (35 mm) zu erkennen ist, bringt das Wappen eines dem Wappenstamme Leszcyc angehörenden damaligen Grundherrn: im Schilde den „Brog", das Strohdach auf vier Pfählen, auf dem Helme einen Pfauenwedel, belegt mit dem (auf vorliegendem Abdrucke nicht erkennbaren) schräggestellten Brog. Später kam die Stadt an die v. Radziminski I., und so zeigt ein 1803 gebrauchtes: „+ SIGILLVM C.............. RADZIMINENSIS" (c. c. 38 mm) deren Stammwappen Lubicz, nämlich in einem ovalen, von Kriegswaffen umgebenen Schilde ein mit den Stollen abwärts gekehrtes Hufeisen, was oben mit einem Kreuzlein besteckt ist, während ein zweites Kreuzl in der Höhlung schwebt; auf dem Schilde eine fünfblätterige Krone, aus der drei Straußfedern wachsen. Um 1825 und später benutzte die Stadt den preußischen Adler. — Voßberg war kein Siegel bekannt geworden, weshalb er auch hierfür ein Wappen ersann, welches jedoch nicht beschrieben zu werden braucht.

Wilatowen, Dorf, früher Stadt.

Das Dorf wird schon i. J. 1145 als Eigentum des Klosters Tremessen genannt. Später, jedoch noch im Mittelalter, ward es Stadt. Das früheste bekannte, erst dem 17. Jahrh. angehörige Siegel: „...... CIVITATIS WILATOVIENSIS......" (33 mm) zeigt den hl. Petrus mit Schlüssel und Buch. Noch in der ersten Hälfte des 19. Jahrh. erscheint ein Farbsiegel: „MAGISTRAT D · STADT WYLATOWO" (29 mm) mit dem preußischen Adler. Jetzt ist der Ort wieder zum Dorfe herabgesunken.

Abb. S. 126 **Wirsitz** (Wyerzysk), Stadt. **In Silber auf grünem Boden ein linkshin springender Hirsch mit goldenem Kreuzchen zwischen dem Geweih; rechts daneben ein Baum.**

Ganz so das: „✻ SIGIL STADT WIRSITZ ANNO 1730"! (27 mm); bei dem mir nur in Pause vorliegenden, 1786 gebrauchten: „SIGILLVM WYRZYCEN ANNO 1730" (35 mm) fehlt sowohl das Kreuzl als der Baum. Ersteres blieb auch weg auf dem neuen (auch als Siegeloblate vorkommenden) Siegel von: „MAGISTRAT UND POLIZEIVERWALTUNG * WIRSITZ *" (36 mm).

Abb. S. 126 **Wissek**, Stadt. **In Rot ein silberner Zinnenturm mit offenem Thore.**

Diesen Turm zeigt in einem Schilde das einzig bekannt gewordene: „SIGILL .. OPPIDI ✶✶ VISOKA ✶✶" (26 mm), welches zu Anfang des 17. Jahrh. geschnitten zu sein scheint.

Abb. S. 126 **Witkowo**, Stadt. **In Blau ein goldenes Gottesauge.**

Ein Siegel des 18. Jahrh. mit dieser Darstellung bekräftigte 1796 einen Geburtsbrief (Staatsarch. Posen). Von der Umschrift ist sicher zu lesen: „DEUS PRO W....." (25 mm). Zwei Jahre später erscheint schon ein Siegel des: „KOEN . SUDPREUSS . MAGISTRAT (unten:) ZU WITTKOWO" (30 mm) mit dem preuß. Adler mit Schwert und Scepter in den Fängen. Das von Voßberg gebrachte, frei erfundene Wappen braucht nicht beschrieben zu werden.

Wongrowitz, Stadt. **Quadriert: 1. In Blau ein aus dem rechten Schildrande ragender, einen Säbel schwingender, golden geharnischter Arm; 2. in Rot ein wachsender Mönch; 3. in Silber ein verschnörkeltes rotes W; 4. in Blau ein silbernes Beil.** Abb. S 126

Dies Wappen wurde mir vom Bürgermeister unterm 7. März 1889 ausdrücklich als die nach neuern Feststellungen richtige Wappendarstellung bezeichnet. Es ist die Zusammenziehung zweier früherer städtischer Siegelbilder mit denen eines Adelswappens. — Das älteste bekannte Siegel ist das des Stadtvogtes: „✳ SIGILVM ✳ ADVOCATI ✳ WANGROWIEC" (31 mm). Der um 1600 gefertigte, noch erhaltene Stempel zeigt in einem Schilde das Brustbild eines Mönches mit über der Brust gefalteten Händen. Das Bild bezieht sich vermutlich auf das dortige Cisterzienserkloster, welches die Stadt gegründet haben soll und dem sie bis ins 18. Jahrh. gehörte. Es wäre aber auch möglich, daß der Mönch ursprünglich der hl. Jakobus, der Patron der dortigen Pfarrkirche war. Das nächste, bekannt gewordene: „o SIGILLUM o PRO CON CWI o WANGROWIEC"! (30 mm) welches um die Mitte des 18. Jahrh. gestochen sein dürfte, bringt ein Wappen: gespaltener Schild, rechts der geharnischte Arm mit dem Säbel, links das Beil; auf dem Helme eine Jungfrau, die in jeder Hand ein Jagdhorn hält. Da nach Wuttke die Stadt unmittelbar aus dem Besitze der Abtei zur königlichen Domäne gemacht wurde, ein anderer Grundherr daher ausgeschlossen ist, so könnte es wohl das Privatwappen des Bürgermeisters sein. Der noch erhaltene Stempel des: „✻ · PIECZEC : WOYT : MIASTA · WANGROWIA · 17 · 93" (41 mm) bringt wieder ein Wappen: im Schilde ein mit einem darüber stehenden M verschränktes W, auf dem Helme der Arm mit dem Säbel und das Beil nebeneinander. Man setzte also die Schildfiguren des vorigen Siegels auf den Helm, in den Schild aber die Anfangsbuchstaben von Miasta (= Stadt) Wangrowia. Dann taucht zu Anfang des 19. Jahrh. noch einmal ein: „· SIGIL LUM PROCON CIVI WANGROWIEC ·" (28 mm) mit dem ganzen vorletzten Wappen auf, und endlich vereinigt das Siegel der: „STADTVERORDNETEN VERWALTUNG · ZU WONGROWITZ" (35 mm) die bisher gebrauchten Siegelbilder in oben beschriebener Weise in einen Schild. Durchaus unheraldisch ist jedoch, daß dabei (und auch bei dem Siegel der Kämmerei-Kasse) auf diesem Schilde ein Helm mit Decken, aber ohne Kleinod (Helmzier) erscheint.

Zerniki, Dorf, früher Stadt. **In Silber ein roter Schräglinksbalken, belegt mit zwei grünen Edelsteinen in rautenförmiger Goldfassung.**[1]

Die Herren v. Zerniki, die mutmaßlichen Gründer des Ortes, führen nach Hefners Wappenbuch des preußischen Adels ein ganz anderes Wappen. Voßberg dagegen sagt, daß sie dem Wappenstamme Drya angehörten, welcher allerdings drei derartig gefaßte Edelsteine auf einem Schrägbalken hat. — Ein Siegel des 17. Jahrh. hat die beschriebenen Figuren in einem Schilde, und über diesem die Buchstaben: „· M : Z ·" (c. c. 30 mm) = Miasta (Stadt) Zerniki. Um die Mitte des 19. Jahrh. sank der Ort zum Dorfe herab. Das Farbsiegel des: „SCHULZENAMT ZERNIKI ✶ KR · ZNIN ✶" (30 mm) weist den preußischen Adler.

1) In den Berliner Blättern f. Münz- etc. Kunde, 1868, S. 372, meint Baron Köhne, die Figuren seien wohl nicht Edelsteine, sondern Getreidekörner (= poln. Ziarni). Die rautenförmige, spitzkantige Umrahmung spricht aber gegen diese Deutung; auch läßt der Schrägbalken vermuten, daß hier nicht sowohl ein redendes Bild, als vielmehr thatsächlich das Stammwappen Drya zu grunde liegt.

Znin (Schnin), Stadt. **In Blau eine silberne Burg mit breitbedachtem Thorturm zwischen zwei spitzbedachten höheren Seitentürmen.** Abb. S. 126

Von diesem kleinen, aber schon im Jahre 1136 erwähnten und 1284 als Stadt genannt werdenden Orte ist nur ein: „✻ KONIGL · PR · STADT · SIEGEL · ZNIN · 1773" (25 mm) mit obigem Bilde bekannt geworden.

Zydowo, Dorf, früher Stadt.

Der erst 1762 von König August III. zur Stadt erhobene Ort ist wieder ein Dorf geworden. — Das wohl bei der Erhebung gefertigte Siegel zeigt in einem von Palmzweigen umrahmten und mit einer Adelskrone besetzten Schilde einen Pelikan mit seinen Jungen. Darüber steht: „... ZIDOWO" (oval, 26 : 23 mm). Auch ist neben der Krone links noch ein „W", der entsprechende Buchstabe rechts aber auf dem vorliegenden Abdrucke nicht zu erkennen.

Abb. S. 137

Breslau, Hauptstadt der Provinz Schlesien.

Quadriert; an Stelle eines Mittelschildes belegt mit einer aufgerichteten silbernen Schüssel, worin das Haupt Johannes des Täufers; 1. Feld: in Rot ein linkshin gewendeter, gekrönter, doppeltgeschwänzter, silberner Löwe (= Böhmen); 2. Feld: in Gold ein schwarzer Adler, dessen Brust mit einem steigenden silbernen Halbmonde belegt ist (= Schlesien); 3. Feld: in Gold ein schwarzes W (= Stadtname Wratislavia); 4. Feld: in Rot das Haupt Johannes des Evangelisten mit goldenem Nimbus; den Halsabschnitt verdeckt ein goldener Brustschmuck in Gestalt einer gestürzten Krone.

Dieser Schild und dazu ein Helm mit einer Krone, aus der das nimbierte Haupt des Evangelisten zwischen zwei, je dreimal von Rot und Weiß geteilten Fähnchen wächst, ward der Stadt auf ihr Ansuchen von König Ferdinand am 12. März 1530 verliehen[1]), und auf des letztern Verwendung von seinem Bruder, dem Kaiser Karl V., am 10. Juli desselben Jahres bestätigt. Beide Briefe, jeder mit einer zierlichen farbigen Abbildung des Wappens, sind noch im Stadtarchiv bewahrt. Die betreffende Stelle der kaiserlichen Urkunde lautet (nach dem Abdrucke im Cod. Dipl. Silesiae, Bd. XI., Breslauer Stadtbuch, S. 203): „.....so haben wir inen noch hieruber ir alt und vorig stadt wappen, so inen zuvor berurter unser freuntlicher lieber bruder kunig Ferdinand gepessert, nachfolgender maßen noch weiter geendert geziert gepessert und also hinfuran zu furen vergont und erlaubt: Nemlichen den schielt quartiertter weis abgetailt, inmitten desselben ain silberfarbe schüssel, darinnen sanct Johans des tauffers haubt, und in dem undern hindten roten sanct Johans des evangelisten haubt, am Hals under sich mit ainer gulden cron verprembt, und in dem vordern undern goltfarben tail ain schwarz W, welchs bedeut den namen Wratislan, der die stadt Preszlaw erstlich gebaut und nach seinem namen Wratislan genant hadt, ferrer in dem hindern obern goltfarben tail ain schwarzer adler mit aufgethanen Flügeln, darinnen durch die brust uber sich ain clainer weißer krumer zirckelstrich wie ein kleiner monschein geformirt, und in dem obern vordertail ain weißer lew mit ausgethanen prancken, aufgeworffnem schwanz, offnem maul und auf dem haubt ain guldene cron, sich bemelter leo zum klimen gegen dem adler kerend, und auf dem schilt ain turniersz helm auf die seiten sehendt, geziert mit roter und weißer helmdecken, entspringendt ausz ainer gulden cron sanct Johans des evangelisten haubt mit ainer gulden diadem, habend aus der cron auf yeder seiten steckendt auf ainen gelben stenglein ain panerlein überzwerch in vier tail gleich abgetailt, das under und dridt weisz und das ander und vierdt ober rott, die spitz von einander kerendt, alsdan dieselben wapen und clainot in mitte disz gegenwertigen unsers kayserlichen briefs gemalet und mit farben aigentlicher ausgestrichen sein, verendern pessern ziern gonnen geben und verleihen inen auch solichs also von Romischer kayserlicher machtvollkommenhait wissentlich in crafft diz brieffs, und mainen sezen und wellen, das gemelte ratsman und gemaine stadt Preslaw nu hinfuran zu ewigen zeiten yetzt beschriben wapen und clainot haben furen und das in allen eerlichen und redlichen sachen und geschefften zu schimpf und zu ernst in kriegen streiten und sturmen in iren paniern und gezelten, desgleichen in iren insigeln und secreten mit dieser uberschrifft S. senatus populique Wratislaviensis und dan auf ir guldener und silberer munz des Hungerischen und Reinischen gschrots und korns gleicherweise mit dieser uberschrifft, wan es inen geliebt, gebrauchen und aufschlagen mugen. Dasselbig ir insigel, so sy nu also machen und haben werden, solle auch von allermeniglich autenticum und glaubwirdig geacht gehalten und allen briefen und instrumenten, so darunter verfertigt und ausgeen, volkomne stadt und gelauben gegeben werden, doch sollen auch nicht der weniger alle die instrument und brief, welhe unter irem vorigen altem insigel und secret ausgangen, allenthalben bey iren crefften und wierden beleiben und daran nimants gefert sein, von allermeniglich unverhindert."

Das älteste, 1262[2]) gebrauchte: „+ SIGILLVM BVR GENSIVM DE W........." (59 mm) zeigt einen doppelköpfigen Adler, der in jedem Schnabel eine herabgehende Ranke hält. (Uber die Bedeutung desselben s. Note 3.) Dann wird ein, angeblich 1283 gebrauchtes, spitzovales: S · CIVIVM · DE · WRATISLAVIA (Größe?) genannt, welches einen einköpfigen Adler zeigen soll. Saurma*) führt es an, ohne es abzubilden oder auch nur die äußere Form zu erwähnen. Ein Aufsatz über das Breslauer Stadtwappen in der Leipz. Illust. Ztg. v. 13. Juni 1874 nennt es: ältestes bekanntes Siegel der Stadt, und gibt an, daß es „spitzigoval" sei. Ich kann Pfotenhauer (die Schlesischen Siegel von 1250—1300, 1879, S. 23) nur beistimmen, wenn er die Existenz dieses Siegels bezweifelt. 1292 (1283?) erscheint das: „+ SIGILLVM · CIVITATIS · WRATIS LAVIE •" (80 mm), welches den mit einem Felle bekleideten Täufer Johannes rechtshin schreitend, mit erhobener, geöffneten Rechten und auf der Brust ruhenden Linken unter einem hohen, von reicher Architektur umgebenen Kleeblattbogen zeigt. Auf einem Abdrucke dieses Stempels an einer im Breslauer Stadtarchiv befindlichen Urk. v. J. 1302 erscheint ein spitzovales Rücksiegel mit einem linkshin gewendeten, widersehenden Gotteslamme mit der Kreuzesfahne: von der Umschrift sind nur einzelne Buchstaben zu entziffern; „+ .. AGIS .... WRA ..."? (39 : 25 mm). Ein noch i. J. 1303 vorkommen sollendes Hauptsiegel mit geringen Unterschieden (welchen?) von dem früher benutzten, dürfte sich wohl auf die Vorlage einer ungenauen Zeichnung zurückführen lassen, wenigstens blieb alles Suchen darnach umsonst, und ein an einer Urk. v. 1303 im Stadtarchiv hängendes Siegel erweist sich als Abdruck des 1292 gebrauchten Stempels. 1314 erscheint wieder als Rücksiegel ein: „+ S' · CONSVLVM · WRATISLAVIE •" (31 mm), welches den Kopf eines Heiligen mit Nimbus zeigt. Ein weiteres großes Hauptsiegel, das: „SIGILLVM ⁕ VNIVERSITATIS * CIVIVM ⁕ IN ⁕ WRATISLAVIA" (87 mm) ist für 1354 nachgewiesen; es zeigt zwischen zwei, nur oben durch einen ornamentalen Spitzbogen verbundenen, spitzbedachten Türmen, an welchen sich nach außen Mauerwerk anschließt, Johannes den Täufer in faltenreichem Gewande, mit der Rechten auf das, auf der linken Hand getragene, vom Nimbus umschlossene Agnus dei zeigend; auf sein Haupt schwebt der hl. Geist als Taube herab; auf den Zinnen der ihn begleitenden Gebäude erscheint rechts ein hornblasender Wächter, mit der Gugel bekleidet, links ein Engel; die seitlichen Mauern haben zwei offene Thore; in dem linken schwebt oben ein kleines bartloses Menschenhaupt mit Hals[4]). Als i. J. 1372 gebraucht, erwähnt Saurma eines: S · MA(gis)TRI. CIVIVM · WRAT • (Größe?) mit dem Kopfe des Täufers auf einer Schüssel. Ein im Thorner Ratsarchiv zuerst an einer Urkunde v. 1385 hangendes: „+ SECRETVM · CIVITATIS * WRATISLAVIE" (46 mm) zeigt das Haupt ohne Nimbus noch Schüssel, linkshin gewandt, im gegitterten Siegelfelde. So auch, aber im glatten Felde, das: „S ⁘ cancellarie ⁘ civitatis ⁘ wratislawie (28 mm) des 15. Jahrh. Über ein, angeblich dem Anfang des 15. Jahrh. angehöriges: sigillum · civitatis · wratislawien · hat nichts weiteres in Erfahrung gebracht werden können, als daß es das Bild des stehenden Täufers zeige (?). — Gleich nach Empfang der oben mitgeteilten Wappenverleihung v. J. 1530 ließ der Rat von Meister Paul Bog, dem Goldschmied, ein neues Petschaft mit der im Diplom dafür bestimmten Umschrift: „S + SENATVS · POPVLIQ VRATISLAVIENSIS +" (45 mm) mit dem neuen Wappenschilde (doch ohne Helm und Kleinod) stechen. Der silberne Stempel, der am Griff mit einem Schildchen, worin ein W, und auf der Oberseite der Siegelplatte, also im Abdruck nicht sichtbar, mit der Jahreszahl 1530 bezeichnet ist, befindet sich jetzt im Museum schles. Altertümer. Interessant ist die Nachricht des Lib. mag. I. f. 124, daß der Goldschmied den Stempel: „geschnitten in seynem Hause, allayne das creutzlen des gerichtes (= welches gerade) über den tzween obern schilden auf der abtaylung ist, hat er hieroben auf dem rathaus in gegenwart unser verordenten ratisfreunde gestachen zu aynem gemerck und sicherhait, das gemayner stad zu schimpff und nochtail nicht geverlichs damit hat sollen verhandelt werden." Demgemäß zeigt denn auch der Stempel mitten über dem Wappenschilde dies kleine Kreuzlein. Von diesem Siegel kommen zwei, nur durch geringe Kleinigkeiten verschiedene, in Bild, Umschrift und Größe sonst gleiche, spätere Nachbildungen vor, von denen die jüngere, 1694 gebrauchte, an Stelle des Kreuzchens eine Rosette zeigt (bei dem andern ist die betr. Stelle auf vorliegendem Abdrucke undeutlich). Denselben Habitus und die gleiche Größe hat ein: „· RATHS SIEGEL DER HAUPT UND RE SIDENTZ STADT BRESLAU (über dem Schilde:) 1794" (44 mm). Der messingne Stempel einer wohl gegen das Ende des 18. Jahrh. gefertigten, 59 mm großen Nachbildung dieses Siegels, mit derselben Umschrift und Jahreszahl befand sich in der Sammlung des Geheimrats Warnecke. Es gibt auch noch ein gleichzeitiges, nur 36 mm großes Ratssiegel mit ganz derselben Umschrift und Datierung, und auch von diesem eine neuere Nachbildung in derselben Größe und mit derselben Jahreszahl 1749. Auf allen diesen Siegeln erscheint nur der Schild, und das Haupt im vierten Felde ist so gebildet, daß man es noch für das des jugendlich dargestellten Evangelisten halten kann. Auf einem gelegentlich der Annahme der Städteordnung vom 19. Nov. 1808 angefertigten Siegel mit der Umschrift: „MAGISTRAT ZU BRESLAU (unten:) MDCCCVIII (im Felde:) 1574" (63 mm) erscheint dagegen zum erstenmal das ganze Wappen mit Helm, Kleinod und Decken, und dabei ist aus dem Kopfe eine ganz zweifellos weibliche Büste geworden, welche im vierten Felde aus einer n i c h t g e s t ü r z t e n Krone wächst. Ein: „SIEGEL DER STADTVERORDNETEN ZU BRESLAU 1809" (40 mm) hat auf dem, von Eichen- und Palmzweigen umrahmten Schilde statt des Helmes eine Krone, aus der die Büste zwischen den Fähnchen wächst. Zahlreiche kleinere Siegel mit nur dem Schilde oder auch dem ganzen Wappen sind nicht beschreibenswert, dagegen sind zwei noch im Museum schles. Altert. bewahrte Stempel ehemaliger städtischer Ämter, das: „⁕ SIGILLVM ⁕ AD ⁕ PANNVM (im Felde:) 1549" (19 mm) und das: „o + WEIN o SIGEL o 1571 o" (22 mm) dadurch interessant, daß sie in einem Schilde nur ein W zeigen. Ein freies W hat auch ein: „RENT CAMMER SIEGEL 1751" (22 mm). Schon Pavesen des 15. Jahrh. in gedachtem Museum tragen nach güt. Mitteilung dessen Vorstandes, Herrn Dr. Seegers, das W.) Auch als Wasserzeichen und sonst kommt das W so oft vor, daß es als das kleinere Stadt-

---

*) Wenn ohne weiteres „Saurma" zitiert ist, so ist damit des Freiherrn Hugo Saurma v. u. z. d. Jeltsch Wappenbuch der Schlesischen Städte und Städtel, Berlin, 1870, gemeint.

zeichen, wie ein solches, neben dem eigentlichen Wappen, mehrere Städte führen, zu betrachten ist.

Bei den Gerichtssiegeln ist die Eigenart bemerkenswert, daß, vom ersten erhaltenen Schöffenbriefe an, bis zu deren Aufhören beim Beginne der preußischen Herrschaft, stets zwei, ein größeres und ein kleineres, an einer Urkunde hangen, welche beide den schles. Adler und beide die Umschrift: „+ S · SCABINORV · DE · VRA TISLA" (30 und 27 mm) zeigen. Die Siegel sind zuerst für 1299 nachgewiesen. Jedenfalls gehörte das erste, größere, dem Vogt; der eine, in der Einleitung zum Breslauer Stadtbuche (Cod. Dipl. Siles. Bd. XI, S. X) als dagegen sprechend erwähnte Schöffenbrief v. J. 1365, an dem außer jenen beiden auch noch das Privatsiegel des Vorsitzenden hängt, kann m. E. diese einzig wahrscheinliche Erklärung nicht entkräften. Es ist auch der Stempel eines: „+ S · SCABINORV · DE · VRATISLA" (30 mm) im Museum schles. Altert. aufbewahrt; trotz des altertümlichen Adlers scheint mir derselbe doch nicht vor dem 16. Jahrh. geschnitten zu sein. Der ebenda befindliche Stempel des: „+ S' · SCABINOR' · PROWICIALIV · WRAT" (34 mm), des Siegels der Landschöffen, mit dem linkshin blickenden Adler in einem Schilde, stammt dagegen sicher aus dem Anfang des 14. Jahrh. Saurma erwähnt noch eines: s · iudicia' · civiu · wratislaviensis (Größe?) mit dem von einem Engel gehaltenen, vom böhmischen Löwen und schlesischen Adler quadrierten Schilde. Auch kommt nach derselben Quelle noch ein, nur das W in einem Schilde zeigendes: „SIGIL · AD VOCA · CIVI · VRAT ·" (Zeit? Größe?) vor. Ein dem 17. Jahrh. angehörendes: „+ SIGILLVM . IVDICII · MAIORIS · WRATIS LAVIENSIS" (30 mm) hat den schlesischen Adler im punktierten Felde. In der preußischen Zeit zeigen die Gerichtssiegel den fliegenden preußischen Adler mit Schwert und Waage in den Fängen.

In der ersten, 1483 erschienenen Ausgabe von Ulrich Reichenthals Konstanzer Konzilienbuche ist der Schild für das Wappen von Breslau leer gelassen; die zweite Ausgabe von 1536 hat denselben ausgefüllt, nicht mit dem Wappen von 1530, sondern mit dem Johanneskopfe, der hier im roten Felde auf einer goldenen Schüssel linkshin gewendet liegt. Ganz so, doch rechtshin gewendet, findet es sich in einem, um 1500 entstandenen handschriftlichen Wappenbuche, das ich unlängst erworben habe. So auch, mit goldenem Nimbus und auf einer aufgerichteten grünen Schüssel ruhend, bringt ihn in prächtiger Zeichnung der um 1540 entstandene Teil eines kostbaren Sammelbandes von Wappenbüchern im Besitze des k. bayer. Ministeriums des k. Hauses und des Äußern.5) Das stattliche Wappen von 1530 wurde oft abgebildet. Alle seine Einzelteile finden sich, in Stein gehauen, schon aus der Zeit vor seiner Verleihung unter den Skulpturen des Gesimses an der Südseite des Rathauses (nach freundl. Mitteil. d. H. Stadtarchivars Dr. Markgraf). Ein Glasbild im Rathause soll aus dem Verleihungsjahre stammen, ein Steinrelief an der Westseite nur wenige Jahre jünger sein. Von Holzschnitten wurden bekannt: 1551 erster und von 1565 ab ein zweiter auf den Ordnungen, die die Stadt in Druck ausgehen ließ; 1561 (nur der Schild) in der Randverzierung von Martin Helwigs Schlesischer Landkarte; 1573 erster, 1574 zweiter, 1644 dritter Wappenholzschnitt in den hübschen, bis zur preußischen Zeit fortgesetzten Breslauer Schreibkalendern (Dr. Markgraf). Dann sind zu erwähnen die Kupferstichabbildungen des Wappens in Bruin und Hogenbergs Städteansichten (lib. quartus, Köln, 1588), in Sibmachers Wappenbuche (von 1605 an), in Merians Topographia Bohem., Morav. et Silesiae (1650), und auf undatierten Stadtansichten des vorigen Jahrhunderts, von Seutter, J. G. Pinz und F. B. Werner. — Eine leidliche farbige Lithographie enthalten die Schles. Landes- und Städtewappen von Dr. H. Luchs, 1881 (Separatabdruck aus: Schlesiens Vorzeit) und eine gute Wiedergabe der Miniatur des zweiten Wappenbriefes erschien als Vorblatt des Breslauer Stadtbuches von Markgraf u. Frenzel 1882. — Das älteste Siegel findet sich gut abgebildet auf dem Titelblatt des Breslauer Urkundenbuches von Korn (1870), ferner bei Hohenlohe (s. Note 3), bei Saurma, und in etwas unscharfem Lichtdruck in Pfotenhauers schles. Siegeln (1879). Saurma bildete auch noch einige andere der älteren Siegel ab, von denen die Abbildung des zweitältesten von F. Hauptmann zuerst in der heraldischen Zeitschrift Adler (1885), dann in seinem: Wappenrecht (1896) wiederholt wurde.

1) Der Wappenpassus des ersten Briefes lautet: „Nemlichen ainen schylt mit sanct Johannis des tauffers haubt mit andern vier schylten eusserlich bezyret, als zu oberst ainen mit ainem weyssen lewen, den andern mit ainem schwartzn adler in ainem gelben veld auf die rechte seytten des grossern schyltes und den dritten auff die lincke seytten mit S. Johans des tewffers hawbt, das bey inen und iren vorfarn vill jare mit grosser andacht und eerlich ist gehalten worden. Und den vierdten zu underste mit ainem W, welches bedeuttet den Namen Wratislay, welcher die stat Presslaw erstlich gebaut und nach seinem namen Wratzlaua genant hatt, wie das allenthalben in mitte dises unsers koniglichen brieffs mit farben und sonst clärlich abgemalet ist." Dieser Brief wurde von der Stadt selbst aufgesetzt und dieselbe beauftragte das Haus Fugger, die für die Verleihung versprochene Summe nicht eher auszuzahlen, als bis durch Vergleichung mit den mitfolgenden Konzepten die völlige wörtliche Uebereinstimmung festgestellt sei. Nun stehen aber im Originalbriefe die oben gesperrt gesetzten Worte auf einer Rasur und sind von anderer Hand geschrieben. Dr. Luchs macht in: Schles. Landes- und Städtewappen, 1881, S. 19, unter Anführung zahlreicher Gründe fast bis zur Gewißheit wahrscheinlich, daß an jener Stelle, die jetzt offenbar nur infolge eines Schreibfehlers statt des Hauptes des Evangelisten, zum zweitenmal das des Täufers nenne, ursprünglich: das Haupt der hl. Dorothea gestanden habe. Thatsächlich sieht man auf sehr vielen älteren und neueren bildlichen Darstellungen und auch städtischen Siegeln eine unzweifelhaft weibliche Büste in jenem vierten Felde und auf dem Helme; ferner ist der Nachsatz: das Haupt habe bei ihnen und ihren Vorfahren in großen Ehren gestanden, in Beziehung auf das Haupt des Evangelisten unverständlich, weil von dessen spezieller Verehrung nirgends etwas bekannt ist, während die Worte sogleich einen Sinn bekommen, wenn man erfährt, daß in der Ratskapelle der Schädel der hl. Dorothea in einem Reliquiarium von der Gestalt einer silbernen Büste dieser Heiligen aufbewahrt und diese jährlich am Dorotheentage umhergetragen wurde. Ueber den Grund der nachträglichen Abänderung ist nichts bekannt; vielleicht trat eine protestantische Mehrheit des Rats gegen die Aufnahme eines, resp. einer neuen Heiligen in das Wappen auf und setzte es durch, daß Johannes der Evangelist, der als alter Schutzheiliger der Stadt (s. Note 3) ja auch der nächste dazu war, erkoren wurde. Und weil damals der Evangelist immer in fast weiblicher Jugendlichkeit, bartlos und mit langen Locken, als der Lieblingsjünger, dargestellt wurde, so konnte die Bürgerschaft um so eher ihre hl. Dorothea darin sehen, als auch die später so ernst genommene „gestürzte Krone", (die in Wahrheit nichts anderes, als eine im 15. und 16. Jahrh. bei vielen Wappendarstellungen vorkommende, ornamentale Verdeckung des Rumpfabschnittes ist) als der gotische Brustschmuck jener silbernen Büste gelten konnte. — Keinenfalls aber kann bei dem vierten Wappenfeld an die hl. Hedwig, oder die hl. Barbara gedacht, oder dasselbe gar auf die, „der Sand" genannte Oderinsel bezogen wurden, wie L. Clericus (Ueber Städtewappen-Vermehrungen, Herold 1889, No. 6) meinte.

2) Ueber die merkwürdige Datierung dieser, im kgl. Hauptstaatsarchiv zu Dresden beruhenden Urkunde, an der Dr. Grünhagen das einzig bekannte, defekte Exemplar dieses Siegels fand, siehe Breslauer Urkb. No. 22 und Cod. dipl. Siles. Bd. 7, II. T., No. 1108.

3) Saurma hielt die Darstellung dieses vielbesprochenen Siegels — bei der an den Reichsadler schon deshalb nicht zu denken ist, weil Schlesien damals nicht zum Reiche gehörte — für eine monogrammatische Zusammenziehung entweder des schlesischen und des polnischen, oder des ober- und niederschlesischen Adlers. Auch Fürst Hohenlohe, der das Siegel in: Der herald. Doppeladler (1871) und später in den Sphragist. Aphorismen (No. 262) beschrieb und abbildete, vermutete darin eine Verbindung von Schlesien und Polen, und diese Auffassung wird seitdem, bis auf Friedensburg (Schles. Münzgesch., S. 124), welcher sie für zu gekünstelt für jene einfachen Zeiten hielt, und der in dem Doppeladler nur eine Laune des Stempelschneiders sehen wollte, stets wiederholt. Ich kann mich nicht anschließen. Auf Polen kann sich die eine Adlerhälfte gar nicht beziehen, denn schon 1163, also zu einer Zeit, wo dorten an ein Stadtsiegel noch nicht zu denken ist, endete die polnische Herrschaft über Schlesien. Die Annahme aber, man habe den polnischen Adler zur Erinnerung an letztere angenommen, verbietet sich schon dadurch, daß man einer Stadtbehörde des 13. Jahrh. nicht die Absicht unterstellen kann, aus historischen Gründen das Wappen eines Herrscherhauses, dem sie seit hundert Jahren nicht mehr zugehörte, wieder aufleben haben lassen zu wollen; dann hätte auch bei dem Verhältnis der schlesischen Fürsten zu Polen, die Annahme eines polnischen Abzeichens als ein Hohn gegen den Landesherrn erscheinen müssen und schließlich war eben um die Mitte des 13. Jahrh. der Adler überhaupt noch nicht das ausgesprochene Wappentier der polnischen Herzoge (s. darüber unter Ratibor). — Ebenso ist es eine moderne Anschauung, eine Vereinigung von nieder- und oberschlesischem Adler „gleichsam als ein Symbol der Hauptstadt Schlesiens" anzunehmen. Zu keiner Zeit konnte eine Stadt das Wappenzeichen eines Herrn (hier also des oberschles. Herzogs) führen, der keinerlei Rechte in ihr besaß, noch besessen hatte. — Aber auch Friedensburgs Ansicht: daß der Stempelschneider das allbeliebte Motiv des Doppeladlers, welches sich auf Kunstdenkmälern des Mittelalters, insbesondere auf Webereien häufig finde, ohne sich weitere Gedanken zu machen, verwendet habe, ist nicht zutreffend. Um 1250, also lange bevor der Doppeladler Reichswappen wurde, ist derselbe nämlich keineswegs ein allbeliebtes Motiv, sondern noch selten, namentlich in Siegeln. Die Dekorationsmotive orientalischer Münzen und Webereien aber wurden, darauf kann man sich verlassen, damals von keiner deutschen Stadt gedankenlos in ihr Siegel gesetzt. — Dagegen möchte ich vermuten, daß der Doppeladler jenes ältesten Breslauer Siegels eine heraldische Vereinigung des herzoglich-schlesischen Adlers mit dem Adler des Evangelisten Johannes sei, daß das Bild also die Abzeichen des himmlischen und des irdischen Schutzherrn der Stadt mit einander verbindet. Der Evangelist war, wie aus vielen Siegeln hervorgeht, ein in Schlesien sehr verehrter Schutzheiliger, dessen Inanspruchnahme aber anscheinend seit der Kanonisierung der hl. Hedwig und der immer allgemeineren Gunst, deren sich der Täufer, als Patron des Bistums erfreute, allmälig abnahm. Daß der Evangelist auch in der Stadt Breslau am Ausgange des Mittelalters besonders verehrt wurde, geht daraus hervor, daß er neben dem Täufer als Patron des Hauptaltars der 1345 gestifteten Ratskapelle genannt wird, daß sein Bild auf Skulpturen des 14. und 15. Jahrh. mehrfach vorkommt (u. a. am Rathause zweimal so auffallend, daß Luchs sagt: es macht den Eindruck, als solle darin eine Art Emanzipation von dem Hauptheiligen der Dominsel liegen), daß dasselbe als Wappenbild neben dem W auf dem um 1497 gefertigten Zinnkruge der Breslauer Bäckerinnung, sowie in dem Schilde des hl. Wenzel auf den Breslauer Dukaten (von 1517 an) sich findet, hauptsächlich aber dadurch, daß sein Haupt in den Wappenbriefen von 1530 nicht nur im Schilde neben dem des Täufers, sondern auch noch auf dem Helme wachsend erscheint. Selbst noch auf einem Kalender des Domstifts Breslau v. J. 1680 erscheint neben dem Täufer der Evangelist Johannes. — Um obige Vermutung zur Behauptung zu versteifen, müßte ich nun nachweisen können, daß nicht nur erst im 14. Jahrh., sondern schon zur Zeit des Stempelschnittes, also um die Mitte des 13. Jahrh., der Evangelist Stadtpatron gewesen sei. Es sind aber so wenige Denkmale jener frühen Zeit erhalten, daß es nicht Wunder nehmen kann, wenn ich nur einige Münzen, und zwar in F. Friedensburgs vortrefflicher Münzgeschichte Schlesiens, 1888, finde, die ich zur Erhöhung der Wahrscheinlichkeit dieser Annahme zu benützen versuchen kann. Da ist mir denn zunächst unverständlich, warum Friedensburg (S. 124) den im schlesischen Boden gefundenen, von ihm der Zeit Herzog Heinrich III. von Breslau (1241—66) zugeschriebenen Brakteat No. 198 mit dem Doppeladler nur allein deshalb nicht in Verbindung mit der einzigen Stadt, welche just um dieselbe Zeit einen Doppeladler in ihr Siegel setzte, gebracht haben will, weil der Doppeladler: das gemeinsame Gepräge verschiedener Zeiten und Gegenden sei!? — Dann kommen auch mehrere frühere Münzen in Betracht, welche Friedensburg der Zeit des Herzogs Boleslaw altus († 1201) und der Münzstätte Breslau zuweist, nämlich No. 487 mit einem Adler, der auf einem Bogen (Schriftband) mit den Buchstaben: IOH'S steht. Einen deutlicheren Johannesadler kann man nicht wünschen, und wenn Friedensburg, S. 155 oben) haben will, man solle die Inschrift als nicht im Zusammenhange mit dem Münzbilde stehend ansehen, so verlangt er doch mehr als recht ist. No. 495: zwischen zwei zugewendeten Köpfen, von denen der eine bärtig, der andere bartlos ist, senkrecht, d. h. von oben nach unten zu lesen: IOHS. Die beiden Köpfe möchte ich wegen der so auffällig zwischen beiden stehenden Buchstaben gerne für die der beiden Johannes halten. Möglicherweise ist es auch der Täufer und der Herzog, aber das kann ich nicht glauben, was Friedensburg sagt, daß auch hier die Schrift sich nicht auf das Bild beziehe, daß beide Köpfe den Herzog vorstellen und die Münze deshalb aufs Halbieren eingerichtet sei. No. 518 hat über einem Kopfe einen Aufbau, auf dem gegeneinander gewendet, zwei natürliche Adler sitzen. Das kann eine Verdoppelung des herzoglichen Adlers, es kann aber auch dieser und der des Evangelisten sein. Ja, wenn der Heller, den Freiherr v. Köbel im Verzeichnis seiner Münzsammlung (Friedensburg, S. 168) so beschreibt: „M VRA, Adler in kleiner Rundung; Rs. der schlesische Adler, die Luna auf der Brust habend", sich bewahrheiten möchte, dann wäre die Sache bald bewiesen: wenn eine Moneta VRAtislaviensis aus der Zeit der schlesischen Piasten auf der einen Seite einen Adler mit dem schlesischen Abzeichen, auf der andern einen Adler ohne dieses hätte, was könnte letzterer anders als das Attribut des Evangelisten sein? Aber diese Münze ist arg zweifelhaft. Es dürften auch die andern Stücke schon genügen, um darzuthuen, daß St. Johannes der Evangelist der ursprüngliche Patron der Stadt war. Eigentümliche Teilungen und Verschmelzungen des Bildes des Evangelisten und seines Symboles, oder auch des letztern mit andern Figuren aber sind nichts Seltenes. Der Evangelist erscheint nicht nur öfters als Mensch mit einem Adlerkopfe, oder als Adler mit Menschenkopf (hierher möchte ich auch die Breslauer Münze, Friedensburg No. 511 mit dem „Engel", der eine Tafel mit IOH-S hält, rechnen), sondern es kommen auch Verschmelzungen der Evangelistensymbole miteinander (Tetramorphen) vor. Auch ein Doppeladler, der wie dieser breslauer, aus der Verbindung des Evangelistenadlers mit einem heraldischen Adler gebildet scheint, ist bekannt; nämlich auf dem Siegel des regensburger Kanonikus Gelphrad v. J. 1228, wo der Doppeladler in den Fängen einen ornamentierten Streifen (das Spruchband) hält. Das Siegel ist abgebildet vom Fürsten Hohenlohe in den Sphragist. Aphorismen (No. 243). Erwähnt sei noch aus derselben Quelle (Text No. 232) ein Siegel, welches rechts den Täufer Johannes, kenntlich durch das nimbusumgebene Lamm und links einen halben Adler, der durch sein nimbiertes Haupt als das Attribut des Evangelisten gekennzeichnet ist, enthält. Was uns heute so seltsam anmutet, die heraldische Zerteilung auch eines vom Heiligenscheine umstrahlten Evangelistensymboles, das war also damals nichts ungewöhnliches.

4) Auf dem Abdruck a. Urk. v. 1351 im Wiener Staatsarch. ist dies bisher nirgends erwähnte Beizeichen ganz klar zu sehen. Ob eine, auf zwei mir vorliegenden Abgüssen des ersten Johannessiegels (nach Abdr. v. 1302 u. 1327) an der entsprechenden Stelle im rechten Thore befindliche Erhöhungen auch Köpfchen sind, vermag ich nicht zu erkennen.

5) In demselben prachtvollen Codex ist auch, mitten unter andern Städtewappen, noch ein zweites für Breslau: Gespalten, vorn in Blau St. Petrus mit dem Schlüssel, hinten in Weiß ein halber, roter Adler; selbstredend ist das ein ebensolches Phantasiewappen, wie jenes mit den tanzenden Paaren für Danzig, was sich auch in diesem Buche — also lange vor Sibmacher — schon findet.

Altwaltersdorf, Dorf.

Ein: „✱ ALTWALTERSDORFER · GEMEIN · SIEGEL“ (31 mm) aus der Mitte des 18. Jahrh. zeigt die Themis mit Schwert und Wage; links neben ihr ein verschnörkelter Schild mit einem W. Ein Farbsiegel des 16. Jahrh. trägt nur die Inschrift: „GEMEIN SIEGEL ALTWALTERSDORF GRAFSCHA GLATZ“ (oval, 29 : 30 mm). Das jetzt gebrauchte: GEM . S . ALTWALTERS DORF (unten:) GRAFSCH. GLATZ“ (25 mm) zeigt dagegen den hl. Laurentius mit der Palme in der Rechten, mit der Linken den Rost haltend.

Abb. S. 137 **Auras**, Stadt. **In Grün ein stehender, silberner Stier.**

Dasselbe Bild hat ein Siegel aus der ersten Hälfte des 15. Jahrh., welches Saurma nach einem defekten Exemplare abbildet und dessen Umschrift er als: sigillvm . civitatis . avrasiensis“ (44 mm) ergänzt. Der mir vorliegende Abguß eines gleichalten, gleichgroßen, aber auch unscharfen Siegels läßt die Gitterung des Feldes der Saurmaschen Zeichnung nicht erkennen, und läßt auch vermuten, daß die Umschrift mehr mit der des folgenden Stückes übereinstimme. Das um 1500 geschnittene: „+ sigillvm civitati owrasensis “! (44 mm), dessen Stempel noch erhalten zu sein scheint, hat den Stier im glatten Felde. So auch ein 1619 gebrauchtes: „✶ SIGILLVM ✱ CIVITATIS ✱ . . . . SIS (24 mm) und ein um 1650 gefertigtes: „○ SIGILLVM ○ CIVITATIS ○ OWRA SENSIS (20 mm), welch letzteres jedoch, wie von nun alle neueren Siegel, den Stier auf Rasenboden stehend zeigt. Während derselbe sonst immer frei im Siegelfelde steht, hat ihn das: „❈ SIGILLVM CIVITATIS AURASIENSIS“ (25 mm) aus der Mitte des 18. Jahrh. in einem verschnörkelten Schilde. — Ein 1514 gebrauchtes: „S · SCABINORVM · IN · OWRAS (Größe?) hat nach Saurma den Ochsen im mit Blätterranken damaszierten Felde. Seltsam ist die Umschrift eines 1708 gebrauchten, den Stier im glatten Felde zeigenden Schöffensiegels: „: SIEGEL · DER · HERN · SC . . . PEN · ZV : AVRES“ (25 mm). Dem alten Stadtnamen Uras entsprechend, zeigen diese Siegel alle den Ur, den Bos primigenius, d. i. einen Ochsen in den Formen des (von ihm auch abstammenden) Haustieres. Die modernen Siegel aber bilden fälschlich ein anderes Tier, nämlich den zottigen Auerochsen, den Wisent (Bos europaeus) ab.

Baumgarten, Dorf.

Ein: „: GERICHT · SIGIL . ZUM · BAVMGARTEN“ (29 mm) aus dem 17. Jahrh. zeigt Adam und Eva unter dem Baume der Erkenntnis, um dessen Stamm sich die Schlange windet. Es ließ sich nicht ermitteln, welchem der zahlreichen Dörfer dieses Namens dies hübsche, redende Siegelbild angehört, daß es aber schlesisch sei, ist sehr wahrscheinlich, denn es liegen nicht nur die meisten und die größten Dörfer namens Baumgarten in Schlesien, sondern es stammt mein Abdruck auch aus einer schlesischen Sammlung (Stadtarchivar Heinrich in Görlitz).

Abb. S. 137 **Bernstadt**, Stadt. **In Rot drei, im Dreipaß gestellte (2 : 1), eckig gebogene silberne Angelhaken, in der Mitte des Schildes durch einen gemeinsamen Ring verbunden, bewinkelt von drei goldenen Sternen.**

Das im Staatsarchiv zu Breslau a. Urk. v. 1340, Febr. 10, hangende: „+ SIGILLVM · CIVIVM · DE · BEROL · D · STAT“ (48 mm) zeigt in einem Schilde drei in der Mitte zusammenstoßende Angelhaken ohne den Ring und die Sterne![1]) Ebenfalls noch dem 14. Jahrh. gehört das: „+ S'CIVIVM · D · BEROLDSTAT“ (28 mm) an. Es hat die drei Haken, umwickelt von drei Sternen in einem Schilde. — Um 1530 verkaufte Herzog Karl von Münsterberg-Oels unter Vorbehalt des Rückkaufsrechtes seine Stadt Bernstadt (wie auch Hundsfeld und einige Dörfer) an die Stadt Breslau. Der damals geschnittene schöne silberne Stempel — sehr wahrscheinlich eine Werk des Goldschmieds Paul Bog, der das ganz ähnlich gearbeitete Breslauer Stadtsiegel von 1530 fertigte — befindet sich noch im Museum schlesischer Altertümer zu Breslau. Das Siegel macht ganz den Eindruck eines breslauer Stadtsiegels: im Felde groß der quadrierte, mit dem Johanneskopfe in der Schüssel belegte Breslauer Schild (von 1530) und unter demselben, im Schriftrande, ganz klein ein Schildchen mit den drei Haken und Sternen. Die Umschrift lautet: „S ✱ CVRIE ✱ BEROLDSTA ✱“! (36 mm). Daß der Stempel wirklich in Gebrauch kam, möchte ich bezweifeln; mir ist wenigstens kein alter Abdruck vorgekommen, wohl aber viele Urkunden der Stadt (bis zum Jahre 1584), die alle mit dem vorherbeschriebenen ältern Stempel besiegelt waren.[2]) Zu Beginn des 17. Jahrh. erscheint ein neues: „+ S · CIVITATIS · BEROLSTADIENSIS ·“ (30 mm), welches im Schilde die Haken und Sterne, erstere in der Mitte schon an einen gemeinsamen Ring stoßend, zeigt. Der noch im Besitz der Stadt befindliche Stempel eines dem Anfang des 18. Jahrh. angehörenden: „SIGILLVM CIVITATIS BEROLSTADIENSIS“ (35 mm) hat den von Blumen beseiteten Schild mit dem Stadtwappen, von einem Engel gehalten; die Spitzen der Haken sind pfeilspitzenähnlich mit doppelten Widerhäkchen versehen — was von nun an die Regel bleibt. Der zweiten Hälfte des 17. Jahrh. gehören auch zwei Siegel an, die die Haken mit den Sternen wieder frei im Felde haben und die Umschriften: „✱ HERZOGLICHE · STADT BERNSTADT“ (23 mm) und: „✱FURSTL : RESID : BERNSTADT“ (22 mm) zeigen. Bei letzterem sind die Haken zwar auch am unteren Ende in einem Ringe vereinigt, haben aber sonst ganz die Gestalt wie auf den ältesten Siegeln, nämlich die einer spitzwinklich vom geraden Schaft in sanftem Bogen ausgehenden Spitze ohne Widerhaken. Die neueren Siegel, Farbsiegel und Oblaten wiederholen mehr oder weniger genau das Siegel vom Beginne des 17. Jahrh. mit dem Engel als Schildhalter. — Dieselbe Darstellung bringt auch ein Siegel des: „GERICHTS DER STADT BERNSTAD ·“ (28 mm) aus dem 17. Jahrh.

1) Nach freundl. Skizze des Herrn Archivrats Dr. Pfotenhauer.

2) Auch von Hundsfeld, das die Stadt Breslau ja gleichzeitig erhielt, bei dem sich demnach ein ähnliches Siegel voraussetzen ließe, ist ein solches nicht bekannt; wohl aber auch hier nachgewiesen, daß noch 1604 ein Stempel gebraucht wurde, der lange vor dem Verkaufe entstanden war.

Bralin, Flecken. **In Silber auf grünem Boden rechts eine grüne Fichte, deren Stamm den Grundstrich für die goldene Initiale B bildet, links daneben ein roter Turm mit Glockendach und offenem Thore.** Abb. S. 137

Siegel vermochte ich auf keine Weise zu erlangen und so drucke ich denn wörtlich den betr. Text von Saurma ab: „Vom Städtel Bralin sind ein paar Siegel neuerer Zeit bekannt. Wohl das älteste ist klein, mehr oval als rund und zeigt, ohne Umschrift, einen ausgerissenen Fichtenbaum, dessen Stamm den Grundstrich der Initiale B bildet. Hinten sind noch drei kleine Kiefern auf zwei Dreibergen landschaftsartig angedeutet. Der Abdruck dieses Siegels ist von 1739. Wernher's handschriftliche Topographie Schlesiens kennt auch nur dieses ältere Wappen: ein größerer Baum mit dem (schwarzen) B, daneben ein kleinerer, beide grün auf grünem Boden im weißen Felde. Es ist anzunehmen, daß das B nicht der Anfangsbuchstabe des Ortsnamens, sondern die Initiale der neuen Grundherrschaft Biron hat sein sollen. Ein großes rundes Siegel mit der Umschrift: BRALINER · STADT · SIEGEL · ANNO · 1785 hat im Siegelfelde links neben der im Erdreich wurzelnden Fichte mit dem B noch einen rundbedachten, mit Knopf und Windfahne, zwei Fenstern und einem Thor versehenen Thurm stehen. Ein kleineres mit derselben Darstellung, aber mit der Jahreszahl 1735 in der Umschrift, soll nach einer Mittheilung des standesherrlichen Gerichts zu Polnisch Wartenberg erst in den zwanziger Jahren dieses Jahrhunderts gefertigt worden sein. Der Thurm ist wohl roth zu tingiren. Vielleicht steht der Ortsname mit der slavischen Bezeichnung einer Fichte, Kiefer (oder Tanne) im Zusammenhang.“

Brieg, Stadt. **In Rot drei, von einem gemeinschaftlichen Mittelringe im Dreipaß (2 : 1) ausgehende silberne Anker ohne Querhölzer.** Abb. S. 137

Die alten Siegel zeigen statt des Dreiankers im Schilde eine Figur, für die uns der Name Wolfssense urkundlich überliefert ist[1]), d. h. drei ins Schächerkreuz gestellte, in der Mitte durch einen Ring verbundene Wolfsangeln. So das für 1318 nachgewiesene: „✠ · SIGILLVM · BVRIENSIVM · D · BRIGA“! (49 mm), dessen im 13. Jahrh. geschnittener Stempel noch im 16. Jahrh. in Gebrauch war; so auch ein 1377 gebrauchtes: „· + · S · CONSVLVM · DE · BREGA“ (31 mm)[2]); und das 1428 benutzte: „+ sigillum · consulum · de · brega ✳“ (31 mm). Bei dem letztgenannten erscheint über dem Schilde ein Engelsköpfchen, woraus bei bem um 1520 gefertigten: „⁘ SIGILLVM ‡ CONCIVIVM ‡ DE ‡ BRIGA“ (53 mm) ein über dem Schilde wachsender, diesen haltender Engel wird. Bei einem um 1600 (1550?) gestochenen: „✱ SIGILLVM ^ CIVITATIS ^ BREGEN SIS ~“ (42 mm) werden dann aus den Wolfsangeln Anker, indem deren Schneide weniger stark gebogen und an den Spitzen mit doppelten Widerhaken (den schaufelförmigen Flüen) besetzt erscheint. Bei diesem Siegel steht die Figur nicht in einem Schilde, sondern frei im Siegelfelde, was nur ein überaus genauer, lediglich durch größere Schrift und fast unmerkliche Kleinigkeiten davon unterschiedener Nachschnitt, dessen Stempel noch vorhanden ist, wiederholt. Als nächstes erwähnt Saurma ein mir nicht zu Gesicht gekommenes „dem ältesten Stempel nachgebildetes Siegel von 1609 mit der ebenfalls alten Umschrift: SIGILLUM · BVRGENSIVM · BREGÆ“ (Größe?). Ein auch noch dem 17. Jahrh. angehörendes: „SIGILLVM CIVITA : BREGENSIS“ (26 mm) und das: „SIGIL LVM CIVITATIS BREGENSIS“ (30 mm) des 18. Jahrh. haben den von nun an stets beibehaltenen Dreianker in einem, von einem Engelsköpfchen bekrönten Schilde. Ein in der zweiten Hälfte des 18. Jahrh. gestochenes: „SIGILLVM CIVITATIS BRIGENSIS“ (31 mm) hat das Stadtzeichen in einem, linkshin gelehnt auf Rasenboden stehenden ovalen Schilde, über dem der gekrönte preußische Adler, mit beiden Fängen ein querliegendes Scepter und zugleich den oberen Schildrand haltend, balanciert. Die neueren Siegel pflegen das Engelsköpfchen, die neuesten den wachsenden Engel über dem Schilde zu zeigen. — Herzog Friedrich zu Liegnitz und Brieg erlaubte 1540 den Ratmannen zu Brieg, daß sie und ihre Nachkommen rot siegeln dürften (Urk. d. St. Brieg, No. 1493). —

Das älteste Gerichtssiegel, ein 1382 vorkommendes: „. . . . . . CA BINORVM · DE · BREGA ·“ (38 mm) hat im berankten Siegelfelde den Schild mit der Wolfssense. So auch, mit dem wachsenden Engel über dem Schilde, ein an einer Urk. v. 1447 im Bresl. Staatsarch. hangendes, dem gleichzeitigen Stadtsiegel sehr ähnliches: „+ sigillum · scabinorum . . . . . brega “ (31 mm). — Ein an einer Urk. v. 1394, Apr. 28., hangendes defektes Siegel zeigt nach Grünhagen den schlesischen Adler. Saurma's Abbildung zeigt den Adler mit beiden Fängen einen steigenden Halbmond haltend, bezw. auf diesem stehend. Im Nachtrage (S. 398) meint der Verfasser: wahrscheinlich sei der Halbmond nur der untere Teil eines Ankers, dessen Stiel vor der Brust des Adlers gelegen und infolge der schlechten Erhaltung des Abdruckes nicht mehr zu erkennen sei (?). Die Umschrift ergänzt derselbe als: (SIGIL LV)M · SC(ABIN)ATVS · BREGE (34 mm). Ein um 1600 geschnittenes: „S · ADVOCA · CIVITATIS · BRIGENSIS ∴" (26 mm, Schriftband) zeigt in einem, von einem Engel, dessen Stirn mit einem Kreuzchen besteckt ist, gehaltenen Schilde einen gestürzten Anker zwischen zwei Sternen. Das: „✻ STADT GERICHTS SIG : V : BRIEG 1768" (31 mm) hat im von barocken Schnörkeln eingerahmten Schilde den Dreianker.

M. Martin Helwigs Erste Land Charte vom Herzogtum Schlesien v. J. 1561, bringt unter den Wappen, mit denen ihr Rand verziert ist, das der Stadt Brega in der damals schon allgemeinen Form von drei Ankern, deren jeder jedoch einen eigenen Ring hat, mit dem er an dem gemeinsamen Mittelringe hängt. Ganz so das Wappen von Bryg in Johann Sibmachers Wappenbuch von 1605. So heißt es auch in Schickfuß, New vermehrte schlesische Chronika (Jena 1625): Der Rath führet im rothen Schild drey eisen farbe Anker an einem Ringlein; dasselbe wiederholt Math. Merian in der Topographia (1659). Selbstredend ist diese von den Siegeln abweichende Form so wenig empfehlenswert wie der goldene Bord, mit dem heutigentags der Schild zuweilen umrandet wird. Schon in: (Böhme) Diplomat. Beyträge zur Untersuchung der Schles. Rechte und Geschichte, IV. T. (1772) S. 119, findet sich ein leidliches Kupfer des im 17. Jahrh. gebrauchten Siegels. Abbildungen der alten Siegel bei Saurma, Taf. I, No. 11, 12 und 13; das älteste und das Siegel vom Anfang des 16. Jahrh. sind auf dem Titelblatte des IX. Bandes des Cod. dipl. Silesiae, das die Urkunden der Stadt Brieg, herausgegeben von Dr. C. Grünhagen enthält, abgebildet und von demselben am Schlusse in einem besondern Abschnitte eingehend besprochen worden.

1) Die Figur der ältesten Siegel ist bereits mehrfach erörtert worden. Der Herausgeber der Dipl. Beyträge (1772) meint, es könne niemanden befremdlich vorkommen, wenn die drei Lokatoren, welche von Herzog Heinrich III. (i. J. 1250) Stadtrechte für den Ort erhielten, als: drey zu Wasser handelnde Kaufleute drey Anker zu ihrem Kaufmannszeichen annehmen, sie, zur Anzeige ihres gemeinschaftlichen Gesellschaftshandels, in einander schlungen, und mit einem Ringe, dem Bilde einer ewigen Dauer, verbanden und verknüpften, und zum Wappenzeichen ihrer neu angelegten Handelsstadt bestimmten. Grünhagen hatte in dem Aufsatze: Über das Siegel der Stadt Brieg (s. oben) nachgewiesen, daß die Annahme: es seien drei Anker, zwar dadurch unterstützt werde, daß der Patron der Brieger Pfarrkirche der hl. Nicolas sei, der als Schutzheiliger der Schiffer einen Anker als Attribut erhalte, daß das Wappenbild ferner in einer notariellen Urkunde v. J. 1433 schon als: tres anchoras se in vicem respicientes bezeichnet werde, und daß es in der, von einem geborenen Brieger zu Anfang des 16. Jahrh. geschriebenen descriptio Silesiae von Brieg heiße: fert insignia trium anchorum, daß endlich auch später stets von Ankern die Rede sei; trotz allem dem stehe aber dieser Annahme nicht nur die eigentümliche Form der Eisen entgegen, sondern namentlich auch das Zeugnis eines bischöflichen Notars, welcher i. J. 1374 die Darstellung des Siegels an einer Urkunde des Brieger Rates beschreibe und sage, dasselbe enthalte eine „decipula quod vulgariter wolf zense dicitur", d. h. also eine Falle, die man auf Deutsch Wolfssense heiße. Grünhagen kommt dann zu dem Schlusse, daß also eine solche Wolfssense, von derem Gebrauche er sich allerdings eine Vorstellung nicht machen könne, das eigentliche Wappenbild der Stadt sei, und daß die spätere Deutung nur auf einem durch die Lage der Stadt an der Oder begünstigten Verkennen des in späterer Zeit nicht mehr gebrauchten Werkzeuges beruhe. — Saurma-Jeltsch widerspricht im Nachtrage seines Wappenbuches der Schles. Städte (S. 397) und sagt, die charakteristischen Widerhaken der Ankerarme seien für den praktischen Gebrauch völlig unwesentlich und das notarielle Zeugnis v. J. 1374 habe nur insoferne Interesse, als es beweise, „wie frühe man schon anfing, nur kriegerische und Jagd-Beziehungen auch in der Heraldik für ‚nobel' zu halten". Auch v. Mülverstedt (Correspondenzblatt No. 6, S. 41) hält die Wappenfiguren für Anker und erinnert an die Häufigkeit der Gabel- oder Schächerkreuzförmige Stellung der Figuren in slavischen Wappen. Seyler (Gesch. d. Heraldik, S. 309) dagegen anerkennt das Zeugnis von 1374 vollkommen. Meiner Meinung nach hätte ein Heraldiker die Figur resp. Figuren niemals für Anker angesehen, wenn nicht eben die Stadt an einem schiffbaren Flusse läge. Wären die Widerhaken für den praktischen Gebrauch eines Ankers wirklich bedeutungslos, wie v. S. meint, dann würden nicht noch heutzutage unsere Schiffsanker damit versehen werden. Auch kann ein Anker nicht des Querholzes unter dem Ringe, welches ihn zwingt, stets mit der Spitze einer Schaufel zu Boden zu fallen, entbehren, und endlich sind die vermeintlichen Ankerarme auf den Siegeln soweit gekrümmt, daß sie einen Dreiviertelkreis bilden, also nicht in den Boden eingreifen könnten. Ein so geformtes Eisen aber nennt der Heraldiker eben eine Wolfsangel, d. i. ein Fangeisen, dessen Gebrauch laut Gritzner (Handbuch d. herald. Terminologie, 1890, S. 125) den heutigen Jägern noch so bekannt ist, als er es zur Zeit des Mittelalters war. Drei zusammengelegte derartige Angeln nannte man damals also eine Wolfsfalle oder Wolfssense.2) v. Retberg spricht sich über den Gebrauch der Wolfsangel eingehend aus (herald. Zeitschr. „Adler", III. Jahrg. 1873, No. 9) und nennt drei so vereinigte Eisen: Wolfsangeldeichsel. Übrigens kommt die Verballhornung von Wolfsangeln in Anker auch bei Adelswappen vor, worüber man in einem, mit Abbildungen verschiedener Wolfseisen versehenen Aufsatze des Fürsten Hohenlohe im „Adler" 1881, S. 8, Näheres finden kann. Zu beachten ist auch, daß der Notar, der i. J. 1374 obige Wappenerklärung gab, ein schlesischer war, während jenes Vidimus v. J. 1433, worin die Figuren als Anker bezeichnet werden, weitab, zu Resinburg im Bistume Pomesanien (Riesenburg in Westpreußen) ausgestellt wurde, eine Verwechselung der immerhin ankerähnlichen Figuren im letzteren Falle also weit leichter vorkommen konnte, als im erstern. Allerdings haben auch manche Städte ihre von altersher überkommenen Siegelbilder für allzu gewöhnlich angesehen und sie in vermeintlich vornehmere Gegenstände verwandelt; aber abgesehen davon, daß ein Anker wohl kaum zu jenen oder diesen gehörte, geht man auch gut zweihundert Jahre zu weit zurück, wenn man einen solchen Fall für im 14. Jahrh. möglich hält.

2) Dies wird das von Saurma mit: 1428 bezeichnete Siegel sein; es hängt im Archiv der Stadt Thorn an Urkunde von 1377, 1401, 1404 und zwei undatierten, stets jedoch als Fragment (Engel, Mittelalterl. Siegel d. Thorner Ratsarchivs, 1894, S. 8).

Abb. S. 137 **Charlottenbrunn**, Flecken. **In Silber auf grünem Boden ein, von einem Holzzaune umfriedeter, roter Brunnentempel, dessen Glockendach mit einem, Schwert und Scepter in den Fängen haltenden schwarzen Adler besetzt ist; an Stelle des Thores ist die Umzäunung mit einem quadrierten Schilde belegt: 1. und 4. Feld in Gold ein schräglinks gestellter, schwarzer Stubben; 2. und 3. in Gold ein schwarzer Flug.**

Die zur Herrschaft Tannhausen gehörigen Heilquellen veranlaßten in den zwanziger Jahren des 18. Jahrh. den Besitzer derselben, den Freiherrn v. Seherr-Thoß, zur Gründung dieses, zu Ehren seiner Gemahlin Charlotte, einer geborenen Reichsgräfin Pückler, benannten Kur- und Badeortes, der i. J. 1740 auch Marktrechte erhielt. Der Flug im Schilde dürfte auf das Pücklersche Wappen zurückzuführen sein, der Baumstamm ist die Wappenfigur der v. Seherr-Thoß. — Das nach freundlicher Mitteilung des Ortsvorstandes schon 1748 gebrauchte Siegel mit der Umschrift: „MARCKT ✻ CHARLOTTENBRVN" (35 mm, Schriftband) hat das oben beschriebene Bild. So auch ein 1778 gefertigtes mit: „MARCKT · CHARLOTTENBRUN" (oval, 27 : 24 mm) und ein 1824 gestochenes Siegel in derselben Form, Größe und Schreibweise wie ersteres.

Dyhernfurth, Stadt. **In Silber an einem bewaldeten Flußufer1) St. Georg im Harnisch auf weißem Rosse sprengend und den Drachen durchbohrend; sein Schild zeigt in Rot einen silbernen, mit drei roten Rosen belegten Schrägrechtsbalken, während der Spangenhelm mit sieben schwarzen Reiherfedern besteckt ist; im Hintergrunde auf dem Wasser ein Kahn.** Abb. S. 137

Kaiser Leopold begnadete i. J. 1663 seinen Rat und Oberamtskanzler in Ober- und Niederschlesien, den Georg Abraham Freiherrn von Dyhern auf Oberherzogswalde 2c. auf dessen Bitte damit, daß er dessem „Güettlein etwa Persig genant" die Stadtrechte, den Namen Dyhernfurth und auch ein Wappen verlieh. Nach einer Abschrift jener Urkunde (für deren Ubersendung im Originale ich dem Magistrate zu Dank verpflichtet bin) lautet die Wappenstelle: ..... „unnd zu deme Ihnen auch hernach beschriebenes Wappen, mit Nahmen ist ein grünes Veldt, neben demselben ein Flüessen: Der Wasser Strohmb, auff welchem an dem Ufer ein Schiff stehet, unnd Jennseits des Wassers eine grüne Aw, unnd Aichwaldt zu sehen, auff dem feldte erzeiget sich Ritter Sanct Geörg in einem Cürasz auf einem weissem Pferdt, mit rothem Sattl und Zeug, den unter sich ligenden Trachen mit dem Sperr durchrennende, ist mit einem rothem Feldtzeichen, und ob dem Caßquet mit sieben schwartzen Reigerfederlein gezühret, in der linkhen Handt einen rothen Schildt haltende, welcher mit einen weißen schregwertz herunter gehenden Strassen durchschnitten, auff welcher Drey neben einander gesezte rothe Roßen zu sehen, zu Ihre Statt Insigl von neuem gnädiglich verliehen und gegeben." Das Diplom ist durch das beschriebene Bild, nicht in einer Schildform, sondern in einem mit Fruchtgehängen, Vögeln usw. reich umrahmten Oval geschmückt. — Die Stadt bewahrt auch noch den wohl in jenem Jahre geschnittenen Stempel des zierlichen, achteckigen: „✻ SIGILLVM · CIVITATIS ✻ DYHERNFVRTENSIS" (40 : 35 mm), auf dem der Ritter mit dem Drachen in der oben beschriebenen, von Wasser durchflossenen, baumreichen Landschaft kämpft. So auch auf dem: „SIGILLUM CIVITATIS DYHERNFURTHENSIS 1814" (oval, 32 : 38 mm), während das neue Farbsiegel die Landschaft fortläßt, wodurch das Bild an Deutlichkeit gewinnt, an historischer Treue aber einbüßt.

1) Der frühere Name der Ortschaft war Brzeg = Ufer (Stenzel).

Falkenberg (Schlesisch-), Dorf.

Ein auf einer Urkunde vom Jahre 1746 befindliches Siegel zeigt im berankten Felde einen Falken. Umschrift: „.... FALCKEN · BERCK ❦" (27 mm). Der Stempel ist wenig älter.

Festenberg, Stadt. **In Rot ein grüner Berg, darauf eine silberne Burg mit drei spitzbedachten Türmen und offenem Thore.** Abb. S. 137

Ein noch 1747 benutztes: „SIGEL DES STÆDL FESTEN BERG 1681"! (36 mm) hat die Feste auf dem Berg in einem ovalen, oben mit einem Engelsköpfchen besetzten Zierschilde. Saurma beschreibt ebenso ein „größeres" SIEGEL DER STADT FESTEN BERG 1691; vielleicht lag ihm nur ein unscharfer Abdruck des ersteren vor. So auch: „DER STADT FESTENBERG KLEIN INSIL ·" (oval, 20 : 19 mm), dessen Stempel zu Ende des 17. Jahrh. geschnitten sein wird. „: DER STADT FESTENBERG KLEIN IN SIEGEL" (oval, 31 : 29 mm) vom Anfang des 19. Jahrh. hat die etwas sonderbar geformte Burg in einem runden, von Eichenzweigen umrahmten Schilde, darüber das Engelsköpfchen. Letzteres schwebt auch bei dem neuen Farbsiegel über der Burg, während von der Schildform darauf nur ein paar seitliche Ranken erhalten sind.

Frankenberg, Dorf, früher Stadt.

Ein altes Siegel dieses, bereits 1268 als Münzstätte, i. J. 1279 als Stadt genannten Ortes, welcher aber durch das Aufblühen des benachbarten Frankenstein schon früh1) zur Unbedeutendheit herabgedrückt wurde, scheint sich nicht erhalten zu haben. Ein Siegel der: „GEMEINDE FRANKENBERG KR. FRANKENSTEIN" (26 mm) aus der Mitte des 19. Jahrh. zeigt das bei Dörfern so beliebte Symbol eines Herzens, aus dem (hier sieben) Rosen sprießen.

1) Schon 1362 werden sculteti de Frankenberg genannt, woraus wohl geschlossen werden darf, daß der Ort damals wieder ein Dorf war; die Siegel der Schultheißen beschreibt Pfotenhauer in: Urk. d. Klosters Kamenz, No. 228.*)

*) Die Siegel derjenigen landesherrlichen Beamten, Landeshauptleute, Erbvögte, Hofrichter, Clavigeri, sowie auch der Bergämter, Zaudengerichte etc. etc., welche nur das Wappen des Landesherrn oder das Privatwappen des Amtsinhabers zeigen, ohne weder in Bild noch Umschrift sich auf eine Stadt zu beziehen, werden, als außer den Grenzen des Programmes liegend, hier nicht aufgeführt. Wer sie sucht, findet einige in Saurma's Wappenbuche der schles. Städte, andere in Pfotenhauer: Die Schlesischen Siegel von 1250 bis

Abb. S. 137 **Frankenstein**, Stadt. **In Blau eine silberne Burg mit drei spitzbedachten Türmen und offenem Thore; der höhere Mittelturm ist belegt mit einem gelehnten roten Schilde, darin ein gekrönter, doppeltgeschwänzter silberner Löwe.**

Das für 1292 (Urk. d. Klost. Kamenz, No. XLVIII) nachgewiesene: „+ SIGILLVM · CIVIVM · DE · FRANKIN STEIN" (54 mm) hat über mehreren Hügeln, dem „Stein", schwebend eine Burg, aus deren Mittelturme der schlesische Adler mit dem Brustmond (ohne Kreuz) wächst, während die Seitentürme spitze Dächer tragen. Bei einer Urk. v. 1343 (Staatsarch. z. Wien) trägt dies Siegel ein Rücksiegel mit demselben Bilde und der Umschrift: + SIGILLVN · CIVN · DE · FRANKINSTEIN"! 1) (36 mm). 1347 kommt dies Rücksiegel auch selbstständig an einer Urk. vor (Pfarrarch. z. Frankenstein). Nach der käuflichen Erwerbung der Stadt seitens der Krone Böhmen erscheint 1352 das: „+ SIGILLVM · CIFIVM · DE · FRANKINSTEIN"! (55 mm), bei dem die Burg im berankten Felde auf Hügeln steht, und der Mittelturm oben mit dem böhmischen Löwenschilde belegt ist. Ganz so, aber im glatten Felde ist das Bild des 1372 vorkommenden: „+ SIGILLVM . CIVIVM · D · FRANKIN STEIN" (40 mm). Im Jahre 1446 erscheint dann ein: „✠ + si gillum ❦ civyum + de + frankinstein ++++"! (42 mm) mit der gleichen Darstellung im (schwach-) gegitterten Felde; der Löwenschild ist hierbei bis zum Liegen gelehnt. Ein 1480 benütztes: „sigillum ⁝ civitatis ⁝ frankinstein (im Felde:) f r" (40 mm) zeigt dieselbe Burg, doch ist der Löwenschild, entgegen dem bisherigen Gebrauche, linkshin gelehnt; die Hügel sind bei diesem wie dem vorigen, weggeblieben. Dann ließ die Stadt die beiden letztgenannten Stempel nach kurzem Gebrauche liegen und griff zu dem zuerst für 1372 nachgewiesenen Siegel zurück, welches von 1519 bis 1553 an 41 mir vorliegenden Urkunden 2) ununterbrochen vorkommt. Während der Löwenschild bisher stets so hoch am Mittelturme angebracht war, daß er dessen Dach durchaus verdeckte, belegt er bei einem nach der Mitte des 16. Jahrh. gefertigten: „S .... CIVITATIS · FRAN = CKENSTENN A ...." (43 mm) mehr die Mitte des Turmes, so daß dessen Spitzdach darüber hinausragt. Auffallenderweise erscheint 1556 (Breslauer Staatsarch.) ein: „SIGILLVM · CIVIVM · FRANKENSTEIN" (auf Band, 26 mm), welches nur einen einfachen Wappenschild mit einem ungekrönten, nicht doppelgeschwänzten Löwen zeigt. Auf dem um 1600 gefertigten: „SI · CIVITA · FRANCKENSTENNENS" (27 mm) dagegen erscheint wieder die Burg mit den drei Spitztürmen und dem Schilde von Böhmen, und diese Darstellung ist von da an bis jetzt stets unverändert beibehalten worden.

Saurma irrte, als er das von 1352 an oft vorkommende „+ SI GILLVM : CAPITANEATVS : FRANKENSTEY NENSIS : (innere Umschrift:) ✶ AD : HEREDITATES · ET CAVSAS" (75 mm) mit dem böhmischen Löwen im Felde „das alte, große Gerichtssiegel der Stadt" nannte. Es hat mit dieser nichts zu schaffen, sondern wurde nur von dem Landeshauptmann bei Beurkundung von Landkäufen u. s. w. benützt, und es ist in den zahlreichen derartigen Urkunden des Frankensteiner Stadtarchivs niemals eine Formel, wie „sub sigillo regio" oder „mit koniglichem Ingisegil von Behemen, das do gehort czu Erbe vnd czu sachen in deme weicbilde czu Frankin steyn" vergessen (s. *), S. 57). — Städtisch dagegen ist ein im 14. Jahrh. geschnittenes, noch 1544 vorkommendes: „+ S' · SCABINORVM · D' · FRANKINSTEIN" (35 mm), welches die dreitürmige Burg, belegt mit einem großen, gelehnten Schilde, darin der böhmische Löwe, zeigt. Ein nach der Mitte des 16. Jahrh. gestochenes: „❀ GERICHTS ❊ SIG ❊ DER ❊ STAT ❊ FRANKENSTEIN" (31 mm) hat einen gespaltenen Rahmenschild, dessen erstes Feld einen Querbalken (Oesterreich?) mit dem böhmischen Löwen darüber und dem schlesischen Adler darunter, das zweite aber die Minuskel: f enthält. Ueber ein für Münsterberg und Frankenstein gemeinschaftlich gebrauchtes Hofgerichtssiegel s. unter Münsterberg. — Die beiden ältesten Stadtsiegel sind bei Saurma Taf. II, No. 21 u. 22, gut abgebildet.

1) Das N ist da sehr eigentümlich, es liegen aber zwei recht scharfe Abdrücke, davon einer v. J. 1347 im Original, vor. Auch das CIHIVM des zweiten Siegels, wie das civyum des vierten, sind ganz seltene Exemplare der auf Städtesiegeln sonst so häufigen Schreibfehler.

2) Dank der besonderen Liebenswürdigkeit des Herrn Erzpriesters Dr. Herrmann in Frankenstein konnte ich den ganzen Urkundenschatz des dortigen Pfarrarchivs hier in Ruhe durcharbeiten.

Abb. S. 137 **Freiburg** i. Schl., Stadt. **In Blau ein spitzbedachter, silberner Zinnenturm mit offenem Thore und Fallgatter, beseitet rechts von einem zugewendeten, gesichteten, silbernen Halbmond, links von einem goldenen Stern; auf den Zinnen jederseits ein von Rot und Silber geteiltes Fähnchen.**

Im Thorner Ratsarchiv hängen an zwei Urkunden aus den Jahren 1405 und 1406 stark zerbrochene Siegel, die einzigen bisher bekannten Reste des ältesten Stadtsiegels, dessen Stempel wohl noch der ersten Hälfte des 14. Jahrh. entstammt. Beide Bruchstücke ergänzen sich zum Teil, geben aber kein ganzes Bild. Zu erkennen ist der Turm und rechts neben ihm ein Stern, von der Umschrift ist: „S .... VRI ...... CH" (47 mm) erhalten. Dann fehlen bis zum 17. Jahrh. die Siegel. Ein diesem angehörendes: „S · MINVS · CIVITATIS · FREIBURGI ·" (29 mm) hat obige Darstellung, wobei die mittelste Zinne noch mit einem Herzlein belegt ist, während wenig darunter die Jahreszahl „1649" auf der Mauer steht. An Stelle des späteren Thores ist hierbei, und auch auf einem von Saurma erwähnten Signet, welches statt der Umschrift nur die Buchstaben „S · C · F · B ·" zeigt, nur ein größeres Fenster vorhanden. Das: „~ SIGILLVM CIVITATIS FREIBURG ~" (oval, 30 : 25 mm) des 18. Jahrh. hat dagegen schon das Thor. Bei einem Magistratssiegel aus der Mitte dieses Jahrh. ist die Stellung der Gestirne vertauscht, also wieder so, wie sie mutmaßlich auf dem ältesten Siegel war.

Von einem Gerichtssiegel des 15. Jahrh. wurde nur ein Papierabdruck v. J. 1694 (Bresl. Staatsarch.) bekannt. Derselbe läßt den Turm mit stark ausladenden Zinnen zwischen rechts dem Stern, links dem Monde erkennen. Von der Umschrift konnte ich nur entziffern: „s scabin .... bergensis" (32 mm).

Freyhan, Flecken, früher Stadt. **In Silber ein roter, zwischen drei (1 : 2) goldenen Sternen stehender Hahn.** Abb. S. 137

Das einzige bekannt gewordene: „✶ SIGILVM ✶ CIVITATIS ✶ FREIHAN (im Felde:) 1554" (30 mm), hat diese Darstellung in einem Schilde.

Friedland, R.-B. Breslau, Stadt. **In Rot eine silberne Burg mit zwei spitzbedachten Türmen und offenem Thore mit Fallgatter, unter dem ein goldener Igel steht.** Abb. S. 137

Aeltere Siegel sind nicht bekannt geworden. Der noch erhaltene Stempel des: „✶ MINVS ✶ SIGILLVM ✶ CIVIVM ✶ DE FRIDLAND 1634" (25 mm) hat die gleiche Darstellung, doch ist der Igel darauf nur als ein Punkt zu erkennen. Bei einer nur 23 mm großen, sonst genauen Nachbildung dieses Siegels ist er sogar ganz weggeblieben. Die Jahreszahl des letzteren, die jedoch nicht wie bei ersterem über der Burg, sondern im Schriftrande steht, liest Saurma als 1674; auf meinem Abdruck ist die Stelle undeutlich. Ebenfalls noch im Besitze der Stadt sind die Stempel des: „SIGILL · MAIOR · CIVITATIS · FRIDELANDENSIS (im Felde:) 16 41" (37 mm) und des: „~ SIGILLVM MAIVS CIVITATIS FRIDLANDENSIS ⁝ (im Felde:) 16 70" (48 mm), bei denen die Architektur eine reichere und der Igel im Thore deutlich zu erkennen ist. — Dem letzteren im Bilde völlig gleich ist ein „❊ SIGILLVM CIVITATIS · ❊ · FRIDLANDENSIS · (im Felde:) 1670" (30 mm), welches, obwohl in der Umschrift nichts darauf hindeutet, das Gerichtssiegel war. Eine von Bürgermeister und Rathmannen, Stadt Gerichten und Zechmeistern 1718 ausgestellte Vollmacht (Bresl. Staatsarch.) trägt dieses Siegel neben dem Ratssiegel (von 1634 s. ob.) und es wird dabei ausdrücklich als der Gerichte Innsiegel bezeichnet. Ebenso 1741.

Fröbeln, Dorf.

Die beiden Dörfer Fröbeln und Stroschwitz (R.-B. Oppeln) bedienten sich eines gemeinschaftlichen Gerichtssiegels, wie zwei Urkunden, beide v. J. 1671 (Bresl. Staatsarch.), ausweisen, von denen die eine von Scholze und Eltisten von Fröbeln, die andere von Scholz und Eltisten von Stroszwiz ausgestellt ist. Das Siegel zeigt in einem Schilde einen doppeltgeschwänzten Löwen und hat die Umschrift: „❊ FROBLISCHE GERICHTE" (25 mm).

Glatz, Stadt. **In Rot ein gekrönter, doppeltgeschwänzter silberner Löwe.** Abb. S. 137

Diesen böhmischen Löwen hat die Stadt trotz des vielfachen Wechsels ihrer Herren vom 13. Jahrh. bis heute ununterbrochen geführt. Sie bewahrt noch den Stempel des prächtigen: „✠ SI GILLVM ✶ CIVIVM ✶ GLACENSIS ✶ CIVITATIS ✶" (76 mm) aus dem 13. Jahrh., welches den Löwenschild im berankten Siegelfelde zeigt. Das an einer Urkunde v. J. 1305 im Bresl. Staatsarchiv hangende, noch hundert Jahre später benützte: „+ S' CIVIVM ✶ GLACENSIVM" (39 mm) hat ebenfalls den Löwenschild in einem, mit gestielten Kleeblättern bestreuten Felde. Von dem sehr schön geschnittenen: „+ ~ sigillum ·:· + minus · civium + glaczensium" (39 mm) vom Anfang des 15. Jahrh., bei dem der Löwenschild in einem Dreipasse steht, ist der Stempel noch erhalten. Derselben Zeit angehörig werden zwei, 18 u. 14 mm große Signete sein, welche beide nur die aus breiten Bändern gebildete Minuskel g enthalten. Der Stempel des kleineren Siegelchens ist erhalten. So auch noch der Stempel eines um dieselbe Zeit gefertigten: „s civitatis glatz" (24 mm), bei dem die Schrift auf einem Bande steht, welches einen den Löwenschild einschließenden Dreipaß durchschlingt. Ganz dieselbe Darstellung hat ein: „· S · MI CIVITATS · · GLATZ ·"! (Schrift auf Band, 25 mm) aus dem Anfang des 17. Jahrh. Ebenfalls noch in Händen des Magistrats ist der Stempel eines: „SIGILLVM MAIVS CIVIVM GLACIENSIS

1300, Breslau, 1879, abgebildet und beschrieben. Dagegen sind hier aber diejenigen Erbvogteisiegel aufgenommen, deren Bilder Anklänge an das städtische Siegel zeigen, denn es ist anzunehmen, daß dann die städtischen Gerichte irgend welche Rechte an dem Gebrauche des Vogteisiegels hatten. Urkundlich bezeugt ist dies für Schweidnitz, wo das Stadtbuch z. J. 1389 ausdrücklich meldet, daß das Siegel der Erbvogtei vom Vogte in einer Lade zu verwahren sei: „mit drien Slussen firslussin, dor czu sullen drie Schepphin idir eynen Slussil haben ... und wen die Schepphin des Segils bedorfin, zo sollen dri Schepphin mit erin drien Slussiln dorczugeen und die Lade ufslussin und das Segil dorus nemen und sullen daz mit großer Hute haldin und haben, daz de mit geschoe, waz do recht ist" .... — Eingehende Nachrichten über die Aemter selbst enthält die: Urkundensammlung z. Gesch. d. Ursprungs der Städte etc. in Schlesien u. d. Ob.-Lausitz, von G. A. Tzschoppe und G. A. Stenzel, 1832, I. Hauptstück.

CIVITATIS (unten im Felde:) 16 01" (72 mm), welches den Löwen in verschnörkeltem Schilde inmitten eines Dreipasses zeigt; das innere Feld desselben ist mit wie geätzt aussehenden Arabesken damasziert, außen in der oberen Einbuchtung ist ein Engelsköpfchen, in den untern Ecken sind Füllhörner mit Früchten und Blattwerk, zwischen den Worten der Umschrift aber kleine Ornamentchen angebracht, kurz, das für seine Zeit ungewöhnlich große Siegel ist so überzierlich ausgestattet, dabei aber auch so vorzüglich geschnitten, daß es lebhaft an die Kaisersiegel Max II. und Rudolf II. erinnert. Damit hat denn aber die Schönheit der Glatzer Siegel ihr Ende; das: „❊SIGILLVM CIVITATIS GLACENSIS" (40 mm) des 18. Jahrh. mit dem Löwen im umschnörkelten Felde, erhebt sich nicht über das Allgemeine, und die neuen sinken noch darunter.

An einer Urk. v. 1378 hängt ein Schöffensiegel. Dasselbe scheint schlecht erhalten zu sein, denn Pfotenhauer (Urkunde des Klosters Kamenz, No. 269) schreibt darüber nur: „Johanneskopf (?), Umschrift unleserlich." Vorhanden ist noch ein Stempel: „DES · GERICHTES . SIGIL · GLOCZ (im Felde:) 1550" (24 mm) dasselbe bringt einen gespaltenen Schild, darin vorn das Wappen der Grafschaft Glatz,[1] zwei Schräglinksbalken (golden in Rot), hinten die Minuskel g. Auch hat sich noch ein, wohl einem städtischen Amte gedient habender Stempel erhalten, der ein unciales G in einem Schilde, neben diesem die Buchstaben „P R" und über demselben auf einem Bande: „1534" (23 mm) zeigt. — Das älteste Hauptsiegel und das Sekret des 15. Jahrh. sind abgebildet bei Saurma, Taf. III, No. 28 und Taf. II, No. 29. Ersteres auch von Hauptmann im „Adler" 1885 und in seinem Wappenrecht S. 123.

1) Übrigens zeigt auch das Wappen des Pusta von Czastolowicz, dem König Sigismund 1431 die Stadt verpfändete (Urk. d. Klosters Kamenz, No. 354) zwei schräglinke Balken.

Abb. S. 137 **Goschütz**, Flecken, ehemals Stadt (?). **In Silber auf grünem Boden unter goldenem Gottesauge eine Linde zwischen zwei roten Kirchen mit verschieden gestalteten Türmen.**

So der noch vorhandene Stempel des Siegels mit der Umschrift: „+ FR · STANDES-HERRSCH · GOSCHÜTZ (unten:) GO SCHÜTZ STADT INSIEGEL (im Felde:) 1746" (oval, 32 : 27 mm). Ein neues Farbsiegel: „GOSCHÜTZER STADT INSIEGEL (unten:) 1746" (oval, 32 : 77 mm) hat eine Sonne über dem Baume und die eine Kirche ist das Spiegelbild der andern. In Wernher's handschriftlicher Topographie Schlesiens ist, nach Saurma, das Wappen dargestellt als: ein Baum auf grünem Erdboden, rechts neben ihm ein ländliches Häuschen, links ein Busch. obenher bestrahlt von dem Auge Gottes. — Ein 1686 gebrauchtes: „SIGIL . . . . GERICHTS . . . . . . ITZ (im Felde:) 1653" (28 mm) hat nur die Linde auf dem Boden.

Abb. S. 137 **Gottesberg**, Stadt. **Geteilt; oben gespalten, rechts von Rot und Silber in vier Reihen geschacht, links in Silber ein hängendes, grünes Weinblatt; unten in Silber ein blauer Dreiberg.**

Nach Saurma zeigt ein 1638 gebrauchtes: S · AUF · D · GOTSBERG · (Größe?) in einem Schilde eine aus einem Dreiberg wachsende Schwurhand, hinter der Schlegel und Eisen gekreuzt sind. Ein um 1650 gefertigtes: „+ ❊ GERICHT ❊ SIGIL ❊ ZVM ❊ GOTESBERG ❊" (29 mm) hat einen geteilten, oben gespaltenen Schild: unten der Dreiberg; oben rechts: unter einem Schildhaupte ein Schach in drei Reihen; oben links: ein hangendes Lindenblatt; zu Seiten des Schildes und über demselben je eine Rosette. Oben sind noch einmal die Anfangsbuchstaben der Umschrift wiederholt und zwar so, daß G und S über dem Schilde, Z im Haupte des ersten, G in dem des zweiten Feldes steht. Trotz der Umschrift wurde das Siegel 1732 und 1746 als Stadtsiegel gebraucht „unter unserm anvertrauten Stadt-Insiegel". Ganz ähnlich ist ein wenig jüngeres, nur 22 mm großes Siegel mit derselben Umschrift, jedoch ohne die Buchstaben. Das erste Feld enthält ebenfalls neun Schachfelder, das Schildhaupt darüber ist leer. So auch ein Polizeysiegel aus dem Anfang des 19. Jahrh. Der Dreiberg und das Schach bilden das Stammwappen der Grafen Hochberg, denen der Ort seit dem ersten Jahrzehnt des 16. Jahrh. gehörte. Das Lindenblatt hält Saurma für eine Verstümmlung der schwörenden Hand des älteren Siegels (?). Zweifellos wußte man später aus dieser Form nichts rechtes zu machen, weshalb das: „❊ SIEGEL DER STADTVERORDNETEN ZU GOTTESBERG (im Felde:) 1809" (oval, 31 : 28 mm) einen gestürzten Eichenzweig, die neuen Magistratssiegel aber ein hängendes Weinblatt in dies Feld des Wappens setzen. In der dortigen katholischen Kirche befindet oder befand sich ein Wappen (?) der Stadt, welches eine aus einem Dreiberg wachsende schwörende Hand, belegt mit gekreuztem Schlegel und Eisen, zeigt. Dieselbe ist von den Jahreszahlen 1535 und 1723 beseitet.

Grosen, Dorf.

Ein: „❊ GROSER · GEMEINDE · INSIEGEL" (oval, 25 : 23 mm) aus der zweiten Hälfte des 18. Jahrh. zeigt ein Herz, aus dem drei Rosen an belaubten Stengeln wachsen.

Abb. S. 137 **Guhrau**, Stadt. **In Silber auf grünem Boden zwischen zwei roten, spitzbedachten Türmen die blaubekleidete hl. Katharina, in der Rechten ein gestürztes Schwert, in der erhobenen Linken das zerbrochene goldene Rad haltend.**

Das an einer Urkunde v. J. 1310 im dortigen Stadtarchiv[1] hangende, älteste beglaubigte Siegel der Stadt zeigt zwischen zwei schwebenden, spitzbedachten Zinnentürmen das Wappen der schlesischen Herzoge und zwar ist der Adlerschild linkshin gelehnt. Ob wirklich der Helm darüber nach rechts gewendet ist, wie ihn die Zeichnung bei Saurma zeigt, darüber mag das verdruckte Exemplar an jener Urkunde (s. Note) keinen Aufschluß geben; wahrscheinlich ist ein so grober heraldischer Verstoß zu der Zeit ebensowenig, wie das SLANCA statt IN LANCA[2] auf jener Zeichnung. Die Umschrift lautet richtig: „+ S : CIVIVM : DE : GORA : IN LANCA :" (37 mm). Das an einer Urkunde v. J. 1326 zuerst nachgewiesene: „+ S · . . VITATI . . . ORE · IN · LANCKA" (57 mm)[3] hat im gegitterten und punktierten Siegelfelde zwischen den beiden schwebenden Türmen die hl. Katharina, linkshin gewendet, mit der Rechten das Richtrad vor die Brust haltend, mit der Linken das breite Schwert (Palme?) erhebend. Der noch erhaltene Stempel des: „s + civitatis ⸮ gore in () lankaw" (36 mm, hinter: in ein kleines, herschauendes Köpfchen,) zeigt innerhalb eines langgezogenen Vierpasses die Heilige zwischen den schwebenden Türmen, stehend auf einem dreiteiligen Kragsteine; in der Linken hält sie das halbe Rad, mit der Rechten die Spitze des mit dem Griffe abwärts gekehrten Schwertes. Dieselbe Darstellung, nur weit roher, hat ein noch anfangs des 17. Jahrh. gebrauchtes Siegel mit der auffallenden Umschrift: „❊ SIG · SEN · CIV · GOR · 10 · NOV · AO ❊ 1598 ∴ . . . T · CO". Ich weiß nicht zu sagen, worauf sich das Datum bezieht. Aus der einen Konsole wurden auf einem: „✶ SECRET ✶ SENAT ✶ REIP ✶ GOREN" (23 mm) des 17. Jahrh. drei, auf denen die Türme und die Heilige stehen; auf dem zu Anfang des 18. Jahrh. gestochenen: „SECRET · ❊ · SENAT · ❊ . REIP · ❊ · GORENSIS ❊ ❊ ❊ ❊" (33 mm) sind drei halbmondartige Formen nebeneinander daraus geworden, über derem mittelsten die Patronin zwischen den Türmen mit gesenktem Schwerte und erhobenem Rade steht. Bei einem: „SIGILLVM · MINUS · CIVITATIS · GURAVIENSIS" (27 mm) vom Ende des 18. Jahrh., hat sich der Kragstein gar zu einem dreiteiligen, mit Fransen und Troddeln verzierten gestickten Teppich ausgewachsen, auf dem die Türme und zwischen ihnen die Heilige, diesmal ohne Rad, mit dem gestürzten Schwert in der Rechten und einem Palmwedel in der Linken stehen. Die Draperie ist hierbei mit einer die Zeit ungemein charakterisierenden Spielerei belegt, nämlich mit dem Buchstaben G, dessen Höhlung mit Radnabe und Speichen ausgefüllt ist und der so zugleich den Anfangsbuchstaben des Stadtnamens und das zerbrochene Katharinenrad darstellt. Bei den neuen Magistratssiegeln hat die Heilige wieder die gewöhnlichen Attribute. Auf allen Siegeln erscheint sie gekrönt und, mit Ausnahme des ältesten Stadt- und des ältesten Schöffensiegels, außerdem noch mit Nimbus versehen. — Das noch der ersten Hälfte des 14. Jahrhunderts zuzuschreibende: „S'SCABINORV CIVITAT'GORE •" (34 mm) hat, wie das älteste Stadtsiegel, die hl. Katharina linkshin gewendet zwischen zwei Türmen; auf Saurma's Abb. ist dabei wohl das Schwert in der Linken, nicht aber ein Rad zu sehen, was wohl nur an dem verwetzten Abdruck lag. Auch auf dem Siegel eines Hofrichters des 15. Jahrh., mit dessen Stempel noch i. J. 1728 Elias Martin Krause als Hofrichter des Guhrauischen Creises siegelte, findet sich ein Anklang an das Stadtwappen. Das Siegel zeigt nämlich in gespaltenem Schilde rechts den halben Adler, links ein halbes Rad. Von der Umschrift kann ich nur entziffern: „sig' bolconis . . . es vensis"? (30 mm). Das Siegel des Erbrichters: „S' · ADVO CATI · HEREDITARII · GORE" (34 mm) aus dem 14. Jahrh. zeigt nur das Hauptattribut der Nothelferin, das Rad; statt mit den sonst öfter vorkommenden Messerspitzen ist dasselbe hier mit Figuren von der Form gestielter Blätter besteckt, womit vielleicht Blutstropfen angedeutet werden sollten. Ganz das gleiche Bild hat ein: „S ❊ comm . . . ❊ Gor ❊❊" (33 mm) des 15. Jahrh. mit dem noch 1570 Voytt vnnd scheppen des stadttgerichts czum goraw eine Urk. (Bresl. Staatsarch.) bekräftigten. — Das dem Anfang des 15. Jahrhunderts angehörende Siegel der Landschöffen: „❊ s + schabinorum + pro + vincie + gorene ×" (31 mm) hat die wachsende Heilige, das Rad zierlich mit der unter dem Gewande gehaltenen rechten Hand emporhebend und mit der linken darauf hinweisend, während links neben ihr das aufgerichtete Schwert schwebt. Der matte Nachkomme dieser schönen Siegel, ein: „PO LICEY · SIEGEL · DER · KONIGL · STADT (im Felde:) GUHRAU 1777" (oval, 23 : 20 mm), hat die Darstellung der gleichzeitigen Stadtsiegel. — Die meisten der älteren hier erwähnten Siegel sind abgebildet in Saurma's Wappenbuch der schlesischen Städte.

1) Im Jahre 1310 schlossen zu Glogau die Städte Lüben, Guhrau, Freistadt, Glogau, Sagau, Sprottau, Fraustadt und Steinau (denen später noch Krossen und Grünberg beitraten) einen Bund zu gemeinsamem Schutze gegen Uebelthäter. Von den verschiedenen Ausfertigungen dieser Urkunde waren um die Mitte dieses Jahrhunderts noch diejenigen für die Städte Sprottau und Guhrau vorhanden, denn noch 1853 gab Minsberg in der Gesch. d. St. Groß-Glogau, S. 180, einen Abdruck (und Uebersetzung) nach dem Sprottauer Exemplar. Dieses ist seitdem verschwunden, so daß die Guhrauer Ausfertigung (gedruckt von Kirmis in: Beiträge z. Wappen- u. Münzkunde Großpolens, 1885, S. 7) nunmehr das einzige bekannte erhaltene Exemplar ist. Der Magistrat war so entgegenkommend, mir dies wichtige Stück anzuvertrauen, für welche wertvolle Förderung ich auch hier noch einmal danke. Die Urkunde selbst ist noch ganz frisch und es fehlt noch keines der acht Siegel. Diese hangen in der oben angegebenen Reihenfolge und zwar abwechselnd immer eines an grünen, das andere an violetten losen Seidenfäden, so daß also Lüben an grünen Fäden die Folge beginnt, Steinau an violetten sie schließt. Das Siegel von Lüben, welches bisher nur aus der Beschreibung von Dr. Kirmis (s. oben) bekannt war, ist sehr gut erhalten, es fehlt kein Buchstabe. Der Stempel von Guhrau war zuerst verkehrt auf den Wachsklumpen gesetzt worden, wurde dann zwar richtig gestellt, aber so nachlässig eingedruckt, daß das Anfangskreuzl mit dem folgenden S noch unten (statt oben) ganz scharf erscheint; auch andere Schriftteile sind deutlich, alles aber ist so verstellt und von verdrückten Buchstaben unterbrochen, daß eine Lesung der Legende nicht möglich ist. Ebenso zeigt das Bild unten und oben die Schildform, und der Helm ist ganz verquetscht. Es ist das um so bedauerlicher, als auch die Wiedergabe des Siegels bei Saurma, die vermutlich nach einer Zeichnung Kretschmers nach dem Sprottauer Exemplar hergestellt ist, zu Zweifeln über ihre Zuverlässigkeit Anlaß gibt. Das Siegel von Freistadt hat

oben links ein Stück und einen Teil des Schriftrandes verloren. Dem nur in diesem einen Abdruck bekannten ältesten Siegel von Glogau fehlt leider fast der ganze Schriftrand, sonst ist es recht gut. Von dem von Sagan, was übrigens anderweit in guten Exemplaren erhalten ist, ist nur noch ein Bruchstück da. Das von Sprottau ist bis auf den stellenweise ausgebrochenen Schriftrand gut. Das Fraustadter, auch nur an dieser Urkunde bekannt, ist nicht schlecht erhalten, nur fehlt rechts unten ein Stück der Schrift. Ebenso, aber links, bei dem sonst scharfen Steinauer Siegel. — Möge ein späterer Beschreiber nichts Schlimmeres über die wertvolle Siegelreihe zu berichten haben!

2) IN LANCKA, weil die Stadt an der Lanka, einem in die Bartsch, einen Nebenfluß der Oder, mündenden Flüßchen liegt.

3) Die Form des N, ganz in Gestalt eines umgekehrten M (W), ist sehr bemerkenswert.

Abb. S. 137 **Habelschwerdt,** Stadt: **In Rot der gekrönte, doppeltgeschwänzte, silberne Löwe von Böhmen.**

Ein altes Hauptsiegel kennt man nicht. Das: „✠ sigillum ✠ ciuium ❀ in ‡ hawllwerd" (32 mm) des 15. Jahrh., dessen Stempel erhalten zu sein scheint, hat, wie die meisten andern Siegel, den Löwen in einem Schilde. Ein: „✶ SIGILLVM ✻ CIVITATIS · HABEL SCHWERDE ✻ (im Felde:) 1540" (32 mm) hat den Löwen linkshin gekehrt. Der Stempel wurde noch nach der Mitte des 17. Jahrh. gebraucht. Daneben erscheint aber schon 1623 ein: „S · CIVI ✶ : HABEL SCHWERD ‡" (Schriftband, 23 mm) mit dem rechtshin frei im Felde stehenden Löwen. Ein um 1700 gefertigtes: „·:· SIGILLVM · SENATVS · POPVLIQVE (innere Umschr.:) HABEL SCHWERDENSIS" (27 mm), das dem 18. Jahrh. angehörende: „✻ SIGILLVM CIVITATIS HABELSCHWERDEN" (oval, 23:21 mm), sowie das wohl auch noch in das vorige Jahrh. reichende: „SIGIL · CIVIT · HABTLSCHWERD" (30 mm) und die neueren Siegel haben ihn wieder im Schilde. Neuerdings setzt die Stadt eine ganz unberechtigte Königskrone auf den Schild.

Abb. S. 140 **Herrnstadt,** Stadt. **In Rot ein mit drei silbernen, spitzbedachten Türmen besetzter goldener Kahn; die Spitze des höheren Mittelturmes und die Enden des Kahnes sind mit je einem goldenen Stern besteckt.**

Man kennt noch kein Siegel, welches die Frage: ob die Türme ursprünglich auf einem Kahne oder auf einem steigenden Halbmonde standen, endgültig entscheiden könnte. Ersteres scheint mir doch das Wahrscheinlichere. Es spricht nicht nur die Lage der Stadt an zwei Flüssen dafür, sondern es zeigen auch einige der älteren und die meisten neueren Siegel ein zweifelloses Schiff, (niemals aber in jener für das polnische Wappenbild Lodzia charakteristischen, starren Form). Bei dem: „✠ SIGILLVM ✻ CIVITATIS ✻ HERRNSTAD ❀ (im Felde:) 16 15" (32 mm) steht die Darstellung in einem Rahmenschilde; der Kahn ist zwar halbmondförmig, läßt aber dünne Längslinien erkennen. Bei einem, 1621 vorkommenden: „SIGILLVM · CIVITATIS · HERRNSTAT" (24 mm) lassen die vorliegenden unscharfen Abdrucke nur im allgemeinen ein dem vorigen gleiches Bild im Felde erkennen; es könnte der Stempel desselben wohl auch einige Jahrzehnte älter als der des erstgenannten sein. Ein auch nicht viel späteres: „SIGILLUM · CIVITATIS · HERRNSTAD" (28 mm) zeigt dagegen deutlich ein mit den Türmen besetztes Schiff, mit nach links gerichtetem spitzem Schnabel und stumpfem Spiegel in einem umschnörkelten Schilde; über demselben schwebt eine kleine heraldische Lilie, während sich darunter eine ebensolche gestürzt findet; die Lilien scheinen nicht nur Zierat, sondern wohl Anklänge an das Wappen eines der früheren Besitzer zu sein, denn Saurma schreibt von einem ebenfalls dem 17. Jahrh. angehörenden Siegel mit der Umschrift: VNSER · STADT · SYGEL · ZVR · HERNN STADT (Größe?), dasselbe zeige „einen von Zweigen umgebenen, oben in eigentümlicher Weise in eine ganze und zwei halbe Lilien auslaufenden Wappenschild". Ein im allgemeinen dem vorigen nachgebildetes, 1745 benutztes: „✻SIGILLUM ✶ CIVITATIS ✶ HERRNSTAD ✻" (33 mm) hat die Burg schwebend über einem Halbmonde in einem Rahmenschilde; die Lilien sind hierbei nicht zu sehen. Auch die neueren Siegel sind unbestimmt in bezug auf Schiff oder Halbmond. Ein: „CANTZL : RATH · SIEGL · ZU HERRNSTADT" (21 mm) vom Ende des 18. Jahrh. und ein Farbsiegel: „STADT SIEGEL (unten:) ZU HERRNSTADT" (24 mm) haben die Türme auf einer Figur stehend, die man unbedenklich als Halbmond ansprechen könnte; während dagegen das um 1800 geschnittene Siegel: „DER MAGISTRAT ZU HERRNSTADT" (oval, 22:20 mm) jenes linkshin gekehrte Schiff mit Bug und Spiegel auf Wellen wiederholt, und ein Farbsiegel des: „MAGI STRAT ZU HERRNSTADT 1833" einen deutlichen, langgestreckten Kahn bringt. Bei diesem Siegel sind die bisher stets spitzbedachten Türme zu Zinnentürmen geworden und die charakteristischen Sterne weggeblieben; das neueste Stadtsiegel hat wieder spitze Türme, statt der Sterne aber sind deren Spitzen und die Enden des Kahnes mit Fähnlein besteckt.

(Das von Saurma noch beschriebene Siegel der Herrnstädter Zaude gehört nicht ins Programm, denn den Zauden oder Cuden, Gaugerichten in Böhmen, Mähren und Schlesien, waren die Städte nicht unterworfen.)

Abb. S. 140 **Hundsfeld,** Stadt. **In Blau auf grünem Boden ein linkshin gewendeter, sitzender Hund.**

Im Breslauer Staatsarchiv befindet sich eine: Wildschutz (Wildschütz, Dorf und Rittergut in der Nähe von Hundsfeld) den 18. October 1604 datierte Eingabe an den Herzog von Münsterberg, unterzeichnet: E: f. G: gehorsambe Vndterthanen Die Einwohner zum Hundesfelde so Ecker haben. Dieselbe trägt ein wohlerhaltenes Papiersiegel mit der Umschrift: „✠ :· S :· DER :· BVRGER :· VON :· DEM :· HVNDES :· FELDE" (38 mm) und zeigt zwischen Ranken den linkshin sitzenden Hund mit einer erhobenen Vorderpfote. Die Buchstaben ähneln denen des 14. Jahrh. ich möchte aber doch das Alter des Stempels nicht über das Jahr 1500 zurückdatieren. Wahrscheinlich lag ihm ein älteres Siegel zu grunde. Da Hundsfeld wie Bernstadt (s. d.) i. J. 1529 an Breslau kam, so ist anzunehmen, daß auch für jenes ein dem bernstadter ähnlicher Stempel damals gefertigt wurde; es ist aber auch hier kein Abdruck bekannt geworden. 1666 und anfangs 1667 benützen Bürgermeister, Rat und Gerichtsgeschworene das unten beschriebene Gerichtssiegel und bezeichnen es als des Städtleins Insiegel. Dann aber erscheint ein: „✠ SIGILLVM OPPIDI HVNDSFELDENSIS MAIVS (im Felde:) 1667" (31 mm); es zeigt im verzierten ovalen Schilde den sitzenden Hund und unter demselben die Jahreszahl „1109", diese, nach Saurma, als Erinnerung an eine sagenhafte Schlacht. Dasselbe Bild hat nach derselben Quelle ein kleines Ringsiegel mit der Umschrift: „STADL · HUNDSFELDT" (Größe? Zeit?). Von den jetzigen Siegeln wiederholt eines das von 1667 in gleicher Größe, Umschrift und mit beiden Jahreszahlen, nur ist die Stellung des Hundes eine unheraldische und die Buchstabenform modern. Ganz so ein kleineres Siegel, welches die Jahreszahlen wegläßt, dagegen das „MAIUS" in der Umschrift beibehält, obwohl es nur 21 mm groß ist und neben dem größeren gebraucht wird. — Wie das älteste Stadtsiegel, so zeigt auch das dem 15. Jahrh. angehörige „✻ s ✶ scabinorr ✻ in ·: huntfelt"! (26 mm) den sitzenden Hund, linkshin, zwischen Ranken. Wie oft, so diente auch hier der Stempel später als Stadtsiegel, 1666 wird es in der Urkunde genannt: „deß Stätleinß In Siegel".

Juliusburg, Stadt. **In Rot eine silberne Burg mit zwei Zinnentürmen, über denen ein Engelsköpfchen schwebt; im offenen Thore ein schrägrechts gestellter grüner Zweig mit oben zwei, unten einem, dem Weinlaube ähnlichen Blättern.** Abb. S. 140

Der Magistrat bewahrt u. a. noch die Urkunde, mittelst welcher Herzog Silvius von Württemberg, Fürst zu Oels, dem bisher Dreske genannten Orte Stadtrechte verlieh (1663, Juli 10.) und diejenige, mittelst deren sein Sohn, Herzog Julius Sigmund jenen Stadtnamen in Juliusburg umänderte (1676, Febr. 27.). — Das: „❀ SIGILLUM · MUNICIPII · IULIUSBURG · 1676" (30 mm) hat das oben beschriebene Bild. Der noch vorhandene Stempel eines ebensolchen Siegels ist ein neuerer Nachstich. Dagegen scheint der Stempel des ovalen: „: ✶ SIGILLUM : MUNICIPII : JULIUS BURG : ✶: 1676" (25 : 21 mm) dem Beginne des 18. Jahrh. anzugehören. Ein Farbsiegel des: „MAGISTRAT ZU JULIUSBURG · 1846" (oval, 34 : 28 mm) zeigt dieselbe Darstellung in einem Schilde, unter einem mit einer Krone besetzten Helme, über welcher wieder ein Engelsköpfchen schwebt. Alle drei Siegel zeigen, ganz wie Saurma es von der Wappenabbildung in Wernhers handschriftl. Topographie Schlesiens berichtet, im Thore den schrägrechts gestellten Blätterzweig; es lag also an unscharfen Abdrücken, wenn Saurma denselben auf den Siegeln nicht erkannte. Er hat aber jedenfalls Recht, sowohl darin, daß der Ast an das Wappen früherer (unbekannt gebliebener) Besitzer erinnern solle, als auch darin, daß das Engelsköpflein nur eine bedeutungslose Verzierung sei. Da es aber auf allen bekannten Siegeln und sogar einmal im Schilde und auf dem Helm vorkommt, so glaubte ich, es doch beibehalten zu sollen.

Kaltwasser („im Schweidnitzischen Creiß"), **Dorf.**

Ein 1746 gebrauchtes: „✻ KALTWASER · GERICHTS · SIGEL (unten im Felde:) A K" (25 mm) zeigt eine Landschaft: auf einer Wiese drei Berge; auf zweien derselben steht je ein Vogel (?); darüber Sonne, Mond und Sterne.

Kanth, Stadt. **In Rot zwei gekrönte, abgewendete, aber widersehend sich anschauende, silberne Löwen mit ineinander verschlungenen einfachen Schwänzen.** Abb. S. 140

So auf dem prächtigen: „✠S❀CIVIVM❀DE❀KANT❀" (64 mm). Die Bedeutung des schönen Bildes ist bisher nicht erklärt, wenn anders es nicht lediglich der mittelalterlichen Freude an ornamentaler Verdoppelung seine Entstehung verdankt. Ich möchte vermuten, daß der Löwe auf Böhmen deutet, wenn ich auch das Siegel der Zeit um 1300, also vor der bekannten kurzen Zugehörigkeit der Stadt zur Krone Böhmen (im zweiten Viertel des 14. Jahrh.) zuschreiben möchte. Dasselbe Bild hat ein bis ins 17. Jahrh. gebrauchtes: „✳ SIGILLVM : ✻ : CIVIVM ✕ DE ✕ KANT ✕ 150 ∧" (28 mm). Saurma erwähnt eines kleineren Siegels von 1566 (Umschr.?) und eines größeren: SIGILLVM · CIVITAT · CAN THENSIS aus dem 17. Jahrh., beide mit demselben Bilde. Bei einem: „✻ SIGILVM · CIVITAT · CANTENSIS · MINVS · 1 · 6 · 3 · 3" (25 mm) sind die Löwen noch gekrönt, während das: „SIGILLUM CIVITA : CANTHENSIS MINUS 1793" (30 mm) und ebenso die neuen Magistratssiegel sie ohne Kronen darstellen.

Saurma bringt außer der Abbildung des ältesten Stadtsiegels auch die zweier Schöffensiegel. Das erste, um die Mitte des 15. Jahrh. gefertigte: ✠ s ✻ das weygbildel kanth (32 mm, Schriftband) zeigt den landesherrlichen Adler, anscheinend mit Nimbus, in einem Schilde. Das zweite, auch dem 15. Jahrh. angehörige, eigentlich städtische: ✠ s .. scheppin ⁂ sigil ⁂ czw ❀ kant (30 mm) hat im Schilde nebeneinander einen halben Adler und eine halbe Lilie, und deutet damit auf die Herrschaft des Domstiftes Breslau, dem die Stadt erst pfandweise, dann aber ganz gehörte. Das gleiche Bild hat der noch vorhandene Stempel: „· DER : STAT : CANT : GERICHTSSIGIL : 1612" (30 mm).

Abb. S. 140 **Karlsmarkt**, Flecken. **In Blau auf Rasen eine rote, links von einem grünen Strauche begleitete Kirche.**

Da mir ein Siegel dieses erst 1712 zum Markte erhobenen Ortes: Karlsmarker Markt nicht vor Augen kam, so bemerke ich, daß Saurma als einzig bekanntes ein: SIG · Z · CARLSMARKER MARK (im Abschnitt:) BRIEGERCREIS (oval) mit obigem Bilde beschreibt.

Abb. S. 140 **Köben**, Stadt. **In Rot eine silberne Burg mit offenem Thore und drei Türmen mit Glockendächern, deren mittelster höher ist.**

So auch, jedoch mit Spitzdächern, das für 1446 nachgewiesene: „+ sigillum civitatis koben ~~“ (31 mm). Ein: „✻✻✻SIGILLVM ✻ CIVITATIS ✻ KOEBENSIS“ (39 mm), dessen noch vorhandener, roh geschnittener Stempel aus dem 17. Jahrh. zu stammen scheint, zeigt zu Seiten des Mittelturmes je einen Stern. Saurma erwähnt noch ein Siegel des vorigen Jahrh. mit derselben Umschrift ohne die Sterne. Auch ohne dieselben, aber mit Zwiebeldächern auf den Türmen, liegen zwei neue Siegel und ein: „KOEBER KON : POLICEY AMTS SIEGEL“ (27 mm) aus dem Anfang dieses Jahrh. vor.

Köben, Dorf.

Ein in Wurmanns: Samml. aller Amts-Siegel rc. 3. Lief., No. 264) wiedergegebenes, neues Farbsiegel der „GEMEINDE DORF KŒBEN (unten:) STEINAUER KREIS“ (32 mm) zeigt den preußischen Adler mit seinen Attributen in der älteren fliegenden Haltung, aber mit einem „W“ statt des sonstigen verschlungenen FR auf der Brust.

Abb. S. 140 **Kostenblut**, Flecken, früher Stadt. **In Silber auf grünem Boden zwischen Bäumen eine goldene Säule, die den preußischen Adler trägt.**

Von diesem alten Orte, der schon im 13. Jahrh. civitas genannt wird, und 1595 (nach Saurma) förmlich Stadtrechte erhielt, sind nur neue Siegel bekannt. Saurma beschreibt ein: SIGILLUM · OPPIDI · KOSTENBLW · (im Abschnitt:) NEUMARCKER CREIS · 1783 ·, welches einen Bischof mit Stab und Buch, also wohl den Abt des St. Vincenz-Stiftes in Breslau, dem der Markt früher und bis 1810 gehörte, zeigt. Später gab man dies Siegel auf und benutzte zunächst ein, nur: „Kosten-bluth . Neum. Kreis“ (queroval, 36 : 30 mm) zeigendes Farbsiegel, jetzt aber ein solches mit obiger, das dortige Kriegerdenkmal wiedergebenden Darstellung mit der Umschr.: „COMMUNE KOSTENBLUT“ (26 mm).

Kleintinz, Dorf.

Ein Farbsiegel: „GERICHTS SIG · KLEIN TINTZ KREIS NIMPTSCH“ (oval, 27 : 25 mm) aus der Mitte dieses Jahrh. zeigt ein schwarzes Johanniterkreuz.

Abb. S. 140 **Landeck**, Stadt. **In Rot der gekrönte, doppeltgeschweifte, silberne, böhmische Löwe.**

Das um das Jahr 1400 gefertigte, noch in der Mitte des 17. Jahrh. als Hauptsiegel gebrauchte: „S ✶ CIVIVM ✶ DE ✶ LANDEK“ (34 mm) hat den böhmischen Löwen in einem Schilde. Ebenso ein: ✕ • S • C ✻ LANDECK“ (Schriftband, 23 mm) und dessen ungeschickte Nachbildung, das: „∴ + S · C + LANDECE +“ (28 mm) aus der ersten Hälfte des 18. Jahrh. Das: „SIGILLVM CIVITATIS LANDECENSIS“ (40 mm) und ein ganz gleiches, nur 28 mm großes Siegel, beide aus der Mitte des 18. Jahrh. haben den Löwen in einem umschnörkelten, ovalen Schilde. So auch die neueren Siegel. — „· D + G ✶ S + Z + LANDEK + G + G“ (19 mm) = Des Gerichts Siegel Zu Landeck Grafschaft Glatz, aus dem 16. Jahrh. zeigt einen geteilten Schild, darin oben die beiden gebogenen Schräglinksbalken des Grafschaftswappens, unten ein „L“. Saurma, der die älteren Stadtsiegel nicht kannte, vermutete in diesem Bilde irrig das ursprüngliche Wappen der Stadt.

Lauterbach, Dorf.

Ein neues Farbsiegel der: „* GEMEINDE LAUTERBACH * KREIS HABELSCHWERDT“ (28 mm) zeigt nebeneinander stehend die Apostel Petrus und Paulus.

Abb. S. 140 **Leubus**, Flecken, früher Stadt. **In Rot auf grünem Boden ein silbernes Gotteslamm mit goldenem Nimbus, das eine silberne Fahne, darin ein rotes Kreuz, trägt.**

Saurma beschreibt ein noch in Gebrauch befindliches Siegel mit diesem, auf das bekannte, gleichnamige Kloster bezug habenden Bilde, welches die Umschrift: „STÆDTEL · LEUBUS · GERICHTS · SIG“ (Größe ?) trägt.

Abb. S. 140 **Lewin**, Stadt. **In Blau übereinander drei durchgehende silberne Zinnenmauern.**

Leider gehört das älteste bekannte Siegel erst der Mitte des 15. Jahrh. an. Es zeigt vier Zinnenstreifen in einem Schilde und die Umschrift: „+ sigillv ‡ civiu ‡ de ‡ heroticz ‡“[1]) (25 mm). Ebenso ein um 1650 geschnittenes: „SIGIL · MINVS CIVITATIS LEOVINENSIS“ (26 mm); von einem gleichgroßen Nachschnitt desselben existiert noch der Stempel; ebenso von einer 28 mm großen Nachbildung aus dem Beginne des vorigen Jahrh., beide mit der Umschrift: „: SIGIL · MINVS · CIVITATIS · LEOVINENSIS“. Bei dem letztern sind schon nicht mehr einzelne Zinnenstreifen zu erkennen und bei den neuen Siegeln wachsen sie so zusammen, daß der Schild bis zum Haupt gesteint erscheint, aber doch noch in vier Zinnenstreifen übereinander die Steine höher hervortreten; ein Bild, was sich leichter gravieren als blasonieren läßt. Eines der neueren Siegel hat nur drei aus einander hervorwachsende Zinnenmauern und in der Mitte einen auffällig großen Zirkelpunkt.

1) So wenigstens liest das Breslauer Staatsarchiv und fügt hinzu: „Heroticz kann nur der czechische Ausdruck für Lewin sein.“ Ich behalte einige Zweifel. Das zweite Wort dürfte kaum cibiu(m) zu lesen sein; der zweite Buchstabe ist ein deutliches z, wie vier verschiedene, ganz gute Abdrücke darthuen. Die folgenden können biu, vielleicht aber auch anders heißen. Dann gelang es mir auch nicht, weder in den betreffenden Urkunden, noch in der einschlägigen Literatur, noch auf alten Karten, für den Ort einen Namen zu finden, der nicht dem jetzigen ganz ähnlich lautete; auch der Magistrat schrieb, daß am Orte selbst nichts davon bekannt sei, daß das Städtchen je einen andern Namen geführt habe. Schon Saurma wunderte sich darüber, daß der Ort, der von jeher offen und ganz unbefestigt gewesen sei, Zinnenreihen im Wappen führe. Ich möchte vermuten, daß das erste Siegel ursprünglich das eines Adeligen gewesen und der Stempel nur durch Zufall in den Besitz der Stadt gekommen, und in gutem Glauben benutzt wurde. In der Besprechung des Siegelwesens der Städte werde ich verschiedene Fälle aufführen, daß Gemeinden sich aus Unkenntnis — und in unruhiger Zeit sogar mit Absicht — fremder Siegel bedienten. — Dasselbe Wappenbild führen mehrere Adelsgeschlechter, so die Marschälle von Bocksberg und Oberndorf und die Warter von Wartenberg; ob etwa ein Zweig einer dieser Familien in betracht käme, wäre noch zu untersuchen. Die Herren von Levin, tiroler Adel, hatten ein ganz anderes Wappen.

Lissa, Flecken. **Gespalten, rechts in Gold ein halber, schwarzer Adler, links in Blau ein, aus dem linken Schildrande hervorwachsender, weißbekleideter Arm mit erhobener offener Hand.** Abb. S. 140

Der noch erhaltene, im Museum Schles. Altertümer zu Breslau aufbewahrte Stempel eines schönen, dem Anfange des 14. Jahrh. angehörenden: „+ SIGILLVM ⁝ CIVIVM ⁝ DELESNA“ (50 mm) zeigt dieselben Bilder[1]) im Siegelfelde nebeneinander und zwar ohne Spaltlinie; daß die beiden Hälften aber verschiedene Tinkturen haben sollen, erkennt man daraus, daß in der vordern das Feld mit kleinen Kreuzchen, in der hinteren aber mit größeren Blättchen bestreut ist. Ein nach 1800 gefertigtes: „SIGILLUM · CIVIUM · OLLESDA · F · K · B · LISSA · NEUM · CR ·“ (30 mm) zeigt die Bilder in einem gespaltenen Schilde. Saurma löst die Initialen auf als: Freien Königlichen Burglehns, und vermutete bereits, daß der slavische Name Ollesda auf diesem Siegel eine Verstümmelung sein möchte, da derselbe den urkundlich vorkommenden, unter sich ähnlichen Formen des Stadtnamens ganz fremd gegenübersteht. Hätte Saurma das oben beschriebene, älteste Siegel damals gekannt, so wäre ihm die Entstehung der fremden Form kaum entgangen. Darauf ist nämlich zwischen DE und LESNA nicht nur kein Trennungszeichen, wie doch zwischen den anderen Worten, sondern auch gar kein Zwischenraum[2]); ferner ist das D jenes runde unciale D, welches sich von einem O nur durch ein kleines Häkchen oben unterscheidet, und endlich ist das N ganz wie ein D gebildet; so entstand aus DELESNA zunächst OBLESDA, wie ein um 1800 gefertigtes Farbsiegel: „+ SIGILLUM CIVIVM OBLESDA · F · K · B · LISSA NEUM . CR :“ (33 mm) zeigt; wenig später ward dann das mystische OLLESDA daraus. Die neuen Siegel wiederholen die Figuren des ältesten, jedoch unter Beifügung einer Spaltlinie; Umschrift: „ + SIGILLUM CIVIUM DE LESNA F · K · B · LISSA KR · NEUMARKT (34 mm und 27 mm).

1) Der Arm ist nicht geharnischt, wie Saurma schrieb und Friedenburg (Schles. Münzen, S. 147) wiederholt, sondern kommt aus einem sehr weiten Ärmel.

2) Es kommt bei Siegeln des 14. und 15. Jahrh. sehr oft vor, daß alle Worte der Legende durch Punkte, Sterne rc. getrennt sind, während zwischen dem IN oder DE und dem Ortsnamen dies Trennungszeichen, und manchmal jeder Zwischenraum fehlt.

Löwen i. Schl., Stadt. **In Blau ein goldener Löwe.** Abb. S. 140

So die neueren Siegel. Herrn Dr. Dworsky in Prag, Landesarchivar des Königreichs Böhmen, verdanke ich den Abguß eines: ✶⁑ SIGILLVM ✶ CONCIVIVM ✶ IN ✶ LEBEN“ (45 mm), dessen Stempel um 1520 geschnitten ist. Es hat im berankten Felde eine Tartsche mit einem Löwen, der derart aus einem an der linken Schildflanke aufsteigenden Dreiberg wächst, daß lediglich sein linkes Hinterbein von diesem überdeckt wird. Ganz so, nur daß der Dreiberg schräg im linken Untereck des Schildes steht, ein um 1700 gestochenes: „* S · CON : CIVI : IN : LOWEN (im Felde:) 1333“ (22 mm). Bei einem 1734 gebrauchten und nicht viel früher geschnittenen: „INSIGNIA CIVITATIS LOVIENSIS · 1333 ·“ (31 mm) nimmt der Dreiberg die ganze untere Schildhälfte ein, und aus ihm wächst ein doppeltgeschwänzter Löwe, dessen linke Vorderpranke jedoch noch vom Dreiberg überdeckt wird, so daß, wenn der Löwe des ersten Siegels dadurch vom normalen, wachsenden Löwen abweicht, daß er drei Pranken sehen läßt, dieser durch nur eine sichtbare Tatze auffällt. Ähnlich ein älteres Farbsiegel des Magistrats, während dessen neue Siegel nur einen Löwen in einem Schilde zeigen, dessen Farbe amtlich als golden in Blau angegeben wurde. Nach Saurma findet sich in Wernhers handschriftlicher Topographie Schlesiens (auf dem Fürstenstein) als Wappen Löwens ein roter Schild, mit einem aus grünem Dreiberge wachsenden, silbernen Löwen, der einen unkenntlichen Gegenstand in den Pranken hält. Der Zeichner scheint mit diesen Farben auf den böhmischen Löwen haben deuten zu wollen; dieser dürfte aber nicht in betracht kommen.

Markt-Bohrau, Flecken. **In Gold eine gekrönte, blaubekleidete, weibliche (?) Figur mit lang wallendem Haar und betend erhobenen Händen.** Abb. S. 140

Vermutlich zeigten ältere Siegel die Madonna, möglicher-

SCHLESIEN / REGIER: BEZIRK BRESLAU.

AURAS

BERNSTADT

BRALIN

BRIEG

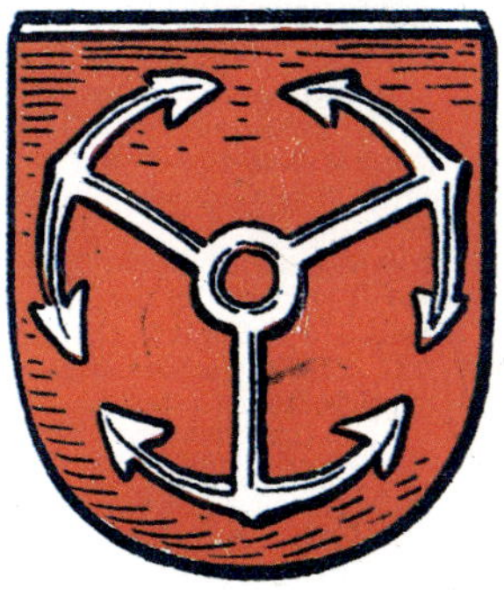

CHARLOTTENBRUNN

DYHERNFURTH

FESTENBERG

FRANKENSTEIN

FREIBURG IN SCHL.

FREYHAN

FRIEDLAND I. SCHL.

GLATZ

GOSCHÜTZ

GOTTESBERG I. SCH

GUHRAU

HABELSCHWERDT

weise aber auch den Kaiser, denn ein Bohrau wird als kaiserliches Kammergut genannt (Cod. dipl. Siles. III. Bd., Seite 80, s. Note 9). Ein etwa um 1800 geschnittenes: „GEM : SIEG : M : BOHRAU (unten:) STREHL : CREISES“ (29 mm) und ein neueres Farbsiegel mit gleicher Umschrift haben die gekrönte Gestalt in recht ungeschickter Darstellung; auf einer neuen Siegeloblate aber ist eine Karrikatur daraus geworden.

Michelau, Dorf, früher vorübergehend Stadt.

Nach Saurma, der den Ort übrigens Marktflecken nennt, während er nach den Ortslexicis nur ein Dorf ist, hat ein: GE RICHTS · INSIGEL · DER · STADT MICHELAW (im Felde:) 16 15 (Größe?) in einem gespaltenen Schilde einen linkshin aufgerichteten behalsbandeten Hund, entsprechend dem Wappen der von Gruttschreiber, welche diesem ihrem Orte 1613 vom Herzoge von Brieg Stadtrechte verschafften, und diese, als sie in den Wirren des 30jähr. Krieges vergessen waren, auch 1670 wieder erneuerten. Nach derselben Quelle hat auch ein Steinrelief am Orte, mit der Umschrift INSIGNIA · CIVITATIS · MICHELAVIENSIS · 1615, dies Wappen der Gruttschreiber: behalsbandeter, silberner Hund im von Blau und Gold gespaltenen Felde.

Abb. S. 140 **Militsch,** Stadt. In Silber der hl. Georg zu Pferde, linkshin gewendet und den Drachen mit der Lanze durchbohrend.

So auch das zu Ende des 15. Jahrh. geschnittene, noch an einem Geburtsbrief v. J. 1643 (im Mus. schles. Altert.) hangende: „sigillvm [Rosette] der + stat + melirzsch [Ornament]“ (38 mm). Ebenso nach links gewandt ist die Darstellung auf zwei Siegeln des 18. bezw. 19. Jahrh., beide haben statt einer Umschrift nur den Namen: „MILTSCH“ (jedes 25 mm) auf einem Bande über dem Reiter. Dasselbe Bild hat auch ein neueres: „POLICEY SIEGEL unten:) MILISCH“! (23 mm), dann das: „SIEGEL DER STADT MILITSCH (unten:) 1831“ (35 mm) und das neueste Farbsiegel des Magistrats.

1) Die Wiedergabe der Umschrift auf der Zeichnung des Siegels bei v. Saurma enthält mehrere Fehler.

Abb. S. 140 **Mittelwalde,** Stadt. In Silber auf grünem Boden vor drei grünen Bäumen (Wald) ein springender roter Wolf.

Dies Wappen wurde laut magistratlicher Auskunft von Kaiser Ferdinand am 31. Januar 1562 aufs Neue verliehen. Nach der Sprache der Wappenbriefe bedeutet dieser Ausdruck zumeist nicht die Bestätigung eines bereits vorhandenen Wappens, sondern die Verleihung eines solchen überhaupt. Ein altes Siegel der Stadt ist nicht bekannt. Das: „SIEGEL DER STADT MITTEL WALDE (unten:) 18 ✳ 09“ (30 mm) und ein: „SIEGEL : DER : STADT : (unten:) MITTELWALD : A : 1815 :“ (32 mm) haben beide das Bild im Felde. — Dagegen hat sich der Stempel des: „GE RICHTS ✶ S ✶ Z ✶ MITLWALD. [Ornament]“ (25 mm) erhalten, welcher außen, also im Abdruck nicht sichtbar, mit der Jahreszahl 1694 bezeichnet ist. Derselbe zeigt den Wolf vor dem Walde in einem Schilde. Ebenso das: „* MITTELWALDER . GERICHT . SIGILL ·“ (33 mm) aus dem 18. Jahrh.

Abb. S. 140 **Münsterberg,** Stadt. In Blau auf grünem Dreiberg zwischen zwei silbernen Zinnentürmen ein höherer silberner Turm mit großer Fensterrose und goldenem Kreuze auf seinem spitzen Dache; im offenen Thore desselben schwebt ein schwarzer Adler, über den Zinnen der Seitentürme rechts ein steigender silberner Halbmond, links ein silberner Stern.

Schon auf dem für 1285 (1282?) nachgewiesenen, im Bresl. Staatsarchiv a. Urkunde v. J. 1306 hängenden schildförmigen: „+ S ∘ CIVIVM ∘ DE ∘ MVNSTERBERCH“ (dreieckig, 55 : 43 mm), welches die drei Türme thorlos auf einem von drei Steinreihen übereinander gebildeten Berge zeigt, ist der Mittelturm durch die Fensterrosette und das große Kreuz deutlich als ein Münster gekennzeichnet; Halbmond und Stern fehlen hierbei noch. Ein zweites, 1292 gebrauchtes, ebenfalls schildförmiges: „+ S' MVNSTERBER . . . . S“ (dreieckig, 48 : 42 mm) zeigt dagegen nur den schlesischen Adler. Saurma erklärt es für das gesondert von dem Siegel der Stadtbehörde geführte Siegel der Bürgerschaft (?). Im Jahre 1309 kommt wieder ein neues: „+ S ∘ CIVIVM ∘ DE ∘ MVNSTERBERCH“ (70 mm) vor, welches die drei charakteristischen Türme auf dem Berge und auch schon Halbmond und Stern über den Zinnen aufweist. Ein Abdruck dieses Stempels an einer Urk. v. J. 1312 (Pfotenhauer, Urk. d. Klost. Kamenz, No. XCIII) trägt ein Rücksiegel: „+ S CIVIV · DE · MVSTEBG · ·“ (26 mm), welches ebenfalls das Münster auf dem Berge, doch ohne die Gestirne zeigt. Ein im Thorner Ratsarchiv an einer undat. Urk. hangendes: „S · CIVIVM · DE · MVNSTERBERCH“ (32 mm) hat dasselbe Bild mit dem Mond und Stern über den Seitentürmen. Schon 1344 erscheint ein neues: „+ S' · CIVIVM · DE · MVNSTER BERCH“ (70 mm) mit derselben Darstellung, bei dem aber der Dreiberg geblümt erscheint und sonst kleine Abweichungen vorkommen. Auf dem: „[Rosette] sigillvm [Rosette] civivm [Rosette] monsterberg [Zweig]“ (34 mm) des 15. Jahrh., dessen Stempel noch erhalten ist, ist der Mittelturm unten mit dem schlesischen Adlerschilde belegt. Im Breslauer Staatsarchiv ist ein Brief v. J. 1587 besiegelt mit einem: „∴ S.. STAT .: MVNSTERBERG ∴“ (26 mm), welches einen Schild mit einem ganz anderen Bilde, nämlich der Unciale: M, über der rechts ein Halbmond, links ein Stern schwebt, enthält. Das „* SIGILL : CIVIT : MONSTERBERGENSIS“ (27 mm) des 17. Jahrh. und eine gleich große Nachbildung desselben (doch ohne die Gestirne); ferner ein „[Rosette] SIEGEL DER KONIGLICHEN STADT MÜNSTERBERG (auf dem Dreiberg:) 1792“ (31 mm) und endlich eine nur 25 mm große Wiederholung des letzteten (mit gekürzter Umschrift und der Jahreszahl 1861) haben die dreitürmige Burg mit Mond und Stern darüber und den schlesischen Adler freischwebend im Thorbogen. Einige unbedeutende Siegel lassen denselben später fort; das neueste Magistratssiegel aber bringt ihn zwar wieder, läßt aber den nicht nebensächlichen Berg weg und vereinigt die drei Türme zu einem Gebäude, was wohl auf dem Siegel des Erbrichters schon einmal vorkam, aber dem sechshundertjährigen Gebrauche auf Stadtsiegeln widerspricht.

Von Gerichtssiegeln ist ein nach Saurma schon 1282 vorkommendes Siegel: „+ S CONRADI IVDICIS D' MVN STERBHC“! (41 mm) zu erwähnen, welches im Gegensatze zu den Siegeln anderer Erbrichter nicht dessen Familienwappen, sondern auf einem Dreiberge das Siegelbild der Stadt zeigt, doch mit dem Unterschiede, daß die drei Türme zu einem Bauwerke mit drei offenen Thoren vereinigt sind. Ein 1366 vorkommendes: „+ S'SCA BINORVM · M . . . . BERGH“ (30 mm) hat dagegen nur allein den Mittelturm mit der Fensterrose, zwischen Halbmond und Stern im Felde. Das: „STADT · GERICHTS · SIEGEL · ZU · MUNSTERBERG (im Schilde:) 1809“ (31 mm) hat einen geteilten, oben gespaltenen Schild, darin vorn der schles. Adler, hinten ein (ungekr.) Löwe, unten die drei Türme, rechts von dem hier zugewendeten Halbmonde, links von dem Stern begleitet. Ein Münsterberg und Frankenstein gemeinsames Siegel des 17. Jahrh. mit der Umschrift: „❄ MONSTERBER · VND FRANKENSTT · HOFGERICHT · S ·“ (27 mm) hat einen gespaltenen Schild, darin rechts der schlesische Adler, links ein Querstrom mit einem Löwen darüber und einem Adler darunter. — Auf Helwigs Schles. Landkarte v. J. 1561 ist als Wappen von Münsterberg ein zweitürmiges Kastell gegeben, zwischen dessen Türmen ein Stern und unter dessen offenem Thore ein M schwebt. Darnach brachte auch Joh. Sibmachers Wappenbuch v. J. 1609 dieselbe Darstellung. — Die drei ältesten Stadtsiegel, das Siegel des Erbrichters und das der Schöffen finden sich abgebildet in Saurma-Jeltsch's Wappenbuche, Taf. VII, No. 78—82; das Siegel des Richters Conrad auch in Hauptmanns Wappenrecht, S. 121.

Namslau, Stadt. In Gold ein schwarzer Adler, dessen Brust mit einem silbernen Schilde belegt ist, worin drei rote Rosen an grünen Stielen;[1]) der Schweif des Adlers endet in einen roten Stern. Abb. S. 140

Ueber dem Schilde mit diesen Figuren zeigen die jetzigen Siegel der Stadt einen Spangenhelm mit einem Zweiglein, daran drei Rosen als Helmkleinod. Die Stadt bewahrt noch den Originalstempel des wohl ins 13. Jahrh. zurückreichenden: „+ S SVMME CIVI TATIS DE NAMSLAVIA“! (63 mm);[2]) dasselbe zeigt im gegitterten und punktierten Felde einen geteilten, linkshin schauenden Adler (d. h. die obere Hälfte eines quergeteilten Adlers), dessen Brust mit dem steigenden Halbmonde (ohne Kreuz) belegt ist; darunter schwebt ein großer Stern. Das sehr interessante Bild hielt sich nicht lange. Schon auf dem wohl dem Ende des 14. Jahrh. angehöenden: „SECRET CIVIV NAMSLVIE“? (30 mm) ist ein ganzer Adler daraus und der Stern sehr klein geworden. Ob die Brust des Adlers hierbei auch mit einem Stern oder mit dem Wappenbilde Odrowancz (ein Hufeisen), wie Saurma mutmaßt, oder überhaupt mit etwas belegt ist, können nur bessere Abdrücke als die bisher mir bekannten entscheiden. Ein: „❄ S ❄ CIVITATIS * NAMPS LAVIENSIS“ (33 mm) des 16. Jahrh. zeigt den Adler in einem Schilde ohne Zeichen auf der Brust; sein Schweif läuft hier in den Stern aus. Ebenso das: „❄ [Zweig] ❄ S : CIVITATIS · NAMPS LAVIENSIS (im Felde:) 1646“ (27 mm). Bemerkenswert ist, daß die Adler auf allen diesen Siegeln linkshin schauen. Saurma erwähnt noch ein: SIEGEL : DER . CUMMUNITAET · ZU · NAMS LAU · 1801, welches innerhalb eines Kranzes eine Rose zeigt. Das oben beschriebene neue Wappen, welches die Siegeloblaten bringt, scheint also wohl eine ganz moderne Schöpfung zu sein; dennoch mußte ich es gemäß der in den ersten Zeilen des I. Heftes dargelegten Grundsätze wiedergeben, namentlich weil ihm nicht eine längere Reihe unter sich gleicher alter Siegel gegenübersteht. —

Ein Siegel der: „GERICHTE · ZU · NAMSLAU“ (30 mm), aus dem Anfang des 19. Jahrh., hat ebenfalls den linkshin schauenden Adler über dem Stern.

Das Sekret ist von Saurma, Taf. 7, No. 83 abgebildet.

1) Das kleine Wappen mit den drei Rosen kommt mir nicht so „sehr rätselhaft“ vor. Die Silesia picta gibt (nach Saurma) als Wappen von Namslau eine Rose an. Das Siegel von 1801 zeigt auch eine Rose: Da nun der halbe Adler des ältesten Siegels zweifellos auf das Fürstentum Breslau geht, so ist also der Stern das eigentliche Abzeichen der Stadt (was auch durch Münzen bestätigt wird, s. Friedensburg, Schlesiens Münzgesch. S. 227). Daß aus einem Stern eine Rose (und auch umgekehrt) wird, ist bei Siegeln etwas alltägliches, nicht minder häufig aber ist es, daß aus einer Rose deren drei werden. Hätte Saurma das alte Hauptsiegel gekannt, so würde ihm diese Metamorphose auch klar geworden sein, denn er wußte ja, daß „Siegelstechern einer gewissen Zeit alles zuzutrauen ist“; z. B. auch der seltsame Pleonasmus: die Verballhornung des Sternes in drei Rosen, zugleich aber auch den Stern selbst auf den Siegeloblaten in einer Darstellung zu vereinigen.

2) Abgesehen von der höchst seltenen Legende ist auch die Form des M im Stadtnamen sehr eigentümlich. Es ist ein rundes unciales M, dem nicht nur der Mittelstrich fehlt, sondern dessen Verdickung oben, nicht wie sonst an den Seiten liegt; dasselbe erhält dadurch genau die Form eines liegenden C „Ω“; als N kommt ja diese Form, jedoch mit seitlichen Verdickungen zuweilen vor;

aber in der urkundlichen Schreibweise des Stadtnamens ist stets ein M an der Stelle; von Raummangel ist keine Rede. Auch sind die beiden anderen M der Umschrift ganz wie gewöhnlich geformt.

Abb. S. 140 **Neumarkt** i. Schl., Stadt. **Gespalten, rechts in Silber ein bewurzelter, grüner Weinstock mit blauen Trauben,[1]) links in Gold der halbe schlesische Adler.**

Dasselbe Bild hat das für 1323 nachgewiesene spitzovale: „+ SIGILLVM ✶ VNIVERSITATIS + CIVIVM ✶ NOVIFORI" (70 : 47 mm), doch ist darauf keine Spaltlinie zu sehen, sondern der Weinstock selbst bildet diese, denn er ist gespalten, d. h. sein Stamm steigt gerade aufwärts, entsendet nur nach rechts Reben und endet oben in ein Blatt. Ein dem 14. Jahrh. angehörendes, noch 1448 gebrauchtes: „+ S' CIVIVM NOVI ⁘ FORI ⁘" (30 mm) zeigt über einem fliegenden, natürlichen Adler (?) einen Heiligen (?), der in der Rechten ein Patriarchenkreuz, in der Linken ein Buch (?) hält. Es ist noch nicht ermittelt, was damit hat dargestellt werden sollen.[2]) Ein 1550 angefertigter, noch erhaltener Stempel: „∴ S ⁝ VNIVERSI ⁝ TATIS ⁝ CIVIVM · NO · VIFORI" (28 mm) hat in einem ausgeschnittenen Schilde neben einander den halben Weinstock und den halben Adler. Ebenso in einem Rahmenschilde ein um 1600 gestochenes: „S ❊ VNIVERSI TATIS ❊ CIVIVM ❊ NOVIFORI ❊" (30 mm) und der diesem nachgebildete, noch vorhandene Stempel: „DER KONIGL : PREU SISCHEN · STADT · NEUMARCKT SIEGEL (im Felde:) 1747" (40 mm). Während bisher die beiden halbierten Figuren ohne Spaltlinie frei nebeneinander schwebten, erscheint auf einem zu Ende des 18. Jahrh. gefertigten: „+ SIGILLVM CIVITATIS NOVIFORI" (23 mm) der Schild gespalten und im vorderen Felde ein ganzer, d. h. nach beiden Seiten Reben entsendender Weinstock, im hintern der halbe Adler am Spalt. Diese Darstellung ist bisher beibehalten worden. — Bemerkenswert wegen seines mit dem rätselhaften zweiten Stadtsiegel vielleicht irgendwie in Verbindung stehenden Schildbildes ist der noch vorhandene Stempel eines „❊ SIGILLVM ADVOCATIÆ NOVIFORI" (31 mm) aus dem 16. Jahrh. Es zeigt im Schilde ein dreifaches Kreuz, dessen oberes Ende wieder einen, also vierten, Querarm bildet.

1) Der Magistrat gibt als Farben für das erste Feld an: rot, Weintraube und Blätter schwarzblau, was aber zweifellos unrichtig ist.

2) Der vorliegende Abguß läßt nur die Umrisse einer Figur, die ein Patriarchenkreuz trägt (und einige Buchstaben) erkennen. Es ist vermutlich der Schutzpatron der Kirche damit gemeint. Saurma aber glaubt, dabei an die Erzählung einer russischen Chronik des 13. Jahrh. denken zu dürfen, nach welcher in Sereda im Breslauer Lande (worunter Neumarkt gemeint sein soll) die Verwandte eines vor den Mongolen flüchtenden russischen Fürsten (nach späterer Sage die Gemahlin des Kaisers der Tartaren, weshalb dann diese ins Land fielen) erschlagen und beraubt worden sein soll. (Cod. dipl. Siles. Bd. 71. S. 207 u. 210.)

Abb. S. 140 **Neumittelwalde** (früher Medzibor), Stadt. **In Silber eine bewurzelte grüne Fichte, deren Stamm mit zwei in Form eines Andreaskreuzes gelegten roten Balken beheftet ist.**

Das älteste bekannt gewordene, dem 17. Jahrh angehörige: „SIGILLVM · CIVITAT · MEDZYBORENSIS ·" (34 mm) zeigt die Balken deutlich holzartig gemasert, so daß zu vermuten, daß nicht heraldische, sondern natürliche Balken (oder Bretter) dargestellt werden sollten. Ein: „SIGIL·CIVITA: MEDZYBORENSIS" (20 mm), welches mit ersterem gleichzeitig sein dürfte, hat dasselbe Bild. Ebenso ein Farbsiegel aus dem Anfang des 19. Jahrh.: „DIE ORTS POLIZEIBEHOERDE IN MEDZIBOR" (oval, 36 : 32 mm) und die neuen Farbsiegel der: „STADT NEUMITTELWALDE" (26 mm), welch letztere jedoch die charakteristische Kreuzung zweier Balken nicht erkennen, sondern sie so ineinander laufen lassen, daß die Figur des heraldischen Andreaskreuzes entsteht.

Abb. S. 140 **Neurode**, Stadt. **In Rot eine ausgerodete, goldene Baumwurzel.**

Die Wurzel erscheint in einem Schilde schon auf dem ältesten bekannten, der ersten Hälfte des 16. Jahrh. angehörenden: „IN · GESIGIL ZV · NEWROT" (24 mm). Ebenso in einem Rahmenschilde auf dem: „❊ SIGILL ❊ DE . . . . AT ❊ NEWROT ❊ 1617" (31 mm) und auf dem noch vorhandenen, um 1640 geschnittenen Stempel: „⁘ SIGILLUM · CIVITATIS · NEORODENSIS (im Felde:) 1549" (40 mm). Dem ersten Siegel ist im 17. Jahrh. ein: „❊ IN ❊ SIGEL ❊ ZV ❊ NEWRODT (im Felde:) 1549" (25 mm) nachgebildet worden, und um das Jahr 1800 wieder ein: „+ IN + GESI GEL + ZV + NEWROT (im Felde:) 1549" (24 mm). Denselben Schild zeigt ein ovales Farbsiegel mit der Jahreszahl „1822" (26 : 22 mm) mit derselben altertümelnden Umschrift wie das letztbeschriebene und die neuen Siegel. — „✶ DER · STAT NEIRODE · GERICHT SIGIL" (23 mm) aus dem 18. Jahrh. hat statt des Wappens im Felde nur die Buchstaben NR so verbunden, daß der letzte Strich des N zugleich den ersten des R abgibt.

Abb. S. 141 **Nimptsch**, Stadt. **In Gold zwischen zwei grünen Eichenzweigen ein thorloser, spitzbedachter, roter Zinnenturm, über dem der schlesische Adler schwebt.**

Das gewiß schon im 13. Jahrh. geschnittene, im K. und K. Haus-, Hof- und Staatsarchiv zu Wien an einer Urkunde von 1369 hangende: „✠ SIGILLVM CIVIVM NIMCZ ✶" (55 mm) zeigt im gegitterten Felde einen runden, thorlosen Turm mit Kuppeldach und einem großen Fenster; über dem Dache schwebt der fürstlich-breslauische Adler. Die gleiche Darstellung, aber im beranktem Felde hat ein noch 1555 benutztes, nur mit: „S · C · N · · ɿ · 5 · ɿ · ℞" (auf Band, 20 mm) bezeichnetes Signet. Bei einem, im Breslauer Staatsarchiv an Akten aus dem Jahre 1575 häufig vorkommenden: „SIGIL ✶ OPPIDI ✶ NIMPTSCHENSIS +" (32 mm) hat der Turm bereits ein spitzes Dach, über dessen Knopf der Adler erscheint, und aus den ornamentalen Ranken sind ausgesprochene Eichenzweige geworden. Aehnlich ein zu Ende des 17. Jahrh. erscheinendes: „SIGILLVM ✶ CIVITATIS ✶ NIMICENSIS" (23 mm), bei dem jedoch die begleitenden Zweige Röschen statt der Eicheln zeigen. Mit dem Beginn des 18. Jahrh. ward ein neues: „SIGILLVM CI VITATIS NIMICENSIS" (auf Band, oval, 40 : 36 mm) in Gebrauch genommen, bei dem der Turm wieder ein Kuppeldach und die Zweige wieder Eicheln haben.

Das 1426 vorkommende: „⚜ s . scabinor : civitatis . nymptsch" (32 mm) hat einen spitzbedachten Zinnenturm mit dem Adler darüber, zwischen zwei großen, hängenden Eicheln. Ein wenig späteres: „s scabinorum' nimp . ." (33 mm, Schrift auf Band) bringt in einem, von dem Schriftbande durchschlungenen Dreipasse einen gespaltenen Schild, darin vorn das Schach des Fürstentums Brieg, hinten der halbe schlesische Adler. Ein: „GERICHTS · SIGEL · DER · STADT NIEMPTSCH · 1642" (31 mm) hat dagegen einen unbedachten Zinnenturm über dem der Adler schwebt; zu Seiten des Turmes helmdeckenartige Ornamente. So auch das: „NIMPT SCHER POLIZEI SIEGEL" (30 mm) vom Anfange des 19. Jahrh.

Die infolge der defekten Vorlage mangelhafte Abbildung des ältesten Siegels bei Saurma wird durch das guterhaltene Wiener Exemplar berichtigt und ergänzt. Saurma bildet (Taf. VII, No. 93 und Taf. XI, No. 154) auch die beiden Schöffensiegel ab.

Ohlau, Stadt. **In Rot ein silberner Hahn.** Abb. S. 141

Seit einigen Jahren läßt man den Hahn auf einem sich krümmenden Aal stehen. Da alle alten und neueren Siegel dieser Darstellung widersprechen, auch das seltsame Mißverständnis, dem dieselbe ihr Dasein verdankt, sattsam aufgeklärt ist (s. unten), so mußte der Aal und mit ihm die Krone, die man dem Hahn anstatt seines natürlichen Kammes auf den Kopf gesetzt hat, hier wegbleiben. Das älteste Siegel ist das an einer Urkunde des Breslauer Stadtarchivs v. J. 1334 hangende: „S' · VNIVERSI TATIS · CIVIVM · OLAVIENSIVM" (47 mm), welches einen linkshin gewendeten, stehenden Hahn zeigt. Ein 1530 gebrauchtes: „. . . AVI . . SIVM VNIVERSI . . . . SIGIL . ." (33 mm) hat den Hahn rechtshin gekehrt. So auch das: „✣ S · VNI VERSITATIS OLAVIENSIS" (35 mm) aus der Mitte des 16. Jahrh. und ein: „∴ VNIVERSITATIS OLAVIENSIS 1587" (23 mm); beide letztere haben ihn in einem Schilde. So auch im ovalen Rahmenschilde der noch vorhandene Stempel eines: „S : CIUITATIS : ⌐ : ⌐ OLAUIENSIS : (unten): 16 23" (33 mm). Auch eine ganze Reihe neuerer Siegel des Magistrats, der Stadtverordneten, der Servis-Deputation, des Stadt-Forstamtes bis um die Mitte dieses Jahrhunderts haben den Hahn, der dabei meist auf Rasen steht, aber von dem Aal ist darauf nicht eine Spur zu sehen. Erst das um 1850 gefertigte: „SIEGEL DER STADT OHLAU" (51 mm) hat zu Füßen des Hahnes den sich krümmenden Aal; zugleich hat der Hahn dabei keinen Kamm, sondern statt dessen ein Krönlein auf dem kahlen Scheitel.[1])

Auch das um 1800 gefertigte Siegel der: „: VORSTADT OHLAU" (26 mm) hat den Hahn in einem umschnörkelten Schilde.

Ein um 1400 gefertigtes: „+ S' SCABINORVM · OLA VIE" (29 mm) hat ganz wie das älteste Stadtsiegel den linkshin gewendeten Hahn. — Das 1415 gebrauchte Siegel der Landschöffen: „+ S' PROVINCIALIV : SCABINORVM : OLAVI EN · ·" (37 mm) zeigt im berankten Felde das linkshin gewendete Brustbild der hl. Hedwig, mit einem Buche in der Rechten und einem Kirchenmodell in der linken Hand. Das um 1500 gestochene: s ⁑ iudiciȝ ⁑ curie ⁑ ohlavie ❊❊❊" (26 mm) hat den schlesischen Adler mit dem Halbmond (ohne Kreuz) in einem Halbrundschilde. Ein dem 16. Jahrh. noch angehörendes: „✲ GERICHTS · SIEGEL · DER · STADT · OLAW ~" (31 mm) dagegen hat wieder den Hahn auf Boden stehend im damaszierten Rahmenschilde. — Abbildungen des ältesten Stadt- und des Landschöffensiegels bei Saurma Taf. 8, No. 94 u. 95.

1) Dem bekannten schlesischen Numismatiker Dewerdeck war in seiner Silesia numismatica, 1711, S. 711 der Irrtum untergelaufen, einen Heller der Stadt Oels, dessen eine Seite deren, auf seinem Spruchbande stehenden Johannesadler zeigt, für ein Gepräge der Stadt Ohlau zu halten und die betreffende Seite so zu beschreiben: „Doch ist der Revers noch viel remarquabler, denn da zeiget sich ein weißer, gekrönter Hahn, als der Stadt Olau Wappen. Unter ihm krümmet sich, wie es uns vorkommt, eine Aale, die ohne Zweifel den vorbeyströmenden Fluß die heutiges Tages so genante Ole . . . . andeuten soll; und dieses darum, weil vorzeiten viel Aalen um diese Gegend gefunden, die ihren Gang aus der Oder dahin genommen, als man die Stadt gebauet." Wie aus obigem ersichtlich, ward die Fehlbarkeit Dewerdecks erst fast anderthalb Jahrhunderte nach dem Erscheinen seines Werkes für das Ohlauer Stadtwappen verhängnisvoll und jetzt scheint die Berichtigung entsprechend lange nach Eingang suchen zu müssen, denn obwohl schon 1870 v. Saurma und nach ihm auch Friedensburg diesen Fall als ein Beispiel der Kritiklosigkeit in heraldischen Dingen hingestellt hatten, führt die Stadt doch heute noch den gekrönten Hahn, der auf einem sich krümmenden Aal steht.

Olbersdorf, Kreis Münsterberg, Dorf.

„DAS O · · ERSDORFER GERICHTS SIGEL AN 1706" (30 mm) zeigt in einem Blätterkranze den Buchstaben V, aus dem Rosen und Lilien sprießen. Das Farbsiegel: „GEMEIN SIEGEL OLBERSDOR MUNSTERB CREIS 1788" (oval, 26 : 24 mm) enthält nur diese Worte als Inschrift.

Öls, Stadt. **In Rot ein Johannesadler, d. h. ein natürlicher, silberner Adler mit goldenem Nimbus um den Kopf, stehend auf einem Bande mit der Inschrift: S · IOHANNES.** Abb. S. 141

SCHLESIEN, REGIER: BEZIRK · BRESLAU:

HERRNSTADT.

HUNDSFELD

JULIUSBURG,

KANTH

KARLSMARKT.

KÖBEN

KOSTENBLUT.

LANDECK·

LEUBUS

LEWIN

LISSA i. SCHL:

LÖWEN

MARKT-BOHRAU,

·MILITSCH·

MITTELWALDE,

MÜNSTERBERG:

NAMSLAU

NEUMARKT i/S

NEUMITTELWALDE·

NEURODE

SCHLESIEN / REGIERUNGS-BEZ· BRESLAU.

NIMPTSCH:

OHLAU

OELS i·SCHL·

POLN: WARTENBERG

PRAUSNITZ·

RAUDTEN

REICHENBACH·

REICHENSTEIN

REICHTHAL·

REINERZ

SCHWEIDNITZ·

SILBERBERG·

STEINAU a·O

STREHLEN.

STRIEGAU.

STROPPEN:

SULAU

TRACHENBERG·

TREBNITZ·

TSCHIRNAU.

Seit dem Ende des 16. Jahrh. wird zu diesem Schilde ein Helm geführt, dessen Kleinod ein steigender, mit drei spitzbedachten Türmen besetzter Halbmond ist. — Das höchst interessante, noch dem 13. Jahrh. entstammende, im Bresl. Staatsarch. an einer Urk. v. J. 1310 hangende „+ S ✱ CIVITATIS ✱ DE ✱ OLSN . . ." (60 mm) zeigt im gegitterten Felde einen Schild, darin übereinander oben ein steigender Halbmond, der in der Mitte mit einem Kreuz, an den Enden mit je einem Stern besetzt ist, und unten ein Adler. Diese überaus merkwürdige Darstellung, bei der also der charakteristische Brustschmuck des schlesischen Adlers, der Halbmond, von diesem getrennt und schon mit dem erst später allgemeiner werdenden Kreuze besteckt als eigenes Wappenbild erscheint, ist noch nicht gedeutet und überhaupt noch zu wenig beachtet worden. — Der Johannesadler ist zuerst sicher nachgewiesen auf einem „+ S CIVITATIS OLSNICENSIS" (36 mm) an einer Urk. v. 1405 (Thorner Ratsarchiv) und zwar ist er darauf linkshin gewendet und mit unbeschriebenem Spruchbande in den Fängen dargestellt. Saurma scheint noch ein zweites Siegel v. J. 1496 mit diesem Bilde gekannt zu haben, beschreibt es aber nicht faßbar. Sehr schön geschnitten ist ein dem Anfang des 16. Jahrh. angehörendes: „· SIGILLVM · CIVITATIS · OLSNICEN (auf dem Schriftrande:) · IO EVAN (20 mm), von dem der einzige mir bekannt gewordene Abdruck als loses Papiersiegel im Bayer. Nationalmuseum in München liegt. Ebenso hat dessen rohe Nachbildung, das: „✱ SIGILLVM ✱ CIVITATIS ✱ OLSNICEN (auf dem Bande:) 1533" (25 mm) den linkshin gekehrten Johannisadler. Das um 1600 gefertigte „SIGIL OLSNÆ DVCAL · INSILESIA CIVITA TIS" (38 mm) bringt dann das oben beschriebene vollständige Wappen und wurde anfangs in gleicher Größe und Legende, später kleiner, dann neuerdings mit der Umschrift: MAGISTRAT DER STADT OELS, immer wieder nachgeahmt.

Ein: + sigill . scabinorum . in oll . . . . (38 mm) hat nach der Abbildung bei Saurma in einem Halbrundschilde einen schreitenden Bracken, über dessen Rücken ein Adlerkopf schwebt. — Als durch Aussterben der Linie Württemberg-Oels das Fürstentum im letzten Jahrzehnt des vorigen Jahrh. an Braunschweig kam, ward ein Siegel mit zwei nebeneinander stehenden, mit einem Fürstenhute besetzten Schilden in Gebrauch genommen, von denen der erste das springende braunschweigische Roß, das zweite den schlesischen Adler enthält; die Umschrift lautet: „HERZOGL · BRAUNSCHW · OELSN · STADT GERICHT · ZU OELS" (30 mm). — Auf Helwigs Landkarte von 1561 hält der nimbierte Adler das Spruchband zwar mit den gleich dem heraldischen Adler ausgebreiteten Fängen, daß aber ein solcher nicht gemeint sei, wird ausdrücklich dadurch angezeigt, daß der rechte Flügel gesenkt, der linke aber erhoben ist. Siebmacher (1605) gibt den Adler ganz als heraldischen, ohne den Nimbus, mit dem Spruchbande in den Fängen.[1]) Merian (1650) dagegen hat einen richtigen Johannesadler und sagt im Text ausdrücklich, daß derselbe einen weißen Zettel in den Klauen halte. Das vollständige Wappen mit Helm und Decken erscheint m. W. zuerst in Caspar Richters Zinsbuch v. J. 1593. — Das älteste Siegel ist beschrieben und abgebildet von Voßberg in Köhnes Zeitschrift f. Münz-, Siegel- und Wappenkunde, 5. Jahrg., S. 335, Taf. XI und, nebst dem Sekret und Schöffensiegel, bei Saurma, Taf. VIII, No. 96, 97, 98.

1) Wahrscheinlich war es diese Darstellung, welche den Verfasser eines Aufsatzes über das Wappen von Oels in der Leipziger Illustr. Ztg. v. 25. Juli 74, zu der kuriosen Ansicht verleitete „als liege hier ein doppeltes, verstecktes Spiel vor", als wäre der in so „ostentiöser Weise als das symbolische Thier des jüngsten der Evangelisten legitimirte" Adler eigentlich nur der verkappte Adler von Polen. — Es ist überhaupt merkwürdig, wie auch tüchtige Forscher unter den Adlern schlesischer Städtesiegel so oft den polnischen herausfinden wollen. Davon kann aber, wie unter Ratibor, Fußnote, nachgewiesen ist, gar nicht die Rede sein. — Hier speziell ist der Adler das Attribut des Heiligen, dem die Stadtpfarrkirche geweiht ist.

Plomnitz, Dorf.

Ein um 1800 gefertigtes: „HERZOGL · BRAUNSCHW · OELS PLOMNITZER GERICHTS SIEG" (oval, 33 : 30 mm) hat unter einem Fürstenhut einen gespaltenen, ovalen Schild, darin vorn das springende Roß von Braunschweig, hinten den schlesischen Adler mit Halbmond und Kreuz auf der Brust.

Abb. S. 141 **Polnisch Wartenberg, Stadt. In Schwarz zwischen drei (2 : 1) goldenen Sternen, reitend auf einem weißen Rosse, ein Jäger, der in ein Horn stößt.**

Das für 1377 nachgewiesene: „S' CIVITATIS · WAR TENBERCH" (31 mm) hat dieselbe Darstellung in einem Schilde; auch die Sterne sind auf einem späteren Abdrucke (1430) deutlich wahrzunehmen, dagegen vermag ich den Schild des Reiters und damit den Beleg, daß der Reiter ein Gerüsteter wäre, nicht so deutlich zu erkennen wie ihn Clericus auf seiner übrigens ziemlich ungenauen Abbildung des Siegels bei Saurma gezeichnet hat. Ich möchte den Reiter eher für einen Jäger halten. Auf einem: „✻ SIGILLUM ✻ CIVITATIS WARTEMBERGENSIS (im Felde:) 1661" (oval, 30 : 25 mm), welches aber erst im 17. Jahrh. einem Siegel von 1661 nachgebildet zu sein scheint (wie es denn auch noch einen modernen Nachschnitt in derselben Größe, mit derselben Umschrift und Jahreszahl gibt), erscheint der Reitende mit breitkrämpigem Hute, auf gewundenem Horne blasend und linkshin sprengend zwischen den drei Sternen. So auch auf einem: „✻ SIGILLUM ✻ CIVITATIS ✻ WARTEMBERGENSIS (im Felde:) 1721" (34 mm), wobei der Rahmenschild oben mit einem Löwenkopfe verziert ist.

Das: „+ s : der : stadt : scheppen : czu : wartheberg" (31 mm) des 15. Jahrh. zeigt einen zwischen zwei Bäumen (nicht Röschen) stehenden (gewappneten?) Mann, der mit der Rechten ein Jagdhorn an den Mund hält, die Linke aber in die Hüfte gestützt hat. — Abbildung der beiden älteren Siegel bei Saurma Taf. X No. 138 und XI Nr. 162.

Prausnitz Stadt. Gespalten, vorn in Gold der halbe schlesische Adler mit silbernem Brustmond, hinten in Schwarz eine erhobene geöffnete Rechthand. Abb. S. 141

Dieselben Figuren zeigt der noch erhaltene, dem 14. Jahrh. angehörende Stempel des: „+ SIGILLVM ✻ D ✻ PRVSE NICZ" (44 mm), bei dem das Feld gespalten und die linke Hälfte schräg gegittert, die rechte aber glatt ist. Saurma kannte das Siegel nur aus einer Abbildung Kretschmers, taxierte es auf das 15. Jahrh. und bezweifelte ohne Grund deren Genauigkeit. Er schreibt dann (Sp. 251): „Es muß übrigens noch erwähnt werden, daß ein altes, aber noch 1701 abgedrucktes Siegel (Fürstenstein. Biblioth.) mit der sehr undeutlichen Umschrift: (SIGILL)VM · (B) · CIVI . . . PRAVSNIC . . . im Siegelbilde es möglich erscheinen läßt, daß neben dem halben Adler gar nicht eine Hand, sondern der schlesische Helm mit — fünf, etwas spitz geratenen — Federn das Stadtwappen bildet." Diese Vermutung wird durch den noch im Besitze der Stadt befindlichen Bronzestempel des ersten Siegels, den der Magistrat mir freundlichst leihweise anvertraute, widerlegt. Nachdem die Stadt 1641 an das Haus Hatzfeld gekommen war, erscheint um 1700 ein: „SIGIL : SEN : POPVLIQ : PRAVSNI CENSIS" (24 mm) mit dem alten Bilde im Siegelfelde, welches aber oben im Schriftrande, an Stelle des sonst üblichen Anfangszeichens der Umschrift ein bekröntes kleines Schildchen mit dem Hatzfeldschen Wappen, dem Maueranker bezw. Wolfseisen, enthält. Saurma erwähnt auch als neuerdings in Gebrauch befindlich eines: „SIGILLVM · CIVITATIS · PRAUSNIZENSIS ·, welches nur den gekrönten, quadrierten, mit dem Mittelschilde siebenfeldigen Schild des fürstlichen Hauses Hatzfeld enthalte. Jetzt führt der Magistrat wieder das oben angegebene Bild.

Raudten, Stadt. In Blau die gekrönte, golden bekleidete hl. Katharina, in der Rechten das gesenkte Schwert vor die Brust, in der Linken das Rad empor haltend. Abb. S. 141

Das dem 15. Jahrh. angehörende: „✻ Sigillum ✻ civitatis ✻ rau . . nreis" (?) (36 mm) hat die Heilige mit ihren Attributen wachsend. Ebenso, im schräggegitterten Felde, das in der ersten Hälfte des 16. Jahrh. gefertigte: „✱ SIGILLVM ✱ CIVITATIS ✱ RAVDENCCIS"! (26 mm). Bei dem: „✱ SIGILLVM DER STADT RAVDENCIS 1642" (26 mm) und allen folgenden Siegeln ist dieselbe dagegen in ganzer Figur dargestellt. So ein: „✱ SIGILVM · DER · STAT · RAVTENSIS · ANO 1661"! (19 mm); von diesem lieferte ein Stecher vom Ende des 18. Jahrh. eine gleichgroße Nachbildung, bei der er nicht nur die Attribute wechselte, so daß die Heilige das Schwert in der Linken hält, sondern auch die Umschrift dahin verbesserte: „∴ SIGILUM DER STAT RAUTEN : AM : 1661"! (19 mm). Bei dem: „✻ SIEGEL DER STADT VERORDNETEN ZU RAUDTEN 1809" (28 mm) und auf den neuen Farbsiegeln ist das Schwert zu einem Kreuze geworden.

Das „* sigillum * scabinorum * rauden" (35 mm) ist, wohl um 1500, dem erstbeschriebenen Stadtsiegel getreu nachgebildet worden. (Im Jahre 1550 benutzten Bürgermeister und Rathmanne diesen Stempel ohne weiteres als Stadtsiegel, wogegen wiederum das zweitälteste Siegel, was sonst in der Urkunde stets als Stadt Ingesiegel bezeichnet wird, 1572 auch von Voytt, scheppen und Geschworenen benutzt wird [Urk. i. Breslauer Staatsarch.]). — Der: „✻ STADT RAVDEN GERICHTSIGEL" (28 mm) vom Ende des 17. Jahrh. hat nur ein Rad in einem Rahmenschilde.

Rausse, Dorf, früher Stadt.

Ein Siegel dieses, im Anfang des 15. Jahrh. zur Stadt erhobenen, später wieder zum Dorfe gewordenen Ortes hat nicht aufgefunden werden können.

Reichenbach i. Schles., Stadt. In Rot vor einer silbernen Zinnenmauer St. Georg in der Rüstung, den zu seinen Füßen liegenden Drachen tötend. Abb. S. 141

Das schon für 1290 nachgewiesene: „+ S · BVRGEN SIVM · DE · RICHENBACH ✱ (innere Umschrift:) ·N' IBI DEOM ET · PA +" (52 mm)[1]) zeigt dasselbe Bild, doch ist der Heilige noch mit dem Waffenrocke[2]) bekleidet und sein Haupt mit einem Nimbus umgeben. Ganz ebenso ein dem 14. Jahrh. angehöriges: „S' CIVIVM + DE RICHINBACH ✱" (35 mm), dessen Stempel noch erhalten sein soll. Das „· SIGILLV · M MA XIMVM ✱ CIVITATIS · REICHENBACH" (52 mm) aus dem Ende des 16. Jahrh., hat den Heiligen ohne Nimbus in Plattenrüstung; so auch das 1657 gebrauchte: „✠ SIGILLVM ∴ M ∴ CIVITATIS ∴ REICHENBACHENSIS" (31 mm), sowie das 1677 benützte: „+ SI GILLVM ✱ CIVITATIS ✱ REICHENBACHENSIS" (32 mm) und dessen wiederholte Nachbildungen in verschiedenen Größen. Dasselbe Bild haben auch zwei nur mit den im Felde stehenden Buchstaben: „C R" (23 bezw. 25 mm) bezeichnete Signete, deren älteres (von 1564 und 1585 im Bresl. Staatsarch.) von anderen Siegeln dadurch eine Ausnahme macht, daß der Drache mit dem Kopfe nach rechts liegt, der Ritter dementsprechend mit der linken Hand zustößt, während das von 1606 ab häufig vorkommende jüngere Signet die Figuren wieder in der bräuchlichen Stellung zeigt. So auch das: „CÆMMEREI CASSEN SIGEL ZU REICHENBACH 1767" (28 mm) und die neuesten Stempel.

Bei einem um 1400 geschnittenen: „s : scabinor . . . . . reychi bach“ (26 mm) weicht die Darstellung von der des Stadtsiegels insofern ab, als der Ritter dem Drachen noch mit der Linken den Kreuzschild entgegenhält und die Mauer fortgeblieben ist. Ein: „✶ REICHENBACHISCHES GERICHTSSIEGEL 1706“ (26 mm) hat dagegen ganz die Darstellung der gleichzeitigen Stadtsiegel. — Abbildungen der älteren Siegel bei Saurma (Taf. 8, No. 108, Taf. XI, No. 156; eine Lichtdrucknachbildung des Exemplars von 1303 gibt Pfotenhauer in: Die Schlesischen Siegel von 1250—1300, 1879, A, Taf. XIV, No. 110).

1) Dem K. u. K. Haus-, Hof- und Staatsarchiv in Wien habe ich für einen Abguß dieses bisher nur in Bruchstücken v. 1290 u. 1303 bekannten Siegels nach dem sehr guten Exemplar an einer Urk. v. J. 1369 zu danken. Derselbe zeigt ganz zweifellos auch die von Pfotenhauer verneinte Mauer und läßt obige Legende klar erkennen, wonach also die Lesungen von Stenzel und von Saurma zu berichtigen sind. Die innere, sonst noch nicht gedeutete Umschrift möchte ich, statt wie gewöhnlich von links (rechts vom Beschauer) oben, von rechts unten zu lesen anfangen und so auflösen: ET PA + (TRO) N (VS) IBI DEM. — Einigermaßen anklingend ist das interessante Siegel der ungarischen Stadt Szombathely (Steinamanger) aus dem 14. Jahrh. Dasselbe stellt deutlich ein Rad dar, dessen Felgen durch den Schriftrand gebildet werden, von welchem dann sechs säulenförmige Speichen gegen die im Mittelpunkte des Siegelfeldes befindliche große Nabe zusammenlaufen Die Umschrift lautet: „+ S · · M · CIVIVM · DE · ZVMBOTHEL · CVM · ROTA · FORTVNE ·“ in der Oeffnung der Nabe erscheint ein Christuskopf innerhalb einer Gloriole und der auf der Nabe selbst angebrachten Legende: „+ ET · DEVS · IN · ROTA ·“ . . . . (Adler, 1895, S. 473).

2) Nicht, wie Saurma glaubte, im antiken Kostüm, welches man auf Siegeln des 13. Jahrh. überhaupt schwerlich finden wird.

Ernsdorf, ehemals Dorf, seit 1. April 1890 der Stadtgemeinde Reichenbach einverleibt.

Ein Siegel des 18. Jahrh. mit der Umschrift: „GEMEINDE EHRNSDORF :“ (30 mm) zeigt einen Palmbaum. Ein neueres Farbsiegel der: „✶ GEMEINDE ERNSDORF ✶ KREIS REICHEN BACH I/SCHL“ (oval, 29 : 25 mm) hat dagegen einen Mann, der in der Rechten ein erhobenes Schwert, in der Linken anscheinend eine Garbe hält.

Abb. S. 141

Reichenstein, Stadt. Im von Gold und Silber gespaltenen Schilde ein von Schwarz und Rot gespaltener Adler mit einem Fürstenhute auf dem Haupte und dem steigenden Halbmonde auf der Brust; diese ist mit einem quadrierten Herzschilde beheftet, dessen erstes und viertes Feld in Rot zwei gebogene, goldene Schräglinksbalken zeigt, während das zweite und dritte geteilt sind, oben in Schwarz zwei silberne Querbalken, unten Silber; hinter dem Adler sind Hammer und Haue derart gekreuzt, daß deren Eisen, welche verwechselte Metalle zeigen, zwischen Hals und Saxen, deren Stiele aber zwischen Schwanz und Fängen des Adlers sichtbar werden.

Dies Wappen wurde dem Orte laut einem i. J. 1545 ausgestellten Vidimus der Breslauer Ratsherren von Herzog Heinrich dem Aeltern von Münsterberg, Grafen von Glatz, i. J. 1491, Febr. 17 verliehen[1]) und lautet die Wappenbeschreibung des Briefes nach Heintze (s. u.): „. . . . mit einem schilte halb goldin vnd halb silberinn die leng, vnd darinn einen Adeler halb schwartz und halb roth, beide flugel ausgebreitet, die schwarze helffte des Adelers inn der golden helfte vnd die rothe helfte des Adelers in der silberinn helfte des schilts gesatzt. Derselbe Adeler sol habin ein fürstlich haube auf seinem höbte vnd einen silberin strich, einem halben monden ähnlich von einem flugel uber die brust tzu dem andern flugel reichende. Vnd der Adeler sal auf seiner Brust einen Schildt, in vier taill getailit tragen. Zwehen vierteil desselbin schiltis eckicht gegen einander, svllin roth sein vnd sal iglich tail desselbin rothin schilts zwehne göldin gebogen striche, von einir egken tzw der anndern die kwier habin vnd die andir tzwehe viedeteilt desselbin schilts eckicht gegen einander, süllin silberin sein vnd iglich tail sal drei schwartze striche tzu öberste, inn dem silberinn schilde haben Vnde der Adeler sal hindan am rügke ein bergeisen vnd ein handfustil kretzwertis haben. Das bergeisenn auf der guldin seite, sal silberin sin, vnd das ander auf der silberin seitte des Schildes goldin, beide an gilbichte stiel gefast. Als dasselbe wappen hierinne merglich mit farbin aufgebildet ist . . . .“ Der von Schwarz und Rot gespaltene Adler im von Gold und Silber gespaltenen Felde ist der des Fürstentums Münsterberg, der Mittelschild mit dem Wappen der Grafschaft Glatz im ersten und vierten, und dem Wappen von Kunstat im zweiten und dritten, sagt, daß der Verleiher zugleich Graf von Glatz und aus dem Hause Podiebrad gewesen sei. — Daß der Ort schon vor der Hussitenzeit Siegel mit nur Schlegel und Eisen geführt habe, wie gesagt wurde, dürfte schwerlich nachzuweisen sein. Saurma beschreibt ein 1568 gebrauchtes Siegel, welches oben beschriebenes Wappen und darüber ein Band mit der Aufschrift: S · REICHSTEIN (Größe?) zeige. Das zwischen 1592 und 1599 gestochene Siegel von: „· SENATVS · POPVLVSQVE · REICHENSTEIN · (im Felde:) P W“ (29 mm) haben über diesem Schilde noch eine Rose als Andeutung des Stammwappens des, seinem 1591 verstorbenen Bruder Ursin in dem Besitz der Herrschaft Reichenstein gefolgten Fürsten Peter Wohck von Rosenberg, auf den sich auch die beiden Initialen über dem Schilde beziehen. Ebenso das 1616 gebrauchte: „SIGILLVM ✶ MAIVS ✶ CIVITATIS ✶ REICHENSTEIN (im Felde:) · P W .“ (38 mm). Von ersterem Siegel gibt es einen sehr genauen, nur durch ein paar Punkte neben dem Schilde und den ornamentierten, äußeren Rand unterschiedenen Nachschnitt. Denselben komplizierten Schild, ebenfalls mit der Rose und den Buchstaben, hat ein um 1650 gestochenes: „SIGILLUM ⁘ REICHENSTEIN“ (oval, 23 : 21 mm) und, in reicherer Umrahmung, das: „: SIGILLVM ❊ MAIVS ❊ CIVITATIS ❊ REICHENSTEIN ❊ (im Felde:) PW“ (40 mm) aus der Zeit um 1700 und ein, vielleicht 50 Jahre jüngeres Siegel mit: „STADT · REICHENSTEIN (im Felde:) P W“ (20 mm). Merkwürdig ist ein: „REICHENSTEINER · STADT · SIEGEL (unten:) 18 · ·“ (33 mm) aus dem Anfange des 19. Jahrh., welches den fliegenden, widersehenden, gekrönten, preußischen Adler mit einem aus *F R W* gebildeten Namenszuge auf der Brust hat, der statt der sonst üblichen Attribute Schlegel und Eisen in den Fängen hält. Die neuen Magistratssiegel dagegen haben wieder den städtischen Wappenschild, jedoch ohne die Erinnerung an Peter Wohck.

Aelter als diese Stadtsiegel, und zweifellos noch im Verleihungsjahre 1491 gefertigt, ist das Schöffensiegel, dessen sich noch 1566 Richter, Bergmeister und geschworene Rathmanne bedienten. Es zeigt den beschriebenen, überreich ausgestatteten Adler in einem Schilde und läßt von der Umschrift erkennen: „+ sigillum sc . . . norum . . . . reichenstein“ (30 mm). Uebrigens werden auch fast alle andern vorgenannten Siegel bald als Stadt-, bald als Schöffensiegel benützt und dementsprechend auch in den Urkunden bald so, bald anders genannt. — Die: Sammlung von Nachrichten über die kgl. freie Bergstadt Reichenstein, von Carl Benjamin Heintze, Dr. med., Breslau 1817 (welches Büchlein mir Herr Paul Trummer in Hamburg freundlichst geliehen), enthält den oben auszüglich mitgeteilten Abdruck des Wappenbriefes und eine kolorierte Kupferstichnachbildung des demselben eingemalten Wappens. Einen Abdruck der ganzen Urkunde bringt daraus Seylers Geschichte der Heraldik, S. 836.

1) Weder die Originalurkunde noch das Vidimus hat sich ermitteln lassen; der Magistrat weiß auch nichts über deren Aufenthaltsort.

Reichthal Stadt. In Blau auf grünem Boden ein widersehendes, linkshin schreitendes, silbernes Gotteslamm mit der Kreuzesfahne. Abb. S. 141

So haben sich drei Stempel erhalten, der des 1686 benutzten: „❊ SIGILVM · OPPIDI REICHENTHAL ·“ (31 mm) mit linkshin schreitendem, der um 1700 gestochene des: „✶ SIGILVM ✶ OPPIDI ✶ REICHENTHALEN ·“ (32 mm) mit dem rechtshin gewendeten Lamme. Rechtshin gekehrt ist dasselbe auch auf dem: „SIGIL · CIVITAT · REICHTHAL“ (oval, 25 : 23 mm) des 18. Jahrh. linkshin aber auf den neueren Magistratssiegeln. Daraus, daß auf dem ersten Siegel das übliche Endkreuz der Fahnenstange ein doppeltes Kardinalkreuz ist, schließt Saurma wohl mit Recht auf die Anfertigung des Stempels zu der Zeit, als der Kardinal Friedrich auf dem Breslauer Bischofsstuhle saß, 1671—82. Auch die beiden folgenden Siegel haben das Doppel-, die späteren nur ein einfaches Kreuz.

Reinerz, Stadt. In Gold der hl. Petrus, wachsend, mit dem Schlüssel in der Rechten, dem Buche in der Linken; links neben ihm eine rote Mauer, auf der ein widersehender, silberner Hahn steht. Abb. S. 141

Saurma berichtete, ein Siegel aus dem 17. Jahrh. habe das Brustbild des hl. Petrus mit Schlüssel und Buch und die Umschrift: SIGIL · DER · STADT DES · REINERCZ. „Auf neueren Abdrücken (!?) desselben Stempels hat man das Wort „DES“ durch eine Art Arabeske verlöscht.“ Das ist irrig; das alte Siegel hatte nicht eine so auffällige Umschrift, sondern diese lautet nach einem scharfen Exemplar im Breslauer Staatsarchiv vielmehr: „✶ SIGIL ✶ DES ✶ STETLEINS ✶ REINERCZ“ (30 mm). Später stieß man sich an den altfränkischen, aber gemütlichen und in Schlesien häufigen Ausdruck und modernisierte die Legende in: „✶ SIGIL ✶ DER ✶ STADT ✳ ~ ✶ REINERCZ.“ Der noch erhaltene Stempel läßt die Spuren der alten Buchstaben unter den besonders tief eingeschlagenen neuen ganz deutlich erkennen. Vor dem Ortsnamen ist nicht sowohl eine Arabeske, als vielmehr die Spur der ausgestochenen Buchstaben EINS mit Stichelstrichen darüber sichtbar. Ein 1646 gebrauchtes: S · REINERZ enthält nach Saurma nur den aufgerichteten Schlüssel. „DER + STADT + REINERTZ + SIE · ·“ (21 mm) aus dem 17. Jahrh. wiederholt dagegen das Bild des ersten Siegels. Ebenso ein stummes Signet vom Ende des 18. Jahrh. (oval, 22 : 17 mm). Ein um 1800 gestochenes Siegel der: „KAEMMEREI D : ST : REINERZ (Schnörkel)“ (23 mm) hat den Apostel zuerst in Begleitung des Hahnes, der hierbei auf der rechten Seite steht; auch hält St. Peter hier in der Linken einen Schlüssel empor, an dessen Ring ein zweiter Schlüssel herabhängt. Die neueren Siegel gehen wieder auf die erste Darstellung zurück, behalten aber den Hahn bei. Das: POLICEI SIEGEL ZU REINERZ hat den fliegenden preuß. Adler.

Rosenthal, Dorf.

Ein neues Farbsiegel der: „Gem. ROSENTHAL ✶ KR. HABELSCHWERDT ✶“ (31 mm) zeigt eine natürliche Rose mit Blatt Knospe.

Rothsürben, Flecken, besitzt kein Wappen, noch Siegelbild.

Salzbrunn (Ober-), Dorf.

Ein: „· SIEGEL DER GERICHTE IN OBERSALZBRUNN (unten im Felde:) 1 · 7 · 45“ (oval, 26 : 22 mm) zeigt einen fensterlosen Brunnentempel mit Kuppeldach, in dessen offenem Thore ein schräglinks gestellter Schöpflöffel sichtbar ist. So auch das: „❊ SIEGEL · DER SALZBRVNNER · GEMEINDEN (unten:) 1746“ (oval, 26:22 mm), bei dem nur aus der einen Kuppel drei nebeneinander geworden sind. Dies Siegel findet sich unter einer vom Gerichtsschreiber für die Gemeinden Ober-, Nieder- und Neusalzbrunn, Neu-Liebichau samt Sorgau und Alt-Liebichau i. J. 1746 ausgestellten Erklärung. Dasselbe Bild, ebenfalls mit drei Kuppeln, hat ein Gemeindesiegel mit der Jahreszahl 1853.

Abb. S. 141

Schweidnitz, Stadt. Geviertet, 1. und 4. in Schwarz eine dreiblättrige, goldene Krone; 2. in Silber ein roter Greif; 3. in Silber ein linkshin springender schwarzer Eber.

Im Jahre 1452 erhielt die Stadt auf ihren Wunsch vom Könige Ladislaus posthumus ein Diplom, durch welches das bisherige Wappen bereichert wurde. Der Magistrat war so freundlich, mir eine Abschrift der Urkunde zu senden. Darnach lautet der betreffende Passus: „vnd baten vns .... diemuticlich daz Wir Jn zu den nachgeschriben Jre Wappen, nemlich zwee Schild von Sylber in dem ainen ain Greyff von Rubin, Wy mund in Bellung (= gleichsam bellend) vnd in dem andern ain Eberswein von Zobel steend in par (= nebeneinander) die Jr vordern vnd Sy in Insigeln petschaden vnd zv andern erbern sachen vnd taten, von alter her gefurt vnd gebraucht hieten (,) ain Kron zegeben vnd zu verleihen geruchten .... (Wir) Jn darumb vnd von sundern gnaden, mit wolbedachtem Ratt zu denselben Iren Wappen, von kuniglicher macht ain Kron von Gold genediclich geben vnd verlihen haben, geben vnd verleihen Jn die auch wissentlich in krafft des briefs. Also daz die gemelten vnser Burger Ratmanne gemain vnd Jr nachkomen, dieselben Wappen mit der Kron quartiert in ainem Schyldt oder baid schild neben einander vnd die Kron auf denselben Schilten paiden oder yeden in sunderhait als die mit Varben hie Jnn ausgestrichen sein nu hinfur in Jren Insigeln Petschaden Vanen, vnd zu allen anndern erbern vnd redlichen sachen vnd taten füren vnd gebrauchen sullen vnd mogen."

Das i. J. 1284 gebrauchte: „+ • S • BVRIEN . . . M • DE • SWIDENIZC" (68 mm) zeigt einen schreitenden Greifen. Ebenso der schöne, im Museum Schles. Altertümer noch erhaltene Messingstempel des für 1315 zuerst nachgewiesenen: „+ • S • VNIVERSITATIS • CIVIVM • DE • SWIDNITS" (80 mm).[1] Dagegen hat ein noch im 14. Jarhrh. geschnittenes (v. J. 1400 an i. Stadtarch. zu Thorn): „+ S • MINVS • CIVITATIS • SWIDNITS" (33 mm) bereits einen stehenden Eber im berankten Felde. Ebenso ein: „❋ Sigillum ❋ minus ❋ Civitatis ❋ Sweydnitz" (45 mm), wovon ein schöner Abdruck in rotem Wachs an Urkunde vom Jahre 1436 im Löwenberger Stadtarchiv hängt. Ein mir nur durch die Abbildung in Minsberg, Gesch. d. Stadt Groß-Glogau (1853, Taf. II, No. 25) bekanntes: „+ sigillum . minus . civitatis . swidnicz ❁" (30 mm), welches 1440 benutzt wurde, hat im glatten Felde das Schwein und über und unter demselben je ein „S". — Sogleich nach der Wappenverleihung ließ die Stadt ein neues: „ . * Sigillum :*: Minus :*: Civitatis * Sweidnitz" (im Felde auf Band:) 1452 (= 1452; Schriftband, 42 mm) stechen, und zwar nach dem ersten Vorschlage des Königs, nämlich mit zwei, unter der fünfblätterigen Königskrone gegeneinander gelehnten Schilden, deren rechter den steigenden Eber (nach links), der linke den Greifen weist; aus der Krone gehen Ketten hervor, an denen die Schilde hängen; unten zwischen diesen hält ein Engel das Band mit der Jahreszahl; zu jeder Seite der Krone schwebt ein ganz kleines, herschauendes Löwenköpfchen. Den wundervoll geschnittenen Stempel von vergoldetem Silber bewahrt jetzt das Museum schlesischer Altertümer in Breslau. Wohl gleichzeitig ist der Stempel eines noch lange gebrauchten Signets (Abdruck vom Jahre 1566 im Stadtarch. z. Löwenberg), welches in einem Dreipasse unten die beiden gegeneinander gelehnten Schilde mit Schwein und Greif, darüber ein: „S" (19 mm) zeigt. — Später wollte man auch einmal den andern Vorschlag des Königs verkosten, und ließ im Jahre 1501 ein großes: „+ sigillum .... us :*: civitatis :*: s........:*: • 1501" (Schriftband, 55 mm) mit dem quadrierten Wappen (wie oben beschrieben) anfertigen. Der Stempel wurde noch 1710 benutzt und von der Mitte des 16. Jahrh. an daneben noch ein: „SIGILLVM + REIPVB + SWIDNICIENSIS +" (Schriftband, 23 mm) mit demselben Wappen gebraucht. Auf einem um 1600 gefertigten: „SIGILLVM ‡ REIPVBLICÆ ‡ SCHWIDNICENSIS ❦" (Schriftband, 41 mm) kehren dagegen noch einmal die zwei getrennten Schilde unter der Krone, diesmal im damaszierten Felde wieder.[2] Ein um 1650 gebrauchtes Signet hat wieder den gevierteten Schild und die Initialen: „S C S" (oval, 16 : 14 mm). Ein sehr roh geschnittenes Siegel vom Ende des 18. Jahrh. mit der ungelenken Umschrift: „KOENIG: PR : FUERSTENTH : STADT SCHWEIDNIZ" (31 mm) hat den quadrierten Schild auf einem von einem Fürstenhute überhöhten Wappenmantel. Gegenüber den herrlichen Vorbildern würde man sehr in Versuchung kommen, dies Siegel für eine Fälschung zu halten, wäre nicht seine Echtheit leider dadurch dokumentiert, daß eben dieses Ding als Vorbild für die neueren und neuesten Magistratssiegel erkoren wurde.

Das älteste, bekannte Schöffensiegel ist das 1335 gebrauchte: „+ S • SCABINORVM • IN • SWIDNICZ" (43 mm) mit dem Eber im berankten Felde. Ebenso, aber auf Steinen stehend, hat ihn das 1421 benutzte: „+ • s • der • scheppin • czur • swidnicz" (39 mm), während das vom selben Stempelschneider gefertigte Typar des gleichzeitigen: „+ • s • der (erb) voygtie • zur • swydnitz •" (39 mm) das alte Siegelbild der Stadt, den Greifen zeigt.[3] Nach Saurma hat das Siegel des Hofgerichts, das: s • scabinorū • iudicy • curie • in • sweydnic des 15. Jahrh. den schles. Adler, und ein „neueres" Gerichtssiegel mit der Umschrift: SIGILL • PRÆTORAT • SVIDNIC in einem Schilde den Buchstaben S.

Dewerdecks Behauptung (Silesia numismatica, 1711, S. 646), daß die Stadt vom Anfang ein wildes Schwein, oder zum wenigsten den Kopf von diesem zu ihrem Wappen bekommen, steht auf derselben Höhe wie seine Angabe, daß ja auch das berühmte TROJA ein Schwein in seinem Wappen geführet habe. — Eine Lichtdruckabbildung des ältesten Stadtsiegels findet sich in Pfotenhauers Schles. Siegeln, A, Taf. XIV, No. 111, die späteren bei Saurma, Taf. IX, No. 114—117 und Taf. XI, No. 158. — Schmidt, Gesch. d. St. Schweidnitz, 1846, bringt auf Seite 158 eine kurze Besprechung des Wappenbriefes, sonst nichts neues. — Die interessanten Vorschriften über die Aufbewahrung der Schweidnitzer Stadt- und Vogteisiegel vom Jahre 1389 werden mit einer Reihe ähnlicher in der Geschichte des Siegelwesens der Städte ihre Stelle finden.

1) Bei einer Urkunde von 1315, Aug. 22. trägt dies Siegel ein Rücksiegel, welches Grünhagen im Cod. dipl. Siles. Bd. XVI, No 3525 beschreibt: „Merkwürdig ist das kleine Rücksiegel, das in dreieckigem, nach unten spitzrund zulaufendem Schilde anscheinend einen Arm darstellt; von der Umschrift sind nur die ersten Buchstaben S • IOH . . . erkennbar." Es war sicher das Siegel eines Erbvogts mit dessen Familienwappen, s. Note 3.

2) Ein diesem annähernd ähnliches Siegel mit der fehlerhaften Umschrift: „SIGILLVM • PRIPVPLICE • SCHWEIDNITZCE"!! (43 mm) etwa um 1700 gefertigt, halte ich mit Saurma für eine Fälschung. Es kommen der gefälschten Stadtsiegel besonders im 17. Jahrh. manche vor, und werden dieselben später einmal zusammen besprochen werden. Sie dienten wohl ziemlich ausschließlich zur Erzeugung unechter Geburtsbriefe, der Vorläufer der auch heute noch recht beliebten, nachgemachten Legitimationspapiere.

3) Saurma bringt noch die Abbildung des Helmsiegels eines Erbvogtes Johann v. J. 1335, welches, als dessen Familienwappen enthaltend, hier nicht aufgenommen zu werden braucht.

Silberberg, Stadt. Geteilt, oben im von Gold und Silber gespaltenen Felde ein wachsender, mit dem Fürstenhute bekrönter, von Schwarz und Rot gespalteter Adler mit silbernem Brustmonde; zwischen Hals und Flügeln werden die Bergwerksattribute in verwechselten Metallen sichtbar; unten geteilt von Schwarz und Silber, im oberen Felde zwei silberne Balken, das untere leer.

Abb. S. 141

Nach Saurma gaben 1540 die Herzoge von Münsterberg dem damals eben zur Stadt erhobenen Orte ein Wappen: geteilt, oben der halbe schlesische Adler, unten das Stammwappen der Podiebrads: geteilt von Schwarz und Silber, im schwarzen Felde zwei silberne Balken.[1] Während die untere Schildhälfte blieb, ward die obere später (wann?) wie oben beschrieben gebessert, so daß also eine Variante des Stadtwappens von Reichenstein entstand. Zu diesem Schilde ward dann noch ein Helm verliehen, dessen Kleinod ist: nebeneinander rechts ein Pfauenfederbusch, links ein mit den Podiebrad-Balken belegter Flügel und zwischen beiden Schlegel und Eisen gekreuzt. Aber auch damit war die Stadt noch nicht zufrieden. Wie aus einer Privilegienabschrift (im Bresl. Staatsarch.) hervorgeht, ließ sie sich 1596, Nov. 10, von Peter Wockh, dem letzten Fürsten und Herrn von Rosenberg, über alles noch die Rose aus dessen Stammwappen setzen. Der betr. Passus lautet: ....„Demnach Vns auch gedachte Vnsere Vnterthanen zum Silberberge Vnterthenigst vnd gehorsambst Anlangen lassen, Sie mit einer Roten Rosen, damit Sie dieselbe auff Jhrem Wapen (dessen Sie sich zu Jhrer Notturfft bisz anhero gebraucht) führen mögen, zu begnaden. Alsz haben Wir angesehen Jhr demütiges vnd fleißiges Bitten, auch etlicher gutter Leute Vorbitt, vnd befreyen vnd begnaden Sie hiemit, dasz Sie in Jhrem Wapen über dem Helm, zwischen dem schwartzen vnd weiszen Flügel vnd Pfawen Schwantz, oberhalb Schlegel vnd eysen, die Rote Rose, Vnsz zu ewigem Gedechtnüsz führen, vnd Jhr Wapen damit zieren mögen, ohne männiglichs verhindernüsz. Verleihen Jhnen solches in Krafft dieses Briefes, in der besten form vnnd weise, alsz esz geschehen sol vnnd mag." Dieses überreiche Wappen zeigt ein gleichzeitiges: „S I • DER FVRSTLICH : FREI • BERGS : SILBERBERG" (36 mm) und dessen Nachbildungen, das: „❋ SI : DER • KÖNIGKLICH : FR • BERG S SILBERBERG"! (38 mm) und ein dem 18. Jahrh. angehöriges: „❋ SIG • DER KÖN : FREU BERGSTATD SILBERBERG"!! (oval, 27 : 24 mm). „Schrecklich ist aber wieder das neueste Siegel," stöhnt Saurma; die neueren und neuesten bringen nämlich dasselbe Wappen, nur daß der Adler durch Umtausch des Brustmondes in Kleestengel und durch Wegfall der Bergwerkssymbole allgemein preußisch geworden, die Rose in einen Stern verwandelt und das Ganze so fade geworden ist, wie eben mehr oder weniger alle Siegel unserer Zeit, welche deshalb auch nicht nur den Meisterwerken des 13.—16. Jahrh., sondern auch noch den meist kunstlosen aber immerhin noch genießbaren Schöpfungen des 17. und selbst 18. Jahrh. gegenüber so leicht zu erkennen und zu klassifizieren sind.

1) Den Verleihungsbrief besitzt die Stadt nicht mehr und es ist dem Magistrate auch kein Abdruck desselben bekannt.

Steinau a. d. Oder, Stadt. In Gold nebeneinander der halbe schlesische Adler mit Brustmond und eine halbe rote Burg mit geöffneter Thüre.

Abb. S. 141

Nach Saurma zeigt ein Siegelfragment an einer Urkunde v. J. 1310 im Sprottauer Ratsarchiv ein Zinnenmauer mit zwei spitzbedachten Zinnentürmen, zwischen denen ein Gewappneter halbleibs sichtbar wird, der mit der Rechten sich auf eine Lanze stützt, mit der Linken ein Horn an den Mund setzt; außen sind die Türme von zwei Rosetten begleitet; von der Umschrift ist nur: „SIGIL ...... IE" erhalten.[1] An der Guhrauer Urkunde vom selben Jahre 1310 (s. Guhrau) hängt dagegen das: „✠ SIGILLVM BVRGESIV D' STINAVIA"! (54 mm), welches Saurma nach einem Exemplar von 1342 abbildete. Es hat im gegitterten Felde den halben Adler und die halbe Burg ohne Teilungslinie nebeneinander. Ueber dem Kopfe des Adlers ist eine dreieckige Erhöhung sichtbar, die vielleicht eine Krone vorstellen sollte. Ebenso, jedoch mit deutlich gekröntem Adler und im glatten Felde das 1363 gebrauchte: „+ SECRE TVM · CIVIVM STINA'" (35 mm). Während auf diesen Siegeln beide halbierte Figuren echt heraldisch frei nebeneinander schweben und jede die Hälfte des Feldes füllt, erscheint bei einem um 1500 gestochenen (1564 Bresl. Staatsarch.): „✱ S · CIVITAS · STEINAW" (!) (22 mm) das Feld gespalten, rechts der halbe Adler, links die halbe Burg. Das: „SIGILLVM · CIVITATIS · STINOVIAE · 1662" (35 mm) läßt die Spaltlinie weg und stellt den Kuppelturm der Burg inmitten des Feldes; an ihn schließt sich rechts der halbe Adler, links die Mauer an. So auch bei dem noch vorhandenen Stempel des: „· SIGILLVM · CIVITATIS · STEINAVIENSIS" (33 mm) des 17. Jahrh. und dem: „: SIG · DER · STADT · STEINAV : 1641" (22 mm), von dem der Stempel eines um 1788 gebrauchten Nachschnittes mit gleicher Umschrift und Jahreszahl noch da ist. — Ein 1789 benutztes: „○ STEINAVER ○ CAMMEREI ○ SIEGEL ~" (oval, 27 : 24 mm) hat im Felde unter dem Bilde die Buchstaben: „S K". — Das: „SIGILLVM · SCABINATVS · STEINOVIENSIS · 1677" (27 mm) hat den halben Adler mit der halben Burg über einem Querbalken, der mit: „S · S · S ·" belegt ist. Das: „❊ STADT GERICHTSSIEGEL ZU STEINAU 1776" (21 mm) läßt diesen Balken fort. — Dieses Gerichtssiegel wurde von 1795 ab von Bürgermeister und Rat neben dem Stadtsiegel von 1641 benützt und kleineres Stadtsiegel genannt. — Das zweitälteste Stadtsiegel bringt Saurma auf Taf. IX, No. 21. — Die Siegelbeschreibungen in Schuberts Gesch. d. St. Steinau, 1885, S. 8, 12 u. 66 sind nur Umschreibungen der von Saurma gebrauchten Worte.

1) Ich möchte dies Siegel bezweifeln. Wenn Saurma die Urkunde selbst gesehen hätte, dann würde er dies älteste Siegel sicher ebensogut abgebildet haben, als er das zweite abbildete. Vermutlich liegt eine Verwechslung mit dem ältesten Siegel von Glogau zu grunde.

Abb. S. 141 **Strehlen,** Stadt. In Silber der Erzengel Michael mit dem Schwerte in der Rechten, der Wage in der Linken.

Das für 1297 nachgewiesene: „✝S'CIVIVM ○ DE ○ STRE LIN ○" (47 mm) zeigt im gegitterten Felde einen linkshin gelehnten Schild und in diesem Schilde einen Helm, besteckt mit zwei sich kreuzenden Lilienstengeln, zwischen denen ein Stern schwebt. Saurma spricht den Helm mit Wahrscheinlichkeit als den der Grafen von Strelin an, denen Burg und Ort bis 1292 gehörten. Im Jahre 1346 erscheint auf dem: „+ S' CIVITATIS ❊ DE ❊ STRELIN" (62 mm) ein anderes Siegelbild: im besternten Felde St. Michael mit großem Nimbus, etwas nach rechts gewendet und mit beiden Händen eine Posaune an den Mund haltend. Ein 1411 gebrauchtes: „✱ S CIVITATIS ✱ STRELINENSIS" (34 mm) hat den Erzengel mit ausgebreiteten Armen, in der rechten Hand ein Schwert erhebend. Ein 1518 und noch 1582 benütztes: „MINOR · S · C · STREHLEN" (Schriftband, 22 mm) hat den hl. Michael mit dem Schwerte in der Rechten und der Wage in der Linken, auf deren Schalen zwei Figuren, aber nicht: „ein vollwichtiger Bettler und ein zu leicht befundener Kleriker", sondern ein gehörnter Teufel und ein Mensch sitzen. Dasselbe Bild, doch ohne die Figuren auf der Wage, hat noch ein: „SIGILLVM CIVI TATIS STRELENSIS" (oval, 24 : 22 mm) des 18. Jahrhundert, während zu Ende desselben ein: „SIGILLVM CIVITATIS STREH LENSIS" (oval, 20 : 18 mm) auftaucht, dessen Bild ein um einen steigenden Pfeil geschlungenes S ist. Saurma sagt, es kämen auch zwei kreuzweise durch das S gesteckte Pfeile vor (auf Siegeln?); die neueren Siegel haben aber alle wieder den Erzengel mit Schwert und Wage.

Einzelnen Stadtteilen gehören an ein Siegel des 18. Jahrh., in dessen Felde aus Rasen nebeneinander drei Blumen sprießen, Umschrift: „❊ ALTSTADT STRELEN ·" (20 mm) und ein Siegel mit einem auf einem Hügel wachsenden Baume mit der Umschrift: „GEM : S : VOR DEN STEINWEG (unten:) WASSERDOHR" (24 : 22 mm).

Saurma bringt das Privatsiegel eines Vogtes aus dem 14. Jahrh. zur Abbildung und erwähnt eines: „SIGILLUM · SCA BINATVS · CIVITA · STRELENSIS" des 16. Jahrh. mit dem Brustbilde „irgend einer Heiligen" im besternten Siegelfelde.

Abb. S. 141 **Striegau,** Stadt. In Silber über einer roten Zinnenmauer mit offenem Thore neben einander in halber Figur St. Petrus mit Buch und Schlüssel und St. Paulus mit Buch und Schwert, beide mit Nimbus.

Zwei bisher unbekannte Siegel dieser Stadt verdanke ich dem K. K. Staatsarchiv in Wien. Das 1309 gebrauchte: „. . SI . . . . V . CI . IVM IN · STREGV . ." (62 mm) hat beide Heilige neben einander stehend. Der rechts stehende (man erkennt auf dem Abdrucke die Attribute nicht) erhebt die geöffnete linke Hand. Der Stempel gehört zweifellos noch der zweiten Hälfte des 13. Jahrh. an. Das zweite: „+ · SIGILLVM · CIVIVM · IN STRIGVN" (70 mm) hängt in vorzüglicher Erhaltung an einer Urkunde v. 1353. Jul. 4., im genannten Archiv, weniger gut auch a. Urk. v. 1369 im böhm. Kronarch. in Prag. Es zeigt im gegitterten Felde beide Heilige, die Patrone der Striegauer Hauptkirche, neben einander, rechts Paulus, links Petrus, jeder mit seinen Attributen in den Händen, stehend auf je einem einfachen Kragsteine. Ein an einer Urkunde v. J. 1407 (im Thorner Ratsarchiv) hangendes Siegel zeigt die Brustbilder beider (rechts Petrus, links Paulus) über einer sehr niedern Mauer, wobei beide ihre Attribute zur Mitte des Feldes gekehrt halten. Von der Umschrift ist nur noch: „+ · S . . . . S . . . . . . E ·" (cc. 40 mm) zu erkennen. Ein 1425 gebrauchtes: „+ SIGILLD . . . ." (cc. 40 mm) hat ebenfalls beide wachsend, aber über einer Zinnenmauer, und sie halten darauf Schlüssel und Schwert nach außen. Ebenso auf einem auch in Thorn befindlichen: „+ sigillum ✱ civitatis ✱ strigo . iensis ✱ ~" (41 mm), bei dem das Feld besternt ist; (der um 1500 geschnittene Stempel wurde noch 1724 benützt). 1575 ward ein: „S . CIVIT . STRICONIÆ" (24 mm) gebraucht, welches in einem Schilde Schlüssel und Schwert so gekreuzt zeigt, daß dabei ersterer schrägrechts, letzteres schräglinks gestellt erscheint. Bei dem 1612 benützten: „SIGILLVM ✱ CIVITATIS ✱ STRIGONIÆ ✱" (26 mm) haben dagegen die Figuren ihre Stellung im Schilde vertauscht. Ein: „❊ SIGILL ❊ CIVITA . . . . ONI ❊ ANNO 1637" (32 mm) hat wieder das alte Bild: die beiden Heiligen halbleibs über der Mauer, von drei Sternen, je einem über und außen neben den Figuren, begleitet. Zu Ende des 17. Jahrh. erscheint der noch vorhandene Stempel des: „SIGILLVM CIVITATIS STRIEGOVIENSIS" (43 mm) mit einem Wappen: im Schilde die beiden Heiligen halbleibs über der Mauer, auf dem linkshin gekehrten (!) Helme ein mit den Sachsen rechtshin (!) gewendeter Flug, belegt mit schräggekreuztem Schlüssel und Schwert. Der noch vorhandene Stempel eines: „❊ SIGIL · CIVITAT STRIGONEN · ANNO 1525" (30 mm), welcher wieder im Felde die Heiligen über der Mauer, umwinkelt von drei Sternen, hat, dürfte wohl nicht lange vor 1800 geschnitten sein. Ein: „+ SIGILL ✱ CIVITATIS STRIGON 1769" (26 mm) hat Schwert und Schlüssel schräggekreuzt in einer stumpfkleeblattförmigen Erhöhung, die wohl auch noch einen Schild vorstellen soll, und ist die bis auf die Umschrift genaue Nachbildung des unten zu besprechenden Gerichtssiegels. Die neuen Siegel gleichen dem vorletzten.

Das 1370 benützte: „+ S' SCABI . . . ." (cc. 32 mm) hat zwei schräggekreuzte Schlüssel mit abgewendeten Bärten. Ein: „· S · IVDICI · CIVITATIS · STRIGO" (26 mm) aus dem 17. Jahrh., das Vorbild der neuen Stadtsiegel hat in einer erhöhten Kleeblattform Schwert und Schlüssel gekreuzt. — Abbildung des 1425 gebrauchten Stadtsiegels und des v. J. 1370 bekannten Schöffensiegels bei Saurma, Taf. X, No. 125 u. 126. Die in Thorn ruhenden Siegel sind von Bernhard Engel in den Mitteilungen des Coppernicus-Vereins, IX. Heft, 1894, besprochen worden.

Stroppen, Stadt. Gespalten, rechts in Gold der halbe schlesische Adler, links in Schwarz ein halbes, silbernes sogenanntes Wurfeisen. Abb. S. 141

Das Wurfeisen ist das Wappenbild der Wappengenossenschaft Odrowacz, welche dasselbe jedoch silbern in Rot führt. — Das um 1600 gefertigte: „SIGILLVM ❊ OPPIDI ❊ STROPPIN" (29 mm) hat ein ganzes Wappen; Schild wie oben, darauf ein Stechhelm mit einem fenster- und thorlosen Zinnenturm. Ein zweites: „SIGILLUM · CIVITATIS · STROPPENSIS" („kleineres") hat nach Saurma einen Stierkopf in einem Schilde. Ein dem Ende des 18. Jahrh. angehöriges: „SIGILVM OPPIDI STROPPEN" (36 mm) hat eine merkwürdige Darstellung: ein großes achtspitziges Ordenskreuz, ähnlich dem der Johanniter, aber mit Strahlen in den Winkeln, belegt mit einem ovalen Schild, der mit einer neunperligen Grafenkrone besetzt ist und von dem an einem Bande ein kleines Ordenskreuz herabhängt; der Schild ist quadriert, 1. u. 4. ein Stierkopf, 2. u. 3. ein (wilder?) Mann mit einem Stabe (?) in der Rechten. — Ein Schriftsteller aus dem Ende des vorigen Jahrhunderts, Zimmermann, gibt nach v. Saurma dann noch als Wappen des Ortes an: quadrierter Schild, 1. u. 4. ein halber Adler, 2. ein halber Turm, 3. ein halber Ochsenkopf. Neuerdings führt die Stadt eine matte Kopie des erstbeschriebenen Wappens. — Da keine weiteren Materialien mir zukamen, so bin ich nicht imstande, die Fragen nach der Herkunft der Wappenbilder zu beantworten.

Sulau, Stadt. In Rot eine gezinnte, silberne Brücke mit drei Bogen; auf den Zinnen neben einander rechts ein linkshin gewendeter silberner Löwe, links ein grüner Baum. Abb. S. 141

Der Löwe entstammt nach Saurma dem Wappen der früheren Mediatherren, der Freiherren, später Grafen von Burghauß. Ein: „○ SIGILIVM · CIVITATIS : SULAVIENSIS (im Felde:) 1694" ! (oval, 22 : 20 mm) hat die Darstellung in einem Rahmenschilde; ebenso ein wenig späteres: „✱ SIGILLVM · CIVITATIS · SULA VIENSIS (im Felde:) 1694 (27 : 24 mm). Das neueste Farbsiegel wiederholt das ältere Siegel mit Jahreszahl und Umschrift, aber ohne den Schreibfehler. — Ein: „✱ SIGILL · PRÆFECTURÆ · SULA VIENSIS · 1682" (oval, 28 : 25 mm) hat einen von Palmwedeln eingefaßten, mit fünfblätteriger Krone besetzten gespaltenen Schild, darin vorn ein Löwe, hinten ein Adler. Saurma beschreibt ein Gerichtssiegel mit derselben Umschrift und Jahreszahl, welches „das vollständige, zweifeldige, gekrönte und mit Helm und Helmdecken versehene Wappen der Grafen (d. h. 1682 noch Freiherrn) von Burghauß" enthält.[1]

1) Nach Hefners Wappenbuche des preuß. Adels führten die 1691 gegraften Freiherrn Burghauß im von Blau und Gold gespaltenen Schilde vorn einen gekrönten silbernen Löwen mit goldenem Halsband, hinten einen mit einem Fürstenhut gekrönten schwarzen Adler mit silbernen Kleeblattsicheln auf den Flügeln und einem silbernen Kreuzlein auf der Brust.

Trachenberg, Stadt. In Rot ein auf dem Rücken liegender grüner Drache, überdeckt von einem silbernen Turme. Abb. S. 141

Waldenburg.

Wansen:

·Wartha·

Wilhelmsthal·

Winzig

Wohlau

Wünschelburg.

Zobten

Entgegen dem sonst durchgeführten Grundsatze, in der Abbildung das Wappenbild — abgesehen von rein stilistischen Verbesserungen — stets so zu geben, wie es jetzt geführt wird, alle Bedenken über dessen Richtigkeit aber in den Text zu verweisen, bin ich hier zum Zurückgehen auf die älteste Vorlage auch in der Abbildung gezwungen, weil nämlich diese später zu einem geradezu unbenennbaren und also auch undarstellbaren Ding geworden ist.

Das nur in einem sehr verletzten Exemplar (vom Jahre 1402) bekannte: „SIGILLVM CIVI . . . . . .“ (47 mm) läßt trotz der schlechten Erhaltung ganz zweifellos einen hohen, schlanken Turm mit drei Zinnen, spitzem Dache und seitlichem, offenem Thore, sowie einen in halber Turmhöhe quer darüber hinfliegenden (oder, wie Saurma will, durch das Vorder- und Hinterthor kriechenden) Drachen mit langem, dünnem Halse und Schwanze, erkennen.[1]) Dann fehlen eine Zeit lang die Siegel. Nach 1600 erscheinen aber kurz nacheinander drei, sich höchst ähnliche Siegel mit der gleichen Umschrift: „✱ SIGILLVM CIVITATIS TRACHENBERGENSIS“ (24, 26 und 28 mm), zu denen als viertes noch ein von Saurma erwähntes, mit gleicher Umschrift, aber noch der Jahreszahl 1614 hinzukommt, welche alle mit größter Uebereinstimmung den Drachen auf dem Rücken liegend und in der Leibesmitte von einer Figur überdeckt zeigen, in welcher die meisten und auch der Magistrat eine über den Drachen gestürzte Glocke erkennen wollen. Schon Goedsche (Geschichte und Statistik des Militsch-Trachenburger Creises, 1847, S. 198) vermutete ein Mißverständnis, hielt die den Drachen überdeckende Figur für einen Berg und sagte, auf dem Kirchensiegel sei derselbe deutlicher zu erkennen. Ein Stadtverordnetensiegel von 1809 hat auch wirklich einen Berg, die neuen Siegel aber ahmen wieder getreu die rätselhafte Glockengestalt nach. Dieselbe ähnelt im Umriß einigermaßen einer Glocke, läßt auch unten perspektivisch die Höhlung, doch keinen Klöppel erkennen; sie hat aber obenhin einen ganz phantastischen Auffsatz und zeigt sich auch nicht glatt, sondern geflochten, etwa wie eine Fischreuße. Daß es kein Berg sein kann, leuchtet ein; es ist vielmehr eine arge Verbildung eines Turmes und das Flechtwerk war ursprünglich die Steinung desselben.

1) Dieses seltene Siegelbild hat die größte Aehnlichkeit mit dem von Klagenfurt (1353), welches Melly, Beiträge z. Siegelkunde d. Mittelalters, 1850, S. 104, so beschreibt: „Ein hoher, schmaler Quaderthurm, zu oberst drei Zinnen, am Fuße eine hohe, enge Eingangspforte. Vor dem Turme in der Hälfte der Höhe fliegt querüber ein Drache, am Kopf mit langen Ohren (oder Hörnern) und einem Ziegenbarte, mit ausgebreiteten Flügeln und Fängen, den Schweif dreifach geringelt. So wie der Thurm die ganze innere Höhe, nimmt der Drache die ganze innere Breite des Siegels ein.“ Ganz so ein vorliegendes Papiersiegel von Klagenfurt aus dem 15. Jahrhundert.

Abb. S. 141 **Trebnitz**, Stadt. **In Blau zwei schräggekreuzte, goldene Schlüssel mit abgewendeten Bärten, zwischen denen oben das Haupt des Apostels Petrus schwebt.**

Das wohl noch in das 13. Jahrh. zurückreichende, für 1321 nachgewiesene: „+ · SIGILVM : CIVIVM · IN · TREBNIS ·“ (57 mm) zeigt St. Petrus mit dem Schlüssel in der Rechten und dem Buch in der Linken, auf einer Bank sitzend. So hat auch das 1372 gebrauchte: „+ SIGILLVM CIVIVM IN TREBNICZ“ (55 mm) den Heiligen auf der Bank, aber hier ist sein Haupt nimbiert, er hält in der erhobenen Rechten das aufgeschlagene Buch und mit der Linken den Schlüssel. Ganz so das: „+ SIGILLVM CIVITATIS TREBNITCENSIS (im Felde:) 16 12“ (45 mm). Aber schon im 14. Jahrh. kommt ein: „+ S CIVIVM IN TREBNICZ“ (26 mm) mit dem jetzigen Siegelbilde, dem Haupte über den Schlüsseln vor. Während bei diesem ersten der Kopf einen Heiligenschein hat, fällt derselbe später fort. So bereits auf einem, dem 15. Jahrh. angehörenden, noch zu Ende des 17. gebrauchten: „+ s * civitatis * trebni . . . s * ~ * ~ *“ (26 mm); so auch auf dem: „+ : SIGILLVM CIVITATIS TREEBNITCNSIS : (im Felde:) 16 72“ (39 mm), auf einem kleinen Siegelchen mit der Inschrift: „SIGILL CIV . . . TREBNIC . . (oben:) 17 42“ (oval, 20 : 17 mm) und auf den neuen Magistratssiegeln.

Ein: „SIGILL : SCAB TREBNIC : (oben:) 17 61“ (oval, 22 : 20 mm) hat einen aufgerichteten Schlüssel mit linkshin gekehrtem Barte; wogegen ein um 1800 gefertigtes Stadtgerichtssiegel das Bild der neuen Stadtsiegel enthält. — Die älteren Siegel sind bei Saurma, Taf. X, No. 129 und 130 abgebildet.

Tschirnau, Stadt. **In Silber ein breitbedachter, roter Turm mit anschließender Zinnenmauer und offenem Thore; das Dach ist mit zwei blauen Fahnen besteckt, in denen je ein silberner Ring; zwei ebensolche Fahnen kommen schräg aufwärts aus den seitlichen (selbst nicht sichtbaren) Fenstern des Turmes.** Abb. S. 141

Saurma erklärt ausdrücklich, daß die älteren Siegel den Schild der Burggrafen von Dohna, in Blau zwei gekreuzte, silberne Hirschstangen, in den Fahnen erkennen ließen, und gibt an, das älteste habe das Wappen in einem zierlichen Schilde mit einer breiten, offenen Krone auf demselben, darüber „wie es scheint, die Jahreszahl der Besitzergreifung der Dohnas 1292“ und die Umschrift: „SIGILLVM · CIVITATIS · TSCHIRNENSIS“ („kleines Siegel“). Leider gibt S. dabei kein Alter des Siegels an, und aus der Zusammenstellung der Zahlenformen des 15. Jahrh. mit den Schriftformen frühestens des 16. läßt sich doch kein Schluß ziehen. Das: „· SIGILLVM · CIVITATIS · TSCHIRNENSIS (im Felde:) 1575“ (? 1591 ?, 22 mm) hat das Stadtthor in einem Rahmenschilde; auf den Fahnen vermag ich kein Bild zu erkennen. Noch vorhanden sind die Stempel eines im 18. Jahrh. gefertigten Siegels mit demselben Bilde und der Umschrift: „TSCHIRNA · IN · SCHLESIEN“ (31 mm) und eines um 1800 gestochenen mit: „MA

GISTRAT (unten:) ZU TSCHIRNAU" (oval, 25:23 mm), beide, wie auch mehrere Farbsiegel, mit leeren Fahnen, wogegen ein Stadtverordnetensiegel in dieselben einen Ring setzt. — Dasselbe Bild, auch mit dem Ring in den Fahnen hat das: „SIEGEL DES KÖNIGLICHEN GERICHTS DER STADT (unten:) GR : TSCHIRNAU" (34 mm) aus dem Anfang des 19. Jahrhunderts.

Abb. S. 146 **Waldenburg** i. Schles., Stadt. **In Silber ein aus grünem Boden wachsender, natürlicher Eichbaum.**

Ein um 1700 gestochenes, zierliches Siegel zeigt einen Baum von unbestimmtem Charakter in einem ovalen Rahmenschilde; Saurma las darüber das Wort: „WALDENBURG" (20 mm), jetzt ist dasselbe auf dem ihm vorgelegen habenden, einzig bekannten Abdrucke weggebrochen. Ein: „✣ SIGILVM CIVITATIS WALDENBVRGENSIS" (32 mm) aus dem Beginne des 17. Jahrh. und bis zu Anfang des 19. benutzt, hat im Schilde eine aus dem Boden wachsende Tanne mit Zapfen. Das Siegel der: „STADTVERORDNETEN ZU WALDENBURG (1809)" (32 mm) hat daraus einen Eichbaum gemacht, und die neuen Siegel haben diesen beibehalten.

Abb. S. 146 **Wansen,** Stadt. **In Rot das Haupt St. Johannes des Täufers auf aufgerichteter, goldener Schüssel; über derselben nebeneinander zwei silberne Lilien.**

Das früheste, bekannte[1]) Siegel ist das von Saurma abgebildete: „✠ secr ...... + wansen +" (38 mm) aus dem 15. Jahrh., welches das von den Lilien beseitete Haupt in einem Halbrundschilde im besternten Felde innerhalb eines Dreipasses, durch den sich der Schriftrand zieht, enthält. Ein: „SIGILVM · CIVITATIS · WANSAW · 19" („sehr klein"), dessen Zahl Saurma zu 1519 ergänzt, hat nach ihm das Haupt auf der Schüssel im reich verzierten Schilde (? 1519). Das in der ersten Hälfte des 17. Jahrh. gestochene: „✳ SIGILLVM · CIVITATIS · WANSOVIÆ" (25 mm) hat die Schüssel mit dem Haupte und über derselben die Lilien, zwischen denen hier ein Stern schwebt im ausgeschnittenen Schilde. Bei einem: „∴ SIEGL : DER : STADT : WANSEN" (22 mm) aus der Mitte des 18. Jahrh. sind der Schild und die Lilien weggefallen; das Haupt ruht in der Schüssel, deren Rand, ganz wie bei den bekannten Zinntellern jener Zeit, so ausgeschnitten ist, daß der Umriß dem einer heraldischen Rose gleicht.

„Die Schöppen von Wansen siegelten noch 1610 mit einem alten Stempel aus dem fünfzehnten Jahrhundert: gespaltener Wappenschild, rechts der halbe Adler von Schlesien, links drei der bischöflichen Lilien, in deren Mitte ein eigentümlicher, kleiner, rautenförmiger Punkt. Die nur halb lesbare Umschrift heißt: s · sca binorum · civita · w......"·(Saurma). 1737 dagegen zeigt ein, in der Formel als gewöhnliches Gerichtsinsiegel bezeichnetes Siegel einen gespaltenen Schild, worin vorn der halbe schlesische Adler, hinten der hl. Michael; von der Umschrift ist nur zu entziffern: „✳ SIGIL DER STA ···· FEN IN WANSEN" (28 mm).

[1]) Von einem älteren Stempel scheint sich kein Abdruck erhalten zu haben, aber wir haben eine Nachricht, daß der Stempel selbst schon im 14. Jahrh. in Verlust geraten war. Im Brieger Stadtbuche steht eine Notiz, welche Grünhagen (Cod. dipl. Siles., Bd. IX, Urk. d. St. Brieg, No 249) folgendermaßen ausgezogen hat: „1364 Okt. 26. Nic. Sydlini erklärt Namens der Consulen von Wansen vor dem Rathe (der Stadt Brieg), daß Zacharias von Robilnow ihnen räuberischer Weise das Siegel der Stadt genommen und daß, falls für der Schuldbriefe der Stadt ans Licht kämen, diese für ungültig zu erklären seien.

Abb. S. 146 **Wartha,** Stadt. **In Gold die gekrönte Gottesmutter mit dem Kinde auf dem Schoße, sitzend auf einem roten Thronsessel.**

Der Ort besaß ein wunderthätiges Marienbild, welches die Siegel abbilden. Das älteste ist (nach Saurma) 1691 geschnitten, und zeigt über dem verzierten Wappenschilde nur den Buchstaben W. Ein: „✳ SIGILLUM DER GEMEINE · WAARTE" (oval, 22:20 mm) aus dem 18. Jahrh. hat die Madonna mit unverhältnismäßig großem Strahlennimbus in einem ovalen, verzierten Schilde. So auch: „DAS · GROSE · STADT · SIEGEL · ZU · WARTHA · 1809 :" (35 mm), während die neuen Magistratssiegel sie frei im Felde haben.

Weißstein, Dorf.

Im Jahre 1886 ließ die Gemeinde ein Siegel: „GEMEINDE WEISSTEIN ✳ KREIS WALDENBVRG i|SCHL" (30 mm) anfertigen mit einem Wappenschilde, worin ein sackförmiger Körper, vorn mit einer Handhabe (Steinkohlensack?), über dem gekreuzt Schlegel und Eisen schweben, rechts von einem Bergmann gehalten wird, während links daneben ein Bauer mit einem Rechen steht. Die Darstellung soll den dortigen Steinkohlenbau symbolisieren und daran erinnern, daß die Grube dortigen Bauern gehöre (gütige Auskunft des Gemeinde-Vorstandes). Der im 17. Jahrh. geschnittene, noch vorhandene Stempel des: „· GERICHTES · SIGEL · DER GEMEIN WEISZSTEIN" (30 mm) hat im ovalen Rahmenschilde einen auf Rasen wachsenden Baum.

Abb. S. 146 **Wilhelmsthal,** Kr. Habelschwerdt, Dorf, bis 1891 Stadt. **Gespalten, vorn in Rot zwei goldene Schrägrechtsbalken, hinten in Rot ein silbernes W.**

So im Schilde das: „✳ SIEG : D : ST · WILHELMSTHAL · I · D · G · S · GLATZ (im Felde:) 1817" (oval, 25:24 mm) und, mit den durch Schraffierung ausgedrückten Farben das neue Farbsiegel: „✳ S · D · STADT · WILHELMSTHAL · I · D · GR · GLATZ (26 mm). — Der noch vorhandene Stempel des: „+ GERICHT SIGEL · ZVM · WILHELMSTHAL (im Felde:) 1598" (32 mm) hat denselben Schild, nur sind die Schrägbalken sehr schmal ausgefallen u nd in der rechten, unteren Ecke des ersten Feldes stehen noch die Buchstaben: „M K". Saurma erklärt dieselben für die Anfangsbuchstaben von Mohrau (Mora) und Ramitz, der Namen der beiden kleinen Flüßchen, an deren Zusammenflusse die Stadt liegt, geht aber zu weit, wenn er nun daraus schließt, die beiden, nicht einmal gebogenen Schrägfäden, sollten also nicht das Wappen der Grafschaft Glatz, sondern jene beiden Flüsse darstellen.

Winzig, Stadt. **In Rot wachsend ein Geharnischter mit langem Barte, linkshin gewendet, der mit der Rechten ein Schwert schultert, in der Linken eine Weinrebe mit blauer Traube hält.** Abb. S. 146

Dies Wappen wurde der Stadt i. J. 1512 vom König Wladislaw durch Vermittlung des damaligen Mediatherrn, des Siegmund Kurtzbach, Freiherrn von Trachenberg, verliehen und, weil die Urkunde darüber „in der fürgewesenen feindlichen Plünderung vorbesagter Vnserer Stadt Wintzig in etwas schadhaftig gemachet worden,"[1]) am 19. Oktober 1651 vom Herzoge Georg Rudolf von Liegnitz etc. erneuert. Der das Wappen betreffende Teil jener „Renovation" lautet nach freundlicher magistratlicher Mitteilung: .....„ein Statwappen vnd Sigel genedigclich gegeben vnd verlihen, deszgleichen, dasz Sy alle Jr Statsachen vnd notturft, wo Jn von notten mit Rottem Wachs petschadten vnd Segilliren sollen, Nemblichen, ein Rotter Schilt darynnen ein vber die Helfft geharnischter Mann, mit aufgeschlagenem Kappelin mit einem Barth bisz auff die Brust, in der rechten Handt ein auffgericht Blosz Schwert, in der Lincken ein Stam mit Weinreben vnd Travben daran hangen haltent, wie dann solchs hir Jn mit disz Briefs mit Kunst vnd Hende desz Malers erklert und mit den Farben eigentlich auszgestrichen ist." — Das 1377 gebrauchte, nur in einem Bruchstücke bekannte: „SIGILLVM CIVI V.....✳" (49 mm) hat inmitten des Feldes einen spitzbedachten Zinnenturm, an dem sich rechts eine von einem Stern überhöhte Zinnenmauer anschließt, während links davon eine Weinrebe das Feld ausfüllt. Das wohl noch im Jahre der Wappenverleihung (1512) geschnittene: „SIGILLVM ⁑ CIVITATIS ⁑ WINCZIG" (auf Band, 38 mm) hat in einem Schilde den Geharnischten linkshin gewendet, halbleibs, mit geschultertem Schwerte und der Weinranke in der Linken. Ebenso, aber in reichem Rahmenschilde, ein 1663 gebrauchtes: „· SIGILLVM · CIVITATIS WIN ...... IS" (36 mm). Noch vorhanden sind der um 1600 gefertigte Stempel des: „✳ SIGILLVM CIVITATIS WINCINGENSIS" (20 mm) und der des: „✳ SIGILL · CIVITATIS WINTZIGENSIS (im Felde:) 17 47" (34 mm). Ersterer hat den gerüsteten Mann mit Schwert und Rebe frei im Felde, letzterer denselben linkshin gekehrt in einem Rahmenschilde. So auch das neue Farbsiegel des Magistrats. — Das: „SIGILL · IUDICII · WINCINGENSIS" aus dem Anfang des 17. Jahrh. schließt sich trotz der doppelten Wappenverleihung an das ältere Siegelbild an; es hat inmitten des Feldes den Turm, begleitet rechts von einem zweiten kleineren Turme, über dem der Stern schwebt, links von der Rebe. Ein: „IUDICII WINZINGENSIS SIGILLVM · 1772" (oval, 30:26 mm) hat dagegen ein ganz anderes Bild: auf einem hohen, mit Blumen bewachsenen und mit einem *W* belegten Berge eine Ringmauer, über welche neben einander drei dach- und zinnenlose Türme, jeder mit einem runden Fenster, sichtbar werden.

[1]) Im dreißigjährigen Kriege also war der Brief nur etwas schadhaft geworden; jetzt ist er verloren.

Wohlau, Stadt. **In Silber ein schreitender, roter Stier.** Abb. S. 146

v. Saurma erwähnt eines 1473 gebrauchten: S · CIVIVM · DE · WOLAV (Größe?) ohne es jedoch abzubilden; es hat auch den Ochsen (Wol = slav. Ochse) als Wappenbild. Der ersten Hälfte des 16. Jahrh. gehört ein Signet an, welches in einem Schilde den linkshin schreitenden Stier, über dem Schilde aber die Buchstaben: „S C W" (19 mm) zeigt. Um die Mitte des 16. Jahrh. ward ein: „✳ SIGILVM ✳ M ✳ CIVITATIS ✳ WOLAW"! (auf Band, 37 mm) mit demselben Schilde gebraucht. Zu Beginn des 16. Jahrh. erscheint davon eine gleichgroße Nachbildung mit ganz gleicher Darstellung und Legende, die nur minder gut gestochen ist. Ein: „: S : CIVITATIS : WOL · AVIENSIS : 1613" (31 mm) hat dagegen den Ochsen nach rechts schreitend frei im Siegelfelde. Bei einem: „✳ S CIVITATIS · WOLAVIENSIS" (30 mm) des 17. Jahrh. dagegen erscheint er, ebenfalls nach rechts gehend, in einem ovalen Rahmenschilde. Ebenso auf einem zu Ende des 18. Jahrh. gefertigten, noch vorhandenen Stempel mit: „+ SIG · MAG · CIVI · WOLAU ·" (28 mm). — Diese Darstellung wurde von verschiedenen städt. Aemtern genau wiederholt, während: „DER MAGISTRAT ✳ ZU WOHLAU · ✳" (28 mm) zu Anfang dieses Jahrhunderts einen Helm mit einer gar nichts sagenden dreiblätterigen Krone darauf auf den Schild setzte und auch jetzt noch an dieser Darstellung festhält.

Von Gerichtssiegeln kannte Saurma ein: S · PRAETORIS · DE · WOLAV mit dem Ochsen als Siegelbild aus dem 15. Jahrh. und ein: S · SCABINORVM · IN · WOLAW mit demselben aus dem 17. Jahrh.

Wünschelburg, Stadt. **In Blau eine silberne Burg mit drei spitzbedachten Zinnentürmen und offenem Thore.** Abb. S. 146

Der Stempel des ältesten bekannten Siegels, des der Mitte des 16. Jahrh. angehörigen: „'CIVITATIS · WVNCHELBERG

Provinz Schlesien. Regierungsbezirk Breslau.

ENSIS"! (21 mm) mit obigem Bilde, hat sich erhalten. Ein um 1600 gefertigtes: ✶SI : CIVITATIS · WVNTSCHELBVRGENSIS" (29 mm) hat dieselbe Darstellung; ebenso dessen vergrößerte Nachbildung sowie die noch vorhandenen, um 1650 gefertigten Stempel des: „✶ SIGILLVM : CIVITATIS + WVNTSCHELBVRGENSIS" (39 mm) und des: „: S : CIVITATIS WVNSCHELBVRGENSIS :" (oval, 25 : 23 mm) aus dem 18. Jahrh.

Zirkwitz, Dorf, ehemals Stadt.

Ein sehr schönes, 1437 gebrauchtes: „sigillum ⚜ ciuitatis : cir ......" zeigt im langgestreckten Vierpaß die Zeichen der damaligen Zugehörigkeit des Städtchens zum Bistum Breslau, einen aufgerichteten, jederseits von einer Lilie begleiteten Bischofsstab. 1577 und später noch benutzte man ein: „SIGIL : CIVITATIS : CZ ... KWICENSIS" (24 mm), dessen Feld geteilt ist. Die Teilungslinie überdeckt der aufgestellte Bischofsstab; oben rechts ist dieser von einem schrägrechts aufsteigenden Pfeil, oben links von einem Stern, unten jederseitsvon einer Lilie begleitet. Pfeil und Stern entstammen dem Wappen des Breslauer Bischofs Balthasar v. Prommitz, 1539—1562, lassen also, da dieser Stempel nicht so alt ist, auf ein früheres Siegel schließen. Das neue Farbsiegel des Gemeindevorstands zeigt kein Bild. — Ein noch erhaltener Stempel: „· CIRCKWITZER GRICHTS SIEGEL 1761" (oval, 24 : 22 mm) hat unter einer fünfblätterigen Krone rechts eine Bischofsmütze, links einen schräglinks gestellten Krummstab.

Zobten, R.B. Breslau, Stadt. In Grün St. Jakob in Pilgertracht. Abb. S. 146

Das 1448 gebrauchte: „s · cōsulum · d' + zobta ○ ⁙ ∴ ⁙" (30 mm) hat im langgezogenen Vierpaße eine weibliche Heilige mit einem Schleier ums Haupt, deren Attribute auf dem Abdrucke nicht zu erkennen sind. Sehr wahrscheinlich ist es Unsere liebe Frau, die Schutzheilige des Breslauer Sandstiftes, dem der Markt schon im 12. Jahrh. gehörte. Das nächste der bekannten Siegel, das im 17. Jahrh. gefertigte: „+ SIGILLVM + CIVITATIS + ZOPOTEN" (26 mm) hat den auf Rasenboden rechtshin schreitenden Pilger mit langem Stabe, hinter ihm auf einer Anhöhe ein dreitürmiges Gebäude. Ohne letzteres zeigen ihn die neuen Siegel. — Das der Mitte des 14. Jahrh. angehörige, für 1404 nachgewiesene: „S · SCABINORVM · · CZOBOTAW" (31 mm) hat im Felde einen von Links kommenden Arm, der einen aufgerichteten Abtstab hält. Das: „+ S + WDICVM IN CZOBOTAW : :" (30 mm) zeigt die Mitra des Abtes.

Provinz Schlesien. Regierungsbezirk Liegnitz.

Abb. S. 153 **Liegnitz,** Hauptstadt des gleichnamigen Reg.-Bez. **In Blau ein linkshin gewendeter, doppeltgeschwänzter, goldener Löwe, der zwei schräggekreuzte, silberne Schlüssel hält.**

Das Wappen wurde der Stadt von König Ladislaus I. von Böhmen i. J. 1453, März 12., verliehen und am Dienstag vor dem Himmelfahrtstage desselben Jahres vom Kaiser bestätigt.1) Der Wappenpassus des königlichen Briefes lautet: ..... „ire alde herbracht wappen vnd klynod, nemlich ainn Schild von Saphir vnd darinn zwen Slüssel von silber krewtzweis gnediclich getziert gepessert vnd von Newen ainn lewen von gold mit aufgeworffen zwifachen swannecz in demselben schild klymund in stakh von kuniglicher macht als kunig zu Behem gnedichleich geben vnd verlihen haben, geben und verleihen In die in krafft des briefs, Also daz Sy vnd Jr nachkomen denselben Leo und die Slüssel in dem schilt vnd auf dem schild ain gulden Cron vnd darinn das vordertail des Lewen haltend in der ainen phaten zwen Slüssel, als die hie ynne mit varben angestrichen sind, Nu furbazzer in Jrem Stat Insigil vnd Secret auch in vanen vnd zu allen anndern erbern vnd redlicher sachen vnd taten furen vnd gebrauchen sullen vnd mugen." Inmitten der Urkunde ist das der Beschreibung entsprechende Wappen gemalt: ein blauer Schild mit einem linkshin gewendeten, zwei schräggekreuzte silberne Schlüssel haltenden goldenen Löwen; auf dem obern Schildrande ruht eine dreiblättrige Krone, aus der oben der Löwe mit den Schlüsseln wächst, während unten aus derselben flatternde goldene Tücher hervorgehen.2) Das noch dem 13. Jahrh. angehörende: „+ SIGIL LVM · CIVITATIS LEGNICENSIS" (75 mm) zeigt innerhalb einer Ringmauer mit offenem Thore zwischen zwei spitzbedachten Türmen den hl. Petrus auf einem Faltstuhle sitzend, in der Rechten den großen Schlüssel, in der Linken das Buch haltend. Bereits an einer Urkunde v. J. 1302 (Breslauer Stadtarchiv) hängt ein anderes: „+ SIGILLVM CIVITATIS LEGNIZEN SIS" (70 mm), welches den Apostel mit seinen Attributen, stehend unter einem von zwei spitzbedachten Zinnentürmen beseiteten, verzierten Spitzbogen zeigt. Im Felde außen, neben den Türmen steigen Ranken auf, während unten zwei kleine Drachen mit einem gemeinsamen Kopfe (nicht die faden Arabesken, die Clericus dafür hinzeichnete!) sichtbar werden. Aehnlich ist ein gleichzeitiges Sekret: „S' CIVTATIS · LIG ...."! (38 mm), wobei jedoch der Heilige die Rechte segnend erhebt und den Schlüssel in der Linken hält. Ein 1380 benütztes: „+ SECRETVM · CIVITATIS : LEGNICZENSIS" (38 mm) zeigt den hl. Petrus auf einem kleinen Kragsteine stehend, mit einer Tiara auf dem nimbierten Haupte, den Schlüssel in der erhobenen Rechten, das Buch mit der vom Mantelende bedeckten Linken haltend, zwischen zwei, unten durch eine Mauer verbundenen Türmen. Auf den Turmzinnen werden zwei Gewappnete halbleibs sichtbar; Clericus zeichnete ihnen in den Händen flatternde Fahnen, ich glaube statt deren die Buchstaben S P zu erkennen.3) Ebenfalls dem 14. Jahrh. angehörig ist ein: „+ · SIGILLVM ‡ CIVITATIS ‡ LEGNICZENSIS" (70 mm), welches unter einem, von drei gewundenen Säulen getragenen Doppelbaldachin St. Petrus und St. Paulus, jeder mit seinem Attribut, zugewendet nebeneinander sitzend, zeigt; zu ihren Füßen ist ein kleiner Schild mit dem schlesischen Adler. Der Stempel ist noch erhalten, aber Saurma bezweifelt seine Echtheit.4) Ein im Thorner Stadtarchiv schon an einer Urkunde vom Jahre 1399 hangendes: „secretum ✻ ciuitatis ✻ legniczensis" (40 mm) zeigt den hl. Petrus, mit dem Schlüssel in der Rechten und einem Buch in der Linken; die Figur ist so groß gehalten, daß das Haupt über das mit Kleeblättern besäte Siegelfeld hinaus in den Schriftrand ragt. — Ganz wie bei Danzig ward auch hier der Gebrauch des alten Hauptsiegels durch die Verleihung des neuen Wappens nicht unterbrochen, obwohl dieselbe es ausdrücklich für das Insiegel und Sekret vorschreibt. Es ist nicht einmal ein Sekret bekannt, was das Wappen der neuen Begnadigung genau entsprechend trüge. Das vielleicht gleich nach Erhalt des Briefes gefertigte, lange benutzte: „secretum lignicens. · minus" (bewegtes Schriftband, 28 mm) hat nur die beiden schräggekreuzten Schlüssel, nicht auch den Löwen, im Schilde. So auch ein zierliches Signet des 16. Jahrh., ohne Umschrift, nur mit einem „L" oben, zwischen den abgewendeten Schlüsselbärten (achteckig, 12 mm), und das: „S ✶ SENATVS ✶ POPVLIQ ✶ LIG NICENSIS ✶ 1627 ✶" (35 mm), dessen später überarbeiteten Stempel das Museum schles. Altertümer in Breslau verwahrt. Erst das: „+ SIGILLVM CIVITATIS LIGNICENSIS" (oval, 27 : 25 mm) und ein: „✻ SIGILLUM SENATUS POPULIQUE LIGNICENSIS" (oval, 40 : 37 mm) des 18. Jahrh. kommen der Wappenverleihung von 1453 nach, indem ersteres in einem bekrönten ovalen Schilde den rechtsgekehrten, die Schlüssel haltenden Löwen, letzteres im Schilde denselben linkshin stehend, über dem Schilde aber eine Krone, aus der der Löwe mit den Schlüsseln rechtshin gewendet wächst, zeigt. Letzteres Siegel hat auch zuerst den für ein städtisches Emblem so wenig passenden Wappenmantel. Diesen behalten auch bis heute alle Siegel beharrlich bei, ebenso die Krone auf dem Schilde, während sie die daraus wachsen sollende Schildfigur zumeist fortlassen.

Das an einer Urkunde von 1306 im Breslauer Staatsarchiv hangende: „✠ S' SCABINOR' IN LEGNIZ" (31 mm) zeigt im gegitterten Felde den Topfhelm der Herzoge, dessen Kleinod ein halbkreisförmiges, mit dem wachsenden Adler belegtes und fächerförmig mit Pfauenfedern bestecktes Schirmbrett ist. (Auf dem Siegel ist der wachsende Adler des Schirmbretts wohl zu erkennen, nicht aber auf Clericus' Zeichnung.) Ein von der Untergerichte Ambts Vogtey gebrauchtes: „SIGIL · SVBPRÆTORIS · LIG NICENSIS 1563" (25 mm) hat in einem verschnörkelten Schilde die gekreuzten Schlüssel (Breslauer Staatsarchiv). Das: „✶ STADT GERICHTS SIEG : D : K : P : FÜRSTENTH : STADT LIEGNITZ" (33 mm) aus dem Ende des 18. Jahrh. hat, wie die Stadtsiegel, den Schild mit dem schlüsselhaltenden Löwen auf den von der Krone ausgehenden Hermelinmantel. — Martin Helwigs Landkarte von 1561, Sibmachers Wappenbuch von 1605 und Homanns Atlas von 1737 haben nur den blauen Schild mit den zwei schräggekreuzten silbernen Schlüsseln. Luchs, Schles. Landes- und Städtewappen, 1881, bildet ein nie geführtes ganzes Wappen mit nach vorn gekehrtem Helm und nach rechts gedrehter Helmzier ab und tingiert den einen Schlüssel golden, den andern silbern, was, dem ausdrücklichen Wortlaute beider Wappenbriefe entgegen, allerdings mit dem modernen Gebrauche harmoniert. — Abbildungen der alten Siegel bei Saurma, Taf. VI, No. 66—71. — Dewerdeck, Silesia numismatica, S. 671 gibt an, die Stadt habe i. J. 1396 die beiden sitzenden Apostel als Siegelbild gewählt; allein es kommen Abdrücke dieses Stempels an früheren Urkunden vor; z. B. vom Jahre 1369 im Stadtarchiv zu Breslau. Auch machte nicht, wie v. S. schreibt, der Wappenbrief v. J. 1453 der Herrschaft dieses alten Stempels ein Ende, sondern Dewerdeck erwähnt ausdrücklich, daß man mit demselben noch bis dato (1711) diejenigen Sachen, die auf Pergament geschrieben werden, zu besiegeln pflege.

1) Der Magistrat war so gütig, mir beide Wappenbriefe im Original zur Einsicht anzuvertrauen; wofür ich auch hier noch einmal allerbestens danke. Beide Urkunden sind sehr gut erhalten, nur ist bei der Wappenmalerei inmitten des Königlichen Diploms der Bolus großenteils abgesprungen, so daß die mit der Feder ausgeführte Unterzeichnung der Vergoldung zutage tritt. Auch ist das königliche Siegel etwas verletzt, während an der zweiten Urkunde das bekannte schöne Doppelsiegel Kaiser Friedrichs III. in grauem Wachs mit rotem Ringsiegel, von prächtiger Erhaltung ist. Einen vollständigen Abdruck der oben nur auszüglich mitgeteilten königlichen Urkunde gab Dewerdeck S. 675 und besser Seyler, Gesch. d. Heraldik, S. 829. Der kaiserliche Brief aber lautet nach dem Original: „Wir Friderich von gottes gnaden Romischer keyser Zu allen Zeitten Merer des Reichs, Hertzog zu Österreich (folgen die bekannten Titulaturen) Bekennen vnd tun Kunt offembar mit disem brief, Allen den die In sehen oder hören lesen, Wan vnser keyserliche wirdigkeit darin wir von gottlicher schickunge gesatzt sind, allzeit geneigt ist, Aller vnd yeglicher des heiligen Romischen Reichs vndertanen vnd getrewen vnd besonder der, die vnsern vnd des heiligen Reichs Curfürsten thumben mit trewen vnd gehorsam in Erbschafft gewondt sind bestes mit nutz vnd ere furtzuwenden, so haben wir angesehen solche veste trewe vnd anneme dinste, die vns vnd dem heilign Reich vnd als Vormünder vnser lieben Vettern Kunig Laszlas vnd der Crone zu Behem die Ersamen Bürgermeister, Rattmanne, gesworn, vnd die Gemeinde der Statt Lygnitz vnser vnd des Reich lieben getrewen beweißt und getan habend und fürbaß zu tun willig seyen, vnd Sy und Ir Nachkomen wol tun sollen vnd mögen in künftigen Zeiten, Und haben darumb mit wolbedachtem mute, gutem Ratte vnserer Fürsten, Grauen, Edeln vnd getrewen vnd rechter wissen denselben Bürgermeistern Rattmannen gesworn vnd Gemeinden der Stadt Lygnitz vnd Iren Nachkomen dise besonder gnad getan, verlihn vnd von newes gegeben, Tun, verleihen vnd geben In die von Romischer Keyserlicher macht in kraft diß briefs. Also als Sy vortzeitten bißher Ire Statt wappn vnd Cleinete, mitnamen einen Schilde, mit einem blawen oder himlvarben vellde vnd darine zwen weiß Slüssel gefürt vnd gehabt hand, Daz Sy und Ire Nachkomen der Statt zu Lygnitz zu zierung Irer Statt wappen vnd Cleinet Nn fürbaß iner einem Schilde mit einem Blawen oder himel varben oder Zaphiren velde vnd darine einen clymenden, aufgestrackten, guldin oder golduarben oder gelwen Lewen mit einem aufgeworffen zwifachen swantz vnd gegen demselben Lewen zwen weisse oder perlen oder Silbren Slüssel aufgerackt kreutzweise, Und auf dem schilde ein gulden oder golduarbe Crone vnd darine einen guldin oder gollduarben Lewen des vordern teils mitsampt dem zwifachen swanz, halltende in einem photten zwen weiß Slüssel kreutzweise, Als dan dieselben wappen vnd cleinete in der mitte diß gegenwürttigen briefs mit varben vnd figuren eigentlicher außgestrichen sind, haben, furen vnd der an allen redlichen sachen vnd gescheffften zu schimpf vnn zu ernste vnd in Iren Statt Baniern, Insigeln, an Thoren, An Turnen vnd an allen (Orte)n nach Irem willen geprauchen vnd genießen sollen vnd mogen; von Allermeniclich vngehindert. Auch auf das daz die vorgenanten von Lygnitz vnser keyserlichen gnaden gunst vnd gutten willen, die wir zu In haben, dester milticlicher emphinden mogen, So tun wir In und der Statt Lygnitz dise besonder gnade vnd geben In volle macht, daz zu ewigen zeitten ein yeglicher Burgermeister zu Lygnitz der yetzund ist vnd in künftigen Zeitten daselbst gesatzt wirdet, dasselbe Jare, so Er Bürgermeister ist, vns vnd dem Reiche vnd der Crone zu Behem, dem hause zu Österreich vnd derselben Statt zu eren tragen soll vnd mag offenbar einen guldin lewen an einem Silbrem Hallsbannt, an Allermeniclichen irrung vnd eintrag. Darumb so gepietten wir allen vnd yeglichen Fürsten, Grauen, Freyen Herrn, Rutern, knechten, Amptleutten, Herolden, parseuanden, Burgermeistern, Retten vnd gemeinden der Stette, Merckte vnd dorffere Vnd sonst allen andern vnsern vnd des Reichs vnd der Crone zu Behem vntertanen vnd getrewen von Romischer Keyserlicher macht ernstlich vnd vesticlich mit disem brief, daz Sy die obgenanten Burgermeister Rattmanne gesworne vnd gemeinde der Statt zu Lygnitz an den vorberürten Iren wappen Vnd Ceinete vnd an diser vnserer gnade nicht hindern noch Irren sollen, in kein weise, Sonder Sy der gerulichen geprauchen vnd geniessen lassen, Alslieb In vnd einem yeglichen sey vnser vnd des Reichs swere vngnad zu uermeiden, Unschedlich doch yedermann die villeicht der vorgenanten wappen vnd cleinete gleich fürtten an Iren wappen vnd Rechten. Mit vrkunt diß briefs versigelt mit vnser keyserlichen Maiestatt anhangendem Insigel. Geben zu der Newenstatt. Nach Cristi vnsers lieben Herren gepurde Viertzehennhundert vnd darnach in dem dreyundfunfftzigisten Jaren Am Eritag vor dem heiligen Auffarttag, Vnsers Reichs im viertzehennden Vnd des Keyserthumbs in dem Anndern Jaren.“ Auf dem Einschlag steht:

„Ad mandatum pp'um domini Imperatoris
Ulricus Weltzlr.

2) Auch vom allgemein heraldischen Standpunkte ist diese Verleihung merkwürdig. Es ist mir kein zweiter Fall erinnerlich, daß in der Mitte des 15. Jahrh. ein Wappen verliehen worden wäre, bei dem auf dem Schilde statt des Helmes unmittelbar eine Krone ruht, aus der dann wieder das Schildbild herauswächst.

3) Friedensburg, Schlesiens Münzgeschichte, 1888, S. 109, bezweifelt nach Saurmas Abbildung die Kopfbedeckung des Apostels auf diesem Siegel. Der mir vorliegende Abguß läßt deutlich eine so spitze, hohe Mütze erkennen, daß ich dieselbe nicht für die damals noch niedere Mitra, sondern nur für eine Tiara halten kann, mit welcher bekrönt St. Petrus als Begründer der römischen Kirche zuweilen, u. a. auch auf einem Sekret der Stadt Regensburg vom Ende des 14. Jahrh. sich dargestellt findet.

4) Den Stempel habe ich nicht gesehen; 1636 aber war er noch in Gebrauch, wie eine Urkunde im Thorner Ratsarchiv bestätigt.

Altenberg i. Schles., Dorf, früher Flecken (Stadt?).

Ein: „· SIGILL · DER · FREIEN BERGSTAT AVF · DEM · ALTENBERGE“ (34 mm) zeigt einen geteilten, oben gespaltenen Schild, darin oben rechts St. Nikolaus im bischöflichen Ornate, in der rechten Hand den Krummstab, mit der linken drei Kugeln haltend, oben links ein Löwe, unten ein vor Ort sitzender, mit Eisen und Schlegel arbeitender Bergmann. — v. Saurma sagt, ohne die Quelle anzugeben, diesen Stempel habe i. J. 1661 Conrad v. Sack als k. Pfandherr des Ortes anfertigen lassen. Das Siegel macht aber ganz den Eindruck, als sei es eher vor als nach dem Jahre 1600 gestochen. — Genau dasselbe Wappen führt aber auch die Bergstadt Altenberg in Sachsen, und zwar besitzt sie zwei Siegel von ganz ähnlichem Habitus, deren älteres auch fast buchstäblich dieselbe Umschrift hat, nämlich: „S · DER · FREIEN · BERGSTAT · AVFM · ALDENBERGE“ (35 mm). Im ersten Hefte der: Mittheilungen d. Vereins f. Münz- ꝛc. -Kunde zu Dresden, 1869, hatte Gautsch das Siegel veröffentlicht. v. Saurma meinte nun im Nachtrage seines schles. Städtewappenbuchs, „daß das Wappen des schlesischen ehemaligen Städtels Altenberg frischweg von der meißnischen Stadt Altenberg im Erzgebirge annectiert worden wäre“; denn die schlesische Gemeinde sei „aus den noch existierenden Schöffenbüchern ihres Ortes ihr alleiniges Eigenthumsrecht zu beweisen, sehr wohl im Stande“. Gautsch erwiderte dagegen im Herold, 1871, No. 7, daß die sächsische Stadt ein Siegel mit dieser Darstellung schon 1544 benutzt habe und hielt es für möglich, daß v. S. nur ein loses Siegel aus einer Sammlung vorgelegen habe. — Meine Nachforschungen ergaben, daß der Stempel des häuptlings beschriebenen Siegels sich noch in Altenberg i. Schl. befindet; auch sandte mir der Gemeindevorstand freundlichst ein mit demselben besiegeltes Aktenstück v. J. 1842 und versicherte, das Siegel komme auch auf früheren Urkunden vor. Der Stempel ist also amtlich benutzt worden; ob er aber auch für den Ort angefertigt wurde, das ist eine andere Frage. Unmöglich ist, daß ein Zufall zwei so gleiche Siegel unabhängig von einander habe entstehen lassen; unwahrscheinlich, daß eine Ortsbehörde das Siegel einer andern nebst dessen Umschrift habe wissentlich so sklavisch nachahmen lassen. St. Nikolaus war laut Steche, Bau- u. Kunstdenkm. d. Kgr. Sachsen, 2., Kirchenpatron der sächsischen Stadt Altenberg. Wer der Patron des schlesischen Ortes war, das hat der Ortsvorstand zu Seitendorf (welcher Gemeinde das schlesische Dorf Altenberg jetzt einverleibt ist) nicht in Erfahrung bringen können. Schwerlich war es auch der hl. Nikolaus. Es ist also zu vermuten, daß entweder der Stempel für die sächsische Stadt gefertigt, nach vielleicht sehr kurzem Gebrauche durch Diebstahl oder im Kriege abhanden und später in den schlesischen Ort kam, wo er als altes Siegel desselben angesehen und arglos in Gebrauch genommen wurde, oder daß dem Pfandherrn des schlesischen Altenberg eine Urkunde des sächsischen Ortes zu Händen kam, und er dessen Siegel im selben guten Glauben nachstechen ließ. Letzteres ist wahrscheinlicher, denn einmal hat v. Saurma zweifellos einen triftigen Grund zu der Behauptung gehabt, daß v. Sack das Siegel i. J. 1661 habe anfertigen lassen, und dann würde sich auch der mit diesem Jahre nicht harmonierende frühere Charakter desselben und das Vorkommen zwar höchst ähnlicher, aber doch nicht eines völlig übereinstimmenden Stempelschnittes in dem sächsischen Altenberg zwanglos erklären.

Beuthen a. d. Oder, Stadt. Gespalten, rechts in Gold der halbe, schwarze, schlesische Adler, links in Blau ein aufgerichteter, zugewendeter, silberner Fisch.

Abb. S. 153

Herrn Landesarchivar Dr. Dworsky in Prag verdanke ich den Abguß eines bisher unbekannten: „S' · CIVITATIS · BVYTVM“ (43 mm), welchem, ob es gleich an einer Urkunde vom Jahre 1557 hängt, doch ein noch dem Anfang des 14. Jahrh. angehörender Stempel das Gepräge gab. Es hat ebenfalls schon, wie alle späteren Siegel, einen Schild mit rechts dem halben Adler, links einem Fisch. So das dem 15. Jahrh. angehörende: „✲ s : civitatis ✲ b ....“ (28 mm) und ein um 1700 geschnittenes: „✲ SIG : CIV : BEVTHEN : AD : OD :“ (oval, 25 : 23 mm), sowie die neuen Siegel. Es bleibt also kein Platz mehr für den behelmten Manneskopf mit dem B darunter oder für den ganzen Adler (Verwechslung mit Beuthen i. Ober-Schlesien), die angeblich auf den ältesten Siegeln vorkommen sollen. Saurma wollte in dem Fisch das herb Glaubic sehen, aber das erste Siegel ist älter als die Rechte der Herren von Glaubitz am Orte, und es wäre auch nicht zu begreifen, daß sie, die nur ein Viertel desselben, und dieses nur auf kurze Zeit besaßen, ihren *schwimmenden* Fisch ins Stadtwappen gebracht haben sollten, während die von Rechenberg, welche gleichzeitig und noch viel länger drei Vierteile und zuletzt das Ganze besaßen, darin nicht vertreten wären. Der Fisch erklärt sich ganz natürlich aus der Lage der Stadt an der Oder.

Das: GRÄFL · SCHÖNAICH · HOF · GERICHTS SIEGEL 1743 hat im Schilde einen gekrönten Löwen, der ein Schwert schultert; das: „·:· FURSTL : CAROL : BEUTH : HOF U : STADT GERICHT (im Felde verteilt): 1780“ (29 mm) hat dagegen den städtischen Wappenschild.

Bolkenhayn, Stadt. In Blau ein schwebender, spitzbedachter, silberner Zinnenturm, begleitet rechts von einem zugewendeten, gesichteten, silbernen Halbmonde, links von der strahlenden, goldenen Sonne; unten ein schwimmender silberner Fisch; im Felde verteilt vier goldene Sterne.

Abb. S. 153

Ganz so das an einer Urkunde vom Jahre 1329, Aug. 28., im Breslauer Staatsarchiv hangende: „+ SIGILLVM · CIVIVM · IN HAYN“ (58 mm), nur daß dabei der Mond ein „Vollgesicht“ hat und jederseits nur ein Stern schwebt. So auch, aber schon mit vier Sternen, ein: SECRETVM : CIVIVM · IN · HAYN · („kleineres“, Saurma). Ein Signet des 17. Jahrh. hat nach Saurma nur Sonne und Mond und darüber die Buchstaben P H. Der derselben Zeit angehörende, erhaltene Stempel des: „S · CIVITATIS ∵ ·:· ∵ BOLKENHAIN :“ (28 mm) hat dagegen wieder obiges Bild und so auch dessen gleichgroße, 1742 gebrauchte Nachbildung und die neuen Siegel. — Der noch vorhandene Stempel des: „✲ SIGILLVM · MAIVS · SCABINOR : BOLKENHAINENS (im Felde:) 1649“ (40 mm) und das: „✲ SIGILLVM · MINVS · SCABINOR · BOLKENHAIN (im Felde:) 1649“ (38 mm) zeigen beide in einem Schilde einen Dreiberg, aus dem eine Eichenstaude mit drei Eicheln wächst. Kurios ist: „DER STADT BOLKENHAYN POLICEY SIEGEL“ (30 mm) und ein stummes Farbsiegel (25 mm) aus dem Anfang dieses Jahrhunderts. Beide zeigen einen Schild mit einem Schräglinksbalken; das obere Feld ist geteilt, oben der Mond und darunter die Sonne, links daneben der Turm mit einem Stern; unten der Fisch; das untere Feld zeigt einen Adler, dessen rechter Flügel von dem Schrägbalken verdeckt ist.

Abb. S. 153 **Bunzlau,** Stadt. **In Silber eine rote Burg mit drei Türmen; im offenen Thore steht der goldene Schild mit dem schwarzen, schlesischen Adler.**

Das in einer Urkunde vom Jahre 1303 zuerst erwähnt werdende, an derselben aber nicht mehr erhaltene Stadtsiegel war vielleicht gleich dem im k. k. Staatsarchiv zu Wien an einer Urkunde vom Jahre 1353 hangenden: „⁘ SIGILLVM · BVRGENSIVM · BOLESLAV · CIVITATIS" (56 mm). Dieses zeigt eine Burg mit zwei spitzbedachten Türmen und offenem Thore über dem sich ein ungewöhnlich hoher Giebel erhebt; im Thore schwebt linkshin blickend der schlesische Adler; im Felde sind vier Sterne verteilt. Aehnlich ist die Darstellung auf einem: „+ sigillum ‡o‡ ciuitatis ‡o‡ boleslauiensis ⁑" (42 mm, des 15. Jahrh. (1442 im Stadtarchiv zu Löwenberg), doch steht dabei der Adler im Thorbogen bereits rechtssehend in einem Schilde. Dasselbe Bild hat ein um 1500 gefertigtes Siegelchen mit der Umschrift: „ciuitat * boleslauiensi" (auf Band, 25 mm), welches, wie die folgenden schon die drei Kuppeltürme hat; der Stempel wurde noch 1629 benutzt. Im selben Jahre erscheint dann das: „⁘ · SIGILLVM · CIVITATIS · BOLESLAVIENSIS · ⁘" (32 mm) mit demselben Bilde, dessen Stempel, der übrigens durch seinen kräftigen Schnitt einen früheren Eindruck macht, sich noch erhalten hat. Die städtischen Rechnungsbücher, von denen Wernicke (s. u.) Auszüge gibt, berichten, daß der Magistrat im Jahre 1665 ein Stadtsiegel von einem Kannengießer habe stechen lassen, der dafür 7 Groschen 6 Heller erhalten habe. Im Dezember 1679 übergibt (nach derselben Quelle) der Goldschmied Hans Neumann ein von ihm gefertigtes kleines Stadtsiegel. Welches von diesen beiden der noch erhaltene Stempel eines: „· SIGILLVM CIVITATIS BOLESLAVIENSIS" (auf Band, 46 mm) sein könnte, wage ich nicht zu entscheiden. Es hat ebenfalls die Burg mit den drei Kuppeltürmen und dem Adlerschilde im Thore. Ebenso das: „* SIGILLUM CIVITATIS BOLESLAVIENSIS 1710" (oval, 32 : 29 mm) und das: „❊ SIGILL · CIVIT : BOLESLAV : 1755" (20 mm). Dagegen erscheint auf einem: „SIEGEL DER STADT BUNZLAV" (34 mm) aus dem Anfang des 19. Jahrh. das Thor leer und ein natürlicher Adler mit einem Oel- (Lorbeer?) Zweige in den Fängen, fliegend über der Burg, deren drei Türme hier spitzbedacht sind. Bald darauf aber kehrte man wieder zu dem älteren Bilde mit den drei Kuppeltürmen zurück, während man jetzt neuerdings — wie der Magistrat mir gütigst mitteilte — beschlossen hat, das Bild des oben beschriebenen zweitältesten Stadtsiegels wieder aufleben zu lassen. — Am 17. Oktober 1504 erhielt die Stadt vom Könige Wladislaw das Recht: daß sie nun und zu ewigen Zeiten alle Stadtsachen und Briefe mie rotem Wachs siegeliere.

Ein 1489 (Stadtarchiv Löwenberg) vom Hofrichter und den Hofschöffen gebrauchtes hoffescheppin yngesegil: „sigillum * ciuitatis * boleslauie * scabinor" (38 mm) hält sich in der Darstellung zwischen dem ersten und zweiten Stadtsiegel, indem es von dem einen den hohen Giebel zwischen den Türmen, von dem andern den Adlerschild im Thorbogen entlehnt. Wahrscheinlich ist dies das von v. Saurma als ältestes bezeichnete und abgebildete Siegel, von dem ihm nur ein unscharfer Adruck v. J. 1447 vorlag. Ein mir nicht zu Gesicht gekommenes: sigillum scabinorum ciuitatis Boleslauiensis (40 mm) des 15. Jahrh. beschreibt Wernicke (s. u.): über einer zinnengekrönten Mauer hervorragend zwei schlanke, dreistöckige Türme, zwischen denen ein mächtiger, mit Kreuzblume gezierter Giebel über dem rundbogigen Eingange emporsteigt. 1551 wurde ein anderes Gerichtssiegel mit der Umschrift: DAS SCHEPPEN SIGIL DER STADT BVNTZLAV (Größe?) benutzt. Das Wappenbild zeigt noch die früheren zwei schlanken Türme, welche den Thoreingang mit dem spitzen Giebel flankieren (Wernicke, S. 198). — Das Siegel des: „⁘ BUNTZLAU : POLIZEY : DEPARTEMENT : 1778" (25 mm) hat jedoch die drei Kuppeltürme mit einem frei im Thorbogen schwebenden Adler. Wernickes auch sonst vorzügliche: Chronik der Stadt Bunzlau, 1884, enthält außer einem eigenen Kapitel über die älteren Siegel und genügenden Abbildungen der beiden ältesten, noch mancherlei für unser Thema Interessantes unter anderem Rubrum.

Daubitz, Flecken.

Hiervon ist kein Siegel bekannt geworden.

Abb. S. 153 **Deutsch-Wartenberg,** Stadt. **In Rot auf grünem Dreiberge ein silberner Zinnenturm mit offenem Thore und Fallgatter; auf den Zinnen wird ein Gewappneter halbleibs sichtbar, der mit beiden Händen einen Stein zum Wurfe erhebt.**

Dies Wappen ward der Stadt i. J. 1528, Mai 19., von König Ferdinand I. auf Verwendung ihres Grundherrn Hans v. Rechenberg verliehen; eine Abschrift des Briefes war aber nicht zu erlangen. Dem Herrn Landrichter Engel in Thorn verdanke ich eine Kopie des wohl gleich nach der Verleihung angefertigten: „SIGEL : DER : STADT : WARTENBERG" (auf Band, 28 mm), welches dies Bild im Schilde zeigt. Bei dem 1658 gebrauchten (Bresl. Staatsarch.): „✳ SIGILLUM · CIVITATIS · WARTENBERGENSE · AD OCHOLVM" (34 mm) ist aus dem einen Turme ein Kastell mit zwei Türmen geworden, zwischen denen ein Fallgatter hängt; über diesem erhebt sich ein gezinnter Aufbau, auf dem der Steinwerfer steht. 1671 wurde ein Siegel mit dem gleichen Wappen gebraucht, welches die Umschrift hat: „DA . SIGEL DER : STAD : WARTENBERCH" (24 mm). Saurma erwähnt noch eines SIGILLUM · IN · DER · STAT · WARTENBERG · AN · DER · OCHEL („mittelgroß") aus dem 17. Jahrh. und einer kleineren modernen Nachbildung desselben. Die neuen Magistratssiegel haben im Schilde neben dem Turme stark entwickeltes Rankenwerk.

Diehsa, Flecken. **In Silber ein aus grünem Rasen wachsender Laubbaum.** Abb. S. 153

Das: „GEMEINDE-SIEGEL ZU ⁘ DIEHSA ⁘" (28 mm) enthält kein Bild. — Ein: „❊ GERICHTS · SIEGEL · IN · DIEHSA" (oval, 24 : 21 mm) aus dem 18. Jahrh. hat einen aus Rasen wachsenden Laubbaum.

Förstgen, Dorf.

Ein dem Anfang dieses Jahrh. angehörendes Siegel mit der Umschrift: „❊ DIE GEMEINDE FOERSTGEN" (23 mm) zeigt eine aufgerichtete, langstielige Holzaxt mit kleinem Eisen.

Freistadt i. Nied.-Schlesien, Stadt. **In Rot eine silberne Burg mit drei spitzbedachten Türmen, offenem Thore und Fallgatter.** Abb. S. 153

Das an einer Urkunde v. J. 1310 im Archiv d. St. Guhrau hangende: „SIGILLVM · CIVIVM · DE · VRIENSTAT" (63 mm) hat eine Burg von reicher Architektur; auf den Zinnen der Seitentürme werden zwei hornblasende Wächter halbleibs sichtbar. Einem Abdrucke dieses Siegels v. J. 1414 ist rückseitig ein: „S · CIVIVM DE VRIENSTAT" (32 mm) eingedrückt, welches eine Burg von einfacheren Formen ohne die Wächter zeigt. Im Archiv der Stadt Zerbst ist eine Urkunde von 1498 mit einem Papiersiegel: „+ secretum · ciuium opidi freynstat" (31 mm), welches schon die drei Türme, ähnlich wie die späteren Siegel, doch noch in weniger konventionellen Formen enthält. So auch auf einem: „SIGILLVM CIVIVM CIVITATIS FREINSTADT * 1571" (37 mm) und auf einem um 1600 gestochenen: „❊ SIGIL CIVIVM ❊ CIVITATIS * FREINSTADT" (26 mm), bei welchen beiden das herabgelassene Fallgatter das Thor gitterartig verschließt. „Ein Siegel des 17. Jahrh. hat drei runde, gleich hohe, spitzbedachte Zinnentürme, alle drei mit Thoren, ohne sichtbare Mauer. Umschrift: SIGIL · CIVIT · FREVSTADIENSIS · INF · SILESIAE (Saurma). Aehnlich ein: „❊ SIGILLVM CIVI .. FREYSTAD · INFER · SILESIÆ · 1720" (32 mm). Das Siegel: „⁘ FREYSTATISCHE CAMEREY (unten:) 1760" (oval, 25 : 23 mm) bildete die unmittelbare Vorlage des heutigen Stadtsiegel.

Das: „s scabinorum freynstat . . . . . ciuit" (42 mm) des 15. Jahrh. hat einen von zwei Sternen beseiteten, spitzbedachten Zinnenturm mit offenem Thore und anschließender Zinnenmauer. — Abb. der beiden ältesten Stadt- und des Schöffensiegels bei Saurma, Taf. II, No. 24, 25, 26. — Das M, welches nach Schickfus' Chronik (1625, 4. Aug., S. 149) als Erinnerung an die Herzogin Mechthild, Gemahlin Heinrichs III. von Glogau, im Sekret und als Stadtwappen vorkommen soll, habe ich wohl auf einer Wappenzeichnung von Clericus, aber weder auf älteren noch auf neueren Siegeln gefunden.

Freiwaldau, Kreis Sagan, Flecken, ehemals Stadt. **In Silber ein abgebrochener, seitlich grünender Baumstamm, auf dem oben ein schwarzer Vogel (Rabe?) sitzt.** Abb. S. 153

Des: „: STÆDTLEINS FREIWALDAW : (innere Umschrift links:) INSIGEL (rechts:) 1633" (32 mm) zeigt ein Wappen: im Schilde ein Mann mit geschulterter Axt, auf dem Stechhelme derselbe Mann stehend. Ein etwa um 1800 gefertigtes, noch jetzt benütztes: „FREIWALDAUER RATHS SIGEL" (23 mm) hat aber ein anderes Wappen: im Felde ein seitlich grünende Zweige treibender Baum, auf dessen abgebrochenem Stamme ein rechtshin gewendeter Vogel sitzt; auf dem Helme wachsen drei Blumen.

Friedeberg am Queis, Stadt. **Im von Rosen berankten, blauen Felde auf grünem Dreiberge stehend, ein natürlicher Falke, der einen kleinen, roten Vogel im Schnabel hält; rechts daneben ist der Dreiberg mit einem goldenen Kreuzchen besteckt.** Abb. S. 153

Das Kreuz ist erst spät in die Siegel gekommen, wahrscheinlich um an den Wortklang „Frieden" zu erinnern (wie bei Friedberg in Bayern). — Ein zu Anfang des 17. Jahrh. gefertigtes: „SIGIL · DER · STATD · FRIEDEBERG AM QVEIS"! (32 mm) hat im damaszierten Felde den Falken mit dem Vogel im Schnabel auf dem Dreiberge. Das: SIGILLVM · MAIVS · CIVITAT · FRIEDEBERGENSIS · AD · QVEIS (Größe?) „vom Jahre 1664, hat die Arabesken zu natürlichen Blumen ausgebildet, eine Staude sieht ganz wie ein Kreuz aus, sonst ist das Wappen dasselbe", v. Saurma. Dagegen läßt das Siegel der: „❊ STADT : FRIEDEBER : AM ; QVEIS : 1713"! (23 mm) von einem Kreuze nichts sehen; die Blumen wachsen darauf aus dem das Siegelfeld umschließenden Rändchen. So auch auf einem weitern: „STADT FRIEDEBERG AM QVEIS 1774" (23 mm), wobei jedoch schon ein ganz dünnes Kreuzlein rechts zwischen den Blumen sichtbar wird. Auch auf neueren Stadtsiegeln und auf dem der: „✶ CÆMMEREY CASSE ZU FRIEDEBERG AM QVEIS“ (26 mm) behält das Kreuzchen immer noch seinen andeutungsweisen Charakter bei; erst die neue Siegeloblate bringt an jener Stelle ein ausgesprochenes Kleeblattkreuz.

Gebirgsbauden, Dorf.

Ein Siegel des 18. Jahrh. mit unleserlicher Umschrift und das diesem nachgebildete neue Farbsiegel: „· ORTSGER · Z · GE BIRGSBAUDEN · KR · HIRSCHBERG“ (28 mm) haben beide die Themis mit Schwert und Wage.

Abb. S. 153 **Glogau,** **Stadt. Geviertet mit rotem Herzschild, darin ein goldenes G; 1. in Blau die Gottesmutter in goldener Strahlenglorie mit Kind und Scepter, auf dem Halbmonde stehend; 2. in Gold der schwarze schlesische Adler mit silbernem Brustmond; 3. in Gold ein schwarzes Stierhaupt; 4. in Blau ein schwarzer Rabe, stehend auf schrägrechts gelegtem silbernen Aste.**

Am 17. März 1490 erteilte Mathias Corvinus der Stadt, die er seinem Sohne Johann gegeben hatte, einen Wappenbrief und das Rot-Wachs-Privilegium. Dank dem liebenswürdigen Entgegenkommen des Magistrats, der mir das Original zur Einsicht sandte, kann ich die hergehörige Stelle genauer wiedergeben, als sie bisher abgedruckt wurde: „Vobis et consequenter Civitati nostre predicte Arma sew decoris insignia Clipeum siue Scutum Celestini coloris In cuius campo Coruus naturali suo colore depictus in Fronde semiputata stare conspicitur. Supra Clipeum stat galea de cuius inferiori parte flores variorum colorum veluti forti vento agitati hinc inde circum funduntur Prout et quem admodū in principio seu Capite p̄ncium lrarum (= praesentium literarum) nostrarum pictoris arte suis apropriatis coloribus depicta sunt....“ Das, nicht wie sonst üblich inmitten, sondern zu Anfang des Briefes gemalte Wappen zeigt im blauen Schilde einen auf silbernem Aste stehenden schwarzen Raben und auf dem Schilde einen silbernen Stechhelm mit schwarz-gelben Decken, dessen Kleinod wieder das Schildbild ist. Bemerkenswert sind die mißfarbigen Tinkturen des Schildes und der für einen Schreiber des wappenfreudigen Corvinus auffallend laienhafte Blason: das Kleinod ist ganz vergessen und die schwarz-gelben Helmdecken nennt er buntfarbige, wie von starkem Winde bewegte Blumen (flores).[1]) Johann Corvinus konnte jedoch seine schlesischen Besitzungen nicht halten und so endeten bereits nach ein paar Jahren die ewigen Zeiten, für die König Mathias das Wappen verliehen hatte. Herzog Siegismund, der spätere Polenkönig, verordnete bei Gelegenheit der Bestätigung der städtischen Freiheiten i. J. 1504: „... Auch soll Unser Stadt Glogau hinführo Ihr alt Voriges Siegel und Insignia Vnser Lieben Frawen in der Sonnen mit rothem Wachse, in allen Ihren Brieffen und Handtfesten gebrauchen und halten, daß Wir Ihnen auß fürstl. Krafft gnädiglichen zugelassen“ (nach älterer Abschrift der Privilegienbestätigung, die ich Herrn Geheimrat Warnecke † verdanke). — Das älteste bekannte Siegel hängt an dem Bundesbriefe der Städte des Fürstentums Glogau wider Verbrecher, v. J. 1310 (s. Guhrau); es zeigt eine Burg mit zwei, außen jederseits von einem Stern begleiteten Türmen, zwischen denen über den Thorzinnen ein nach links gewendeter Wächter halbleibs sichtbar wird, der in der Rechten einen Spieß trägt, mit der Linken das Horn an den Mund hält; in dem offenen Thore mit Kleeblattbogen schwebt linkshin schauend der schlesische Adler; die Umschrift ist abgebröckelt, nur: „.....LO GO.....“ (cc. 60 mm) noch zu erkennen.[2]) Für 1326 ist der Gebrauch eines andern, noch von der Stadt bewahrten Stempels nachgewiesen. Derselbe zeigt im besternten Felde die gekrönte Gottesmutter mit dem Kinde auf dem linken Arme, sitzend unter einem gemauerten Baldachin; mit der Rechten weist sie auf den hl. Nikolaus, der auf niederem Mauerwerk mit betend erhobenen Händen neben ihr kniet; links von ihr ist das Siegelfeld mit zehn frei schwebenden Menschenköpfen ausgefüllt. Die Umschrift lautet: „+ PRESVL · EN · ISTE · PATER · ET · EGO · SIBI · SVM · PIA · MATER (im Felde rechts:) S'NICO LAVS (links:) GLOGOVIA“ (76 mm).[3]) Darstellung und Umschrift konnten nicht richtig gedeutet werden, so lange man in den Köpfen „ungeflügelte Engelsköpfchen“ vermutete. Sie sollen aber die Stadtgemeinde, die Glogovia, vorstellen, und zu ihr spricht die Gottesmutter, auf den knienden Patron der Stadtpfarrkirche deutend, die Legende: Siehe, dieser Vorsteher (Schutzheilige) ist Dir ein Vater und ich bin Dir die liebevolle Mutter. Ebenfalls erhalten ist der Stempel des 1342 gebrauchten: „+ S'CONSVLD̄ · CIVITATIS · GLOGOW“ (40 mm), auf dem im berankten Felde die Madonna (ungekrönt und ohne Nimbus) mit dem nimbierten Jesukinde auf dem Arme, auf einer Bank sitzt. Dasselbe Bild, vermehrt noch durch einen rechts daneben schwebenden Schild, der den schlesischen Adler, belegt mit dem kreuzbesteckten Brustmonde, zeigt, hat der auch noch erhaltene, um 1400 geschnittene Stempel des: „+ S'CONSVLVM CIVITATIS · GLOGOVIE · IN PARTE · DVCIS : ✶“ (37 mm).[4]) Erhalten ist auch der Stempel des wohl noch dem 14. Jahrhundert angehörigen: „° sigillum · civitatis ° ° glogovie ° maioris °“ (54 mm), welches in einem langgezogenen Vierpaß unter einem Baldachin ein gekröntes Madonnenbild mit dem Scepter in der Rechten und dem Kinde auf dem linken Arme halbleibs (thatsächlich in der Mitte abgeschnitten!) schwebend über dem gelehnten schlesischen Adlerschilde zeigt. Wohl gleichzeitig ist ein im Thorner Stadtarchiv v. J. 1400 an vorkommendes: „secretum : glogovie · maioris“ (29 mm), bei dem das halbe Madonnenbild von dem gelehnten Adlerschilde durch eine Querlinie getrennt ist. An einer Urkunde des Wiener Staatsarchivs v. J. 1413 hängt ein (auch noch 1479 vorkommendes): „secretum · civitatis · glogoē · maioris“ (34 mm), welches unter einem Baldachin die Mutter mit dem Kinde, von Strahlen umgeben, halbleibs in der Mondsichel, über dem Adlerschilde weist. Nach der Vereinigung beider Stadthälften (s. Note 4) erscheint 1485 ein: „S · civitatis · glogouie . maioris .“ (41 mm), worauf die pia mater mit dem Kinde unter einem reichen Baldachin in Flammenglorie auf dem Halbmonde steht, rechts beseitet von dem Adlerschilde, links von einem Schilde, darin ein G. — Die Wappenverleihung von 1490 (s. o.) schuf ein + sigillum . civita . glogovie . maioris (39 mm) mit dem Raben auf dem Aste im Schilde und dem kleinodlosen, aber mit Decken versehenen Helme über demselben[5]) und ein: „secretum civitat . glogo°“ (Schriftband, 22 mm), welches die sitzende Gottesmutter mit dem Kinde, beide mit Nimbus, und rechts neben ihr einen Schild mit dem Raben auf dem Baumzweige zeigt. Infolge des landesherrlichen Befehles (s. o.) zeigt derselbe Stempel wenig später statt des Raben den schlesischen Adler in dem Schilde. So ward der Stempel bis zum Ende des 17. Jahrh. benutzt. Daneben ward aber auch wieder der eben beschriebene, schon 1485 benutzte Stempel in Gebrauch genommen und um 1600 durch eine gleichgroße treue Nachbildung ersetzt, welche die Umschrift: „S CIVITATIS GLO GOVIÆ MAIORIS“ nur in neueren Buchstaben zeigt. Es ist wahrscheinlich dieser Stempel, von dem Minsberg (s. u.) II, S. 385 berichtet, daß er 1788 verloren gegangen sei und sich der Rat dann bis 1802 mit dem des kleineren Siegels beholfen habe. — Der häuptlings beschriebene, quadrierte und mit einem Herzschilde belegte Schild kommt in den Siegeln m. W. zuerst vor auf dem noch vorhandenen Stempel des: „+ SIGILLUM CIVITATIS GLO GOVIÆ MAIORIS 1755“ (27 mm); hierbei hängt das Stierhaupt mittelst eines Strickes von einem Ringe herab, was ein modernes Farbsiegel wiederholt.[6]) Ein: „GROESSERES INSIEGEL D: FURSTENTHUMS STADT GR: GLOGAU 1802“ (49 mm) hat ein ganzes Wappen: über dem quadrierten Schilde mit dem G im Herzschild, ein Spangenhelm mit dem Raben als Kleinod. Da die neuesten Siegel dieses Wappen genau wiederholen, so ist es vielleicht nützlich, darauf aufmerksam zu machen, daß der durch den Brustmond und die Gold-Schraffierung des Feldes ausdrücklich als schlesischer gekennzeichnete Adler nicht auch die preußische Königskrone auf dem Haupte tragen darf, und daß es unheraldisch ist, den Helm nach vorn, die Helmzier aber nach rechts schauen zu lassen.

Auch den Stempel des 1375 gebrauchten, aber älteren: „+ S SCABINORVM GLOGOVIE CIVI“ (36 mm) besitzt die Stadt noch. Es zeigt im berankten Felde den hl. Nikolaus als Bischof mit der Mitra auf dem nimbierten Haupte, mit segnend erhobener Rechten und dem Krummstab in der Linken. Ein 1399 benutztes: „+ s ° iudicii ° glogovie ° maioris“ (30 mm) enthält einen gelehnten Adlerschild. 1492 ward ein: „s + scabinorū + + glogovie + maior“ (30 mm) gebraucht, welches unter einem einfachen Baldachin den Bischof wachsend über dem Schilde mit dem Raben zeigt; jederseits neben dem Baldachin schwebt ein, oben und unten von einem Röschen begleitetes G. Auch noch erhalten ist der hübsch geschnittene Stempel des: „s + iudicii + glogovie + maioris“ (auf Band, 31 mm), welches einen Schild mit dem Brustmond und -kreuz zeigenden Adler in einem, vom Schriftbande durchschlungenen Dreipasse enthält. Ein von Saurma erwähntes, aber nicht beschriebenes Richtersiegel des 16. Jahrh. mit gelehntem Adlerschilde im Dreipasse ist mir nicht zu Gesichte gekommen. Ein 1708 gebrauchtes: „° SIGIL ° IVDI ° CIVIT ° MA IO ° GLOGOV“ (25 mm) und das: „SIGILLUM IUDI : CIVIT : MAIO : GLOGOV (im Felde:) 1796“ (26 mm) haben beide einen umschnörkelten Schild mit nur dem Buchstaben G darin.

Erwähnt mag noch werden, daß, wie früher in Augsburg und Rothenburg, so auch um 1700 in Glogau die Juden ein eigenes Siegel führten. Dies: SIEGEL · DER · SAMENTLICHE · IU DENSCAFT · ZU · GROS · GLOGAV zeigt nach v. Saurma eine Synagoge von abenteuerlicher Architektur, nebenbei hebräische Buchstaben und doppelte Umschrift, deren innere auch hebräisch ist. Auf Martin Helwigs Landkarte v. J. 1561 und ebenso in Sibmachers Wappenbuche von 1605 und in Merians Topographie von 1650 ist Glogau nur durch ein G in einem Schilde vertreten; Sibmacher bezeichnete dabei den Buchstaben als weiß in Rot. Nach einem Aufsatze Kretschmers in den Berliner Blättern für Münzkunde (1843, S. 375) nahm der Teil der Stadt, den die Herzoge von Teschen vom Könige von Böhmen von 1383 bis 1482 zu Lehen hatten, dies G als selbständiges Wappenzeichen an (s. Note 4). Nach andern sollte es sogar überhaupt das erste Wappenzeichen der Stadt sein. Beides wird dadurch widerlegt, daß es erst für 1492 nachgewiesen ist. — Die meisten älteren Siegel finden sich besprochen und abgebildet in F. Minsberg, Gesch. d. St. u. Festung Groß-Glogau, 1853, Bd. I, S. 332 u. Taf. 1, Bd. 2, S. 135 u. 385; doch sind die Lithographien selbst für jene Zeit ganz auffallend schlecht und fehlerhaft, was um so auffallender ist, als das Buch sich sonst vor sehr vielen anderen Stadtgeschichten durch Gediegenheit auszeichnet. Viel besser sind die Stücke auf v. Saurmas Tafel III, No. 30—34 und XI, No. 145 wiedergegeben.

1) Die Urkunde ist vorzüglich erhalten, die Schrift überaus klar; das königliche Siegel (rot in ungefärbter Schüssel) hängt unversehrt an einer aus losen, roten, grünen und violetten Seidenfäden locker zusammengedrehten Schnur. Entgegen der Angabe in Schickfus' Chronik, 1625, betone ich, daß die Raben nicht einen goldenen Ring im Schnabel haben; sie unterscheiden sich also auch dadurch von dem Raben des Königs, ohne daß deshalb jedoch die langen Erklärungsversuche Dewerdecks, Silesia numismatica, 1711, S. 722, nötig wären.

2) Dies bisher nur von Prof. Dr. Kirmis in: Beitr. z. Wappen- u. Münzkunde, 1885, beschriebene älteste Siegel liefert den überflüssigen Beweis, daß die Stadt nicht „von 1139—1481 seit fast mehr als 400 Jahren“ (!?) sich des Bildes Unserer lieben Frau im Stadtsiegel bedient habe, wie Minsberg, I., S. 333, angibt.

5) Der Stempel weist deutlich den Schreibfehler GIBI statt TIBI.

4) Im Jahre 1331 ward die Stadt in zwei Hälften geteilt. Der sogen. königliche Anteil kam öfters in andere Hände, während im sog. herzoglichen stets die Herzoge von Glogau regierten. Nun haben zwei der vorliegenden Siegel als Bild eine auf einer Bank sitzende Madonna und gerade nur diese beiden die Umschrift: S · CONSVLVM CIVITATIS etc. etc.; sie scheinen also zusammen zu gehören, und da das jüngere sich ausdrücklich durch den Zusatz: IN PARTE DVCIS als das Siegel des herzoglichen Anteils zu erkennen gibt, so ist es naheliegend, jene Siegel mit der Darstellung der halbleibs über dem Adlerschilde schwebenden Madonna auf die königliche Hälfte zu beziehen. Unterstützt wird diese Annahme dadurch, daß die obenerwähnte Urkunde v. J. 1400 im Thorner Archiv, deren Siegel das letztere Bild zeigt, „am Theile des Herzogs zu Teschen" ausgestellt ist, welch' letzterer die königl. Stadthälfte zu Lehen hatte. Clericus hält in einem Aufsatze: Ueber Städtewappen-Vermehrungen, Herold 1889, No. 6, das Stierhaupt und den Raben des Corvinus für die Attribute der königl. Hälfte, wobei er vergaß, daß letzterer erst mehrere Jahre nach der Wiedervereinigung beider Stadthälften (1482) in den Besitz Glogaus kam und daß der Stierkopf gar erst 1622 zuerst erscheint (Hans Loß aus Gramschütz, aus dessen Wappen derselbe herrührt, ward 1619 Glogauscher Landeshauptmann).

5) Das Siegel ist mir zwar nur aus der schlechten Abbildung bei Minsberg I., Taf. I, No. IX, bekannt, allein an deren Richtigkeit ist nicht zu zweifeln, da ja der Wappenbrief von 1490 es ausdrücklich so vorschreibt. Ein Helm ohne Kleinod auf einem Schilde ist eine heraldische Charakterlosigkeit, deren sich zwar viele Stempelschneider des 19. Jahrh. schuldig machen, die aber im 15. zu den größten Seltenheiten zählt. Um so auffallender ist es, daß sich im Besitze der Stadt neben vielen städtischen auch noch der Stempel eines kleinen Siegels eines Wippold v. Zedlitz aus dem 15. Jahrh. befindet, welches auf dem bekannten Schilde mit der Spange ebenfalls einen Helm ohne Kleinod zeigt.

6) Der Stierkopf ist das Wappenbild des kgl. Landeshauptmannes v. Loß. Auf noch vorhandenen Münzstempeln v. J. 1622 erscheinen neben einander zwei Wappenschilde, rechts der mit dem landesherrlichen Adler, links der mit dem Stierkopf. Aber noch im selben Jahre zeigt ein Münzstempel ein geviertetes Wappen (ohne Mittelschild): 1. schles. Adler; 2. Stierkopf; 3. Rabe; 4. G. 1623 ein anderer quadrierter Schild: 1. Madonna auf der Mondsichel; 2. schlesischer Adler; 3. Stierkopf; 4. Rabe. Die erste farbige Abbildung des mehrfeldrigen Wappens befand sich an einer Wand des nicht mehr stehenden Rathauses und zwar mit dem Datum 1649. — Das Wappen mit drei Helmen, auf dem mittelsten die Madonna mit Kind, rechts ein sitzender, natürlicher Adler mit dem schlesischen Halbmonde auf der Brust, links der Rabe auf dem Aste, wie es die Titelblätter von Minsbergs Chronik zeigen, ist und bleibt hoffentlich nur eine Phantasie des Verfassers.

Abb. S. 153 **Goldberg**, Stadt. **In Gold auf grünem Dreiberge stehend ein natürlicher, widersehender, schwarzer Adler.**

Das zweifellos noch aus dem 13. Jahrh. stammende: „+ S' VNIVERSITATIS · DE · AVREOMONTE"[1] (65 mm) hat drei große, aus einzelnen Hügeln gebildete, mit Blumen bewachsene Berge; aus dem mittelsten sprießt eine Blume zwischen zwei jungen Lindenbäumen. Nach Saurma hat ein zweites, von 1362 bis 1442 nachgewiesenes Siegel (Umschrift? Größe?) in einem, von einem Blätterkranze (?) eingeschlossenen Schilde bereits das Bild der späteren Siegel: auf einem Fünfberge den (heraldischen) schlesischen Adler. So auch das 1447 gebrauchte: „+ secretum * ciuitatis * de aureomonte" (48 mm), bei dem die Berge noch groß sind und wobei aus den beiden äußeren Stauden hervorwachsen. Ein auch noch im 15. Jahrh. geschnittenes: „+ secretum ⁂ ciuitatis ⁂ de aureo ⁂ monte" (42 mm) hat die Berge klein, den Adler aber so groß, daß er das Siegelfeld fast ausfüllt. Der Stempel dieses Siegels wurde noch im 18. Jahrh. benutzt. An einer Urk. von 1496 (Bresl. Staatsarchiv) befindet sich ein anderes Sekret, von dessen Umschrift nur: „secretum ...." (cc. 27 mm) zu erkennen ist. Dasselbe hat ebenfalls den Adler auf dem Dreiberge, aber derselbe ist nicht mehr streng heraldisch, sondern mehr naturalistisch, rechtshin gekehrt, gegeben. 1524 (Löwenberger Arch.) wird ein: „S : CIVITATIS AVREOMONT . ." (Schriftband, 26 mm) benutzt, was wieder den heraldischen Adler hat. Ebenso ein im selben Archiv an Urkunde v. J. 1547 befindliches: „SIGIL ∴ CIVITA ∴ GOLTBERG (unten:) 1543" (auf Band, 28 mm). Zwischen beiden scheint der Zeit nach ein Siegel mit der Darstellung in einem ausgeschnittenen Schilde zu stehen; um den letzteren schlingt sich ein stark bewegtes Band, von dessen Schrift auf dem vorliegenden Abdrucke nur: „. . . . IVITAT . . . GOLTBER . . ." (25 mm) zu erkennen ist. Dann folgt das: „✻ SIGILLVM ⁂ CIVITATIS ⁂ GOLDBERGENSIS 1633" (26 mm) mit nach links blickendem Adler in ähnlichem Schilde; diesem ein: „SIGILLVM · CIVITATIS · GOLDBERGENSIS 1680" (30 mm) mit ganz derselben Darstellung, also auch linkshin schauendem Adler. Bei einem: „SIGILLUM CIVITATIS GOLDBERGENSIS 1738" (23 mm) hockt der Adler widersehend auf dem Dreiberge, während ein zweites Siegel mit derselben Umschrift und Jahreszahl (22 mm) denselben linkshin gewendet und auffliegend auf dem Berge hat. Ein um 1800 gefertigtes: „∴ SIEG : DES MAGISTRATS D : KÖN : PR : STADT GOLDBERG" (31 mm), hat den Adler bei sonst mit der zuletzt beschriebenen gleichen Darstellung, rechtshin gewendet. Die neuen Siegel endlich haben ihn in der Stellung des napoleonischen Adlers. Da heraldische Bedenken dagegen nicht vorliegen, so habe ich diese Form hier beibehalten zu sollen geglaubt.

Von einem 1425 gebrauchten Gerichtssiegel erwähnt v. S. nur, daß es dasselbe Wappen (wie die Stadtsiegel) und die Umschrift: sigillum · schabinor̄ · goltberg, trage. Ein auch noch dem 15. Jahrh. angehörendes: „+ sigillu * scabinoru * goltbergeriu" (26 mm) ward noch 1691 benutzt, unter der üblichen Formel: mit gemeiner Stadt gewöhnlichem Gerichts Insiegell wohlwissentlich ꝛc. Es zeigt frei im Felde, auf einem Fünfberge stehend, einen linkshin gewendeten, wenig stilisierten Adler in natürlicher Stellung. — Ganz so, aber auf einem Dreiberg und im Schilde (also zweifellos das Stadtwappen!) hat ihn das dem Beginne des 16. Jahrh. angehörige: „✻ FVRSTL : GOLDB : HOFGERICHT SIGIL" (31 mm), dessen sich Hofrichter und Landschöppen bedienten. — Des ältesten Siegels erwähnt Fürst Hohenlohe in: die Linde in der Heraldik, 1879, S. 8. Abbildungen der drei ältesten Siegel bringt Saurma Taf. III, No. 36, 37 und Taf. XI, No. 147.

1) Umschrift nach Saurmas Angabe ergänzt; auf dem vorliegenden Abguß des Exemplars v. J. 1348 sind nur einige Buchstaben erhalten.

Goldentraum, Flecken. **In Gold auf grünem Boden ein Bergmann, der mit der Rechten einen Hammer hebt, in der Linken ein Eisen hält.** Abb. S. 153

So auf zwei gleichzeitigen, noch erhaltenen Stempeln, welche beide den gleichen Wortlaut der Umschrift zeigen, nämlich: „GOLDEN · TRAVM · ANNO · 1675" (41 mm) und: „⚘ GOLDEN · TRAUM · ANNO · 1675 ·" (auf Band, 30 mm). — Der auch noch erhaltene Stempel des: „✻ GOLDENTRAUMER GERICHTS SIEGEL · 1675" (30 mm) aber ist wohl erst nach der Mitte des 18. Jahrh. einem frühern nachgestochen; er zeigt den Bergmann mit den gleichen Werkzeugen in den Händen, stehend zwischen einem Kessel und einer Mulde. Diese Darstellung wiederholt auch ein neueres Farbsiegel des Gerichts.

Görlitz, Stadt. **Geviertet und mit einem Herzschilde belegt; letzterer zeigt in Rot einen silbernen Querbalken, überdeckt von einer goldenen Kaiserkrone; im 1. und 4. Feld des Hauptschildes: in Gold ein schwarzer Doppeladler; im 2. und 3. in Rot ein gekrönter, doppelgeschwänzter silberner Löwe.** Abb. S. 153

Zu diesem Schilde führt die Stadt laut Diplom (s. unten) einen gekrönten, goldenen Helm mit einem roten, mit goldenen Kleeblättern bestreuten Flug, belegt mit dem silbernen, gekrönten Löwen; die Helmdecken sind silbern und rot und mit goldenen Kleeblättern bestreut. — Görlitz erhielt zwei Wappenbriefe, einen von Kaiser Sigismund v. J. 1433, Aug. 29., und einen zweiten von Karl V. i. J. 1536, Okt. 2., welche, beide mit goldener Bulle besiegelt, noch im Stadtarchiv aufbewahrt werden. Die Wappenbeschreibung im Privileg von 1433 lautet (nach Heinrich, s. u.): . . . . . „in einem schilde einen swartzen Adeler mit zween haupten in einem golden ader gelwen felde furen vnd haben sullen, das der Adeler in demselben felde off das rechte teil vnd helfte des schildes steen sal vnd der weiße lewe mit einem czwefachen czagel mit einer güldin Cronen off dem haupte mit einer blauwen czungen vnd gulden clauwen darunter am schilde als der lewe steht ein clein weiß stucke vfft dem andern teile vnd helfte des schildes, vnd das do czwischen deme Adeler vnd lewen eine Keiserliche Crone auch steen sal geteilt halb in das guldin ader gelwe feld vnd halb in das Rote vnd das der Adeler in dem munde mit dem haupte kein der Crone dieselbe Crone obene haldin sal vnd der lewe mit dem rechten fuße mit seynen clauwen vnden doran greiffen vnd dy halden, mit einer Roten vnd weißen helmdecken doruffe czweene Rote flogel dy mit guldin ader gelwen flettrichin mitsammt der helmdecken sein besprengt. In denselben Flogeln auch ein weißer lewe mit der Crone off dem houpte mit der czunge vnd clauwen als im Schilde . . . ." Zugleich verlieh Kaiser Sigismund der Stadt das Recht „das Sy fürbassmer mit grünem ader gelwem wachs wie In das gefellig sein wirdet, alle Jhre brieffe vorsiegeln mogen." Carpzov, Ehrentempel der Oberlausitz, 1719, S. 68, schreibt dazu: Weil aber in diesem PRivilegio der Stadt Görlitz nur erlaubt gewesen mit grünem und gelbem Wachse zu siegeln, so hat höchstgedachter Kaiser SIGISMUNDUS das Jahr drauf d. dato Ulm d. 23. Jul. 1434 Selbige begnadiget, daß sie hinführo an ewiglich mit rothen Wachs siegeln sollen. — In der Urk. Karls V. wird das wappen also beschrieben: . . . . „Mitnamen ainen quartirten schillt Nemblich das hinder vnnder vnd vorder obertaill gelb oder goldfarb in jedwederm ain gantz swartzer aufgethaner Adler[1]) vnd vorder vnnder vnd hinder obertaill Rot in jedem taill steennd ain weißer Leeb mit offnem maul ausgeschlagner plaber zungen vom hindern vnderm gegen dem vordern obern egkh zum khlymen geschigkht mit seinem über sich aufgeworffem gedoplten ybereinander geschrenngkhtn schwanntz ain jeder auf seinem haubt habend ain gelbe oder guldene Khunigliche Chron inmitte des Quartiertn schillts des hauß Oesterreich schiltle alls nemlich in drey gleich taill oberzwerch getaillt das vnder vnd ober Rot vnd mitter weiß in solchem ganntzn Schillte ain guldene kaiserliche Chron. Auf dem Quartiertn schillt ain guldener Turniershelm geziert mit weisser vnd Rotter helmdegkhn darauf ain gulden Khunigliche Chron daraus entspringend nebeneinander furwertz zwo aufgethan Rot flug welhe flug vnd helmdegkhen mit vill gelben oder goldfarbn Flietrichn besprenngt in denselben Flügeln auch ain weisser Leeb mit der Chron auf dem haupt plaber zungen gulden Khlaen nnd dopltn geschrenngkhtn schwantz wie im schillt . . . ."

Das älteste bekannte Siegel ist das im dortigen Stadtarchiv an einer Urk. v. J. 1298 hangende: „+ SIGIL . . M ✻ CIVITATIS ✻ GORLIZ ✻" (80 mm), welches eine Burg mit breit bedachtem, hohem Thorturme und zwei spitzbedachten Seitentürmen enthält, die mit dem Wappen des damaligen Landesherrn, des Markgrafen von Brandenburg, einem gelehnten Adlerschilde, über dem der Topfhelm mit dem Fluge schwebt, belegt ist.[2]) Als die Stadt 1329 wieder an Böhmen gekommen war, erscheint ein: „+ SIGILLVM ✻ CIVITATIS ✻ GORLIZ ✻" (80 mm) von ganz demselben Habitus, nur ist hierbei im Schilde der böhmische Löwe, und auf dem Helme ein etwas anders geformter Flug zu sehen; auch ist das breite Dach des Thorturmes weggeblieben. Der Bronzestempel dieses Siegels wird noch im städt. Museum zu Görlitz verwahrt. Ein 1398 gebrauchtes: „+ SECRETVM ❀ CIVITATIS ❀ GORLICZ" (37 mm)[3]) zeigt über dem hier niedern Thorturme zwischen den beiden spitzen Türmen der Burg schwebend nur den Schild von Böhmen. Nach der Wappenverleihung von 1433 erscheint ein sowohl von Heinrich als von Saurma übersehenes: „: secretum (Blumenranken) : ciuitatis (Blumenranken)

SCHLESIEN / REG: BEZIRK · LIEGNITZ:

LIEGNITZ

BEUTHEN A/O.

BOLKENHAIN:

BUNZLAU.

DEUTSCH-WARTENBERG.

DIEHSA

FREISTADT I. N. S.

FREIWALDAU.

FRIEDEBERG AM QU.

GLOGAU:

GOLDBERG·

GOLDENTRAUM·

:GÖRLITZ:

GREIFFENBERG

GROSS-SÄRCHEN

GRÜNBERG I. SCH.

HALBAU

gorlitz (Blumenranken)" (43 mm), welches im berankten Felde den Wappenschild genau nach dem Diplom, also mit dem Schildfuß im Löwenfelde[4]), enthält (Abbr. a. Urk. v. 1464 i. Löwenberger Archiv). Den silbernen Stempel einer wenig spätern, und den stählernen einer bedeutend spätern Nachbildung, welche beide in Darstellung, Umschrift, Größe und selbst in kleinsten Einzelheiten das Vorbild getreu nachahmen, beide aber den Schildfuß unter dem Löwen weglassen, bewahrt das städt. Museum. Kurz darnach, wenn nicht noch davor, muß das: „˙ s ˙ minus ⨯ ˙ civitatis ˙ gorlic : ⨯:" (Schriftband, 28 mm) geschnitten worden sein, dessen silberner Stempel noch vorhanden ist; es hat in dem von einem stark bewegten Schriftbande umschlungenen Schilde allein den böhmischen Löwen, der auf einem, über die Schildfläche erhöhten Schildfuße steht. Es ist zwar auffallend, daß das Siegel nicht den Schild des Diplomwappens hat, allein es sind mehr solcher Abweichungen von Verleihungen bekannt. Saurma kannte nur dessen um 1700 entstandene, vergrößerte und vergröberte, aber selbst in den Minuskeln, Trennungszeichen und Windungen des Bandes genaue Nachbildung, bei der aus dem scharf abgeschnittenen Schildfuß der übliche Boden geworden ist. Von dem neuen Wappen von 1536 erscheint zunächst nur der quadrierte Schild mit dem Herzschildchen in einem: „❁ S · SENATVS POPVLIQ · GORLICENSIS ·" (39 mm) Der Stempel ist noch vorhanden und wird von Heinrich (s. u.) dem Anfange des 17. Jahrh. zugeschrieben; ich möchte ihn für älter halten. Das ganze Wappen mit Helm und Decken bringt ein stummes, achteckiges Ringsiegel (18 : 16 mm) des 18. Jahrh. und ein um 1800 gefertigtes: „S · SENATVS POPVLIQ · GORLICENSIS ·" (47 mm). Um die Mitte des 18. Jahrh. enthält das Siegel des: „RATH ZU GŒRLITZ ·" (oval, 27 : 24 mm) einen ovalen mit Kränzen umhangenen Rahmenschild mit dem böhmischen Löwen (ohne Schildfuß, wie von nun an stets). Daneben aber wurden noch bis ins erste Viertel dieses Jahrhunderts die beiden noch erhaltenen alten Stempel mit dem Stadtwappen von 1433 benutzt. Jetzt siegelt die Stadt mit dem ganzen Wappen von 1536, aber auch noch mit dem Löwenschilde. — Die Servis-Deputation hatte zu Anfang dieses Jahrhunderts nur den Herzschild, also den mit der Kaiserkrone belegten österreichischen Bindenschild, in ihrem Siegel. — Von ausgesprochenen Gerichtssiegeln wurde mir nur eines aus dem 18. Jahrh. bekannt, mit einem Wappen: in ovalem Schilde ein ungekrönter, einschwänziger Löwe, auf dem Helme ein ein Schwert schwingender Arm; Umschrift: „DAS GŒRLITZER IUSTIZAMT" (oval, 26 : 24 mm).

In der 387. Lieferung des Neuen Sibmacher, Abt. Berufswappen, weist Seyler nach, daß infolge eines Mißverständnisses — der Drucker Ambrosius Fritsch zu Görlitz hatte 1573 am Schlusse der Vorrede eines Buches über den Meistergesang einen vorrätigen Holzstock mit dem Stadtwappen abgedruckt — die Meistersinger sich 200 Jahre lang in gutem Glauben des Görlitzer Stadtwappens v. J. 1536 als Wappens ihrer Zunft bedienten. — Ueber: „Die Siegel und Wappen der Stadt Görlitz" erschien im Neuen Lausitzischen Magazin (Bd. LXVII) eine interessante Abhandlung des Stadtarchivars a. D. Th. Heinrich, welche auch als Separatdruck herauskam. Dieselbe enthält gute Lichtdrucke von fünf älteren Siegeln und farbige Wiedergaben der Wappenminiaturen, sowie vollständige Abdrücke der hier daraus im Auszuge wiedergegebenen Wappenverleihungen, wodurch die mangelhaften Abdrücke in Carpzow's Neueröffnetem Ehrentempel der Ober-Lausitz, 1719, I., S. 66 (aus Großers Lausitz. Merkwürdigkeiten) und in Dorsts Wappenbuch (1843, S. 32 u. S. 134) sowie der ziemlich ungenügende Abschnitt bei Saurma trefflich berichtigt werden. Auf S. 9, Note 3 gibt Heinrich auch eine Liste der älteren Abbildungen des Wappens, welcher jedoch noch die gute Radierung desselben über der Stadtansicht in Bruin und Hogenbergs: Civitates orbis terrarum (1575 liber primus, Taf. 45) als eine der ältesten zuzufügen ist.

1) Dieser Wappenbrief war die kaiserliche Belohnung für die wackere Haltung der Stadt als sie: „von den vordampten Reczern czu Behemen vil Jar bekriget vnd größlich in solcher anfechtunge der Christenheit von In beschedigt worden war." Das Pergamentpflästerchen kam dem Rate etwas dünn vor für die tiefen Wunden, die die Hussiten der Stadt geschlagen hatten; der Bürgermeister Haß erzählt in seinen Ratsannalen (nach Heinrich a. a. O.), daß, als der Stadtschreiber Laurentius Ehrenberg die Urkunde brachte, ein Ratsherr meinte: „Ey liebir statschreiber hettet jr gebrocht einen esel mit gulden hoden, als ein backoffen groß, der were vns viel angenemer gewest, dan das wappen." — Und nach manchen ähnlichen Fällen kann man auch ermessen, womit der wohlbedachte muet gestählt worden war, mit dem Karl V. nach: „zeitigem vorgehabtem Rat aus aigner bewegnus" den zweiten brief verlieh.

2) Dies älteste Siegel findet sich schon in: Histor. Nachricht. von dem Hospital u. d. Kirche z. H. Geist in Görlitz, von Chr. Knauthen 1772, S. 53, darnach mehrfach u. a. auch in Köhlers Bund der Sechsstädte beschrieben. Dennoch war es der Aufmerksamkeit v. Saurma's entgangen, der vielmehr jenem Jahre 1298 irrig (im Nachtrag, S. 400) das von ihm abgebildete zweite Siegel mit dem böhmischen Wappen zwischen den Türmen zuschrieb. So ging die Abbildung mit der falschen Jahreszahl auch in Hauptmanns Wappenrecht über.

3) v. Saurma setzt im Nachtrage hinter das SECRETVM noch ein M(inus); der scharfe Abdruck an einer Urkunde v. J. 1403 im Thorner Ratsarchiv lehrt, daß an der betr. Stelle nur eine Rosette steht.

4) Gleich im Eingange des Briefes Sigismunds heißt es, die Stadt habe: „von Begnadung vnserer vorfarn in Irem wapen vnd schilde lange czeit geführt einen weißen lewen in einem roten Felde mit einem weißen stücke vnden an dem schilde." Diese Nachricht veranlaßte wohl Carpzov (Ehren-Tempel der Ober-Lausitz, 1719, S. 70) zu der unbewiesenen Angabe, König Johann habe derselben bei der Huldigung i. J. 1329 den Löwen gegeben. In Wahrheit ist die Berufung auf die Verleihung seitens der Vorfahren nur eine der üblichen Ausschmückungen von Wappendiplomen. Sie kehrt daher in dem Briefe Karls V. auch in der nötigen Verstärkung wieder: „Ir alt vorig Statwappen so sy von vnsern vorfarn Römische Khaisern, vnd Kunigen auch Kunigen zu Behaim erworben, auch Inen nachmals von weilland Khaiser Sigmunden gepessert . . ." — Der weiße Schildfuß hat sich bisher weder in Siegeln noch Darstellungen vor der Verleihung von 1433 nachweisen lassen. Dagegen beschreibt ein Augenzeuge (s. Anz. f. k, d. t. Vorzeit, 1837, S. 118) das Banner des Landes Görlitz, welches bei der Beerdigung Kaiser Karls IV. (i. J. 1378) wehte, wie folgt: „Item darnach fürt man ain gehalbirt paner, unden silberweiß und oben ain weißen lev in ainem rotten feld dez landz von Gerlicz . . . ."

Greiffenberg, Stadt. **In Rot ein goldener Greif, der in den Fängen einen leblosen, geharnischten Mann hält.** Abb. S. 153

Das Saurma unbekannt gebliebene, älteste bisher gefundene: „✠ S' ✶ CIVIVM ✶ IN ✠ GRIFINBERGE" (45 mm) hängt in guter Erhaltung a. Urk. v. J. 1353 im Wiener Staatsarchiv. Es zeigt auf bergigem Boden einen linkshin schreitenden Greifen, zwischen dessen Fängen ein zugewendeter Halbmond schwebt. Ein: „S ✱ CIVITATIS ❋ GRYPHENBERGENSI ✱ 15 . ." (32 mm) und ein, diesem wohl erst im 17. Jahrh. nachgebildetes: „✱ SIGILLVM · MAIVS · CIVITATIS · GRYPHENBERGENSI ✱ ⁊ 1562 ⸎" (47 mm) haben dagegen bereits den rechtshin aufgerichteten Greifen mit dem durch die schlaff herabhängenden Arme und Beine deutlich als leblos bezeichneten Gerüsteten. Dabei ist der siegende Greif mächtig, fast allein das Siegelfeld füllend, der Mann nur als geringe Beute dargestellt. Das: SIGILLVM · MAIVS · CIVITATIS · GRYPHENBERGENSIS · 1678 (Größe?), dessen v. S. erwähnt, habe ich nicht gesehen; ein 1689 gebrauchtes: „❋ SIGILLVM CIVITATIS GRYPHENBERGENSIS" (22 mm), sowie ein: „SIGILLVM MINVS CIWITATIS GRIPENBERGENSIS 1713"! (30 mm) und ein: „SIGILLVM CIVITAT GRYPHIBERGESIS · 1725" (23 mm) sowie alle neuen Siegel lassen dagegen den Greif immer kleiner, den Mann immer größer werden, wobei dieser sich trotzdem mit in die Hüften gestützten Armen gleichmütig angreifen läßt. — Herrn Dr. Wesemann verdanke ich die Kenntnis zweier bisher unveröffentlichter Gerichtssiegel, die sich an Urkunden aus den Jahren 1442 und 1489 im Löwenberger Stadtarchiv befinden. Das: „+ ∘ sigillum ❁ ∘ scabinorum ∘ in ∘ greiffenberg ∘" (35 mm) hat den Greifen auf dem Berge linkshin schreitend mit einer Rosette unter dem Bauche; das: „✱ sigillum . scabinorum . yn . greiffenberg" (32 mm) hat denselben allein rechtshin auf dem Berge.

1) Bei der Stadt liegt das Schaffgotsch'sche Schloß Greiffenstein. Die Sage berichtet, daß „der Urahn der Schaffgotsche sich in Schaffelle einnähen, von dem auf dem Berge hausenden Greifen hinaufholen ließ und dann, seiner Hüllen sich entledigend, den alten Greifen und die Jungen im Neste massakrirte." Saurma aber will in dem Stadtwappen mittelalterlich-heraldischen Humor erkennen. Im Schaffgotsch'schen Wappen ist die Herrschaft Greiffenstein durch einen Greifen vertreten, der in den Fängen einen Stein hält. Er meint nun, damit solle ausgedrückt werden, der Greif halte das Felsstück bereit, es auf Jeden zu schleudern, der ihm zu nahe trete; die Städter aber ließen darum ihrem Greifen zum Trotz einen Ritter schütteln. — So gut das klingt, so glaube ich doch, das herrschaftliche Wappentier solle einfach redend sein, den Stein greifen; und der Ritter tritt, wie die Siegel lehren, auch erst im Stadtsiegel auf, nachdem die schlimmsten Zeiten vorüber waren. Man wollte also wohl nur die mittlerweile entstandene Sage illustrieren.

Groß-Särchen, Flecken. **In Blau auf Wellen ein silberner Schwan.** Abb. S. 153

Ein neues Siegel und Farbsiegel der: „GEMEINDE GROS SAERCHEN (unten:) · KR · HOYERSWERDA ·" (25 und 28 mm) haben beide einen auf Wasser schwimmenden Schwan.

Grünberg i. Schl. **In Grün eine silberne Burg mit zwei spitzbedachten Türmen, zwischen denen auf den Zinnen ein vorwärts gekehrter Spangenhelm steht, über dem ein gestürzter, gesichteter, goldener Halbmond schwebt; im geöffneten Thore unter dem Gatter ein schmaler, goldener Schräglinksbalken.** Abb. S. 153

Das nur in einem Bruchstück aus dem Jahre 1421 bekannte, aber noch dem Anfange des 14. Jahrh. angehörende: „+ SIGIL . . . . RE" (cc. 60 mm) zeigt eine Burg mit zwei spitzbedachten Zinnentürmen, zwischen denen ein Wappen schwebt: im Schilde ein Adler (?),[1]) auf dem Helme ein Flug. Bei dem im Thorner Ratsarchiv an einer Urkunde v. J. 1400 hangenden: „+ S : CIVITATIS : GRVNINBERG" (32 mm) schwebt zwischen den Türmen nur ein linkshin gekehrter Topfhelm, der mit dem Flug besetzt ist. Das um 1500 geschnittene: „+ · S . conciuium . in . Grunenberg (Ranken)" (38 mm) hat den Helm (mit Andeutungen der Decken) zwischen den Türmen rechtshin gewendet; der Helmschmuck hat hierauf schon die Form eines breiten, plumpen, gestürzten Halbmondes. Ebenso bei dem, der ersten Hälfte des 16. Jahrh. angehörenden: „SIGILLVM ✶ M ✶ GRVINENBERG ✶" (25 mm) und so wahrscheinlich auch bei dem von v. S. erwähnten, 1695 gebrauchten: SIGILLVM · M · CIVITATIS · GRINBERGENSIS. Bei einem, der Mitte des 17. Jahrh. zuzuschreibenden: „SIGILLVM MIN CIVITATIS GRVNBERG 16 . ." (28 mm) hat der Halbmond bereits ein Gesicht bekommen und die folgenden Siegel haben dasselbe so regelmäßig beibehalten, daß die ursprüngliche Bedeutung vollständig vergessen wurde.[2]) So auch ein 1683 benutztes: „☾◇☽ SIGILLVM · MIN · CIVITATIS · GRVNBERG" (33 mm), dessen Stempel noch erhalten ist. Dabei erscheint noch in dem geöffneten Thore unter dem Fallgatter ein dünner Schräglinksstrich, den das folgende: „SIGILLVM · SENATVS · & · CIVITATIS · GRVNBERG · 1746" (oval, 30 : 25 mm) zwar nicht mehr hat, welche offenbare Graveurslaune aber von allen späteren Siegeln und auf sonstigen Abbildungen gewissenhaft beibehalten wird. Der Magistrat glaubt, der Balken sei mit der Verleihung eines Mauthprivilegiums ins Wappen gekommen. Im Jahre 1896 war die Stadt auf grund eines Gutachtens des Professors Adolf Hildebrandt in Berlin im Begriff, eine Wiederherstellung des alten Wappens vorzunehmen. Da aber mittlerweile in der k. k. Statthalterei in Prag an einem Grünberger Briefe vom 24. Januar 1561 ein Siegel gefunden worden war, welches deutlich den Halbmond zeigte, so kam die Sache ins Stocken, und so braucht man denn einstweilen die älteren Siegel weiter.

Das: „✱ SIGILLVM IVDICIALE CIVITATIS GRVNBERGENSIS . ." (31 mm) vom Anfang des 17. Jahrh. hat ebenfalls das Bild der Stadtsiegel; bei diesem, wie auch bei einer gleichgroßen Nachbildung des 18. Jahrh., die dieselbe Umschrift hat, fehlt der Schrägbalken im Thore.

1) Auf dem vorliegenden Abguß ist von der Schildfigur durchaus nichts zu erkennen. Clericus, dem übrigens dasselbe Siegel vorgelegen, zeichnete einen Adler (ohne Brustmond) hinein. Sollte das richtig sein, so könnte es nur der brandenburgische sein, denn der Helm hat deutlich einen Adlerflug, nicht die schlesischen Pfauenfedern. Die Stadtgeschichte läßt es aber auch möglich erscheinen, daß der Schild den Löwen von Böhmen enthalten habe.

2) Der Mond hat zu den seltsamsten Vermutungen Anlaß gegeben, wie aus dem Grünberger Wochenblatte vom 2. u. 4. Juli 1895 hervorgeht. Man hat darin eine Erinnerung an die Türkenkriege oder an einen früheren Silberbergbau (wovon sonst das mindeste nicht bekannt ist) sehen und ihn auch in den Scheerhaken des Wappens der Tuchmacher wieder erkennen wollen. Die einzigen untrüglichen Quellen, die alten Siegel, lehren aber, daß er ganz zweifellos nur eine Verstümmelung eines alten Helmschmuckes ist. Ob dieser ursprünglich der brandenburgische oder böhmische war, das kann nur ein etwa auftauchendes schärferes Exemplar des ältesten Siegels aufklären. Daß es aber vor 1400 bereits der schlesische war, das macht das eben an zweiter Stelle genannte Siegel mehr als wahrscheinlich, denn es hat nicht mehr einen Flug als Helmkleinod, sondern eine halbrunde, geschlossene Masse von der Form des mit Pfauenfedern besteckten halbrunden Schirmbretts der schlesischen Herzoge.

Abb. S. 153 **Halbau,** Stadt. **In Rot ein sitzender, golden behalsbandeter, silberner Bracke (Hund), der mit der erhobenen rechten Pranke einen schrägrechts aufsteigenden goldenen Pfeil hält; links oben und rechts unten je ein goldener Stern.**

Der 1679 zur Stadt erhobene Ort kam 1682 käuflich an den Grafen Balthasar Erdmann von Promnitz (Saurma). Der von Sternen begleitete Pfeil ist das Stammwappen der Promnitz, der Hund dagegen ist das Kleinod des mittleren Helmes des, diesem Geschlechte im Jahre 1652 bei der Erhebung in den böhmischen Grafenstand verliehenen, vermehrten Wappens. Der noch erhaltene und noch im Gebrauche befindliche Stempel des: „✶ HALBAVER · STADT · SIEGEL :" (25 mm) weist mit zweifelloser Deutlichkeit das beschriebene Bild in einem Schilde. Auf einem noch benutzten Stempel: „✶ HALBAVER ✶ STADT ✶ SIEGEL" (37 mm) aus dem Ende des 18. Jahrh. erscheint der Hund zu einem sitzenden Löwen (der ebenso den von den Sternen beseiteten Pfeil mit der rechten Tatze hält) umgewandelt. Diese Umänderung ist aber offenbar erst später durch eine Ueberarbeitung des Stempels entstanden, denn nicht nur der Hundekopf mit den hangenden, runden Ohren, ist geblieben, sondern, während der neue Löwenschwanz sich zwischen dem Rücken und dem Schildrand hinaufdrängt, biegt sich nach unten vor, ganz wie beim ersten Siegel, noch der gemütliche Hundeschwanz; das Halsband ist allerdings durch die nachträglich gewachsene Mähne verdeckt worden. Die neuen Siegel zeigen natürlich den Löwen und soll derselbe auch einmal stehend darauf erscheinen. Auch Saurma kannte nur den Löwen. — Was der Ort, bevor er an die Grafen kam, für ein Wappen geführt hat, ist unbekannt.

Haugsdorf, Dorf.

Ein zierliches, um 1600 geschnittenes Siegelchen hat im Schilde zwischen zwei Weinstöcken einen Dreiberg mit einem spitzbedachten Zinnenturm; darüber „+ M + H +" (21 mm). Es ist nicht sicher, welchem der beiden, an beiden Ufern des Queiß belegenen Dörfern dieses Namens es zugehört. Dagegen ist das um 1800 gefertigte: „✶ GERICHTSSIEGEL ZU HAUGSDORF · OB · LS" (oval, 30 : 27 mm) Eigentum von Sächsisch-Haugsdorf. Es zeigt in einem gespaltenen Schilde rechts ein flammendes Herz und darüber: I H S, links die Mosestafeln überhöht von einer Wage.

Abb. S 156 **Haynau,** Stadt. **In Blau eine silberne Burg mit drei spitzbedachten Zinnentürmen zwischen denen Sonne und Halbmond schweben; im Thorbogen der schlesische Adler.**

Das wohl noch dem 13. Jahrh. angehörende: „+ S CIVITATIS · HAGNOWE ❦" (76 mm) zeigt im punktierten Felde zwei, unten durch eine niedere Mauer verbundene Türme, zwischen denen der Schild mit dem Adler (mit Brustmond ohne Kreuz) steht; über dem Schilde wird der dritte Turm, begleitet von Sonne und Mond sichtbar. An einer Urkunde der Stadt Haynau „in Polan" v. J. 1401 (Thorner Archiv) hängt ein: „S' CIVITATIS · HA....." (36 mm), welches die dreitürmige Burg, belegt mit dem gelehnten Adlerschilde, zeigt. So auch bei dem an einem Geburtsbrief v. J. 1582 (im schlesischen Museum) hangenden: „sigillum ✻ civitatis ✻ hainaw ·: ✻" (34 mm), dessen Stempel wohl kurz nach dem Ueberfall der Hussiten (1428), bei dem die älteren Stempel verloren gingen, angefertigt wurde; es zeigt wie das vorige die Burg mit einer hohen Ringmauer umgeben und ist an der Thorstelle mit dem, hier bis zum Liegen geneigten Adlerschilde belegt. Sonne und Mond fehlen beiden. Ebenso dem um 1600 gefertigten, noch 1665 gebrauchten: „SIGILVM : CIVITATIS : HAYNOVIENSIS" (23 mm), welches insofern den Übergang zu der folgenden Darstellung bildet, als der Adler dabei nicht mehr im Schilde und noch nicht im Thore, sondern auf einer Scheibe liegt, mit der die Mauer an Thoresstelle belegt ist. Wie von diesem, so haben sich auch noch die Stempel erhalten des: „✻ SIGIL : CIVITATIS · HAYNOVIE · ANNO ✻ + 1651" (35 mm) und des: „✻ SIGILLVM : CIVITATIS : HEINNAVVIENSIS · 1625"! (30 mm); sie haben bereits ganz das Bild der neuen Siegel, die dreitürmige Burg mit Sonne und Mond neben dem Dache des höheren Mittelturmes und den frei im Thore schwebenden Adler.

Das dem 14. Jahrh. zuzuschreibende: „+ S SCABINOR' CIVITATIS HAY · AV ·" (31 mm) hat zwischen zwei Eichenzweiglein einen bewurzelten Eichenstubben, womit man wohl auf Hain anspielen wollte. Das: sigillum · scabinorum · in · haynaw · („kleiner") aus dem ersten Viertel des 15. Jahrh. hat den Eichstamm im damaszierten Felde. Saurma, der Taf. IV, No. 47, 48 und 49 die älteren Siegel abbildet, erinnert daran, daß das andre Hayn, das spätere Bolkenhayn, ebenfalls eine Burg mit den Gestirnen in dem Gemeinde- und eine Eichenstaude im Schöffensiegel habe.

Hirschberg, Stadt. **Im von Silber und Blau**[1]**) schräglinks geteilten Felde auf grünem Boden ein roter Hirsch, der ein grünes Kleeblatt im Maule hält.** Abb. S. 156

Auf diesem Schilde führt die Stadt einen Spangenhelm, aus dessen Krone zwischen zwei blau-silbern bezw. silber-blau geteilten Flügeln der Hirsch mit dem Kleeblatt wächst. Das Wappen ward von Kaiser Rudolf II. i. J. 1599 verliehen und befindet sich der Rest des im dreißigjährigen Kriege stark beschädigten Diploms jetzt im kgl. Staatsarchiv zu Breslau.

Das, wie ich glaube, schon um 1300 geschnittene, aber erst für 1403 (Thorner Archiv) nachgewiesene und auch später noch oft gebrauchte: „+ S' BVRIENSIVM · DE · HIRSBERG · ⁖ ·" (47 mm) zeigt auf einem eigentümlich gestalteten, wie aus Quadern gemauerten Felsen einen stehenden Hirsch, der eine lange Ranke im Maule hält.[2]) Ein bisher nicht beschriebenes: „+ : SIGILLVM : BVRGENSIVM : DE : HIRSBERG :" (65 mm) hängt in prächtiger Erhaltung an einer Urkunde v. J. 1353 im Wiener Staatsarchiv und, kaum minder schön, an einer Urkunde v. J. 1369 im kgl. Böhmischen Kronarchiv in Prag. Es hat im berankten Felde den Hirsch, dem eine lange Blätterranke aus dem Maule geht, stehend auf einem natürlichen Felsen, welcher durch Pflanzen und ein nebensächlich angebrachtes Vögelchen (!deutlich!) belebt ist. Ein auch noch nicht beschriebenes: „+ SECRETVM CIVITATIS HERC · BERCH" (34 mm) ist einer Urk. v. J. 1417 (im Zerbster Stadtarchiv) aufgedruckt. Der Hirsch ist darauf auf einem Berge schreitend und vielleicht ein Blatt im Maule haltend, dargestellt. Ebenfalls auf bewachsenen Hügeln schreitend hat ihn das: „sigillum ✻ civitatis ✶ ✻ hirsberg .. ❦" (41 mm) aus dem Anfang des 15. Jahrh. Auf begrastem Dreiberge schreitend erscheint der Hirsch auf einem 1540 gebrauchten stummen Signet (22 mm) und ebenso in einem Schilde im: „✻ SECRETVM ...... IS HIR .... ENSIS" (27 mm) des 16. Jahrh. Nach der Wappenvermehrung von 1599 wurde dann sogleich ein: „✶ SIGILLVM ✶ CIVITATIS : HIRSBERGENSIS" (43 mm) mit dem neuen Wappen geschnitten. Hierauf sind die Flügel des Helmkleinods beide schräglinks geteilt. So auch auf dem erhaltenen Stempel einer Nachbildung dieses Siegels mit der Umschrift: „SIGIL MAIVS CIVITAT HIRSCHBERGENSIS" (40 mm), während von nun an eine Teilung der Flügel nicht mehr auf den Siegeln zu sehen ist. Noch der ersten Hälfte des 17. Jahrh. gehört ein zierliches: „SIGILL · CIVITATIS HIRSCHBERGEN ·" (30 mm) an, von dem außer einer 1717 gebrauchten gleichgroßen und sehr ähnlichen, auch noch der Stempel einer vergrößerten Nachbildung mit der Umschrift: „SIGILL : CIUITATIS HIRSCHBERGENS :" (39 mm) noch vorhanden ist. Alle späteren Siegel lehnen sich in Bild und Schrift an diese letzteren an.

Ein a. Urk. v. J. 1446 (Stadtarch. Löwenberg) hangendes: „+ S · SCHABINOR' CIVITAT' HIRSBG'" (30 mm) hat nur ein Hirschgeweih mit dem Grind im Felde. Das Siegel der Hofschöffen: „S · SCHABINORV · CVRIE · IN · HIR ...." (34 mm) aus derselben Zeit, hat dagegen im damaszierten Felde einen linkshin gewendeten Hirschkopf mit Hals. So auch ein: SIGILL · CVRIÆ · PROVINC · HIRSBERGENSIS · („neuerer Stempel"), bei dem jedoch der Kopf rechtshin gewendet und unter ihm ein kleines Kreuzlein sichtbar ist. Herbst's Chronik von Hirschberg enthält nur eine oberflächliche Beschreibung des Wappens.

1) Unter mehreren farbigen Wappenzeichnungen aus dem 17. u. 18. Jahrh., die der Magistrat besitzt, zeigt eine der spätesten den Schild nicht wie die andern von weiß und blau, sondern von blau und weiß schräglinks geteilt. Darunter steht unterstrichen: „das untere Teil weiß." Ob sich dieselbe auf eine ältere Vorlage berufen kann, ist mir unbekannt.

2) Die Abbildung bei Saurma ist recht ungenau. — In: die mittelalterlichen Siegel des Thorner Ratsarchivs, 1894, S. 12 beschreibt Engel dies Siegel: Auf einem von einem halben Kreuze überragten Mauerblock u. s. w.; allerdings hat hier der Berg sehr die Form einer künstlichen Aufmauerung, doch lassen der Name der Bergstadt und das schon für 1353 nachgewiesene zweite Siegel kaum einen Zweifel, daß doch ein gewachsener Felsen gemeint sei. Auch erinnert die Form auf der Höhe des Hügels wohl an ein halbes Kreuz, doch kann ich dieser Deutung nicht beistimmen; es ist wohl Pflanzenwuchs gemeint.

Hohen-Friedeberg, Stadt. **In Blau ein goldener, beflinschter Bolzen, jederseits begleitet von einem goldenen W.** Abb. S. 156

Nach Saurma gehörte der Ort 1408 einem Zander von Grunau, genannt Bolze, und ward 1409 von König Wenzeslaw IV. von Böhmen zur Stadt erhoben; die Figuren erklären sich also ungezwungen. — Es hat sich der Stempel des mit seiner Jahreszahl gleichzeitigen: „SIGILLVM CIVIVM IN HOHFRIEDBERG (im Felde): 1643" (34 mm) mit obiger Darstellung im Schilde erhalten. Auch ein um 1700 ungeschickt gestochenes: „✶ IN HOH FRIEDBERG SIGLLVM"! (23 mm) hat dasselbe richtige Bild. Eine Nachbildung des ersten Siegels aus dem Anfang des 19. Jahrh. mit derselben Umschrift und Jahreszahl bahnt schon die auf dem neuesten Siegel (welches die Zahl 1643 beibehält) erscheinende unrichtige Auffassung an. Das runde, stumpfe Eisen, welches den Bolzen vom Pfeile unterscheidet, ward mißverstanden; man machte es zuerst breiter, zu einem Vierecke und neuerdings zu einem querliegenden Rechteck, mit dem das spitze Eisen eines gewöhnlichen Pfeiles besteckt ist.

Hoyerswerda, Stadt. **In Silber auf grünem Boden nebeneinander drei grüne Eichbäume, deren untere Aeste gestümmelt sind.** Abb. S. 156

SCHLESIEN REG·BEZIRK LIEGNITZ

HAYNAU

HIRSCHBERG

HOHENFRIEDEBERG

HOYERSWERDA

JAUER

KONTOPP

KOTZENAU

KUPFERBERG

LÄHN

LANDESHUT

LAUBAN

LEIPPA

LIEBAU

LIEBENTHAL

LÖWENBERG

LÜBEN

MARKLISSA

MUSKAU

NAUMBURG AM BOBER

Schlesien · Reg. Bez. Liegnitz

Naumburg am Qu.

Neusalz

Neustädtl

Parchwitz

Polkwitz

Priebus

Primkenau

Quaritz

Reichenbach

Rothenburg a. d. O.

Rothenburg a. d. N.

Rothwasser

Rudelstadt

Ruhland

Saabor

Sagan

Schlawa

Schmiedeberg

Schömberg

Schönau

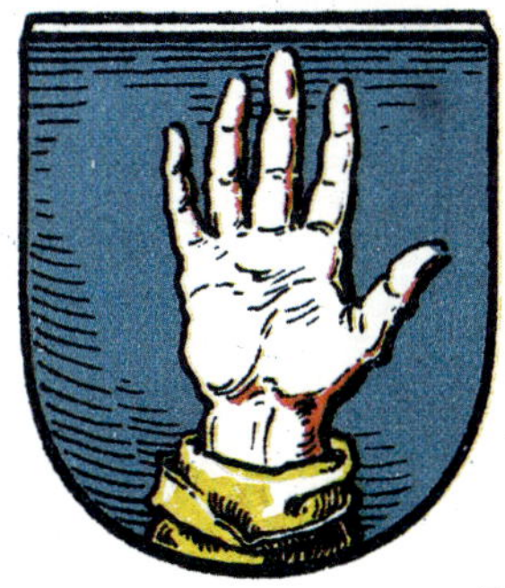

So das: „✶ IN ∾ SIGNIA ∾ CIVIVM ∾ IN ∾ HOIERSCH WERDA" (36 mm) aus dem Ende des 16. Jahrh. und ein: „✻ IN SINGNIA · CIVIVM · IN · HOIERSCHWERDA"! (27 mm) des 18. Jahrh., welche beide die Eicheln deutlich erkennen lassen. Die neuen Siegel haben nur drei nicht näher charakterisierte Laubbäume.[1]) — Auch ein um 1600 gefertigtes: „.. INSIG .. IVDIC · HOYERSWERD ∾" (23 mm) hat die drei nebeneinander wachsenden Eichen.

1) Saurma kannte nur neue Siegel und hielt die Bäume für Erlen; im Nachtrage aber erwähnt er, daß, nach Frenzel, Chronik d. St. H., das Stadtwappen dem Wappen der ersten Stadtherren, der Berka von der Duba, welche zwei schwarze, gekreuzte Eichenäste führten, seine Entstehung verdanke. Saurma läßt die Richtigkeit der Angabe dahingestellt. Das Besondere nun ist, daß der Neue Sibmacher, statt wie sonst lautlos nachzudrucken, hier eine eigene Meinung wahrt, indem er ausführt, daß „auf dem ältesten Abdrucke" (Zeit, Größe, Umschrift und andere Nebendinge verschweigt das Städtewappenbuch) die Bäume als Eichen erscheinen, und daß man der Ableitung des Wappens von dem der Berka v. d. Duba um deswillen nicht beipflichten könne, weil diese, wenn sie Städten deren Grundherren sie waren, Wappen verliehen, auch das richtige, die gestümmelten, gekreuzten Aeste gegeben hätten, „vergl. Neustadt, Stolpen und zahlreiche böhmische Städte". Die letzteren interessieren uns hier nicht; was Neustadt anbetrifft, so weiß ich nicht, welche der 22 Städte dieses Namens gemeint sei, auf das einzige schlesische Neustadt trifft's nicht zu; und Stolpen in Sachsen, die einzige Stadt dieses Namens, weiß ebensowenig wie die Städte mit ähnlich lautenden Namen etwas von dem Wappen der Berka.

Abb. S. 156 **Jauer,** Stadt. **Zwei Schilde nebeneinander; rechts: von Rot und Silber geschacht; links: in Blau der den Mantel teilende St. Martin zu Pferde mit dem Bettler am Boden.**

Ueber diesen beiden Schilden erscheint meist ein Spangenhelm, besteckt mit einem geschachten, fächerförmigen Schirmbrett, dem sogenannten Schachzagel der Piasten. Das a. Urk. v. J. 1304, Okt. 16., im Breslauer Staatsarchiv hängende: „+ SIGILLVM · BVRIENSIVM · DE · IAWOR" (57 mm) hat nur den Heiligen zu Roß, barhäuptig, aber mit Nimbus; derselbe wendet sich um, um den Mantel mit dem Bettler, der hinter dem Pferde steht, zu teilen. Ebenso auf einem: „+ SECRETVM CIVITATIS IAWOR" (43 mm) des 14. Jahrh., wobei das Roß den Kopf zurückwendet. Auf dem zu Ende des 15. Jahrh. geschnittenen: „secretum civitatis iawrensis" (Schriftband, 32 mm) hat der Heilige einen Fürstenhut auf dem Haupte und der Bettler hockt zwischen den Füßen des Pferdes. Um die Wende des 16. Jahrh. taucht dann das Doppelwappen auf. Da von einer Verleihung desselben weder am Orte noch in der Litteratur etwas bekannt ist, so muß man vermuten, daß die Stadt, dem damals überall, und in Schlesien besonders stark entwickelten Wunsche nach einem möglichst prunkenden Wappen mit Helm und Kleinod entsprechend, aus freien Stücken den Piastenschild und -Helm ihrem Heiligen beigesellte (s. unten). Das erste Siegel mit diesem reichen Aufputz ist das etwa um 1600 gefertigte: „+ SIGILLVM + REIPVBLICAE + ET + CIVITATIS + IAVRAVIENSIS" (40 mm), welches sich von dem zu Ende des 17. Jahrh. gefertigten: „✶ SIGILLVM · REIPVBLICAE · ET · CIVITATIS · IAVRAVIENSIS" (45 mm) hauptsächlich dadurch unterscheidet, daß die Helmdecken bei ersterem fast bis zur Höhe der Helmzier hinaufgehen, während das zweite sie nur in der gewöhnlichen Helmhöhe hat. Ein: „∵ SIGILVM · REIP · IAVRAVI"! (25 mm) scheint gleichzeitig mit letzterem als kleines Siegel gedient zu haben. Erhalten sind die Stempel des: „SIGILLUM · CIVITATIS · IAURAVIENSIS ·" (36 mm) aus dem Anfang, eines: „✻ SIGILLUM · REIPUBLICAE · ET · CIVITATIS · IAUROVIENSIS · ∾" (47 mm) aus der Mitte und eines: „SIGILLUM · SENATUS · POPULIQUE · IAURAVIENSIS" (30 mm) vom Ende des 18. Jahrh. Wie alle diese, so hat auch das: „SIGIL CANCELAR IAVRAVI ☙ 1751 ☙" (oval, 24 : 20 mm) das Doppelwappen und so auch die neuen Siegel. Dagegen haben das: SIEGEL DER CÆMMEREY (unten): ZU IAUER und andere Aemter nur allein den geschachten Schild, was durchaus unrichtig ist. — Aeltere Gerichtssiegel sind nicht bekannt geworden.

Den Anstoß zur Annahme des geschachten Schildes könnte wohl Martin Helwigs Schlesische Landkarte v. J. 1561 gegeben haben. Diese bringt in ihrer Umrahmung zwischen Ornamenten verteilt, die Wappen der verschiedenen schlesischen Fürsten, zugleich aber neben jedem den Schild der betreffenden Hauptstadt. In der oberen und der unteren Leiste sind Herrenschild und Stadtschild jeweils nebeneinander gestellt und durch ein flatterndes Band, welches nur einen Namen trägt, verbunden, so daß z. B. „MONSTERBERG" ebensowohl für den rechts stehenden Schild des Fürstentums Münsterberg, als für den linksstehenden der gleichnamigen Stadt gilt. An den Seitenleisten sind nun die Schilde übereinander gestellt, und es steht der für beide giltige Name nicht zwischen ihnen, sondern über dem oberen Schilde. So kommt es, daß „IAWER" unmittelbar über dem geschachten, fürstlichen Schilde steht; und da nun auch noch gerade hier zwischen diesem und dem darunter befindlichen städtischen (mit dem hl. Martin) sich eine Kartusche mit dem Namen der Himmelsrichtung (OCCASVS) einschiebt, so war es bei oberflächlicher Betrachtung leicht möglich, den geschachten Schild für den der Stadt zu halten. Thatsächlich ist dies dem alten Sibmacher widerfahren. Die nur 14 schlesischen Städtewappen seines Wappenbuches von 1605 sind just jene 14, welche die Landkarte bringt, mit allen deren Besonderheiten und nur bei Jauer nahm er dabei irrtümlich den geschachten Schild als den der Stadt auf. Bis zum 17. Jahrh. war am Orte selbst kein Zweifel über den richtigen städtischen Schild; auch noch Schickfus nennt nur den hl. Martin als dessen Bild; erst als der Rat ungewiß wurde und vorsichtshalber beide Schilde ins Siegel nahm, beginnt man darüber zu disputieren (s. Dewerdeck, Silesia numismatica, 1711, S. 298), welcher der richtige sei. Die Folge war, daß man bis heute in den eigentlichen Stadtsiegeln beide Schilde unter dem fürstlichen Helme beibehielt, während man untergeordneten Aemtern den alten Fürstenschild allein ins Siegel gab. Letzteres verleitete dann viele neuere Heraldiker, diesen als Stadtwappen anzusprechen; der Bearbeiter der Städtewappenserie der Leipz. Illustr. Ztg. (8. Aug. 1874) nennt den Schachschild sogar „das sehr alte Stadtwappen von Jauer". Die neueren Wappenbücher geben meist einen gespaltenen Schild, darin vorn das Schach, hinten der Heilige; das ist ganz empfehlenswert, da aber die amtlichen Darstellungen seit zweihundert Jahren beide Schilde nebeneinander haben, so wollte auch hier nicht davon abgewichen werden.

Klitschdorf, Dorf.

Nach Wernicke, Chronik der Stadt Bunzlau, S. 481, hätte der Ort 1610 von Kaiser Rudolf II. Stadt- und Marktrecht verliehen erhalten, welch' letzteres Kaiser Karl VI. bestätigte. Siegel oder Wappen sind nicht bekannt geworden.

Kolzig, Dorf. **Ein neues Farbdrucksiegel der Gemeinde Kolzig, Kreis Grünberg, zeigt eine gehenkelte Vase, aus der fünf Rosen wachsen.**

Kontopp, Flecken, früher Stadt. **In Blau über Wasser eine silberne Zinnenmauer mit Schießscharten und geöffnetem Thore, in welchem unter goldenem Fallgatter ein halbleibs aus den Wellen ragendes, rechtshin schwimmendes, schwarzes Roß sichtbar wird.** Abb. S. 156

Dieses Wappen ward nebst dem Stadtrechte dem bisherigen Lehengute Contopp am 28. Mai 1706 von Kaiser Joseph I. auf ein „supplicandoeinkommen" des Sigmund Lesel von Kottwitz verliehen. Der Ortsbehörde habe ich für eine gütige Uebersendung der Original-Urkunde zu danken. Der Wappenpassus derselben lautet: „Zu mehrer dessen bestättigung aber haben Wir besagter Stadt Contopp nachbeschriebenes Stadt Wappen gnädigst verliehen, So da bestehet in einem blumeran (?) oder Lichtlaßurfarben Schildt, darinnen ein Quatersteinen wohl geziertes offenes Stadt Thor mit seine oberhalb habende rothgedeckte Zinnen oder Gräntzeln und darinnen zum Schueß bereiteten Lochern, gewöhnlichen zum Fall gestellten Kamp oder Falleysen und beederseits halbschichtig aufgethan- und mit eyßernen Banden beschlagenen Thuren oder Porten: In der Mitte dieses offenen Thors siehet man ein schon vorhin geführt: in einem Wasserfluß zur Rechten schwimmendes schwartz- oder Kohlfarbenes Pferdt oder Rappen, Allermassen solches Stadt Wappen in der Mitte dieses unsers Königlichen Brieffs gemahlen und mit Farben aigentlich entworffen ist. Verwilligen und lassen ermelter Stadt Contopp zu jetzt beschriebenes Wappen so wohl in ihren an unß und unsere Nachkommen Könige zu Böheimb als andere unß nachgesetzten Obrigkeiten Hohen und Niederen Standts Persohnen lautenden schreiben, nicht weniger in anderen verschlossenen Brieffen, urkunden und Schrifften nebst der rothen Waxsiglung zugebrauchen, dasselbe in allen Gemählden zu führen, an die Stadt Thör, Rathhauß oder andern Stadtgebäuden abmahlen, einhauen, einschneiden oder anhängen zu laßen, nach ihren Ehren, Notturfften, Willen, und Wohlgefallen alles getreülich und ohne gefehrde." Inmitten dieses Briefes ist der Wappenschild auf einem Postament, gehalten von zwei weiblichen Genien, eingemalt, mit aufgesetztem Gold und ausgekratzten Lichtern, etwas unfein, aber doch flott und wirkungsvoll. Das kaiserliche Siegel fehlt, sonst ist die Urkunde gut erhalten. Nach freundlicher Angabe des Herrn Bürgermeisters Conrad ist das Wappenbild ein zum Teil redendes, weil das polnische Wort Kontop zu deutsch: Pferdeschwemme heiße. — Von dem Siegel mit dem Rappen allein in den Wellen, welches nach dem Wortlaut der Urkunde „schon vorher" von dem Lehensgute geführt worden sein soll, ist sonst nichts bekannt. Das gleich nach der Verleihung gefertigte: „. ◡◡ SIGILLVM ❉ OPPIDI ❉ KONTOPPENSIS" (29 mm), wie auch ein kurz vor 1800 gestochenes Siegel mit derselben Umschrift (oval, 39 : 34 mm) haben beide den Wappenschild. Die neuen Siegel sind von dem ersteren nur durch die Buchstabenformen verschieden.

Kotzenau, Flecken (Stadt?). **In Blau eine durchgehende silberne Zinnenmauer mit geöffnetem Thor und Fallgatter; über derselben schwebt zwischen zwei verschieden gestalteten Türmen ein silbernes Rad.** Abb. S. 156

Der Ort war (nach Saurma) i. J. 1713 auf Verwendung seiner Gründerin, einer Freifrau von Stosch vom Kaiser zur Stadt erhoben worden. Der darnach gestochene, noch erhaltene Stempel des: „✻ SIEGEL · DER · GERICHTE · ZV · KLEIN KOTZNAVV" (33 mm) hat über der Zinnenmauer rechts den Kirchturm mit doppeltem Zwiebeldach, links den spitzbedachten Schloßturm, zwischen beiden schwebt das Schildzeichen der v. Stosch: an langen, bewurzelten, schräggekreuzten Stielen zwei hängende, zugewendete Seeblätter (Silber in Rot). Als die Herrschaft kurz darauf (1722) an einen Grafen v. Redern kam, erscheint ein (noch vorhandener) Stempel mit denselben Baulichkeiten, jedoch anstatt der Seeblätter schwebt jetzt das (silberne) Rad des Wappens dieses Hauses zwischen den Türmen; Umschrift: „+ SIEGEL DER STADT GERICHTE ZV KLEIN KOZENAV" (41 mm). Dies letztere Bild hat auch das neueste Siegel des: „Magistrat in Kotzenau".

Kühnau, Dorf.

Ein neues Farbsiegel der Gemeinde Kühnau, Kreis Grünberg, hat einen auf Rasen wachsenden Laubbaum.

Kunau, Dorf.

Ein: „✻ GERICHTS ✻ SIEGEL ✻ ZV ✻ KVNNAV“ (27 mm) aus dem Anfang des 18. Jahrh. zeigt einen Mann mit einem erhobenen Schwerte in der Rechten und einer Wage in der Linken. Er sollte wohl den Richter vorstellen. Das neuere Siegel und Farbsiegel des: „ORTSGERICHT ZU CUNAU (unten:) KREIS SAGAN“ (27 mm) haben daraus die übliche Justitia gemacht.

Abb. S. 156 **Kupferberg**, Stadt. **In Gold schräggekreuzt die schwarzen Bergmannsattribute Eisen und Schlegel, in den untern Winkeln drei goldenbesamte rote Rosen.**

An einem 1624 von Richter, Rathmanne Gemeine Eltiesten vnd gantze gemein aufm Kupferberge ausgefertigten Schreiben (Bresl. Staatsarch.) befindet sich ein: „✻ SIGILVM ∘ KOPERGNAIS ✻“ (28 mm), dessen Stempel vor 1500 geschnitten sein muß. Es zeigt in einem Halbrundschilde anscheinend ganz dieselbe Darstellung (mit dem Bande, dessen Schrift aber auf vorliegendem Abdrucke nicht zu erkennen ist) wie der noch vorhandene eiserne Stempel eines: „✻ SIGILVM ∴ KOPERBERGENSIS (im Felde:) 1577“ (37 mm). Derselbe enthält in einem Schilde die Bergwerksattribute, zwischen deren langen Stielen sich ein Schriftband mit: „IN SLESI“ durchschlingt; darunter ein Stern. Da das Feld nicht sehr groß und das Band stark bewegt ist, so ist es nicht verwunderlich, wenn dasselbe meist nicht recht erkannt wurde; so glaubte (nach Saurma, der übrigens selbst die Schrift ungenau angibt) Cunradi in seiner handschriftl. Silesi-Poligraphia in dem Bande ein Werkzeug zum Heben des Kupfererzes zu sehen. Auch v. Mülverstedt, der im: Diplomatarium Ileburgense, 1877, S. 725, das Siegel beschreibt und abbildet, erwähnt der Inschrift nicht. Ein um 1820 gefertigtes, nur mit: „KUPFERBERG“ (29 mm) bezeichnetes Siegel hat den Schild wie oben beschrieben; und so auch die neuen Siegel. — Bei einem: „✻ POLIZEISIEGEL D : STADT ✻ KUPFERBERG“ (30 mm) erscheinen Schlegel und Eisen ganz allein in goldpunktiertem Felde, auf dessen Oberrand der preuß. Adler mit seinen Attributen sitzt.

Kuttlau, Flecken.

Ein älteres Siegel ist am Orte nicht vorhanden noch sonst bekannt geworden. Das neue Farbsiegel weist nur die Um- und Inschrift: „GEMEINDE-VORSTAND ZU KUTTLAU KR. GLOGAU“ (27 mm).

Abb. S. 156 **Lähn**, Stadt. **In Blau auf grünem Boden eine silberne Birke.**

Das in trefflicher Erhaltung an einer Urkunde v. J. 1353 im K. K. Staatsarchiv zu Wien hangende: „+ SIGILLVM + CIVITATIS • LEN“ (47 mm) zeigt auf bewachsenem Dreiberge einen strauchartigen Baum mit spitzherzförmigen Blättern. Fürst Hohenlohe erklärte in: Die Linde in der Heraldik u. s. w., Herald. Zeitschr. „Adler“ 1878 und dann als Separatabdruck, 1879, S. 8, der Baum scheine entschieden eine Linde zu sein. Auch Saurma hält ihn dafür. Beiden aber lag nur das sehr defekte Exemplar von 1485 (Stadtarch. Hirschberg) vor. Ich muß mich außer Stande erklären, auf einem Siegel des 14. Jahrh. eine Linde von einer Birke unterscheiden zu können, wenn nicht eben Nebengründe, wie der Klang des Namens, den Ausschlag geben.[1]) Nun heißt es in Knoblichs Gesch. v. Lähn, 1863, S. 17, wohl, das Städtchen sei an einem von Birken bestandenen Platze gegründet und zuerst Birkenau genannt worden, „wonach es auch eine Birke in das Stadtsiegel aufgenommen habe“ aber Belege sind nicht dafür erbracht, und es ist die Sache um so zweifelhafter, als diese Gründung i. J. 1214, also lange bevor in dieser Gegend an ein Stadtsiegel zu denken ist, stattgefunden haben soll; dagegen aber wird urkundlich schon 1228, April 22., der Ort nicht Birkenau, sondern Wlan (in derselben Urkunde auch Uulan und Rulan, wenige Tage später Vlean) genannt (Cod. dipl. Siles. Bd. 71., Grünhagen, Regesten No. 332 u. 335). Ob dieser slavische Name auf Birken hindeutet, weiß ich nicht zu sagen. — Der noch vorhandene Stempel des: „✻ SIGILVM ✻ CIVITATIS ✻ LEHNENSIS ✻ 1680“! (38 mm) zeigt aber im ovalen Rahmenschilde einen aus Rasen aufwachsenden Baum, dessen Gesamtform sehr an eine Birke erinnert. Auf dem um die Mitte des 19. Jahrh. gravierten: „· SIGILUM CIVITATIS LÄHNENS : ANNO 1640“! (25 mm) und auf den jetzigen Siegeln ist der Baum durch die hängenden Zweige zweifellos als Birke charakterisiert. — Ganz dem ältesten Stadtsiegel nachgebildet ist das: „+ S' SCABINORVM IN LEN“ (36 mm), das an einer Urkunde v. J. 1443 im Löwenberger Stadtarchiv hängt.

1) Auch v. Retberg, der in der Zeitschrift d. heraldischen Vereins Adler, 1873, S. 174, die heraldischen Bäume bespricht und die charakteristischen Blattformen derselben abbildet, gibt kein Birkenblatt, sondern sagt nur von der Birke selbst, daß sie in Gestalt eines „übergitterten Lies“ (was hier eben nicht der Fall ist) gebildet werde.

Abb. S. 156 **Landeshut**, Stadt. **In Rot auf grünem Boden eine silberne Burg, vor der rechts ein Gerüsteter mit erhobenem Schwerte in der Rechten und einem Schilde am linken Arme schreitet.**

Leider hat die Stadt schon seit langen Jahren das schöne heraldische Bild aufgegeben, welches das älteste, dem Anfang des 14. Jahrh. angehörende: „+ SIGILLVM • CIVIVM ✻ DE LANDISHVT“ (63 mm) zeigt, nämlich im gespaltenen Siegelfelde rechts eine halbe Burg mit zwei spitzbedachten, fensterlosen Zinnentürmen, links ein linkshin gewendeter Gewappneter mit Schwert und Schild. Die Bewaffnung des Mannes ist hier höchst befremdlich, so daß die von Saurma verworfene Tradition, derselbe solle ein Polack sein, wohl gerechtfertigt erscheint, wenn man darunter einen Ritter in nicht deutscher Rüstung verstehen will. Derselbe ist bekleidet mit der Brünne (Panzerhemd), trägt über dieser einen ärmellosen Waffenrock und über diesem nochmals eine ärmellose, anscheinend mit Eisenplättchen benähte Jacke. Auf dem Haupte hat er den üblichen, oben mit einigen Federn besteckten niedern Topfhelm und in der Rechten das lange, breite Schwert, dessen Scheide an seiner rechten Seite hängt. Statt des damals allgemeinen dreieckigen Wappenschildes aber führt er einen, durchaus im Profil zu sehenden runden, oder vielleicht ovalen Schild mit auffallend weit vorspringendem Nabel, wie er sonst nur in vorheraldischer Zeit vorkommt. Bereits das um 1400 gefertigte: „+S • SECRETVM • CONSVLVM : IN LANDISHVT“ (35 mm) läßt die Spaltlinie weg, stellt die halbe Burg links und den bewaffneten Hüter rechtshin gewendet rechts daneben. Derselbe schwingt hier das Schwert über dem Haupte und scheint sich in der Kleidung an das ältere Vorbild anzulehnen. Die Stempel dieser beiden und des noch zu erwähnenden Schöffensiegels gingen im dreißigjährigen Kriege verloren und wurden der Sicherheit wegen 1649 verrufen (Saurma). Ein SIGILLVM · MAIVS · CIVITATIS · LANDTSHVT (v. S.), sowie ein 1615 benütztes: „SIGILLVM · MINVS · CIVITATIS · LANDTSHVT ......“ (26 mm), dann ein, diesem höchst ähnliches Siegel mit gleicher Umschrift, aber noch „· 1 · 6 · 4 · 7 ·“ (27 mm), ferner ein ebenfalls fast gleiches Siegel mit „· 1660“ (27 mm) und noch ein 25 mm großes Siegel mit gleicher Legende ohne Jahreszahl, haben alle aus der so charakteristisch mitten durchschnittenen Burg eine Stadtansicht mit drei Türmen, und aus dem Ritter einen, einen Krummsäbel schwingenden Söldner im Plattenharnisch gemacht. So auch die neuen Siegel, die bis vor kurzem stets das: minus in der Umschrift beibehielten, obwohl kein größeres in Gebrauch war.

Das 1405 gebrauchte: „+ S • SCABINORVM • IN • LANDISHVTh“ (43 mm) hat im besternten Felde einen schwebenden, thor- und fensterlosen, spitzbedachten Zinnenturm, rechts begleitet von der strahlenden Sonne, links von einem zugewendeten gefüllten Halbmonde. Die späteren Gerichtssiegel haben das Bild der städtischen Siegel. So ein in der ersten Hälfte des 17. Jahrhunderts geschnittenes: „SIGILLVM SCABINORVM CIVITA : LANDESHVT ....“ (30 mm), und ein etwa hundert Jahre jüngeres: „✻ SIGILLVM · SCABINORVM · CIVITATIS · LANDESHVTT ·“! (35 mm), bei welch letzterem die Stadtansicht die ganze Breite des Siegelfeldes ausfüllt. Charakteristisch ist, daß auf allen Siegeln, so sehr der Geharnischte auch in Rüstung und Schwert mit der Mode der jeweiligen Zeit geht, er doch stets den eigenartigen Rundschild beibehält.

Lauban, Stadt. **In Silber eine rote Burg mit zwei spitzbedachten Türmen, offenem Thore und Fallgatter; zwischen den Türmen schwebt ein Wappen: im von Rot und Schwarz geteilten Felde zwei schräggekreuzte, silberne Schlüssel mit abgewendeten Bärten; auf dem gekrönten Helme ein gekrönter, doppelschwänziger, silberner Löwe (Böhmen) zwischen einem von Rot und Schwarz übereck geteilten offenen Fluge.** Abb. S. 156

Dies Wappen und das Rot-Wachs-Privileg soll der Stadt i. J. 1541, Dez. 17., von Kaiser Ferdinand, und zwar, wie die Nachricht darüber in Carpzov's Ehrentempel der Oberlausitz, I., 1719, S. 73 vermuten läßt, gegen das Versprechen von Beihülfe zum Türkenkriege verliehen worden sein. Ueber den Verbleib der Originalurkunde weiß der Magistrat nichts; Köhler (Bund der Sechsstädte, 1846, S. 41) hält das Diplom — von dem er aber auch nur den Abdruck bei Carpzov kannte — für „schwerlich ächt“. Ich sehe keinen Grund zum zweifeln; der Wunsch, einen Wappenbrief zu erhalten, war damals bei den schlesischen Städten insbesonders sehr lebhaft, und die heute befremdliche Kleinlichkeit einzelner Bestimmungen des Verbesserungsbriefes spricht eher für als gegen die Echtheit. — Carpzov (und nach ihm Gründers Chronik d. St. L.) bringt den Abdruck des Diploms. Darnach lautet die Wappenbeschreibung desselben: .... „haben wir mit zeitigem vorgehabten Rath, wissentlich, genandten Bürgermeister, Rathmannen und gantzen Gemeinde ernenneter Stadt und allen ihren Nachkommen, das alte und vorige Stadt-Wappen, SECRET und Insiegel, das sie bisher gebraucht, welches mit Nahmen gewesen, ein grosses Stücke einer Stadt-Mauren, auf jeder Seiten, darauf ein Thurm mit Zinnen, auch gespitzten rothen Dächen, ob jedem ein gelber Knopff, auch jeder Thurm habend ein Fenster mit sechs Aussehungen, im Grunde der Mauer das Stadtthor, mit seinem aufgezogenen gelben fünff gespitzten Schußgatter, zwischen beyden Thürmen ein Uberzwerch abgetheilt Schild, der unter halbe Theil schwartzer, und ober rother Farben. In solchen gantzen Schild zween Eysenfarb über einander Creutzweise geschränckte Schlüssel, auf dem Schild ein Stechhelm, gezieret mit schwartzer und rother Helmdecken, darob Sechs neben einander folgende Strauß-Federn, die drey schwartzer und die andern drey rother Farben, dermaßen erneuert und verbessert, Nehmlich den Schußgatter mit Sechs gelben Spitzen, jedes Fenster in dem Thurm, so 6 Aussehungen gehabt, in vier verwandelt, den Feder-Pusch weggethan, und den Stechhelm mit einer güldenen Königl. Kron gezieret, daraus entspringend, zwo aufgethane Flug, in der Mitte überzwerch abgetheilet, die Federn unten und hintere oben schwartze, und fordere ober und hinter unten rothe Farben, zwischen denselben ein auffrecht stehender weisser oder Silberfarbener Löwe, auffgeworfenen toppelten Schwantz, ausgeschlagene rothe Zungen, an seinen Pranken gelbe Klauen habende, mit einer Kön. Kron gekrönet, in das förder Eck sich kehrend, zum klimmen geschickt. Wie denn dieselben Wappen und Kleynod in Mitte dies Unsers Königl. Briefes gemahlet und mit Farben eigentlich ausgestrichen seyn." Das interessante, Saurma nur in schlechter Abbildung bekannt gewordene: „S CIVITATIS LVBANI •" (67 mm) hängt in gutem Abdruck an Urk. v. J. 1346 im Görlitzer Stadtarchiv. Der Stempel ist zweifellos noch im 13. Jahrh. geschnitten und zeigt im punktierten Felde das Wappen der damaligen Landesherren, der Markgrafen von Brandenburg, nämlich deren Adlerschild, gelehnt unter dem Helme mit dem Flug. Links begleitet dasselbe ein schwebender aufgerichteter Schlüssel mit zugewendetem Barte. Nachdem die Stadt wieder an Böhmen gekommen, zeigt das: „secretum civitatis luban" (31 mm) des 15. Jahrh. die zweitürmige Burg mit dem zwischen den Türmen schwebenden böhmischen Wappen, dem Löwenschilde und dem Helm mit dem Fluge. Das neue häuptlings beschriebene Diplomwappen erscheint m. W. zuerst auf einem, im Löwenberger Stadtarchiv an Urkunde v. J. 1546 hangenden: „SIGIL + MI ∘ 9 ∘ CI + LVBAN ∘" (53 mm), dann auf dem noch vorhandenen, gut geschnittenen Stempel des: „SIGILLVM · MAJVS · CIVITATIS · LVBAN (im Felde:) G W (unten im Thore:) 1586" (auf Band, 55 mm) und dem wohl gleichzeitigen: „SIGILLVM MINVS CIVITATIS LVBAN" (auf Band, 32 mm) vor. Die Buchstaben: „G W" bei ersterem, welche außen neben den Türmen klein angebracht sind, glaube ich auf den Namen des Stempelschneiders beziehen zu müssen. Es scheint noch ein ähnliches Siegel mit derselben Umschrift zu geben, denn Saurma beschreibt statt dessen ein 1692 gebrauchtes sigillum majus, welches nicht im Thore, sondern neben den Türmen: 68 stehen habe; die (leicht zu übersehenden) Initialen erwähnt er nicht. Alle spätern Siegel richten sich mehr oder weniger nach dem Vorbilde von 1586, nur die Siegel der Kämmerei lassen die Burg fort und nehmen bloß den Schild mit den gekreuzten Schlüsseln oder dazu auch den Helm und das Kleinod auf. Bemerkenswert ist, daß die neueste Siegeloblate durch die Umschrift: „MAGISTRAT DER SECHS STADT ✱ LAUBAN ✱ (im Thore:) 1586" (34 mm) wieder an den alten Bund, dem die Stadt schon 1273 angehörte, erinnert. — Das: „· SIGILLVM IVDICII CIVIT LAUBAN 1735" (36 mm) hat im geteilten, ovalen Rahmenschilde nur die schräggekreuzten Schlüssel. Denselben Schild haben zwei schriftlose, wohl auch dem Gerichte gedient habende, ovale Siegel, deren eines: „1735" (19 : 18 mm), das andere: „1780" (25 : 23 mm) oben im Felde zeigt.

Berkels Gesch. d. St. L., 1896, S. 17, gibt eine böse Beschreibung des Wappens; während aus dem Wappenbriefe angegeben wird, daß die Turmknöpfe und das Fallgatter gelb seien, daß jedes Fenster früher sechs Scheiben gehabt habe u. s. w. ist von der Farbe der Burg und des Feldes nicht die Rede. Dann heißt es: „In das rotschwarze Wappenschild legte 1344 Herzog Heinrich v. Fürstenberg und Jauer als Lohn für den Widerstand der Stadt gegenüber dem falschen Waldemar zwei sich kreuzende weiße d. i. silberne Schlüssel. So blieb das Wappen bis 1541", und doch hatte nicht nur Freiherr v. Saurma-Jeltsch im Wappenbuche der schlesischen Städte, sondern schon der sonst selbst für Wappensagen sehr empfängliche Carpzov in seinem 1719 erschienenen Ehren-Tempel der Ober-Lausitz die Unhaltbarkeit dieser Behauptung nachgewiesen — allerdings um eine nicht besser begründete Ansicht dafür vorzubringen. — Eine leidliche Abbildung des ältesten Siegels nach dem Exemplar an der Verbündungsurkunde der Sechsstädte v. J. 1346 findet sich bei Köhler a. a. O., Taf. V, No. 4.

1) Saurma macht aufmerksam auf die große Ähnlichkeit des Schlüsselschildes mit dem Familienwappen des alten oberlausitzischen Geschlechts derer von Uechtritz, und bemerkt, daß sich im Hussitenkriege der Stadthauptmann von Uechtritz-Steinkirch so hervorgethan habe, daß an eine derartige heraldische Verewigung seiner Verdienste wohl gedacht werden dürfe. Ich glaube, daß das ein Holzweg ist. Die Schildfarben der Uechtritz sind Silber-Blau, die Schlüssel golden; das würde nichts auf sich haben, denn mit den Farben sind die Städte noch immer ungeniert umgegangen; aber das Feld ist bei Uechtritz gespalten und die ersten Siegel mit dem Wappen zeigen dasselbe deutlich geteilt; dann hatten erstere auch ein ganz anderes Helmkleinod, nämlich zwei Büffelhörner, und was mir das Wichtigste scheint: schon im 13. Jahrh., also zu einer Zeit, wo von einem Vorkommen des Geschlechts in der Oberlausitz noch nichts bekannt ist, zeigt das Stadtsiegel einen Schlüssel.

Abb. S. 156 **Leippa**, Flecken. **In Blau auf rotem Acker ein linkshin schreitender, silberner Ochse, der einen goldenen Pflug zieht.**

Ein noch erhaltener Stempel vom Anfang des 18. Jahrh. mit der Umschrift: „LEIPPER GERICHTS · SIEGEL" (33 mm) zeigt ein Wappen: im ovalen Schilde auf Ackerfurchen ein linkshin gewendeter Ochse vor einem Pfluge; statt eines Kleinods schwebt über dem Helme rechtshin gewendet die geflügelte Themis mit Schwert und Wage. Das neue Farbsiegel des Gemeindevorstandes hat kein Bild.

Leopoldshain, Dorf.

Ein: „❊ LEOPOLDSHAYNER GERICHTSSIEGEL" (28 mm) des 18. Jahrh. hat auf Rasen nebeneinander einen rechtshin gewendeten Löwen und drei Waldbäume, also eine Anspielung auf den Ortsnamen.

Abb. S. 156 **Liebau**, Stadt. **In Rot über Wasser, in dem ein blauer Fisch schwimmt, ein spitzbedachter, silberner Turm.**

Nach Saurma hat ein: SIGIL · CIVITATIS · LVBAVIA · 1 · 6 · ƨ · 6 · („mittelgroß", wahrscheinlich soll die verkehrte 5 eine 3 sein, denn der Abdruck ist von 1655) einen Schild, der durch einen damaszierten Querbalken geteilt ist; in der punktierten oberen Hälfte steht ein Zinnenturm, in der wellenartig schraffierten unteren ein schrägrechts gestellter Fisch. Ein: „SIGIL CIVITATIS LV BAVIAE · S · B" (21 mm) hat den Turm aus Wellen aufsteigend, in denen der Fisch schwimmt. Neuere Siegel haben den Turm auf einem, manchmal mit Röhricht bewachsenen Ufersaume stehend, das Stadtverordnetensiegel stellt ihn zwischen zwei Bäumen. — Ein Gerichtssiegel zu Neustadt-Liebau soll den Turm über einem Schrägrechtsbache haben, in dem eine Forelle schwimmt.

Liebenthal, Stadt. **In Gold das wachsende Bild eines Bischofs, der in der Rechten ein Buch hat, in der Linken den Krummstab schräg vor sich hält.** Abb. S. 156

Der noch erhaltene Stempel des kleinen: „❊ S · MAIVS · CIVITATIS · LIEBENTHAL (im Felde:) 16 36" (23 mm) hat den hl. Maternus, den Patron des dortigen Klosters, dem die Stadt bis zum Jahre 1810 gehörte, halbleibs mit der Mitra auf dem Haupte, ein Buch in der Rechten und den schräglinks gehaltenen Krummstab in der Linken. Neuere Siegel sollen denselben Bischof, rechts eine Kirche tragend, mit dem Krummstabe in der Rechten zeigen. — Im Löwenberger Stadtarchiv hangen an Urkunden aus den Jahren 1480 und 1487 Abdrücke eines: „❀ sigillum + scabinorum + in libental ✱ ‡" (27 mm), welches das Brustbild mit der Bischofsmütze auf dem bärtigen Haupte und links neben demselben schwebend einen Krummstab zeigt.

Liegnitz, s. oben, S. 72.

Lindhardt, Dorf.

Ein: „SIEGEL D · GEMEINDE LINDHARDT" (oval, 23 : 19 mm), aus der ersten Hälfte dieses Jahrhunderts hat auf Rasen eine Linde. — Ebenso ein: „❊ LINDHARTTER GERICHT SIEGEL 1762" (25 mm).

Lohsa, Flecken, **führt nach freundlicher Angabe des Amts-Vorstehers kein Wappen- noch Siegelbild und soll auch früher keines gebraucht haben.**

Lorenzdorf, Flecken. **In Blau auf grünem Boden die Justitia mit Schwert und Wage.**

Das Farbsiegel des Gemeindevorstandes enthält nur Schrift. — Ein: „GERICHTS SIEGEL ZU LORENZDORF" (26 mm) aus dem Ende des 18. Jahrhunderts hat die Justitia. Ebenso ein neues Farbsiegel mit gleicher Umschrift. Eine Abbildung dieser nicht als Wappenbild anzusehenden Figur ist unter Warmbrunn gegeben.

Löwenberg, Stadt. **Gespalten, vorn in Silber auf blauem Berge ein linkshin gewendeter, gekrönter, roter Löwe, hinten in Gold ein rot, weiß und schwarz geschachter Adler.** Abb. S. 156

Zu diesem Schilde führt die Stadt einen offenen, rechts schwarzen, links weißen, mit goldenen Seeblättlein bestreuten Flug. Das Wappen nebst dem Rotwachsprivileg ward ihr am St. Valentinstag (14. Febr.) 1501 vom Könige Wladislaw II. verliehen und bereits am 26. Februar 1501 vom Kaiser Maximilian bestätigt. Die Beschreibung desselben in der Urkunde Wladislaws lautet nach dem Abdruck in Wesemanns Urkunden d. St. L. (Separatabdr. a. d. Jahresbericht d. Realprogymnasiums zu L. 1885 u. 87): „. . . . . und haben inen darumben aus angeborner kuniglicher milde und sondern genaden zu pesserung ires insigels und statwapen die genad gethan, verlihen und gegeben, also das sy in irem sigel und statschilde haben und zu kunfftigen zeiten brawchen und mit rotem wachß ir sachen petschatden und sigilliern sollen und mugen, nemlich des halben tails ein weisen schilde, in demselbigen dreyegkher plaber[1]) perge, darauf ein roter lebe zu klymen geschigkt mit einem zwifechtigen aufgeworffen schwantz und ein crone auf seinem hawbte, dargegen ein gelbin schilt, darynne aufreicht ein adeler mit seinen ausgebreytten flugeln, roth, weiß und swartz schachtzagels weise geteilet, mit seinen rotten fuessen und schnabel, denselbigen Schnabel zu dem rechten flugel kerunde, neben vorgemeltem schilde, und auf beiden schilden ein helm mit einer weisen und roten Helmdecke getziert, darauf nebeneinander zwene aufgethone flugel, der hinder weiß, der forder schwartz, iden mit gelen seeblettlein durch abegehengt, wie das hie an disem brieve mit kunst und der hande des malers erklert und mit den varben eigentlich ausgestrichen ist" . . Ganz wie bei Liegnitz erwähnt auch hier der Kaiser bei der Bestätigung des Wappens mit keinem Worte der vorangegangenen Verleihung desselben seitens des Königs von Böhmen. Die kaiserliche Urkunde vom 26. Februar 1501 lautet auszüglich nach Wesemanns Abdruck: . . . . . „bekennen offenlich mit disem brief und tun kund allermennigklich, das wir gutlich angesehen und zu hertzen genomen unser und des reichs lieben getrewen burgermeister und rate der stat Lembergk diemutig bete, auch die getrewen darstreckung, so ir vordern und sy dem heiligen cristenlichen glawben zu behaltung und gutem mit iren leiben und guttern gegen den widerwerttigen desselben heiligen glawbens getan, teglichen tun und sy hinfur als frumm cristen zu tund und uns und dem heiligen reiche fleissig und nutzlichen zu dienen willig erbieten und wohl tun mugen und sullen, und darumb mit wolbedachtem mute, gutem rate und rechter wissen ir und derselben gemeinen stat Lembergk wappen und cleinete, so sy bisher gefurt und gebraucht haben, die sein mit namen ein weysser schilde, darin ein roter leo zum klymen geschickht, nachgemelter massen gepessert und gezieret, nemlich: das in grund des schildes ein dreyegketen plaben perg, darauf hinfur der gemelt leo steen, auch das derselb leo hinfuro ein zwifachen aufgeworffen swantz und ein cron auf seinem haubt haben sol, und dartzu inen und iren nachkummen von gemeiner stat Lembergk wegen ein gelben schilde, darin aufrecht in gantzem schilde ein adler mit seinen ausgebraiten flugen, der farben rot, weyß und swartz schachzabelßweise außgeteilet, mit seinen roten fueßen und snabel, denselben snabel zu dem rechten flug kerende, neben dem vorgemelten schilde, und auf solhen beiden schilden einen helm mit einer weissen und roten helmdeckhen gezieret, darauf nebeneinander zwo aufgetan flug, die hinder weyß, und die vorder swartz, yede mit gelben seepletlin durch ab behengkht — von newem gnedigklichen verlihen und gegeben und hinfuro also zu furen und zu gebrauchen gegonnet und erlawbet, und ferrer die gnade und freiheit getan und gegeben, also das sy und ir nachkummen nu hinfuro alle offen und beslossen brief, so von inen und gemeiner stat Lembergk wegen under derselben stat insigeln oder petschadten ausgeen, mit rotem wachs besigeln und verpetschatten und sich des also gegen menigklichen gebrauchen mugen, pessern, zieren, verleyhen und geben von newew, tun, freyen, gonnen und erlawben inen solichs alles von Romischer kuniglicher machtvolkumenheit wissentlich in craft diß briefs und meynen, setzen und wellen, das die genanten burgermeister und rate zu Lembergk und ir nachkummen von derselben gemeiner stat wegen die vorgemelten wappen und cleinet mit der berurten zierung, pesserung und newen gab haben, furen und der in allen und yegklichen erlichen und redlichen sachen und gescheffften zu schimph und zu ernst, in streitten, panieren, gezelden, aufslagen, gemelden, insigeln, petschadten und sunst an allen enden nach irer und gemeiner stat Lembergk egemelt notdurfften gebrauchen und genießen und dartzu alle und yegelich gnad und freiheiten haben und mitsambt den freiheiten des roten wachß obgemelt genyessen sullen und mugen" .....[2]) Herr Dr. Wesemann in Löwenberg war so liebenswürdig, mit größter Sorgfalt eine Liste aller im dortigen Stadtarchiv vorhandenen Stempelverschiedenheiten der Löwenberger (und anderer) Stadtsiegel für dies Werk anzufertigen und sich beim Magistrate für die Hierhersendung der betreffenden Urkunden erfolgreich zu verwenden. Dank diesem gütigen Entgegenkommen können hier nicht nur die Ungenauigkeiten der Siegelbeschreibungen in Sutorius' Gesch. d. St. L. (1784 u. 1787), Bergemanns Histor.-Topogr. Beschr. d. Kreisst. L. (1824) und bei v. Saurma berichtigt werden, sondern, da auch noch Materialien aus anderen Archiven mitbenutzt wurden und also eine Neuauffindung weiterer alter Siegel nicht wahrscheinlich ist, können die Stücke hier ausnahmsweise mit fortlaufender Nummer versehen werden.

1. „✠ SIGILLVM ⁝ VNIVERSITATIS ⁝ CIVIVM ⁝ DE ⁝ LEVVENBERC" (74 mm), Burg mit breitbedachtem Mittelturme zwischen zwei spitzbedachten, runden Seitentürmen; auf den Thorzinnen schreitet unter einem, aus dem Mittelturme ausgesparten Kleeblattbogen ein Löwe; letzterer ist bei diesen alten Löwenberger Siegeln nicht, wie später, der doppeltgeschwänzte böhmische, sondern das redende Wappentier der Stadt. Das Siegel kommt zuerst[3]) 1341 vor und hängt noch an einer Urkunde von 1471 (Stadtarch. Görlitz).

2. „✠ S' CIVITATIS · DE · LEWENBERCh" (39 mm), der auf Zinnen schreitende Löwe, unter dem, aus dem vorigen Siegel entnommenen Kleeblattbogen. Die Burg selbst ist fortgeblieben und nur der große, seitlich mit zwei winzigen Türmchen besetzte Thorbogen füllt in wenig architektonischer Weise das Siegelfeld aus. Dies bisher nicht veröffentlichte Siegel ist einstweilen nur in einem Exemplare a. Urk. von 1386 (Stadtarchiv Löwenbg.) bekannt.

3. „+ sigillum ⁘ ciuitatis ꝟ de ⁘ lewenberg ~" (42 mm), auf felsigen Bergen schreitender Löwe; für 1406 nachgewiesen von Engel in: Mittelalterl. Siegel des Thorner Rathsarchivs (Thorn, 1894).

4. „✱ SI ⁕ CIVITATIS ⁕ LEOPOLIS ⁕ INNOVATVM ⁕" (auf Band, 43 mm), linkshingekehrtes Wappen nach dem Diplom von 1501: gespaltener Schild mit Adler und Löwe; auf dem Stechhelme der offene Flug. Der Stempel ist vorzüglich gestochen, verstößt aber insofern gegen die heraldische Regel, als bei der Linkskehrung des Schildes der Löwe hätte im ersten, der Adler im zweiten Felde stehen müssen, während es hier umgekehrt ist. Vielleicht war dies der Grund, daß alsbald das Siegel No. 6 angefertigt wurde.

5. Das Wappen nach rechts gekehrt, ohne Umschrift (28 mm). Dies stumme Signet (oder Sekret, wie es die Urkunde nennt), ist zweifellos von demselben geschickten Stempelschneider gestochen, wie das vorhergehende Siegel. Ich habe es deshalb diesem gleich folgen lassen, obwohl es erst für 1527 bezeugt ist.

6. „+ S + NOVVM + CIVITATIS + LEWENBERG +" (43 mm), dasselbe Wappen wie No. 4, aber richtig und rechtshin gekehrt. Hierbei ist auch der Berg im Löwenfelde, der bei den beiden vorigen nicht zu sehen ist, in Form eines zur Spaltlinie ansteigenden Dreiberges angebracht. Für 1505 nachgewiesen.

7. „❀ SIGILL : CIVITATIS LEOBERGENSIS" (Schriftband, 31 mm), dasselbe Wappen. Zuerst 1618.

8. „· SIGILLVM CIVITATIS LEOBERGENSIS ·" (25 mm), wie vorher. 1652.

9. „⁖ S ⁖ MINVS · CIVITAT : : IS : LEOBERGENSIS ❧" (37 mm), wie vorher. 1732.

10. „SIGILLVM REGIÆ ⁕ CIVIT LEOBERGENS" (33 mm), das Wappen. 18. Jahrh.

11. „SIGILL REG CIVIT LEOBERGENSIS" (24 mm), wie vorher. 1750.

12. SIGILLVM MAIVS CIVITATIS LEOBERGENSIS mit dem Wappen, von Saurma flüchtig erwähnt (Zeit? Größe?).

Die neuen Siegel haben dasselbe Wappen; sie brauchen nicht aufgezählt zu werden.

Gerichtssiegel:

A) Hofgerichts-Siegel: „✠ S' IVDICIS CVRIE' SCABINOR' IN LEWENBER'" (42 mm) der städtische Löwe unter demselben Kleeblattbogen schreitend, wie beim zweiten Stadtsiegel; es fehlen nur die Zinnen, sonst ist dies Siegel jenem bis auf die Umschrift getreu nachgebildet. 14. Jahrh., jedoch für 1444 erst nachgewiesen.

B) Erbgerichts-Siegel: „✠ S' ⁕ SCABIOR h'EDITARIOR' LEWBG" (40 mm), im schwachberankten Felde ein linkshin aufsteigender Löwe. Wahrscheinlich war schon eine Urkunde vom Jahre 1326, deren Siegel jetzt fehlt, mit diesem bekräftigt. Erhalten ist es an einer solchen von 1361 (Löwenb. Stadtarch.).

C) „✠ s'gillum ✱ scabinorum hereditariorum de lewenberg" (42 mm), Löwe, ganz wie bei B), zuerst 1450; bis ins 17. Jahrh. in Gebrauch.

D) „✠ ❀ SIGILLVM ❀ PRAETORIS ❀ LEOB 1635 ❀" (35 mm), Löwe (rechtshin) in einem Schilde; derselbe hat den Doppelschwanz des böhmischen, nicht aber auch dessen Krone.

E) „· POLICEY INSPECTIONS SIEG : D : STADT LÖWENBERG" (22 mm), das Wappen von 1501; um 1800.

Die Abbildungen von vier älteren Siegeln bei v. Saurma scheinen alle nach unscharfen Exemplaren gezeichnet zu sein.

1) Als Jahr der Wappenverleihung hatte Sutorius irrig 1498 angegeben, was wiederholt und auch noch von Saurma nachgedruckt wurde, obwohl schon Dorst in seines Wappenbuches erstem Teile (1843, S. 57) einen Abdruck gab, der, wenn auch sehr mangelhaft, so doch im Datum richtig ist.

2) Merkwürdig ist die Angabe in Dewerdeck's Silesia numismatica, S. 641, die Stadt habe vor der Verleihung das freybergische Wappen geführt, so die Bergknappen mit sich gebracht; er gibt a. a. O. auch lateinische Verse eines M. Caspar Svevus hierüber wieder. Natürlich ist die Behauptung ebenso unhaltbar wie die desselben Autors, daß der Adler im zweiten Felde auf der Brust und dem Schwanze Seeblätter trage.

3) Und zwar findet sich dieser älteste bekannte Abdruck in die innere Seite des Vorderdeckels des 1341 begonnenen Copialbuches in grünem Wachse eingelassen, also gewissermassen als Exlibris. Daß die Einfügung mit der Anlage des Buches gleichzeitig geschah, ist durch die Schlußworte einer Aufzeichnung auf dem ersten Blatte erwiesen (s. Wesemann, I, S. 6).

Lüben, Stadt. In Gold der schwarze schlesische Adler mit Brustmond, aus welchem anstatt des Adlerhalses die Mutter Gottes mit dem Kinde auf dem Arme hervorwächst. Abb. S. 156

Dies ist das Bild des Sekrets, welches ich in diesem Falle dem des großen Siegels um so eher vorziehen zu dürfen glaubte, als dasselbe nicht nur eine der schönsten und interessantesten heraldischen Darstellungen überhaupt ist, sondern auch vom 14. Jahrh. bis heute von der Stadt ununterbrochen benützt wurde, während das Bild des ältesten Hauptsiegels schon im 14. Jahrh. außer Gebrauch kam und erst neuerdings dafür ein anderes auftaucht.

Das älteste bekannte: „+ S' BVRGENSIVM · IN LVBIN" (54 mm) hängt an der unter Guhrau näher besprochenen Urk. v. J. 1310 im Stadtarchiv zu Guhrau. Es zeigt nebeneinander schwebend rechts den halben schles. Adler, links einen Turm, an den sich links eine Holzplanke, gekennzeichnet durch drei lange, in den Boden gerammte Pfähle, anschließt.[1]) Noch im 14. Jahrh. erscheint dann das: „+ SECRETVM ⊙ CIVITATIS ∘ LVBENSIS ∘" (44 mm) mit der oben beschriebenen monogrammatischen Verbindung der Madonna und des Adlers, welche dann bis in die neuere Zeit die alleinige Siegeltype blieb. Bei diesem ältesten Sekret trägt die Mutter das Kind auf dem rechten Arme. Saurma erwähnt dann ohne nähere Beschreibung ein 1510 gebrauchtes: s' (der Stadt?) Lobin mit der gleichen Darstellung. Im Jahre 1566 benutzten Bürgermeister und Rat das unten beschriebene dritte Gerichtssiegel. 1623 erscheint der jetzt noch vorhandene Stempel des: „⁝ S ⁘ CIVITATIS ∘ ⁝ LOBINENSIS ⁝" (26 mm), bei dem das Kind auf dem linken Arme sitzt. So auch bei dem 1674 gebrauchten: „❊ SIGILLVM ❊ CIVITATIS ❊ LOBENENSIS" (28 mm). Ob dabei die Brust des Adlers schon mit dem österreichischen Schilde belegt ist, wie bei den folgenden Siegeln, das lassen die vorliegenden drei Abdrücke (1674, 1705, 1707) eher vermuten als erkennen. Deutlich ist aber die Brust des Madonnenadlers bei dem 1714 gebrauchten: „SIGILLVM · CIVITATIS · LUBENENSIS" (oval, 33 : 31 mm) und bei der: „STADT LVBEN INSIGEL" (21 mm) mit einem ovalen Schilde belegt. Bei beiden ist dieser Brustschild gespalten und zeigt vorn Burgund, hinten Österreich (statt umgekehrt), nämlich vorn fünfmal schräglinks geteilt, hinten ein Balken. Letzterer ist nicht nur bei diesen beiden, sondern auch bei dem Siegel der Kämmerei: „LVBENSCHES · STADT · CÄMMEREY · SIEGEL (im Felde:) 1787" (28 mm), welches sonst Österreich und Burgund richtig stellt, mit einem Andreaskreuzchen belegt.[2]) Bei Anfertigung des letztgenannten Stempels war die Stadt längst preußisch; dennoch erscheint noch um 1800 ein Farbsiegel: „SIEGEL DER CREISSTADT LUBEN" (oval, 31 : 29 mm) mit dem von Burgund und Österreich gespaltenen Brustschilde. — Während so die Siegelfolge ganz geordnet vor uns liegt, besitzt die Stadt noch einen Stempel, den ich nicht recht einzureihen weiß. Er zeigt eine Burg mit zwei spitzbedachten Türmen, zwischen denen auf einem Thronsessel die gekrönte Gottesmutter mit dem Kinde auf dem rechten Arme und einem Scepter in der linken Hand sitzt; im offenen Thore schwebt gelehnt der schlesische Adlerschild; neben dem Thore steht rechts sowohl wie links je eine nimbierte weibliche Heilige mit einem Kelche in den Händen; außen neben den Türmen schwebt jederseits noch ein Adler frei im Felde. Die Umschrift lautet: „SIGILLVM ❊ MAIVS ❊ CIVITATIS ❊ LVBIN" (40 mm). Einen alten Abdruck davon habe ich nicht gesehen; auch kann der Stempel aus stilistischen Gründen unmöglich vor dem

Ende des 17. Jahrh. gefertigt sein. Eine genauere Schätzung seines Alters ist nicht thunlich, weil er, wie aus den Majuskeln, den „verdächtig altmodisch geformten Buchstaben" wie Saurma sagt, hervorgeht, daß er altertümlich erscheinen will. Ob er sich an ein altes, unbekannt gebliebenes Original anlehnt, ist sehr zweifelhaft. Um 1820 galt sein Bild als das eigentliche Stadtwappen, wie aus Zeichnungen und den Akten des Magistrats über das Wappen hervorgeht. Aus letzteren ist auch ersichtlich, daß die beiden Heiligen St. Barbara und St. Agnes vorstellen sollen. Bedauerlich aber ist, daß die neuen Oblatensiegel des Magistrats statt des schönen, alten Madonnenadlers dies dubiöse Durcheinander enthalten.

Ein noch dem 14. Jahrh. angehörendes: „+ S' SCABI NORV · LVBYNENSIVM" (34 mm) enthält eine stehende Heilige mit einem Kirchenmodell in der Rechten; es ist nach v. Saurma die hl. Hedwig. Im 15. Jahrh. gab man aber auch den Gerichtssiegeln den Madonnenadler wie ein: s ✽ iudicis ✽ civitatis ✽ leovinensis (? 27 mm) zeigt. So auch ein um 1520 gestochenes: „S ✽ iudici .. ✽ civitat .. ✽ lube ...." (Schriftband, 27 mm), mit dem 1566 Bürgermeister und Rat ohne weiteres einen Brief besiegelten. Auch noch im 19. Jahrh. benützte die Polizeibehörde das schöne Siegelbild, allerdings in arger Verdünnung. Das älteste Siegel ist bisher nur von Kirmis in: Beitr. z. Wapp.- u. Münzkunde Großpolens, 1885 beschrieben worden. Das älteste Sekret wurde erwähnt von Seyler in der Gesch. d. Heraldik S. 185 und, nebst den ältesten Gerichtssiegeln, abgebildet von v. Saurma, Taf. VI.

1) Tzschoppe und Stenzel, Urkundensammlung, 1832, S. 346, Note 5, berichten, daß die Befestigung der Städte mit Planken in Polen und Schlesien sehr gewöhnlich und weit älter als die mit Mauern sei. Auf Siegeln erinnere ich mich nicht, diese Holzbefestigung so unverkennbar wie hier gesehen zu haben.
2) Also so wie die österr. Familie v. Rödern die österreichische Binde führt.

Abb. S. 156 **Mark-Lissa,** Stadt. **In Blau über einem goldenen Stern ein gestürzter, goldener Halbmond.**

Dies ist das umgekehrte Wappenbild der früheren Grundherren, der Herren von Debschütz, welche den Halbmond unten steigend und den Stern in seiner Höhlung schwebend führten (herb Letiwa). Das älteste bekannte, um 1530 geschnittene: „○ SIGIL ○ CIVI ○ MARCK LISSA" (32 mm) hat das Bild im Schilde. Bei einem Siegel der: „ ○ STADT MARGLISSA · 1824"! (25 mm) schwebt es frei zwischen zwei Füllhörnern und der Halbmond ist dabei gesichtet. Ähnlich beim Farbsiegel der: „POLIZEI ✽ VERWALTUNG (unten:) ZU MARKLISSA" (28 mm) aus der ersten Hälfte des 19. Jahrh.

Abb. S. 156 **Muskau,** Stadt. **In Grün ein nur mit einem Blätterkranze um Haupt und Hüften bekleideter, behaarter, wilder Mann, der in der Rechten ein gesenktes Schwert, in der Linken eine rote Hirschstange hält.**

Der Stadtname soll von dem wendischen Worte: Mužakow = Männerstadt kommen; die Hirschstange entstammt dem Wappen der Herren von Biberstein, welche die Stadt wenigstens v. J. 1452 an, rund 100 Jahre besaßen. — Das alte Hauptsiegel ist noch nicht aufgefunden worden; wohl aber neuerdings ein um die Mitte des 15. Jahrh. gefertigtes: „+ secretum + + civitatis + muskav" (40 mm), was unter einem Zierbogen den wilden Mann mit dem Schwerte in der Rechten und dem bibersteinschen Helme, einem gekrönten Stechhelm mit heruntergehender Helmdecke und der Hirschstange als Kleinod, in der Linken hält. Der noch erhaltene Stempel des zu Anfang des 17. Jahrh. geschnittenen: „· SECRETVM · CIVITATIS · MVSCAVIENSIS" (33 mm) läßt den Baldachin und den Helm weg, so daß nur Schwert und Hirschhorn in den Händen des Wilden bleiben. So hat ihn auch ein kleines Siegel der: „STADT · MVSKAV · ANNO 1680" (20 mm), während „DIE STADTVERORDNETEN ZU MUSKAU 1834" (30 mm) vorsichtshalber den nackten Leib mit einem Lappen verhüllen. „Das jetzige Siegel zeigt aller Wahrscheinlichkeit in der Linken des Mannes einen Blumentopf. Der Auslauf aus dem Topfe nach oben scheint das Hirschhorn, nach unten eine Blume (Erika) darzustellen, jedenfalls mit Hinsicht auf die um Muskau liegende Haide" — so lautet die magistratische Auskunft, und wirklich zeigen acht neuere Stadtsiegel den bibersteinschen Helm zu einem Blumentopfe und dessen Decke zu Haidekraut verarbeitet. — „∴ DAS GERICHTSIGEL DER STAD MVSCHKE (im Felde:) 1647" dessen Stempel noch vorhanden ist, hat den wilden Mann mit einem Baumstamm mit gestümmelten Ästen als Keule in der Rechten, die Linke ist in die Hüfte gestützt, aus dem Boden wächst eine Blume. Das alte Sekret ist besprochen und abgebildet in v. Mülverstedts: Diplomatarium Ileburgense, 1877, S. 721.

Abb. S. 156 **Naumburg** am Bober, Stadt. **In Rot ein von einer Ringmauer umschlossenes, silbernes, kirchenartiges Gebäude.**

Im Jahre 1205 wird schon urkundlich der Kirche in novo castro gedacht, und kurz darauf das dortige Augustinerkloster erwähnt. Wahrscheinlich ist es das Klostergebäude, welches das: „⁂ sigilum ⁂ civium ⁂ de nawenborg" (26 mm) des 15. Jahrh. darstellt, und das Siegel der: „STAT : NAVMBVRG : A . B ·" (20 mm) vom 17. Jahrh. wiederholt. Auch die neuen Farbsiegel haben dasselbe, lassen aber die Ringmauer weg.

Abb. S. 157 **Naumburg** am Queiß, Stadt. **In Silber ein spitzbedachter, roter Zinnenturm mit offenem Thore, begleitet rechts von einem abgewandten, schwebenden Stechhelme mit einem silbernen (schwarzen?) Widderkopf als Kleinod, links von einem roten Schilde, darin ein silberner (schwarzer?) Widderkopf im Visir.**

Schild und Helm sind das Wappen der von Rechenberg, denen die Stadt im 15. Jahrh. gehörte. Obiges Bild hat das: „sigillum + universitatis ....?" (cc. 40 mm) aus dem 15. Jahrh., sowie ein SIGILLVM · CIVITATIS · NAVNBVR (GEN : AD · Q) VAT. 1658, welches nach Saurma durch seinen schlechten Schnitt schon zu der späteren irrtümlichen Auffassung hinüberleiten soll. Diese zeigt nämlich statt des Turmes ein hohes Giebelhaus, rechts mit einem kleinen Erker, rechts daneben springt ein Geisbock, links schwebt ein Stierkopf. So das: „SIGILLUM CIVIT : NAUM BURGENS : AD : QUEISUM (unten im Felde:) 1756" (oval, 28 : 26 mm) und das: „✽ STADTVERORDNETEN SIEGEL Z : NAUMBURG A : QV : (unten im Felde:) 1809" (30 mm). Bei diesen und den neueren Farbsiegeln ist die Darstellung von zwei aufsteigenden Ranken, vermutlich sinnlosen Resten der Schildform oder Damaszierung eines älteren Siegels beseitet. — Ein noch 1702 benütztes: „.. GE RICHTS ✽ SIEGEL ✽ DER ✽ STA . . . AVMBVRG AM . . . . . (im Felde:) 16 . 3" (34 mm) läßt in einem ausgeschnittenen Schilde nur einen breiten, oben von zwei Sternchen beseiteten, spitzbedachten Turm mit offenem Thore und Fallgatter erkennen.

Neudorf am Gröditzberg, Dorf.

Ein neues Farbsiegel: „GEM · SIEG · NEUDORF a. RENNW · (unten:) GOLDBERG-HAYNAUERKREIS ·" zeigt auf einem Hügel drei Getreidehalme nebeneinander.

Neusalz a. d. Oder, Stadt. **Geteilt: Oben in Silber der gekrönte, schwarze preußische Adler mit dem Scepter im rechten und den Reichsapfel im linken Fang; unten in Grün ein auf Wellen fahrendes Segelboot mit darin sitzendem Steuermann.** Abb. S. 157

Der ganz jungen Ortschaft wurde bei der Erhebung zur Stadt, 1743 Okt. 8., durch König Friedrich II. dies Wappen verliehen. Nach freundlicher magistratlicher Mitteilung heißt es in der Ordre: „Die Stadt soll zu ihrem Wappen einen in die Quere geteilten Schild und in dessen oberem weißen Felde Unseren Königl. Preuß. Adler, in dem untern meergrünen Felde ein Schiffsboot mit einem Steuermann darstellend führen." — Das demnach älteste: STADTSIEGEL NEUSALTZ (unten im Abschnitt:) ANNO 1743" (oval, 21 : 19 mm) zeigt ein Wappen: Schild wie beschrieben; auf demselben eine fünfblätterige Krone, aus der zwischen einem offenen Flug ein Mast mit Segel wächst. Ganz so ein noch vorhandener Stempel: „NEUSALTZ STADT SIEGEL (im Abschnitt:) ANNO 1787" (oval, 31 : 30 mm) und die neuen Magistrats- und Stadtverordnetensiegel.

Neustädtel, K.-B. Liegnitz, Stadt. **In Rot eine silberne Burg mit zwei fensterlosen, spitzbedachten Türmen und offenem Thore; zwischen den Türmen schwebt der oben mit einem goldenen Kreuze besteckte, goldene Schild mit dem schwarzen schlesischen Adler.** Abb. S. 157

Ganz so, nur mit Zinnen anstatt der spitzen Turmdächer, der einzige bisher bekannt gewordene Rest eines dem 14. Jahrh. angehörigen Siegels an undatierter Urkunde im Thorner Ratsarchiv. Derselbe läßt auch schon deutlich das Kreuzchen auf dem Adlerschilde erkennen; von der Umschrift ist nur erhalten: „+ S. ....VACIV . . . . E" (etwa 46 mm). So auch ein erhaltener Stempel: „SIGILLVM IN NEVSTADT" (auf Band, 24 mm) des 16. Jahrh. Ein in der ersten Hälfte des 17. Jahrh. gestochener Stempel: „✽ SIGILLVM CIVITATIS NEVSTADT ✽" (36 mm) zeigt bereits die Spitzdächer und über dem Kreuze noch zwei Rosetten, welche zwar das wenig spätere: „: SIGILLVM · DER · STADT · NEV · STÆDTEL" (27 mm) nachmacht, die aber doch nur bedeutungslose Raumausfüllungen sind. Saurma spricht von einem Siegel mit der Jahreszahl 1647 im Felde, ohne etwas weiteres anzugeben, als daß es auch das Kreuz zeige. Die neuesten Farbsiegel haben dasselbe Bild beibehalten. Ein: „✽ SIGEL · D · · GERICHTE · ZVR · NEVSTADT · 1644" (29 mm) hat ganz das Bild der Stadtsiegel, ohne die Rosetten.

Niederleschen, Dorf.

Ein Farbsiegel aus der Zeit um 1850: „GERICHTS SIEGEL ZU NIEDERLESCHEN" (30 mm) zeigt drei (1 : 2) Rosen.

Niederölsa, Dorf.

Eine neue Siegeloblate der: „GEMEINDE ZU OELSA" (27 mm) hat einen Schild, darin ein Löwe.

Nikolstadt, Dorf, früher Stadt.

Ein im Jahre 1353 gebrauchtes: „+ S VNIVERSITA TIS IN NYCO . . . . ." (35 mm) deutet auf den damaligen Goldreichtum der Gruben; es hat über einem Dreiberg schwebend eine schrägrechts gelegte sogen. Seiffen-Kratze, mit derem langen Stiele sich die Griffe von Schlegel und Eisen, beide nebeneinander schräglinks gelegt, kreuzen. Ein um 1800 gefertigtes: „NICOLSTATER · GER · SIEGEL (unten:) LIEGNITZER KREIS" (oval, 25 : 23 mm) hat eine Spitzhaue, die mit einem schräglinks liegenden, befiederten Pfeile gekreuzt und an der Kreuzungsstelle mit Bändern verbunden ist. — Ebenso das neuere Farbsiegel: „GER · SIEG · Z · NICOL STADT (unten:) KR · LIEGNITZ" (26 mm).

Abb. S. 157 **Parchwitz**, Stadt. In Rot ein goldener Hase, der von der Leibesmitte ab in einen gekrümmten Fischschwanz ausläuft.

Dies seltsame Gebilde erscheint bereits auf dem ältesten bekannt gewordenen, wohl der Mitte des 16. Jahrh. angehörenden Siegel, welches statt einer Umschrift nur die Initialen: „S P W" (22 mm) im Felde zeigt. Doch geht hierbei der Fischschwanz ungekrümmt hinunter. Im Felde rechts scheint sich eine kleine Verzierung zu befinden (der vorliegende Abdruck des Schles. Museums ist nicht in allen Teilen scharf.) Von diesem Siegel kommt 1684 eine gleichgroße Nachbildung vor, die sich hauptsächlich durch einfacheren Rand unterscheidet; auf ihr fehlt auch die Verzierung im Felde. Wenige Jahre später (1693) erscheint ein: „SIEG ❊ CIVIT ❊ PARCHWITZ ❊" (26 mm), welches in einem ovalen Rahmenschilde den Fischhasen nach rechts gewendet mit unter sich geschlagenem Schwanze zeigt. Denselben Schild hat ein 1710 benutztes Siegel der: „⁖ STADT ⁖ PARCHWITZ" (33mm), während bei einem: „✶ PARCHWIZER · STADT · SIEGELL · A : 1718"! (27 mm) und einem etwas späteren: „❊ PARCHWIZER STADT SIEGEL · 1718 ⁖" (24 mm) das Tier wohl dieselbe Form hat, aus dem Schilde aber ein geschmackloser Palmettenkreis geworden ist. Ein Magistratssiegel aus der Mitte ds. Jahrh. hat das Monstrum wieder aufgerichtet im Schilde, während die neueste Siegeloblate von: „MAGISTRAT U. POIZEI-VERWALTUNG ZU PARCHWITZ" (oval, 31 : 26 mm) ein ganzes Wappen hat: im Schilde den Hasenfisch, aus der Helmkrone wachsend ein Hase. — Saurmas Meinung, daß das Fabeltier aus der Wappenfigur der Herren von Parchwitz, einem stehenden Hirsch mit nur einer Stange entstanden sei, kann ich nicht beipflichten; in Schlesien kommen mehr so abenteuerliche Bildungen von Wappenfiguren vor, so ein halber Hirsch mit Fischschwanz, ein halber Greif ebenso (v. Mestich) und ein halbes Einhorn, was in einen Fischschwanz ausläuft (die Niemptscher). In einer Wappenhandschrift des 16. Jahrh. fand ich auch den halben Hasen mit dem Fischschwanze, ganz wie hier, als Wappen der Gundtriffen. — Das Gerichtssiegel des 17. Jahrh., das: „❊ SIGILLVM SCABINORVM PARCHWICENSIVM" (31 mm) hat in einem Schilde einen linkshin gewendeten Mönch (?), der in der Linken ein langes Kreuz hält (St. Jakob ?).

Podrosche, Flecken.

Es wurden nur ein: „GEMEINDESIEGEL ZU PODROSCHE 1816" (27 mm) ohne Bild, und neue Farbsiegel mit dem preuß. Adler bekannt.

Abb. S. 157 **Polkwitz**. Stadt. In Rot eine thorlose, silberne Burg mit zwei spitzbedachten Zinnentürmen, welche oben durch einen gotischen Spitzbogen mit einander verbunden sind; unter dem Bogen steht der schlesische Helm mit dem Pfauenschweif auf einem halbrunden, goldenen, mit dem wachsenden, schwarzen Adler belegten Schirmbrett.

Das früheste bekannt gewordene Siegel an einer Urk. v. J. 1304 (Thorner Archiv) ist so undeutlich, daß nur eben noch die Umrisse der Türme und eine Erhöhung zwischen ihnen zu erkennen sind (cc. 32 mm). Ein: „+ sigillum civitatis polkowitz" (35 mm) hat oben beschriebenes Bild. Saurma erwähnt noch eines 1508 gebrauchten: sigillum civitatis polkewitz, und eines SIGILLVM CIVITATIS POLCKOWITZENSIS, sowie eines: SECRET · SENAT · RIIP · POLCOWITZ ·, ohne sie näher zu beschreiben. Ein: „❊ SIGIL ⁖ CIVIT ⁖ BOLCOVICENSIS : 1 : 7 : 4 : 2" (oval, 25 : 22 mm) hat die Kreuzblume des Spitzbogens zu einer Blattpflanze verbildet, was das: „❊ INSIEGEL DES MAGISTRATS ZU POLCKWITZ 1810" (32 mm) und ein Magistratssiegel von 1854 nachmachen. Auf den neuen Siegeln ist ein Bund Straußenfedern daraus geworden. — Abbildung des erstbeschriebenen Siegels mit Minuskelumschrift bei v. Saurma, Taf. VIII.

Abb. S. 157 **Priebus**, Stadt. In Gold eine rote Burg, die zwischen zwei Seitentürmen ein breites Mittelhaus mit drei spitzbedachten Giebeln zeigt; an der Thorstelle steht der schlesische Adlerschild.

So: DAS · SIEGEL · DER · STADT · PRIBVS (auf der Mauer :) (16)09 (achteckig). Ein um 1650 geschnittenes: „SIGILLVM CIVITATIS PRIBVSIENSIS" (30 mm) hat die drei Zinnen des Mittelturmes abgerundet und unten neben dem Adlerschilde anstatt des Mauerwerkes Ranken, über denen die Seitentürme schweben. Letzteres haben auch das: „SIGILLVM CIVITATIS PRIBVSIENSIS" (oval, 23 : 21 mm) des 18. Jahrh. und die neuen Siegel beibehalten. — Saurma beschreibt ein i. J. 1516 von den Schöffen zu Priebus benütztes Siegel mit der Umschrift: D(as) · S(iegel) · G(eschworner) · MAN(nen) · IN · DER · HERSCHAFT SARAV · ZCVM · HOFEGERI(cht) ·, welches im berankten Felde neben einander zwei Schilde zeigt; rechts den von Sachsen (jedoch mit nach unten gekehrten Rautenblättern), links einen Doppeladler, belegt (unterhalb der Brust) mit einem gekrönten Schilde, darin zwei Löwen übereinander.

Abb. S. 157 **Primkenau**, Stadt. In Blau eine silberne Burg mit breitem, mittlerem Zinnenturme zwischen jederseits zwei runden, spitzbedachten Seitentürmen; an der Thorstelle ist die Burg belegt mit einem goldenen(?) Schilde, darin auf grünem Boden ein schreitender, roter Hirsch.

So auch der noch erhaltene Stempel des vor 1600 geschnittenen: „: SECRETVM · CIVITATIS PRIMKVW"! (39 mm), und das kurz nach 1600 gefertigte: „❊ SECRETVM · CIVITATIS · PRIMKENAW" (25 mm), welche beide beweisen, entweder daß der Schild mit dem Hirsch nicht, wie Saurma meinte, das Wappen der Grafen v. Proskau sein kann, oder daß diese auch vor 1667 schon einmal Herren der Stadt waren. Bei allen städtischen Siegeln ist nichts von der Querlinie, die den gräflichen Hirschschild von Gold und Schwarz teilt, zu erkennen. — Auch der Stempel des: „❊ SIGILLVM IVDIC : PRIMPKENAVIENSIS ❊ 1 · 6 · 1 · 8" (37 mm) ist noch vorhanden, und auch dieser zeigt nicht den von Saurma dafür vorausgesagten Rechenbergischen Widderkopf, sondern im damascierten Felde einen Rahmenschild mit einem Hirschkopfe. Beide entscheidenden Stempel sind sehr gut geschnitten und liegen in scharfen Abdrücken vor.

Quaritz, Flecken. In Blau eine goldene Wage. Abb. S. 157

Der Ort führt jetzt kein Siegelbild, besitzt aber noch den Stempel eines: „QUAR : GER : SIEG (unten, umgekehrt:) 1655" (oval, 24 : 22 mm) mit einem Schilde, worin eine Wage.

Radmeritz, Flecken.

Ein Wappen oder Siegel ist nicht bekannt geworden.

Reichenbach i. d. Ob.-Lausitz, Stadt. Gespalten vorn von Blau und Gold durch Zinnenschnitt (mit zwei Zinnen) geteilt; hinten von Rot und Silber geteilt. Abb. S. 157

Die vordere Schildhälfte soll wohl das Wappen der Oberlausitz: in Blau eine dreizinnige, goldene Mauer vorstellen und die hintere das Wappen der v. Gersdorff andeuten, denen die Stadt von der Mitte des 14. bis ins 19. Jahrh. mit kurzen Unterbrechungen gehörte. Der Gersdorffsche Schild aber ist geteilt, oben rot, unten von Schwarz und Silber gespalten.

Die eigentümlich ungeschickten Minuskeln des ältesten: „+ · s · civium + in reychenbach" (32 mm) kamen v. S. so vor, als wenn sie von nicht ganz verständigen Händen nachgeahmt seien; ich glaube aber, daß man den Stempel deshalb doch nicht für später als um 1500 geschnitten zu halten braucht. Daß er einem älteren nachgebildet ist, und daß dieser ziemlich alt war, geht aus der groben Schräggitterung des Schildes hervor, welche nach der Uncialenzeit in dieser Weise nur bei Nachahmungen anzutreffen ist. Wahrscheinlich war das Vorbild also gleich bei der Besitzergreifung der Gersdorffs gestochen worden. Das Siegel zeigt einen geteilten und unten gespaltenen Schild, dessen obere Hälfte und das untere rechte Feld schräggegittert sind, während das linke untere Feld glatt ist. Uber dem Schilde erscheint eine unkenntliche Erhöhung, wahrscheinlich ein Menschenkopf. Von der „Drapperie", mit der nach v. S. der Schild dieses Siegels behängt sein soll, ist auf meinem sonst nicht schlechten Abdrucke nichts zu sehen. Ein Siegel mit der Umschrift: „GR · S · Z · REICHNBACH" (26 mm) hat die oben beschriebene Schildteilung in so groben Linien, daß Saurma sie als ein in der unteren Schildhälfte schwebendes Antoniuskreuz blasonieren konnte. In der oberen Schildhälfte steht hierbei die Jahreszahl: „1613." Auch bei diesem Siegel erscheint über dem Schilde eine Erhöhung, die wohl einen Helm vorstellen soll. Ein neues Farbsiegel: „MAGISTRAT ZU REICHENBACH o/L" (27 mm) hat dagegen auf einem, von einem kleinodlosen (!) Helme ausgehenden Wappenmantel einen gespaltenen Schild, dessen vordere Hälfte durch Zinnenschnitt quergeteilt ist; die hintere ist geteilt und oben schräggegittert; offenbar soll die eine das Wappen der Oberlausitz, die andere das der Gersdorf's darstellen, beide Hälften aber sind dann unrichtig.

Reichwalde, Flecken.

Ein Siegel der Gemeinde aus dem Anfang dieses Jahrh. hat nur Schrift, ein neues Farbsiegel den preußischen Adler.

Rothenburg a. d. Oder, Stadt. In Silber eine rote Burg mit offenem Thore und zwei Zinnentürmen, zwischen denen ein Schild schwebt: gespalten, rechts in Silber ein gekrönter, roter Löwe; links in Rot drei silberne Schrägrechtsbalken. Abb. S. 157

Letzteres ist der Schild der Herren, später Grafen von Rothenburg, welche den Ort gründeten und bis zum Ende des 18. Jahrh. seine Herren blieben. — Ein älteres Siegel ist nicht bekannt. Als 1782 der Herzog Peter Biron von Kurland das Fürstentum Sagan erkaufte, kam auch dies Städtchen in seinen Besitz. Ein zu dieser Zeit gefertigtes: HERZOGL : CVRLAND : ROTHENBVRG · STADT · SIEG · zeigt nach v. S. auf einem, von einem Fürstenhute bekrönten Wappenmantel einen Schild mit dem Saganschen Engel, halbleibs, mit betend gefalteten Händen. 1809 erhielt der Ort städtische Selbstverwaltung und benützte eine zeitlang den preußischen Adler im Siegel. Da dieser selbstredend ebensowenig als der Engel des Fürstentums Sagan als Wappen der Stadt gelten kann, so schlug Herr Amtsgerichtsrat Schmula in Leobschütz die häuptlings beschriebene Darstellung als solches vor. Nachdem der Bürgermeister noch ein Gutachten des Vereins Herold in Berlin darüber eingeholt hatte, ward dies Wappen auch höheren Orts erbeten und genehmigt. — Ein: ROTHENBVRG · GERICHTS · SIEGEL (im Felde:) 16 96 zeigt die Themis mit Schwert und Wage, von der Jahreszahl beseitet. Nach v. S. ward dessen Stempel i. J. 1781 von der Stadtbehörde benützt. Es kommt oft vor, daß der Stempel eines älteren Gerichtssiegels später von der Sparsamkeit zum Stadtsiegel erhoben wurde. — Uber die im Verein Herold über das neue Wappen gepflogenen Beratungen berichtet der Herold 1896, No. 5.

Abb. S. 157 **Rothenburg** an der Neisse, Stadt. **In Silber zwischen zwei blühenden Rosenranken ein breitbedachter, roter Turm mit offenem Thore.**

Es ist noch ein Stempel erhalten mit demselben Bilde und der Umschrift: „⁑ SIGILL ✶ DER ✶ STADT ✶ ROTENBVRG (im Felde:) · 1 · 6 · 98" (39 mm). Ebenso ein: „· SIGILL DER STADT ROTTENBVRG" (24 mm) aus dem 17. Jahrh. Das neueste Siegel des Magistrats hat aus den Rosenranken Laubbäume gemacht.

Ein: „· SIGILLVM CIVITAT ROTENB" (43 mm) hat auf steinigem Boden einen dicken, runden Turm, auf dessen Zinnen ein Storch schreitet; jederseits neben dem Turme ein bewurzelter Baumstamm mit abgehauenen Ästen. Das Siegel macht den Eindruck der Unechtheit, wenn schon die Schrift nicht schlecht ist. Nach Saurma ist der gefälschte Stempel „aus gebrannter Erde" noch vorhanden. Das Falsifikat mag zur Zeit des 30jähr. Krieges gefertigt sein; daß es, wie S. meint, die genaue Nachahmung eines echten Stempels sei, möchte zu bezweifeln sein.

Abb. S. 157 **Rothwasser** i. d. Oberlausitz, Flecken. **In Rot (?) über Wellen ein silberner (?) Löwe.**

So ein Siegel des 18. Jahrh., welches nur mit: „ROTH WASSER" (auf Band, oval, 22 : 21 mm) bezeichnet ist. Das neue Farbsiegel begnügt sich mit Schriftzeilen.

Abb. S. 157 **Rudelstadt** i. Schlesien, Flecken. **In Silber ein grüner Berg, auf welchem über dem Eingange eines Schachtes eine goldene Winde steht; darüber schweben schräggekreuzt Schlegel und Eisen.**

Ueber diesem Schilde schwebt aus Wolken der preußische Adler; als Schildhalter dienen zwei Bergleute mit Werkzeugen in den Händen. — So ein: SIEGEL · DER · FREYEN · BERG STADT · RVDELSTADT (oben:) GLVCK AVFF · unten:) 1745 · (v. S.)

Abb. S. 157 **Ruhland**, Stadt. **In Gold ein schwarzer Doppeladler, über dessen Köpfen eine Kaiserkrone schwebt.**

Es weiß weder der Magistrat, noch die Litteratur irgend etwas Zuverlässiges oder auch nur Wahrscheinliches über die Herkunft dieses Wappens. Nicht ganz unmöglich wäre, daß der Ort, der nach v. Mülverstedt (s. unten) von den Ileburgs an Kaiser Karl IV. verkauft wurde, von diesem bzw. seinen Nachfolgern den Reichsadler mit der Kaiserkrone als Wappenbild erhielt. Vielleicht aber liegt auch nur eine ganz willkürliche Annahme des Reichswappens vor. Ist es doch selbst nach 1870 noch vorgekommen, daß Städte ohne weiteres den neuen deutschen Reichsadler in ihre Siegel nahmen und sich dadurch heraldisch selbst zu neuen Reichsstädten machten. Unwahrscheinlich erscheint es, daß der Ort, dessen spätere Besitzer man kennt, in späterer Zeit dies Wappen vom Kaiser sollte verliehen bekommen haben, ohne daß sich von einer so ganz außerordentlichen Begnadigung etwas anderes sollte erhalten haben als eine öde Sage, die mit der Gründung der Stadt durch den karolingischen Sagenheld Roland beginnt und mit einem großen Kaiser, der hier der Ruhe gepflogen und darnach dem Orte den Namen und das Wappen gegeben habe, endet. — Der gutgeschnittene Stempel des ältesten bekannten, um 1600 gefertigten Siegels hat sich erhalten. Er zeigt den Doppeladler mit der Kaiserkrone in einem ovalen Rahmenschilde und hat die Umschrift: „❊ DES : STÆTDLEINS · RUHLANDT · GROSERE · INSIEGEL"! (40 mm). Das entsprechende kleinere Siegel ist nicht bekannt geworden. Ein zu Ende des 18. Jahrh. gefertigtes: „SIGILLVM · CIVITATIS · RVH LANDT :" (oval, 30 : 27 mm) hat das Bild im verzierten Schilde, was ein späteres Siegel nachahmt, die neuen Magistratssiegel aber lehnen sich an das erste Siegel an. — Eine Abbildung und Beschreibung desselben findet sich in v. Mülverstedts Diplomatarium Ileburgense (1877 S. 725).

Abb. S. 157 **Saabor**, Flecken, ehemals Stadt. **In Rot nebeneinander drei silberne Türme, deren jeder ein offenes Thor hat; in dem größeren Thore des Mittelturmes steht eine grüne Linde; darüber wird in einer Nische die Justitia mit Schwert und Wage sichtbar.**

Das älteste bekannte: SABER · STAᗡT · SIEGEL · 1681 · hat nach Saurma einen Laubbaum in einem Schilde. Ein um 1700 gestochener, noch vorhandener Stempel, der nur mit: „STAT SABER" (23 mm) bezeichnet ist, zeigt bereits die drei frei nebeneinander stehenden Türme und im Thore des mittelsten den Baum, sowie die Fensternische, in der ein Figürchen halbleibs sichtbar wird. Wohl durch einen schlechten Abdruck verleitet, wollte v. S. in letzterm den hl. Laurentius mit seinem Roste erblicken; die Gestalt scheint aber eher eine weibliche zu sein und hat keinerlei Attribute; sie läßt die Arme herabhängen. Auch hätte ein Heiliger dorten keine Bedeutung, denn die Ortskirche war stets eine evangelische. 1720 gab der Kaiser den Ort dem Reichs-Erbschatzmeister Grafen Philipp Ludwig von Sinzendorff zu Lehen, welcher d. d. Wien 1721, Okt. 23., ein Ortsstatut erließ, dessen § 34 vom Stadtsiegel handelt: „Damit auch dise Jurisdiction ein gewisses Stadt-Sigill haben möge, wasz übergibet und Vertrauet die gnädige Herrschaft solches dem vorgesetzten Bürgermeister, mit diser Vermahnung, daß er in allen Vorfallenheiten, Begeben- und Wahrheiten zu steuern und roboration derer außgefertigten exactis testamenten, Donations, Codicillen und Kundschaften damit zu belegen, oder was sonsten in ehrlichen Gewerben und sachen nöthig seyen wird, sich dessen zu gebrauchen, dabey aber sich des gethanenen Eydes, daß er auch weghabender Signatur recht gebrauche, zu erinnern, und gibet ihm hirmit macht, sich des grünen Wachses zum sigeln zu gebrauchen; das Stadt-sigill soll in einem gewißen Kastel ein Verwahret seyn, darzu der Bürgermeister ein Schlüßel, und der nägste Beysitzer den andern haben soll, und also in ihrer gegenwarth allezeit gesigelt werden" (freundl. Abschrift des Herrn Ortsvorstehers Seibt). Der betreffende Siegelstempel ist noch erhalten; er zeigt eine Burg, deren mittlerer Zinnenturm auf zwei Säulen ruht, welche zugleich die Nische beseiten; die Seitentürme haben möbelartige Formen und Glockendächer; unten ist der Mittelturm mit dem sinzendorffschen Wappenschilde belegt: geteilt, oben auf einem Kissen ruhend die alte deutsche Kaiserkrone (wegen des Reichs-Erbschatzmeisteramtes), linkshin gewendet; unten von Blau und Rot geteilt, oben eine, unten zwei, in Form eines durchbrochenen Stufengiebels gestellte silberne Vierungen. In der Turmnische steht die Themis mit Schwert und Wage (nicht der Erzengel Michael). Die Umschrift lautet: „· INSIGILL : DES : STADLS : SABOR : 1721 ·" (35 mm). Das moderne Farbsiegel: „STADT · SAABOR" (22 mm) hat die häuptlings beschriebene Darstellung. — Ein: „❊ SIGEL · DER · GERICHTE · IN · . . . OR 1671" (30 mm) zeigt eine heraldische Lilie.

Sagan, Stadt. **Geviertet; 1. u. 4. in Schwarz ein gekrönter, goldener Löwe (der obere linkshin gekehrt), 2. u. 3. in Rot ein von zwei spitzbedachten Rundtürmen beseitetes, offenes schwebendes silbernes Thor, unter dem ein schwarzes S steht.**[1]) Abb. S. 157

Zu diesem Schilde führt die Stadt einen Helm mit offenem schwarzen Flug und rechts schwarz-goldenen, links rot-silbernen Helmdecken. Dies Wappen wurde derselben i. J. 1602, März 13., vom Kaiser Rudolf II. verliehen. Nach gütiger magistratlicher Bekanntgabe lautet die Wappenbeschreibung in der Urkunde: . . . . „nemblichen ain quartierter Schildt Creuzweis underschieden, dessen vorder ober und hinder undertheil schwarz oder kholfarb und in jetwedem gegeneinander gekheret aines gelben oder goldfarben Lowens gestalt mit iren pranckhen zum Raub geschickt aufgeworffenen Schwanz Roth ausschlagender Zungen und ainer cron auf dem Kopf habend. Im undern vordern und hindern obern thail aber welche baide roth oder rubinfarb sein erscheinet ain Thor zwischen zwaien spitzigen Thurmen von Quadratstainen mit iren fenstern zinnen und schießlöchern und in dem Thor ain Schoßgatter darunter der Buchstabe S den Namen benanter Stadt bedeutend. Auf dem Schild ein freier offener Turniershelmb zur rechten mit schwarz und gelber und zur linkhen mit roth und weißer Helmbdegken und darauf ainer khuniglichen cron gezieret, darob sein zwene von einander aufgethane schwarze Adlersflügel." Eine Urk. v. J. 1303 erwähnt eines anhangenden (nun aber fehlenden) Siegels. Es war dies wohl dasselbe: „SIGILLV .: BVR GENSIVM · DE · SAGANO" (64 mm), welches noch an einer Urk. o. J. im Breslauer Staatsarchiv hängt, die von Grünhagen auf 1305 oder eines der nächsten Jahre datiert wird. Es zeigt einen bedachten Zinnenturm mit seitlich anschließenden Zinnenmauern, in dessen offenem Thore ein barhäuptiger Gerüsteter steht, der in der Rechten eine Lanze, am linken Arm einen Adlerschild trägt. Neben dem Turme schwebt rechts der schlesische Helm, ein zugewendeter Topfhelm, besetzt mit einer halben, mit Pfauenfedern fächerförmig besteckten Scheibe, links der Schild mit dem schlesischen Adler mit Brustmond. 1428 kommt ein Sekret vor, dessen Umschrift nach dem zerbrochenen, sonst aber scharfem Exemplar an einer Urk. v. 1449 im Zerbster Stadtarchiv lautet: „+ SECRETVM ✶ CIVITATIS ✶ SAGANI" (44 mm). Dasselbe hat eine Burg mit zwei spitzbedachten Zinnentürmen, zwischen denen ein Schild mit dem linkshin schauenden Adler schwebt. Das Fallgatter im Thore ist herabgelassen und mit einem S belegt. Im Jahre 1472 kam Fürstentum und Stadt S. an Sachsen und 1475, Freitag nach esto mihi, bewilligten die sächsischen Herzoge Ernst und Albrecht der Stadt ein Siegel: „in einem Schilde ein kempnatt mit zweien Tormen und im Mittel einen schwarzen Löwen" (Freundl. Mitth. d. Hrn. Prof. Heinrich i. Sagan). Ein: „‡ secretu · burgensiu ‡ in sagano ‡ (Ranken)" (46 mm) zeigt dementsprechend einen Schild mit einer Burg mit herabgelassenem Fallgatter, zwischen deren beiden runden Türmen der Löwe von Meißen steht. Ganz ebenso ein 1549 gebrauchtes, nur 29 mm großes und zwei, 1556 bezw. 1601 gebrauchte Sekrete von 25 bezw. 32 mm Durchmesser, welche alle drei anscheinend die Umschrift ihres Vorbildes, das erste auch in Minuskeln, haben, von denen aber nur unscharfe Abdrücke vorliegen. — Gleich nach der Wappenverleihung von 1602 ließ die Stadt ein: „SECRE TVM . CIVITA : TIS · SAGANENSIS" (42 mm) mit dem ganzen Wappen stechen, dessen gut gearbeiteten Stempel sie noch besitzt. Ein wenig späteres: „SIGILLVM · CIVITATIS · SAGANENSIS" (38 mm) und ein 1637 benutztes, nur 30 mm großes mit gleicher Umschrift, sowie ein: „SIGIL · CIVIT · SAGANENSIS" (23 mm) des 18. Jahrh. und alle neueren Siegel sind demselben nachgebildet.

Ein 1410 gebrauchtes: „s' iudici' ❊ saganensis (Ranken)" (34 mm) hat nur den Adlerschild; das Siegel einer im Stadtarchiv zu Zerbst befindlichen Urk. v. J. 1449, ausgestellt vom Hoferichter Paulus Weynrich und den sieben Schöffen, läßt undeutlich dasselbe Bild erkennen, scheint aber in Einzelheiten abzuweichen. Ein 1501 benutztes Schöffensiegel soll einen Löwen zeigen. — Helwigs Land-

SCHLESIEN, REGIERUNGS-BEZ.: LIEGNITZ

SCHÖNBERG.

SEIDENBERG.

SIEGERSDORF.

SPROTTAU.

WARMBRUNN.

WIEGANDSTHAL.

WITTICHENAU.

karte von 1561 hat naturgemäß das zu seiner Zeit geführte Wappen mit dem Meissener Löwen zwischen den Türmen; wie unter Jauer nachgewiesen wurde, bildeten die Wappen dieser Karte die ausschließliche Vorlage für die schlesischen Städtewappen in Sibmachers Wappenbuch von 1605. Aus diesem nun gingen sie in die Weite, so daß man noch jetzt fast überall diese Darstellung als Saganer Stadtwappen abgebildet findet, obwohl die Stadt selbst sie seit nunmehr 294 Jahren nicht mehr führt. Die Abbildung eines 1321 gebrauchten Saganer Siegels findet sich nach gütiger Mitteilung des Herrn Archivrats Pfotenhauer in: Descriptiones authenticae nonnulorum sigillorum medii aevi, Wratislav. 1824, Taf. I, No. VI.

1) Die Farbe des Buchstabens S ist im Wappenbriefe nicht angegeben; nach einer vom Magistrate eingesandten farbigen Kopie der Miniatur steht das S schwarz im roten Felde, nicht weiß im schwarzen Thore, wie man es öfter sieht.

Abb. S. 157 **Schlawa,** Stadt. In Rot eine silberne Burg mit zwei Zinnentürmen und offenem Thore; zwischen den Türmen schwebt unter einer silbernen Lilie ein goldenes Widderhorn.

So auch das 1706 gebrauchte: SIGELVM · CIVITATIS · SCHLAFFE? (v. S.) und ein: „·:· SIGILLVM CIVITATIS SCHLA WENSIS" (27 mm) aus dem 18. Jahrh. Das Horn entstammt dem Wappen der Herren von Rechenberg, die einen Widderkopf im Schilde führten, und denen der Ort von der zweiten Hälfte des 15. bis ins 17. Jahrh. gehörte. Moderne Siegel sollen aus dem Widderhorn ein Jagdhorn gemacht haben; das jetzige: „SIEGEL DER STADT SCHLAWA" (28 mm) hat es aber ganz richtig.

Abb. S. 157 **Schmiedeberg,** Stadt. Geteilt; oben in Silber der preußische Adler mit allen Attributen, unten in Grün ein springendes silbernes Roß, über dessen Rücken ein aufgerichteter schwarzer Schmiedehammer schwebt.

Dies Wappen erhielt der Ort, welcher zwar 1513 schon Stadtrechte erhalten hatte (Tzschoppe u. Stenzel, Urk. No. CCVII), diese aber nicht zu behaupten vermochte, bei Gelegenheit der Erhebung zur freien Berg- und Handelsstadt durch Friedrich den Großen am 12. Juni 1747. Nach freundlicher magistratlicher Mitteilung lautet der Wappenpassus des Privilegiums: „So wollen wir auch hiermit dieselbe mit einer Vermehrung ihres Stadtwappens begnadigen und ordnen dannenhero an, daß dieselbe in ihrem Wappen sich Unseres Königlich Preußischen Adlers und den darin gesetzten Buchstabens Unseres allerhöchsten Nahmens *FR*, statt eines Hertzschildes in der Mitte, von nun an bis zu ewigen Zeiten gebrauchen solle und möge." Mit Genehmigung des Königs wurde dann der preuß. Adler in die obere, das alte Stadtwappen in die untere Hälfte eines geteilten Schildes gesetzt. Bereits ein 1454 gebrauchtes: „... sigilum .. smedborgensis" (33 mm) hat das springende Roß unter dem Hammer. Ebenso ein: „SIGILVM SMIDBVRGENSIS 1525" (36 mm, Schriftband) und ein kaum vor 1600 geschnittenes, zierliches: „SIGILLVM CIVITA : METALL : SCHMIDEBERGÆ 1525 +" (auf Band, 37 mm) sowie ein wohl gleichzeitiges: „+ SIGILLVM · MINVS SCHMIDEBERGENSE" (24 mm). Von letzterem erscheint 1640 eine gleichgroße Nachbildung, die sich nur durch Kleinigkeiten, wie z. B. das Fehlen des Punktes vor MINVS, unterscheidet. Dasselbe Bild hat auch noch ein 1713 gebrauchtes: „SIGILLVM CIVITATIS METALLICÆ SCHMIDEBERGENSIS" (45 mm). Bei allen diesen Siegeln ist das Feld reich damasziert, bei dem letzten scheinen die Ranken aus einem, mit den Stollen abwärts gekehrten, von zwei Schneckenhäusern beseiteten Hufeisen zu wachsen. — Gleich nach der Wappenverleihung von 1747 ward der noch erhaltene Stempel eines: „SIGIL : CIVITATIS REGIÆ SCHMIEDEBERGENSIS ·" (19 mm) gestochen. Derselbe zeigt in einem bis zur Formlosigkeit verschnörkelten, unregelmäßig geteilten Schilde, auf dem die Königskrone ruht, oben den preußischen Adler, ungekrönt, mit Scepter und Reichsapfel in den Fängen und den von einer Königskrone überhöhten verschlungenen Buchstaben *FR* auf der Brust; unten das auf Rasen dahinsprengende Roß. Genau so ein nur 33 mm großes Siegel mit gleicher Legende und ein zu Ende des 18. Jahrh. gefertigtes: „SIGIL : CIV : R : SCHMIEDEBERG") (22 mm). So auch, jedoch mit gekröntem Adler, die neuen Siegel.

Die Gerichte müssen hier lange kein eigenes Siegel besessen haben, denn eine ganze Reihe gerichtlicher Akten trägt die gleichzeitig gebrauchten Stadtsiegel. Erst zu Ende des 18. Jahrh. erscheint ein Siegel: „DIRECT : D : GER : D : ST : SCHMIEDEBERG" (27 mm) mit dem neuen Stadtwappen.

Schömberg, i. Schles., Stadt. In Rot ein silberner Felsberg, darauf ein springendes silbernes Eichhörnchen mit braunem (rotem) Schweife. Abb. S. 157

Dies Wappen wurde dem Orte i. J. 1581, Aug. 4., von Kaiser Rudolf II. auf Verwendung des Abtes Lazarus von Grüßau verliehen und lautet der Wappenpassus der Urkunde nach gütiger magistratlicher Abschrift: ... „Und dann daneben dem Rath daselbst zu den gerichtlichen auch anderer gedachts Städtlein gemainen sachen ein Stadt Wappen oder Siegel auß Kaiserlicher macht genadigst zuelassen, geben und bewilligen wolten .... Und Jnen daneben diese sonderbare genade gethan hymit einen Stadt Sigill, So mit nahmen ist ein Roter oder Rubinfarber Schildt darinnen erscheint auf einem weißen oder Silberfarben schrölichten Jn der mitten ettwas erhöhtem Steinfelsen ein furwärts zum sprung geschickter Schönberg mit auffgeworfenem schwanz und offenem maul. Inmaßen solches in diesem unseren brieff abgemahlet ist, zugebrauchen und zu füren genädigst versehen und begabt haben." — Es war lange zweifelhaft, was für eine Art von Tier man unter der sonst nicht vorkommenden Bezeichnung „Schönberg" zu verstehen habe.[1] Ein 1667 erschienenes schles. Geschichtswerk schreibt (nach Kretschmer): Der Rath führt in des Gemeinen Wesens Insiegel drey Berge und darauf einen springenden Fiber oder Schümbrigs-Thierlen. In der Staats- und Reisegeographie, 1750, Bd. I, S. 830 wird es auch ein Biber genannt. v. Saurma sagt, es werde bald als weißer Wolf, bald als Biber bezeichnet, während nach den Siegeln Jeder es für einen Fuchs halten müsse. Ein Biber kann unmöglich gemeint sein, denn ein solcher wurde im 16. Jahrh. niemals dargestellt, ohne daß der ihn charakterisierende breitgedrückte Schwanz mit (übertrieben großen) Fischschuppen — welche das Tier ja zu einem von der Kirche gestatteten Fastenbraten erhoben — belegt wäre. Auch wäre der über den Rücken geschlagene buschige Schweif weder für den Fuchs, noch weniger für den Wolf bezeichnend. Eine sehr getreue Kopie der Miniatur des Wappenbriefes von 1581, mit welcher mich der Herr Bürgermeister Köhms verpflichtete, thut vielmehr dar, daß es sich nur um ein Naturspiel, ein — bis auf den Schwanz, der seine natürliche Farbe behalten hat — weißes Eichhörnchen handeln kann. Die Ueberlieferung, nach der der Grundherr der Stadt auf den sogen. „drei Stücken", einem der Stadt gehörigen Waldkomplex, ein seltsames Tier erlegt habe, das man Schönbergstierlein genannt und dessen Bild dann der Kaiser als Stadtwappen verliehen habe, scheint also hier einmal nicht ganz aus dem Blauen gegriffen zu sein. — Der noch vorhandene, um 1600 gefertigte Stempel eines: „· SIGI LVM · CIVITATIS · SCHOM · BIRCKGENSIS"! (44 mm) hat das Bild im Rahmenschilde, doch sind dabei die drei Felsklippen, die das Bild des Wappenbriefes zeigt, zu bienenkorbartigen Hügeln geworden, welche wohl Veranlassung gegeben haben mögen, sie für Bauten des Castor Fiber zu halten. Bei einem 1641 gebrauchten: SIGILLVM · CIVITATIS · SCHEMBERGENSIS ist nach v. S. sowohl der Schild als das Feld reich damasziert und die Umschrift steht innerhalb eines Blätterkranzes. Ein: „❊ SIGIL · CIVITATIS SCHOMBERGEN" (24 mm) des 17. Jahrh. und das: „❊ SIGIL LVM CIVITATIS SCHOEMBERGENSIS" (oval, 28 : 26 mm) haben oben im Rahmenschilde noch zwei Sterne, welche das um 1800 gestochene: „SIEGEL DES MAGISTRATS DER STADT SCHÖM BERG" (30 mm), sowie die neuen Siegel nicht haben, die dagegen aber den Schild von einem darüber wachsenden Engel halten lassen.

1) Im Herold 1871, No. 4, stand eine öffentliche Bitte (anonym, vermutlich von Clericus) um Erklärung des Ausdrucks „Schönberg"; eine Antwort wurde darauf anscheinend nicht gegeben.

Abb. S. 157 **Schönau,** Stadt. **In Blau eine aus goldenem Ärmel kommende, aufgerichtete offene Rechthand.**

Das bisher unveröffentlichte: „+ SIGILLVM · CIVI TATIS · SCHONOW" (51 mm) fand Engel an einer Urkunde v. J. 1403 im Thorner Ratsarchiv. Es hat die Hand mit dem Aermelteil im berankten Felde, innerhalb eines eigentümlichen, auf höchst plumpen Säulen ruhenden, am meisten einem sich nach oben verdünnenden Eselsrücken ähnelnden Bogens. Bei dem noch dem 15. Jahrh. angehörigen: „+ sigillum ❊ ciuitatis ❊ schonaw ❊ o8" (41 mm) steht die aus dem Aermel kommende Hand in einem langgezogenen Vierpasse. So auch bei einem um 1650 gefertigten: „✶ SIGILLVM ✶ CIVITATIS ✶ SCHONAW" (28 mm). Bei einem, 1738 gebrauchten: „SIGILLVM ∵ REGIÆ ∵ CIVITATIS ∵ SCHOEN . . . 172 ." (34 mm) steht sie in einem umschnörkelten Schilde. Das: „• SIGILLUM REGIÆ CVITATIS SCHOENA VIENSIS (im Felde:) 17 45"! (oval, 23 : 20 mm) hat einen von einer fünfblättrigen Krone überhöhten Schild, und darin die Hand aus Boden wachsend; ebenso eine noch im Stempel vorhandene Nachbildung dieses Siegels mit gleicher Umschrift und derselben Jahreszahl, die aber hierbei im Schriftrande steht, (oval, 25 : 23 mm), und ein gleiches Siegel mit der Jahreszahl 1841 bei sonst gleicher Legende; alle drei haben den Schreibfehler CVITATIS. Ein Siegel von 1748 hat nach Saurma über dem Schilde den preußischen Adler mit deutlich sichtbarer Halskrone. Bei dem: „MAGISTRATS SIEGEL DER STADT (unten:) SCHOENAU" (33 mm) aus dem Anfang des 19. Jahrh. ist die Hand freischwebend und ohne Aermelandeutung im blauschraffierten Schilde, welch' letzterer auf dem für Städte so ganz und gar nicht passenden, von einer Krone ausgehenden Hermelinmantel liegt; und gerade diese Darstellung ist auch noch die heute übliche. — Ein um 1500 geschnittenes: „+ s' schabinorum in schonaw" (26 mm) hat die Hand freischwebend (ohne Aermel) im Felde. Der Stempel wurde 1598 (Breslauer Staatsarchiv) von Bürgermeister und Rat, also als Stadtsiegel benutzt.

Abb. S. 165 **Schönberg** i. d. Oberlausitz, Stadt. **Geteilt: oben rot, unten gespalten von Schwarz und Silber; im silbernen Felde ein spitzer, grüner Berg.**

Das ist, bis auf den Berg, der Schild der Herren von Gersdorff (die jedoch unten meist rechts Silber, links Schwarz führten), welche den Ort im 14. und 15. Jahrh. besaßen. Der Berg dagegen soll sich auf den bei der Stadt belegenen, sogen. Spitzberg beziehen. Bei einem noch vorhandenen Stempel: „(Löwenköpfchen) SIEGEL : DES : STADTLEINS : SCHÖNBERG :" (36 mm) aus dem Anfang des 17. Jahrh., welcher das Wappen in einem Rahmenschilde zeigt, läuft des letztern Verzierung in eine große heraldische Lilie aus, welche vielleicht nicht bedeutungslos ist und die bis heute in den Siegeln wiederkehrt. Die obere Schildhälfte ist hierbei schräg gegittert, die vordere untere grob punktiert, was bezeugt, daß der Stempel einem weit älteren Wappensiegel nachgestochen ist, bei dem damit die Verschiedenheit der Farben hat angezeigt werden sollen. Die Leute aber legten es anders aus, zählten die Punkte, fanden elf, und es bildete sich nun die Sage, daß der Spitzberg früher der Stadt gehört habe, aber in einer Hungersnot für 11 Brotlaibe an den Schloßherrn verkauft worden sei, weshalb man zur Erinnerung die Brote ins Wappen genommen habe. Ein Stadtverordnetensiegel v. J. 1833 und die neuen Farbsiegel wiederholen das Wappen (natürlich mit den 11 Broten). Dagegen zeigt ein Farbsiegel aus der ersten Hälfte dieses Jahrhunderts nur ein verziertes S mit der Umschrift: „SCHOENBERG" (21 mm).

Seidenberg i. d. Oberlausitz, Stadt. **In Gold eine rote Zinnenmauer, über der der Erzengel Michael halbleibs sichtbar wird; in der Rechten hält er einen goldenen Kelch, in der Linken eine goldene Lilie; die Mauer ist mit einem goldenen Schilde belegt, darin eine rote Hirschstange.** Abb. S. 165

St. Michael war Patron der ältesten Kirche der Stadt; diese selbst im 15. und 16. Jahrh. im Besitze der Freiherren von Biberstein, daher deren Stammschild mit der Hirschstange. Die Lilie, die der Erzengel in der einen Hand hält, erinnert, daß das Bistum Meißen, dessen Wappen in von Gold und Blau gespaltenem Felde eine Lilie in verwechselten Tinkturen war, früher Rechte am Orte hatte. — Der vorliegende Abdruck des wohl ältesten, dem 15. Jahrh. angehörigen: „+ sigillum ✶ in ✶ seidenburg" (35 mm) zeigt dasselbe Bild; auch eine ältere Beschreibung des Siegels, welche der Oberpfarrer Ernst Mende in seiner Chronik von Seidenberg, 1857, S. 8, Note ** wiedergegeben hat, nennt doch — so ungenau sie sonst allerdings ist — Kelch und Lilie als solche. Und wenn letztere auch nicht noch ausdrücklich durch das unten erwähnte Gerichtssiegel bestätigt würde, so könnte doch der Gegenstand in der linken Hand des Engels unmöglich ursprünglich eine Strahlenmonstranz, wie sie das Wappen auf dem Vorblatt besagter Chronik und nach ihm die modernen Stadtsiegel aufweisen, gewesen sein, weil nämlich diese, Soleil genannte Form erst dem 17. Jahrh. angehört. Während Mendes Abbildung noch das Hirschgeweih (jedoch ohne Schildform) auf der Mauer beibehielt, lassen die neuesten Magistratssiegel letztere einstimmig kahl. — Das: „+ SIGIL · IVDIC : SEIDEN · BERG :" (26 mm) des beginnenden 17. Jahrh. hat den Erzengel mit dem Kelch in der Rechten und der Lilie in der Linken halbleibs über einer, die Mauerzinnen vertretenden, verzierten Querleiste, unter welcher, zwischen zwei Rosen der Biberstein'sche Schild mit der Hirschstange steht (Sammlg. Schmula).

Siegersdorf, Flecken. **In Blau auf grünem Boden ein silbernes Gotteslamm mit der Kreuzfahne.** Abb. S. 165

So das: „✶ GERICHTSSIEGEL ZU SIEGERSDORF" (27 mm) aus der ersten Hälfte des 19. Jahrh. Das neue Farbsiegel hat nur Schrift.

Sprottau, Stadt. **In Blau eine silberne Burg mit breitbedachtem Mittelhause und zwei seitlichen Zinnentürmen mit offenen Thoren; zwischen diesen ist die Mauer mit einem goldenen Schilde belegt, darin ein gekrönter, schwarzer Adler; darüber steht auf den Zinnen ein Spangenhelm, besetzt mit einem schwarz-gelben Bund, aus dem elf, abwechselnd schwarze und goldene Straußfedern wachsen; auf den Zinnen der Seitentürme je ein Wächter, der das Horn an den Mund setzt.** Abb. S. 165

Dies Wappen ward der Stadt i. J. 1597, Juli 11., vom Kaiser Rudolf II. verliehen, d. h. es ward damit eigentlich nur das schon seit dem Beginne des 14. Jahrh. ungehindert geführte Siegelbild überflüssigerweise bestätigt und dahin gebessert, daß der klare Helm der schlesischen Herzoge und deren alter, bekannter Schild in Phantasiegebilde verwandelt wurden. Die Wappenbeschreibung lautet nach freundlicher magistratlicher Mitteilung (in neuer Schreibweise): „daß wir zu mehrer Erhebung dieser unser Stadt Sprotau ihnen solch ihr Stadtwappen nicht allein zu confirmiren, sonder auch etlicher Maßen zu beßern und sie daneben nachfolgender Gestalt zu begnaden geruhen wollten. Wann wir dann gnädigst angesehen, solch ihr unterthänigste Bitt, auch wahrgenommen und betrachtet haben, die nützliche, angenehme, und fleißige Dienste, die sie uns und unseren Vorfahren Königen zu Boehmen und dem Hochlöblichen Hause Österreich in viel Weg erzeiget, und sich hinführo weiter sammt ihren Nachkommen zu thun, erbieten, auch wohl thun können, sollen und mögen; derowegen aus wohlbedachtem Muth gutem zeitigen vorgehabten Rath und rechtes Wissen, haben wir ermelder Stadt Sprottau, obangezeigt ihr altes Stadtwappen und Kleinod, so mit Namen ist, ein blauer oder lasurfarbener runder Schild, darinnen am Grunde eine wie von guter Quader, oder Werkstücken aufgeführte Brustmauer zu beiden Seiten mit Rundelen oder Thürmen, sammt ihren Zinnen, und hohen offenen Thoren, über welchem jedweden Thor zwei runde Schießlöcher, und auf denselben Rundelen inwendig wiederum ein erhöhte Zinnen mit auswendigen Säulen, darauf stehend gegen einander über Zween geharnischte Männer aus schwarzen krummen Hörnern blasend; inmittelst der Brustmauer erscheinen vor sich, in einem gelben, oder goldfarbnen Schild, ein ausgebreiteter schwarzer Adler, und hinter der Mauer zwischen den beiden gemeldten Rundelen wiederum ein hoher viereckigter Thurm mit einem rothen Ziegeldach, und zweien gelben oder goldfarbenen Windfahnen oben herum gleichsam ein Wachtgang, von jedes Orts oder Seiten drei Breiten, und darunter neben einander zweien langen Fenstern; unter denselben stehend gerad für sich der Brustmauer gleich ein Stechhelm mit einem schwarzen gelben Pausch oder Bund und darob Eilf von deßelben Farben neben einander umgewechselt in einem Zirkel stehenden Straußfedern geziert: nicht allein gnädigst confirmiert und bestättiget, sondern auch aus besondern Gnaden dasselbe nach folgender Gestalt verändert, gezieret, und verbessert nehmlich auf des obbemeldten schwarzen Adlers im gelben Schilde Kopf, eine goldene Krone, und in den Thoren oder Pforten jederseits einen gelben oder goldfarbenen

Schießgatter, anstatt des Stech-Helm mit einem offenen adeligen Turnier-Helm, und darauf einer ganz güldenen Kron gezieret, ob derselben erscheinen Sieben schwarz und gelbe Strauß-Federn neben einander voriger Maßen umgewechselt stehend: dann auf der geharnischten Männern Sturm- oder Pikkel-Hauben hinter sich drei Strauß-Federn, deren äußerste schwarz oder Kohle, und die mittlere gelb oder goldfarben ist, und die schwarzen Hörner mit einem goldnen Band; inmaßen solch Kleinod der Verbesserung inmitten dies unsers Kaiserlichen Briefes gemalet, und mit Farben eigentlicher ausgestrichen ist."

An der Guhrauer Ausfertigung der Vereinigung schlesischer Städte gegen Uebelthäter v. J. 1310 hängt das: „SIGILLVM · BVRGENSIVM · DE · SPROTAVIA" (69 mm). Es hat, wie bemerkt, dasselbe Bild, nur natürlich den Adler ungekrönt und auf dem Helme das richtige Kleinod, den ausgebreiteten Pfauenschweif. So auch das 1407 gebrauchte: „S · BVRGENSIVM · SPROTAVIA" (45 mm) und ein im Archiv der Stadt Zerbst auf einer Urkunde v. J. 1508 befindliches: „sigilum * ciuitatis * sprottauiensis" (30 mm), bei dem jedoch der Helm fehlt. Während hierbei die Burg noch eine eigenartige und hübsche Form hat, erscheint sie auf den folgenden Siegeln höchst konventionell. So auf dem um 1700 gestochenen: „SIGIL · CIVITATIS SPROT TAVIENS" (29 mm), auf dem: „SIGIL CIVITATIS SPROT TAVIENSI"! (24 mm) vom Ende des 18. Jahrh. und auf den zahlreichen neueren Siegeln des Magistrats und der verschiedenen Aemter.

Thomaswaldau, Dorf.

Wernicke erwähnt in seiner Chronik der Stadt Bunzlau (S. 387), daß das Gerichtssiegel, dessen sich 1691 Scholz und Gerichtsgeschworene zu Thomaswaldau bedienten, ein springendes Pferd zeige. Ob dasselbe nach Nieder- oder nach Oberthomaswaldau gehöre (es gibt auch ein Dorf gleichen Namens im Reg.-Bez. Breslau) ist nicht ersichtlich.

Abb. S. 165 **Warmbrunn**, Flecken. **In Rot auf grünem Boden die weißgekleidete Justitia mit Schwert und Wage.**

Die Gemeinde führt kein Abzeichen in ihrem Siegel und hat nie eines geführt; ich kann mich deshalb nicht entschließen, das von Saurma dafür frei erfundene und abgebildete Wappen: in Silber vier rote Pfähle zu wiederholen; auch meine ich, wenn der Ort diesen alten Schild seiner früheren Herren, der Schaffgotsche, annehmen wollte, so sollte irgend ein Abzeichen darein gesetzt werden.*) — Der Stempel des: „* SIGEL DER GERICHTE ZU WARMBRUN (im Felde:) 17 46" (27 mm) ist erhalten; er zeigt die Themis mit Schwert und Wage. So auch eine gleichgroße, weniger rohe Nachbildung mit gleicher Umschrift und Jahreszahl. Ebenfalls die Justitia, aber mit gesenktem Schwerte, hat das: „SIEGEL DER GERICHTE ZU WARMBRUNN (im Felde:) 18 34" (oval, 27 : 23 mm).

Wigandsthal, Flecken. **In Silber auf grünem Boden eine Linde, deren Krone mit einem hohen roten Hute mit schwarz-silbergeteiltem Stulpe besetzt ist, der oben mit drei schwarzen und drei weißen Reiherfedern besteckt ist.** Abb. S. 165

Der Ort wurde unter dem Namen: Meffersdorfer Städtchen von Wiegand v. Gersdorf durch Ansiedelung flüchtiger böhmischer Protestanten nach der Mitte des 17. Jahrh. gegründet. Der Baum ist das gewöhnliche Symbol ländlicher Ortschaften, der Hut die Helmzier des alten Geschlechtes, gleichzeitig aber auch ein altes Herrschaftssymbol überhaupt. — Obiges Bild trägt nach v. Saurma ein: WIEGAND · THALISCHES · GERICHTS · SIGNET · (im Felde:) 16 91. Ein anderes: WIEGANDS THALISCHES · GERICHTS · SIGNET · hat den Baum mit der Ortschaft im Hintergrunde. Ein: GERICHTS · SIEGEL · IM · WIEGANTZT · SCHVTZ · HAVSE (welches nach Knie und Melchers das einzige öffentliche Gebäude und zugleich das Armenhaus in W. ist) hat die Justitia mit Schwert und Wage. — Das neue Gemeindesiegel hat kein Bild.

Wittichenau, Stadt. **In Gold die Madonna mit dem Kinde und dem Scepter, stehend auf einem silbernen Halbmonde, dessen Enden mit je drei weißen Rosen besteckt sind.** Abb. S. 165

Die Ortschaft gehörte und gehört nach Neumanns Ortslexikon noch dem Nonnenkloster Mariastern. Das einzig bekannt gewordene: „* SIGILLVM · WITTICH · ENAVIÆ ·" (24 mm), aus dem 17. Jahrhundert, hat dieses Bild.

Wolfsdorf, Dorf.

Ein neues Farbsiegel: „GEM · SIEG · WOLFSDORF GOLD BERG HAYNAUER KREIS" (25 mm) hat ein Dreiblatt, ähnlich einem Blatt des roten Klees.

*) So richtig es ist, bei einem neu zu wählenden Ortswappen das Wappen des früheren Grundherrn vorwiegen zu lassen, so wenig passend kann ich es finden, wenn ein solches Familienwappen jetzt neuerdings von Landesherren ohne weiteres ganz unverändert verliehen wird. Auch wenn das betreffende Geschlecht ausgestorben ist, ist es nicht schön und nicht richtig, seinen alten Schild einem auf seinem früheren Grund und Boden etwa aufgeblühten Fabrikorte nunmehr zu freier Verfügung zu überlassen. Die neue Stadt will sich ja nicht als das Eigentum jenes Geschlechtes erklären, und doch drückt die alleinige Führung eines unveränderten Herrenwappens folgerichtig nichts anderes aus. Es ist doch nicht schwer, diesem Wappen ein Beizeichen zu geben, durch welches die Erinnerung an den alten Grundherrn gewahrt und es doch als nicht dessen persönliches Wappen, sondern als das einer Gemeinde gekennzeichnet wird. Nur brauchte dies besondere Beizeichen nun allerdings nicht immer wieder das so sehr beliebte Fabrikrad oder der Merkurstab zu sein. — Die Note steht hier, obwohl sie nicht recht hierher gehört; denn stünde sie da, wo sie ganz hinpaßt, so würde darin vielleicht eine Schärfe gefunden werden können, die sie nicht haben soll.

Regierungsbezirk Oppeln.

Abb. S. 168 **Oppeln**, Hauptstadt des gleichnamigen Reg.-Bez. **Gespalten, rechts in Blau ein halber, goldener Adler, links in Blau ein halbes, goldenes Kleeblattkreuz.**

Der Adler ist der oberschlesische; das Kreuz bezieht sich nach Knötel, Städtewappen Oberschlesiens, 1894, S. 18, auf die Kollegiatkirche zum hl. Kreuz, welche, wie Idzikowski, Gesch. d. St. O., 1863, S. 61, berichtet, von Bischof Clemens (?) ein Stückchen vom Kreuze Christi erhielt. Das um d. J. 1300 geschnittene: „+ SIGILLVM CIVIVM OPOLIENSIVM" (68 mm) hat schon dies Bild. Dabei ist die rechte Feldhälfte eng und unregelmäßig schraffiert, die linke regelmäßig schräggegittert mit Punkten in den Maschen.[1]) Dasselbe Bild hat auch das 1394 gebrauchte: „S * NOVVM · MIN' · CIVITAT' · OPOLIENS" (37 mm), wobei jedoch mitten darüber ein Stern schwebt und das Feld mit drei hühnerfußartigen Figuren (Zweiglein?) bestreut ist. Bei einem nur mit: „· S · C · O ·" (21 mm) bezeichneten Signet vom Ende des 16. Jahrh. erscheint das Bild in einem Rahmenschilde, das halbe Kreuz aber rechts, der Adler links gestellt; auch endet das Kreuz nicht wie bisher in Kleeblättern, sondern breit. Ein: „* SIGILLVM · CIVITATIS · OPPOLIENSIS : 1752" (31 mm) hat in einem gekrönten Schilde rechts den halben Adler, links ein durchgehendes Kreuz, und so wechselt die Darstellung zwischen rechts und links, breit- oder kleeblattendigem Kreuz, bis heute fortwährend, wie zahlreiche neuere Siegel bekunden.

Ein schon für 1298 nachgewiesenes Hofgerichtssiegel: „✠ S IVDICII CVRIE OPOLIEN" (31 mm) hat im punktierten Felde einen einfachen Adlerschild. Das von Vogt und Schöffen 1353 benutzte: „+ S' BANNITVOR · OPOLIENSE" (32 mm) hat die Figuren des gleichzeitigen städtischen Siegels in einem Schilde, jedoch umgekehrt, rechts das halbe Kreuz, links den halben Adler. Ein: „* SIGILLVM · ADVOC · CIVITATIS · OPPOLIENSIS (im Felde:) 1616" (29 mm) hat sie wieder verkehrt im Schilde. Hiervon ist der Stempel einer genauen Nachbildung mit derselben Jahreszahl vorhanden. Rechts das halbe Kreuz und links den halben Adler hat auch ein Siegel mit der pompösen Umschrift: „MAGI STRATUALISCHE POLICEI DEPUTATION (unten): ZU OP PELN + 1810 +" (29 mm). — Auch ein: „* STAT · CAMEREI · SIEGEL · ZU · OPPEL (im Felde): 17 73" (oval, 22 : 20 mm) hat die Figuren im Schilde so gestellt. Auf: M. Martin Helwigs Erste Land-Charte vom Hertzogthum Schlesien, 1561, zeigt der Schild der Stadt Oppeln die Figuren ganz so wie die ältesten Stadtsiegel; daraus gingen sie auch so in Sibmachers Wappenbuch von 1609 über, wobei als Farben angegeben sind: „Ein blo. schildt, der Adler und das halb Creutz gelb." Auch in Merians Topographie von Schlesien, 1650, ist das Wappen so abgebildet und, wie folgt, beschrieben: „Zum Stadt Signet führet der Rath, in getheiltem

SCHLESIEN ✿ REG • BEZ ✿ OPPELN

OPPELN

BAUERWITZ

BENESCHAU

BERUN

BEUTHEN OB SCHL

BLADEN

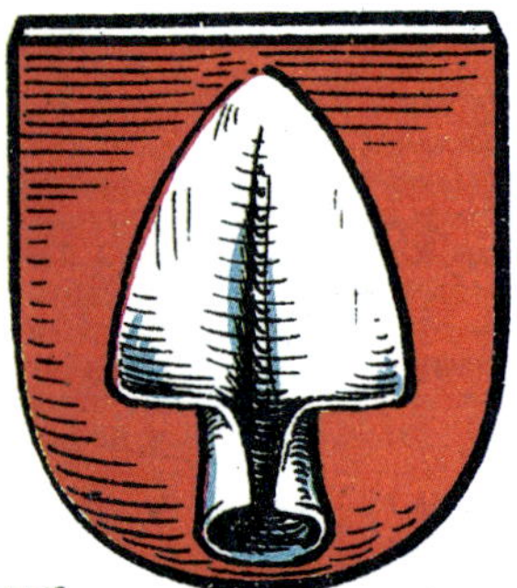

BORISLAWITZ

DEUTSCH-NEUKIRCH

FALKENBERG.

FRIEDLAND OB SCHL

GEORGENBERG

GLEIWITZ

GROSS-STREHLITZ

GROTTKAU

GUTTENTAG

HULTSCHIN

JAKOBSWALDE

blauen Schilde, einen halben gelben flatternden Adler, und ein halbgüldenes Creutz, daran Kleeblätter seyn." — Das älteste Stadtsiegel, das des Hofrichters und das Gerichtssiegel der Stadt finden sich abgebildet bei v. Saurma, Taf. VIII, No. 99, 100 u. Taf. XI, No. 155.

1) An sich ist die Schraffierung des Feldes bis zum 17. Jahrh., wo man anfing, durch in bestimmter Richtung darüber gezogene Striche bestimmte Farben auszudrücken, eine völlig bedeutungslose Raumausfüllung. Die verschiedene Behandlung der beiden Feldhälften bei diesem Siegel läßt aber mit Sicherheit darauf schließen, daß man sich dieselben auch in verschiedenen Farben dachte, ohne daß man jedoch daraus erkennen könnte, welche gemeint seien. Aber man kann sie mit einiger Wahrscheinlichkeit vermuten; denn wenn man weiß, daß das Feld des goldenen oberschlesischen Adlers blau ist, so ist doch anzunehmen, daß das Kreuz, welches bei diesem ältesten Siegel ganz ebenso eng schraffiert ist wie das Feld des Adlers, ebenfalls blau gedacht war. Und da die jetzt beliebte blaue Tinktur beider Feldhälften, wenn auch nicht gerade heraldisch fehlerhaft, so doch so wenig heraldisch schön ist, daß deshalb schon bei der 1852 vom Könige verliehenen Schützenfahne lediglich der Abwechslung wegen, für die linke Hälfte schwarz (bei modernen Abbildungen rot) gewählt wurde, so wäre der Stadtbehörde zu empfehlen, bei den bisherigen Farben zu bleiben, aber dafür sogen. verwechselte Tinkturen zu bestimmen, nämlich rechts: halber goldener Adler in Blau, links: halbes blaues Kreuz in Gold.

Abb. S. 168

Bauerwitz, Stadt. **In Gold gegen einander gewendet die Jungfrau Maria und die hl. Elisabeth (Mariae Heimsuchung), beide mit dem Heiligenschein um das Haupt.**[1]

So auch das 1644 gebrauchte, nicht viel früher geschnittene: „SIGILLVM · CIVITATIS · BAVAROW" (auf Band, 29 mm) und ein: „*SIGILVM CIVITATIS BAVAROW ✻ 1765"! (oval, 24 : 22 mm). So auch noch ein Farbsiegel aus dem vorigen Jahrh.: „✻ SIGIL : CIVITATIS · BAUOROWICENSIS" (32 mm), bei dem jedoch die Heiligen bis zur Karrikatur roh geschnitten sind. Daraus machten spätere Siegel des Gemeindevorstands und Magistrats zwei männliche Figuren, denen man Palme und Schlüssel in die Hände gab, und sie für Johannes und Paulus erklärte. Die neuesten Siegel aber sind wieder zu ersterer Darstellung zurückgekehrt.

1) Der Ort, der nach v. S. schon zu Ende des 13. Jahrh. Stadtrechte gehabt haben soll, gehörte von 1340—1810 dem Dominikanerinnenkloster zum hl. Geiste in Ratibor. Vielleicht stellte das Siegelbild ursprünglich die Verkündigung dar.

Abb. S. 168

Beneschau, Stadt. **In Rot ein schrägrechts gestellter, silberner Hecht, der quer im Maule einen kleinen Fisch hält.**

Dies Wappen ward am Osterdienstag 1493 von König Wladislaw II. durch Vermittlung des damaligen Grundherrn Benesch von Drahotus dem Orte verliehen. Es gelang mir nicht, eine Abschrift des Wappenbriefes zu erhalten, weshalb ich diese Daten Saurmas Angaben entnehmen mußte. — Ein noch vorhandener, 1593 gestochener, silberner Stempel mit der Umschrift: „· S · URBIS · BENESSOW" (33 mm) zeigt den Hecht mit seinem Raube in einem ovalen Rahmenschilde. Ein: „✻ SIG · CIVITATIS · BENESCHOVIENSIS ·" (28 mm) des 17. Jahrh. hat denselben im punktierten Siegelfelde.

Abb. S. 168

Berun, Stadt. **In Silber auf grünem Boden ein linkshin springender, roter Hirsch, auf dessen Rücken zwischen dem zurückgelegten Geweih ein linkshin gewendeter Pelikan (ohne Junge) steht.**

Das eigenartige Bild ist noch nicht zuverlässig erklärt; vermutlich ist der Hirsch das eigentliche Siegelbild des Ortes; ein Pelikan erscheint in Siegeln des 17. und 18. Jahrh. öfter als Symbol des sich für die Gemeinde aufopfernden Rates (!). Der noch erhaltene, zu Anfang des 17. Jahrh.[1] geschnittene silberne Stempel des: „✶ SIGILLVM ✶ CIVITATIS ✶ BIERVN" (31 mm) hat das beschriebene Bild. Ein zu Ende des vorigen Jahrh. gefertigtes: „STÆTEL · BERUN · S · (unten im Abschnitt:) PLESSNER CREYS" (25 mm) hat dagegen den Hirsch in ein rechtshin springendes Einhorn verwandelt, auf dessen Rücken der Pelikan mit seinen Jungen steht. Die neuen Siegel sind zu ersterer Darstellung zurückgekehrt, fassen aber den Pelikan als Schwan (nicht Gans) auf und setzen ihn auf die Zacken des Hirschgeweihs.

1) Saurma, der sonst recht gut beurteilte, schätzte irrig dies Siegel auf das Ende des 18. Jahrh. und stellte es hinter das oben folgende, wodurch Knötel (a. a. O. S. 19) zu unhaltbaren Rückschlüssen über die religiöse Bedeutung des Motives verleitet wurde.

Abb. S. 168

Beuthen i. Ob.-Schles., Stadt. **Gespalten, vorn in Silber ein rechtshin gewendeter mit der Haue das Gestein bearbeitender Bergmann, links in Blau ein halber goldener Adler.**

Im Jahre 1369 ward die Stadt zwischen Conrad II., Herzog in Schlesien, Herr zu Öls und Przemislaw von Teschen in zwei Hälften geteilt (Cod. dipl. Siles., Bd. VI, No. 45 u. 46). Ein Stadsiegel aus jener Zeit ist nicht bekannt geworden und also auch nicht zu sehen, ob obiges Bild ursprünglich vom Rate oder nur von den Schöffen, in deren Siegel es sich schon in der Mitte des 14. Jahrh. nachweisen läßt, geführt wurde. Ersteres ist aber darum wahrscheinlicher, weil der arbeitende Bergmann auch auf Hellern aus der Mitte des 15. Jahrh. (deren andere Seite allerdings den Adler mit ganz derselben Umschrift zeigt) erscheint (Friedensburg, Schles. Münzen, 1888, No. 819 a u. b). — Das älteste, bei Saurma fehlende, wohl sogleich nach der Wiedervereinigung beider Teile, i. J. 1479 gefertigte Siegel, nimmt in der Umschrift auf dieses Ereignis Bezug: „✻ sigillum : civitatis : bithum : totius : communitatis ✻ X" (41 mm). Es zeigt im damaszierten Felde einen Schild mit dem oberschlesischen Adler.[1] So auch das um 1500 gefertigte: „· s · civitatis ~ bithomien ·" (auf Band, 27 mm), sowie ein: „SIGILLVM CIVITATIS BYTHOMIENSIS : (im Felde:) 1756" (oval, 28 : 26 mm), und ein Siegel mit derselben Umschrift und der Jahreszahl: 1778 (22 mm). Ein um 1800 geschnittenes Siegel mit gleicher Legende hat um den Adlerschild Schnörkel, von denen der untere zufällig eine ganz ungefähre Ähnlichkeit mit einer Sichel hat. Spätere Abbildungen zeigen denn auch richtig im Schilde unter dem Adler eine Sichel! 1886 dagegen nahm die Stadt das häuptlings beschriebene Bild in einem Schilde ins Siegel und gab demselben die Umschrift des ältesten bekannten Stadtsiegels.

Ein schon 1350 benütztes: „+ S SCABINORVM IN BYTHOM" (34 mm) hat im Felde nebeneinander rechts den arbeitenden Bergmann, links den halben Adler. — Eine Abbildung des zweiten Stadt-, des alten Schöffensiegels und eines: „✻S' NICHOLAI · ADWOCATI · DE · BVTV" (24 mm), welches im berankten Felde drei pflugscharähnliche Figuren zeigt, bei v. Saurma, Taf. I, No. 3 u. 4, u. Taf. XI, No. 142. — Die Bibliothek des Vereins Herold in Berlin besitzt den Bürstenabzug eines Aufsatzes von A. v. Mach: Heraldisches mit besonderer Berücksichtigung des Stadtwappens von Beuthen O. S. Leider ist nicht zu ersehen, wann und wo derselbe erschienen ist. Ohne für Beuthen selbst gerade viel Neues beizubringen, verbreitet der Verfasser in anerkennenswerter Weise richtige heraldische Anschauungen, und ist es wohl ihm zuzuschreiben, daß die Stadt, wie oben erwähnt, 1886 das Bild des alten Schöffensiegels als Wappen annahm.

1) Da der Adler so früh vorkommt, so kann er nur der herzogliche sein, und alle Vermutungen über seine Herkunft aus dem Diplomwappen der Grafen Henckel von Donnersmarck (denen v. Mach auch aus anderen Gründen widerspricht) oder Beziehungen auf das hohenzollernsche Stammwappen u. s. w. sind hinfällig.

Binkowitz, Dorf.

Ein neues Farbsiegel der: „GEMEINDE BINKOWITZ ✶ RATIBORER KREIS ✶" (30 mm) zeigt eine Taube (ganz adlerähnlich stilisiert) in einem Strahlenkranze, als Erinnerung an die bis 1810 bestandene Zugehörigkeit des Ortes zum Heiligengeiststifte in Ratibor.

Bladen, Flecken. **In Rot eine aufgerichtete, silberne Pflugschar.** Abb. S. 168

So ein neues Farbsiegel der: „GEMEINDE BLADEN ✻ OPPELER KREIS" (29 mm).

Borislawitz, Flecken. **In Silber auf grünem Boden ein grüner Tannenbaum, dessen Stamm mit einer quergelegten Baumsäge beheftet ist.** Abb. S. 168

Ein Siegel und ein Farbsiegel der: „GEMEINDE BORISLAWITZ ✻ KREIS COSEL ✻" (27 und 30 mm), beide um die Mitte des 19. Jahrh. gefertigt, zeigen diese Darstellung in einem Schilde. Der nicht alte Ort erhielt erst 1787 Marktrechte; siehe darüber: Weltzel, Gesch. d. Stadt Cosel, S. 298.

Deutsch-Neukirch, Flecken. **In Blau auf grünem Boden eine silberne Kirche mit geöffnetem Thore.** Abb. S. 168

So nach Saurma ein: S · CIVITATIS · NOVA(e) · CATHOLICAE („älteres, großes Siegel") und ein neueres Siegel mit: DEUTSCH · NEUKIRCH STÆDTEL (im Abschnitt:) LEOBSCHITZ · CREYS · Ein wohl diesem nachgebildetes neues Farbsiegel: „STÆDTEL NEUKIRCH · SIGL (im Abschnitt:) LEOBSCHITZ CREYS" (32 mm) hat ebenfalls das kirchenartige Gebäude.

Falkenberg i. Ob.-Schles., Stadt. **In Blau auf grünem Dreiberge ein auffliegender, goldener Falke.** Abb. S. 168

Im Staatsarchiv zu Breslau findet sich eine Urk. v. J. 1572 mit einem: „+ sigillum civitatis falkinberg" (35 mm), dessen Stempel wohl um die Mitte des 14. Jahrh. geschnitten wurde. Dasselbe hat den linkshin schauenden Falken auf dem Berge, innerhalb eines Dreipasses. Saurma kannte ein 1663 gebrauchtes: SIGILLVM CIVITATIS FALGOBERGENSIS mit derselben Darstellung im Schilde. Ebenso ein: „· SIGILLVM CIVITATIS FALCOBERGENS : (im Felde:) 1746" (oval, 25 : 23 mm). Bei dem: „∴ SIGEL · FALTEN ∴ BERCK · 1708 ∴"! (oval, 21 : 19 mm) steht der Falke auf einem hohen, spitzen Berg zwischen zwei Blumenzweiglein. Die merkwürdig fehlerhafte Umschrift „Faltenberg" dieses Siegels kann ich durchaus verbürgen, wogegen ich für die eines angeblich im Jahre 1816 angefertigten Siegels: MAGISTRAT · ZU · FALGOBERGENSIS nur den, durch: „soll-führen" bedingten Bericht Saurmas habe. Ein um 1830 entstandenes Siegel: „MAGISTRAT ZU FALKENBERG" (27 mm) hat den flugbereiten Falken, linkshin gekehrt und widersehend auf hügeligem Boden.

Friedland i. Ob.-Schles., Stadt. **In Blau eine silberne Burg mit drei spitzbedachten Türmen und offenem Thore.** Abb. S. 168

Ein nicht näher beschriebenes Siegel des 18. Jahrh. soll dasselbe Bild haben. Das neue Farbsiegel des: „MAGISTRAT ZU FRIEDLAND O/SCHL." (37 mm) bringt die Burg in einem seltsam aufgeputzten Schilde.

Georgenberg i. Ob.-Schles., Stadt. **In Rot St. Georg auf dem Drachen stehend und diesem den Speer in den Rachen stoßend.** Abb. S. 168

Der vom Markgrafen Georg Friedrich von Brandenburg-Jägerndorf wegen dort gefundener Blei- und Silbererze gegründete Ort erhielt unterm 23. April 1561 von demselben auch ein Wappen. Nach freundlicher magistratlicher Mitteilung lautet die betreffende Stelle des Diploms: „Darzu haben Wir Jhnen auß sonderlichen Gnaden zu einem Wappen und Siegel geben daß Bildniß Sanct Geörgy im blancken Harnisch in einem Rothen Felde zur Füß mit einem Spehr darmit er unter seinen Füßen den Lindtwurm würget, darzu einen Stech Helm mit schwarzen und weißen Helmdecken und auf dem Helm einen Schenkel von einem schwarzen Adler sambt seinen Klauen in welchen Klauen Er halten soll eine schwatze Bergkratzen wie dann allhie in dieser Brieff klerlichen solch Wappen mit seinen Farben abgemalt zu befinden ist." Der Stempel eines um 1700 geschnittenen: „SIGILLVM · CIVITATIS · MONTANIS · GEORGENBERGENSIS" ! (27 mm) mit dem im Brief beschriebenen ganzen Wappen ist erhalten. Derselbe scheint nur die verkleinerte Nachbildung eines früheren Siegels zu sein, denn v. Saurma beschreibt ein Siegel mit ganz derselben Umschrift, das aber diese auf einem Bande haben soll. Statt positiver Maße fügt er wieder nur das unsichere: „größeres" bei. „Ein kleines Sekret, das als Gerichtssiegel benutzt wird und in einem Schilde nur den Helmschmuck des großen Wappens enthält", hat die Umschrift: SIGIL · CIVIM · MONTIS · GEORGI (!) (Zeit ?).

Gläsen, Dorf.

Ein etwa in den sechziger Jahren dieses Jahrh. entstandenes Farbsiegel der: „GEMEINDE GLAESEN ✱ KREIS LEOBSCHÜTZ" (30 mm) zeigt zwischen zwei aufgerichteten abgewendeten Pflugscharen eine leyerförmige Figur unbekannter Bedeutung (Kummet?).

Abb. S. 168

Gleiwitz,

Stadt. Gespalten; rechts: im von Rot und Silber zweimal geteilten Felde ein halber schwarzer Adler mit goldenem Nimbus; links in Blau ein ebenfalls nimbierter halber goldener Adler; die Spaltlinie belegt mit einem spitzbedachten, silbernen Zinnenturme, über dem in einem steigenden Halbmonde in Strahlenglorie die Gottesmutter mit Kind und Scepter halbleibs sichtbar wird; aus dem geöffneten Thore kommen durch dessen Fallgatter zwei grüne Palmwedel hervor, zwischen denen der Turm mit dem schwarzen Buchstaben F und darüber einem II (= Ferdinand II.) belegt ist.

Dies verkünstelte Wappen erhielt die Stadt im Jahr 1629, Aug. 14., wegen der unbefleckten Treue, die sie dem Kaiserhause „bey der unlängst in Unserm Erb- Königreich und Landen erhobenen und nunmehr vermittelst göttlicher Hülff gedämpften Rebellion" bewahrte, von Kaiser Ferdinand II. Die Wappenbeschreibung lautet nach einer 1839 gefertigten, vom Magistrat als mit dem Original wörtlich übereinstimmend beurkundeten Abschrift, die † Geheimrat Warnecke mir verehrte, wie folgt: „Mit namen einen runden in zwey gleiche theil von oben herab abgetheilten Schildt, dessen rechte theil widerumb in drey gleiche Feldt überzwerch abgesetzet deßen untere und oberste roth und mitlere weiß oder silberfarb, das Linke Feldt aber ist blaw oder Lasurfarb. In der mitte stehet ein gantz weißes von lauter Werckstücken oder quatersteinen in gestalt eines Thurms mit dreyen Fenstern, dreyen Zinnen und mit Jhren schießlöchern wolerbautes Stadtthor mit offener Pforten, auffgezogenem vergoldtem Schoßgattern, und zu unterst zweyen in die Höhe bogen weiß entspringenden und oben übereinander geschrenkten Palmzweig in deren mitte, der erste Buchstaben Unsers Kayser und Königlichen Namens. F. und darauf gesetzten Zal II hindter disem Stadt Thor oder Thurm erscheinet jederseits zur rechten ein schwartzer und Linkenn Handt. ein gelber halber Adler, mit außgebreiten Flügeln offenem Schnabel roth außgeschlagener Zungen, von sich gestreckten Kreilen und tragendt umb den Kopff beyderseits einen gelben runden Schein, auf der spitze dieses Thors oder Thurms, erscheint auff einem halben Monschein Unser liebe Fraw in einem blawen Rockh und Jhrem flammichten und mit goldt verhöhetem Schein, haltendt in rechtem Arm einen Königlichen Scepter und auff dem Lincken Jhr Christkindlein und tragendt auff dem Haupt eine guldene und mit Edelgestein versetzte Kron, Inmassen solch Wappen in der mitte dieses Unsers Kaiser und Königlichen Briefs gemahlet und mit farben eigentlicher außgestrichen ist."

Ein altes Hauptsiegel der Stadt ist nicht bekannt. Ein um 1400 geschnittenes: „+ secretum civitatis gleiwic" (33 mm) fand Engel im Thorner Stadtarchiv an einer undatierten Urkunde; es zeigt im Felde nebeneinander den halben oberschlesischen Adler und einen Turm. So auch ein: „❋ SIGILLVM · CIVITATIS · GLEIVITZENSIS · 1596" (32 mm), bei dem die Figuren in einem ovalen, mit Engelsköpfchen verzierten Schilde stehen. Dem Verleihungsjahre könnten zwei noch vorhandene Stempel angehören, das: „S : SEN : POPQ : F : CIVITATIS : GLEIWITZ :" (auf Band, 37 mm) und ein nur 19 mm großes mit ganz derselben Umschrift; beide zeigen das beschriebene überladene Bild im Felde. Ein: „SIGILLVM CIVITATIS GLEIWITZ" (oval, 22 : 21 mm) des 18. Jahrh. läßt die Madonna weg und setzt das F in den Thorbogen. Die neuen Siegel halten sich alle genau an das Diplom. — Ein: „SIGILLVM SCAB : GLIVICENSIVM" (auf Band, 32 mm) aus dem 17. Jahrh. hat auch das Bild der Stadtsiegel.

Groß-Mangersdorf, Dorf.

Ein modernes Farbsiegel des: GEMEINDE-VORSTAND GROSS-MANGERSDORF ✱ KR · FALKENBERG O/S · ✱" (oval, 32 : 27 mm) hat die Themis mit Schwert und Wage auf begrastem Boden stehend.

Groß-Strehlitz, Abb. S. 168

Stadt. Gespalten: rechts in Blau ein halber goldener Adler, links in Gold ein schräglinks gestellter grüner Rebzweig mit Blättern und blauen Trauben.

Die Rebe ist nicht das ursprüngliche Siegelbild. Das zweifellos schon im ersten Viertel des 14. Jahrh. geschnittene, an einer Urkunde des Breslauer Stadtarchivs v. J. 1362 hangende: „+ · S · CIVIVM · DE · STRELICS ·" (54 mm)[1]) hat frei im ungeteilten Felde nebeneinander rechts den halben Adler, links einen schräglinks gestellten Zweig, dem unten ein ausgebreitetes, darüber ein unentfaltetes, dreiteiliges, bis zum Stiele eingeschnittenes Blatt entsprießt; von der oberen Seite erscheint an herüberhängendem Stiele eine Form, die die größte Aehnlichkeit mit einem hängenden Lindenblatte zeigt, und von Fürst Hohenlohe in: die Linde in der Heraldik, 1879, S. 3, Note 2, auch dafür ausgegeben wurde. Aber sicher irrig, denn wenn zwei Blätter an einem Zweige ausgesprochen dreiteilig sind, so kann das dritte unmöglich ein Lindenblatt sein sollen; es ist aber auch nicht an eine Weinrebe zu denken; wenn auch die unteren Blätter allenfalls als Weinlaub gehen könnten, so kann doch das obere herzförmige Ding nicht als Traube angesehen werden; es ist glatt und platt und läßt eine deutliche Mittelrippe erkennen; vermutlich soll es eine Knospe oder Frucht des Zweiges sein und dieser einer Pflanze angehören, deren Name vielleicht irgendwie auf den alten slawischen Ortsnamen Wielki-Strzelec anspielt. Ganz dasselbe Bild hat das für 1412 nachgewiesene: „+ S' SECRETV CIVIV DE STRELICZ" (31 mm), dessen Stempel auch nicht viel älter und unbedingt nicht, wie v. S. als sicher annahm, von demselben Stempelschneider wie das erste geschnitten ist. Bei dem nach 1600 gefertigten: „· SIGILLVM · CIVITATIS MAIORIS STRELICY" (23 mm) ist der Ast bereits mit einer großen hängenden Traube, ausgesprochenen Weinblättern und -Ranken versehen. So haben ihn auch die neueren und neuesten Siegel. — Das um 1400 geschnittene: „+ S' · SCABINORVM · DE · S⊥RELIDZ" ! (31 mm) hat dieselbe Darstellung und ähnelt auch sonst dem gleichzeitigen Sekret so sehr, daß man dafür Saurmas Ansicht, es sei vom gleichen Stecher gefertigt, eher beistimmen kann, obwohl die verschiedene Schreibweise dagegen stimmt. Merkwürdig ist das umgekehrte T = ⊥.

[1]) Es kommen öfters nur 48 mm große Abgüsse dieses Siegels vor; dieselben entstammen einer Abformung des Originals mit einer jener Massen, die durch Eintrocknen kleiner werden.

Grottkau, Abb. S. 168

Stadt. In Silber eine rote Burg in der Form eines dicken, viereckigen Turmes mit offenem Thore, auf dessen breit ausladenden Zinnen sich zwei schmale Zinnentürme nebeneinander erheben.

Der Ort gehörte im 13. Jahrh. den Grafen v. Pogarell, deren Schild eine Burg zeigt. Saurma glaubte daraus schließen zu dürfen, daß das städtische Siegelbild „in diesem Falle nicht das gewöhnliche, so oft vorkommende Symbol ummauerter Städte, sondern ein adliges Sonderwappen" sei. Das möchte schwer zu beweisen sein. Thatsächlich zeigen das Siegel des ersten Grundeigentümers des Grafen Mrosko v. P. (1262) sowohl, als das des Bogus v. P. (1276), sowie auch die des Janusius (1276), des Stephan und des Budiko de Mychalow (1302, s. Pfotenhauer, Schles. Siegel, 1879, S. 26 u. 33) nicht, wie v. Saurma (und natürlich auch der Neue Sibmacher) schreibt: eine unten schmälere Burg mit Thoröffnung, auf deren sich breiter auslegenden Zinnen zwei Zinnentürme stehen, sondern alle übereinstimmend im Schilde eine Burg mit drei Zinnentürmen. Dagegen haben wieder übereinstimmend das v. S. unbekannt gebliebene älteste, vielleicht schon 1268, bei Erhebung des Ortes zur Stadt angefertigte: „+ SIGILLVM CIVIVM · IN GROTHKOWE" (51 mm) und das für 1343 gesicherte: „+ SIGILLVM · CIVIVM · IN · GROTHKOWE" (35 mm) im Felde eine schwebende Burg mit zwei Zinnentürmen auf den breit ausladenden Zinnen eines schmäleren Unterbaues, welch letzterer an Stelle des Thores ein Kleeblattbogenfenster mit Mittelsäule zeigt. Bei dem noch vorhandenen Stempel des im 17. Jahrh. gefertigten: „SIGILLVM · CIVITATIS · GROTGOVIENSIS .: ~" (30 mm) ist das gekuppelte Fenster zum Thore geworden, noch unter Beibehaltung der Mittelsäule, doch ist hierbei und selbst noch auf einem Farbstempel des 18. Jahrh.: „+ SIGIL : CIVITAT GROTGOVIENS" (24 mm) die eigenartige Form des Kastells beibehalten. Die neueren Siegel dagegen haben eine zweitürmige Burg von allergewöhnlichster Form mit geöffneten Thorflügeln in einem Schilde. — Ein noch erhaltener Stempel: „❋ S : IVDICII · CIVITATIS · GROTGOVIENSIS" (26 mm) des beginnenden 17. Jahrh. hat im runden Rahmenschilde die zweitürmige Burg. Auf einem um 1800 gefertigten Siegel des: „KOEN : GERICHT DER STADT GROTKAU (30 mm) hält der fliegende, widersehende preuß. Adler im rechten Fang eine Wage, im linken dagegen — eine Papierrolle, auf der die Burg erscheint.

Guttentag (slav.: Dobrodzien), Abb. S. 168

Stadt. Gespalten, rechts in Rot eine halbe silberne Rose, links in Blau ein halber goldener Adler.

So ein: „: SIGIL · CIVIT · DOBRO · DEN" (25 mm) aus der Mitte des 17. Jahrh. und ein: SENATVS · POPVLVSQVE · DOBRODIENSIS (im Felde:) 1781. v. Saurma nennt unter den Grundherren einen Herrn v. Rosenberg, der um 1700 die Herrschaft ganz kurze Zeit besessen haben müsse. Aber das erstgenannte Siegel kommt mir früher vor, als der Besitzstand der Rosenberg angezeigt wird.

Abb. S. 168 **Hultschin,** Stadt. **In Grün unter einer goldenen Lilie ein monogrammartiges, noch unerklärtes schwarzes Zeichen, umgeben von fünf goldenen Sternen.**

Freiherr v. Saurma hoffte von älteren Siegeln Aufklärung über das rätselhafte Zeichen im Wappen dieser Stadt. Mir sind mehrere Abdrücke eines ihm unbekannt gebliebenen: „SIGILVM MAIOR CIVITATI HLVCINEN (im Felde:) 1569"!! (32 mm) vorgekommen, die aber die Hoffnung nicht erfüllen. Sie zeigen nämlich die Figur ganz so wie die neuen Siegel, nur fehlen noch die Sterne. Nach Saurmas Vermutung stammt die Lilie aus dem Wappen der Grafen von Würben, denn 1439 kaufte Heinrich v. W. die Stadt, die sein Sohn bis 1471 besaß; die rechte Hälfte der unteren Figur hielt v. S. für die Hälfte des herb Kornic, weil 1486 Johann Bielek v. Kornie als Besitzer genannt wird, und den Rest erklärt er für die Verstümmelung eines unbekannten slavischen Wappenbildes. Ein nur mit: „I · C · H (seitlich:) 16 47" (oval, 20 : 19 mm) bezeichnetes Signet hat dieselbe Darstellung in einem Schilde. Erst das wohl um 1800 gefertigte: SIGILLUM . MAIVS . CIVITATIS · HVLTSCHINENSIS und das: „✻ SIGILLUM : MINUS : CIVITATIS · HULTSCHINESIS"! (oval, 28 : 25 mm) sowie die neuen Siegel setzen die Sterne dazu.

Abb. S. 168 **Jakobswalde,** Flecken. **In Rot eine aufgerichtete Holzhacke an goldenem Stiel.**

Das um 1800 gefertigte: „IACOBSWALDER · GEM · SIG unten:) COSELER KREIS" (27 mm) hat um den Stiel des Beiles eine Art Schleife geschlungen, gebildet aus zwei sich kreuzenden C-förmigen Zügen. Das neue Farbsiegel setzt die Hacke unter Beibehaltung der Schleife in einen Schild. Eine Anfrage ergab, daß die Gemeindebehörde selbst nicht weiß, was die letztere zu bedeuten hat, weshalb sie, als wesenlos, hier weggelassen wurde.

Abb. S. 177 **Karlsruh** in Schles., Flecken. **Gespalten; vorn in Gold drei schwarze Hirschstangen übereinander, hinten in Blau ein halber goldener Adler.**

Die Gemeinde führt nur Schriftzeilen in ihrem Farbsiegel. Ein: „CARLSRUHER : GERICHTS : SIEGEL 1773" (30 mm) erinnert daran, daß der Ort zum Gebiete des Herzogs von Württemberg-Öls gehört; es zeigt einen gespaltenen Schild, darin rechts die württembergischen Hirschstangen, links ein halber Adler. Ebenso ein wenig jüngeres Farbsiegel: „· CHARLSRUHER GER-SIEGEL"! (31 mm).

Kasimir, Dorf, ehemals Stadt.

Ein sehr schönes, um die Mitte des 14. Jahrh. geschnittenes und für 1393 nachgewiesenes Schöffensiegel: „+ SCABINO... ....MIRIE ✶ CIVITATIS" (50 mm) hat im gegitterten Felde unter einer breiten dreiblättrigen Krone ein verziertes K, neben dem jederseits ein gekröntes menschliches Haupt schwebt; vermutlich war damit einer der oberschlesischen Herzoge Kasimir und dessen Gemahlin gemeint.

Abb. S. 177 **Katscher,** Stadt. **In Blau (?) über silberner (?) Zinnenmauer ein wachsender goldener (?) Löwe.**

Ob dies, wie v. S. will, das slawische herb Pielgrzyn oder eines der zahlreichen, diesem gleichen deutschen Wappen ist, ist nicht eher zu entscheiden, als bis es gelingt, unter den ehemaligen Besitzern des Ortes die Familie ausfindig zu machen, welche dies Wappen führt, bezw. geführt hat. — Ein 1651 benütztes: SIGILLVM · OPPIDI · KATZER hat das Wappen in einem Schilde; so auch ein: SIGILLVM · CIVITATIS · KATSHERIENSIS · 1669, sowie der noch vorhandene Stempel eines nur mit: „K · C" (22 mm) bezeichneten Signets des 18. Jahrh. und die neuen Siegel.

Abb. S. 177 **Kattowitz,** Stadt. **In Gold ein auf Balken ruhender, von einem Zahnrade getriebener Eisenhammer.**

Der 1867 zur Stadt erhobene Ort nahm damals (laut magistratlicher Mitteilung) aus freien Stücken dies Bild in einem Schilde in seine Siegel auf. Auszusetzen ist daran nur, daß man auf den Balken die Jahreszahl 1861 setzte, welche nicht in einen Wappenschild gehört. Da dieser kleine heraldische Verstoß weder durch ein landesherrliches Diplom, noch durch alten Gebrauch sanktioniert ist, so dürfte er hier berichtigt werden.

Kieferstädtel (slav.: Sosnischowitz), Stadt. **In Silber eine bewurzelte Kiefer.** Abb. S. 177

Angeblich soll die Stadt ursprünglich einen Doppeladler, der in einem Fang eine Kiefer hielt, geführt haben. — Ein neues Siegel und Farbsiegel haben beide im ovalen Rahmenschilde die Kiefer, und neben deren Stamm die Jahreszahl 1768; sie sind also wohl einem aus jenem Jahre stammenden Siegel nachgeschnitten; Umschrift: „✻ SIGILLUM CIVITATIS SCHOSNISCHOVICENSIS (im Schilde:) 1768" (28 mm).

Klein-Strehlitz, Flecken. **In Rot zwischen zwei goldenen Sternen eine grüne bewurzelte Tanne, deren Stamm mit einem schrägrechts aufsteigenden goldenen Pfeile belegt ist.** Abb. S. 17[illegible]

Aus dem Pfeil und den Sternen schließt v. Saurma, daß der Ort einst den Freiherren v. Promnitz-Pleß gehört habe, obwohl darüber keinerlei sonstige Nachrichten vorhanden sind. Hier kann ich mich durchaus anschließen, denn nicht nur spricht die auch auf dem neuesten Farbsiegel noch beibehaltene schräge Stellung des Pfeiles gegen ein zufälliges Zusammentreffen, sondern es entsprach auch der Gepflogenheit jenes Geschlechtes, den ihm eigentümlichen Orten nicht ohne weiteres sein Wappen zu überlassen, sondern irgend ein unterscheidendes Beizeichen hinzuzufügen. So erhielt z. B. Christianstadt (Heft 1, S. 44) i. J. 1659 von den Promnitz als Stadtwappen ihr Helmkleinod, den aus einer Krone wachsenden, mit einem Löwen belegten Flug, links begleitet von einem kleinen Schildchen mit dem Stammwappen; bei Pförten (Heft 1, S. 47) ist der Schaft des Pfeiles von einem springenden Pferde überdeckt; bei Sorau (Heft 1, S. 48) erscheint das Herrschaftswappen mit drei anderen Abzeichen zu einem quadrierten Wappen vereinigt; bei Halbau (Heft 2, S. 79) wird der Pfeil von einem sitzenden Hunde (nicht Löwen!) gehalten; ein Dorf Pitschkau hat den Pfeil zwischen den Sternen mit der Spitze nach rechts unten gerichtet. — So zeigen auch das: S · DES · STATLEINS · KLAIN · STRELITZ (Zeit?) und ein: SIGILVM · CIVITAT · PARVO STRELICENSIS nach v. S. einen heraldisch stilisierten Baum mit Wurzeln, schrägrechts durchbohrt von einem Pfeil und begleitet beiderseits von einmal je einem, das andere Mal von je zwei Sternen. Das neue Farbsiegel der: „STADT KLEIN STREHLITZ (unten:) NEU STÆDTER KREIS" (31 mm) hat den Baum, den Clericus als Linde zeichnete, deutlich als eine Tanne charakterisiert.

Königshütte, Stadt. **Gespalten; vorn in Gold ein halber schwarzer Adler mit silbernem Brustmond; hinten in Rot über schräggekreuztem goldenem Schlegel und Eisen ein goldenes, von einer modernen Königskrone überhöhtes W.** Abb. S. 177

Der Ort ward erst 1869 zur Stadt erhoben und erhielt zu diesem Schilde eine Mauerkrone und zwei Bergleute mit ihren Werkzeugen in den Händen als Schildhalter. Die Wappenverleihung lautet nach freundlicher magistratlicher Abschrift: „Auf den Bericht vom 15. Oktober d. Js. will Ich der Stadt Königshütte, Regierungsbezirks Oppeln, ein städtisches Wappen nach dem zurückerfolgenden Entwurfe des Herolds-Amtes in Gnaden verleihen. Baden-Baden den 18. Oetober 1869 gez. Wilhelm ggez. Graf Eulenburg." So das Siegel des: „✶ MAGISTRAT ✶ STADT KÖNIGSHÜTTE (unter dem Wappen:) 1869" (30 mm) und die neuesten Siegel.

Konstadt, Stadt. **In Schwarz ein steigender, gesichteter Halbmond, besetzt mit einem silbernen Zinnenturme mit offenem Thore; die Hörner des Mondes sind mit je einem goldenen Stern besteckt.** Abb. S. 177

Ein noch dem 14. Jahrh. zuzuschreibendes: „+ S · CIVI VON · D : CVNCESTA"! (28 mm) hat dasselbe Bild, doch hat der Mond [1]) darauf noch kein Gesicht und die Burg trägt den ausgesprochenen Charakter eines Holzbauwerks,[2]) sehr hohe, schräg nach außen gerichtete und durch Streben gestützte Zinnen. Die Zeichnung des Siegels bei Saurma gibt das Bild gut wieder, die Umschrift aber ist gänzlich unrichtig, weil wohl ein unscharfes Exemplar zur Vorlage diente. Ganz dieselbe Darstellung hat ein 1597 gebrauchtes: „S · CIV · D · CVNCESTAT“ (18 mm). Das: „* SIGIL * * CIVITA · · · CONSTADT * 1615 *“ (34 mm) hat bereits den gesichteten Mond und einen gewöhnlichen gemauerten Zinnenturm. So auch das: „SIGIL ∴ CIVITTA : CONSTADI · 1666“! (29 mm), ferner das: „❊ SIGILL : CIVITATIS · CONSTADIENSIS ·“ (29 mm) und alle neueren Siegel, so daß gar nicht zu verstehen ist, warum der Neue Sibmacher die Figur „unmöglich wie v. Saurma-Jeltsch in s. angef. Werke für einen Zinnenturm erklären kann“.

1) Es ist wohl möglich, daß der Halbmond ursprünglich ein Kahn sein sollte.

2) Es kommen nicht selten Abbildungen zweifelloser Holzbauten auf alten Siegeln vor. Hier erklärt sich das Balkenwerk gut aus der Lage des Ortes. Herzog Heinrich gab nämlich 1261 einem Cunczo das Recht, auf den herzoglichen Gütern, welche bisher: der große Wald hießen, eine Stadt zu bauen. (Dieselbe sollte Fürstenthal heißen, der Name kam aber, wie der voraus bestimmte Namen so vieler Städte, nicht zur Geltung; schon im 13. Jahrh. heißt sie Kunzenstadt.)

Abb. S. 177

Kosel, Stadt. In Silber drei schwarze Bocksköpfe mit goldenen Hörnern; die zwei oberen sind einander zugewendet, der untere liegt aufwärts gerichtet, so daß die drei Mäuler in der Mitte des Schildes zusammen kommen.

Mährisch und böhmisch: Kozel, polnisch: Kozieł, Kozioł = der Bock (Weltzel s. u.). Das älteste, sichere Siegel[1]) ist ein im Breslauer Staatsarchiv auf einem Akte v. J. 1642 befindliches, nur mit: S C K 1575 bezeichnetes Signet, welches die drei Bocksköpfe, den unteren jedoch nicht liegend, wie bei allen anderen Siegeln, sondern rechtshin gewendet zeigt. Wie hier abgebildet, haben die Bocksköpfe ein dem Ende des 17. Jahrh. angehöriges: „❊ SIGILLVM ❊ ❊ CIVITATIS ❊ ❊ COSLENSIS ❊“ (42 mm), bei dem im Zirkelpunkt zwischen den Mäulern eine kleine Rosette steht, welche die nächsten Siegel zwar weglassen, die neuesten aber unnötigerweise vergrößert wiederholen, und das: „SIGILLVM CI VITATIS COSLENSIS (im Felde:) 16 58“ (22 mm); ferner das auf einer Urkunde v. J. 1755 (im Besitze des Magistrats) befindliche, angeblich nur in dem einen Abdrucke erhaltene: „SIGILLVM · CI VITATIS COSLENSIS 1405“ (oval, 24 : 22 mm), dessen Stempel aber kaum vor der Mitte des 18. Jahrh. gestochen ist, sowie ein: „SIGILLUM CIVITATIS COSLENSIS (im Felde:) 17 78“ (36 mm) und endlich ein: „❊ SIGILLUM · CIVITATIS · COSLENSIS“ (30 mm) vom Ende des 18. Jahrh. Dem letztgenannten sind die neuen Stempel treu nachgebildet, nur daß sie eine Mittelrosette beifügen. — Ein Gerichtssiegel enthält nach Weltzel, S. 218, nur einen Ziegenkopf und die Umschrift: SIG · SCABINORVM COZ LENSIVM 1585 (Größe?). — Daß die Schöppen drei, der Magistrat zwei, der Stadthauptmann nur einen Bockskopf im Siegel geführt hätten, wie Weltzel, Gesch. d. St. Cosel, S. 196 angibt (und andere wiederholen), wird durch die bekannten Siegel nicht bestätigt und widerspricht auch seinen eigenen anderweiten Angaben. Zwei Köpfe kommen aber wohl auf Koseler Münzen (v. Saurma: Schles. Münzen, 1883. S. 71) vor (der Neue Sibmacher läßt das Siegel v. 1342 (s. Note) zwei Köpfe zeigen).

1) Pfarrer A. Weltzel schreibt in seiner Gesch. d. St. Cosel (Berlin) 1866 S. 68, das älteste Siegel der Stadt befinde sich an einer Urk. v. J. 1342 im ständischen Archive zu Brünn. „Zur Beglaubigung hängten die Ratsherren von Cosel drei Siegel der Stadt an.“ Darunter könnten nur die Siegel des Vogtes, der Schöffen und der Stadt gemeint sein, die dann allerdings nicht alle von den Ratsherren angehängt wurden. Da Weltzel keine Quelle angibt, so wandte ich mich wegen der betr. Urkunde an genanntes Archiv und erhielt davon die freundl. Auskunft, daß es dieselbe nicht besitze, daß im Cod. dipl. Moraviae Bd. VII, Nr. 424 allerdings eine Urk. v. J. 1342 veröffentlicht sei, in der von Kosel die Rede ist, daß dieselbe sich aber in Wien befinde und nur das Siegel des Ausstellers, des Bischofs von Breslau, trage. — Eine im ständischen Arch. z. Brünn befindliche Urk. v. J. 1457 ist nicht mit dem Stadt-, sondern mit dem Privatsiegel des Bürgermeisters: Ssambor z. Krampe, starosta Kozelsky, besiegelt. — Somit ist ein älteres Siegel der Stadt bisher nicht greifbar geworden.

Abb. S. 177

Kranowitz, Flecken, ehemals Stadt. In Rot ein gestürztes, goldgegrifftes Schwert.

Das Schwert entstammt dem Schilde der Herren v. Kranowitz, welche eine goldene Kugel, in der drei kurze Schwerter oder Dolche stecken, führten. Ein 1651 gebrauchtes: S · CIVITA · CRA NOWITZ hat das Schwert in einem zierlich ausgeschweiften Schilde. Ein: KRANOWITZER · MAGISTRAT · SIEGL · 1814 dasselbe im gekrönten Schilde. — Diese Angaben sind v. Saurmas Wappenbuch der Schles. Städte entnommen; Neues herbeizuschaffen ist mir hier nicht gelungen.

Abb. S. 177

Krappitz, Stadt. Gespalten: vorn in Gold ein halber schwarzer Adler, hinten in Blau ein halbes silbernes Rad.[1])

Das an einer Urkunde v. J. 1390 (C. D. S., Urk. d. Klost. Czarnowanz, No. 49) erwähnt werdende Siegel war wohl gleich dem für 1396 nachgewiesenen: „+ SI CIVIVM * D' CRA PICS“ (37 mm). Dasselbe zeigt frei im ungeteilten Felde nebeneinander rechts das halbe Rad, links den halben, linkshin schauenden Adler. Aehnlich nach freundlicher Mitteilung des Herrn Geh. Archivrats Dr. Friedländer ein: ❀ s : civitatis : krapyt : (27 mm) an einer Urkunde von 1539 (i. Geh. St.-Arch. i. Berlin). Das: „❊ SIGILVM · CIVITATIS · CRAPPICENSIS ·“ (22 mm) vom Anf. des 17. Jahrh. hat die Darstellung umgekehrt, so daß der halbe Adler vorn und zwar rechtshin gewendet erscheint. Das um 1800 gefertigte: SIEG : DES MAGISTRATS *zu Krappitz*“ (26 mm) hat dies Bild im gespaltenen Schilde; so auch die neuen Siegel, von denen eines aus dem Jahre 1866 das Feld des Adlers fälschlich rot schraffiert hat. Der neueste Farbstempel hat dagegen die Felder in den oben angegebenen Farben. Abbild. des ältesten Siegels bei v. Saurma, Taf. V, No. 59.

1) Farben nach ausdrücklicher magistratischer Angabe. Der Adler ist gewiß ursprünglich der oberschlesische, also golden in Blau gewesen. Ueber die Herkunft des Rades ist nichts bekannt; Saurma meint, daß es nicht das der v. Redern sein könne, gehe daraus hervor, daß diese erst 1582 kaufweise in den Besitz der Stadt kamen; es stehe vielleicht in irgend einem Zusammenhange mit dem der Stadt Ratibor. Dies letztere möchte ich bestimmt verneinen, denn wie auch v. S. selbst (unter Ratibor) richtig vermutet, fand hierbei das Rad nur der Namensähnlichkeit wegen Aufnahme ins Stadtsiegel. Dagegen möchte ich, wenn nicht etwa der slawische Name Krapkowice — was ich nicht beurteilen kann — irgendwie mit Rad oder Mühle zusammenhängt, oder nicht eine Katharinenkirche am Orte bestand — doch an die v. Redern denken. Es wäre nicht unmöglich, daß diese reichbegüterte altmärkische Familie, von der schon 1369 Glieder in Schlesien nachgewiesen sind (Dipl. Beyträge z. Untersuchung d. Schles. Rechte u. Geschichte 1771, III., S. 77), den Ort schon früher einmal besessen hätte.

Kreuzburg i. Ob.-Schles., Stadt. In Silber eine rote Burg mit geöffnetem Thore und drei Zinnentürmen, deren mittelster mit einem roten Kreuze besteckt ist. Abb. S. 177

Die Stadt wurde gegründet vom Orden der Kreuzherren mit dem roten Stern, deren Abzeichen ein rotes Kreuz über einem roten Stern war.[1]) Das für 1376 gesicherte: „+ S' CIVIVM DE CRVCIBVRCH ·“ (36 mm) zeigt in einem Schilde eine Burg mit drei Zinnentürmen, deren mittelster bedeutend höher ist; über den Zinnen der Seitentürme schwebt je ein Kreuz, der Mittelturm ist über dem Thore auch mit einem Kreuze belegt; der Schild außen von drei Sternen umwinkelt. Dieser Stempel wurde bis um die Mitte des 16. Jahrh. gebraucht.[2]) Dasselbe Bild, jedoch ohne Sterne und mit Halbrundschild, hat auch ein 1550 gebrauchtes, kleines Signet, welches oben mit: „S C K“ (oval, 17 : 14 mm) bezeichnet ist. Ein noch erhaltener Stempel: „✠ SIGIL ✠ CIVITA TIS ✠ CRVCIBVRGENSIS ✠ (im Felde:) 15 75“ (36 mm) und ein dem 17. Jahrh. angehörendes, kleineres: „+ SIGIL + CIVITATIS + CRVCIBVRGENSIS ·“ (25 mm) haben beide in einem hübschen Schilde bereits die Vorlage für die heutige Darstellung, bei der nur die Zinnen des Mittelturmes mit dem Kreuze besteckt sind. So auch ein: „* CREUZBURGISCHES CAEMMEREI SIEGEL“ (26 mm) aus dem vorigen Jahrh. und die neuen Stadtsiegel. —

Ein Siegel der Hofschöffen: „✠ S' · SCABINORVM · CVRIE CRV ....“ (42 mm) aus dem 14. Jahrh. hat im berankten Schilde den landesherrlichen Adlerschild mit einem darüberschwebenden Kreuze. An einer Urkunde v. J. 1549 (im Bresl. Staatsarch.) befindet sich ein aus einem Stempel des 14. Jahrh. gedrucktes: „+ S' · SCABINORVM IN · CRVCEBG“ (36 mm), welches in einem Schilde einen spitzbedachten, oben von Kreuzen beseiteten Turm erkennen läßt. Dieselbe Darstellung hat in einem ausgeschnittenen Schilde das 1585 gebrauchte: „+ SIGIL + SCABINOR + CIVIT + CRVTZBVRG“ (30 mm). Das 1651 benutzte: „+ SIGIL + SCABINOR + CIVIT + CRVTZBERGEN“ (29 mm) und ein 1678 vorkommendes, dem vorigen bis auf den etwas größeren Umfang (31 mm) gleiches, sowie endlich ein zu Anfang des 18. Jahrh. benutztes Siegel mit gleicher Umschrift, jedoch: „CRVCIBVRGENS :“ (33 mm), haben alle drei in einem Schilde eine durchgehende Zinnenmauer mit geöffnetem Thore, über dem sich ein dicker, von einem Kreuze überhöhter Zinnenturm erhebt.

1) Die Kreuzherren zu Breslau trugen als Ordensabzeichen ein einfaches rotes Kreuz, worunter ein sechseckiger Stern auf einem schwarzen Kleide; die in Neisse das rote Patriarchenkreuz ohne Stern (Minsberg, Gesch. v. Glogau, 1853, S. 99).

2) Ueber eine mißbräuchliche Verwendung dieses Siegels i. J. 1378 wird später in der Abhandlung über das Siegelwesen der Städte berichtet werden.

Laband, Dorf.

Eine moderne Siegeloblate der: „GEMEINDE LABAND TOST GLEIWITZER KR ·“ (28 mm) hat in einem von einem Engelsköpfchen überhöhten Kreise auf Rasen eine Gans (Schwan?); rechts daneben Bäume.

Landsberg i. Ob.-Schles. (slav.: Gorzowa). In Silber ein grüner Berg, über den ein roter Hirsch springt. Abb. S. 177

So der noch erhaltene Stempel des: „+ S ❊ CIVI ❊ GOR ZOVIENSIS ❊ 1662“ (36 mm) und ein ebenfalls noch vorhandener, nur mit: „LANSBERG 1724“ (28 mm) bezeichneter Stempel. Die neuen haben das Bild in einem Schilde und darin unter dem Berge noch die Jahreszahl 1241, das angebliche Gründungsjahr der Burg Landsberg.

Langendorf i. Ob.-Schles., Flecken. In Silber über grünem Rasen schwebend eine schrägrechts, mit dem Blatt nach unten gerichtete Sense. Abb. S. 177

So ein um 1800 gefertigtes: „SIEGEL · D · GEM : LANGEN DORF TOST-GLEIWITZER KREISES“ (33 mm) und das neue Farbsiegel der Gemeinde.

Leobschütz, Stadt. In Rot ein golden gekrönter doppeltgeschwänzter silberner Löwe,[1]) rechts oben begleitet von einem goldenen Stern. Abb. S. 177

Das schon an einer Urk. v. 1272 hangende Exemplar des ältesten Stadtsiegels ist ganz zerbrochen (Urk. d. Klöster Rauden 2c. No. XI); es war vermutlich gleich dem an einer Urk. v. 1283 im dortigen Stadtarch. hangenden: „+ SIGILLVM · BVRGEN SIVM · IN · LVPSCHITS“[2]) (schildförmig, 52 : 45 mm), welches den gekrönten Löwen linkshin gewendet zeigt. Schon an einer Urk. v. J. 1311 (im Wiener Staatsarch.) hängt ein zweites, ebenfalls schildförmiges: „+ SIGILLDM · BVRGENSIVM · IN . LDPS . . . TZ“ (57 : 50 mm), bei dem jedoch der Löwe mit dem Stern rechtshin gekehrt erscheint. v. S. erwähnt noch ein 1445 gebrauchtes: SIGILLVM · CIVITATIS · LVP

SCHITS (Größe?), welches ebenfalls dreieckig sein und auch den nach rechts gewendeten Löwen enthalten soll. Die Stadt bewahrt noch den um die Mitte des 16. Jahrh. meisterhaft geschnittenen Stempel des: „+ SIGILLVM + MAIVS + CIVITATIS + LEOB SCHICZ" (41 mm), auf dem der Erzengel Michael, dessen Stirn mit einem Kreuzchen besteckt und dessen Brust mit in Form eines Andreaskreuzes gelegten Bändern geschmückt ist, zwei gegeneinander gekehrte Schilde hält, rechts den mit dem (hier der herald. Regel entsprechend linkshin gekehrten) Löwen, links einen mit drei, mit den Spitzen nach außen in Schächerkreuz gestellten Bootshaken.[3]) Ein: „❊ SIGILLVM MINVS CIVITAT · LEOBSCHYTZ" (27 mm) vom Ende des 16. Jahrh. und der noch vorhandene Stempel eines gleichgroßen, nur durch den weniger gut stilisierten Löwen unterschiedenen, späteren Nachschnitts zeigen wieder allein den rechts gewendeten böhmischen Löwen mit dem Stern. Ebenso, jedoch mit ungekröntem Löwen ein: „❊ SIGILL : MINVS : CIVITAT : LEOB SCHÜTZENSI" (28 mm) des 18. Jahrh. Mehrere neue Magistratssiegel haben beide Schilde gegeneinander gelehnt; das Depositalsiegel (um 1800) beide Darstellungen in einen gespaltenen Schild vereinigt, das Leobschützer Wirtschaftsamtssiegel von 1803 zeigt den Löwen auf Rasen, das Forstamtssiegel wieder nur die drei Bootshaken, die neuesten Stadtsiegel aber haben einstimmig nur den oben von dem Stern begleiteten böhmischen Löwen. — 1561 gab der damalige Herzog von Jägerndorf, der Markgraf Georg Friedrich, der Stadt auf ihre Bitte das Recht, nunmehr mit rotem Wachse siegeln zu dürfen. Es wurde darüber eine eigene Urkunde ausgefertigt, auf welche ich bei Besprechung der Wachsprivilegien zurückkomme. Das 1283 gebrauchte Siegel ist in Lichtdruck abgebildet bei Pfotenhauer, Schles. Siegel 1879, I., Taf. XIV, No. 106.

1) Der Löwe ist der böhmische; daß aber Przemysl Ottokar IV. der Stadt vor 1265 erlaubt habe, diesen Löwen statt des polnischen Adlers in das Stadtwappen aufzunehmen, wie Ferdinand Minsberg (Gesch. d. St. L., 1828, S. 8) meint, das ist, wie alles, was sich bei schlesischen Städten auf den polnischen Adler bezieht, eine fromme Sage. Es ist nicht unmöglich, aber unwahrscheinlich, daß die Stadt zu jener Zeit schon ein Siegel hatte. Zeigte es einen Adler, so konnte das nur der schlesische sein (s. Ratibor).

2) Die Umschrift des vorliegenden Abgusses läßt nur wenige Buchstaben erkennen; sie ist hier ergänzt nach v. Saurma, dem ein wahrscheinlich besserer Abdruck v. J. 1352 vorgelegen hat. Daß das erste Siegel in diesem Jahre noch gebraucht wurde, obwohl bereits 1311 ein zweites vorkommt, ist seltsam, steht aber nicht vereinzelt und beweist jedenfalls, daß man der Stellung des Löwen nach rechts oder links damals noch kein Gewicht beilegte.

3) Diese drei Haken sind das Wappen der Vogtei, d. h. richtiger wohl das Familienwappen des Vogts Theodricus, denn soviel ich in Erfahrung bringen konnte, kommen sie — jedoch noch mit Oesen versehen — nur auf dessen Siegel an derselben Urkunde v. J. 1272 vor, an der das erste Vorkommen des Stadtsiegels bezeugt ist (Abb. Pfotendauer, B., Taf. I, No. 8). Im J. 1416 kaufte die Stadt die Vogtei und setzte später, um dieser Erwerbung Ausdruck zu geben, den Schild mit den Haken neben den mit dem Löwen. Schließlich vergaß man die ursprüngliche Bedeutung, sah die Haken für Feuerhaken an und schrieb (nach frdl. Mitt. d. Herrn Amtsgerichtsrat Schmula in Leobschütz) unter die beiden von St. Michael gehaltenen Schilde: Tecta tuere leo, vigil arce tu angele flammas, Civibus ut triplex harpago nonsit opus.

Abb. S. 177

Leschnitz, Stadt. In Blau ein goldener Adler.

Der Ort wird zwar schon 1460 ein Städtchen genannt, es sind aber doch nur Siegel vom 18. Jahrh. ab bekannt, die alle den oberschles. Adler zeigen. So das: SIGILVM · CIVITATIS · LES NITZ, ein: „❊ SIGILLVM · CIVITATIS · LESNICENSIS" (21 mm), ein: „❊ SIGILLUM · CIVITATIS · LESCHNICENSIS (im Felde:) 18 17" (26 mm) und das neue Farbsiegel.

Abb. S. 177

Loslau (slav.: Wladislaw), Stadt. Gespalten, rechts in Blau ein halber goldener Adler, links in Rot eine halbe goldene Rose.

Der Adler ist zweifellos der oberschlesische, denn den polnischen wegen der Gründung der Stadt durch den Herzog Wladislaw-Hermann (1081—1102) annehmen zu wollen, wäre doch abergläubig. Die Rose glaubt v. Saurma als aus dem Wappen der Planknar Freiherren v. Kinsberg, welche 1527 die Herrschaft Loslau käuflich erwarben, stammend. — Das älteste bekannte Siegel: CIVI TATIS · WLADISLAVIENSIS · 1597 („nur klein") hat, wie das: „SIGIL : CIVTAT : LOSLENSIS 1736"! (oval, 22 : 20 mm) und wie ein um 1800 gefertigtes: „MAGISTRAT ❊ POLICEY A : S : (im Abschnitt:) ZU LOSLAU" (27 mm) im Felde nebeneinander den halben Adler und die halbe Rose. Das neueste Farbsiegel aber setzt beide Figuren in einen gespaltenen Schild und auf diesen — einen Herzoghut.

Abb. S. 177

Lublinitz. Stadt. Gespalten, rechts in Blau ein halber goldener Adler, links in Rot fünf silberne Sterne.

Auch hier wird der Adler neuerdings als schwarz in Rot angegeben, eine Farbenzusammenstellung, die wohl einen heraldischen Fehler, aber keinen Sinn enthält.[1]) Der noch vorhandene, vor 1660 geschnittene Stempel des: „❊ SIGIL · CIVITATIS · + · LVBLINIECZ" (35 mm) hat dasselbe Bild. Auch noch vorhanden sind die Stempel folgender Siegel, des: „* SIEGEL CIWITAS LUBLINIETS (im Felde verteilt:) 1 7 7 5"!! (oval, 23 : 22 mm) mit einem kleinen dreiblättrigen Krönchen über dem Schilde; des: „❊ SIGILLUM CIVITATIS LUBLINECENSIS (im Felde:) 1775" (26 mm); des: „❊ SIGILLUM CIVITATIS LUBLINIZ (im Felde:) 1775" (21 mm) vom Anfang des 19. Jahrh. und des: „⁝ SIEG : D : STADT VERORDNETEN ZU LUBLINITZ" (oval, 26 : 24 mm), welche alle, wie auch die neuesten Magistratssiegel, die Figuren im gespaltenen Schilde zeigen. — Im Nachtrage beschreibt v. S. ein 1590 gebrauchtes: SIGIL · SCABINORVM · LVBIN (im Felde:) 90, das einen geteilten Schild zeigt, darin oben ein Reiherkopf mit einem Fisch im Schnabel, unten das heutige Stadtwappen.

1) Dr. Paul Knötel entwickelte in der Beilage zum Osterprogramm des Realgymnasiums zu Tarnowitz, 1894, S. 9, durchaus richtige Ansichten über die von manchen schlesischen Städten geführten falschen Wappenfarben und führt unter den Beispielen auch Lublinitz an.

Myslowitz, Stadt. In Blau das aufgerichtete Haupt Johannes des Täufers. Abb. S. 177

So ein 1643 gebrauchtes: SIGILLVM · CIVITATIS · MIS LOVIENSIS ·, sowie ein wohl um 1800 gefertigtes Siegel der: „+ STADT MISLOWITZ · BEUTHEN : KREIS" (29 mm) und, ebenfalls im Schilde, aber auch ohne Schüssel, die neuen Siegel des: „MAGISTRAT DER STADT MYSLOWITZ ❊ KREIS KAT TO WITZ ❊" (23 und 27 mm). — Das Dorf Myslowitz gehörte im 13. Jahrh. dem Benediktinerkloster Tyniec, daher dürfte sich das Siegelbild schreiben (v. S.).

Neisse, Stadt. In Silber Johannes der Täufer, mit der Rechten auf das Lamm deutend, welches auf einem, mit der linken Hand gehaltenen Buche ruht; zu seinen Füßen jederseits ein gelehnter, roter Schild darin drei (2 : 1) silberne Lilien. Abb. S. 177

Die Stadt gehörte dem Bistum Breslau, daher dessen Schutzheiliger und die Lilien des Bistumswappens, die nur aus dekorativen Gründen hier in zwei Schilden verteilt sind. Das älteste Siegel von Neisse, welches zugleich das älteste bisher bekannte, urkundlich datierte Siegel einer schlesischen Stadt ist, kennt man nur in dem einen, stark verbröckelten Exemplare, das an einer Urkunde vom Jahre 1230 o. T. im Breslauer Staatsarchiv hängt. Es zeigt eine anscheinend dreitürmige Burg mit großem Kleeblattbogen über dem schmalen, offenen Thore, in welchem — was bisher nirgends erwähnt wurde — ein aufgerichteter Bischofsstab steht, als ein Zeichen der domus episcopalis, von der dies Siegel wohl die früheste Kunde überliefert. Von der Umschrift ist nur erhalten: „........ SIWM : D : N....." (cc. 45 mm). Das zweite ist ein zuerst an einer Urk. v. J. 1290 (Staatsarch. Breslau) hangendes: „+ SIGILLVM · BVRIGENSIVM · DE · NISA" (65 mm), welches nur einen breiten Zinnenturm mit großem offenem Thore zeigt. Dann erscheint 1306 (Urk. i. Bresl. Staats-Arch.) ein: „+ S : CIVIVM : DE : NYSA : FIDELIVM : ECCLESIE" (66 mm), auf dem, unter einem Spitzbogen, der zwei schmale spitzbedachte Türme oben miteinander verbindet, der mit Fellen bekleidete Täufer steht, mit der Rechten einen rechts neben ihm knieenden Bischof segnend, in der Linken die Nimbusscheibe mit dem Gotteslamme haltend.[1]) Von einem vierten Siegel hängt ein schöner Abdruck an einer Urk. v. 1383 im Wiener Staatsarchiv. Es zeigt innerhalb eines reichgegliederten, gotischen Zierbogens den Täufer und den neben ihm knieenden Bischof wie vorher, doch weist ersterer hiebei mit der Rechten auf das Lamm, dessen Scheibe hier mit einem Kreuze besteckt ist; auch hält der Bischof hier den Stab in den Händen; unter diesem Bilde befindet sich der Bistumsschild mit den sechs (3, 2, 1) Lilien; Umschrift: „+ S' · CIVIVM : CIVITATIS : NYSE : FIDELIVM : ECCLESIE" (66 mm). Das: „+ S' ‡ CONSVLVM ‡ ET ‡ SCABI NORVM × D' × NYSA" (43 mm), welches unter den Gerichtssiegeln näher beschrieben wird, diente laut Schulte (s. unten) auch als Stadtsiegel. Ein 1491 gebrauchtes: „secretm + ciuit · nicz" (?) (Schriftband, 30 mm) hat den Heiligen mit dem auf dem Buche ruhenden Lamme halbleibs über zwei gelehnten Schilden mit je drei Lilien. Auf dem noch erhaltenen silbernen Stempel des: „S CIVITATIS NISSE 1508" (Schriftband, 37 mm) steht derselbe, auf das Lamm zeigend, in ganzer Figur zwischen den Schilden. Ganz so auf dem Silberstempel des: „S · CIVITATIS · + · · NISSE 1595" (25 mm) — von dem auch noch der Stempel einer gleichgroßen ungeschickten Nachbildung mit derselben Umschrift und Jahreszahl existiert — und auf dem, dem Siegel von 1508 nachgebildeten: „S CIVITATIS NISSE 1788" (Schriftband, 34 mm). Ebenso auf dem Stadtverordnetensiegel von 1840, dem Magistratssiegel von 1854 und auf vielen neueren Stempeln. Auf einem der letzteren stehen sechs (3, 2, 1) Lilien allein frei im Siegelfelde. Daneben aber erscheint schon im 16. Jahrh. ein nur mit: „S · C · N (unten:) 1568 (seitlich Ranken)" (achteckig, 23 : 20 mm) bezeichnetes Signet, welches nur eine Lilie enthält. Dasselbe ist nach Schulte in Carneol geschnitten und in einen goldenen Ring gefaßt. Ebenso zeigen mehrere Siegel verschiedener städt. Aemter des 18. u. 19. Jahrh. nur eine Lilie, zuweilen im Schilde, andere aber, darunter ein Kommissionssiegel des Magistrats und das Kämmereisiegel v. J. 1800 haben einen Schild mit den sechs bischöfl. Lilien. — Unter den Gerichtssiegeln sei auch das 1294 gebrauchte Siegel des Erbvogts: „S' IOHANNIS · ADVOCATI · D · NISA" (32 mm) erwähnt, weil es einen Anklang an das Bistums- bezw. Stadtwappen enthält. Es zeigt ein Wappen: im Schilde eine Lilie, zu Seiten des Helmes zwei flügelartige Schirmbretter. Das 1332 vorkommende älteste Schöffensiegel bringt nur das nimbierte Haupt des Täufers. Die Umschrift lautet auf Clericus' Zeichnung: + S · ZSVLVG SCABINOR · D' NIZA (38 mm), was nach Schulte als: S · CONSVLVM SCABINOR · D · NIZA zu lesen wäre.[2]) Ein für 1367 (Neisser Stadtarch.) nachgewiesenes: „S' ‡ CON SVLVM ‡ ET ‡ SCABINORVM + D' + NYSA" (43 mm) hat im gegitterten, mit Kreuzen bestreuten Felde den hl. Johannes mit dem Lamme in der Nimbusscheibe, auf welches er mit der Rechten zeigt; zu seinen Füßen schwebt links und rechts je eine Lilie (ohne Schild). Wie Schulte meldet, wurde dies Siegel „später" und bis 1508 als kleineres Stadtsiegel gebraucht. — Helwigs schlesische Landkarte von 1561 hat für die Stadt einen Schild mit drei (2, 1) Lilien. Mit den anderen Stadtwappen jener Karte ging auch dieses in das Sibmachersche Wappenbuch von 1605 und von da in Merians Topographie (1650) über. In letzterer heißt es: „Zum Wappen führet sie (die Stadt) 3 französische gelbe Lilien im blauen Felde." Selbstredend begegnet man nun überall diesem Wappen, während von den authentischen Quellen, den städtischen Siegeln, keines als ein Polizeisiegel v. J. 1822 drei Lilien zeigt. — Lichtdrucke des ältesten und zweiten Siegels finden sich in Pfotenhauer: Schlesische Siegel, 1879, Taf. XIV, No. 108 und 107, drei andere bei Saurma, Taf. VII; zahlreicher sind die Abbildungen in der auch als Sonderdruck erschienenen Abhandlung von Dr. J. W. Schulte über: die Siegel der Stadt Neisse, im XX. Jahresbericht der Neisser Philomathie, 1879.

1) Dieses zur Zeit Bischof Heinrich I. (v. Würben, 1302—1319) gefertigte Siegel unterstützt bedeutend Friedenburgs Vermutung: es sei der Stempel des Denars No. 765, der unter demselben Bischofe geschlagen wurde, und dessen Schnitt so sehr von dem sonstiger schles. Münzen abweicht, von einem Italiener geschnitten worden. Denn auch der Charakter dieses Siegels ist so ausgesprochen undeutsch, daß ich überzeugt war, sein Stempel müsse in Oberitalien geschnitten worden sein, ehe ich erfuhr, daß jener Bischof selbst Jahre lang in Italien gewesen und daß zu Anfang des 14. Jahrh. italienische Stempelschneider im Dienste schlesischer Fürsten gestanden seien. v. Saurma findet den Stempel von auffallend mittelmäßiger Arbeit und Schulte (s. oben) stimmt ihm darin bei. Der Ausdruck ist aber weit passender für den zweiten als für diesen dritten Stempel; derselbe ist im Gegenteil sehr gut gearbeitet, und es ist nur das natürliche deutsche Gefühl, was Beiden die konventionelle Strenge der welschen Figuren hölzern erscheinen ließ. Uebrigens gestatten die mangelhafte Abb. bei Saurma und der Lichtdruck nach einem zerdrückten Exemplar bei Schulte kein Urteil; einen Gipsabguß nach guterhaltenem Abdruck besitzt das Mus. schles. Altertümer in Breslau. — Auch die Umschrift des Siegels ist für diese Gegend befremdlich und erinnert sehr an die Siegellegenden von Städten, die unter rheinischen Krummstäben standen. — Eine notarielle Beschreibung dieses Siegels v. J. 1382 findet sich wiedergegeben bei Stenzel, Urk. z. Geschichte d. Bistums Breslau, 1845, No. 299.

2) Die Umschrift scheint entstellt zu sein. Saurma fragt nach Wiedergabe des ersten Wortes: SCVLTETI? Ein Abdruck ist mir nicht zu Gesicht gekommen, ich möchte aber vermuten, daß das undeutliche Z (wie auch Schulte anzunehmen scheint) ein Kürzungszeichen für CON, das T aber ein Zeichen für ET sei. Das ergäbe dann: + S CONSVLV ET SCABI NOR · u. s. w., also ganz den Wortlaut des folgenden Schöffensiegels.

Abb. S. 177 **Neustadt** i. Ob.-Schles., Stadt. **In Silber eine rote Burg mit zwei runden, spitzbedachten Zinnentürmen, zwischen denen ein gekrönter, schwarzer Adler schwebt.**

Diesen Schild und dazu einen Stechhelm mit rot-silbernen Decken, aus dessen Krone wieder die Burg, aber mit dem silbernen böhmischen Löwen zwischen den Türmen schwebt, erhielt die Stadt am 24. April 1607 von Kaiser Rudolf II. Nach freundlicher Abschrift des Herrn Stadtsekretärs Knauer daselbst lautet der Wappenpassus des Diploms: .... „daß wir derowegen mit wohlbedachten Muth, guten Rath und rechten Wissen, genannten Bürgermeister und Rathmanne der Stadt Neustadt ihr althergebrachtes Wappen und die von weiland Kaiser Maximilian, unseren geliebten Herrn und Vater, hochlöblichsten Gedächtniß Anno ꝛc. ꝛc. 67, erlangte Freiheit über die Siegelung mit rothem Wachs konfirmirt und bestätigt, sondern auch ihren ermeldtes uraltes wohlerworbenes Wappenkleinod so mit Namen ist ein weiß oder silberfarben Schild, darinnen stehend, imgrund hinter einem Stück roth oder ziegelfarben Stadtmauer mit Zinnen einer offenen Pfordten sammt einem bis auf die Helft herabhangendem Schoßgattern zweie schmale Thürme solcher Farben mit gespitzten Dächern, Knöpfen und Fenstern und zwischen denselben zweien Thürmen stehend aufrecht ein schwarzer einfacher gekrönter Adler, Nachfolgender Gestalt verändert, geziert und verbessert: nemlich auf den jetzo bemeldten Schild, einen Stechhelm zu beiderseits mit roth oder Rubin und weiß oder silberfarben Helmdecken und über denselben eine goldne königliche Krone verliehen, auf derselben stehend wiederum die zwei vorbesagten Thürme allergestalt und Maßen wie im Schild, und dazwischen anstatt des Adlers ein weiß oder silberfarbener aufrecht stehender Löwe mit aufgesperrten Rachen, roth ausgeschlagener Zunge und zurückaufgeworfenen doppelten Schwanz. Inmassen solch Wappen der Verbesserung nach, inmitten dies unseres kaiserlichen Briefs gemahlet, und mit Farben eigentlicher ausgestrichen ist. Verleihen, geben und verbessern ihnen dasselbe begnaden sie auch, damit von römischer kaiserlich und auch bömischer königlichen Macht und Vollkommenheit als oberster Herzog von Schlesien und zu Oppeln hiermit wissentlich Kraft dieses Briefes." .... Saurma berichtet, daß die ältesten Siegel d. St. v. J. 1399 und 1461 sich im Ratsarchiv zu Neisse befänden, ohne sie indessen zu beschreiben. Auf meine Anfrage antwortete der Magistrat d. St. Neisse, daß laut dem Urkundenverzeichnisse von Schulte die betreffenden Siegel dorten nicht vorhanden seien. Ein um 1550 gefertigtes: „SIGIL NOV ... CIVITATIS .." (27 mm) hat zwischen den beiden Türmen der Burg einen freischwebenden, linkshin schauenden, gekrönten Adler. Ein Abdruck des gleich nach der Verleihung von 1567 gefertigten: „S SENAT : POPV : NEOSTADIEN : IN : SIL : SVP" (Schriftband, (32 mm) findet sich unter den losen Siegeln des Nationalmuseums in München, derjenige einer nur drei Millimeter kleineren, sonst recht genauen Nachbildung mit gleicher Legende in einer Privatsammlung zu Leobschütz. Der Stempel einer nur 27 mm großen Nachbildung mit ganz derselben Umschrift ist noch vorhanden. Ebenso zeigen das ganze Wappen ein: „SEN · POPQ · NEOSTAD · SIL · SVP ·" (oval, 26 : 23 mm) des 18. Jahrh. sowie dessen neuerer Nachschnitt und ein: „SENAT POPULI NEOSTADIENSIS IN SILESIA SUPER ·" (46 : 37 mm) aus der Mitte des 19. Jahrh. und endlich die neuesten Magistratssiegel. — Die Siegel der Kämmereikasse und des Wirtschaftsamtes dagegen halten wohl Helm und Krone bei, entbehren aber des Helmkleinods.

Abb. S. 178 **Nikolai** (poln.: Mikulow). **In Silber ein rechtshin gewendeter Stechhelm mit gold-blauer Decke, dessen Kleinod ein Pfauenfederbusch ist, aus dem oben ein Busch von roten und schwarzen Hahnenfedern hervorwächst.**

Das ist, trotz der Hahnenfedern, gewiß der Helm der schles. Herzoge. Der jetzt im Museum schlesischer Altertümer in Breslau befindliche, im 15. Jahrh. geschnittene Stempel eines: „✠ Signnm ✣ ciuitatis · mykulow ·" ! 1) (37 mm) hat im langgezogenen Vierpaß dies Bild, welches dadurch noch interessanter wird, daß darauf deutlich zwei zur Befestigung des Kleinods an den Helm dienende, sehr lange Nadeln, von denen die eine am Ende umgebogen ist, zu sehen sind. Nach diesem eleganten Helme schlägt der Theaterhelm der späteren Siegel doppelt stark aufs Zwerchfell. Es ist ein nach vorn gewendeter, offener „Königshelm". mit vier Straußfedern besteckt, von denen eine nach rechts, die anderen drei nach links nicken, den das: „❊ SIGILLUM · CIVITATIS · NICOPOLI ENSIS" (30 mm) des 18. Jahrh. und dessen Nachbildungen zeigen. Nach der Wiederauffindung des alten Stempels aber war der Magistrat so einsichtsvoll, die Larven durch einen Nachschnitt desselben zu ersetzen, der so genau ist, daß es schwer hält, scharfe Abdrücke beider von einander zu unterscheiden. Selbst der Schreibfehler ist mit photographischer Treue wiedergegeben worden, was doch nicht gerade nötig gewesen wäre.

1) Es liegt deutlich ein Schreibfehler vor; v. S. verbessert (S. 405) stillschweigend: signum, was auch am ehesten passen möchte, wenngleich für Schlesien diese Bezeichnung einzig dazustehen scheint. Eigentümlich ist auch, daß das letzte i in ciuitatis, ohne daß es an Raum mangelte, mit dem vorhergehenden t zu einer, einem p ähnlichen Ligatur verbunden ist.

Oberglogau, Stadt. **In Rot drei, mit den goldenen Griffen von der Schildesmitte ausgehende, die krummen Klingen nach oben und nach rechts und links unten richtende Winzermesser; in den Winkeln je eine nach außen gerichtete goldene Weintraube.** Abb. S. 178

Das an einer Urk. v. J. 1312 (Cod. dipl. Siles., Bd. I, Urk. d. Klost. Czarnowanz, No. XXIV) hangende: „+ S' · CIVITA TIS · GLOGOVIE SVPERIORIS *" (46 mm) hat in einem Schilde die drei Winzermesser, aber mit den Klingen nach rechts und links oben und nach unten gerichtet, ohne die Trauben. So auch (nach v. S.) ein schon 1319 vorkommendes zweites Siegel, das sich durch den stärker betonten Schildrand, durch die schlankere Form der Messer und dadurch unterscheidet, daß das Siegelfeld berankt und schraffiert ist. Das nächste bekannte: „S · CIVITATIS GLOGOVIE SVPERIORIS" (25 mm) gehört erst dem 17. Jahrh. an und hat bereits die umgekehrte Stellung der Messer und die Trauben in den Winkeln. So auch, im umschnörkelten ovalen Schilde, ein: „❊ SENATVS POPVLUSQUE SUP · GLOGOVIÆ" (37 mm) vom Anfang des 17. Jahrh. und das diesem nachgebildete, wenig spätere: „OBER GLOGAUER CANCELEY SIEGEL" (30 mm). Auch das nach 1800 gefertigte Siegel: „DER GEMEINDE RATH ZU OBER-GLOGAU" (31 mm), sowie die neuesten Stempel ahmen den Schnörkelschild getreu nach. — Wie bei Münsterberg und Neisse, so erscheint auch hier im Wappensiegel des Erbvogts auf dem 1319 gebrauchten: „S' · ARNOLD' ADVOKATI D' GLOG ·" (31 mm) ein Anklang an das Stadtsiegel; der Schild enthält drei ins Schächerkreuz gestellte Figuren, die, wenn die Zeichnung von Clericus zuverlässig ist, auch nur als Winzermesser angesprochen werden können. Daß dieselben aber von der Stadt in jenes Wappen und nicht etwa umgekehrt aus diesem ins Stadtsiegel kamen, wird durch die von Knötel, Städtewappen Oberschlesiens S. 15, angeführten urkundlichen Stellen über den ehemals dort blühenden Weinbau bewiesen. — Das 1312 gebrauchte Siegel und das Vogtssiegel sind bei v. S., Taf. III, No. 35 und Taf. XI, No. 146, abgebildet. — Schnurpfeils Geschichte d. St. O.-Glogau, 1860, enthält auf S. 4 nur eine unheraldische Beschreibung des modernen Stadtwappens.

Oppeln s. oben.

Ottmachau, Stadt. **In Blau auf grünem Boden ein breitbedachter, silberner Zinnenturm mit offenem Thore.** Abb. S. 178

Ein 1393 gebrauchtes: „+ S CIVIVM ∴ OPIDI ∴ IN ∴ OTHMVCHOW" (35 mm) hat auf Steinen einen unten stufenartig sich verbreiternden Zinnenturm, der statt des üblichen doppelflügeligen Thores eine einflügelige, geöffnete Thüre zeigt. Ein: „SIGILLVM · CIVITATIS · OTMVCHOVIEN" (27 mm) aus dem Ende des 16. Jahrh. hat den Schild mit dem Turm, gehalten von einer dahinter stehenden Dame in Puffärmeln und Federbarett. Dasselbe Siegel ward 1650 auch als Gerichtssiegel verwendet. Das gleiche Bild wurde später mehrmals, aber immer roher wiederholt, so auf dem, dem 17. Jahrh. angehörenden: „SIGIL : CIVIT : OTTMVCHOVIÆ" (30 mm), ferner auf dem: „SIGILLVM : CI VITATIS · OTMVCHOVIENSIS" (oval, 26 : 23 mm) des 18. Jahrh., bei dem aber die Schildhalterin sehr männlich aussieht, und auf den neuen Magistratssiegeln, die sie wieder weiblich geben. — Das älteste Siegel ist abgebildet bei v. Saurma, doch nicht ganz getreu; die Umschrift ist hier nach dem Exemplar ergänzt, welches Engel im Thorner Archiv an einer Urkunde v. J. 1400 auffand und in den Mitteilungen des Coppernicus-Vereins, IX. Heft, I., 1894, S. 16, anzeigte.

Patschkau, Stadt. **In Gold ein nimbierter, schwarzer Johannesadler, der statt des üblichen Spruchbandes einen Oelzweig in den Fängen hält.** Abb. S. 178

Das älteste Siegel der Stadt hängt an einer Urkunde v. J. 1303 im Breslauer Staatsarchiv. Es ist spitzoval, hat die Umschrift: „✠ S' CIV ... DE PAZCOW" (40 : 27 mm) und hat im gespaltenen Schilde rechts den halben schlesischen Adler, links die sechs, zu 3, 2, 1 gestellten Lilien des Bistums Breslau. Im cod. dipl. Siles. wird, als 1328 gebraucht, ein Siegel erwähnt, aber nicht beschrieben, was mit dem im Wiener Staatsarchiv an Urk. v. 1383 hängenden: „... CIVITATIS + PASCKO VIENSIS" (53 mm) identisch sein dürfte. Es hat den Johannesadler linkshin gewendet auf einem Schriftbande stehen, auf dem die Anfangsworte des Johannesevangeliums zu sehen sind: „IN PRINCIPIO ERAT VERB". Ein: „: SIGIL · CIVITA · PATSCH · 1542" (25 mm) bringt bereits eine unerklärliche Entstellung: der nimbierte Adler steht statt auf dem Schriftbande, auf einem Zweige mit lindenartigen Blättern, der oben in zwei sich kreuzende Ranken ausläuft. So hat ihn auch ein 1594 benutztes Signet, aber in einem Schilde, und darüber die Buchstaben „S C P" (oval, 20:18 mm). Ganz so, aber in einem ovalen Rahmenschilde hat ihn ein: „SIGILLVM · CIVITATIS · PATSCHKOVIEN : 1630°" (auf Band, 32 mm), dessen geschickten Schnitt schon v. S. hervorhebt. Diesem nachgebildet ist das: „SIGILLVM CIVITATIS POTSCHKAVIENSIS 1763"! (oval, 26:24 mm), dessen Stempel, wie der der meisten neueren Siegel, noch vorhanden ist. So auch vier einander ähnliche: „SIEGEL DER STADT (auf Band:) PATSCH KAU (rechts:) 1805", die wohl alle dieselbe Jahreszahl tragen, aber nicht gleichalterig sind. Bei allen steht der Adler linkshin gewendet im ovalen Rahmenschilde und hat einen Oelzweig statt des Bandes in den Fängen. Ebenso, aber rechtshin gewendet, zwei: „SIEGEL · DER · STADT · VERORDENETEN ZU PATSCHKAU 1809" und schließlich die zahlreichen neuen Siegel mit der plumpen Mauerkrone über einem unfeinen Schilde. — Bei: „DER F : B : STADT PATSCHKAU CAEMMEREI CAS : 1796" (32 mm) steht der Johannesadler mit dem Zweig auf einer Geldtruhe, deren Schloß mit zwei Friedenspalmen besteckt ist.

Im Thorner Ratsarchiv hängt an Urk. v. J. 1400 das: „+ S COSVL' . ET · SCABINOR' · I · PATZKOV" (32 mm) mit dem rechtshin gewandten Evangelistenadler auf leerem Spruchbande. Auf Saurmas Abbildung dieses, von ihm für das älteste Patschkauer gehaltenen Siegels lautet die Umschrift ungenau: S · CIVIVM ET u. s. w. Ein weiteres: „+ s + consu lvm + scabinorum + in + paczkaw"! (35 mm) hängt an einer Urkunde v. J. 1435 im Frankensteiner Pfarrarchiv; es zeigt ganz dieselbe Darstellung. Wie in der Legende so wird auch in der Coroboratio dies Siegel als: d' Rathmann' vnd vnser Scheppin Ingesegil bezeichnet. — Ein um 1800 gefertigtes Polizeiamtssiegel hat den städtischen Schild gehalten vom preußischen Adler.

Abb. S. 178 **Peiskretscham**, Stadt. In Rot ein mit zwei runden, silbernen Zinnentürmen besetzter, steigender, goldener Halbmond.

Ein 1454 gebrauchtes: „✠ S + civitatis ..... cretscham ...." (31 mm) beweist, daß der Halbmond ursprünglich nur die Zinnenmauer einer Burg war, die, wie so unendlich oft, unten mit dem Schriftkreise, also rund, abschloß. Noch ein: „SIGILLVM CIVI TATIS PASQUICENSIS 1786", welches in verschnörkeltem Schilde die Türme auf dem Monde bringt, läßt auf letzterem noch Striche, die Reste der Quaderfugen, erkennen. Der erhaltene silberne Stempel dieses Siegels steckt in einem alten Holzgriff, dessen silberne Zwinge mit: ANNO 1638 bezeichnet ist, was auf ein in jenem Jahre geschnittenes, jetzt nicht mehr bekanntes Siegel schließen läßt. Ein wohl auch dem 18. Jahrhundert angehöriges: „✻ · SIGILL : CIVIT : PEISKRETSCHAM" (22 mm) und das diesem nachgebildete: „: SIEGILLUM CIVITATIS PEISKRETSCH"! (20 mm) haben die Türme auf bereits glattem Halbmond in einem Schilde stehend. Dem 17. Jahrh. gehört ein Gerichtssiegel an: „✻ SIGIL : CIVIT : A ... OCAT : PISCOVI" (38 mm), welches das Bild der Stadtsiegel in einem Schilde zeigt; es wurde 1692 als: der Stadt Peiszkrätschams größer Insigel gebraucht.

Abb. S. 178 **Pilchowitz**, Flecken. In Silber (?) eine schräglinks gelegte Lanze, überdeckt durch ein rechtshin springendes, schwarzes (?) Roß.

Diese Darstellung hat in einem umschnörkelten Schilde ein Siegel mit der Umschrift: „STÆDLEIN PILCHOWITZ (im Felde:) 18 17" (29 mm) und der neue Farbstempel: „STAEDTEL PILCHO WITZ RYBNICKER KREIS" (29 mm) wiederholt sie. Wahrscheinlich liegt ein Adelswappen zu Grunde, es ist aber noch nicht bekannt, welches. Mit dem Wappen der Grafen Wengerski, welchen von 1727—1831 der Ort gehörte, haben die Zeichen keine Gemeinschaft.

Pitschen, Stadt. In Silber eine thorlose, mit zwei sechseckigen, spitzbedachten Türmen besetzte rote Mauer. Abb. S. 178

So auch ein noch dem 14. Jahrh. angehörendes: „+ S · BVRIENSIVM · DE · PIZSCINA" (39 mm), dessen Stempel noch im 16. Jahrh. gebraucht wurde. Bei einem: „✻ SIGIL + DR + STAT ✻ PITSCHIN ✳ 1 + 5 + 61"! (25 mm) stehen dagegen nur zwei einzelne Türme nebeneinander im Felde. Ein: „+ SIGILL : SENATVS POPVLIQZ : BICINENSIS (im Felde:) 1630" (30 mm) hat dagegen bereits die Mauer mit den zwei Türmen. Wie auch bei den früheren Siegeln, haben diese oben ganz kleine, mit Kugeln besteckte Giebel. Diese wachsen bei den späteren allmählich höher, so bei dem: „SIEGILUM CIVITATIS BICINENSIS 1757"! (25 mm) bis sie auf den neuen Siegeln sich zu spitzen Dächern in derselben Größe wie das Hauptdach ausgebildet haben, so daß also jeder Turm drei spitze Dächer hat.

1549 erscheint ein Gerichtssiegel: „S DER ✶ SCHEPEN ✶ CV ✶ P .... EN" (25 mm), welches in einem Schilde einen linkshin gewendeten, widersehenden Stier zeigt. Ein: ✻ ~ ✻ SIGIL LVM SCABINO : BICINENSIS (im Felde groß:) 89" (28 mm) hat dagegen wieder im Felde die Mauer, die aber nur mit einem Turme besetzt ist. Die Zahl ist hierbei in 1689 zu ergänzen. — Ein Kämmereisiegel des 17. Jahrh.: „* SIG : CAM : CIV : BICIN ENSIS : · ·" (oval, 21:19 mm) hat dasselbe Bild wie die städtischen Siegel. So auch das Farbsiegel der: „✶ ORTS : POLIZEY IN PITSCHEN 1815" (30 mm).

Plania, Dorf.

Ein zu Ende des 18. Jahrh. gefertigtes: „PLANIGR GE MEIN SIEGEL (im Abschnitt:) RATIBORER CREYS" (27 mm) zeigt einen stehenden Storch gegen den von rechts drei kleinere Vögel (Störche?) auffliegen. Es soll am Orte früher viele Störche gegeben haben. Das neue Gemeindesiegel weist nur nüchterne Schriftzeilen.

Pleß, Stadt. In Gold ein schwarzer Adler. Abb. S. 178

Auf dem Schilde mit diesem Adler führt die Stadt einen Spangenhelm mit Pfauenfederbusch. So das um 1650 gestochene: „SIGILLUM CIVITATIS PLESNENSIS (Schnörkel)" (auf Band, 45 mm) und ein vielleicht ein wenig älteres, nur 28 mm Siegel mit anscheinend derselben Umschrift. Ebenso die neueren Farbsiegel. — Auch ein: „∴ SIGILLVM SCABINATVS CIVITATIS PLES NENSIS" (26 mm) aus dem 17. Jahrh. hat dasselbe Wappen.

Es ist allerdings auffallend, daß die Stadt den Adler schwarz in Gold, also den niederschlesischen statt den oberschlesischen Adler führt, aber immer noch besser, als wenn sie die von Saurma als richtiger betrachteten „uráltesten, polnischen Farben Weiß und Rot" angenommen hätte (s. d. Note bei Ratibor).

Proschowitz, Dorf.

Ein um 1800 gefertigtes: „PROSCHOWIETZ · GEM · SIG · RATIBORER CREYS" (c. 28 mm) zeigt zwischen lilienartig stilisierten Pflanzen einen schreitenden Mann (Wanderer) mit einem Hut auf dem Haupte, der ein Bündel (?) an einem Stocke schultert.

Proskau, Flecken. Gespalten von Silber und Rot, darin ein die Stollen nach unten kehrendes Hufeisen in verwechselten Farben. Abb. S. 178

Nach v. S. zeigte das Stammwappen der früheren Grundeigentümer, der Herren v. Proskowski, im von Rot und Silber gespaltenen Schilde zwei querliegende, mit dem Rücken sich berührende Hufeisen von verwechselten Tinkturen (s. unter Zülz); und so habe es auch ein neueres Siegel mit der Umschrift: STÆDTEL · PROSKAUER · SIGL (unten:) IN · OPPELN · CREYS · Ein um 1850 gefertigtes Siegel: „STADT PROSKAU (unten:) OPPLER-KREIS" (26 mm) und das neue Farbsiegel: „STÆDTL PROSKAUER SI : (unten:) OPPEL : KREIS" (29 mm) haben jedoch beide das eine Eisen im gespaltenen Felde.

Psaar, Dorf.

Ein neues Farbsiegel der: „GEMEINDE PSAAR ✻ KREIS LVBLINITZ ✻" (32 mm) zeigt eine sehr naturalistische Ulmer Dogge.

Ratibor, Stadt. Gespalten: vorn in Rot ein halber, silberner Adler, hinten in Rot ein halbes, silbernes Rad.*) Abb. S. 178

---

*) Bereits in Sibmachers Wappenbuch von 1605 werden diese Farben angegeben; sie entstammen also nicht der kurzen Periode, in der die Stadt an Polen verpfändet war. Es sind die Farben des polnischen Adlers und man erklärte bisher allgemein den Adler von Ratibor (und den einiger anderer schles. Städte) für den „uralten polnischen Adler". Das ist aber nicht richtig und sogar geradezu unmöglich. Allerdings gehörte Schlesien ursprünglich zu Polen und waren die schlesischen Fürsten Abkömmlinge der polnischen Piasten. Aber die Oberherrlichkeit Polens endete schon zu einer Zeit, als es noch überhaupt keine Wappen gab. Und als diese in der zweiten Hälfte des 12. Jahrhunderts als zunächst rein persönliche, oft wechselnde Abzeichen allmählich entstanden, da zeigt es sich, daß sie bei den schlesischen Piasten sich weit früher zu einem bleibenden, eigentlichen Wappen verfestigten, als bei den polnischen. Während die schlesischen Fürsten schon seit Heinrich II. (1238—1241) in reicher und nahezu ununterbrochener Folge mit dem Bilde des Adlers siegeln, erscheint bei den polnischen erst später (1255) vereinzelt ein Adler, um dann wieder verschiedenen anderen Siegelbildern und Wappenfiguren zu weichen, so daß Voßberg in: Siegel d. Mittelalt. v. Polen u. s. w., 1854, S. 6, mit Recht von den Wappen der beiden Przemyslaw sagen konnte: „Da der Herzog auf diesem Siegel im Schilde einen Löwen führt, auf seinen Reitersiegeln aber abwechselnd drei Balken oder auch drei Lilien vorkommen; da ferner sein Sohn Przemyslaw II. als Herzog bald einen Löwen, bald einen Adler, gekrönt, auch ungekrönt, führt, so möchte man annehmen, daß ein eigentliches bestimmtes Wappenbild zu jener Zeit bei den polnischen Herzögen noch nicht festgestellt war, vielmehr damit — und wie es scheint: willkürlich — gewechselt wurde." Erst Przemyslaw II. schuf nach seiner Königskrönung 1295, Juli 26., das bleibende polnische Wappen: den silbernen, gekrönten Adler in Rot. Wie sollte nun dieser von schlesischen Städten geführt worden sein, von denen doch keine schon zu polnischer Zeit ein Wappen besessen haben kann, während umgekehrt bei ihnen mehrfach Adler in Siegeln nachgewiesen sind, deren Stempel zweifellos älter sind als wie die Fixierung des polnischen Wappens stattfand!? Also müssen die Adler jener schlesischen Städte schlesische, nicht polnische sein, und das Wappen von Ratibor enthält entweder eine beabsichtigte oder eine irrtümliche Farbenvariante des herzoglichen Adlers.

Das (in defektem Exempl.) bereits an einer Urk. v. J. 1296 im Breslauer Staatsarchiv hangende: „SIGILLVM CIVI TATIS RATIBOR“ (cc. 55 mm) hat, wie alle folgenden Siegel, bereits rechts den halben oberschlesischen Adler und links das halbe Rad, welches auf den deutschen Klang des Stadtnamens anspielen soll.[1] So auch ein dem 14. Jahrh. angehörendes: „+ S CIVIVM IN RATHIBOR“ (25 mm), von dem das Schles. Museum einen Papierabdruck hat, woraus also hervorgeht, daß der Stempel lange in Gebrauch war. Von einem Siegel des 15. Jahrh. ist nur ein Abdruck von 1494 mit gleicher Darstellung bekannt geworden, bei dem die Umschrift bis auf: „+ sigillum . . . . . is . . . . .“ (cc. 35 mm) abgeblättert ist. Saurma erwähnt flüchtig noch eines: SIGILLVM CIVITATIS RATIBOR 1519. Dasselbe Bild, aber in einem Schilde, hat ein: „SIGILLVM · C · RATIBORIE · 1578“ (29 mm) und ein: SIGILLUM · MAIVS CIVITATIS RATIBORIENSIS (im Felde:) 1643“, sowie ein: SIGILLVM · CIVITATIS RATI BORIENSIS 1649. Das um 1650 gefertigte Siegel: „+ SENA TUS · POPULUSQUE . . . . . . CIVITATIS · RATTIBOR“ (27 mm) hat ebenfalls die Figuren in einem gespaltenen Rahmenschilde. Ebenso ein wenig späteres: „SENATUS POPULUSQUE · REGIÆ CIVITATIS · RATTIBOR ✶“ (auf Band, oval, 25 : 23 mm). Diese letztern Siegel sind wohl zwischen 1645 und 1666, als die Stadt im Pfandbesitze der Krone Polen war, gestochen worden und waren noch lange nachher in Gebrauch; bei ihnen, aber auch eben nur bei diesen Spätlingen, könnte man daher wohl an den polnischen Adler denken. Denselben Schild hat noch ein: „SIGILUM · MA GISTR : CIVIT . . . . NSIS ✻“ (29 mm) vom Ende des 18. Jahrh. Ein Siegel aus der ersten Hälfte des 19. Jahrh. bringt auf einmal ein ganzes Wappen: im Schilde den halben Adler und das halbe Rad, auf dem Spangenhelme zwei Büffelhörner. Und dieser Aufputz, den v. S. als dem Wappen des Fürstentums Ratibor entnommen bezeichnete, während Dr. H. Luchs (Schles. Landes- etc.-Wappen, 1881) dieses ganz anders beschreibt, zu dessen Führung von Seiten des Magistrats aber jedenfalls durchaus keine Veranlassung vorliegt, kehrt auch auf den neuesten Magistratssiegeln wieder. Das Siegel der Urk. v. 1296 ist von Pfotenhauer (s. S. 6) abgebildet worden. Bessere Abdrücke desselben Stempels kommen vor laut Cod. Dipl. Siles. a. Urk. von 1303, 1313, 1321 und 1331. Nach diesen wurde die beim ältesten Exemplar abgebröckelte Umschrift hier ergänzt.

[1] A. v. Mach (s. Beuthen O.-S.) sagt von den redenden Bildern in den Wappen der Städte in östlichen Gegenden: „Hier wurde dann wohl ein deutscher Gleichklang benützt, um die slavische Bedeutung des Ortsnamens heraldisch in Vergessenheit zu bringen.“

Abb. S. 178 **Rosenberg**, Stadt. **Gespalten: rechts in Blau ein halber, goldener Adler, links in Silber eine halbe, rote Rose.**

Ein v. S. bekannt gewesenes, 1423 gebrauchtes: S' . . . . ROSENBERG („nicht groß“) hat dieselben Figuren nebeneinander frei im Felde. So auch ein der Mitte des 15. Jahrh. angehörendes: „✶ s + ciuitatis + rosinbergensis“ (31 mm). Ein kurz nach 1600 geschnittenes: „✻ SIGILVM ✻ CIVITATIS ✻ ROSE BERG“! (38 mm) hat die Bilder in einem gespaltenen Schilde. Ebenso ein wohl gleich bei der Immediaterklärung i. J. 1826 gefertigtes: „✻ SIGEL DER KÖNIGL · CREYS STAD : ROSEN BERG“! (28 mm) und die neueren Siegel. — Eine Abbildung des Siegels des 15. Jahrh. nach Abdr. v. J. 1478 bei v. Saurma, Taf. VIII, No. 109.

Roßberg, Dorf.

Ein modernes Farbsiegel: „GEMEINDE · ROSSBERG ↜ KR · BEUTHEN O/S · ↜“ (28 mm) hat einen rechtshin gewandten Heiligen (St. Johannes?) halbleibs, mit einem Kelche in der Rechten und einem Buche in der Linken.

Abb. S. 178 **Rybnik**, Stadt. **In Blau ein schrägrechts gestellter silberner Karpfen.**

Ryba = Fisch im Polnischen. — Der noch vorhandene Stempel des wohl bei Gelegenheit der Marktrechtverleihung i. J. 1538 gestochenen: „✶ SI ✶ CIVITATIS ✶ RIBNIK +“ (30 mm) hat in einem zierlichen Schilde einen schräglinks gestellten Fisch, rechts oben von einem, unten von zwei Sternen begleiteten Fisch. Ein: „✻ SIGIL LUM · CIVITATIS · RYBNICENSIS (im Felde:) 1669“ (32 mm) macht den Eindruck, als sei es nicht vor dem Anfang d. 18. Jahrh. entstanden; es zeigt im damaszierten Schnörkelschilde den schrägrechts gestellten Fisch. Ebenso ein kaum vor 1750 gestochenes: „✻ SIG : CIVITATIS · RIBNIK · EX MAGISTRATU (im Felde:) 1669“ (25 mm) und ein neuer ähnlicher aber unfeiner Nachschnitt desselben in gleicher Größe, mit ganz gleicher Legende, jedoch ohne eine Jahreszahl. Ein dem Ende des 18. Jahrh. angehöriges: „SI : CIVITATIS : RIBNIK : 1669“ (40 mm) hat ein Wappen: im Schilde über Wasser einen schräglinks gestellten Fisch, auf dem eigentümlichen Stechhelm die wachsende Themis mit Schwert und Wage. Alle diese Stempel sind noch vorhanden. Das: „✻ SIEGEL DER STADT VERORDNETEN ZU RYBNICK ·:· (im Felde:) 1809“ (oval, 34 : 31 mm) hat den Fisch wieder schrägrechts in einer verschnörkelten Schildform, während der: „GEMEINDE VORSTAND ZU RYBNIK ✻ 1851 ✻“ dafür eine besonders steife wählt, diese aber mit einem Adelskrönlein besetzt.

Zweifellos gleichzeitig mit seiner Jahreszahl ist das: „✻ SIG : SCABINATUS RIBNICENSIS 1669 ·“ (30 mm), dessen Stempel auch noch erhalten ist. Es zeigt frei im Siegelfelde über Wasser einen querlinkshin gestellten Fisch, über dem drei Sterne (1, 2) schweben.

Sakrau (königlich-), Dorf.

Ein der Mitte dieses Jahrhunderts angehörendes Farbsiegel: „GEM · SIEGEL · KOEN · SAKRAV · OPPELNER KREIS“ (26 mm) zeigt einen Pflug.

Schurgast, Stadt. **Gespalten: rechts in Blau ein halber goldener Adler, links in Gold ein grüner Eichenzweig.** Abb. S. 178

Diesen Schild hat ein: „✻ MAGISTRAS · SIEGEL · DER · STADT · SCHURGAST · (im Felde:) 1812 ·“! (30 mm). v. S. erklärt dasselbe als: „für die Zeit seiner Entstehung gut genug verfertigt“; es ist aber — mit Ausnahme des Schreibfehlers — zu gut dafür, d. h. es ist zweifellos, daß dem ganzen Aufbau ein gutes älteres, bisher nicht bekannt gewordenes Siegel zu Grunde gelegen hat. Aehnlich ein Stadtverordneten- und ein neues Magistratssiegel.

Slawentitz, Dorf.

Ein um 1800 gestochenes Siegel der: „GEMEINDE SLAWEN TITZ ✻ KREIS COSEL ✻“ (25 mm) hat in einem Schilde einen Mann, der die Rechte in die Seite stützt und mit der Linken eine Sense hält; rechts neben ihm ein junger Eichbaum.

Sohrau (poln.: Zar), Stadt. **Gespalten: rechts in Blau ein halber, goldener Adler, links in Rot ein gestürztes, goldgegrifftes Schwert.** Abb. S. 178

Ein altes Siegel ist nicht bekannt. Der noch erhaltene Stempel des: „✻ SIG ✶ MAIVS ✶ SENAT9 ✶ POPVLIOZ ✶ CIVITATIS ✶ ZARII ✶ 1563“ (37 mm) hat die Figuren ohne Teilungslinie nebeneinander in einem ausgeschnittenen Schilde. So auch ein: S · MINVS · SENA · POPVL · CIVITA · ZARII des 17. Jahrh. (v. S.), während die späteren Siegel, wie das: „✶ SE NATUS POPULUSQUE REGIÆ CIVITATIS SORAVIÆ“ (oval, 25 : 24 mm) vom Ende des 18. Jahrh., das Stadtverordnetensiegel von 1809 und die neueren Siegel den Schild gespalten zeigen.

Steinau i. Ob.-Schles., Flecken. **In Silber drei grüne Kleeblätter, eins oben, zwei unten, deren Stiele in der Mitte des Schildes zusammenwachsen.** Abb. S. 178

So hat die Kleeblätter das älteste bekannt gewordene: „+ STADT SIGEL ZU STEINAU IN OBERSCHLESIEN 1764“ (auf Band, 31 mm) in einem, mit einer fünfblättrigen Krone besetzten Schilde, neben dem seitlich Blumengehänge sichtbar werden. Ganz so ein: „✶ STADT SIEGEL ZU STEINAU IN OB · SCHLE SIEN 18 . .“ (25 mm). Ein in den ersten Jahrzehnten dieses Jahrhunderts gestochenes Farbsiegel: „STADT : STEINAU : SIGEL (unten:) NEYSTÆTER CREYS“ (34 mm) und ein neues Magistratssiegel lassen die Krone weg, behalten aber die Kleeblätter ganz in derselben Stellung wie die älteren Siegel. Es ist daher nicht recht, wenn v. S. lediglich auf die Vermutung hin, daß dies eine: „wahrscheinlich irrtümlicher Weise eingeführte Anordnung“ sei, den Stiel umkehrt und zwei Blätter oben, eines unten abbildet. Heraldiker sind durchweg zu sehr geneigt, Städtewappen nicht so zu nehmen wie sie sind, sondern wie sie sein könnten oder eigentlich sein sollten.

Stroschwitz, Dorf.

Scholz und Eltisten von Stroßwitz bedienten sich i. J. 1671 desselben Siegels mit der Umschrift: „✻ FROBLISCHE GERICHTE“, was im gleichen Jahre vom Gemeindevorstande des Dorfes Fröbeln benutzt wurde und unter Fröbeln (R.-Bez. Breslau) beschrieben wurde.

Tarnowitz, Stadt. **Gespalten, rechts ein halber, schwarzer Adler in Silber; links geteilt, oben in Schwarz ein goldener Adlerflügel, unten in Silber Schlegel und Eisen schräggekreuzt.** Abb. S. 178

Diesen Schild und dazu einen Stechhelm mit einem goldenen, mit Schlegel und Eisen belegten Flug führt die Stadt gemäß des von Markgraf Georg Friedrich zu Brandenburg-Jägerndorf d. d. Ansbach, 1562, Juli 25. erteilten Wappenbriefes, dessen herbezügliche Stelle nach dem Abdrucke in Dr. Knötels: Städtewappen Oberschlesiens, 1894, S. 29, lautet: . . . . . . „Sie mit nachvolgemdem Wappen gnediglich bedacht, versehenn unnd begnadt — Unnd Inen geben Einenn halbenn Schwartzen Adler Inn einem weissen Felde, der Schnabel, auch der Schenkel gelb, Im halbenn Schild der Rechtenn Hannd nach der leng Abwerts — Der ander halb Schildt zur Linken Hanndt Inn czwei teil getheilt Inn Schwartz unnd weiß Farben. Oben ein Gelbenn Adlers-Flügel Inn einem Schwartzen Felde, unnder dem Flügel Bergkhauerische Schlegel und Eisen Im weissen Felde Creutzweiss überainander gelegt, über genanten Schilde einen Stechhelm mit Schwartzen unnd weissenn Helmdeckenn und auf dem Helm einen gelben Adlers-Flügel, dor-Innen Inn der Miettenn Bergkhauerische Schlegel unnd Eisen, gleichsfalls Creutzweis übereinander gelegt sein sollen — Wie dann alhie Inn diesem Brieff Solch wappen mit seinen sondern Farben Clerlichen Abegemalet zu befinden ist — Geben, überraichenn, begabenn unnd begnadenn mehr gemelte Bürgermeister, Rath, Geschworne unnd gantze Gemein Obgedachter unser Bergkstadt Tarnowitz mit demselben aufs Fürstlicher Macht unnd Inn Crafft dits Brieffes hiemitte, Allso das sie unnd Ire nachkomenn Sich gemelts Wappens zu Eren Inn Czugenn unnd Sonnsten, Wo es

SCHLESIEN REGIER: BEZ. OPPELN

KARLSRUH IN SCHL

KATSCHER

KATTOWITZ

KIEFERSTÄDTEL

KLEIN-STREHLITZ

KÖNIGSHÜTTE

KONSTADT

KOSEL

KRANOWITZ

KRAPPITZ

KREUZBURG O/S

LANDSBERG

LANGENDORF.

LEOBSCHÜTZ

LESCHNITZ

LOSLAU

LUBLINITZ

MŸSLOWITZ

NEISSE

NEUSTADT OBERSCHLES

Schlesien Reg.-Bezirk Oppeln:

Nikolai

Oberglogau

Ottmachau

Patschkau

Peiskretscham

Pilchowitz

Pitschen

Pless

Proskau

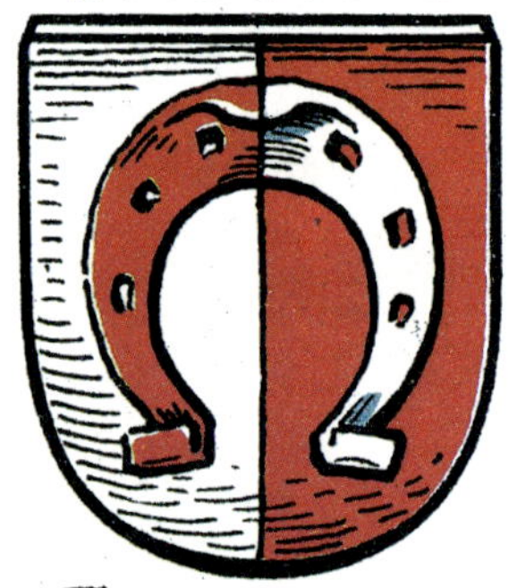

Ratibor

Rosenberg

Rybnik

Schurgast

Sohrau

Steinau

Tarnowitz

Tost

Troplowitz

Ujest

Woischnik

SCHLESIEN REG.-BEZIRK OPPELN:

ZAUDITZ

ZIEGENHALS

ZÜLZ

Jnen vonnoten, gebrauchenn sollenn, darczu Alle Jre Henndel darmit becrefftigenn unnd Siegelnn mögenn, Unnderschiedlich Allso das Bürgermeister unnd Rath Sich des ganntzen Wappens Jm Schildt, Foyt unnd Schoppen aber Allein Jnn Jrenn Gerichts-Henndeln des gelbenn Adler-Flügels unnd Schlegel unnd Eisens gebrauchen Ohne mennigliches verhinnderung oder Eintrag —". — Die Originalurkunde befindet sich jetzt im Staatsarchiv zu Breslau; eine Abschrift des Wappenpassus, die Herr Pfotenhauer gütigst für mich fertigte, stimmt mit obigem bis auf unwesentliche Kleinigkeiten überein. Von dem Siegel, das der Ort von seiner Erhebung zur Stadt, 1526, bis zur Erlangung des Wappenbriefes geführt hatte, ist nichts anderes bekannt, als daß es, nach den einleitenden Worten des letzteren, allein einen Bergschlegel und Eisen enthalten hatte. Der gleich nach der Verleihung gestochene Stempel mit dem neuen Wappen ist noch vorhanden und trägt die seltene Umschrift: „· SIGILLVM · MAIVS · CIVITATIS · FODINARVM · TARNOVICENSIVM ·" (39 mm), fodina = Erzgrube. Ein: „✶ SI GIL : CIVITAT : MONT : TARNOVICEN :" (26 mm) aus dem 17. Jahrh. hat nur den beschriebenen Schild. Ebenso eine der ersten Hälfte des 19. Jahrh. angehörige, 33 mm große Nachahmung desselben mit gleicher Umschrift. Das neueste Siegel dagegen wiederholt das von 1562, auch mit gleicher Legende. — Merkwürdig ist in dem Wappenbriefe die Stelle, daß Vogt und Schöffen sich nicht des ganzen Wappens, sondern allein des gelben Adlerflügels und Schlegel und Eisens gebrauchen sollten. Sie steht im geraden Widerspruche mit den vielen andern Wappenbriefen, die den Gebrauch des verliehenen Wappens auch auf die Gerichte ausdehnen. Daß die Vorschrift ausgeführt wurde, beweist ein im bayer. Nationalmuseum in München befindliches Papiersiegel, welches nach glaubwürdiger alter Aufschrift a. d. J. 1571 stammt. Es zeigt einen geteilten Schild, darin oben der Flügel, unten die Bergeisen, und hat die Umschrift: „S + ADVOCATI · MON ..... ARNOVICEN +" (auf Band, 40 mm). Später war die Verleihung in Vergessenheit gekommen, denn während dann die Stadtsiegel sich nur mit dem Schilde begnügen, weist ein Siegel des: „· · :KON : POLICEY : AMT : Z . . . RNOWITZ : 1754" (oval, 29 : 25 mm) das ganze Wappen mit Helm und Decken.

Abb. S. 178 **Tost**, Stadt. **Gespalten: rechts in Silber ein gestürzter, rechts von einem roten Stern begleiteter, schwarzer Schlüssel, links in Blau ein halber goldener Adler.**

Das dem 14. Jahrh. angehörende, für 1454 nachgewiesene: „✠ SIGILLVM CIVITATIS IN TOST" (38 mm) hat dasselbe Bild, doch ohne Spaltlinie; auch ist dabei, wie übrigens bei allen alten Siegeln dieser Gegend, die heraldische Teilung so streng durchgeführt, daß der Griff des Schlüssels nur halb erscheint. Ein um 1650 gestochenes: „·: SIGILVM CIVITATIS STAT TOSZ ❊"! (oval, 20 : 19 mm) hat den Schlüsselgriff ganz und den Stern in eine Rosette umgeändert. So auch ein: „* SIGILUM ...... TOSTENSIS 1788" (22 mm) und ein: „SIEGEL DER CREIS · STADT TOST 1802" (29 mm), bei denen die Bilder immer noch frei nebeneinander in einem Kränzl stehen. Erst die neuen Magistratssiegel haben die Figuren in einem gespaltenen Schilde.

Abb. S. 178 **Troplowitz**, Flecken. **In Gold schräggekreuzt ein Rechen und eine Haue; im unteren Winkel eine rote Rose.**

Nach v. Saurma hat ein neueres Siegel mit der Umschrift: STÄDTEL TROPPLOWITZ (im Abschnitt:) LEOBSCHITZ · CREIS dies Bild in einem, mit einer Grafenkrone besetzten Schilde. Ein um 1850 gefertigtes: „MAGISTR . . . SIEGEL (unten:) STAEDTEL TROPPLOWI . . o/S" (oval, 28 : 26 mm) hat ebenfalls die neunperlige Krone über eiuem Schilde, doch scheinen die gekreuzten Figuren eher ein Rechen und ein Fleischerbeil zu sein, und statt der Rose ist ein kleiner Sparren mit einem Punkte im Winkel (Berg?) zu erkennen. Es soll auch an Stelle der Hacke eine Sense vorkommen.

Abb. S. 178 **Ujest**, Stadt. **In Blau zwischen zwei abgewendeten, außen von je einem silbernen Stern begleiteten, goldenen Bischofsstäben untereinander zwei spitzbedachte, silberne Zinnentürme, von denen der untere gestürzt, also mit dem Dache nach unten gekehrt ist.**

Ein altes Siegel ist leider nicht bekannt, es ist aber nicht zu bezweifeln, daß es die gleichen Figuren zeigte. Ebenso wenig weiß man über die Entstehung dieses merkwürdigen Bildes. Vielleicht sollte damit die geographische Lage des Ortes, sein Spiegelbild im Wasser der Klodnitz angedeutet werden? Das älteste bekannte ist ein: „SIGILLUM CIVITATIS VGESDENSIS" (28 mm) aus dem 17. Jahrh., welches die Figuren frei im Felde zeigt. Ebenso der: „❋ STADT VGEST SIEGL · 1771" (oval, 21 : 20 mm). Das moderne Siegel des: „MAGISTRAT DER STADT + (unten:) UJEST +" (39 mm) erlaubt sich einen Hermelinmantel mit einer Fürstenkrone, den es mit einer Bischofsmütze (statt der beiden Türme!) zwischen zwei Krummstäben belegt. v. Saurma schreibt: Sp. 356: „Auch giebt es ein Sondersiegel eines Theiles der Stadt, der sogenannten Dechantei oder Stiebelgasse in der Vorstadt, die ganz unter die Gerichtsbarkeit des Schlosses gehört, während die eigentliche Stadt schon 1639 von der Erbunterthänigkeit befreit worden ist, welches Siegel eine Bischofsmütze zeigt mit der nur halb lesbaren Umschrift: DIE · STIEFELGA(ssen Ge)MAINE." — Ein Schöffensiegel mit unleserlicher Umschrift hat nach v. S. nur einen Turm mit einem schräg dahinter steckenden Krummstabe (Alter? Größe?).

Woischnik, Flecken, ehemals Stadt. **Gespalten, rechts in Rot ein halbes, goldenes Rad, links in Blau ein halber, goldener Adler.** Abb. S. 178

Daß das halbe Rad, wie v. S. meint, dem Stammwappen der Grafen Gaschin entlehnt sei, ist nicht wahrscheinlich, denn wenn auch kein eigentlich altes Siegel der Stadt bekannt ist, so scheint doch das älteste bekannte früher zu sein als der Besitz dieser Grafen nachgewiesen ist (gegen 1650). — Das „· SIGILLVM · CIVITATIS WOZNIXII" (24 mm) mit beiden Figuren frei (d. h. ohne Spaltlinie) nebeneinander, dürfte kaum nach dem Jahre 1620 gefertigt sein. 1784 wurde nach freundlicher Notiz des † Archivrats Pfotenhauer ein: SIGILLVM CIVITATIS WOSNICK (Größe?) mit demselben Bilde gebraucht. Das neue Farbsiegel: „SIGILLUM CIVI TATIS WOZNICENSIS + 1882 +" (28 mm) wiederholt dasselbe. — Ein: SIGILLVM · CIVITATIS · WOZNIKI · SCABINORVM aus dem 17. Jahrh. hat nach Saurma die gleiche Darstellung.

Zauditz, Flecken (Stadt?). **In Blau auf aufgerichteter, goldener Schüssel das rechtshin gewendete Haupt Johannes des Täufers.** Abb. S. 179

Ein: SIGILLVM · CIVITATIS · ZAVDICIENSIVM (Größe?) aus der ersten Hälfte des 17. Jahrh. macht nach v. Saurma „den Eindruck, als hätte man zu demselben eine antike Gemme, von freilich nur mittelmäßiger Arbeit verwendet". Das Siegel ist mir zwar noch nicht zu Gesicht gekommen, doch möchte ich die Richtigkeit der Vermutung sehr bezweifeln, wenigstens wäre die Aufnahme eines gefundenen Steines in das Siegel einer Gemeinde ganz ohne Analogon. Ein um 1800 gestochenes: „STÆDTEL · ZAU DITZER · SIEGEL (im Abschnitt:) RATIBOR CREIS" (30 mm) hat einen bärtigen, rechtshin gewendeten Manneskopf in einem Kreise. Ebenso das neuere Farbsiegel: „STADT ZAUDITZ (im Abschnitt:) KR RATIBOR" (30 mm). Der Schutzheilige der dortigen Kirche war St. Johannes der Täufer; es kann daher nicht zweifelhaft sein, wen der Kopf in dem Kreise, der nur der Ueberrest der Schüssel ist, vorstellen soll. — Nach einer Nachricht des Gemeindevorstandes hat einer seiner Amtsvorgänger die vorhandenen alten Stempel vor mehreren Jahren abschleifen lassen, weil sie seit Jahrzehnten nicht mehr im Gebrauch waren. (!)

Ziegenhals, Stadt. **In Silber ein schwarzer Ziegenkopf mit Hals.** Abb. S. 179

Das älteste, bekannte Siegel ist das an Urkunden des Thorner Ratsarchivs aus den Jahren 1404 und 1405 befindliche: „sigill . m ....gen . als" (31 mm), welches im Felde den Ziegenkopf rechtshin gewendet zeigt. An einer Urkunde v. J. 1560 im böhm. Kronarchiv in Prag befindet sich ein Siegel, welches den Kopf in einem Schilde linkshin gewendet — wie ihn von da an alle Siegel haben — zeigt; von der Umschrift sind nur ein paar unzusammenhängende Buchstaben zu erkennen (31 mm). Ein um 1600 gefertigtes Siegel mit der Umschrift: „CIVITATIS CAPRI COLLIS" (auf Band, 46 mm) hat im berankten Felde denselben Schild (German. Mus.). So auch ein: „✶ S : : ZIGENHALS ·:· CIVITATIS :·" (23 mm) aus den ersten Jahrzehnten des 17. Jahrh. und, aber im Schnörkelschilde, die noch vorhandenen Stempel des: „⚜ SIEGIELLUM . CIVITATIS · ❋ ZIGENHALSENSIS"!! (oval, 32 : 30 mm) und eines gleichzeitigen: „❊ SIEGIELLUM ❊ CIVITATIS ❊ ZIGENHALS"! (oval, 25 : 24 mm) aus dem 18. Jahrh. Farbsiegel aus den Jahren 1812 und 1853 haben den Kopf wieder frei im Felde, während die neuen abermals die verschnörkelte Schildform bringen.

Zülz, Stadt. **In Rot eine silberne Burg mit offenem Thore und einem Zinnenturme, der mit einem Schilde belegt ist: von Rot und Silber gespalten, in jedem Felde ein querliegendes Hufeisen von verwechselten Farben; beide Eisen berühren sich am Spalte mit ihren Rücken.** Abb. S. 179

Dies Wappen wurde nach v. Saurma der Stadt i. J. 1564 von Kaiser Ferdinand verliehen. Der Schild mit den Hufeisen ist das Stammwappen der damaligen Pfandbesitzer, der Familie v. Proskau. Die Stadt bewahrt, wie der Magistrat mir schrieb, weder das Diplom, noch alte Siegel, da zu Ende des vorigen Jahrh. ein Brand das gesamte Urkundenmaterial vernichtete. — Ein 1693 gebrauchtes: SIGILLVM · CIVITATIS · CZVLIZ („älteres, größeres") hat nach v. S. das beschriebene Bild. Ein um 1700 gefertigtes: „+ SIGILLVM CIVITATIS · CZVLZ" (oval, 21 : 16 mm) zeigt in einem Rahmenschilde die Burg, doch ist der proskauische Schild darauf nicht zu erkennen. Ebensowenig auf einem: „SIE GEL DES POLICEY AMT DER STADT ZÜLZ 1810" (oval, 30 mm) und auf dessen neuer Nachbildung als Farbsiegel, welche ganz dieselbe Umschrift und Jahreszahl wiederholt. Ganz so auch das neueste Magistratssiegel.

Nachschrift.

Seit dem Erscheinen des ersten Heftes sind eine ziemliche Anzahl von weitern Siegeln der darin behandelten Orte bekannt geworden. Besonders verdanke ich dem Herrn Stadtarchivar Dr. Neubauer, jetzt in Magdeburg, viele brandenburgische Städtesiegel aus dem Stadtarchiv zu Zerbst. Diese und andere später bekannt werdende Stücke möchte ich nicht den einzelnen Heften als Nachträge anflicken, sondern am Schlusse des letzten preußischen Heftes gemeinsam behandeln. Dagegen müssen hier einige früher übersehene oder mittlerweile erschienene einschlägige Schriften aufgezählt werden. Zunächst ist die in der Litteraturübersicht des ersten Heftes angekündigte Arbeit des Herrn Landrichters Engel in Thorn: „Die mittelalterlichen Siegel des Thorner Ratsarchivs" als IX. und X. Heft der Mitteilungen des Coppernicus-Vereins in Thorn erschienen und zwar in zwei Heften: I. Ordensbeamte und Städte (Thorn, 1894, Lambeck), II. Privatsiegel (1895). Der erste Teil enthält zahlreiche äußerst dankenswerte Beschreibungen von Ortssiegeln überhaupt und auf mehreren Tafeln 75 Abbildungen solcher aus dem Ordensgebiete. Ebenso ist im gleichen Jahre das im ersten Hefte, S. 39, Fußnote, angekündigte Werkchen des Herrn Regierungs-assessors G. G. Winkel über: „Die Wappen und Siegel der Städte, Flecken und Dörfer der Altmark und Priegnitz" (Magdeburg, 1894, Baensch) herausgekommen und brachte 30 Wappen- und 47 Siegelabbildungen. Da beide Herren Verfasser die große Liebenswürdigkeit hatten, mir ihr Manuskript und Abgüsse der mir fehlenden Stücke einzusenden, so konnten diese im ersten Hefte schon beschrieben werden, doch muß besonders wegen der hier fehlenden Abbildungen auf diese Werke hingewiesen werden. Das ist auch der Fall mit den sechs Tafeln mit 49 Abbildungen brandenburgischer Stadtsiegel in Emil Bahrfeldts: „Münzwesen der Mark Brandenburg v. d. ält. Zeiten bis zum Anf. d. Regg. d. Hohenzollern" (Berlin, 1889). Weil diese indes nach Voßbergischen Abgüssen ausgeführt sind, und diese mir s. Z. vorlagen, so ist sonst nichts daraus nachzutragen. Erst recht spärlich ist die Ausbeute aus Adolf Boettichers: „Bau- und Kunstdenkmäler der Provinz Ostpreußen" (1896 ff.), da der Verfasser seine heraldischen und sphragistischen Bedürfnisse ausschließlich aus dem Neuen Sibmacher und aus Beckherrns: Wappen der Städte Altpreußens befriedigte. Sehr interessant dagegen, namentlich wegen der mitgeteilten Akten über die Vorgeschichte der Wappenverleihung von 1705 und wegen der Wiedergabe der verschiedenen damals vom Magistrat eingereichten Skizzen zu dem Wappen ist die kurze Abhandlung über: „Das Wappen der Stadt Prenzlau" vom Geh. Staats-archivar Dr. Ernst Friedländer in: Märkische Forschungen (Bd. XX.), wovon der Herr Verfasser mir gütigst einen Separatabdruck (Berlin, 1887) einsandte. Für einen ebensolchen von dem in der Vierteljahrsschrift des Vereins Herold (Berlin, 1894, Heft 3 u. 4) abgedruckten Aufsatze: „Das Wappen der Stadt Berlin" habe ich auch dessen Verfasser, Herrn Amtsrichter Dr. Béringuier, zu danken; das Heftchen enthält mehrere Abbildungen, darunter auch Vorschläge des Herrn Prof. Ad. Hildebrandt zu einem Wappen der Stadt Berlin als Hauptstadt des deutschen Reiches. Ferner brachte der Sitzungsbericht der Altertumsgesellschaft Prußia (1893, S. 95) einen Aufsatz über: „Das Wappen der Stadt Bartenstein" von Rechtsanwalt v. Schimmelfennig, den mir der Herr Verfasser ebenfalls freundlichst übersandte. Dann erschien in der: Altpreußischen Monatsschrift (Bd. XXX, Heft 5 u. 6) ein Bericht: „Ueber das Wappen der Ordensstadt Soldau" von Amtsrichter Georg Conrad, worin die Soldauer Stadtsiegel bis auf die neuesten chronologisch aufgezählt werden. Amusant ist, daß sich unter den Akten des Magistrats eine zwischen 1813—1818 von einem gewissen Bock verfaßte „Erklärung des Soldauschen Stadtwappens" befindet, in der dieser in dem Hohensteinschen Schach „die mit zwölf Edelsteinen gezierte Grundmauer des neuen Jerusalems" sehen will. Endlich sandte mir noch Herr Archivrat Dr. Lippert (Dresden) gütigst einen Separatabdruck aus den: Niederlausitzer Mitteilungen (Guben 1898, Heft 5—7) über: „Das älteste Stadtsiegel von Luckau, nebst Bemerkungen zum Wappenwesen der niederlausitzischen Städte". Darin befindet sich eine gute Abbildung des mir unbekannt gewesenen, schon 1298 gebrauchten: „SIGILL' COMMVNITATIS CIVIVM DE : LVCOWE" (74 mm), welches im Thore einer, mit einer Zinnenmauer umringten Burg von eigentümlicher Architektur den Löwen von Meißen zeigt. — Endlich muß ich noch bedauern, beim Drucke des zweiten Heftes nicht mehr rechtzeitig den Aufsatz von E. Zellner: „Die Heraldik am Rathause zu Breslau" im Herold, 1898, No. 8, haben benützen zu können. Derselbe ist mit Abbildungen der außerordentlich schönen und interessanten Steinskulpturen aus dem 14. u. 15. Jahrh. versehen und bildet eine wichtige Ergänzung des hier unter Breslau Gesagten.

Ende des zweiten Heftes.

Mitteleuropa 1866—1914 · Norddeutscher Bund und Bismarckreich.

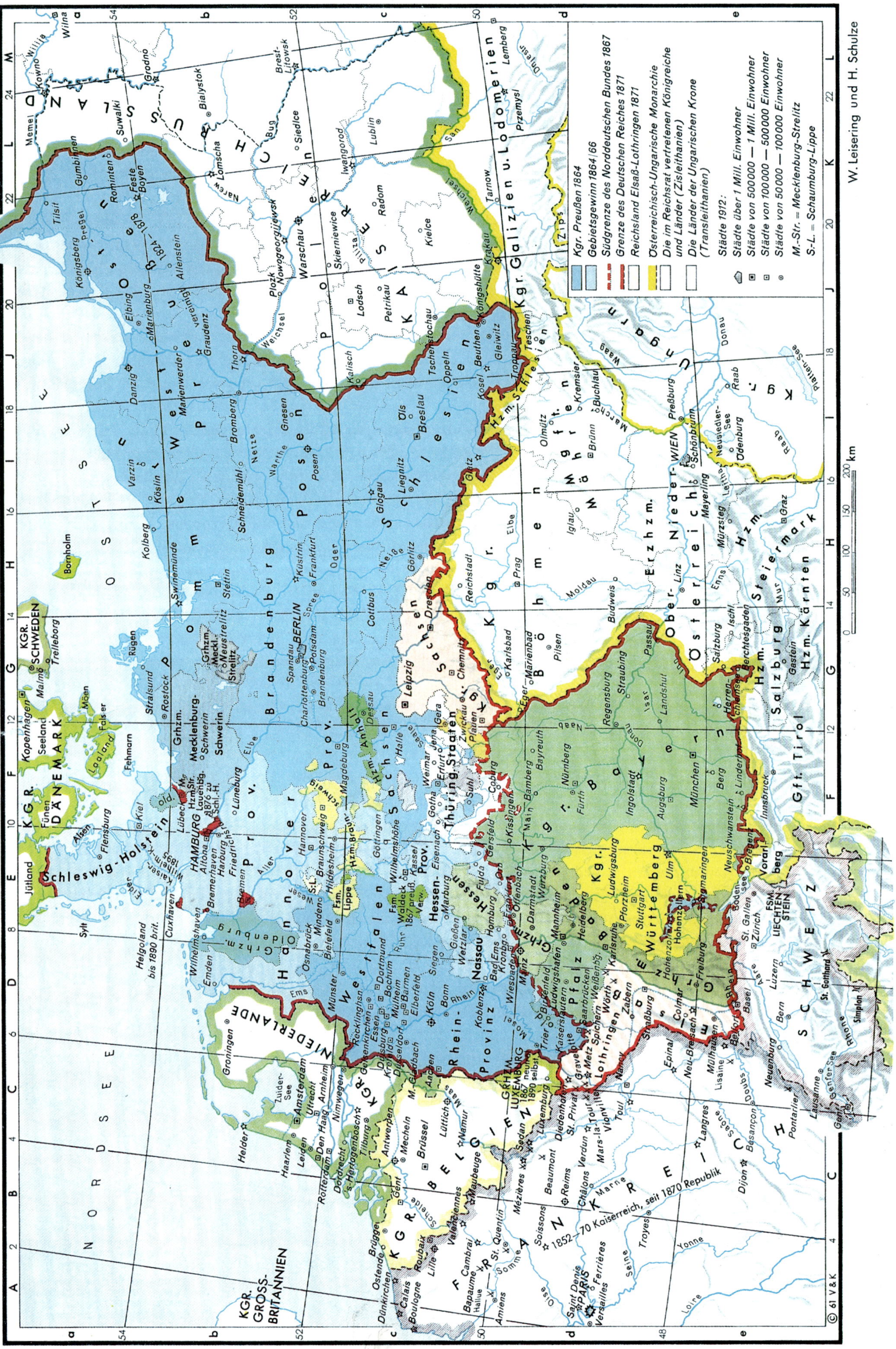

Aus Putzger, Historischer Weltatlas, Velhagen & Klasing, Berlin, 95. Aufl. S. 97

Mitteleuropa nach dem Ersten Weltkrieg · Weimarer Republik.

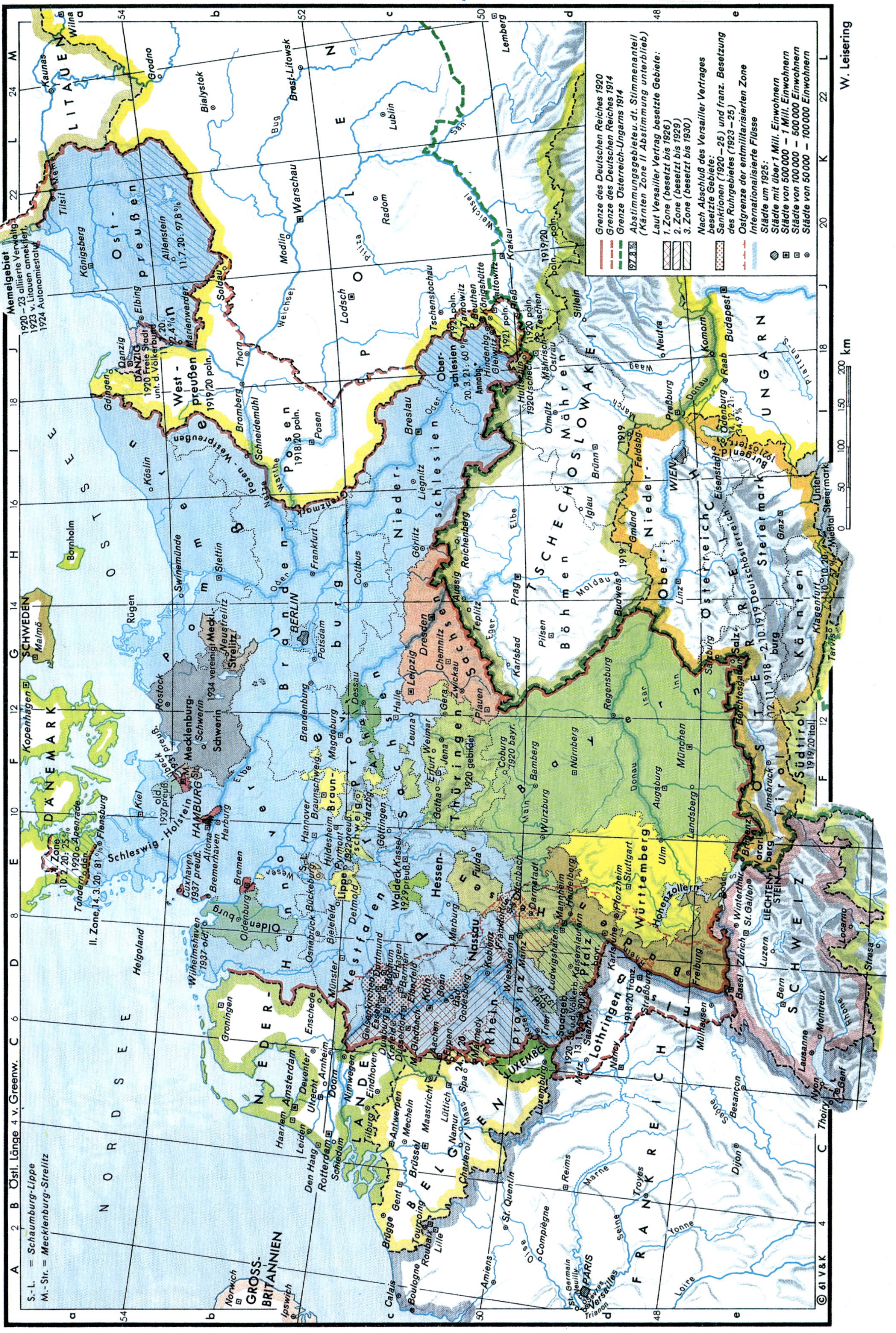

Aus Putzger, Historischer Weltatlas, Velhagen & Klasing, Berlin, 95. Aufl. S. 120

Einführende Literatur zum Nachdruck 1985:

Thilo Biegler: Das Deutsche Ortswappen-Werk von Professor Otto Hupp (Hamburg 1982). — Als Typoskript vervielfältigt.

Ludwig Biewer: Preußen in der Weimarer Republik. Eine Ausstellung des Geheimen Staatsarchivs Preußischer Kulturbesitz 1982—1984. [Katalog], 2. Aufl. (Berlin 1983).

Otto Böcker: Otto Hupp (1859—1949) in: Ärzteblatt Rheinland-Pfalz, Heft 12, 1984.

Karl Dietrich Erdmann: Die Zeit der Weltkriege, in: Handbuch der deutschen Geschichte, hrsg. v. Herbert Grundmann, Bd. 4/1 und 4/2, Stuttgart 1973 (1976).

Grundriß der deutschen Verwaltungsgeschichte 1815—1945. Reihe A: Preußen, hrsg. v. Walther Hubatsch. Bd. 1: Ost- und Westpreußen, bearb. v. Dieter Stüttgen, Bd. 2: Teil I Provinz (Großherzogtum) Posen, bearb. v. Dieter Stüttgen und Teil II Provinz Grenzmark Posen-Westpreußen, bearb. v. Walther Hubatsch, Bd. 3: Pommern, bearb. v. Dieter Stüttgen, Bd. 4: Schlesien, bearb. v. Dieter Stüttgen, Helmut Neubach, Walther Hubatsch, Bd. 5: Brandenburg, bearb. v. Werner Vogel, Bd. 12: Teil A Preußische Zentralbehörden, bearb. v. Friedrich Wilhelm Wehrstedt, Teil B Unmittelbare Gebiete, bearb. v. Walther Hubatsch, Marburg an der Lahn 1975, 1976, 1978.

Walther Hubatsch: Die Volksabstimmung in Ost- und Westpreußen 1920, Hamburg 1980.

Otto Hupp. Meister der Wappenkunst. 1859—1949. Ausstellung des Bayerischen Hauptstaatsarchivs, (Neustadt/Aisch 1984). (Ausstellungskataloge der Staatlichen Archive Bayerns, Nr. 19).

Hans-Enno Korn: Otto Hupp 1859—1949. Wappenkunst, Schriftgestaltung, Gebrauchsgraphik, Kunsthandwerk, Exlibris, (Marburg an der Lahn-Witzenhausen 1975). (Marburger Reihe, Heft 6).

Wilhelm H. Lange: Otto Hupp. Das Werk eines deutschen Meisters, 2. Aufl. Berlin-Leipzig 1940 (Monographien künstlerischer Schrift, Bd. 7).

Leonhard v. Muralt: Der Friede von Versailles, Zürich 1947.

Ortschaftsverzeichnis für alle vom Deutschen Reich aufgrund des Versailler Vertrages vom 28. Juni 1919 abgetretenen Gebiete (einschließlich Elsaß-Lothringen), bearb. in der Plankammer des Preußischen Statistischen Landesamts, Berlin 1926.

Gotthold Rhode: Geschichte Polens. Ein Überblick, 3. verbesserte Aufl. Darmstadt 1980.

Paul Roth: Die Entstehung des polnischen Staates, Berlin 1926.

Johann Karl v. Schroeder: Kommunales Wappenwesen in Preußen 1855—1925, in: Festschrift zum hundertjährigen Bestehen des Herold zu Berlin, hrsg. v. Kurt Winckelsesser, Berlin 1969, S. 167—179.

Hagen Schulze: Weimar. Deutschland 1917—1933, Berlin 1982 (Die Deutschen und ihre Nation, Bd. 4).

Michael Stürmer: Das ruhelose Reich. Deutschland 1866—1918 (Berlin 1983). (Die Deutschen und ihre Nation, Bd. 3.)

Dietrich Vogt: Der Großpolnische Aufstand 1918/1919. Bericht, Erinnerung, Dokumente. Mit einer Einführung von Gotthold Rhode, Marburg an der Lahn 1980.